チェチェン

Чеченская Республика

平和定着の挫折と紛争再発の複合的メカニズム

富樫耕介

Kosuke TOGASHI

明石書店

チェチェン　平和定着の挫折と紛争再発の複合的メカニズム
◉目次

凡　例 ……………………………………………………………………… 8
　図表一覧 …………………………………………………………………… 11
　略号表記一覧 ……………………………………………………………… 14

序　章 …………………………………………………………………… 15

1．問題意識 ……………………………………………………………… 15
2．本書の目的 …………………………………………………………… 19
3．チェチェン問題を取り巻く研究とその課題 ……………………… 19
4．本書の研究対象時期とその意義 …………………………………… 23
5．先行研究の整理と課題 ……………………………………………… 24
6．本書のアプローチ …………………………………………………… 30
7．資　料 ………………………………………………………………… 33
8．研究方法と本書の構成 ……………………………………………… 35

第1章　比較と理論の中のチェチェン紛争
　　　　――本書の分析枠組み―― ………………………………… 47

第1節　本書の分析枠組み ……………………………………………… 47
　第1項　チェチェン紛争の「二重の対立構造」 …………………… 47
　第2項　紛争再発のメカニズム：
　　　　　「複合的なディレンマ」と「状況悪化のスパイラル」 … 50
　第3項　紛争再発のメカニズムの背景にあるチェチェン紛争の特徴 …… 52
第2節　紛争の発生とその特徴 ………………………………………… 54
　第1項　紛争の定義と類型 …………………………………………… 54
　第2項　紛争の構造的環境要因 ……………………………………… 58
　第3項　紛争の構造的環境要因からみるチェチェン紛争の特徴 … 63
第3節　紛争移行過程の問題：
　　　　平和定着と紛争再発のメカニズム ………………………… 67
　第1項　紛争移行とその研究をめぐる課題 ………………………… 67
　第2項　紛争の再開という政策決定 ………………………………… 70
　第3項　紛争終結までの形態に関わる紛争再発の構造的環境要因 …… 71
　第4項　紛争後の形態に関わる紛争再発の構造的環境要因 ……… 74

第 5 項　紛争移行過程におけるチェチェンの特徴 ………………… 78
　第 4 節　紛争後の平和構築をめぐる問題：「未承認国家」 ………… 80
　　第 1 項　紛争後の課題としての「未承認国家」問題 ……………… 80
　　第 2 項　「未承認国家」の概念 ………………………………………… 81
　　第 3 項　「未承認国家」の生成・生存要因 …………………………… 85
　　第 4 項　「未承認国家」と平和構築問題の接合：
　　　　　　事例としてのチェチェン ……………………………………… 91
　第 5 節　ソ連邦・ロシア連邦におけるチェチェン …………………… 95
　　第 1 項　民族連邦制とチェチェン・イングーシ自治共和国の基礎情報 … 96
　　第 2 項　歴史からみる「チェチェン例外論」 ……………………… 102
　　第 3 項　政治・社会からみる「チェチェン例外論」 ……………… 107

第 2 章　第一次チェチェン紛争とその後の課題 ……………… 127
　第 1 節　第一次チェチェン紛争までの経緯 ………………………… 127
　　第 1 項　ペレストロイカとチェチェンにおける社会運動の活性化 … 127
　　第 2 項　チェチェン民族運動の「覚醒」とイングーシとの分離 … 130
　　第 3 項　ソ連解体とチェチェン紛争への道筋 ……………………… 134
　　第 4 項　第一次紛争の発生過程と「二重の対立構造」、
　　　　　　構造的環境要因の関係 ………………………………………… 139
　第 2 節　第一次紛争の進展と紛争終結 ……………………………… 142
　　第 1 項　第一次紛争時のチェチェンの政治勢力：
　　　　　　親露派の分裂と独立派への接近 ……………………………… 142
　　第 2 項　チェチェン和平の実現とマスハドフ政権の発足 ………… 147
　　第 3 項　紛争移行形態の考察Ⅰ：
　　　　　　第一次紛争の終結過程で何がいかに変化したのか ……… 153
　第 3 節　マスハドフ政権誕生後のチェチェンにおける戦後課題 … 157
　　第 1 項　経済的な課題 ………………………………………………… 158
　　第 2 項　社会的な課題 ………………………………………………… 160
　　第 3 項　政治的な課題 ………………………………………………… 164
　　第 4 項　紛争後の政治展開の変遷（1997-99 年） ………………… 168

第3章　マスハドフ政権の平和定着の試みと挫折（1997-99） ……… 185
第1節　マスハドフという指導者とその評価 ……… 185
第1項　マスハドフの経歴：追放の地での出生から独立派大統領まで … 185
第2項　マスハドフの人物像や評価 ……… 187
第3項　マスハドフ政権による戦後政策を理解するに当たって ……… 191
第2節　対露政策 ……… 193
第1項　マスハドフの対露政策の三つの柱：チェチェンが得るべき地位 ……… 193
第2項　経済的関係の前進と法的・政治的関係の足踏み ……… 198
第3項　経済的合意履行をめぐる問題と治安・安全保障問題 ……… 204
第3節　国内政策 ……… 207
第1項　マスハドフの政治運営方針：内閣の構成からの考察 ……… 207
第2項　チェチェン国内における政治的争点とマスハドフ政権の対応 … 212
第3項　政治的争点としての「イスラーム化」とマスハドフの苦慮 …… 217
第4節　地域政策 ……… 225
第1項　マスハドフの地域政策の方針 ……… 225
第2項　グルジアとの関係改善という実りなき成果 ……… 229
第3項　石油輸送の再開をめぐる交渉の成果 ……… 233
第5節　「外交」政策 ……… 234
第1項　マスハドフ「外交」の下地：ヌハーエフの構想と働き ……… 236
第2項　「外交」の方針と軌跡：「未承認国家」の積極「外交」……… 239
第3項　「外交」の挫折 ……… 243

第4章　平和定着の失敗の多角的検討 ……… 260
第1節　紛争研究の視座から ……… 261
第1項　紛争終結までの形態をめぐる考察 ……… 262
第2項　紛争後の政治・経済形態をめぐる考察 ……… 265
第3項　紛争後の国家性をめぐる考察 ……… 269
第2節　対露交渉の視座から ……… 272
第1項　非対称な行為主体間の紛争と交渉 ……… 273
第2項　失敗要因としての法的・政治的地位をめぐる交渉姿勢のズレ … 276

第3項　経済合意未履行の要因 ………………………………… 281
　第3節　国内環境の視座から ……………………………………………… 288
　　　第1項　紛争要因としての反政府系政治指導者 ……………… 289
　　　第2項　政治指導者・政治勢力の立場：分類と変化 ………… 293
　　　第3項　紛争移行過程の大衆世論と政治的争点：
　　　　　　　指導者と大衆の認識のズレ ……………………………… 297
　　　第4項　国内的要因と平和定着の失敗：先行研究の批判的再検討 ……… 302
　第4節　地域環境の視座から：ダゲスタン問題とのリンケージ ………… 308
　　　第1項　ダゲスタンにおける急進的イスラーム問題 ………… 310
　　　第2項　チェチェンへのダゲスタン問題の飛び火 …………… 313
　　　第3項　紛争再発要因としてのダゲスタン情勢 ……………… 317
　　　第4項　地域情勢の共振作用としての第二次チェチェン紛争の発生 …… 320
　第5節　平和定着の失敗と紛争要因の考察 ……………………………… 323
　　　第1項　紛争移行過程における平和定着の失敗要因：
　　　　　　　相互関係と力学作用 ……………………………………… 323
　　　第2項　紛争移行形態の考察Ⅱ：
　　　　　　　第二次紛争の発生過程で何がいかに変化したのか ……… 328
　　　第3項　指導者のとり得た選択？：
　　　　　　　マスハドフの指導力と責任論をめぐって …………… 333

終　章 …………………………………………………………………………… 354

1．結　論：「二重の対立構造」下の「複合的なディレンマ」と
　　　　　　「状況悪化のスパイラル」 ………………………………… 354
2．チェチェン研究における本書の意義 ……………………………… 358
3．その後のチェチェン問題と本研究の含意 ………………………… 364
4．紛争研究・平和構築研究における本研究の含意 ………………… 368
5．今後の課題 …………………………………………………………… 372

　あとがき ………………………………………………………………… 377
　参考文献 ………………………………………………………………… 385
　巻末資料 ………………………………………………………………… 411
　索　引 …………………………………………………………………… 448

凡　例

固有名詞（地名・人名・組織名・その他）について
1．チェチェンという地名について
　　ロシア語や英語では、チェチェン（Чеченский; Chechen）とは形容詞で、名詞はチェチニャ（Чечня; Chechnya）であるが、日本では形容詞のチェチェンが名詞として定着しているので、本書ではこの慣用に従い、名詞・形容詞問わずチェチェンと表記する。
　　なお、かつて一部の研究者が正式名称のチェチニャを採用するべきであると述べていたが、そもそも正式名称はチェチェンスカヤ・レスプブリカ（Чеченская Республика）であるので、形容詞語尾の ская を除いてチェチェン（共和国）と用いることに大きな疑問が提起されるとは思えない。また現地・原語主義に走れば、ロシア語ではなく、チェチェン語名称を用いることが奨励されるはずである。しかし、これはむしろ理解を阻害すると思われる。なお、チェチェン語では、ノフチィチョ（Нохчийчоь; Noxçiyçö）がチェチェン国家を指し、ノフチィ（Нохчий; Noxçi、複数ではノフチョ Нохчоь; Noxçö）がチェチェン人を指す。

2．人名について
(1) ロシア語とチェチェン語では、チェチェン人の名前が微妙に異なって記載される。例えば初代大統領のジョハル・ドゥダーエフ（露語表記：Джохар Дудаев）は、ジョウハル・ドゥディン（Жовхар Дудин、Dʒouxar Dudin）、本書で中心的に取り上げるアスラン・マスハドフ（Аслан Масхадов）もアスラン・マスハダン（Аслан Масхадан; Aslan Masxadaŋ）となる。ただ一般的にはロシア語表記の方が定着しており、チェチェンの指導者たちも公的な文書にはロシア語表記を使用していたので、本書でもロシア語表記のみを用いる。なお、初出の際に（ ）内でロシア語表記を記載する。

(2) 人名についてチェチェン人のもの、ロシア人のものは、原則として初出の際にキリル文字のロシア語表記を（ ）内に記載する。それ以外の国の人名については、（ ）内でラテン文字での表記を記載する。なお旧ソ連の著名な政治家でも、その後、母国（ロシア以外）で大統領などを務めた人物については、最初から（ ）内でラテン文字による表記を行う。ただし本書で主要な分析対象としていないチェチェンの歴史上の人物についてはこうした表記を省略する。

(3) 人名は、すでに広く定着しているものについては、発音により近い表記と定着した表記が異なる場合、後者の方を用いた（例えばイェリツィンではなく、エリツィン）。それ以外では可能な限り発音に近い表記を試みたが、そもそもこれは現実には不可能なので、あくまでも便宜的表記に過ぎない。また、長（母）音（発音上の力点）の表記については表記した場合としていない場合がある。表記を分けた一つの基準は名前の文字数である（例えば5文字以下では表記した場合が多い）。本書では以上のような理由から人名表記について明確で一貫した基準を設けることはできなかったことを記しておく。

3．チェチェンの社会・政治組織や機構について
　　本書では、チェチェンの社会・政治組織や機構について、その名称がチェチェン語のものも取り上げるが、その際に、

(1) ロシア語名も併記されているものは、ロシア語の和訳を記載し、（ ）内にロシア語名称を記載する、

(2) ロシア語名が併記されていないものについて、
 a) 比較的名称が短いものについては、チェチェン語の音（発音）を日本語で記載し、（ ）内にチェチェン語表記（ただし、キリル文字表記）を記載し、：を挟んで和訳を記載する。
 b) 比較的名称が長いものについては、和訳を記載した上で（ ）内にチェチェン語表記を記載する。

文書のフォーマットについて

4．引用や出典の方法

 引用や出典の表記に際して、本文中に（著者名 出版年）〔必要な場合は個別頁数〕を記載することとし、巻末にこれらの文献をまとめた参考文献の一覧を掲載するという方法をとった。なお説明や補足、解説などを必要とする文献引用や出典の際には注に落としている。

5．ウェブサイト等の閲覧情報について

 本書の中には、その典拠としてウェブサイト上の情報を用いたものがある。これらについては、2014年9月9日現在に最終アクセスを行い、閲覧可能か確認している。ウェブサイトの典拠については以下の記載形式を採用している。

(1) 当該情報が記載されたウェブサイトの当該ページ・アドレスをそのまま記載したもの、
(2) メインページのアドレスを記載するなどし、ウェブサイトの個別ページについては、記載していないもの、
 この記載形式を採用しているものは、以下の二つの基準を満たすものに限る。
 a) 個別ページのアドレスが非常に長く注での記載も困難であり、かつ読者による事後確認のための入力も事実上困難と思われるもの（特にカテゴリやタグなどが自動で割り振られており、アドレス自体は文字数字の羅列であるもの）、
 b) 当該機関のウェブサイト上で検索が可能であり、典拠の際に記載した情報をもとに検索すれば、すぐに情報に辿り着くことが可能なもの、

6．表や図の番号

 表は（章番号－出所順）というルールで番号を割り振っている。すなわち第1章で最初に登場した表は、（表1－1）となる。これに対して図は、章番号を省略し出所順に番号を振っている。この表記法だと序章の表は0－1や0－2となるが、単純に表1や表2と表記する。終章については、表は一つしかないので、番号を省略している。

その他

7．チェチェン紛争という用語に関して

(1) 戦争（Война; War）か紛争（Конфликт; Conflict）か
 チェチェンにおける武力紛争は、日本では内戦や民族紛争なのだから（＝国家間の武力

紛争ではないので)「紛争」だと考える傾向が強いが、現実にはロシアや欧米では「戦争」という用語の方が支配的で定着している。(日本ではこうした事実が知られておらず、安易に「紛争」という言葉が用いられており問題だが)本書ではこのような用語の多様性とその背景にある問題を確認しつつ、便宜的に「紛争」という用語を用いる。ただし、そこには日本の支配的な見方のような(「戦争」と表記すべきではないというような)積極的な判断があるわけではない。本書は用語の定義やその分類法によって、チェチェンでの武力紛争は「戦争」としても「紛争」としても捉えられるという立場をとる。

(2)本書が捉えるチェチェン紛争の時代設定
　本書でチェチェン紛争という場合、1994-96 年の第一次チェチェン紛争と、1999 年から現在までに至る第二次チェチェン紛争というソ連解体後の現代的な紛争を指すこととする(なお第一次紛争、第二次紛争と略記する場合がある)。

8．ロシア(連邦)／モスクワ／連邦中央という用語に関して
　本書では、これら三つの言葉を原則としてチェチェン(独立派)に対抗する言葉として用いているが、厳密にはロシアという用語は連邦全体を、モスクワはその中心地、また連邦中央は連邦政府(ただし首相府というよりも大統領府＝クレムリン)を指しており、意味内容は異なる。また内包する行為主体も大きく違う。これらについては必要に応じて説明し補うが、一義的にはチェチェン独立派との対抗を意識して、これら三つの言葉を用いていることに留意されたい。

9．グルジア(ジョージア)の名称について
　日本政府は、2015 年 4 月 22 日にかねてよりのグルジア共和国からの要望を受け入れ、これまで使用していたグルジアからジョージアと同国の国名を変更した。他方で、この名称が現在どれだけ定着しているのかも定かではなく、本書が執筆された時期(2011～14 年)には、日本政府もグルジアを公式名称としていたこともあり、本書の出版に際してジョージアと書き換えることはしなかった。ただし、これはグルジアという名称を維持するべきであるとか、ジョージアを用いるべきではないという積極的な判断によるものではなく、便宜的な理由によるものである。

図表一覧

表　一　覧
序　章
表１：チェチェン問題を対象とした研究の分類 …………………………………… 20
表２：先行研究の説明とその課題 ………………………………………………… 25
表３：先行研究が答えられない疑問に対する本書のアプローチ ……………… 31
表４：第一次紛争後のチェチェンの政治展開 …………………………………… 32

第　1　章
表１−１：紛争の類型 ………………………………………………………………… 56
表１−２：犠牲者数による紛争の分類 ……………………………………………… 56
表１−３：武力紛争の数の推移とその内訳（1989-2010年）……………………… 57
表１−４：紛争地における紛争の構造的環境要因 ………………………………… 59
表１−５：紛争移行（conflict transformation）の種類 …………………………… 69
表１−６：紛争終結までの形態に関わる再発要因の分類 ………………………… 71
表１−７：紛争後の形態に関わる再発要因の分類 ………………………………… 75
表１−８：紛争後に各行為主体がとるべき政策？ ………………………………… 76
表１−９：紛争再発要因とチェチェン紛争 ………………………………………… 78
表１−10：「未承認国家」の生成・生存要因 ……………………………………… 86
表１−11：「未承認国家」への国際社会の対応の多面性 ………………………… 92
表１−12：チェチェン・イングーシ自治共和国における行政地区人口（1989年）… 98
表１−13：チェチェン・イングーシ自治共和国の主要民族構成 ………………… 99
表１−14：チェチェン・イングーシ自治共和国の民族別都市・農村人口割合（1989年）…… 99
表１−15：比較におけるチェチェン・イングーシ自治共和国における
　　　　　都市、農村、首都人口 ………………………………………………… 100
表１−16：比較におけるチェチェン・イングーシ自治共和国の共産党役員（1985-86年）… 108
表１−17：チェチェン社会の血縁・地縁組織の概念 ……………………………… 109

第　2　章
表２−１：第一次紛争時のチェチェン諸勢力（ザヴガエフ政権誕生前）……… 145
表２−２：チェチェン共和国大統領選挙候補者名簿（1997年）………………… 150
表２−３：チェチェン共和国大統領選挙の結果（1997年）……………………… 152
表２−４：第一次紛争の終結に至る紛争移行 …………………………………… 154
表２−５：第一次紛争が終結する際の「二重の対立構造」の構成要素の変化 … 155
表２−６：第一次紛争後のチェチェンにおける主要な課題 …………………… 158
表２−７：ワッハーブ主義の影響力拡大の背景 ………………………………… 163
表２−８：第一次紛争後のチェチェンの政治展開（表4と同じもの）………… 168
表２−９：第一次紛争後のチェチェンの政治集団（1997-99年）……………… 170-171

第　3　章
表３−１：マスハドフの人物像の両側面 ………………………………………… 189

表3-2：マスハドフの対露政策の三つの柱 …………………………………………… 194
表3-3：自治権や国家的地位をめぐる相違点 …………………………………………… 196
表3-4：ロシアとチェチェンの交渉年表（1997-99年）………………………………… 200
表3-5：法的・政治的地位をめぐるロシアとチェチェンの認識の相違 ……………… 201
表3-6：対露交渉課題とその合意の有無（1997-99年）……………………………… 206
表3-7：紛争後のチェチェンの内閣とその特徴（1997-99年）……………………… 209
表3-8：内閣の主要閣僚の属性（1997-99年）………………………………………… 210
表3-9：チェチェン各地の軍閥勢力 …………………………………………………… 211
表3-10：紛争後のチェチェン共和国における「イスラーム化」……………………… 218
表3-11：チェチェンにおける政治的争点と「政治的なイスラーム化」の進行 …… 221
表3-12：南北コーカサスの石油パイプラインの概要 ………………………………… 227
表3-13：グルジア・チェチェン関係年表（1997-99年）……………………………… 230
表3-14：マスハドフの「外交」関連年表（1997-99年）……………………………… 241
表3-15：チェチェン共和国在外代表部一覧（1997-99年）…………………………… 242
表3-16：チェチェン共和国における欧米人に対する代表的拉致事件 ……………… 244

第 4 章
　表4-1：紛争後の形態に関わる再発要因の分類 …………………………………… 265
　表4-2：1997-99年のチェチェンからみる「未承認国家」の生存要因 …………… 269
　表4-3：「領域をめぐる紛争」の和平合意に含まれる政治的な規定（1989-2005年）…… 275
　表4-4：法的・政治的地位をめぐるロシア指導部の交渉姿勢の分類 …………… 278
　表4-5：法的・政治的地位をめぐるチェチェン指導部の交渉姿勢の分類 ……… 280
　表4-6：ロシアの経済合意未履行の背景にある要因 ……………………………… 283
　表4-7：拉致されたロシア政府関係者（1997-99年）……………………………… 285
　表4-8：ロシアとチェチェンの交渉の継続性と窓口の問題 ……………………… 287
　表4-9：チェチェン独立派の代表的政治指導者の分類（1997-99年）…………… 290
　表4-10：紛争移行期のチェチェン世論の望む共和国制度 ………………………… 297
　表4-11：紛争移行期のチェチェン世論が認識する現状の共和国制度 …………… 297
　表4-12：より望ましいと認識する国家制度（1999年2月）………………………… 299
　表4-13：信頼できる政治指導者 …………………………………………………… 301
　表4-14：ダゲスタンのワッハーブ主義・スーフィー教団の勢力関係（1998年）… 312
　表4-15：ダゲスタン問題のチェチェンへの影響とリンケージ …………………… 314
　表4-16：マスハドフの平和定着の試みに対するダゲスタン情勢の影響 ………… 318
　表4-17：ダゲスタンやモスクワにおけるアパート爆破事件 ……………………… 322
　表4-18：マスハドフ政権による平和定着（問題領域・時期区分）からの状況評価 …… 325
　表4-19：第二次紛争の発生に至る紛争移行 ………………………………………… 329
　表4-20：第二次紛争が発生する際の「二重の対立構造」の構成要素の変化 …… 329

終 章
　表：序章で提示した先行研究が答えられない疑問に対する本書の答え ………… 358

図　一　覧

第　1　章
図1：チェチェン紛争の「二重の対立構造」………………………………47
図2：「複合的なディレンマ」状態…………………………………………50
図3：「状況悪化のスパイラル」状態………………………………………51
図4：チェチェン・イングーシ自治共和国…………………………………97

第　2　章
図5：チェチェンの石油産出量の推移……………………………………135
図6：チェチェンの反対派勢力の拠点（1994年）………………………138
図7：第一次紛争へと至る過程での「二重の対立構造」………………141
図8：民族復興政府閣僚の属性……………………………………………144

第　3　章
図9：マスハドフ政権の平和定着の試み…………………………………192
図10：新聞における社会風刺画……………………………………………216
図11：北コーカサスの石油パイプライン（1997年当時）………………227

第　4　章
図12：対露交渉の展開………………………………………………………274
図13：ロシアの対チェチェン交渉姿勢の類型化…………………………277
図14：チェチェンの対露交渉姿勢の類型化………………………………279
図15：紛争後のチェチェンの代表的指導者と組織の分類図……………294
図16：ダゲスタン共和国地図………………………………………………309
図17：ОКДМのボトリフ・ツゥマディ地区への進軍……………………320

終　章
図18：紛争移行期のチェチェンにおけるマスハドフ政権の「複合的なディレンマ」………355
図19：紛争移行期のチェチェンにおける「状況悪化のスパイラル」（平面図）………356
図20：紛争移行期のチェチェンにおける「状況悪化のスパイラル」（立体図）………357

略号表記一覧

BBC：British Broadcasting Corporation, 英国放送協会
BGN：Baku-Grozny-Novorossiysk, バクー・グローズヌィ・ロヴォロシースク（石油パイプライン）
BTC：Baku-Tbilisi-Ceyhan, バクー・トビリシ・ジェイハン（石油パイプライン）
CIA：Central Intelligence Agency, 中央情報局
CIS：Commonwealth of Independent States, 独立国家共同体
DDR：Disarmament, Demobilization, Reintegration, 武装解除・動員解除・社会復帰
GDP：Gross Domestic Product, 国内総生産
ICISS：International Commission on Intervention and State Sovereignty, 介入（干渉）と国家主権に関する国際委員会
IDP：Internal Displaced Persons, 国内避難民
IMF：International Monetary Fund, 国際通貨基金
NATO：North Atlantic Treaty Organization, 北大西洋条約機構
NGO：Non-Governmental Organizations, 非政府組織
OSCE：Organization for Security and Co-operation in Europe, 欧州安全保障協力機構
SSR：Security Sector Reform, 治安部門改革
PRIO：Peace Research Institute of Oslo, オスロ国際平和研究所
UCDP：Uppsala Conflict Data Program, ウプサラ紛争データ・プログラム（データベース）

АССР：Автономная Советская Социалистическая Республика, 自治ソヴェト社会主義共和国
ВВС：Временный Высший Совет, 暫定最高会議
ВЦИОМ：Всероссийский Центр Изучения Общественного Мнения, 全露世論調査センター
ГПУ：Государственное политическое управление, 国家政治局
ГР：Грозненский Рабочий, 『グローズヌィの労働者』（新聞）
KGB（КГБ）：Комитет Государственной Безопасности СССР, ソ連国家保安委員会
КПСС：Коммунистическая Партия Советского Союза, ソ連共産党
НГ：Независимая Газета, 独立新聞
НКВД：Народный Комиссариат Внутренних Дел, 内務人民委員会
ОКДМ：Объединенное Командование Дагестанских Моджахедов, ダゲスタン・イスラーム聖戦士統一司令部
ОКЧН：Общенациональный Конгресс Чеченского Народа, チェチェン国民全民族議会
OMON（ОМОН）：Отряд Милиции Особого Назначения, 特別任務民警支隊
РСФСР：Российская Социалистическая Федеративная Советская Республика, ロシア・ソビエト連邦社会主義共和国
РФ：Российская Федерация, ロシア連邦
СССР：Союз Советских Социалистических Республик, ソヴェト社会主義共和国連邦
ЧИАССР：Чечено-Ингушская Автономная Советская Социалистическая Республика, チェチェン・イングーシ自治ソヴェト社会主義共和国
ЧР：Чеченская Республика, チェチェン共和国
ФОМ：Фонд Общественное Мнение, 世論基金（ロシア）
FSB（ФСБ）：Федеральная Служба Безопасности РФ, ロシア連邦保安庁

序　章

1. 問題意識

　国際関係論における重要な問題として、「紛争[1]はなぜ発生するのか」というものがある。冷戦終結までは、主に国際システムに着目し、国家間の紛争（戦争）に焦点を当てた研究が主流だった。だが、冷戦の終結とその後の社会主義多民族連邦国家の解体過程で生じた地域・民族紛争を受けて、現在では内戦や地域紛争などに対する研究が主流を占めるようになってきている。それ以前も内戦や地域紛争の方が戦争よりも数の上では多かった（Gurr 1994; Wallensteen and Sollenberg 2001; Themnér and Wallensteen 2011）が、それは国際システムにさほど影響を与えない第三世界の植民地解放闘争として、あるいは米ソの全面戦争を回避する政策手段――すなわち、低強度紛争（low intensity conflict）――として理解されていた。だが、冷戦が終結して国際システムにおける大規模な戦争発生のリスクが低下し、またアフリカ、旧ユーゴや旧ソ連の一部において甚大な被害を生み出す内戦や地域紛争が発生したことで、紛争研究は、これらに焦点を当てるものが主流となってきた。内戦や地域紛争は、国家間の紛争の分析枠組みでは理解できない部分が多く、こうした「新しい側面」に焦点を当てた研究[2]がそれまでの戦争研究にとって代わって盛んになされている。冷戦後に生じた紛争の特徴や問題を多様な観点から考察すること、特に国際関係論研究者があまり十分に研究してこなかった旧ソ連や旧ユーゴなど多民族連邦国家解体後における紛争の検討は強く求められており、近年研究も精力的に取り組まれている。

　このような変化の一方で、冷戦の終結とその後に注目を集めた紛争は、古くて新しい問題（歴史的に何度も出現している問題）を再び提起する側面もあった。

それは、「政体の人的・領域的範囲という問題」(石田 2013, p.291) であり[3]、その争点の性質から「政府をめぐる対立」[4]と「領域をめぐる対立」[5]とに分類することが可能な問題である。これらの問題は、既存の政体が揺らぐことによって表面化することが多く[6]、実際に旧ソ連や旧ユーゴなどではそのようにして表出した。

　武力紛争は、このような——少なくとも当事者にとっては——分割できない価値をめぐって、二者以上の行為主体の間で暴力を伴って形成される対立だと理解されているが、他方で元来、紛争の理論研究は、「中央政府」と「反乱勢力」[7]などというように紛争当事者を一枚岩的な行為主体として捉えがちであった。しかし、旧ソ連・旧ユーゴの解体過程で生じた「政府をめぐる対立」や「領域をめぐる対立」は、その内部に複数の対立軸や行為主体——紛争の重層性——を内包していたため、問題はより一層複雑なものとなった。こうした経緯もあり、現在このような対立の重層性が紛争のダイナミズム（発生・停戦・終結・再発）にいかなる作用を果たすのか、考察することが強く求められている。

　さて、紛争の実証研究に対して、そこで得られた理解を政策として実施する平和構築研究も近年精力的に取り組まれている。紛争研究は、それが計量分析によるものであれ事例研究によるものであれ、紛争の要因やその発生のメカニズムを明らかにすること、あるいはそのための何らかの枠組みや理論を提供することを目的としている。これに対して平和構築（peacebuilding）は、その概念の誕生から明らかなように、国際社会（主に西側先進国や国際機構）の紛争地に対する積極的関与によって平和の定着を目的とする実践的な研究領域である[8]。紛争研究において特定される紛争要因は、平和構築の議論では、平和を定着させる際の阻害要因であり、改善するべき課題となる[9]。このようにして紛争と平和の境界についての研究も進んでおり、特に「一度、紛争を経験した地域ではどのような条件で紛争が再発するのか」に対する関心も高まっている。こうした研究では理論研究者が統計分析を通して要因を明らかにしているが、特定地域をみた場合、理論的な理解がどれほど有用であり、どの点では不十分なのかというような理論と事例の連結が求められている（Collier, Hoeffler and Sambanis 2005; Collier, Hoeffler and Söderbom 2008）。このことは逆の経路についても同様で、すなわち特定地域の紛争において問題となった紛争移行[10]のメカニズムが他地域や理論一般にいかなる問題を提起しているのかを考えることが求められている。

さて、紛争後の平和定着[11]という問題を外部主体の関与を自明とする平和構築の議論の中で捉えると、その枠組みでは理解できないような——特に国際社会が関与（あるいは注目）していなかった事例の——紛争当事者による平和定着のための取組みは軽視されがちになる[12]。確かに平和構築の議論においても「下からの平和構築」が重要だという主張が出ている（ラムズボサム他 2009; Ramsbotham, Woodhouse and Miall 2011）が、これも国際社会の関与がある中で紛争地の人々の自律性を問題にしているもので、紛争当事者が平和の定着のためにどのように取り組んだのか、その意味（意義）と限界は何だったのかという問題は、あまり検討されていない。特に紛争が再発——あるいは新しい紛争が発生——した事例は、平和定着の「失敗例に過ぎない」というような認識もあり、その取組みを問い直そうという試みは積極的に行われていないように思う。このようにして平和構築研究から排除された当事者による平和定着の試みも、同じような課題を抱えている紛争地域が存在し、紛争が再発した事例と同様の「失敗」を犯す可能性を排せない以上、検討し、「なぜ紛争回避が困難になったのか」という別の観点から何らかの教訓を得る必要があろう。

　本書では以上のような問題意識を持って、冷戦後の代表的な紛争として言及されることは多いものの、他方でその内実については必ずしも明らかになっていないチェチェン紛争（第一次紛争：1994-96、第二次紛争：1999-2002 or 2009[13]）を研究する。チェチェン紛争は、ソ連解体と新生ロシア連邦への移行過程で（ロシア領土内で）唯一紛争へと発展した民族問題であり、現在に至っても折に触れて国際社会から注目されている紛争である。このうち本書が注目するのは、1997-99年という紛争移行期のチェチェンである。この時期は第一次紛争と第二次紛争をつなぐ重要な時期であり、その意味でこの時期を理解することは現在のチェチェン紛争（あるいは問題）を理解することにも繋がる。この時期のチェチェンに対する現在支配的な評価は、平和の定着が失敗し、紛争が再発したのは「驚くべきことではない」とか「至極当然のことだ」というようなものだが、実は同時代的にはチェチェンが「独立に向かって行く成功例」と捉えられたり、紛争が終わり民主的な選挙によってチェチェンの大統領が選ばれたことをロシアも国際社会も評価し今後に一定の明るい展望を持っていたりしていた。それにもかかわらず、なぜチェチェンでは平和定着に失敗し紛争は再発したのだろうか、これが本書の問いである。

　チェチェン紛争は、前述した冷戦後の地域紛争において問題となっているい

くつかの特徴を備えている。例えば、この紛争はチェチェン独立派がロシア連邦中央との間に分離独立という争点（＝「領域をめぐる対立」）を抱えている紛争であるが、実はチェチェンの内部にも分離独立をめぐっては異論があり、正統な政治的権威をめぐる争点（「政府をめぐる対立」）も抱えていた。ここで重要なことは、単純に紛争が異なった複数の争点を抱えていたということだけではなく、それが異なった行為主体によって構成されていたということである。「領域をめぐる対立」と「政府をめぐる対立」は、既述のように密接に結びつく形で表出しやすいが、チェチェンにおいては異なった行為主体によってこれらが形成され、また別々に進展しつつ相互に影響を与え合ったという複雑な構造があったのである――本書ではこれを「二重の対立構造」[14]と形容する。

　このような特徴に加えて、チェチェンは前述の「一度紛争を経験した地域」であり、そして紛争が再発した事例[15]でもある。さらに、この紛争の和平では「領域をめぐる対立」の解決について事実上棚上げされ、しかも分離主義地域が事実上勝利する形で紛争が終結したことから、チェチェンは紛争移行過程に「未承認国家」となった。「領域をめぐる対立」を争点に抱える紛争が停戦や和平に至っても、その法的・政治的地位について解決に至らず、分離主義地域が中央政府の統制を離れ自立・独立を高めていくという「未承認国家」は、チェチェンに限らず冷戦後の分離主義紛争の中で見出せる問題である[16]。他方で、チェチェンは外部支援がない状況で紛争移行過程に平和の定着と「国家」の生存をはかる必要があった。

　筆者は、このようなチェチェン（紛争）の特徴が紛争再発とも結びついている――より具体的には紛争回避が困難な状況が形成され、そこから抜け出すことが難しくなったことの背景にある――と考えている。本書では、紛争移行期（1997-99年）のチェチェンにおいて紛争回避が困難な状況が形成されたのは、以上のような紛争の特徴が事態の進展と共に、「二重の対立構造」の中心に位置づけられるチェチェン独立派政府に「複合的なディレンマ」を抱えさせ、この状況を改善しようにも改善することが極めて困難になる「状況悪化のスパイラル」に陥ったためであると明らかにする[17]。

　本書では、紛争移行過程においてチェチェンが抱えていた問題は、他の地域でも発生する可能性があり、その場合、紛争の回避は極めて困難になるという理解を提示する。チェチェン紛争のいくつかの特徴が冷戦後の紛争を取り巻く重要な問題――冷戦後の紛争の特徴とその発生要因、紛争移行と平和定着（構

築)の問題、紛争後の国家的地位（statehood issues、例えば「未承認国家」）の問題など——と強く結びついているということを確認すれば、本書の分析作業はチェチェン問題のみならず、これらの問題を理解し考える上でも一定の意義があると思われる。

2．本書の目的

本書の目的は、「チェチェンでなぜ和平が定着せず、紛争の回避が困難となる状況が形成されたのか」を明らかにすることにある。この課題に取り組む際に本書では、紛争の要因を何か一つに特定することではなく、紛争そのもののダイナミズムを明らかにすることを目指す。要因の特定は、紛争移行過程のある段階を切り取った解釈（紛争の理解）であり、また定点観測にならざるを得ず、往々にして観察者の問題関心に引きつけられる。他方で、本書の提示する紛争再発のメカニズムとは、それが形成されてしまえば、為政者に抜け出すことのできないディレンマや負のスパイラルを提供し、紛争回避を極めて困難なものとするというものである。筆者は、引き金要因がいかなるものであれ、このメカニズムの形成にこそ紛争再発の根本的原因があると考える。

したがって本書の目的は、仮説の検証と新事実の提示の中間に位置づけられる。後述するように本書の研究対象（あるいはその時期）に対する綿密な研究は決して十分になされていない。本書は、先行研究によって形成されている理解を検証すると共に、そこで十分に取り上げられてこなかった事実の提示を試み、紛争移行過程のチェチェンを捉え直そうとする。同時に本書は、冒頭で本書の理解——すなわち「二重の対立構造」を有するチェチェン紛争の特徴が紛争移行過程において「複合的なディレンマ」や「状況悪化のスパイラル」を為政者に抱えさせ、これによって紛争回避が極めて困難な状況が形成された——を提示し、その政治過程を実証的に明らかにする。

3．チェチェン問題を取り巻く研究とその課題

ここでは厳密には本書と問いを共有する先行研究ではないが、本書の目的、研究対象、研究方法や資料の選定などに一定の妥当性があると明らかにするため、またチェチェンに関する一定の理解を踏まえてもらうために、まずチェチェン問題[18]を取り巻く研究動向と課題について概説する。

チェチェン問題、あるいは紛争に関する研究は——その中身に対する個別評

表1　チェチェン問題を対象とした研究の分類

問題意識	問題設定		焦点・分析対象	ディシプリン	論者	
紛争（分離独立問題、または「テロとの闘い」）	構造・環境	制度	ロシア（ソ連）の連邦制　民族自治・分離問題	比較政治学	Derluguian 1999b, Mikhailov 2005, Hughes 2007, 塩川 2007a	
		民族	ソ連・ロシアの民族政策	歴史学	Dunlop 1998, Gökay 2004	Lieven 1999
			チェチェンの文化・歴史・社会	文化人類学　社会学	Коротков 1994, Tishkov 2004, 北川 2000	
		イスラーム	伝統的イスラーム	イスラーム研究	Gammer 2006	Souleimanov 2005
			イスラーム急進主義、テロ犯罪・麻薬、地域安全保障		Саватеев 2000, Акаев 2000, 玄 2006 他	
		安全保障		安全保障研究	Kramer 2004	Malashenko & Trenin 2004, Малашенко 2001a, b
			戦術・作戦、政軍関係	軍事学、政治学	Felgenhauer 2002, Blandy 2003, Szászdi 2008	Cornell 2003
		エネルギー	石油利権・パイプライン	地政学	Cornell 1997, Shermatova 2003	レオンハルト 1996, 徳永 2003
	政治指導者		代表的指導者の決定、行動	政治学	Gall and de Wall 1998, German 2003, Lanskoy 2003, Grammatikov 1998	
	法・規範		人権問題　西側諸国の対露政策	国際法　国際関係論	Evangelista 2003, Bowker 2005, Russel 2007, Francis 2008	

出典：筆者作成
(1)破線は上の項目と下の項目が密接に繋がって取り上げられ、これを厳密に分けることが困難であること（境界線の曖昧さ）を表している。(2)一つの研究に複数の観点が含まれるということはよくあり、一人の研究者が複数の研究成果を出していることもあるので、分類には不確実性がある。

価を別にして挙げれば——膨大な量にのぼる。ヒューズ（Hughes 2007）は、チェチェン紛争に関する研究を、(1)ジャーナリストがまとめたもの、(2)研究者が歴史的観点からまとめたものに大別した。これは、「大枠の傾向」として理解する分には間違っていないものの、個別具体的な研究の中身とそこで問題にされていることを理解する際には必ずしも十分なものではない。

そこで、ここではそれぞれの研究の問題意識や分析対象などを整理した上で、チェチェン問題を扱っている研究や著作を大別してみたい（表1）[19]。文献は無数にあり、しかも初期にはジャーナリストによる文献も多いため、分類それ自体も容易ではなく、これらはあくまでも分類しやすい代表的なものを取り上げたに過ぎない[20]。多くの研究は、チェチェン問題のうち紛争そのもの、あるいはそこに至る政治対立に関心を持ち、紛争の原因がどこにあったのかを考察している。したがってこれらの研究は、「第一次紛争後に和平がなぜ定着せず、

紛争の回避が困難となる状況が形成されたのか」という本書の研究目的に取り組む上で参考になる点もあろう。

これに対して紛争の原因というよりも、紛争の展開、あるいはその結果として生じた問題に焦点を当てている研究もある。人権侵害やテロ、あるいは重要拠点をめぐる軍事的攻防（作戦・指揮系統などの問題）、または現在の連邦中央とチェチェンの関係（チェチェンにおけるカディロフ体制の問題点など）を考察するものがこれに該当する。これらの研究は、本書の研究目的と直接的な関係性は有さないものの、チェチェン問題の重要な側面を明らかにしている点で示唆に富み、また既存研究を大別する上でも取り上げる必要があるので、表に記載している。

表1のうち、紛争の発生に問題意識を持つ研究は、大別すると紛争の要因を民族や宗教、文化、歴史、制度、資源などの行為主体を取り巻く構造的環境に求めているものと、政治指導者などの行為主体そのものに求めているものがある。なお通常、構造とは原則として短期的に変更が困難なものを想定するが、チェチェン問題においてはペレストロイカの過程でこうした構造の問い直しや揺らぎが生じていたので、ここで捉えられている構造とは、所与で変更が困難なものとまではいい切れない。

表を見ると、チェチェン問題を対象とした研究の多くが紛争の発生に一定の関心を持ち、また様々な観点から検討していることが分かる。他方で、これらの研究には課題もある。第一に研究方法の課題である。冒頭でヒューズの指摘を引用したが、表1のうち優れた研究の多くが歴史的観点から——すなわち、事実の発掘と整理によって——分析を行っており、理論や枠組みを用いた研究には多くの場合、禁欲的であった。

この背景には、欧米やロシアにおける学術的事情がある。そもそもロシアやチェチェンでは、政治学的研究は歴史学（現代史研究）の一分野に含まれることが多く、チェチェン研究でも歴史学者が分析の主力を担ってきた[21]。また欧米では、チェチェンが紛争以前に決して多くの研究者の注目を集めていた地域ではなかったため、紛争が発生してから多くの研究者が後追い的に事実関係を確認する必要性に直面した。だが、戦渦による混乱や資料不足などもあり、地域研究それ自体が困難になり、また進展する事態に関心が集中するあまり、チェチェン研究では現状分析が主に取り組まれてきた。このような事情があり、何らかの枠組みや理論を用いるのに十分なだけのチェチェン紛争に関す

る事実関係が出揃っていないという状況が生まれた。そのため、比較的近年までヒューズ（Hughes 2007）やツルヒャー（Zürcher 2007）にみられるような他の紛争で指摘されている要因とチェチェン紛争の要因を比較するといった試みは取り組まれてこなかった。

この結果、個々のモノグラフがせっかく明らかにしたことも、全体の中でどのように位置づけられるのかというところまで来ると、不明瞭にならざるを得ないという状況が生じた。先に取り上げた既存研究の問題設定や分析対象をみれば、様々な角度から紛争は検証されてきたように思われるかもしれないが、考察する際の文脈や前後関係があまり一致していないため、それぞれの研究の成果をまとめても、つぎはぎ的な理解しか形成できないという課題がある。

第二に、分析対象の時期に偏りがあるという問題を指摘できる。チェチェン紛争の事実関係の理解に役立つ優れた研究は、紛争発生から20年を経た現在十分に蓄積されている[22]。例えばパイン（Payin 1995; Payin and Popov 1996）やティシュコフ（Tishkov 1997, 2004）など政権に関わった学者からも紛争に至る対立過程が明らかにされている[23]。学者に限らなければ、チェチェン側でも当事者として紛争に関わっていた者が多くの著作を刊行した[24]。これによりモスクワやグローズヌィ[25]（ロシアとチェチェンの政治指導部）の政策や決定、その背後にあった利害関係、内幕などが明らかになり[26]、政治過程の中で紛争を捉える優れた研究も生まれた。チェチェンに関する資料集のようなものも多く[27]、第一次紛争を研究する環境はかなり整備されている。

これに対し「テロとの闘い」と称された第二次紛争では、政権の内幕を明らかにするような当事者の著作も減り[28]、加えてチェチェン独立派は「テロリスト」とされ、その代表的指導者が殺害されたために彼らがどのように考え行動したのかなどを考察する資料も限られている。こうした事情もあり、第二次チェチェン紛争についての研究は、情勢分析という色彩を帯びたものが多い。さらに、第一次紛争から第二次紛争に至る過程（紛争移行過程）の研究が決して多くないため（後述）、第二次紛争をめぐって指摘される様々な特徴（紛争の長期化、争点の変化）についても、はたしてそれが妥当な指摘なのか一定の留保を要するといえよう。

第三に、分析対象の範囲の問題が挙げられる。既存の研究は、多くの場合、チェチェン紛争を連邦中央（すなわちモスクワ、あるいはより大きくロシア）と分離主義地域（すなわちチェチェン、あるいは、より小さくグローズヌィ）の対立とし

てみてきた。これは、通史的な（長い歴史の）観点から両者の対立を描く研究と、特定の個人や集団に着目して対立を説明する研究に分けられる。前者は、過去を現代に投影し、モスクワを時に帝政ロシアやソ連の政府に、そしてチェチェンをコーカサス山岳民やイスラーム主義者に置き換えて対立を捉えようとする[29]。これに対して後者は、モスクワをエリツィンやプーチンという個人に置き換えて、特に彼らの権力の維持や継承という文脈の中で紛争を捉えようとする。

　こういった見方は、非常に巨視的に概括した場合に、一定の説得力と——簡単に説明できるという意味での——魅力を持っていることは確かである。だが、数百年も昔の出来事から現代の政治現象を説明できるというのは安易に過ぎるし、また紛争当事者の一部の行為主体に着目し、簡単な図式で紛争を語ることも紛争発生の複雑なメカニズムの解明には役立たないと思われる。

　このような見方の問題点を理解した上で、現在では、連邦中央や分離主義地域内部の意見の相違や立場の違い——すなわち、一つの行為主体とされている集団内部の多様性や対立など——に注目することの必要性は多くの研究が共有している。ここで重要な問題となるのは、対立の重層性——すなわち、連邦中央も分離主義地域もその内部で支配的立場をめぐる争いがあり、こうした内部での争いと外部での争い（連邦中央と分離主義地域の争い）が絡み合って紛争が生じているということ——である。このような諸対立は、多くの局面で別々に進展しながらもある局面で複雑に連動し、双方が間接的・直接的に結びつき紛争を形作ってきたため、チェチェン紛争を理解する際にはこの相互作用の分析こそ必要不可欠なのである。

　近年、第一次紛争に関してはチェチェン内部の「政府をめぐる対立」についても、連邦中央との「領域をめぐる対立」との関係性を意識し、取り上げた研究（塩川 2007a）[30]もあるが、第二次紛争に至る政治過程に焦点を当てて、こうした分析に取り組んでいるものはほとんどない。

4．本書の研究対象時期とその意義

　以上のように本書が問題とする 1997-99 年という紛争移行期のチェチェンに対する研究は、これまで十分に取り組まれてこなかった。

　本書が 1997-99 年のチェチェンを理解しようとすることは、既述のように現在に至る第二次チェチェン紛争を理解する上でも重要な取組みである。それは、

1997-99年という紛争移行過程で表出した問題が後のチェチェン紛争（第二次紛争）を形作った側面があるからである。チェチェン紛争は、ソ連解体・新生ロシア連邦形成過程の90年代から、世界的に「テロとの闘い」という潮流が生まれる2000年代を通じて、ロシアの安全保障上の重要な問題であり続け、また国際的にも少なからぬ注目を集めてきた。そうした中でチェチェン紛争は、既述のように「長期化した紛争」や「再発した紛争」などと捉えられ、また紛争の争点が変化した紛争（「分離独立」から「テロとの闘い」、あるいは「ジハード」へ）とも理解されている。紛争の大きな対立構造——本書のいう「二重の対立構造」——がほとんど変化せず、紛争自体が長期化する一方、その性質や特徴の一部が変化することは往々にしてあることであり、「長期化」と「変化」、そして「再発」は必ずしも相互に矛盾するものではない。しかし既存の研究では、いかにしてこのようなチェチェン紛争の特徴が形成されたのかについて十分な考察が行われておらず、1997-99年のチェチェンに対する研究もそうした問題提起をしているものが少ない。この時期のチェチェンは、現在のチェチェンをめぐってはもはや問題にされないような特徴（「未承認国家」）も有しており、その意味でもこの時期について詳細に検討することには大きな意義があろう。

5．先行研究の整理と課題

本書と問いを共有した先行研究は、決して多くない。こうした事情からここでは同時代的な情勢分析論文も先行研究の一つとして扱い、それらも整理し先行研究の課題を明らかにしたい。

先行研究の問いへの回答は、大きく分けて三つに分類できる（表2）。第一に、ロシアとチェチェンの対立が紛争再発において重要な要因となったとの見方が挙げられる。これは端的にいえば、チェチェンとロシアが抱えていた「領域をめぐる対立」において双方の法的・政治的関係が未決着であったため、紛争は再発したという見方であり、特にハサヴユルト協定に理由を求める（Shedd 2008）。ハサヴユルト協定は、紛争の平和的解決を目指し、1996年8月にダゲスタンのハサヴユルトでロシアとチェチェンが合意した協定であるが、実は双方の法的・政治的関係については5年間で決着を得ることとし棚上げしていた。この見方では、紛争が終結したものの、その争点に対する具体的な解決に至らなかったことが紛争の回避を困難なものにしたと理解する（Осмаев 2012b）。

これに対しブガイの研究（Бугай 2006, С.188-289）は、ハサヴユルト協定の欠

表2　先行研究の説明とその課題

先行研究の説明		課題	疑問
着眼点	内容		
(1) ロシアとチェチェンの関係に着目	①和平合意に欠陥があった ②相互不信と両立しない目的の衝突 ③ロシアの権力継承／チェチェン内部の問題が引き金要因に	・交渉過程を無視、細部の分析をせず ・(2)の要因（内実）を丁寧にみていない	・最初から紛争再発の回避は極めて困難だったのか？
(2) チェチェン内部の問題に着目	①共和国の「イスラーム化」（反政府系指導者の影響力拡大）と地域情勢の不安定化 ②破綻国家化（チェチェン政府がもはや事態を制御できず）	・「イスラーム化」の政治的出現過程が不明瞭 ・政治指導者の行動の背景には切り込まず ・(1)の視点の欠如	・いつ／なぜ／どのようにして紛争が不可避になったのか？
(3) ロシアとチェチェン内部の関係双方を意識	①なぜ国内問題が複雑化したのか、ロシアとの関係を意識する ②マスハドフ政権に着目し、指導者の能力や意志と紛争の関係を考察	・(1)にはさほど切り込めていない ・マスハドフ政権の政策に対する調査不足	・ロシアとの対立と国内での対立はどのように交錯し、紛争発生に至ったのか？

出典：筆者作成

陥のみで両者の関係を説明することはせず、1997-99年のロシア・チェチェン関係について主にロシア側の視点から公文書なども用いて分析を試みている。ここで彼が提示するのは、法的・政治的地位の問題に関して、やはりロシアは憲法的枠組みの中で解決を試みたが、チェチェン側は独立を求め続けることで交渉は平行線を辿り、その間にチェチェンの治安問題が懸案事項となり、相互不信が強まっていったとする。ブガイの研究は、チェチェンとロシアの関係についてハサヴユルト協定のみで語らない点で、他の研究よりも一歩進み、丁寧な説明を試みている。他方で、ロシア・チェチェン双方の交渉姿勢（法的・政治的地位に対する態度）をややもすると固定的に捉えており、しかも、それ（妥協点）が結局、ハサヴユルト協定や平和条約以上のものではあり得ないという事実に突き当たると、これは結果として前述の「和平合意欠陥論」の変種に該当するという印象を受ける。

　このようにロシア・チェチェン関係の問題を和平合意などに見出すと、これは第一次紛争の終結から第二次紛争まで（1997-99年の間）変化しなかったので、「原理的にはいつ紛争が再発してもおかしくなかった」という考えに至る。では、「紛争が再発した際の引き金要因は何だったのか（＝なぜ1999年というタイ

ミングだったのか)」という疑問が生じるわけだが、これに対しては行為主体の意思決定が重要な役割を果たしたという見方が提示される。例えば前述したロシア指導部におけるエリツィン後継体制の創出（プーチン政権の誕生）という共通利益が挙げられることが多い。開戦という意思決定がロシア指導部でなされた理由は、これ以外にもブガイも指摘するようなチェチェン国内の動向——治安の悪化や拉致事件[31]、過激派の動向——、またそれに起因したロシアの安全保障や地政学的な利害に求められることもある[32]。

　第二に、チェチェン内部の対立（=「政府をめぐる対立」）が紛争再発において重要な要因となったとの見方が挙げられる。これは1997-99年を扱った研究の大部分を占めている。しかもそのうちのほとんどが急進的なイスラーム勢力の影響力拡大とチェチェンの破綻国家化（経済の破綻、国家行政機能の大幅な低下、治安の悪化、拉致事件の頻発など）に焦点を当てている[33]。こうした研究で特に注目され重要視されるのは、チェチェン内部の対立や混乱を激化させた原因としての「イスラーム化」（Islamization; Исламизация）[34]である。この議論では紛争後のチェチェンにおいて急進的なイスラームがどれほど影響力を持っていたのか、そしてこれがチェチェン社会をどのように第二次紛争へと向かわせていったのかが説明される。こうした議論を展開する先行研究は、急進的イスラーム勢力が影響力を持つことで不安定化したチェチェンが周辺地域——特にダゲスタン——も不安定化させたと理解することが多い。したがって、「イスラーム化」がチェチェン問題の地域的拡散と第二次紛争の勃発を招いたと捉える[35]。

　だが、これら先行研究には、いくつかの大きな課題がある。例えば、ロシアとチェチェンの関係から紛争の発生を説明する第一の見方は、1997-99年の双方の交渉過程をほとんど無視して、1996年の和平合意によって紛争を説明しようとする[36]。本来であれば、和平合意にいくつかの課題がありながらも、具体的に双方がどのような交渉に取り組んだのか、そしてそれがなぜ合意に至らなかったのかを考察しなければ、紛争に至る経緯は説明できないはずである。しかも、そもそもロシアとチェチェンでは経済合意などの締結には成功したという事実があるので、96年の和平合意から99年まで双方の関係が何も変化しなかったと捉える見方には大きな疑問が生じる。双方の交渉過程をみているという点で、このような問題を一部克服しているブガイの研究も課題を残している。例えばブガイは、ロシアとチェチェンの交渉姿勢を「和平合意欠陥論」と同様に紛争前から固定的なものとして捉えているため、交渉は「対立と関係悪

化の過程」として理解されてしまう。しかし、現実には独立派政権の対露政策は独立一辺倒ではない方針を掲げており、ロシア内部でも多様な議論があった。このような当事者の交渉姿勢を丁寧に分析し、交渉過程を再検証しなければ、例えば具体的にどこまで双方は妥協可能だったのか、あるいは、交渉はどの時期まで建設的な議論を継続していたのか、そして、いつ相互不信が高まり紛争の回避が困難になったのか、などを明らかにできないのである。

同じく引き金要因としてロシア指導部の決定を問題視する見方も、ロシア指導部における権力の継承という問題は少なくともエリツィンの健康状態が悪化する98年頃から特に顕著な問題となっていたので、それのみによってチェチェン紛争のタイミングまで十分に説明することはできない。1999年9月に紛争が生じたという事実を確認すると、実際の引き金要因はロシア政府高官の拉致事件であれ、ダゲスタンへの「侵攻」であれチェチェン側の動向が決定的な問題となるわけなのだが、この肝心の動向についてはその内実を深く、また丁寧に分析していないのである[37]。

加えてロシア指導部の決定を問題視する場合、第二次紛争の直接的な契機とされる一連のアパート爆破事件との関係に研究実証上の看過できない問題が生じる。すなわち1999年9月に生じたこの事件は、チェチェン人が本当に関与しているのかも分からない突発的なテロ事件なのである[38]。このことは、ロシアとチェチェンが抱えていた問題を丁寧に考察することが必ずしも紛争要因の特定（あるいはアパート爆破事件発生の要因特定）に繋がらない、もしくは繋げて理解してもあまり意味がないという問題を生み出している[39]。こうした事情もあり、多くの研究者はその一つ前の出来事——すなわちダゲスタンへの「チェチェン過激派の侵攻」（1999年8月）——に第二次チェチェン紛争の実質的な基点を求めている。

このような点で、第二の見方は、チェチェンの過激派がダゲスタンに進軍する経緯や要因を少なからず説明できている点で第一の見方より前進している。他方でこの見方にもいくつかの課題がある。例えば、この見方ではチェチェン国内における「イスラーム化」が大きな問題だったという事実は十分に提示できているものの、これがどのようにして政治的な問題として出現してきたのか[40]、特にマスハドフ政権も反対派[41]政治指導者も紛争再発のリスクを高めかねない「イスラーム化」をなぜ進めたのかなどについては十分に明らかにされていない[42]。特にこれは、ロシアとの関係を考えた際に大きな問題となるはず

で、逆にいうとこの第二の見方は紛争の直接的な契機となる「ダゲスタン侵攻」に至るチェチェンの内部動向（要因）を考察することに重点をおいた結果、ロシアとの関係という視座が欠落してしまったのである。

このような先行研究の課題がある中で、これらの課題を多少なりとも意識した第三の見方がある。それは、ロシアとチェチェンの間の対立とチェチェン内部での対立の双方が紛争再発の要因となったという見方であり、ここでは特にマスハドフ政権（1997/2-99/9）に着目して為政者のディレンマや責任を考えようとするものである（Lanskoy 2003; Осмаев 2008, 2012a）[43]。この見方では、チェチェン紛争の「二重の対立構造」——「領域をめぐる対立」と「政府をめぐる対立」が異なった行為主体によって形成されている——は意識されており[44]、例えばチェチェン国内の対立が複雑化した背景としてロシアとの関係を踏まえようとする[45]。またチェチェンの独立派政権に着目することでどのような政策的ディレンマが当時形成されていたのかも考察しようとしており、こうした試みには一定の意義があろう。

他方で、この第三の見方はまだ研究としては少数で、加えていくつかの課題を残している。例えば、これらの研究では対露問題については意識されているものの、十分に切り込んで考察がなされていないため[46]、結局分析の中心は、チェチェンの国内問題とその中での為政者の政策や行動となっている。現状ではこれは第二の見方に指導者（マスハドフ政権）の視点を加えて分析したような形に留まっており、ロシアとの対立とチェチェン内部での対立の相互関係や影響・力学関係については明示的に示せていない。またこの見方では、指導者の役割や決定（あるいは意志や指導力）なども紛争再発の要因を考える上で重要だと見なしているが、他方で彼らが具体的にどのような目的や方針を持って紛争後の課題に取り組み、そこでいかなる問題に直面したのかという点については十分に調査・検討し明らかにすることができていない。したがって、複数の問題が生じていたことで政治指導者が困難な状況におかれていたという事実は分かるものの、このような状況が紛争再発と具体的にどのように結びついていたのかということについては明示できていないのである。

以上のような先行研究の課題をまとめると、先行研究は以下のような問いに関わる重要な疑問に答えることができないか、もしくは何らかの答えは提示しているものの、十分な根拠が伴っていないということを指摘できよう（表2）。

一つに、第一次紛争終了後のチェチェンでは、最初から紛争回避は極めて困

難──つまり事実上、不可能──だったのかという疑問が挙げられる。先行研究では、第一の見方の「和平合意欠陥論」はこの疑問に「イエス」と答えているが十分な証拠は提示されておらず、他の研究は明示的には回答していないが、かなり「イエス」寄りの議論を展開する。本書は、このような先行研究の答えは、第二次紛争発生後の理解に引きずられている部分があると捉える[47]。例えば、チェチェンが紛争の再発に至ったのは、現状（第二次紛争の発生とその後の混沌）を知る人々には「至極当然のこと」のように受け取られる傾向がある。また 9.11 以後に世界的に「テロとの闘い」が主張され、チェチェンもこの文脈で取り上げられることが多くなったという状況を知る人々にはチェチェン紛争においてイスラームの影響力が非常に大きなものだということが理解の前提におかれる傾向がある。このような前提をおくと、「和平合意にそもそも問題があったのだから再発は最初から不可避だった」とか、「紛争後には急進的なイスラームの影響力が強くなったので紛争の回避は始めから非常に難しかった」などと主張される背景は理解できる。だが、同時にその答えの根拠は十分に提示されていないので、これは疑うべき問題を孕んでいるように映る。また、仮に紛争の回避が最初から困難だったとしても、それ自体は実際にどのようなメカニズムで紛争再発に至ってしまったのかという疑問に十分に答えていることにはならない。

　二つ目に、最初から紛争が必ずしも不可避ではなかったと考えられる場合（あるいは当初から紛争回避は困難だった場合も）、具体的にいつ／なぜ／どのようにして紛争回避ができない状況に至ったのかという疑問に先行研究は十分に答えることができていない。これは、連邦中央とチェチェン独立派の対立（「領域をめぐる対立」）、チェチェン国内の対立（「政府をめぐる対立」）それぞれにおいて、いつ／なぜ／どのようにして紛争が不可避となる状況が形成されたのかという疑問である。第一の見方（のうちロシア指導部の意思決定論）と第二の見方は、むしろ個別の引き金要因に着目しているので、これに答えることができない[48]。第三の見方は、ランスコイ（Lanskoy 2003）とオスマエフ（Осмаев 2008）が部分的にだが、「政府をめぐる対立」については答えている。前者は、「なぜ」という疑問にはマスハドフの指導力が問題だったとして、「いつ」という疑問には 98 年夏が紛争回避を困難にした決定的な時期だと答えている。オスマエフは「いつ」という疑問には十分に答えられていないが、「政府をめぐる対立」の紛争回避が「なぜ」困難になったのかという疑問には、マスハドフ政権が急進独

立派や過激派に対して軍事的に対抗する能力を失ったためだと回答している[49]。他方で、これらの研究はロシアとの間の「領域をめぐる対立」については十分な回答を提示できていないし、「政府をめぐる対立」についても答えが片手落ちという問題を抱えているので、彼らの理解を再度検証する必要はある。

　最後に、チェチェン紛争が抱える「二重の対立構造」——すなわち、ロシアとの「領域をめぐる対立」とチェチェン国内の「政府をめぐる対立」——がどのように交錯して紛争再発に至ったのかという疑問に先行研究は十分に答えることができていない[50]。先行研究は、往々にしてロシアとチェチェンの紛争はいつ再発してもおかしくない状況だったから、紛争後に新たに生じ、徐々に悪化したチェチェン国内の対立が前者の紛争も招いたと理解している。しかし、この見方では紛争再発に至るまでは前者と後者の対立がほとんど交錯しておらず、後者の対立が激化した時に初めて前者に強い影響を与えたという理解になってしまう。確かに第二次チェチェン紛争へと至る過程では、少なくともチェチェン・マスハドフ政権とロシア・エリツィン政権の間では、紛争後一度も直接的な武力衝突が生じなかった[51]。しかし、それ以前にもチェチェン国内の対立で対露問題は重要な政治課題になっており[52]、また逆にロシアとチェチェンの対立でもチェチェン内部の動向が重要な問題となった。すなわち、第二次紛争が発生する以前からこれらの対立は相互に影響を与え、また強く関係していたという事実があった。しかし、先行研究は、そこに至るまでにこれら二つの対立が具体的にどのように絡み合い、問題を複雑にしてきたのかという疑問に十分に答えることができていないのである。

6．本書のアプローチ

　本書では、以上のような先行研究の課題を踏まえ、特に先行研究が十分に答えることができていない疑問に対して以下のようなアプローチをとって答えを導きだす（表3）。個別のアプローチについて述べる前にその立場を明示すれば、本書は紛争の全体像、すなわちその特徴や構造（＝「二重の対立構造」）を提示し、そこでいかなるメカニズムが生じるのかを明らかにすることによって紛争のダイナミズム（紛争の再発）を説明する。

　では、第一の疑問（＝「紛争回避は最初から極めて困難だったのか？」）に対して本書はどのようなアプローチを試みるのだろうか。本書はできる限り「紛争が再発した」という結果からそこに至る過程を捉える——紛争再発というベク

序　章

表3　先行研究が答えられない疑問に対する本書のアプローチ

疑　問	本書のアプローチ
(1) 最初から紛争回避は極めて困難だったのか？	・平和定着の試みという同時代的な指導者の視点から1997-99年を捉え直す
(2) いつ／なぜ／どのようにして紛争が不可避になったのか？	・「いつ」→1997-99年を五つの時期に区分し考察 ・「なぜ」→紛争構造と再発メカニズムを明示 ・「どのように」→政治指導者の政策的限界とディレンマに着目 ・「二重の対立構造」によってどのような紛争のダイナミズムが生まれるのかを考察
(3) ロシアとの対立と国内での対立はどのように交錯し紛争に至ったのか？	

出典：筆者作成

トルを所与の条件として解釈する――のではなく、同時代的な政治指導者の観点――平和定着というベクトルもあったという観点――から紛争移行過程を捉え直す。その際に、紛争の「二重の対立構造」を構成していた異なった行為主体の間での政治対立や論争、あるいはその背景にあった問題、新たに直面した課題などを政治展開の中で問い直し明らかにすることで、紛争発生に至る過程を再構成する。具体的には第一次紛争後のチェチェンにおいてマスハドフ政権がいかなる理念・目的を掲げ、紛争後の課題や連邦中央（ロシア）との問題、チェチェン国内の問題に取り組んだのかを詳細に検討し、こうした平和定着の試みがなぜ失敗したのかについて多角的に考察する。

　先行研究は、マスハドフ政権の政治的取組みがいかなるものであれ、少なくともその成功の見込みは極めて低かったという理解に立って、これを問い直す作業をしていない[53]。したがって、紛争後のマスハドフ政権の政策の中身やその性質についてはほとんど問題にしていない。紛争当事者がどのような政策方針や目的を持って紛争後の課題に取り組み、いかに改善しようとしたのか、そしてどの程度課題は改善され平和定着の展望を抱かせたのか、にもかかわらず、なぜ失敗したのか。こうしたことを考察せずに紛争再発を理解することは本来困難なはずである。本書では、このようなアプローチによって第一の疑問に取り組む。

　本書では第二の疑問（＝「いつ／なぜ／どのようにして紛争が不可避となる状況が形成されたのか？」）と第三の疑問（＝「ロシアとの対立と国内での対立はどのように交錯し紛争に至ったのか？」）に答えるためにチェチェン紛争の「二重の対立構造」によってどのような紛争のダイナミズムが生まれたのかを考察する。具体

表4　第一次紛争後のチェチェンの政治展開

分　類	時　期	政治展開
第一段階	97年2-6月	「つかの間の安定」：比較的政治情勢は安定、ロシアと平和条約も締結
第二段階	97年7-12月	「反政府系政治運動の組織化と圧力の高まり」：対露交渉と親露派処遇が問題
第三段階	98年1-5月	「内閣の急進化と閣内対立の表面化」：急進的イスラームが重要な政治的問題
第四段階	98年6月-99年2月【(1)98/6-7,(2)98/8-11,(3)98/12-99/2】	「政権と反対派の武力闘争」：さらに三つの時期に分類 (1)「マスハドフ政権によるワッハーブ主義勢力への攻勢と一時的な勝利」 (2)「反マスハドフ系政治同盟の統合と結合剤としての急進的イスラームの活用」 (3)「反対派との武力衝突の加熱と大統領支持派内部の亀裂」
第五段階	99年3-9月	「共和国のイスラーム化の完了と混沌」：政権の政策的破綻と国内の混迷

出典：筆者作成。分類は筆者独自のもの。

的には、チェチェン紛争を形成する対立の重層性が1997-99年において紛争の回避をいかに困難なものとしたのかを体系的に考察し明らかにすることで、第二と第三の疑問に答えようとする。

では具体的に、「いつ」／「なぜ」／「どのように」という疑問に対していかに接近を試みるのか。まず本書では1997-99年のチェチェンを五つの時期に区分し（表4）、これを用いて紛争回避が極めて困難になる状況が具体的にいつ形成されたのかを明らかにしようと試みる[54]。

次に「なぜ」という疑問に対しては、本書はチェチェン紛争の「二重の対立構造」下で紛争再発のメカニズムが生まれたという理解（仮説）からこれを明らかにしようと試みる[55]。最後に「どのように」だが、これは紛争後のチェチェンの政治・経済・社会的環境と政治指導者の政策的限界という問題に着目することで明らかにしようと試みる。

本書はこのようにチェチェン紛争の「二重の対立構造」に焦点を当て、紛争移行期のチェチェンに対してアプローチを試みる。この際に欠かせないのが、チェチェンの為政者の観点からの考察である。なぜならば、「二重の対立構造」の中心に位置づけられ、二つの対立のいずれをも構成していたチェチェンの独立派政権に着目しなければ、「二重の対立構造」と紛争再発のメカニズムの関係は明らかにできないからである。ゆえに本書のアプローチでは1997-99年のチェチェン独立派政権（＝マスハドフ政権）に着目するということが非常に重要

なのである。

　なお本書は、先行研究が取り組んできたような紛争が再発した際に重要な役割を果たした要因（引き金要因）の特定に作業の重点をおかない。むしろ本書は、紛争移行過程のどの段階で政治指導者にとって紛争回避が極めて困難となる状況が、いかなる理由で生じたのかを明らかにしようとする。本書のアプローチは、紛争再発のメカニズムを提示することで、紛争が持つダイナミズムを明らかにしようとする点に特徴がある。個別の要因に着目した研究では捉えることのできない紛争の全体像を多角的な観点から明らかにすることに本書は重点をおいている。

7．資料

　既述のようにチェチェン紛争の研究の課題の一つは資料に内在したものであり、本書の分析対象が十分に検討されてこなかった理由にも資料的な制約が挙げられないわけではない。他方で現在、こうした課題は若干改善されつつもある。

　例えば、現在、チェチェンではラムザン・カディロフ（Р. Кадыров、以下カディロフ Jr.）を元首とする非常に権威主義的な統治体制が敷かれているが、他方で、少なくともマスハドフ政権に対する評価は、ある種問い直されていると思われる状況もある。それは、90年代以降の現代史（第一次紛争や第二次紛争）をかなり客観的に記述しているチェチェン共和国科学アカデミー刊行の『チェチェン史』（История Чечни: 2008年刊行）におけるマスハドフに関する記述から読み取れる[56]。

> 　マスハドフについてイスラーム急進主義者を是認することで破綻したという批判があるが、これは誤りであり、彼が軍事的な関係において軟弱であったために、当時生じていた問題が彼に妥協の道を歩まざるを得なくしたのである。まして彼はモスクワとの間で、野戦軍司令官との間で、どこで合意形成が可能なのか、現に努力していた政治家だった（Осмаев 2008, С.759）。

　本来、1997-99年というと、親露派チェチェン共和国の元首となるアフマト・カディロフ（А. Кадыров、以下カディロフ）が独立派と袂を分かった時期で、

それ以後、独立派は「テロリスト」や「反乱集団」と位置づけられることとなる重要な時期である。しかもマスハドフは、ロシア当局の公式見解では「テロリストの頭領」である[57]。このような人物がカディロフ Jr. 統治下のチェチェン共和国の科学アカデミーが刊行している『チェチェン共和国史』の中で客観的に、あるいは、むしろ肯定的に記述されている点は興味深い。こうした「歴史の問い直し」と思われなくもない作業が進行している現在は、先行研究が取り組まれた時期に比べ資料的課題が改善されてきているといえなくもない。本書では、この『チェチェン共和国史』も資料の一つとして活用したい[58]。

もう一つは、独立派の元外相（1999/6-2005/8）であるアフマドフ（И. Ахмадов）[59]がアメリカで自伝（Akhmadov and Lanskoy 2010）を書くなど非常に部分的ではあるが、当事者や関係者の回想録も出て来ていることが挙げられる。著名な独立派指導者がほぼ暗殺されている事実に鑑みれば、それ以外の指導者の回想録は利用価値があまり高くないといえなくもないが、それでもこうしたものが刊行されることで観察可能な資料が増えることは意味があろう。本書ではアフマドフの回想録に加え、前掲のルィプキン（当時・ロシア連邦安全保障会議書記）の資料（Rybkin 1998）、さらにマスハドフ（その周辺）が同時代的に刊行した資料（Масхадов 1997[60]; Мазаева 1997[61]）を活用する。

これに加え本書では、欧米圏の先行研究ではあまり用いられていないムザーエフの資料集（Музаев 1997, 1999a~c）を用いる[62]。ムザーエフは 1957 年にチェチェンの首都グローズヌィで生まれ、共和国国立大学歴史学部卒業後、ロシア科学アカデミー・ロシア史研究所のインターン、チェチェン・イングーシ自治共和国の人間科学研究所勤務を経て、80 年代末から 90 年代初頭にはロシアのメディアと契約し、チェチェン情勢の記事を送っていた人物である。その後、チェチェン共和国首相顧問、ロシア連邦大統領府付きチェチェン共和国代表部情報分析部部長兼報道官などを務め、現在はフリー・ジャーナリストである。彼は、90 年代に「民主派」の政治組織の創設に関わっていたことや、93 年には拠点をモスクワへと移したことから、政治的信条としては、親露派「民主」勢力の支持者であると思われる[63]。だが、彼の資料集は彼が記者として丹念にまとめた政治情勢の展開が大部分を占めており（それ以外は政府や議会、政治集団、指導者などの便覧的情報）、比較的客観性の高い資料として十分に利用可能だと考えている[64]。

さらに本書では、同時代的に刊行された新聞資料を用いる。新聞については、

2010 年 6 月から 9 月のアルメニア、グルジア、ロシアでの調査で入手したものだが、チェチェンで刊行されていた新聞（*Грозненский Рабочий*, *Голос Чеченской Республики*）[65] についてはモスクワの歴史図書館、国立図書館においても部分的にしか所蔵されていなかったため、1997-99 年すべてをカバーできているわけではない[66]。それ以外の新聞（ロシア全国紙：*Независимая Газета*, *Известия*, *Коммерсантъ* など[67]、グルジア全国紙：*Свободная Грузия*, *Вечерний Тбилиси*, *Georgian Times*、アルメニア全国紙：*Голос Армении*）は、1997-99 年のチェチェンに関する記事をある程度カバーしている。またアゼルバイジャンの全国紙（*Зеркало* など）については、2008 年に調査した際に収集しておいた 1997-99 年のチェチェンに関する記事を活用する。南コーカサス諸国の新聞を活用するのは、分析対象時期のチェチェンの新聞へのアクセスが困難であるので、これを補うという目的に加え、周辺の独立国という第三者の目から見た場合、当時のチェチェンの何が問題と映っていたのかを理解する上でも有用だと考えてのことである[68]。なお、この他にもロシアの週刊誌や一部新聞資料を活用するが[69]、これは元朝日新聞解説委員でモスクワやチェチェンでも取材を行った徳永晴美氏（元上智大学教授）が取材の際に収集していたものを、氏のご厚意により筆者が譲り受けたものである。

他にもロシアとチェチェンの合意文書、ロシアやチェチェンの公式文書等については、既述のエレメンコらによる資料集（Еременко и Новиков 1997）に加え、当事者刊行による出版物に掲載されている資料なども参照した。なお、ロシア連邦の大統領令や政府決定については、これらに加え、公式ウェブサイトで閲覧可能なものを用いている。

最後に、これらに加えて、前述の先行研究およびチェチェンに関する既存研究なども活用する。

8．研究方法と本書の構成

まず第 1 章 1 節で本書の分析枠組みと仮説を提示する。本書では、チェチェン紛争を「領域をめぐる対立」と「政府をめぐる対立」という複数の争点をそれぞれ異なった行為主体が抱えていることで形成されている紛争と捉え、これを「二重の対立構造」と形容する。その上で、1997-99 年のチェチェンにおいてなぜ紛争が再発したのかという本書の問いに答える際に、この「二重の対立構造」の中心に位置づけられるチェチェン・マスハドフ政権に着目し、同政権

がいかなる対応をしても紛争を回避することが困難になる状況が形成されていたのではないかという仮説を立てる。その際に、重要な役割を果たしたメカニズムとして「複合的なディレンマ」と「状況悪化のスパイラル」を提示する。前者は、複数の問題がある中で為政者に求められる政策が相互に矛盾し、どんな政策に取り組んでも状況の悪化を食い止めることが困難な状況を指す。これに対して後者は、前者の状況（一方の問題の改善が他方の問題の悪化に繋がる）を基盤にし、さらにこれが発展したもので、状況の悪化が加速度的に進む状態を指す。

　このような状況に至る媒介変数としてチェチェン紛争が有している特徴が重要な役割を果たしたとして第2節から5節で、比較と理論の中でチェチェン紛争の特徴を明らかにする。第2節では、紛争がいかなる条件で発生するのか、その構造的環境要因についてまとめ、第一次チェチェン紛争はどのような特徴を持っていたのか、そしてそれが紛争後にどのような課題を生んだと考えられるかを明らかにする。第3節では、一度紛争を経験した地域が抱える課題を紛争移行の観点から明らかにし、第一次紛争後のチェチェンの課題と紛争再発のリスクについて明らかにする。第4節では、平和の定着には第三者の仲介や関与が重要な意味を持つにもかかわらず、紛争後に国家性をめぐる問題を抱える場合にはその関与は事実上不可能になること、また1997–99年のチェチェンがこうした状況にあったことを明らかにする。第5節では、ソ連邦・ロシア連邦という文脈においてチェチェンが持つ特徴を明らかにし、これがチェチェンにおける80年代末の民族運動に与えた影響を指摘しつつ、比較と理論の中でチェチェン紛争を捉える作業を終える。

　第2章では、第一次チェチェン紛争がどのように発生・進展していき、紛争後にどのような課題が形成されたのかをまとめ、1997–99年のチェチェンを理解する上で欠かせない前提的知識を形成する。まず第1節では、ペレストロイカ期のチェチェンの民族運動がなぜロシア連邦で唯一の分離主義紛争へと発展していったのか、紛争の起源と経緯を概観する。その際に、第1章2節で提示した紛争の構造的環境要因の果たした役割についても再検討する。第2節では、紛争の進展とチェチェンの政治諸勢力間の関係の変化について、紛争発生までは分裂を繰り返していた政治勢力がロシアの介入によって、むしろ団結していった事実を明らかにし、第1章3節で明らかにした紛争移行の観点から第一次紛争の終結はどのように捉えることができるのか検討する。第3節では、紛

争に事実上勝利し、選挙によって新政権を選出したチェチェンがいかなる課題を抱えていたのか、平和構築の議論を意識しつつそれを整理する。またその際にすでに序章で提示した、本書が1997-99年のチェチェンを分析する際に用いる時期区分について改めて示し、前もってチェチェンの政治展開についても押さえておく。

第3章では、山積する紛争後の課題の中でマスハドフ政権がどのように平和の定着を試みたのか、四つの観点——対露・国内・地域・「外交」という四つの政策対象領域——から明らかにする。その際に(1)いかなる方針や政策目的を掲げ、(2)どのような政策に取り組み、(3)これがどんな問題に直面し、政権はいかなる対応をとったのかを考察する。

第1節では、マスハドフという指導者の経歴および人物像、さらには彼への評価が二分している現状について触れた上で、マスハドフに着目することがなぜ重要なのか、「二重の対立構造」の観点から明らかにする。

第2節では、「二重の対立構造」のうちロシアと抱えていた「領域をめぐる対立」について、(1)マスハドフ政権は対露方針として主権国家間の合意形成、経済・防衛空間の共有、外交権の保持という三つの柱を立てていたこと、(2)交渉は双方共に精力的に取り組み経済合意を締結、また法的・政治的地位についても素案が提示される状況に至ったこと、(3)だが経済合意は履行されず、法的・政治的地位の交渉も行き詰まり、次第に交渉は治安・安全保障問題にシフトしていったことを明らかにする。

第3節では、紛争後のチェチェンにおいてマスハドフがいかなる政策をとったのか、(1)内閣の構成とその変遷から三つの方針（非独立派諸勢力の登用、実務的内閣の模索、独立派野戦軍司令官への配慮）があったこと、(2)先行研究の指摘する「イスラーム化」は当初は問題になっておらず、本書の時期区分の第二段階までは対露交渉、親露派と独立派の閣内均衡、目標とする国家像、経済社会問題などが主要な政治的争点であったこと、(3)第三段階以後、「イスラーム化」が政治争点になり政権は大きな課題を抱えることになるが、「イスラーム化」それ自体は多様な側面を抱えており、実はダゲスタン情勢の影響を受けて表面化したことを明らかにする。

第4節では、「二重の対立構造」で苦しむマスハドフ政権がこの状況を脱却するために周辺地域、特に直接国境を接するグルジアと石油パイプラインの始点であるアゼルバイジャンにどのように働きかけたのかについて、(1)コーカ

サス地域の域内協力と経済統合を目的に掲げたこと、(2)グルジアとは関係改善のための積極外交に、アゼルバイジャンとは石油パイプライン再開のための交渉に取り組んだこと、(3)前者との関係改善は進んだもののマスハドフ政権は実利を得られなかったのに対し、後者とは直接交渉ができずロシアと交渉することになったものの石油パイプライン再開という実利を得たことを明らかにする。

第5節では、このような地域政策での成果を土台として欧米諸国に「未承認国家」たるチェチェンがどのように「外交」的に働きかけたのかについて、(1)独立承認よりも、むしろ経済的支援を目的としたこと、(2)ブレーンであるヌハーエフを中心に欧米の政財界との協力を密にし、マスハドフも積極的に外遊を展開したこと、(3)しかし結局、「二重の対立構造」に起因する対露・国内問題を原因として失敗してしまったことを明らかにする。

第4章では、こうしたマスハドフ政権の取組みにもかかわらず、なぜ紛争は再発してしまったのかを四つの視座——すなわち紛争研究、対露交渉、国内環境、地域環境——から考察し、紛争再発に至った政治過程を多角的に考察する。

第1節では、これまで明らかにしてきたマスハドフ政権の平和定着の試みとその挫折を、紛争研究の視座から再検討する。この際、第1章で紛争研究の視座から検討した紛争後のチェチェンが抱えると予想される紛争要因（紛争終結までの形態と紛争終結後の形態をめぐる紛争再発の構造的環境要因）が、実際に紛争再発の過程でどれほど問題となったのかを検討する。そして、紛争後に残った国家性問題（「未承認国家」）の観点から、なぜチェチェンは平和定着に失敗したのか（＝生存を担保できなかったのか）を考察する。これらの理解を踏まえた上で、以下第2節と3節では「二重の対立構造」の観点からの考察を試みる。

第2節の「対露交渉の視座から」では、「領域をめぐる紛争」における和平の困難さや、分離主義紛争という非対称な紛争における交渉の難しさを整理した上で、ロシアとチェチェンの交渉では法的・政治的地位をめぐって交渉主体のみならず、双方内部の他の行為主体との間でも交渉認識をめぐるズレが著しく合意形成が困難だったことを明らかにする。経済合意の未履行の背景にはこうした認識のズレに加え、双方内部での政治対立、ロシアでは金融・財政危機の影響、チェチェンでは急進的イスラームの問題やダゲスタン問題との接合、ロシア人高官の拉致事件などの影響を受けて当事者間の信頼醸成や交渉の継続性などの問題が出現したことを明らかにする。

第 3 節では、チェチェン内部、すなわち「政府をめぐる対立」に目を向け、政治指導者が果たした役割や責任について検討する。その際に先行研究では一括して捉えられがちな反政府系指導者の再分類を試み、これを通してマスハドフ政権の反対派への処遇が異なっていたことを明らかにする。また本来、主義・主張の異なる反政府系指導者が結集していく過程を分析することで、反対派もマスハドフ政権も元々あまり現実的だと見なしていなかった政治的立場を採用したという皮肉な現実があったことを明らかにする。また、こうした現象は世論と政治指導者の認識の間にズレがある中で生じたことを明らかにし、最後に先行研究で指摘されている理解を批判的に再検討する。

第 4 節では、紛争直後は紛争再発要因として存在していなかった（あるいは認識されていなかった）にもかかわらず、紛争再発に大きな影響をもたらした要因としてダゲスタン情勢を取り上げ考察する。ここでは、マスハドフ政権が元々問題視していなかったダゲスタンの動向がなぜチェチェンに重要な影響を与えたのかを明らかにする。この際に、「チェチェン側がダゲスタン側を巻き込んだ」という通説とは逆の事実を指摘しつつ、ダゲスタンにおけるワッハーブ主義者の動向がチェチェンに否定的影響を及ぼし、次第に双方が連結・共振していった経緯を分析する。

第 5 節では、今まで個別に取り上げてきたマスハドフ政権の平和定着の失敗要因をまとめ、それぞれの政策がどの段階まではまだ明るい展望を残していたのか、あるいはどの段階でかなり厳しい状態へと追い込まれたのかについて、本書で提示した問題（政策）領域・時期区分を横断する形で鳥瞰的に考察する。その上で、1997-99 年のチェチェンにおいて紛争がどのように移行していった（第二次紛争はどのようにして発生した）のかを、第一次紛争終結に至る過程の考察と対比しつつ、捉え直す。最後にマスハドフは他に採り得る選択肢がなかったのか、彼の指導者としての責任も意識しながら再考し、平和定着の失敗の多角的考察のまとめとする。

終章では、本書の結論を提示する。それは、チェチェン紛争を「二重の対立構造」を抱える紛争と捉え、その構造の中心に位置づけられるチェチェンのマスハドフ政権に着目すると、以下のような理解を提示できるということである。すなわち、1998 年 12 月から 99 年 2 月頃（第四段階第三期）までに「複合的なディレンマ」と「状況悪化のスパイラル」によってマスハドフ政権にとって「領域をめぐる対立」か「政府をめぐる対立」のいずれかの紛争を回避するこ

とがもはや不可能になる状況が形成されたというものである。この結論が持つチェチェン研究への含意、紛争研究への含意などを示し、本書の終わりとする。

注

1　本書で紛争という場合、武力紛争を意味することとし、それ以外の紛争は、別の言葉（例えば政治的対立、あるいは単純に対立）などと記述する。本書の紛争の定義については第1章2節1項を参照されたい。
2　例えば Kaldor (2007)；カルドー（2003）参照。
3　これは山影（1994）が国際関係のセントラル・ドグマだとした国民国家体系に関わる問題であるため何度も提起されてきたのである。同様の問題は、古くはJ. S. ミル、ヴェーバーなども指摘しており、「政体の人的・領域的範囲」の設定に明確で普遍的な基準がないことはダールやゲルナーなども確認している（ミル 1997; ゲルナー 2000; リンス、ステパン 2005）。曖昧な基準の推移はローネン（1988）を参照されたい。
4　government conflict.「領域における正統な権威をめぐる対立」、あるいは「空間的な統治をめぐる対立」「レジームをめぐる対立」などといい換えても良い。
5　territorial conflict.「領域の法的地位をめぐる対立」、あるいは「空間的な枠組みをめぐる対立」「システムをめぐる対立」などといい換えても良い。「領域」／「政府」の争点分類は紛争研究でよくなされる。
6　例えばリンスとステパン（2005; Linz and Stepan 1992）は「民主化」研究においてこれを「国家性（stateness）の問題」として提起した。この問題は、「住民の相当な割合が、彼らが服従義務を負う正統な政治的単位として領域的国家（民主的か否かにかかわらず）の境界を受け入れない場合に生じる」とされる。
7　そもそも「反乱勢力」という言葉は、正統な権威を担う政府に対して秩序を乱す「悪者」のような印象を与え、価値判断の伴った言葉なので、それ自体が問題ではないかと指摘することもできるが、ここではそういったことには立ち入らない。
8　平和構築とは、紛争地における平和の定着およびその基盤強化による平和の恒常化を目指す政策。平和構築の詳細は、大門（2007）、稲田（編）（2004）などを参照。
9　紛争と平和を分ける要因が表裏一体であることは、多くの研究者に指摘されている。逆に平和構築の議論において誤った（データバイアスや分析の際の問題点などを持っている一部の）紛争研究の成果に基づき、平和構築がなされることに対する批判（Woodward 2007）もある。
10　紛争移行（conflict transformation）の定義については第1章3節で行う。
11　本書では平和定着（peace consolidation）を平和構築よりも広い意味で、それ自体も包括する意味で用いる。これは、本書のチェチェンのように外部主体の関与のない平和を定着させる試みを平和構築という用語で捉えようとすることには違和感を持つ人が多いであろうことを想定して用いる便宜的用語である。
12　筆者は現実にはすべての地域紛争や内戦に国際社会が関与できるわけではない以上、紛争当事者による平和の定着のための取組みはもっと注目され、議論されるべき問題であると考えている。なお、こうした問題意識は多少文脈が違うものの、例えば佐藤（編）（2012）

13　第二次紛争の終結時期については研究者の中でも議論が分かれている。ロシアの政権は、2002年に軍事的段階の終了を宣言したが、その後も対テロ作戦を継続し、2009年にこれを終了した。他方で、その後もテロや衝突は——以前よりは小規模とはいえ——継続しており、そもそも第二次紛争をロシア政権が主張するように「テロとの闘い」と理解すると、これは「終わりがない闘い」であるとも考えられる。

14　「二重の対立構造」の詳細な説明は、第1章1節の「本書の分析枠組み」で説明する。

15　なおここで「再発」という場合、「紛争がまったく同じ形で再発した」ということを意味するわけではなく、紛争の基本的な構造（「二重の対立構造」）が変化せず、再び紛争が発生したことを指している。

16　詳細は第1章4節を参照されたい。

17　「複合的なディレンマ」「状況悪化のスパイラル」のいずれについても第1章1節で説明する。

18　本書でチェチェン問題という場合、紛争そのものより広い意味内容で用いている。例えば、それはソ連解体と新生ロシア連邦の誕生過程でチェチェンからロシア（連邦中央）に提起された分離独立問題、あるいは第二次紛争後に提起されたイスラーム急進主義やテロ問題などを含むものである。

19　なおチェチェン現代史に関するロシア語の文献および研究については、ブガイ（Бугай 2006, C.5-50）とオスマエフ（Осмаев 2012a, C.3-38）が包括的にまとめているので（特に後者）、参照されたい。ただ両研究とも英語圏での業績はまったく触れないか、ほんの一言触れているだけである。関連して、オスマエフの研究（Осмаев 2012a）は、チェチェン問題の最先端かつ最も優れた研究の一つだが、筆者は博士論文の提出後、出版に向けての修正段階で入手し、慌てて読んだため、本書の議論に十分に生かすことができなかった部分もあることを断っておきたい。

20　ジャーナリストによる著作は、脚注なしのものから比較的丁寧に文献や資料を明示しているもの、また一定以上の学問的基盤を持ちながら議論を展開するもの（研究者兼ジャーナリストということは欧米では決して珍しくない）と学問的議論よりも自らの取材に重点をおくものなどというように多様である。したがって、表1のような分類を行うことで生まれる弊害もあることを自覚しながら、「チェチェン紛争を研究するに当たって各々に何が問題視されてきたのか」ということを提示するためにこのような分類を行った。

21　チェチェン問題の著名な研究者（チェチェン人）であるガカーエフも、オスマエフも歴史学者であり、彼らの論文はチェチェン科学アカデミーの論集などでは、歴史研究の部類で掲載されている。

22　例えば欧米では、ヒューズ（Hughes 2007）がそれまでの研究では取り上げられなかった事実も取り上げていて興味深く、日本では塩川（2007a）の優れた歴史研究がある。

23　当時は学者出身の政治家（ロシア連邦最高会議議長）であり、現在は再び学者に戻ったハズブラートフも回想録を書いている。彼の著作は多数あるが、さしあたり、Хасбулатов, Руслан (2002) *Власть: меч и коварство, кремль и российско-чеченская война*, Москва, Грааль が筆者の手元にある。

24　例えば故ドゥダーエフ（Д. Дудаев）初代大統領、故ヤンダルビエフ（З. Яндарбиев）同暫定大統領など。同じく筆者の手元にあるのは、前者では、Дудаев, Джохар (1992) *Тернистый путь к свободке*, Грозный, Книга, (1993) *Тернистый пусть к свободке*,

ヴィリニュス, Вага (前著の増補版), Алла, Дудаева (2005) *Миллион первый*, Екатеринбург, ウルトラ・カルチャ (妻の回想版), 後者は Яндарбиев, Зелимха (1996) *Чечения-Битва за свободу*, Львов, Свободная Народів など。

25　チェチェンの首都。以後、グローズヌィという言葉を用いる際には単に地名を指すだけではなく、文脈によってはチェチェンの政府を指すので留意されたい。

26　例えばソ連末期からドゥダーエフの権力奪取までの民族運動の展開はアスエフ (Асуев 1993) が詳しい。

27　ロシアとチェチェンの問題に関する公式文書（合意や宣言、声明）などについてはエレメンコとノヴィコフの資料集 (Еременко и Новиков 1997)、チェチェンの歴史や総論に関しては後述の『チェチェン史』(*История Чечни*) に加え、本書がその一部を利用しているロシア科学アカデミー刊行の『チェチェン共和国とチェチェン人』(*Чеченская республика и Чеченцы*, 2005)、また資料集としては後述のムザーエフに加え、アイダエヴァ (Айдаева) らの『チェチェン人』(*Чеченцы: история и современность*, 1996) がある。

28　ロシア側では比較的早い時期にルィプキン安全保障会議書記が伝記をまとめている (Rybkin 1998) が、これは主に議会での答弁内容やチェチェン紛争に関する合意文書などの資料集的なもので、これのみで政権の内幕が分かるとはいいがたい。ベレゾフスキー (Berezovsky 2006) の自伝もあるが、これは彼に関する記事の寄せ集めであり、エリツィンの自伝（エリツィン 2004）もチェチェン問題にはわずかにしか言及せず、第二次紛争後に定着した「テロとの闘い」という図式で議論をしているので得られる情報が少ない。レベージ（レベジ 1997）も日本版特別書き下ろし以外、チェチェンには言及がない。

29　例えば、歴史的文脈でチェチェン紛争を理解しようとする論者 (Gammer 2006) は、この紛争を 16 世紀のロシアによるコーカサスへの進出から現在に至るまでの長期的な対立図式の中で読み解こうとする。

30　塩川はロシア連邦大統領府（エリツィン）と最高会議（ハズブラートフ議長）の対立も分析射程に組み込んでいる。

31　なお本書では、チェチェンにおいて発生していた身代金目的での人質事件を「拉致」事件と形容している。当時の報道では kidnapping もしくはロシア語の Похищение が用いられていたが、特に前者は、誘い騙して連れ出すという「誘拐」の意味が強い（後者には強制的に連れ出すという意味も含まれている）。チェチェンでの事例では「騙し誘い出す」というよりも強制的に連れて行くという色彩が強かった（本書の中で後述）ので、本書では「拉致」と記述している。なおチェチェン紛争におけるテロリズムについて考察を試みている野田 (2013) は、これら人質事件に対して法律用語の「拐取」を用いている。

32　例えば第二次紛争の発生をロシアの政軍関係から考察したサースディ (Szászdi 2008) は、チェチェン側の動向としてはロシア人将校シュピグンの拉致を、ロシアの安全保障上・地政学的な危機意識（石油パイプラインや地域安全保障などへの懸念）を高めた出来事としては NATO のユーゴ空爆を挙げる。

33　代表的な研究はデルルギアン (Derluguian 1999a)、スレイマノフ (Souleimanov 2005, 2007)、ウィルヘルムセン (Wilhelmsen 2005)、アカーエフ (Акаев 1999b, 2000, 2001)、ユスポフ (Юсупов 2000b) などである。

34　それぞれの論者によって「イスラーム化」の意味内容は異なる。「イスラーム化」の多面的側面については第 3 章 3 節で詳述するが、「イスラーム化」の法的な意味での到達点がマスハドフ大統領によって 1999 年 2 月に導入された世俗憲法と議会（の立法権）の停止、シャリーア（イスラーム法）、クルアーン（聖典）とイスラーム評議会に基づく国家運営で

あることは、多くの論者の理解として共通している。
35　前述のデルルギアンとスレイマノフは、ダゲスタンとチェチェンのイスラーム急進派の連携が最も大きな問題だったとしている。その上で紛争後のチェチェン社会に生じた課題に加え、前者はバサーエフという代表的指導者の役割を、後者はチェチェンの氏族構造とその問題点にも着目している。この時期の北コーカサス地域の不安定化をチェチェンとの関係で捉える論文は多い（Кудрявцев 2000; Добаев 2000; Малашенко 2001a, b）。
36　シェッド（Shedd 2008）はハサヴユルト協定そのものが和平のスポイラーであった（他にバサーエフをスポイラー）と主張しているが、ロシアとチェチェンの交渉過程についてはほとんど取り上げていない。
37　例えば1997-99年のロシア・チェチェン関係について情勢分析を行ったリーヴェン（Lieven 2000）は、チェチェンの破綻国家化が問題だとするも、その内実については丁寧に分析していない。
38　この事件についてはロシア当局の自作自演疑惑（連続爆破事件が起きる中、警戒中の住民が爆破を未然に防いだところ、当局の関与が疑われ、事件直後にFSB〔連邦保安庁〕が「訓練だった」と述べたなど）もあり、学術的には検証が極めて困難である。
39　ここでは客観的事実としてアパート爆破事件がチェチェン紛争開戦の重要な契機となったということと、これを研究実証上、政治対立を遡って考察する際のスタートラインに位置づけるべきだという考えは違うということを述べている（前者については筆者も同意する）。アパート爆破事件の場合、チェチェン人が本当に行ったのか不明なので、これを分析や実証の上でロシアとチェチェンの政治対立の延長線上におき、考察することが困難だという問題、具体的には、これを紛争の直接的な契機と捉えて、そこから両者の政治対立を遡ろうとしても途中で分析ができなくなってしまうという課題がある。
40　例えば先行研究は、急進的イスラームという問題以外に紛争後のチェチェンにおいてどんな問題があり、その中でなぜ急進的イスラームが特に重要な問題となったのかということについて十分に説明できていない。
41　本書では先行研究と同様に1997-99年のチェチェンにおける反対派や反マスハドフ派、反政府系指導者という用語を「マスハドフ政権に対抗する、またはその権威を認めない政治指導者」として用いる。だが、具体的にどのような政治指導者や政治組織が含まれているのかを考察し、その分類にも取り組む。また、「反政府系指導者＝ワッハーブ主義者」という一部研究の安易な図式は採用しない。
42　先行研究は、社会学（Tishkov 2004）やイスラーム研究（玄 2006）の見地からチェチェン共和国の「イスラーム化」がどのように進んだのかを精力的に明らかにしている。スレイマノフ（Souleimanov 2005）は「イスラーム化」を「イスラームの政治化」（politicization of Islam）が進んだことに求めているが、その理由として示されているのは、社会における急進的イスラームの広がりであり、これが政治的にどのような内実や含意を伴ったものであったのかについては十分に検討していない。ウィルヘムセン（Wilhelmsen 2005）は、「イスラーム化」が政治的動員手段として用いられたということは明らかにしているが、そこに至る政治過程と各指導者の目的や政策、政治的背景の相違などについてはあまり十分に明らかにしていない。
43　なおオスマエフの二つの論文（Осмаев 2008a と 2008b）の内容はほとんど同じなので、本書では便宜的に Осмаев 2008 で a と b の両方を指すこととし、ページ数などの記載の必要がある時は前者のページ数で記載する。
44　例えばオスマエフ（Осмаев 2012a）は、紛争は現実には二者間ではなく、連邦中央、チェ

チェン独立派政権、ワッハーブ主義者という三者によって構成されていたと述べている。
45　それ以前にもこうした観点から戦間期（1997-99年）のチェチェンを分析している論文はあり、特にベンニグセン（Bennigsen 1999）は当時、現在進行形であった問題について紛争の「二重の対立構造」を意識し、明らかにしている点で高く評価できよう。
46　ランスコイ（Lanskoy 2003）はこれにある程度取り組もうとしているが、それは体系だったものではなく、オスマエフの方は2008年の研究（Осмаев 2008）ではまったく言及がなく、2012年の研究（Осмаев 2012a）でも関係悪化の過程を部分的に触れるのみだが、これは彼が「和平合意欠陥論」に立っている（Осмаев 2012b）からだと思われる。
47　これは単純に過去をみる際に現在（結果）を投影してしまっている研究者だけを指すわけではなく、事態の進展を同時代的に見守った研究者にもいえることである。特に後者の場合、目撃した事実（紛争再発）が衝撃的であるので、「多様な経路があったはずなのにこのような結末を迎えてしまったのだから、これは回避することが不可能だったのではないか」と理解することが考えられる。
48　なお、ロシア指導部がチェチェン問題を改善しようとする積極的な意志を有していなかったことを重要な問題として指摘する論者（Bennigsen 1999; Lanskoy 2003; Hughes 2007）もいるが、これは「領域をめぐる対立」の紛争回避が「なぜ」できなかったのかという疑問には部分的に答えているかもしれないが、「いつ」と「どのように」という疑問には答えていない。
49　なおオスマエフは、2012年に刊行した著作（Осмаев 2012a, C.128）では、チェチェン国家の破綻は、99年には明らかで、それは主に国家を発展させようとするエリートの不在と強い中央政府の欠如という要因に起因していたと述べている。
50　第二の疑問がそれぞれの対立における紛争回避がいつ／どのように／なぜ極めて困難になったのかを問題にしているのに対し、第三の疑問はこれらの相互関係や力学作用と紛争発生の因果関係を問題にしている。
51　ただし、双方からテロや攻撃、それに対する報復的攻撃は加えられることはあった。だが、これが予防的攻撃の枠を越えて、直接的な武力衝突に発展することはなかった。
52　チェチェン国内の政治的対立の一つの重要な争点はいうまでもなくロシアとの政治的・法的関係をいかに築くのかという問題であった。
53　このようにマスハドフ政権の政策を詳細に検討することなくして、その評価を（最初から失敗することが不可避だったと）判断することは可能だろうか。政権の取組みは、ある段階までは成功する可能性も含んでいたものではなかったのだろうか、あるいは失敗する可能性が高かった事例だとしても、そのような環境下で政権がいかに取り組み、失敗したのかを検討することは、今後、同じような課題に直面する紛争地域がないともいえない以上、必要なことではないだろうか。筆者は以上のような問題意識も持っている。
54　なお、この時期区分と政治展開の説明については第2章3節4項で行う。
55　詳細は第1章1節の本書の分析枠組みで提示する。
56　ただし、それ以前にマスハドフなど独立派指導者に対してチェチェン共和国科学アカデミーがどのような立場をとっていたのか、筆者は必ずしも確認できておらず、これが大きな転換なのか、それともそれ以前も一定の評価をしていたが、それがはっきりと記述されるようになっただけなのかは分からない。
57　2005年に暗殺された際も死体がメディアに晒され、「テロリスト」として扱われた。ただし、当初からロシア政府が「テロリストの頭領」と見なしていたわけではなく、本書で明らかにするように当初は交渉主体として認めていた。

58 なお当該箇所を執筆したのは、オスマエフだが、既述のように彼は近年、精力的にチェチェン現代史（90年代以降）をまとめており、これらも可能な限り参照した（Осмаев 2008a~c, 2012a, b）。現状では理由は不明だが、このような「マスハドフ再評価論」は、2012年の著作（Осмаев 2012a）では影を潜め、マスハドフの能力や意志の欠如、無責任さを批判する「マスハドフ責任論」へと主張は変化したようである。

59 アフマドフは第一次紛争後、バサーエフと共に自由党を結党し、1999年には独立派の外相になった人物である。現在はアメリカに亡命しており、チェチェン問題の平和的解決を唱え、アメリカの議員やシンクタンクとの協力、政府へのロビーイング活動などを行っている。

60 97年1月の大統領選挙を控え、候補者たるマスハドフが刊行した書籍（タイトルは「栄誉は命よりも貴い」：*Честь дороже жизни*）で、その内容は回想録やインタビュー集などをまとめたもの。

61 97年5月12日のロシアとの平和条約締結を受け、マスハドフ就任後100日間の政権の成果をまとめた大統領府による資料ブックレット（タイトルは、「大統領の100日」：*100 дней президента*）。

62 ムザーエフの資料があまり用いられていないのは、資料の信用度という問題よりも、その入手難度に起因していると思われる。非常に少数部数しか出回っておらず、しかも現在すべてが絶版になっている。ただし、幸運なことに最近、その一部はインターネット上に公開されており、利用できるようになっている。

63 よって、チェチェン共和国首相顧問も親露派ザヴガエフ政権の顧問だと思われる。なお、彼の現在の政治的言説をとってみると、ロシア政権およびチェチェン政権には批判的立場に位置づけられよう。

64 特にМузаев 1999bでは、98年1月以降のチェチェンの動向について、現在では入手できないようなチェチェンで刊行された複数の新聞を典拠とし様々な情報を整理しており、その利用価値は非常に高い。

65 『グローズヌィの労働者』（*Грозненский Рабочий*：以下*ГР*）は、元々ソ連共産党（チェチェン・イングーシ州委員会）の機関誌だったが、ここで言及している*ГР*は厳密には同じ新聞ではない。元々の*ГР*は、ペレストロイカ期に名称変更し（90年に『チェチェン・イングーシの声』〔*Голос Чечено-Ингушетии*〕に、イングーシと分離後は『チェチェンの声』〔*Голос Чеченской Республики*〕に）、その後生じたチェチェン独立派政権樹立とその内部での急進派と実利派の対立（第2章参照）では反ドゥダーエフ派を支持したため、発禁された。95年に親露派ザヴガエフ政権を支持する形で再び『チェチェンの声』が、また同紙から枝分かれする形で『グローズヌィの労働者』（新）も刊行されることとなる（後者が親露派政権の機関誌となり、主に北部地域で刊行されたのに対し、前者はグローズヌィに拠点をおいた）。しかし、96年までに親露派が分裂し、独立派と親露派が和解すると、両紙は連立内閣を支持することとなる。このため本書で典拠とする*ГР*は、一部を除き95年以降の新しい新聞を指す。同紙を主に資料として用いる理由については、(1)独立派政府機関紙ではなく中立性が高い（政府批判の記事もある）、(2)全国紙であり発行部数も多い、(3)ほかの新聞は本書の分析対象時期をほとんどカバーできなかったことによる。

66 部分的にアメリカのEast Viewの電子データからも参照したが、これも98年11月以降からしかデータがなかった。

67 ただし、コメルサント紙については、ウェブ上で記事がすべて閲覧可能なので、こちらに拠っている。

68 これと関連して、北コーカサスの民族共和国の新聞も一応、調べてみたが、これも部分的にしか所蔵されておらず、しかも多くの場合、国境を接するイングーシやダゲスタンにおいてさえ、チェチェン問題はあまり取り上げられていなかった。ゆえにこれらの新聞については資料として用いていない。
69 詳細は参考文献にて確認されたい。

第1章
比較と理論の中のチェチェン紛争
——本書の分析枠組み——

第1節　本書の分析枠組み

　ここでは、本書がどのような観点から問いに対する回答を導きだそうとしているのか、特にその際に必要となる分析枠組み——紛争構造に対する本書の理解と本書の提示する紛争再発メカニズムの関係、そしてこれらの媒介変数としての紛争の特徴と紛争移行過程の関係——を提示する。その上で、本書でこの後取り組んでいく作業の必要性も確認する。

第1項　チェチェン紛争の「二重の対立構造」

　既述のように本書は、チェチェン紛争を「二重の対立構造」を有している紛争と捉える（図1）。この「二重の対立構造」——あるいは紛争の重層性——とは、チェチェン独立派がロシアからの分離独立という「領域をめぐる争点」を連邦中央との間に抱えており（図1のA）、これが紛争の片方を構成しているのと同時に、もう片方（同B）ではチェチェン国内において政府と反政府系政治集団が正統な「政府をめぐる争点」を抱えているという特徴を捉えたものである[1]。

争点：「領域をめぐる対立」
主体：連邦中央と分離主義地域
チェチェン政府にとっての
問題領域：対露問題

（1）相互に関係・影響
（2）別々に進展・矛盾

争点：「政府をめぐる対立」
主体：分離主義政府と反対派
チェチェン政府にとっての
問題領域：国内問題

図1　チェチェン紛争の「二重の対立構造」
出典：筆者作成

本書でいう紛争構造（=「二重の対立構造」）とは、チェチェン紛争（問題）に対して時期を問わず共通して見出せる、必要最小限の特徴を指している[2]。本書では、このように紛争構造を原則として短期的に大きな変化を経験するものとして捉えていないが、その構成要素（争点や行為主体）は短期的にも変化を経験するものとして捉えている[3]。また本書は、紛争構造を紛争当事者（例えば政治指導者）の認識に主要な基盤をおくのではなく、その関係性に基盤をおき観察可能なものと想定している。すなわち価値判断を伴う紛争当事者の主張——例えば、紛争は「民族解放闘争」であるとか、「テロとの闘い」であるとか——ではなく、当事者双方の関係性から見出される特徴——例えば、両者の間には「領域をめぐる対立」という最大公約数が存在するということ——を重視する。当事者の認識は、このような関係性を理解する上で前提となるものであり、その意味で重要なものだが、紛争構造を捉える際にはそれを過大評価しないような注意も必要である。

　確かに紛争構造は紛争当事者たちと彼らの関係性から成り立っているので、紛争当事者やその認識が変化すれば、紛争構造にもその影響は及ぶ。しかし、それがすぐに紛争構造の変化に繋がることは稀である。紛争は当事者にとって分割、妥協できない価値（争点）をめぐって武力を伴い形成される対立であるので、争点に対して妥協的な行動をとるなどして対立関係を改善することは容易ではない。このため、紛争構造の変化は、その構成要素（紛争当事者や彼らの争点認識、そして双方の関係性）における種々の変化の積み重ねによって生じていくのである。

　したがって、主体と構造の関係は、紛争構造の前では行為主体は無力であるというような構造のみが主体を規定する関係ではないが、他方で行為主体（やその認識）が変化すれば紛争構造も変化するというような直接的かつ明示的なものでもないということになる。ゆえに行為主体が紛争構造に与える影響は、間接的かつ潜在的で、時間がかかるものなのである[4]。このことから本書は、前述のように紛争構造を短期的に変化せず、ある程度客観的かつ固定的に観察可能なものと捉えている。そして、紛争のダイナミズムを紛争構造から説明するためには、紛争当事者とその関係性における変化を一定の政治過程の中で捉え直す必要があると考えている。

　さて、本書でチェチェン紛争が二つの対立によって構成されていることを明らかにするのは、単純に性質の異なる二つの争点を抱えていることを指摘する

第1章　比較と理論の中のチェチェン紛争

ためではない。こうした側面は、すでに先行研究でも少なからず言及されており、この特徴を指摘すること自体は新しいことではない。序章で述べたように「政体の人的・領域的範囲」の問題ともいい換えられるこの二つの問題をあえて本書で分けて考察する必要があるのは、それぞれの対立を構成する行為主体が異なっているからである。仮に争点は複数あってもその対立を構成する行為主体が同じであれば、現象として同時に結びついて生じやすい問題を、その考察に当たり厳密に分けて考える必要はあまりない。他方で、性質の異なる二つの争点がそれぞれ異なった行為主体によって構成されている場合には、まずそれぞれの問題領域における対立を丁寧に読み取った上で、これら二つの対立が相互にどのような影響作用を与えており、これが紛争にいかなるダイナミズムを生み出すのかを考察する必要がある。本書がチェチェン紛争を考察する際に「二重の対立構造」という分析枠組みを用いる背景にはこのような事情がある。先行研究には、このようなチェチェン紛争を構成する二つの対立の関係や成り立ち、さらにその相互作用を考察した研究があまりない。本書で提示する「二重の対立構造」は、その存在を指摘するだけで紛争の発生を十分に説明できるようなものではないが、他方で、より踏み込んでその「構造」の成り立ちや機能を体系的に明らかにできれば、チェチェン紛争の発生までの政治過程をより豊かに理解できると考える――したがって、この「構造」はチェチェン紛争を説明する十分条件ではないが必要条件だと筆者は考える[5]。

　では「二重の対立構造」の成り立ちや機能とはいかなるものだろうか。まず図で示したAやBについてだが、これは行為主体や争点を内包した対立の構造を指している。またこれは問題領域といい換えることも可能で、図1では本書で焦点を当てていくチェチェン独立派政権の観点からみた場合の問題領域を記載している[6]。では、このAとBの関係はいかなるものだろうか。チェチェン紛争におけるAとBの関係については、本書の議論の中で詳細に明示していくが、より一般化・普遍化していえば、AとBの間には性質の異なる二つの関係性が存在する。つまり、一方でAとBは、その争点や行為主体、そこで生じる問題が強く関係・影響し合っており――すなわちAにおける何らかの変化はBにも影響を与える――、他方で基本的に別々に事態が進展していく。だがある局面ではAとBは強く交錯して、またある局面では相互に強く矛盾する――すなわちAの問題がBの障害となったり、Bの改善がAの改善に繋がらなかったりする。

一つの紛争が複数の争点・複数の対立する行為主体を抱えているということはある程度みられることであり、したがってこのような「二重の対立構造」——紛争の重層性——もチェチェン紛争だけにみられるものではない。重要なことは、こうした他の紛争でもみられるような紛争の重層性がなぜ大きな問題となったかということである。本書は、マスハドフ政権に焦点を当て、「二重の対立構造」の中心に位置づけられる同政権が紛争移行過程で「複合的なディレンマ」を抱え、「状況悪化のスパイラル」に陥ったため、紛争回避が困難になったという理解を提示するが、以下では紛争回避を困難にしたこれらメカニズムについて簡単に紹介する。

第2項　紛争再発のメカニズム：「複合的なディレンマ」と「状況悪化のスパイラル」

　ここでは本書の中で明らかにする「チェチェン紛争において紛争回避が困難な状況がどのように形成されたのか」を詳細に分析する前に、より一般化する形で本書の主張する「複合的なディレンマ」と「状況悪化のスパイラル」について説明しておきたい。

　まずこれらのいずれのメカニズムも、その中心には政治指導者が位置づけられる。ここでいう「紛争の回避が困難となる状況」とは観察者である我々が政治指導者をその中心に位置づけ外部から捉えた状況評価であり、「複合的なディレンマ」と「状況悪化のスパイラル」はそれを形成した装置（メカニズム）ということになる。

　メカニズムのうち一つ目の「複合的なディレンマ」状態（図2）とは、問題領域Aにおいて求められる政策が問題領域Bにおいて求められる政策と矛盾する状況が生じるというだけではなく、この状況から脱却しようとして政治指導者が新たな問題領域Cを設定し、ここに対する働きかけをしても、結

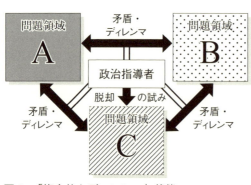

図2　「複合的なディレンマ」状態
出典：筆者作成

図3　「状況悪化のスパイラル」状態
出典：筆者作成

局、AやBの間で生じる問題や矛盾を改善できず、さらに複雑なディレンマが生まれる（AとB、AとC、BとCがそれぞれ矛盾する）というような状態を指す。このような状態に陥ると、本来、問題領域Aにおいて採用されるべき最善の政策が、現実には問題領域B（さらにはC）との関係をみた時に「最善の政策」ではなくなってしまうこと、また問題領域Aにおいて、むしろ状況を悪化させかねない政策を問題領域B、あるいはCとの兼ね合いから指導者が採用せざるを得ないというような状況が生じるようになる。

　本書で考察するチェチェン紛争について問題領域が何かといえば、問題領域AとBには紛争の「二重の対立構造」を構成する問題群――すなわち、Aに対露問題、Bにチェチェン国内の問題――が入る。そしてディレンマを抱える指導者としてチェチェンのマスハドフ政権が当てはまり、Cについては同政権が紛争後の諸課題の中で取り組んだ平和定着政策のうち「二重の対立構造」からの脱却をはかった政策――すなわち地域・「外交」政策――が入る。

　なお、既述のように先行研究で特に問題にされ焦点が当てられてきたのは、このうち問題領域B（国内問題）であるが、本書では先行研究がこの中でチェチェンの国内問題と一体的に捉えているダゲスタンにおける急進的イスラーム勢力の動向は本来チェチェンとは別の問題――便宜的に問題領域Dとする――であることを明らかにする。本来、別の問題領域にあった問題がなぜチェチェン国内の問題と一体的に捉えられたのかということについて、本書は問題領域BとDが次第に強く結びつき、共振する中で一体化していった経緯から明らかにする。

　さて、もう一つのメカニズムである「状況悪化のスパイラル」（図3）とは、それぞれが他の問題領域と強く結びついており、例えば問題領域Aにおける状況の悪化が同じくBにおいても状況の悪化をもたらし、さらにこれは再びAの

状況の悪化へと結びつくというようなネガティブな影響作用の連鎖が生じ、抜け出すことが困難なループ状態が生まれることを指している。さらに、この状況悪化は事態の進展と共に加速度的に進んでいく。チェチェン紛争で当てはめてみると、対露関係で生じていた問題がチェチェン国内における問題を悪化させ、さらにこれが対露関係も一層悪化させていったというようなことである。

「状況悪化のスパイラル」は、「複合的なディレンマ」と重なると破局的な状況を作り出す。すなわち、問題領域AとBに対して採用を求められる政策が相互に矛盾しながらも、抱えている問題は相互に関係・連動しているため、対応をとらないことが事態の悪化に繋がってしまうのである。他方で、対応するにしても問題領域AとBで求められている政策は矛盾しているので、どちらかにとって良い政策は他方にとって悪い政策にならざるを得ない。このことが重大な意味を持つのは、いずれかの問題領域（例えばA）における政策が一時的に当該問題領域における状況の改善に繋がっても、他の問題領域（例えばB）においては状況の悪化をもたらし、これが本来改善したはずの問題領域（A）にも結果的に否定的な影響を与え、それがさらに他の問題領域の状況悪化をもたらすという経路を辿るからである。このようにして政治指導者の選択肢は限定されてしまう。したがって、このメカニズムが完成してしまうと政策に取り組んでも取り組まなくても状況の悪化を止めることが極めて困難になる。後は、突発的な事件や事故、テロなどといった為政者が必ずしも制御できない変数が働けば、紛争が発生してしまうということになるのである。

第3項　紛争再発のメカニズムの背景にあるチェチェン紛争の特徴

ただし、紛争の「二重の対立構造」が「複合的なディレンマ」や「状況悪化のスパイラル」を自動的に生み出すわけではない。対立の重層性については多かれ少なかれ他の事例でも指摘されているが、こうしたことが必ずしも紛争の発生（再発）に繋がっていないからである。では、「二重の対立構造」を有する紛争がいかなる条件でこのような問題を抱えるようになるのだろうか。

本書では、その理由の一つは、それぞれの紛争の個別・具体的な経緯——すなわち紛争後に存在していた問題、対立を構成する政治指導者の目的・能力・意志、そして彼らの具体的政策や行動、これらを通して新たに形成された問題、事態の進展の仕方など——に見出せると考えている（これらについては第3、4章で検討する）。もう一つは、より一般化して比較や理論の中で捉えた時にその紛

争が持つ特徴が重要だと考える。

　第一に考える必要があるのは、紛争後に抱えている課題がどれほど多岐にわたるのか、すなわち紛争後に紛争再発を招く恐れのある特徴（要因）を紛争地がどれほど抱えているのかという問題である。紛争後に抱えている課題が少なければ少ないほど、政策的な対応を求められる問題領域も少なくなろう。また仮に、課題が山積していてもあまり相互関係のないものであれば、ディレンマ状態は生じづらくなる。理論研究や事例研究で指摘されている紛争（再発）要因がどれほど当該地域にあるのかということが一つの指標として重要になってくるということである。

　第二に、紛争移行の形態——すなわち当該地域が紛争後にどのような変化を経験するのか——も「複合的なディレンマ」や「状況悪化のスパイラル」の発生を考える上で重要な問題である。例えば紛争を形成していた問題が変質したりすれば、これは問題領域にも変化をもたらし、場合によっては紛争の構造をも変化させてしまうかもしれない。これは前述の個別・具体的な経緯と重なる部分もあるが、ここで重要なのは、紛争移行にはどのような類型があり、どんな紛争移行形態では再発のリスクが高まると理論的に主張されているのかを確認することである。

　第三に、紛争への国際社会や外部主体など第三者の関与・仲介の有無も考える必要がある。第三者の関与や仲介のなされている紛争においては、たとえそれが重層的な争点を抱えていても、「複合的なディレンマ」や「状況悪化のスパイラル」は生じにくい。なぜならば、これらのメカニズムは「外部からの支援を得られず、他に選択肢もない」という構造的環境を発生の前提条件としているからである。また仮にこうした状況が何らかの形で生じたとしても、第三者の関与・仲介が期待できる場合は、これが改善する可能性も高い。外部主体は、紛争を構成する行為主体への仲介・関与・強制・脅迫などを通じて「二重の対立構造」を解消する可能性すらあるのである[7]。その観点からいうと、そもそも関与や仲介のしやすい紛争事例であるのかを考える必要もある。例えば「領域をめぐる対立」は、その領域的地位をめぐって行為主体が対立しているので、法的・政治的地位が未決着な紛争地への外部主体の関与は——何らかの大義名分を掲げない限り——通常は困難になる。また仮に紛争地の法的・政治的地位について未決着でありながらも、紛争地が中央政府の統制を離れる「未承認国家」という状況が生じると、当該地域への「パトロン」を除く外部主体

や国際社会の関与が極めて困難なものとなる。

　以上取り上げたような比較や理論の観点から、次節ではまずチェチェン紛争（特に第一次紛争を主に念頭におく）がどのような特徴を有していたのかを明らかにする。さらに、紛争後のチェチェンにも目を向け、紛争移行という観点や紛争後の国家的地位をめぐる問題（statehood issues）という観点からどのような特徴を有していたのか理解を試みる。本書は、ここで明らかにした紛争移行期（1997-99年）のチェチェンの特徴が「二重の対立構造」から「複合的なディレンマ」や「状況悪化のスパイラル」を形成する一つの媒介変数になったと捉えている。

　他方で、こうした特徴と「二重の対立構造」があれば、自動的に紛争が不可避になるのかといえば、そう簡単ではない。特に紛争が不可避となる状況がなぜ／どの段階で形成されたのかということに関しては、これだけでは十分な回答を得ることはできない。そこで必要になってくるのは、前述した個別・具体的な経緯——すなわちチェチェンにおける紛争移行の政治過程——の丁寧な分析と考察であろう。その意味で、本章の役割は次章以降でチェチェンを詳細に検討する前に比較や理論を通して前提的な理解を形成することにあり、これは後に第3、4章の分析を通して紛争回避が困難な状況がいかに形成されたのかを問う際に再び向き合う問題でもある。

第2節　紛争の発生とその特徴

　ここでは冷戦後に指摘されている紛争の特徴や要因についてまとめ、チェチェン紛争がこの中でどのように位置づけられるのか検討をする。また次節以降で取り上げる紛争を取り巻く問題——紛争移行過程の問題、紛争後の問題——を理解する基礎を形成する。以下では、まず紛争の定義を行い、冷戦後の紛争の特徴について概説する。この理解を踏まえ紛争研究から紛争の要因についてどのような理解が提示されているのか、理論的・事例的に明らかにする。

第1項　紛争の定義と類型

　紛争（conflict）という言葉は、通常、武力紛争のみを指すわけではなく、司法的対立や経済的対立、政治的対立を指して用いられることも多い。ツュルヒャー（Zürcher 2007, p.42）は、紛争（対立）を「二者以上の集団が相互に両立

しない利益を確保しようと試みる状況で生じる過程」としている。では、武力紛争（armed conflict）の定義とはどのようなものだろうか。ツュルヒャーは以下のように定義している。

　　武力紛争とは、二つ以上の集団が両立しない利害と認識しているものを、他集団の財産を没収、あるいはその破壊を試みることによって、または組織化された暴力の力を借りて、他集団を除去、もしくは攻撃することによって確保しようとする過程である（Zürcher 2007, p.42）。

　紛争（対立）も武力紛争も一つのプロセスであるならば、暴力を伴わない紛争が暴力衝突、あるいは武力紛争へと移行するタイミングが非常に重要となる。なお本書で「紛争」という場合、主に想定しているのは武力紛争[8]のことであり、武力紛争にまで至っていない現象については単純に「対立」と捉える。だが、このことは武力紛争の過程を主に分析しようとしているとか、その直接的な契機となった事件までしか遡って分析対象にしないなどということを意味するわけではない。本書では主に紛争に至る政治過程に着目して紛争を考察しようとしており、この観点からすれば必然的に「政治対立から武力紛争へと至る過程が紛争を理解する上で欠かせない」ということになるからである。また例えば「チェチェン紛争」という場合、直接的な武力衝突のみを指すのではなく、武力紛争に至るまでの政治対立を包括した一連の政治過程を指していることを確認したい。

　紛争には様々な類型が存在する。まず武力紛争の類型について簡単に説明した上で冷戦後の紛争の傾向についてまとめ、この中でチェチェン紛争がどのように位置づけられるのかを考えたい。紛争は、主にその空間（領域）、強度（動員資源や規模）[9]、行為主体に基づいて分類される（表1-1）。

　これに対して、特に紛争の強度——紛争の結果生じた犠牲、すなわち死者数——に着目し分類を行っているものもある（表1-2）。この分類では、1年間で1000人以上の死者数が出た紛争は、「戦争」に位置づけられる[10]。国内紛争や内戦、あるいは「低強度紛争」などという分類を用いると、戦争よりも規模が小さいような印象を与え、その被害が過小評価されてしまう恐れがある。だが、実際には冷戦後の国内紛争の死傷者、難民数は非常に多い（Gurr 1994, p.352）[11]。このような観点から、たとえ国家間の武力紛争でなくとも、「戦争」

表1−1　紛争の類型

名　称	別　名		意　味
国内紛争	低強度紛争	内戦	一国内で生じた武力紛争、テロ、クーデターなど暴力を伴った対立
地域紛争	中強度紛争	戦争	地域的に生じた武力紛争、テロ、クーデターなど暴力を伴った対立
国際紛争	高強度紛争		二つ以上の国家間に生じた武力紛争
民族紛争	本来、国内紛争や地域紛争に分類される紛争だが、特に民族（nation or ethnic group）、または民族性（ethnicity）、あるいはそれらに付随する特徴が強調される紛争を指す際に用いられる		

出典：筆者作成

表1−2　犠牲者数による紛争の分類

分　類	意味内容
小規模な武力紛争	紛争の過程で戦闘に関わる死者数が1000人以下
中規模な武力紛争	紛争の過程で戦闘に関わる死者数が1000人以上、あるいは1年間に当てはめると1000人以下
戦争	紛争の過程で戦闘に関わる死者数が1年間で1000人以上

出典：Wallensteen & Sollenberg（2001）より筆者作成

という用語を用いるべきという考えがこの分類の根底にある。こうした「戦争」という用語の拡大適用や新用法は、冷戦後の紛争の潮流とも関わっている。

　歴史上、国際紛争が内戦や地域紛争の数を上回ったことはないといわれているが（Wallensteen 2011）、冷戦後にもこうした傾向は変化していない（表1−3）。他方で、近年、外国の干渉を伴った国内紛争も増加傾向にある。「テロとの闘い」などによって紛争の形態が多様化し、また時に国家間の紛争を凌駕する犠牲が出ている中で、戦争とそれ以外の紛争の境界線が曖昧になっている（Kaldor 2007; カルドー 2003）。この背景として冷戦後、特に注目されるようになった民族紛争（ethnic conflict）の存在も指摘できよう。

　民族紛争は、本来、内戦（国内紛争）や地域紛争に分類される武力紛争であるが、その対立を民族（nation）[12] および民族性（ethnicity）[13]、あるいはこれらに付随すると考えられる要素（文化、言語、宗教、人種、歴史、居住場所）に特に焦点を当て説明する際に用いられる[14]。冷戦後に旧ソ連（特にコーカサス地域）や旧ユーゴ、アフリカなどで発生した紛争が人々の注目を集め[15]、代表的にはハ

表1－3　武力紛争の数の推移とその内訳（1989-2011年）

紛争の類型	1989	1990	1991	1992	1993	1994	1995	1996	1997	1998	1999	2000
国内紛争	36	45	49	49	40	45	39	37	36	34	32	31
外国の干渉を伴う国内紛争	5	3	1	3	5	1	1	2	2	4	5	4
国際紛争	2	2	2	1	0	0	1	2	1	2	2	2
合計	43	50	52	53	45	46	41	41	39	40	39	37

	2001	2002	2003	2004	2005	2006	2007	2008	2009	2010	2011	総計
国内紛争	30	28	26	28	26	27	30	30	28	22	27	775
外国の干渉を伴う国内紛争	5	3	2	4	6	6	5	6	8	9	9	99
国際紛争	1	1	2	0	0	0	2	0	0	0	1	23
合計	36	32	30	32	32	33	35	37	36	31	37	897

出典：UCDP/PRIO Armed Conflict Dataset v.4-2012, 1946-2011（http://www.pcr.uu.se/）より筆者作成
ここでカウントされている「武力紛争」は「少なくともその一方が国家政府である二者以上の集団の間で武力を伴って政府や領土などをめぐって競合し対立する現象で、戦闘に起因した死者が1年間で25人以上出たものを指す」（http://www.pcr.uu.se/research/ucdp/definitions/ より）。

ンチントン（1998; Huntington 1993）などが民族的な属性に焦点を当てて紛争を説明しようと試みた[16]。こうした中で例えばガー（Gurr 1994, p.352）は、戦争を「少なくとも一方が民族政治的な集団であり、組織化されている競合者間で（発生し）長期化した、激しい紛争」と定義し、民族紛争を指し用いた。

　さて本書で扱うチェチェン紛争に目を向けると、以上のような紛争の定義や類型の中でどのように位置づけられるだろうか。チェチェン紛争は、チェチェン独立派がロシア連邦からの分離独立を掲げることで生じた紛争なので、ロシアの国内紛争、あるいは内戦である。他方でチェチェン（・イングーシ自治）共和国という領域的枠組みを越えて地域的にも広く影響を及ぼし拡散し、同じく同時代的な地域環境から大きな影響を受けた紛争――すなわち地域紛争でもある[17]。また第一次紛争は、冷戦終結後の社会主義多民族連邦国家（ソ連や旧ユーゴ）の解体・移行過程で生じた民族独立闘争の一つであって、これは便宜的には民族紛争と捉えることもできる。また第二次紛争は――それ以前からロシア政権は「テロとの闘い」と主張していたものの――9.11を契機にグローバルな「テロとの闘い」の一部としてアメリカ・ブッシュ政権から認知された[18]。

　以上は主に紛争が行われている空間や紛争を構成する行為主体の観点からの理解だが、紛争の強度から理解するとどうだろうか。チェチェン紛争の規模

は、投入されたロシア軍や独立派抵抗軍の規模を合計すると、第一次紛争でも第二次紛争でも10万人以上になるといわれている。また武器に目を向けても戦車やミサイルなどが用いられており、これは非常に大規模な軍事紛争であった。犠牲者の規模という観点からみても同様のことがいえる。犠牲者の数をめぐって種々の論争はあるものの、最も少ない数値でも第一次紛争で3万人以上、第二次紛争では2000年代初期の段階で2万人以上が死亡しており[19]、これは前述の分類（表1-2）では「戦争」に該当する。こうした理由も背景にあって、ロシアや欧米ではチェチェン紛争を「戦争」（Чеченская война; Chechen War）と表記することの方が多い。

第2項　紛争の構造的環境要因

紛争がどのような条件下で発生するのかという疑問に答えようとする試みは、政治学や経済学、社会学など様々な学問領域から取り組まれてきた。通常、紛争研究（あるいは内戦研究）[20]では「反乱勢力」の動機（不満や欲望）、資源、機会に注目し、紛争の発生を分析する[21]。紛争地の政治・経済・社会などの構造的環境は、こうした「反乱勢力」の行動を規定し、紛争の発生に重要な役割を果たすものとして理解されている——したがって、この議論は対立のないところでも「以下の条件を満たせば紛争が発生する」などというものではない。紛争研究は現在、精力的に取り組まれているが、紛争に関する学術的な共通認識は、実は今のところまだあるとはいえない状況である（Collier, Hoeffler and Söderbom 2008, p.464）。

以下では、主に紛争の「構造要因」（structural factors）と呼ばれるもの——本書では「構造的環境要因」[22]とする——を主に取り上げていくが、その際に地域研究や事例研究からこれに対していかなる問題が提起されているのかについても触れ、本書の分析対象のチェチェン紛争がどのように位置づけられるのか、他地域との比較も意識しながら考えたい。

さて、紛争の構造的環境要因は、その属性ごとに分類可能である（表1-4）。なお、この表は、筆者独自の分類であり、計量分析に基づく紛争研究の知見と事例研究による知見を合わせる形でまとめたものである。紛争要因を包括的にまとめようとする試みは、例えばブラウン（Brown 2001）も行っているが[23]、これと筆者の分類は大きく2点異なっている。第一に、前述のように筆者の分類では最近の紛争研究の主流である計量分析の知見を含めている（ブラウンはほ

第1章　比較と理論の中のチェチェン紛争

表1－4　紛争地における紛争の構造的環境要因

①政治的環境	②経済的環境	③社会的環境	④自然環境
(1) 国家の脆弱性 (2) 権力移動、体制転換 (3) 領土的一体性 (4) 政治体制・制度的安定性 (5) 外部主体の関与	(1) 経済発展水準（GDP） (2) 一次産品輸出の対GDP比 (3) 失業率・貧困・経済格差 (4) 腐敗、汚職（闇経済の規模）	(1) 民族構成（多数派の割合） (2) 人口の増減・都市化率 (3) 制度的・非制度的差別 (4) 教育水準（中等教育；男子） (5) 在外離散民とその規模	(1) ジャングル・山岳地形 (2) 天然資源

出典：筆者作成

とんど含めていない）[24]。よって列挙されている個別の要因が違う。第二に、ブラウンは筆者や他の研究者が構造（的環境）要因（structural factors/ causes）としているものを基底的要因（underlying causes）とし、その下位分類として「構造要因、政治要因、経済／社会要因、文化／認識要因」などを提示しているが、ここでは彼が「構造要因」としているものもその属性ごとに政治・経済・社会のいずれかに分類している。

　このような理解を踏まえた上で、まず、政治的要因からみていきたい。政治的環境要因は、大別して主に統治に関わる問題と領域に関わる問題に分けられる。当然、国家の統治能力の低下は、当該国家の領域的な枠組みに揺らぎを生み出すので、統治と領域の問題は強く結びついている。国家の脆弱性の高まり[25]や領域的一体性の低下、あるいはその再編、さらにこれらを誘発する可能性の高い権力移動や体制転換（表1－4の①(1)～(3)）はまさにこうした問題である。これらは冷戦後に発生した紛争の要因として指摘されている。旧ソ連・旧ユーゴの事例にみられたように急激な体制転換や権力移動、そして新興国家の誕生は、当該地域が元々対立を抱えていた場合、紛争発生のリスクを倍増させる[26]。

　これに対し、統治の制度的側面から紛争発生のリスクを説明する議論もある。例えば、民主主義的な体制では、このリスクが低下するという主張である（Collier, Hoeffler and Sambanis 2005, p.13）。これは「民主平和論」（democratic Peace theory）[27]の国内版であるが、この議論には異論もあり、民主主義は、条件によっては紛争発生のリスクを増加させるという主張（Gurr 1994, p.561; Harff and Gurr 2004, p.8）もある[28]。また民主主義の中身や定着を問題にする場合、成熟した民主主義への移行をもたらす「民主化」が重要課題になるが、民族的少数派

がいる地域では性急な「民主化」が政治的な安定性を損ない、紛争を誘発する可能性があるということが理論と事例の両面から指摘されている（リンス、ステパン 2005; 月村 2006, 2007, 2009a）。また、逆に強固な権威主義国家においては、むしろ紛争が生じにくいという主張もあり（Quinn, Mason and Gurses 2007, p.170）、アフリカにおける事例研究（武内 2005）では、民主主義の定着した国家と共に強固な権威主義国家が90年代に紛争を経験しなかったとされている。このように考えると重要なのは民主主義であれ権威主義であれ、制度の定着度やその安定性だということになりそうである。

外部からの支援や介入は、統治能力の低下や領域的な揺らぎの結果生じることが多いが、これと紛争発生のリスクの関係も指摘されている[29]。旧ユーゴや旧ソ連のコーカサス地域、あるいはアフリカの事例では、周辺国や周辺勢力、地域機構や国際社会（主に西側先進国や国際機構）が紛争に関与していたり、紛争の要因を作り出したりした事例が多数指摘されている（Kuzio 1995; Cornell 1998a, b, c; Bennigsen 1999; 武内 2000; Evangelista 2003; 岩田 2006; 月村 2006; 佐原 2008; Taarnby 2008）[30]。他方で理論研究からは外部からの支援や介入の重要性を認めつつも、これらは統計的に観察することが困難だという指摘もある（Fearon and Laitin 2003, p.86）。

次に経済的環境に目を向けるが、この要因は大別すると国家の統治能力などの政治的環境（表1–4の①）の説明変数を提供するものと、「反乱勢力」の能力や機会の説明変数を提示するものがある。前者については、経済発展水準が低い国（一人当たりのGDPとその成長率が低い国）では、それが高い国よりも紛争に陥りやすいという議論が提示される（Zürcher 2007, p.4, 45）[31]。また一次産品輸出への国家経済の依存度と紛争リスクの関係も指摘されている[32]。これらは当該国家の経済的基盤を問題にしているのであり、国家の能力や脆弱性の説明変数を提示している。

他の要因は、主に「反乱勢力」の能力や機会の説明変数を提示するものである。例えば、貧困や失業率と紛争発生のリスクの関係は、所得水準が低く失業率が高い状況では――低い教育水準という媒介変数も加わると――「反乱勢力」による動員が容易になると理解される（Collier and Hoeffler 2000, 2002）[33]。汚職や腐敗、あるいは闇経済と紛争の関係も武装勢力の資金源との関係で指摘される[34]。「反乱勢力」の基盤形成という観点から貧困との関係に触れれば、最貧困国でも紛争に陥る地域は、紛争を継続する最低限の資源や財源を持ってい

ることが多いといわれている（Gurr 1994, p.359）。だが、このことは逆にいえば、資金や資源を持たない貧困国では、政府であれ、「反乱勢力」であれ、外部から支援を得るか、域外での経済活動を行わなければ、紛争を継続する組織的基盤を形成することが困難であるということを意味する[35]。

実際に紛争に至った社会の多くは、グローバルな基準（注31参照）に照らしてみて経済的に低水準ではあるが最低水準ではないとされているのもこれと関係していると考えられる。ただ紛争地域の比較をした際に差異がみられるのも事実である。例えば、連邦解体過程で紛争が生じた旧ユーゴや旧ソ連・コーカサス地域は、一人当たりのGDPではアメリカなど西側先進国には大きく水をあけられていたものの、それでも途上国平均を大きく上回っていた[36]。また、例えばツュルヒャー（Zürcher 2007, p.6, 221）もコーカサスの紛争と経済発展水準や貧困の間に明示的関係はなかったと述べている。逆にサハラ以南のアフリカは、貧困によって広く特徴付けられる地域である[37]。

こうした事例的相違を前にすると、少なくともアフリカと旧ユーゴ地域や旧ソ連のコーカサス地域の紛争においては貧困という紛争のリスクを高める要因が同じような働きをしたと判断するのは難しいだろう。無論、数値としての所得水準や貧困というものよりも、当該地域の行為主体間（多数派と少数派、A民族とB民族などの）関係における経済格差の認識というものの方が重要であることも多い。なぜならば、当該地域の所得水準がグローバルなレベルで低いか高いかは、多くの場合、住民にとって大きな問題ではなく、むしろ隣接地域や当該地域内部における格差に人々は不満を抱き、反発するからである。

次に社会的環境要因について触れるが、これらは大別して「反乱勢力」の不満や動機を形成するものと、反乱の機会や能力を提供するものに分けられる——ただし重なり合う部分も多い。

民族構成は、ハンチントン（1998, pp.373-457; Huntington 1993, pp.23-29）にみられるようにそれ自体が紛争の原因として当初提示されていたが[38]、この議論には多くの反論が出ており、統計的にも疑問が提起されている（Gurr 1994, pp.356-358）[39]。現在、民族構成はその多数派と少数派のバランスが問題視されており、これは「反乱勢力」の不満や動機の説明変数として提示される。例えば特定の民族が多数派となることが可能な環境で、多数派が少数派への相対的優位、あるいは絶対的優位を構築することによって紛争発生のリスクが高まるという主張である（Collier & Hoeffler 2000, p.21, 26; Collier, Hoeffler and Sambanis 2005, p.17）[40]。

人口圧力や都市化と紛争リスクについても「反乱勢力」の不満と動機の説明変数になる。例えば急激な経済発展や都市化は、伝統的な農村社会を破壊し、土地などの半強制的収奪を伴うこともあるため、社会システムを不安定化させる[41]。こうした過程を経たにもかかわらず、期待した近代化の恩恵を人々が受けることができるとは限らず、こうした不満から紛争発生のリスクが高まるというものである（Fearon and Laitin 2003, p78）。

　また人口増加は民族・政治勢力間の均衡に変化をもたらすので新たな緊張を生む、または限られた資源・権力をめぐり、これら勢力間の争いを激化させるという見方もある[42]。人口問題を対立の源泉とする考えは、人口変化によって資源の需要・供給バランスが崩れ、これが多数派と少数派の対立を形成すると考える。旧ユーゴやコーカサスの研究からも特定地域をめぐる人口の変化——これは時に自然な増減ではなく、自主的／強制的移住を伴った増減——、または少数派の交代や固定化が大きな問題を提起した例が多数指摘されている（柴 1995, 1996; Tishkov 1997; 北川 1998a, b; Birch 1999; Murinson 2004; 月村 2007; 廣瀬 2005; 塩川 2007a, b）。

　これに対し、問題は人口の増減や構成の変化などではなく、政治的・経済的差別が社会に存在するか否か、そしてそれが制度的・組織的に行われているか否かにあるという主張もある[43]。この見方では人口の増減は、社会に存在する差別が紛争のリスクを高める際の媒介変数となる。

　次に反乱の機会や能力の説明変数となる社会環境的な要因だが、これは前述した失業率や貧困という媒介変数を通して教育水準——特に就学率（男性の中等教育就学率）の水準——と武装勢力の動員の成否の関係が指摘されている（Collier, Hoeffler and Sambanis 2005, p.7）。教育は、人々を紛争から引き離す文脈でも、逆に人々を紛争に向かわせる文脈でもその重要性が指摘されている[44]。ただし、これも紛争地域ごとに差異がある。例えば比較的教育水準の低いアフリカではこれは大きな問題だが、旧ソ連や旧ユーゴでは教育水準は相対的に高く[45]、人々の「反乱勢力」への動員を単純に教育の問題と結びつける議論には疑問が提起されるだろう。

　反乱の機会や能力の説明変数としての紛争発生のリスクを高める要因としては、離散民の有無とその規模について指摘する声もある。これは在外離散民の規模が大きいと彼らが送金などを通して母集団を支援することで紛争発生のリスクが高まるとされ（Collier, Hoeffler and Sambanis 2005, p.16; Kaldor 2007）、実際に

在外離散民の紛争への関与については、コーカサスや旧ユーゴの事例からも指摘されている (廣瀬 2005; 定形 2008; 吉村 2008, 2009)。だが、既述のように外部からの支援は必ずしも明らかにできるものではなく、また紛争の抑止や平和の定着において肯定的な役割を果たすとの主張もあり、その役割や影響については議論が分かれている。

　以上は人間が形成する環境であるが、最後の自然環境は性質が大きく異なる「所与の環境」である。だが、これも「反乱勢力」の機会や能力の説明変数として位置づけられる。具体的には一般論として山岳地域やジャングルなど厳しい自然環境があると、これらの地域が中央政府の統制から外れ「反乱勢力」に拠点を提供してしまう恐れがある。また、紛争が発生した後もこうした環境に不慣れな正規軍よりも、拠点とし順応している「反乱勢力」の方が有利であり、こうして紛争が長期化する恐れが生じる (Fearon and Laitin 2003, p.81, 85; Zürcher 2007, pp.56-57)。

　次に天然資源の有無だが、これは「反乱勢力」の機会や能力、不満や動機の形成、さらには国家の統治能力や脆弱性の説明変数とされる。天然資源は、(1)その管理・利益分配をめぐる対立を生む恐れがある、(2)武装勢力の経済活動に利用される恐れがある、(3)その希少価値が高い場合、国家歳入面での天然資源への依存を生み、国家経済の弱体化と官僚・行政機構の非効率化や腐敗・汚職を招くと理解されている (Fearon and Laitin 2003, p.81, 85)[46]。実際に天然資源と紛争の関係をめぐる議論は、例えば「紛争ダイヤモンド」(武内 2001) のようにアフリカの紛争において多数みられる[47]。

第3項　紛争の構造的環境要因からみるチェチェン紛争の特徴

　ここでは以上取り上げてきた紛争の構造的環境要因の観点から第一次チェチェン紛争への理解を試みる。なお第二次紛争発生前のチェチェンは一度紛争を経験した地域という特殊条件の下におかれており、第一次紛争と同じような方法で理解を試みることが困難であるので、次節で紛争移行という別の観点から理解を試みる。

　チェチェンへの理解を試みる際にはまず、どこ──すなわち定点観測する際にどの時間的位置と空間的場所──を切り取って構造的環境要因を測定するのかということを考える必要がある。特に、通常、紛争研究で指摘される「中央政府」にロシア（あるいはソ連）を位置づけてしまうと、構造的環境要因はロ

シアの政治体制や経済構造などを指すことになる。だがこのようにすると、ロシアという巨大な国家全体での議論を用いて非常に小さな面積しかないチェチェンでの紛争の要因を説明することになり、これは飛躍した話になりかねない。したがって、構造的環境をある文脈ではチェチェン（・イングーシ自治共和国）[48]という領域的単位に落とし込んで考える必要がある。他方で、旧ソ連（あるいはロシア）全体が「重層的転換」[49]を経験したという共通点を抱えながらも、なぜ一部の地域だけで紛争が発生し、それ以外の地域では発生しなかったのかという疑問[50]は当然生じるので全体的な文脈でもチェチェンを考える必要はあろう。

そこでここでは構造的環境要因を旧ソ連（または新生ロシア連邦）という全体の文脈で捉える場合とチェチェン共和国という文脈で捉える場合に分けて議論する。

まず前者についてだが、ソ連においては民族自治単位を基盤とした多民族連邦国家という「入れ子の構造」[51]が「重層的転換」期に民族問題を全ソ的に顕在化させ、重層的な対立構造を出現させた。かなり荒っぽく巨視的にまとめてしまえば、全ソ的に「二重の対立構造」——Aにソ連中央と連邦構成共和国が入り、Bに連邦構成共和国とその内部にある民族自治単位、もしくは自治単位を持たない（基幹民族[52]に対する）民族的少数派が入り形成されていた対立構図——が生じていたといえる[53]。さらにあるところでは、より下位の問題領域が設定されていたので、より重層的な対立構図を生じさせることになった——本書のチェチェンもその事例である[54]。

このような問題を抱えながらも、これが紛争にまで至らなかった地域（例えばバルト三国）と実際に紛争に至った地域（例えばコーカサス）がある。これらは、そもそも抱えていた民族問題の起源、構成主体、対抗図式、争点、経緯などが地域ごとに異なっており、安易に比較することは問題だが、他方で「重層的転換」の結果、領域の再編が生じたため、民族的な多数派・少数派構造に大きな問題が提起された点は巨視的にみれば共通している。

例えばバルト三国におけるロシア語系住民の問題は紛争にまでは至らなかったが、領域再編の結果、「復活した独立国」[55]の中で外部から切り離され少数派に転落したロシア語系住民が制度的・非制度的差別を被る形で顕在化した問題であった[56]。コーカサスにおける紛争（イングーシ・北オセティア紛争を除く）では、すでにこうした問題意識から少数派の民族自治体はソ連邦内での帰属変更

や地位格上げ[57]を求めていたが、領域の再編（ソ連解体）が不可避となる段階で、彼らの要求は新生国家の枠組みの中では実現困難となり、独立へと舵を切ることとなった（富樫 2012a）。またチェチェンにおいても民族急進派が選択肢の一つとしていたソ連邦構成共和国への格上げは領域の再編によって不可能になった[58]。チェチェンではこれが紛争への契機になったわけではないものの、他の旧ソ連地域と同様に民族間の緊張を高めた側面はある。

　このように紛争のリスクを高める政治的環境要因は、「重層的転換」を迎えるソ連全土が等しく抱えていた問題であったが、分離傾向を強める連邦構成共和国自体がその内部に民族問題や対立を抱えていた事例では社会的環境要因（民族的多数派や少数派の交代・固定化、制度的・非制度的差別）の問題も出現したのである。こうした問題を共通に抱えながらもチェチェンなどコーカサスの民族間対立が紛争に至ったのは、バルト三国のロシア語系住民のような集団の法的地位や権利という必ずしもゼロサム化しやすくはない争点ではなく[59]、領域的地位という「独立か、隷属か」[60]というようにゼロサム化しやすい争点を抱いていたことを指摘できよう。

　またバルト三国とコーカサス地域の間には種々の経済指標や社会指標の間に大きな格差がある[61]。これらの指標と紛争発生の関係は判然とせず[62]本格的な検討が別途必要だが、紛争理論の理解では中央政府に対峙し、要求を掲げる勢力の不満や動機、その行動の機会や能力を形成しやすい構造的環境が経済・社会的に後発地域であるコーカサスの方にあった可能性も否定できない。ただし同じような経済・社会環境にあり、さらに80年代後半から90年代初期には民族対立が懸念され、実際に衝突も生じていた中央アジア[63]ではタジキスタンなどの例外を除き紛争が発生しなかったなど、これらの説明は反論するべき点もある[64]。ただ、これには理論研究者からの反駁[65]も予想されることに加え、他にも中央アジアとコーカサスの間には異なる点があることから、経済・社会環境の比較だけでは不十分で、今後より多角的にこの問題に取り組む必要がある[66]。

　では、こうした中でチェチェンの特異性は何だろうか。ここでは、チェチェン（・イングーシ自治共和国）という領域的単位に落とし込んで考えてみたい。一つは経済・社会指数がソ連全体でもロシア連邦内部でも最下層に位置づけられるという点である。チェチェンではグロズヌィに産業が集中し、特に石油関連産業に対する共和国経済の依存度が高かったが、人口圧力（増加率）も高

く、農村部では雇用が満たされなかったため、失業者も非常に多かった。さらに二つ目に、チェチェン人は1944年に他のコーカサス諸民族と共に民族丸ごと強制移住させられ、その自治単位を廃止された民族であり、1957年に回復した共和国においても共産党第一書記に基幹民族が就任したことがないというように相対的に強い制度的・非制度的差別を被った民族でもあった――こうした経緯もあり、ソ連の中でも最も共産党への統合が進んでいない民族であった（以上に関する詳細は5節でまとめる）。

　これらは、自治共和国（共産党）政権の統治能力の説明変数、また彼らや連邦中央に挑戦する民族急進派の動機や不満、能力などの説明変数となるものである。このようなチェチェンの構造的環境に先のソ連全土での「重層的転換」を加えると、紛争発生への直接的な影響はさておき、ソ連体制下で活動をすることができなかったような非合法政治組織が民族的な要求を掲げ、彼らがチェチェンの政権を奪取し、ロシアからの分離という政治目標を持つに至った背景は理解し難くもない。ただそこから第一次紛争までにはさらにいくつかの段階を経て辿り着いており、例えばタタールスタンのように権限拡大で満足せず、独立闘争まで進んでいった理由などは構造的環境要因からはあまり十分には明らかにできない。

　紛争の際、あくまでも「行動を起こす」のは行為主体であるという観点から、紛争の過程で最も重要な役割を果たすのは構造的環境ではなく、特に人々を牽引する政治指導者の役割だと主張する論者（月村 2006, 2009a）もいる[67]。政治指導者が紛争を決断する際には、(1)紛争の勝利によって得られる報酬、(2)紛争によって生じるコスト、(3)紛争に勝利できる可能性、(4)想定される紛争の長さ、(5)紛争に投入可能な資源、(6)現状を維持することで得られる利益などといった諸要素で成り立つ複雑な意思決定の方程式が想定されるように思うが、結局こうした要素はそれぞれの事例ごとに異なり、しかも政治指導者の個体差（性格などの個性）が影響することも多い。また指導者が自覚的に紛争を決断したつもりがなくても、相手側が「紛争を始めた、もしくは開戦のシグナルだ」と認識して、紛争が生じる可能性がある以上、指導者の決定や役割と紛争の関係についても一定の留保が必要となろう。したがって、政治指導者と紛争の関係について理解を形成するためには、個別事例に則した検討が重要になる。本書では第2章で、このような観点から第一次チェチェン紛争の発生に至る経緯とその発生理由の考察に取り組む。

チェチェンが特殊なのは、紛争が発生するまでの経緯だけではなく、紛争そのものについても指摘される。これは前節で言及した強度に関わる問題で、具体的には紛争当事者——この場合はロシアとチェチェン独立派——のパワーの非対称性である。確かに分離主義紛争において分離主義勢力が中央政府に対して軍事・経済面で劣っているというのはよくみられる現象である。しかし、この差が分離主義勢力にとって一定の勝算を生み出すような接近した状況となった時に紛争が発生しやすくなるのも構造的環境要因でみてきた通りである。例えばチェチェンを除くコーカサスの紛争では、「重層的転換」期の政治・経済的混乱もあり中央政府と分離主義地域の間のパワーの非対称性はそれほど大きくなかったということが指摘できる。他方でチェチェン紛争では、こうしたことを加味しても看過できないパワーの非対称性が残っていた[68]。紛争前の前提的理解として、当事者の間にこうした圧倒的なパワーの非対称性がありながらも紛争が発生したという点にチェチェン紛争の特異性が見出せるだろう。そして、これは紛争の規模を非常に大きなものとし、紛争後の課題をも解決が困難なものにする大きな要因となった——これについては次節以降（具体的には3、4節で理論的観点から、第2章3節で紛争後のチェチェンにおける具体的な課題を提示し、第3、4章でその改善のための取組みと挫折について）明らかにする。

第3節　紛争移行過程の問題：
　　　　平和定着と紛争再発のメカニズム

　ここでは、一度紛争を経験した地域が抱える課題——具体的には、紛争を終結させ平和を定着させることができるのか、それとも再び紛争へと戻ってしまうのかという問題——について紛争移行過程に注目し、検討する。そしてその中で、本書で注目する1997-99年のチェチェンはどのように位置づけられるのか、その特徴を考えたい。

第1項　紛争移行とその研究をめぐる課題

　　戦争の終結は、たいてい特定の瞬間ではなく、プロセスである。暴力紛争は、新しい政治体制が普及するか当事者が和解するとき終結する、さもなければ、新しい紛争が最初の紛争を圧倒することになる（ラムズボ

サム他 2009, p.193; Ramsbotham, Woodhouse and Miall 2011, p.173)。

　一度、紛争を経験した地域において平和を定着させることは容易ではない。これらの地域では5年以内に紛争が再発する可能性が高いといわれ（Zürcher 2007; Collier, Hoeffler and Söderbom 2008, p.16)、2度目のみならず、3度目の紛争も経験しやすいとされている。実証的にも1945-96年の間に36％の事例で紛争が再発しており（Walter 2004, p.371)、紛争後にいかに安定的な社会へ移行するのかは非常に大きな課題となっている。

　こうした事情もあり、紛争後の地域に国際社会が関与する実務的方法をめぐる議論（平和構築論）は近年、非常に精力的に取り組まれている。平和構築研究の枠組みは紛争事例の研究においても有用であることを認めつつも[69]、本節では、紛争が終了していない状態、あるいは紛争状態から移行する過程で生じる問題について検討するため、平和構築の行政的な政策については扱わない。また平和構築については、以下のような点を留意する必要もあろう。すなわち平和構築とは、紛争が和平合意に至った地域において紛争の再発を避けるために取り組まれる国際的な介入事業である[70]。そして、近年この議論は、過度に専門化・細分化し、行政手続的になっている。さらに、国際社会の関与のない平和定着の試みは平和構築の議論の俎上に載せないなどの問題——次節で検討する——も抱えているのである。

　さて、紛争はどのように移行していくのであろうか。本書ではラムズボサムら（2009, pp.195-196; Ramsbotham, Woodhouse and Miall 2011, pp.175-176）の議論を参考に、紛争が発生（政治対立が武力紛争に発展）したり、停戦・終結・再発したりする過程、そしてその際の変化を捉える概念として紛争移行（conflict transformation)[71]という言葉を用いる。紛争移行は、紛争構造の変化（もしくは変質）といい換えることもできる。ここでいう変化とは、紛争構造が別のものに変わってしまうという大きな次元の変化から、構造を構成する諸要素（関係者とその目的、争点、関係性など）に変化が生じる（構造の変質）という小さな次元における変化まである。では、紛争構造の変化、あるいは紛争移行はどのように生じるのだろうか。前述のラムズボサムらの議論を参考にまとめてみたい（表1-5）。

　まず、文脈的変質（context transformation）とは、紛争がおかれている文脈が紛争当事者の動機や紛争状況の認識、あるいは彼らの関係などを大きく変えて

表1－5　紛争移行（conflict transformation）の種類

移行の形態	説　明
①文脈的変質	紛争がおかれている社会的・地域的・国際的文脈が変化すること
②構造的変質	紛争を構成する諸要素（関係者、彼らの目的や関係性）が変化すること
③関係者の変質	紛争当事者集団がその内部にて方向性を見直したり掲げた目標を放棄・変化したりすること
④争点の変質	紛争当事者集団が立場を変えたり、もしくは争点が顕著な特徴を失ったりする、あるいは新しく顕著な問題が生じ、争点が変化すること
⑤個人的・集団的変質	紛争当事者の有力な指導者／集団が紛争に対する姿勢を大きく変化させること

出典：ラムズボサムら（2009, pp.195-196; Ramsbotham, Woodhouse and Miall 2011, pp.175-176）を参照し作成

しまうほど変化することを指す。ラムズボサムらは冷戦の終結によって——主に冷戦という国際的な環境によって生じ——長期化していた南部アフリカや南米での紛争が収まったと述べている[72]。

次に構造的変質（structural transformation）とは、紛争そのものを構成している関係者、彼らの相容れない目的や利害、そしてその関係性というセットが変化することで生じるものである。したがって、構造的変質とは、以下で挙げる関係者・争点・個人的・集団的変質によって生じるものだといえよう。ゆえに変質の形態は様々であるが、例えば紛争の要因が集団の関係性に依拠するものであった場合に、強者と弱者の関係に変化が生じることで紛争が解決に至ったり、激化・再発したりする。また同じようなケースでは、ある社会や共同体から関係者が分離したり、あるいは国際的な支援を受けたりすることで紛争が沈静化／激化するというものである。

関係者の変質（actor transformation）とは、紛争当事者における支配的アクター（指導部）やその支持層が新しい目標・価値・信念の採用によって変化することなどを指している。これによって、紛争の和平を模索したり、逆に新たに強硬な目的や手段を採用したりすることで紛争が沈静化／激化するというものである。

争点の変質（issues transformation）とは、通常、紛争の構図は集団が争点に対して採っている立場によって規定されているわけだが、この争点が無用なものになったり、新しい争点が出現したりすることで生じる変化を指している。争点の変質は、利益の変化や目標の変化が生じた際に生じやすいので、構造的変

質と関係者の変質と並行して生じることも多い。

最後に個人的・集団的変質 (personal and group transformation) とは、変化の核心ともいわれるもので、この変化は他のものにも変化を引き起こす。この変化としては、紛争を主導していた指導者が、和解を重視する国家統一的な指導者となること、穏健で中立的なインテリが急進主義的で過激な民族主義指導者になることなどが挙げられる。これは紛争の移行を左右する大きな変化へと繋がる。

このような結果として生じる紛争の移行は、実際にはどのようにして展開していき、そしてそこで紛争の再発と平和定着を分けるものは何なのだろうか。以下では、紛争再発研究の視座からこの問題を考えたい。

第2項　紛争の再開という政策決定

紛争は、人々を肉体的にも精神的にも分断し、そして紛争地の政治・経済・社会に甚大な被害を生み出すにもかかわらず、なぜ再発することが多いのだろうか。こうした疑問に実のところ紛争要因研究（第2節2項）は、十分に応えていないという不満は多い（Walter 2004; Quinn, Mason and Gurses 2007; Collier, Hoeffler and Söderbom 2008）。他方で、紛争要因の研究で指摘されているいくつかの要因は、紛争後の平和の持続や紛争の再発との関係を考察する上でも有用だと考えられている。そこで、以下では2節での理解を踏まえて、紛争再発研究で指摘されている再発要因を取り上げ、次章以降で検討するチェチェン紛争の理解に役立てたい。その前になぜ紛争当事者が紛争再開という決定を下すのかという問題を少し考えてみたい。

紛争の再発は、政治指導者の決定と強く結びついており、特に紛争後の状況を受け入れるか、それとも再び紛争に戻るかという問題に対する彼らの判断が重要だといわれている。そして、この判断は紛争の決着の仕方と関係があるとされている（Quinn, Mason and Gurses 2007, p.175-176）。また政治指導者が紛争の継続や再開よりも平和の維持を選ぶ動機としては以下のような要素が揃っている必要があるともいわれる。すなわち、(1)紛争における勝利の可能性（見込み）の低下、(2)勝利から得られる報酬の低下、(3)紛争のコストの増加、(4)（直近の）紛争期間、(5)現状を維持する報酬の高まりである。

ウォルター（Walter 2004, p.373）は、戦闘員たちが再び戦闘に戻るか否かは、以前の紛争のコストによって左右されているとし、再発しやすくなるのは、

表1－6　紛争終結までの形態に関わる再発要因の分類

紛争の段階	紛争中	交渉・紛争終結	
要因の属性	紛争の特徴	交渉の形態	終結の形態
中身	(1)紛争の長さ (2)犠牲の規模 (3)紛争の争点	(1)権力分有や自治合意の有無 (2)国際社会の関与の有無	(1)平和維持軍が展開し和平合意 (2)和平合意、(3)政府軍勝利、 (4)反乱軍勝利

出典：筆者作成

(1)報復への支持があり、(2)戦闘員が疲弊していて、(3)戦闘能力に関する情報が増加している状況だと述べている。続けて彼は人々の動員は、彼らが個人的な苦難を抱え、自らがおかれた状況に強く反発し、非暴力的な手段や選択肢が欠如した場合に可能になるとして、個々人の動機だけではなく、集団間の敵対関係や指導者による動員の役割も大きいと指摘している。

　マーソンら（Mason, Gurses and Brandt, Quinn 2011, pp.172-173）は、紛争の再発は、紛争後に「多元的な主権状態」（multiple sovereignty）が生じており、反対勢力の指導者が平和よりも紛争の再開に動機を持つ時に生じるとしている。「多元的な主権状態」について、彼らは「組織化され武装した挑戦者が政府の前に一つ以上現れ、彼らが大衆の広範な支持を得る状態」としているが、これは本書でいうところの「政府をめぐる対立」が悪化した状態として捉えることができる。

　いずれの論者も紛争によって形作られた紛争後の状況が政治指導者の選択を大きく左右すると述べているが、では具体的にどのような結果が生じれば、紛争を経験した社会は平和へと移行し、あるいは逆に再び紛争へと戻ってしまうのだろうか。以下で、計量分析の結果、指摘されている要因についてまとめる[73]。

第3項　紛争終結までの形態に関わる紛争再発の構造的環境要因

　計量分析の結果、紛争再発と何らかの関係があると指摘されている要因は、表1－6の通りである。

　まず、紛争の期間や犠牲、争点が紛争再発と関係しているという議論がある。このうち、紛争の期間と紛争再発の関係は、例えば長期的な紛争を経験した地域では、軍事的な勝利を求め再度、武力紛争を始める動機が低下するので紛争は再発しにくいとされる（Quinn, Mason and Gurses 2007, p.185）。マーソン

ら (Mason, Gurses and Brandt, Quinn 2011, p.178, 185) は、これは次の紛争での勝利の可能性、またそれに要する時間を紛争当事者たちが認識するためだとしている。さらに彼らによれば、紛争が終了して1年ごとに和平が失敗する可能性は10％ずつ低下していくという。紛争の長さは、それに耐えうる能力を持っているという意味において政府の相対的な強さの指標になり得るとの指摘もあるが、これは政府に限らず「反乱勢力」についても同様に指摘できるだろう。

　紛争の犠牲に関する議論は、紛争の犠牲者が多いと、統計的には紛争後に以前の敵を脅威と感じ、戦闘が再開されやすくなるというもので、紛争後の新しい環境で人々が共存することの難しさを示している (Quinn, Mason and Gurses 2007, p.185)。マーソンら (Mason, Gurses and Brandt, Quinn 2011, p.186) は、計量分析をする前の仮説として犠牲者の規模に対しては別の解釈もあり得る——すなわち以前の紛争で大きな犠牲が出た場合、これは紛争を再開するコストを高める——としていたが、分析の結果、報復のために次の紛争が生じやすいと結論付けた。ウォルター (Walter 2004, p.379, 380) は、長期的で相対的にコストの大きい紛争は、その後に紛争が発生するリスクを軽減するとしながらも、犠牲者の規模と紛争の発生には関係がないとした。

　紛争の争点に関する議論は、統計的には紛争の再発や和平の定着との直接的な因果関係はないともいわれている。それによれば、例えばイデオロギー的な革命よりも民族革命の後に再発しやすいわけでもなければ、革命的な紛争よりも分離主義的な紛争のあとに再発しやすいわけでもないという (Quinn, Mason and Gurses 2007, p.185)[74]。他方で、紛争から和平へと至っている事例をみてみると、統計的に「政府をめぐる紛争」の方が「領域をめぐる紛争」よりも和平合意に至りやすいということが指摘されている (Wallensteen, Harbom and Högbladh 2011, p.149)[75]。また「領域をめぐる紛争」においては、その合意によって直接、独立が認められたことは、冷戦後一度もない[76]——ただし、和平合意の中で分離独立を含む自決権、あるいは分離独立も選択肢と規定する住民投票が中央政府から認められ、分離主義地域が将来、一定の条件を満たせば、問題解決の現実的な方策として分離独立も担保されている事例も存在する（櫻井 2010)[77]〔だが、これは非常に少数の事例である〕。ゆえに相対的に「領域をめぐる紛争」においては要求を掲げた側の不満が解消されない傾向が強く、このため紛争再発を招きやすいと類推することも可能かもしれない。

　次に紛争の交渉や終結の形態が紛争再発と関係しているという分析があ

る。交渉については、例えば権力分有（power sharing）や自治権付与（権限委譲：Devolution）[78] が紛争解決に有効な政策であると指摘されることは多いが、他方でこうした合意は、紛争の合意全体の3割にも満たず（Wallensteen, Harbom and Högbladh 2011, p.151）、このような合意を形成すること自体が大きな課題となっている。また、近年、そもそも交渉による解決が紛争再発の可能性を減らすという「自明の議論」（conventional wisdom）にも疑問が提起されている。権力分有や自治権付与に関しても異なった二つの主張がある。

一つは、自治が争点化している紛争において、紛争後に憲法などで自治を与えないと再発のリスクは46.2％だが、与えると12.2％に減少するので、自治の与えられている状況は構造的に安全だという主張がある（Collier, Hoeffler and Söderbom 2008, p.471）。ただし、これは少数事例で統計的な重要性を伴わないと分析者自身も認めていることに加え、異なった分析もある。それは、政府が短期間しか紛争をせず、紛争の結果、自治権付与などを認めた場合、新たに武装勢力から政府が挑戦を受けやすくなるという主張である（Walter 2004, p.385）。この分析によれば、紛争の解決手段として安易に自治権付与などを行えば、むしろ政府の脆弱性が高まり、新たな紛争の温床にもなるということになりかねない。しかし、実際にいくつかの事例では権力分有によって平和に至っているではないかという疑問に対して、その要因を研究したムケルジー（ムカルジー：Mukherjee 2006）は、軍事的膠着状態でこれが提示されるのではなく、政府軍・「反乱勢力」いずれかの勝利の後、提示される必要があるとした[79]。

次に紛争終結の形態と紛争再発についての議論だが、まず交渉による和平よりも一方の側の決定的な軍事的勝利の方が統計的には紛争は再発しにくいといわれている（Walter 2004, p.374; Quinn, Mason and Gurses 2007; DeRouen and Bercovitch 2008; Mason, Gurses and Brandt, Quinn 2011, p.188; 大林 2013）。これは、交渉の場合、政府側も「反乱勢力」の側も余力を残しているので、次の紛争に突入しやすく、逆に軍事的な勝利で紛争が終わる場合、敗者は紛争再発のコストを思い知らされ、また勝者の側が国家機構を通して完全なコントロールを得ようとするので、敗者は再度紛争に訴える能力も失うという理解である。

他方で、交渉による和平が失敗し、紛争再発へと向かうリスクは年を追って低下するともいわれており、特に国際的な平和維持部隊が展開し、交渉による解決が行われると、それがない場合よりも紛争は再発しにくいとされている。このように和平合意と平和維持部隊のセットが平和の定着に寄与するという議

論は、現在では計量分析でも広く共有されているといえよう[80]。

　もう一つは、軍事的に勝利を収めた場合も政府軍か、「反乱勢力」の側かによって紛争再発のリスクは異なるという主張がある。相対的に反乱軍側の勝利は、政府による勝利や交渉による解決よりも紛争が再発しにくいとされているが（Quinn, Mason and Gurses 2007, p.174）、１年目に限れば政府軍が勝利した場合の約２倍の紛争再発のリスクがあるという指摘もある（Mason, Gurses and Brandt, Quinn 2011, p.184）。これによれば、実のところ「反乱勢力」が勝利した場合、３年以上経てば、紛争再発のリスクは政府軍が勝利した場合よりも低下するとされていて、権力を得た「反乱勢力」が概ね４年間政権を維持できるのかによって、その後の道（安定か紛争再発か）が分かれているという。

第４項　紛争後の形態に関わる紛争再発の構造的環境要因

　ここまでは、紛争の終結までの形態に関わる再発要因についてみてきたが、紛争当事者を取り囲む状況と紛争再発のリスクの問題は、紛争後にも残り続ける問題である。以下では、和平に至った後の紛争地が抱える紛争再発の要因について、紛争後の政治・経済・社会形態からまとめる（表１−７）。

　まず、紛争後には、国家運営の仕方（あるいは政治制度）と紛争再発をめぐる議論がある。ここでは紛争要因研究で触れたように民主主義が紛争の再発を防ぐという理解が一般的にある。他方で民主的な制度一般と紛争再発の関係は自明ではないとされている。クィンやマーソンら（Quinn, Mason and Gurses 2007, p.185）は、紛争後２年間の民主主義の水準[81]と紛争再発の明示的関係はないとしており、コリアーら（Collier, Hoeffler and Söderbom 2008, p.470）は、民主主義の重要な要素の一つである選挙に対して選挙の年は紛争再発のリスクが低下するが、その後はリスクが高まるという分析結果を提示している。

　他方で、成熟した民主主義は、相対的な民主主義よりも紛争が再発しにくいという分析結果（Walter 2004, p.384）もある。成熟した民主主義と同様に紛争後に安定するのは、非常に権威主義的な体制だとも指摘されている（Collier, Hoeffler and Söderbom 2008, p.470）。マーソンら（Mason, Gurses and Brandt, Quinn 2011, p.184）の分析では、民主主義も権威主義も紛争後の和平を持続させる能力を有しているが、脆弱な民主主義や権威主義は、安定せず紛争が再発しやすいという結果になった。

　経済社会水準と紛争再発の関係性も様々に指摘されている。これは、武装勢

表1−7　紛争後の形態に関わる再発要因の分類

紛争の段階	紛争後		
要因の属性	国家運営 （政治的要因）	経済・社会水準 （経済社会的要因）	その他
中身	(1) 成熟した民主主義 (2) 準民主主義 (3) 準権威主義 (4) 強固な権威主義	(1) GDP・所得 (2) 乳児死亡率 (3) 平均寿命	(1) 政府軍／「反乱軍」の規模 (2) 「反乱軍」の抵抗力 (3) 国際投資

出典：筆者作成

　力の動員の観点から紛争後の生活水準が紛争再発と関係していると考えるもので、経済社会水準（GDP、一人当たりの所得など）が高いと紛争が再発しにくいという分析結果が出ている（Walter 2004, p.380; Quinn, Mason and Gurses 2007, p.186; Collier, Hoeffler and Söderbom 2008, p.469; Mason, Gurses and Brandt, Quinn 2011, p.186）。コリアーらは、10年間同じ条件ならば再発のリスクは42％だが、10％の成長でリスクは26.9％に低下するという。紛争後の地域のみでこうした経済成長を実現することは容易ではないので、クィンとマーソンらは国際投資が特に重要だと指摘している。経済・社会水準のうち乳児死亡率や平均寿命は、紛争後に観察できる紛争の犠牲の指標であるので、これも紛争再発と一定の因果関係があると主張されている。

　他にも政府軍の規模が大きいと、紛争の費用対効果が釣り合わなくなるので、「反乱勢力」が再び暴力に訴える可能性が低くなるとか、あるいは離散民の規模が大きいと外部地域から紛争地への支援が行われるなどの理由で紛争再発のリスクが低下するなどといわれている。また大林（2013）は、政府の側ではなく「反乱勢力」の軍事力や抵抗力に注目し、「反乱軍」の軍事力が大きければ和平が継続しやすいものの、一定領域を支配していたり、外部に安全地帯を保持していたりする場合、紛争再発のリスクが高まると明らかにした。

　さて、コリアーら（Collier, Hoeffler and Söderbom 2008, p.473）は、自分たちが用いた変数のうち、統計的に有意なものを組み合わせると、紛争後10年間の紛争再発リスクは最大75.4％になると明らかにした。彼らは経済成長を重要な要素だとしながらも、軍事的介入（支援）がない状態では仮に経済成長が継続しても再発のリスクは55.2％と依然として高いままだと述べている――なおこれは、平和維持軍が展開すると36.7％に低下する。

表1-8 紛争後に各行為主体がとるべき政策？

行為主体	政　策
政府	紛争後に徹底的に「反乱勢力」を排除し、権力分有などの合意を締結せずに、自らの軍備を強化して、非常に権威主義的な体制を築く
「反乱勢力」	(1) 国際的な支援を受けて紛争に勝利し、紛争後に国際投資などを得て安定した経済成長を遂げ、成熟した民主主義体制を築く (2) 紛争に勝利した後に暴力を独占した非常に権威主義的な体制をつくり、離散民などの外部主体から支援を受けることで、経済発展を目指す
国際社会	交渉段階から紛争に関与し、平和維持軍を派遣することで紛争当事者に和平合意を締結させる。紛争後は国際的な投資や支援を条件に紛争地に成熟した民主主義体制を構築させ、安定した経済成長や国家による暴力の独占を支援する

出典：筆者作成

　このような紛争再発研究の理解を踏まえると、当事者は紛争後に表1-8のような行動をとれば、紛争再発のリスクを低下させ、また自らの利益を確保できる可能性が高いということになる。

　紛争再発研究の分析の結果を生かすと皮肉なのは、政府側にとっても「反乱勢力」の側にとっても、外国の介入を求めずに自己利益を担保し紛争後の安定を図ろうとすると、それは非常に権威主義的な体制に行き着かざるを得ないということである。国際社会の採り得る選択肢は、国際社会が現在取り組んでいる平和構築の意義と重要性を確認するものとなっている[82]。ただこのことは、国際社会が関与しない紛争においては結局、紛争当事者の採り得る政策が悲観的なものにならざるを得ないという事実を変えるものではない。特にこの問題は、当該紛争地域が「領域をめぐる対立」を抱え、紛争後もこの問題が残り続けているような状況下では大きな課題となる――こうした問題については、次節で「未承認国家」という観点から取り上げる。

　なおチェチェン紛争を例にとってみると、ここで取り上げた政府や「反乱勢力」が具体的にどの行為主体を指すのかが「二重の対立構造」のうち「領域をめぐる対立」と「政府をめぐる対立」のいずれに着目するのかで変わってくる。1997-99年という第一次紛争後から第二次紛争までの間にチェチェンやロシアは上記のような選択肢があった中で具体的にどのような政策をとったのであろうか[83]。このことは次章以降で検討する重要な作業目的に位置づけられるが、結論を前もって述べれば以下のようになろう。

　「領域をめぐる対立」では、表1-8の政府にはロシア（連邦政府）が位置づ

第1章　比較と理論の中のチェチェン紛争

けられるが、ロシア側の対応は、表にある紛争発生のリスクを低下させるためにとるべき対応に合致しているとはいい難い（その内実は第3章2節、第4章4節で後述する）。他方で、第二次紛争の発生後、プーチン政権がとった政策は、結果的にこれと整合していることに気がつく（これについては終章で再び言及する）。逆に「反乱勢力」たるマスハドフ政権は、事実上紛争に勝利したと評価される状況の中で(1)の方を模索したが、これは様々な課題からうまく行かなかった（これについては第3章で、特に対外的働きかけについては5節で検討する）。このようにロシアとチェチェンの「領域をめぐる対立」では、1997-99年の間に関しては表1-8から読み取れる「自己利益を確保し、紛争再発のリスクを低下させる政策」を紛争当事者が必ずしも採用していなかった（あるいは、採用できなかった）ことが分かる。

　では、チェチェン国内の「政府をめぐる対立」ではどうだろうか。ここでは、政府にマスハドフ政権が、「反乱勢力」に反政府系指導者や団体が位置づけられる。マスハドフ政権は、表1-8で記載してあるような政府に求められる政策をとらず、むしろ「反乱勢力」との対話姿勢を持った（この詳細は第3章3節で記述する）。これに対して「反乱勢力」の側は——その内部で種々の議論や立場の相違などがあったものの傾向として——独立派野戦軍を中心とした、より権威主義的な体制を構築しようとし、外部（ダゲスタンのワッハーブ主義者）の協力や支援を得ようとするなど、比較的(2)に近い立場を採用したと評価できよう（第3章3節および第4章3節、4節で言及する）。このようにみると、「政府をめぐる対立」では反マスハドフ派の方が自己利益を確保できる政策を採用したように映り、実際に後述するようにマスハドフ政権は国内対立で事実上敗北することになる。

　「政府をめぐる対立」や「領域をめぐる対立」において当事者がこのような政策をとった背景や経緯については、この後、詳細に検討していくが、一つ触れなければならない重要なことがある。それは、この「二重の対立構造」下では、「領域をめぐる対立」における「反乱勢力」たるマスハドフ政権が採用するべき政策と、「政府をめぐる対立」における政府たる同政権が採用するべき政策が矛盾しているということである。表1-8は、極端な例を示しているものの、このように為政者に求められる政策が矛盾するという状況が1997-99年のチェチェンにおいて実際に生じていたことを本書は明らかにする。

　さて、以下では、紛争終結の形態に主に着目し、チェチェン紛争をどのよう

表1−9　紛争再発要因とチェチェン紛争

紛争の争点	紛争の期間	紛争の犠牲者	仲介の有無	紛争終結の形態
分離独立 「領域をめぐる対立」 「政府をめぐる対立」	約2年間 (1994-96)	3.5～12万人	OSCE（欧州安全保障協力機構）	国際平和維持軍の展開しない和平合意

出典：筆者作成
紛争の犠牲者については、様々な行為主体が論争している。

に位置づけることができるのか、その特徴を押さえておきたい。

第5項　紛争移行過程におけるチェチェンの特徴

　ここでは紛争移行期のチェチェンの特徴をここまでに明らかにしてきた理論的観点から捉えたい（表1−9）。その際、主に紛争再発研究の知見を生かし、チェチェン紛争が終結した時の特徴をみてみると、紛争後にいかなる問題が顕在化すると予測されるのかということを考える。これらが実際に紛争後のチェチェンにおいてどのような形で問題として出現したのか、また紛争の回避をいかに困難なものにしたのかについては、それぞれ第3章と第4章で明らかにする[84]。なおこうした関係から、紛争後の形態に関わる紛争再発要因から1997-99年のチェチェンを考察する作業は、紛争後の実情を明らかにした上で第4章1節において取り組むこととする。

　紛争終結までの形態からチェチェン紛争に着目する際に、まず注意が必要なのは、既述のようにこの紛争には「二重の対立構造」があるということである。紛争の争点は、分離独立問題であったが、この争点はロシア連邦とチェチェン独立派政権の間では「領域をめぐる対立」を形成しており、チェチェン独立派政権とそれ以外のチェチェン勢力の間では「政府をめぐる対立」を形成している。統計的には前者の方が後者よりも合意を締結することが難しいので、チェチェンとロシア連邦がどのような合意を締結できるのかが、ここでは相対的に大きな問題となる可能性が高い。無論、現実にはチェチェン国内における「政府をめぐる対立」が一定の解決に至らない限り、ロシアはチェチェンの代表者を交渉主体と見なすことは難しく、その意味においては「政府をめぐる対立」の改善は「領域をめぐる対立」改善の（絶対）必要条件となる。

　次に、紛争の期間と犠牲だが、チェチェン紛争は紛争当事者の一方は大国ロシアであり、非常に高い軍事力を有していた。このことは2年間という紛争期

間が持つ意味を非常に大きなものにする。すなわち、軍事面で劣るチェチェン側に紛争のコストを思い知らせるという公算が大きい。他方で、このコストのうち人的な犠牲については統計的に武装勢力が抵抗する際の動員資源を形成すると理解されており、この点にも注目する必要がある。第一次チェチェン紛争では——種々の論争はあるものの——最小でも3万5000人、最大では12万人が犠牲になったとされているが、仮にNGOが主張している中間値の5万人を採用しても紛争前（94年）の共和国人口（ロシア人を中心とする人口流出を加味し、約100万人）の5％規模にもなる。このような大きな犠牲を考えると、紛争後のチェチェンにおいて高まると予測されるロシアに対する報復を求める声にどのように対応していくのかという問題が潜在的な課題となる。

さて最後に、紛争への仲介と紛争終結形態についてだが、第一次チェチェン紛争はOSCE（欧州安全保障協力機構）が仲介を行い、和平合意を締結することで終結に至った。だが、紛争後のチェチェンには国際的な平和維持軍などは展開しなかった。統計的には、平和維持軍の展開しない和平合意は紛争再発の可能性が極めて高いとされているので、国際的な支援（平和維持軍の駐留）がなく、チェチェンがどのようにして紛争後の安定をはかるのかという問題は非常に大きな課題になる。

もう一方で、押さえておく必要があるのは、紛争は和平合意で終結したものの、当事者の双方においてチェチェンが事実上、勝利を収めたというような雰囲気（状況認識）が生まれていたことである。仮に、中央政府たるロシアに「反乱勢力」たるチェチェンが勝利を収めた事例としてこの紛争をみると、そこで問題になるのが、チェチェン独立派が紛争後に政権を維持できるのかという問題である。統計的には3年を超えて政権を維持した場合には（4年目に突入すれば）一定の安定が担保される可能性は高まるとされているが、チェチェンの場合、96年の和平からちょうど3年後、紛争再発に至っている。本書では年数そのものを本質的に重要なものだとは考えていないが、それでもなぜ3年間で紛争回避が困難となる状況が形成されたのかについては、政治過程の中で明らかにすることを試みたい。

さて、コリアーら（Collier, Hoeffler and Söderbom 2008, p.473）は、紛争再発の理論研究も事例的な検討を加えて、実際にどのように紛争が再発しているのかを十分に検討する必要があると主張している。本書のチェチェン紛争という事例を考えてみると、紛争再発研究が問題にしているいくつかのリスク要因を有し

ており、このような観点からも検討する意義があるといえよう。

第4節　紛争後の平和構築をめぐる問題：「未承認国家」

本節では、紛争地への国際社会の関与が自明視され、また紛争再発研究などからも統計的に国際社会の関与によって紛争再発のリスクは低下すると評価されていながらも、紛争後の地域において国家的地位（国家性：statehood）をめぐる問題[85]が顕在化した場合、紛争地に国際社会が関与できない状況が生じうるということを明らかにする。さらに本書で考察する1997-99年のチェチェンがまさにこのような特徴を有していたことを示す。

第1項　紛争後の課題としての「未承認国家」問題

冷戦後の紛争が様々な問題を生み出しており、また一度紛争を経験した地域が再び紛争に陥りやすいという中で、紛争後に国家およびその機能をいかに再建し、社会を安定へと導くのかという課題（紛争移行や平和構築）は重要性を増している。こうしたこともあり現在、国際社会（主に先進国や国際機関）による紛争地への支援は、停戦から平和構築、そして復興に至るまで欠かすことのできないもの——時には責務[86]——として認識されている。もちろん、こうした外部主体の関与には問題もあり、例えば一時的とはいえ被支援国の国家機能を代替し、また統治機構の内部に深く入り込み政策を実施することから「外部からの支配」という性質も持っていると批判されている（土佐2009）。だが、このような批判が出て来ること自体も紛争後の平和構築に外部の関与が自明視されていることの証左となろう[87]。

他方、ここで指摘するのは、国際的な関与を得ることが困難な構造的環境に紛争後の地域がおかれるというまったく逆の現実とその問題点である。ここでは、この問題を「未承認国家」（unrecognized states）[88]という概念から考察する。

紛争は、しばしば政治的正統性や「国家のあり方」を当事者間の争点に含んでおり、しかも既述のように具体的な解決策とされる権力分有などは必ずしも和平合意に含まれていないことが多いので、紛争後に紛争地域を安定させていく際にも「いかなる国家に再建するのか」という問題と対面せざるを得ないことがある。したがって、紛争後に再構築するべき「国家」を、実際にどのような形で再建するのかという問題は、紛争当事者の対立を再燃させ、新たに国家

第1章　比較と理論の中のチェチェン紛争

性の問題を生み出す可能性を孕んでいるのである。

　このように「未承認国家」は、形式的には和平によって紛争が締結しているものの、「国家のあり方」については未決着で、実際には一方の側の要求が満たされているような状況で生じることが多い。「未承認国家」が紛争後の平和の定着において問題となるのは、当該地の法的地位が曖昧であるので、NGOや緊急人道支援を行う一部国際機関などからの支援を除き、国際的な支援を獲得することが著しく困難になるからである。

　以上のように「未承認国家」は、本来、紛争後の平和定着や「国家のあり方」に重要な影響を与える問題であるが、平和構築や紛争移行に関わる議論ではあまり取り上げられてこなかった。以下では、特に冷戦後の旧ソ連や旧ユーゴ地域の紛争によって再度注目されるようになってきた「未承認国家」について、その概念や生成・生存要因を整理しつつ、なぜ既存の平和構築などの議論で取り上げられてこなかったのかを明らかにする。前もって述べれば、その理由は現存する「未承認国家」が十分な「外交」[89]能力を持たず、また、その政体を維持するという目的において「パトロン」などの外部支援者に大なり小なり依存してきたということが挙げられる。

　このような事実を踏まえると、では一定の「外交」力を有し、「パトロン」を有さない「未承認国家」は紛争後にいかなる課題に直面するのかという疑問が生じる。本節では、1997-99年のチェチェンがこのような事例に当てはまるということを明らかにし、チェチェンが「未承認国家」として実際に直面した課題については第4章3節で明らかにする。

第2項　「未承認国家」の概念

　「未承認国家」と形容される事象は、様々な言葉でいい換えられる。多くの研究では、ペッグ（Pegg 1998）が提起した「事実上の国家」（de facto states）という用語を用いているが、他にも「不規則な国家」（para-states）、「国家の中の国家」（states within states）、「分離主義国家」（separatism state）などの呼称がある[90]。似たような概念として「脆弱国家」（fragile states）や「破綻国家」（failed states）、「崩壊国家」（collapsed states）もあるが、これは国際的に承認され独立しているものの、国家的機能が欠落している国家を指す概念である[91]。したがって、「未承認国家」とは反対の現象である。他方で、これらの国家と「未承認国家」は、後述するように後者の生成と生存の側面において前者の存在が一定の役割を果

たすなど少なからぬ関係性を持っている。また、いずれの問題もある政体の内的主権（internal sovereignty）と外的主権（external sovereignty）を取り巻く現実と自己認識の間に不一致があるため生じているという点では共通している。このように「未承認国家」にしろ「破綻国家」にしろ、内的主権と外的主権の関係性からその問題が出現していることをまず理解することは重要だろう。本書では、以下で示す理由から「未承認国家」という外的主権の欠如を強調する用語を用いるが、そのことは、本書が「未承認国家」の内的主権の存在を軽視しているためではないことを改めて断っておきたい[92]。

なお、本書が「未承認国家」という場合、コルスト（Kolstø 2006）の「未承認擬似国家」（unrecognized quasi-states）[93] を念頭においている。この用語を用いる第一の理由は、ペッグ（Pegg 1998, pp.114-116）も指摘するように国家的体裁（内的主権）の内実は、事例ごとの濃淡がかなりあり、要件を備えているとみられる事例でも十分なものではないことがあるためである。「事実上の国家」という用語では問題となっている地域が国家承認されていないものの、これさえ改善されれば国家になることができるだけの十分な要件を有しているという印象を与えるが、実際にはそれはあくまでも「疑似」的なものである。このことを確認するためにコルストの表現は役立つと本書は考える[94]。

第二の理由は、当該地域は自らを国家と規定し、その承認を求めているのにもかかわらず、国際的に広くその承認がなされていない、もしくは当事者の一方がその独立や国家としての正統性を認めていないという状況が、この問題の根本にあるからである。もちろん、国家承認自体は各国の政治利害に基づく行為なので、ある程度の要件（後述）が整っていれば、潜在的には承認がなされる可能性がある[95]。逆にいえば、国家要件の個別的な評価よりも、外部主体の承認決定に関わる利害が時に重要な意味を持つことがある。本書は、このような問題の属性を明らかにするためにも、用語によって承認をめぐる議論を帯びているという点を明示する必要があると考える。以上より本書では、コルストの「未承認擬似国家」という名称を意識しながら、「未承認国家」という用語を用いている。

承認の可否をめぐって論争が生じているという特徴を明示する「未承認国家」という用語は、承認の量的・質的問題——どの程度の数の国から承認される必要があるのか、あるいは、どのような国家から承認されていないことが問題なのか——と向き合う必要がある。これに対し、本書では以下で明らかにす

るように承認の数はさほど重視せず[96]、当事者の一方（中央政府）がもう一方の独立を認めているか否かというところに基準をおいている。このような立場に立つのは、特に冷戦後における少数派の「自決権」、あるいは「分離権」という文脈で「未承認国家」が顕著な問題となってきた背景があるからである[97]。

もう一つ承認をめぐる議論で確認すべきことは、一部の国家を除き、多くの国家は当該地域の承認問題に特段の利害を有しておらず、その決定も明確な意思に裏打ちされたものではないということである。したがって、承認の有無は決断する国家を取り囲む環境で変わり得る。加えて、承認は必ずしも正の影響を与えるわけではないということも理解しておく必要があろう。本書では、後にチェチェンを例に検討するように「未承認国家」であることが紛争後の平和の定着に構造的な問題を与えるという立場に立つが、一般的な議論では承認を得ることで失う利益もあるし、承認を得ても解決しない問題もあろう。例えば「未承認国家」の権威主義的な体制や闇経済・麻薬による収益の確保などといった側面（後述）は、国際的に承認された後は看過されない問題となる。また、国際的に承認されてもそれが援助や支援に即座に結びつくわけでもなく、現実には援助のための付帯条件、自由化や民主化という名の下に内政干渉を受けることもあろう。

さて、「未承認国家」とはいかなるものなのか。これには、どのような条件を満たせば「未承認国家」と理解することができるのかという理論的な問題と、現存する「未承認国家」[98]がどのような特徴を持っているのかという実際上の問題が存在する。当然、前者と後者の最大公約数が「未承認国家」の定義となるわけだが、ここであえて現存事例の特徴にも触れたのは、後述するように現存する「未承認国家」の特徴が紛争移行や平和定着との関係を考える上で重要な意味を持つからである。したがって、ここでは理論的な定義を提示すると共に現存する「未承認国家」の特徴にも触れることとする——ただし、後者についてその詳細は、次節の「未承認国家」の生成・生存要因で説明する。

理論的には、「未承認国家」とは、アナーキーな国際社会において自立した領域、政府、住民を有し、自らを国家として定義付けながらも、当該地域の領有権を国際的に認められた中央政府や、当該地域の支援国を除く大多数の国からは、その独立を承認されていない政体（political entity）である。その特徴は以下のようにまとめることができる。

第一に、当該地域は自らを独立国家と主張するために「国家の要件」を満た

し、その統治の正統性を証明できなければならない。すなわち、国家の基盤となる特定領域を実効支配し、かつその領域に永住している住民がおり、彼らに一定のサービスを提供する政治機構（司法・立法・行政機構）を有している必要がある。住民は、少なくとも統治者の権威を受容し、場合によっては強く支持している必要がある。このような状況から「未承認国家」は、ある程度の国家的体裁を整え、完璧ではないにせよ内的主権を有している。

　第二に、国家的体裁を有している当該地域の指導者は、住民の支持を得た上で、暴力的手段に訴え犠牲を払うことをいとわないほどの強い分離要求を表明している必要がある。少なくとも当該地域の指導者や住民は、既存の領域的・政治的・制度的枠組みの中では自分たちの要求は満たされないという強い自覚があり、そのことをいかなる形態（住民投票、独立宣言、紛争など）であれ表明していなければならない。

　第三に、このような分離独立要求は、その中央政府にも国際社会の多くの国にも認められていないこと、すなわち当該地域が国際的な承認を得ていない必要がある。よってこの政体は、内的主権は保持しながらも、外的主権を保持していないことになる。この意味において「未承認国家」は、国際社会においていかなる権利も保護も法的には有していないことになる。ゆえに、「未承認国家」は、原理的には武力によって排除されるリスクを常に持っているのである。

　第四に、このような条件の中で、その政体を一定期間以上、存続・安定させていなければならない。具体的には、分離独立を掲げ、上記の条件を満たす地域が「未承認国家」に該当するか否かは、それが数カ月などの短命な試みに終わらず、どんなに短くても１、２年は継続していなければならないと考えられている（Pegg 1998, p.32; Kolstø 2006, p.726; Caspersen 2012, p.11）。これは短期的な事例の場合、個別指標を入手し判断・検証することができないという技術的問題とも関わっている。

　では、これらに加えて、現存する「未承認国家」が持つ特徴とはいかなるものであろうか。第一に、現存する「未承認国家」の多くは、事例ごとの濃淡はあれ、「パトロン」（＝外部支援国）に国家運営を依存している。「パトロン」は、多くの場合、「未承認国家」を国家承認している数少ない国である。支援の中身は、経済的支援（予算の支給、開発援助、自国通貨の流通、経済活動の優遇）、政治的支援（国家承認、官僚育成、政治家の派遣）、軍事的支援（軍備支給、士官教育、合同演習、軍の駐留）、社会文化的支援（パスポート支給、ビザの優遇、市民権の提

供、これに伴う社会保障サービスの提供）など様々である。事例ごとに支援への依存度は異なるが、これらの支援が「未承認国家」にとって重要な意味を持っていることは共通している。

　第二に、確かに国際的な国家承認の欠如は当該地域の生存に潜在的な脅威を与えているが、現存する「未承認国家」は国際社会から完全に無視されているわけではない。現に一部の国は彼らを国家承認しており、承認はしていない国家も和平の仲介や関与で実務的な関係を有している[99]。加えて、地域・国際機関もその必要上から「未承認国家」との関係を持っており、ゆえに「未承認国家」側もこれらの機関に何らかの形で参加していることが多い（Berg and Toomla 2009, pp.27-45）。

　第三に、現存する「未承認国家」は、前述のような二つの特徴を持つからこそ、外的主権の獲得と内的主権の強化を目的として、持続可能な国家建設（nation-building）を模索している。つまり、内的主権は「パトロン」の支援で賄われている側面がある中で自立していく必要性と、外的主権は認められていないものの、外部と一定の関係性を保持する中でその政体の正統性をアピールし、承認を獲得していく必要性がある。今まではその方策として「負の側面」の活用――すなわち国際的な承認の欠如を利用した違法な経済活動を行い、紛争に基づく権威主義的な戦時国家体制を強化するなど――が指摘されてきたが、現在は「正の側面」の活用――すなわち、その政体を持続可能なものとし、国家承認を獲得するために民主主義的統治を導入し、住民の政治参加と愛国心を高め、内的主権を強化するなど――が指摘されている。

第3項　「未承認国家」の生成・生存要因

　では、「未承認国家」はいかに生成され、生存を確保するのか。これは要因が複雑に絡み合い、事例ごとの相違もあり、一般化は困難である。だが、「未承認国家」の理論・事例研究で挙げられている要因を整理すれば、表1－10のようになろう。

　要因は、内的／外的に分けられ、「未承認国家」の生成要因はさらに構造／引き金要因に分けられる。生成の内的構造要因は、中央政府の抱える課題であり、逆に外的構造要因は国際システムに起因するものである。原則として前者は、「未承認国家」の内的主権が生成される要因であり、後者（表1－10の⑦を除いて）は外的主権が国際的に認められない要因となっている。後者について、

表1－10 「未承認国家」の生成・生存要因

内的（国内）要因	Ⅰ 構造要因（中央政府）	①国家の解体・再編、②権力移動・体制転換、③「脆弱国家」、④民族自決運動
	Ⅰ 引き金要因	①革命、②独立宣言、③紛争の発生
	Ⅱ 生存要因	①「脆弱国家」（中央政府）、②経済収益（闇経済・麻薬・密輸を含む）の確保、③文化・教育政策と住民の統合、④「脅迫国家」、⑤国家建設と民主主義アピール
外的（国際）要因	Ⅰ 構造要因（国際システム）	①固定された領域、②法に基づく独立国家性、③国家に根付いた主権、④「脆弱国家」の出現、⑤集団的不承認、⑥民族自決権の制限、⑦国際社会による国家建設や平和構築
	Ⅰ 引き金要因	①外部主体の紛争への支援・関与・参加、②外部主体の侵攻
	Ⅱ 生存要因	①外部からの支援、②一部国際／地域機関への参加、③「未承認国家」間の相互承認、④経済・文化交流の促進、⑤停戦監視・平和維持軍の展開

出典：筆者作成
Ⅰ：生成要因、Ⅱ：生存要因

　ペッグ（Pegg 1998, pp.120-147）は「第二次大戦後の新しい規範的枠組み」と形容し、分離独立を掲げる政治集団が「主権国家クラブ」に仲間入りすることが困難な構造があると指摘する[100]。こうした状況は、コソヴォの独立に対する西側の支援などの例外を除けば、冷戦終結後も大きく変わっていないという見方が一般的である。このような第二次大戦以後の国際秩序の継続を主張するペッグの研究では、冷戦終結の影響をさほど重視しておらず、事例も旧ソ連・旧ユーゴは部分的な言及に留まる。

　だが、現実にはここでペッグの指摘している外的構造要因は冷戦の終結によって変質したり、新たな問題が提起されたりした側面もある。例えば「脆弱国家」（≒「疑似国家」）の問題は、確かに第二次大戦後の植民地解放によるアフリカ諸国の準備なき独立に理由があるとしても、その存在を保証していた外部からの支援が冷戦後に失われたということも大きな意味を持っている。つまり、冷戦の終結によって外部からの支援が減り、内的主権の「脆弱」・「破綻」的側面が深刻化したことが、アフリカなどにおいては中央政府が制御できない地域を台頭させた側面もあるのである（Kingston and Spears 2004）[101]。

　また冷戦の終結は、その後に旧ユーゴや旧ソ連の解体へと繋がっていくが、これらの地域では、国家の解体過程で新たな「未承認国家」が数多く出現した。しかも、その中にはコソヴォの例にみられるように国際社会が強く関与する形で国家建設を行い、結果として多くの国から承認されるにまで至った事例すら

第1章 比較と理論の中のチェチェン紛争

ある。主権国家がその内部に抱えている問題に対して国際社会が介入し、大規模な平和構築や国家建設を行うということは、冷戦後、顕著になっている現象であり、これもコソヴォという実例がある以上、「未承認国家」の生成要因と見なしても良いだろう。

さて、このように考えると冷戦終結後に新たに発生し、いまや冷戦期に出現していた古参「未承認国家」をその数の上でも凌ぐ旧ソ連・旧ユーゴの事例は、「未承認国家」の生成／生存要因を考える際にも、あるいは冷戦後の概念である平和構築との関係を考える上でも示唆的である[102]。

例えば、この地域の特徴として短期間に激動の変化を経験し、いわば抗することができないような形で「未承認国家」が形成された側面がある。それは、体制転換や権力移動、その過程での国家の解体や再編、意図せず生じた「脆弱な中央政府」、さらに民族に基づく連邦制（自治制度）とそのもとで抱えていた民族問題などというように「未承認国家」生成の内的構造要因が複雑に絡み合っていた。こうした内的な構造要因を有している中で引き金となったのが、民族自決を掲げる地域における革命や独立宣言、またはこれが発展する形で生じた紛争である。

無論、「未承認国家」生成の引き金要因は必ずしも内部にあるわけではなく、例えば北キプロスの例では、外部（トルコ軍の侵攻）に原因があった。ただし、旧ソ連の事例が示唆に富むのは、紛争への外部からの支援や関与、参加という行為が内的引き金要因と重なり、「未承認国家」生成に強く関わっているという事実である。旧ソ連では、民族に基づく連邦制によって形成された領土的自治単位を基盤に分離主義を掲げる集団が外部の支援を受け、紛争を「敗北なき停戦」に導くことに成功し、「未承認国家」が生成された側面がある[103]。

では、「未承認国家」は、いかに生存を確保するのか。まずもって国際的に国家承認を求めるということが第一に挙げられる。しかし、これは既述のように非常に困難である。通常、国家はその要件を満たし誕生した場合、国際的な承認がなくとも国家と認められるとの理解（宣言的効果説）が支配的であるが、実際に国際社会において一定の関係性を保持するためには、「主権国家クラブ」に仲間入りすること（国家承認されること）が必要不可欠である（小寺 2004; 小寺・岩沢・森田 2010）。しかし、このクラブは非常に閉鎖的であるため、「未承認国家」は、国家承認を得るために自らの正統性を主張する必要がある。そこでまず独立の根拠に自決権（self-determination）をおき、理解を求める。だが、国際

法の権利として認められた自決権とは、植民地解放の手段として植民地の人民 (people) に認められた権利であり[104]、国際社会はこれ以外のものに適用することを領土保全原則などから拒んできた[105]。したがって、中央政府が反対しているにもかかわらず、自決権を根拠として独立を主張してもそれが国際的に認められる可能性はほとんどないのである。

このような現実がある一方、少数派の権利保護が様々な形で求められる中で、いわば内的自決権（特に国内における自治権の付与）がある種の国際規範として広がっているとの見方もある（西村めぐみ 2000; 櫻井 2006）。また既述のように一部の紛争における和平合意では、内的自治を担保した上で、それでも問題を解決できない場合は一定の条件下で双方合意を得て外的自決権（分離権）の行使も認めるという状況が生まれてきている。このようなことから内的自治が否定され、またこの枠組みでは解決できないような重大な危機的状態（繰り返される虐殺や人道危機など）が生じた場合には「救済的自決（分離）権」(remedial right to self-determination or session) が認められるべきだという議論も生じている（櫻井 2009; 山形 2012）。こうした議論は急速に広がり、注目されている一方、櫻井や山形も指摘しているようにこれは何ら国際法上の拘束力がなく、「未承認国家」の主張もコソヴォなどの例外を除き認められていないのが現状である。

もう一つ、「未承認国家」が自らの正当性を主張する際に用いるのは、その国内統治の正統性である。これは様々な国際規範（特に民主主義など）を自らが満たしている「十分な国家」であると主張することによって独立が認められるという論理（「獲得された独立」〔earned independence〕論）である。このような議論の背景には、「未承認国家」と民族主義のアンビバレントな関係がある。そもそも「未承認国家」は、当該地域の多数派住民（あるいは基幹民族）の民族自決を基盤に形成されているが、中央政府のナショナリズムを批判している以上、自らも排外的な民族自決を掲げ、国際社会に支援を求めるという立場はとれない。また紛争の結果、多数派民族の割合が高まったり、あるいは、多民族的な住民の間にも共通の帰属意識が形成されたりする状況が生じていることから、国際的に自らの正統性を主張する際に有用な資源となる民主主義を国内制度運用上、採用することがさほど困難ではなくなってきた。こうしたことから現存する「未承認国家」の中には、政治的多元性を認めるのみならず、少数派への配慮や保護の姿勢も示すことで、国際社会に自らの正統性をアピールしている政体も少なからずある。これも主にコソヴォの事例を教訓として意識して

いるものだが[106]、このようなアピールにもかかわらず、「パトロン」などを除くと、国際的な承認には至っていない。ゆえに、「未承認国家」のこうした試みは、自らの生存を確保することには繋がっていないのである。

では外的な生存要因として機能しているものは何であろうか。第一に、「パトロン」の支援が最も大きな役割を果たしている。「パトロン」の支援は、「未承認国家」の生存を対外的に保障し、内的主権を維持・強化する際に重要な役割を果たしているが、「未承認国家」が「パトロン」に依存した状態を続ければその内的主権や自立性は損なわれていくという二面性がある。なお「パトロン」が「未承認国家」を支援する理由は大きく四つほど考えられる。一つは民族的・文化的紐帯がその背景にあるというもので、セルビアのスルプスカへの、アルメニアのナゴルノ・カラバフへの支援などがこの例である。次に、勢力圏への影響力行使や安全保障が背景にあるというもので、ロシアの南オセティア、アブハジアへの支援などがこの例である。また実例はあまりないが、経済的利害が背景にある場合もある。最後に、規範的・人道的理由が背景にある場合で、これは「パトロン」側が関与の際に必ず指摘する理由である。だが多くの場合、既述の他の理由による介入を正当化するために主張されている。

さて、「パトロン」による支援の効果に二面性があり、依存を続ければ、むしろ「未承認国家」の自立性が低下する側面がある以上、「未承認国家」独自の対外的な働きかけも、その生存を確保する上で重要な意味を持つことになる。このような外的生存要因としては、「未承認国家」同士の相互独立承認、比較的制限されることの少ない経済的・文化的な民間交流の促進などが挙げられる。また、キング（King 2001, pp.545-549）が「国際仲介者の意図しない援助」と呼ぶものもある。彼は、中央政府は「未承認国家」を抱えていることで援助を受けることができ、「未承認国家」も、国際機関の停戦監視でその安全を保障され、和平交渉などで彼らの行為主体性が強化されていく恩恵を受けていると述べる[107]。

では、生存の内的要因はどのようなものがあるだろうか。内的には、中央政府がいわば破綻し、機能していないことが分離主義地域の生成だけではなく、生存をも助けている（Kingston and Spears 2004）[108]。他にもナゴルノ・カラバフや南オセティアなどの事例で指摘されるような闇経済による収益は「未承認国家」には欠かせない財源となる――これらは前述の広く国家承認されていないために獲得できる利益である。このような要因の他に、リンチ（Lynch 2002, pp.839-840)の指摘する「脅迫国家」(racketeer state)という特徴も作用している。これは「未承認国家」が国際社会において法的にいかなる権利も保護も有さないという事実を逆手にとり、自分たちが常に生存の危機に瀕していると住民に強調し、域内の団結や民族意識を高め、域内の課題を敵対勢力に転嫁し、自らの体制を正当化する特徴を捉えた概念である。リンチ(Lynch 2004)はこのような文脈で「未承認国家」の政治体制を非常に権威主義的なもので、政治的多元性もほとんどないと評価した。

　以上のように「未承認国家」の生存要因は、これまで外的には「パトロン」の役割が強調され、内的には「未承認国家」自体の非合法的側面や権威主義体制で説明されることが多かった。これに対して「未承認国家」自身も合理的に生存要因を担保するため、より柔軟に国家建設に取り組んでいることを指摘する研究も近年多数出てきている。例えば、松里（Matsuzato 2008）やコルストら（Kolstø and Blakkisrud 2008）は、ナゴルノ・カラバフ、アブハジア、プリドニエストルの国内政治において民主的な側面が存在することを指摘する。同様の主張をするカスパーセン（Caspersen 2012）は、リンスの指摘する「脅迫国家」という一見すると民主主義と相反する特徴も民主主義と両立すると指摘する。つまり、国際的にその生存が常に危機に瀕しているという脅威認識が大衆に共有されている場合、民主主義が「未承認国家」において内的団結の阻害要因や体制への危険因子とは必ずしもならず、扱いは困難な側面もあるが、持続可能な政体を作り上げる上で重要な資源になり得るという[109]。

　いずれにしてもこれら論者の指摘する生存要因としての国家建設は、端的にいえば内的主権の強化、政体の持続可能性を補強する目的で、「国家」基盤とその正統性の担保、「国民」意識の創出と域内団結の強化などを通して行われている。民主主義もその一つだが、他にも例えば行政機能の整備・改革、文民統制の強化と指導部の脱軍人化、国家による暴力の独占と軍事力の増強、国境警備の強化などという政治・安全保障政策から「自国史」の編纂と「国民」教育の普及、「国歌」・「国旗／国章」・「独立記念日」などの文化政策まで幅広く行われている。

　こうして生成され、生存する「未承認国家」は、紛争移行や平和構築の議論では、なぜあまり取り上げられないのだろう。

第4項　「未承認国家」と平和構築問題の接合：事例としてのチェチェン

「未承認国家」が冷戦後の平和構築の議論で扱われない理由は、その生成・生存理由と強く関係している。まず、第一に、「未承認国家」が国際的に承認されておらず、紛争後に「外交」によって二国間・多国間援助を獲得することが困難であるという特徴がある。これは、「未承認国家」との合意に関わる法的妥当性と有効性の問題、また、合意実施に関わる権威（この地域を抱える国家への内政不干渉）の問題に起因している。

近年、いくつかの研究（Berg and Toomla 2009; Lynch 2007）は、「未承認国家」への国際社会の関与を指摘しているが、これは、国際機関などが和平のための間接的関与（仲介や監視）を行っていることを指摘したもので、紛争後の開発や復興と結びつき、多様な主体の関与する平和構築とは異なる。旧ユーゴのボスニアやコソヴォのように様々な主体が平和構築に直接的に関与する場合もあるが、どの論者も「未承認国家」としてボスニア内部のスルプスカやクライナ・スルプスカを扱っているのは、内戦から停戦期までである。独立宣言（2008年）後のコソヴォの事例を扱うこともあるが、和平後、暫定統治下に入ったボスニアやコソヴォは「未承認国家」の要件を満たしていないため扱われない。ゆえに暫定統治下の旧ユーゴは、「未承認国家」という条件におかれた地域と国際社会の関係を考える例としては適さない[110]。

第二に、これは「未承認国家」の「外交」（対外交渉）能力の欠如と関係している。「未承認国家」の要件として「外交」能力を挙げる向きもあるが、現実には好意的に評価しても「外交」を展開しているのは台湾やコソヴォくらいだろう[111]。しかも、これら例外はある程度の国――コソヴォはすでに国連加盟国の約半数――に承認されているという前提がある。「未承認国家」が国際社会で完全に無視されているわけではないという指摘についても、それが「外交」といえるほどの繋がりを指しているわけではない点を確認する必要がある。国際社会の「未承認国家」への対応の多面性については表1－11を参照されたい。

端的にいって「未承認国家」が予想以上の生存力を有し、国際社会に存在し続けているため、多くの国は存在そのものを否定することが困難になり、消極的に静観しているのである（表1－11の③に該当）。その意味で、現存する「未承認国家」は一部例外を除き、事例ごとの濃淡はあれ、その長期にわたる生存期間にもかかわらず「外交」を展開することに失敗し、その努力（他国への

表 1 − 11　「未承認国家」への国際社会の対応の多面性

分　類	説　明	例
①完全否定	国家承認をせず、法的・政治的・経済的・軍事的に排除しようと試みる	分離主義地域の中央政府（「未承認国家」を抱えている国）
②排　除	国家承認をせず、その存在の違法性を積極的に認める	大多数の国家
③無　視	国家承認はしないものの、特段それ以上の措置はせず	
④限定的受容（＝寛容）	国家承認はしないものの、実務的な必要性から存在そのものは否定せず対応する	国際・地域機関：和平などの実務的必要性
⑤疑似承認	国家承認はしないものの、経済文化交流や協力協定などを結び、一定の関係性を持っている	一部の国家や国際・地域機関
⑥承　認	国家承認をする	ごく一部の国、「未承認国家」同士
⑦積極的支援	国家承認をし、法的・政治的・経済的・軍事的に支援を行い、存続を強固なものにしようとする	「パトロン」国家

出典：筆者作成

働きかけ、個別政治家へのロビーイング）もわずかなものでしかなかった[112]。この「未承認国家」側の働きかけの不足と失敗が平和構築の議論でこれらの問題が取り上げられない理由にもなっている。

　第三に、紛争後、本来「未承認国家」が必要とする外部支援が「パトロン」によって賄われているという特徴がある。これによって、紛争後に多くの課題を抱えながらも国際社会からの支援がほとんど期待できないという特徴が相殺されている。だが、「パトロン」からの支援を得ることで制約も生じる。すなわち、「パトロン」以外の外部主体に働きかけることが——特に彼らの利益と一致しない場合に——困難になるのである[113]。このように考えると、「外交」能力の欠如と働きかけの不足という事実は、「パトロン」の存在と深く関わっている。

　こうした現存する「未承認国家」の特徴によって、最も不安定で生存が危機に瀕する紛争直後において国際承認ない中でどのようにその安定性を担保するのかという「未承認国家」の本質に関わる問題が表面化することがなかったのである。それゆえ、「未承認国家」問題は、紛争移行や平和構築の議論の俎上に載せられることがあまりなかった。では、以上取り上げてきた議論を踏まえつつ、本書で考察する 1997–99 年のチェチェンは、この中でどのように位置づ

第1章　比較と理論の中のチェチェン紛争

けられるのか考えたい。ここではまず、「未承認国家」たるチェチェンがいかに生成されたのかについて、理論的観点から検討し、なぜ本事例では紛争後の平和の定着がより一層困難なものになり得るのか、他の事例と比較しつつ明らかにしたい。

　「未承認国家」の生存要因（表1 - 10）のうち、内的要因の構造要因と引き金要因のほぼすべてをチェチェンは満たしていた。例えば、旧ソ連地域で国家の解体と再建が進み、その過程で権力の移動や体制転換が生じ、新生ロシア連邦は移行期の経済改革などもあり、「脆弱国家」と化していた。そんな中でチェチェンでは強い民族自決運動が展開され（以上、構造要因）、それがドゥダーエフ政権の権力奪取という「革命」に発展し、さらに独立宣言の後に紛争へと至った。外的要因については、国際システムという構造要因は固定的なので、チェチェンの独立が承認されなかったことは他の事例と同じだが、引き金要因に関しては、他の事例と異なり、チェチェンの場合は外部主体の紛争への支援・関与などが限定されていた。すなわち、チェチェンの事例の場合、外部主体の支援が中央政府と分離主義地域のパワーの非対称性を改善し、紛争における分離主義地域の勝利、あるいはその後の「未承認国家」の誕生に重要な役割を果たしたとまではいい難い。したがって、「未承認国家」としてのチェチェンが形成された時点においては、チェチェンには「パトロン」と呼べる外部からの支援者はいなかった。

　このことは、その後のチェチェン（本書が分析する1997-99年）を考える上で重要な意味を持つ。「未承認国家」が生存していくためには、内的主権をいかに強固なものにしていくのかということがまず重要な意味を持つが、これは中央政府が脆弱であるかないかという与件を除くと、実際には域内で賄えない資源を獲得するという意味において外部主体、特に「パトロン」の役割が非常に大きい。現存する「未承認国家」も経済（財政）、政治、軍事、社会文化などのいずれかの面で「パトロン」に依存している。このような前提がある中で、そもそも「パトロン」を有さない「未承認国家」たるチェチェンが紛争後にその生存要因を担保できるのかという問題は非常に重要な問いかけであり、考察する意義がある。結果だけみれば、紛争後のチェチェンにとって「パトロン」の不在、もしくは外部支援の獲得の失敗は平和定着（あるいは国家建設）の大きな障害となったわけだが、政権がどのように対外的に働きかけ、なぜこれが失敗へと至ったのかを第3章4節で、そしてその要因の考察を第4章4節で試み

る。

　さて、最後に「未承認国家」研究ではチェチェンがあまり取り上げられることがないが[114]、にもかかわらず、本書でチェチェンの事例を取り上げることの意味について考えたい。筆者はチェチェンが事例として取り上げられないのは、情報の不足に伴う分析の困難さと、その結果として生じているチェチェンの事例をどのように位置づけていいのか分からないという状況に起因していると考える[115]。したがって、本書では「未承認国家」の事例としてチェチェンが不適合であるという一部でみられる立場をとらず[116]、むしろ以下の理由から考察する意義があると判断する。

　第一に、チェチェンはある時期まで「未承認国家」の中で今後独立へと進んでいく数少ない成功例になると考えられていた (Pegg 1998, p.210, 221)。当時、「未承認国家」から独立国家へと歩んだ事例はエリトリア以外なく、残りは連邦や自治による和解か、今後が不透明なまま存続するかであった。独立へ向かう特殊な事例としてチェチェンが取り上げられたのは、ロシアから事実上の勝利を勝ち取り和平に至ったからだが[117]、現実には成功例になるどころかその後、紛争再発に至ってしまった。このような結果から現在ではチェチェンは、むしろ無秩序と破綻で彩られる「未承認国家」の代表的な失敗例として取り上げる傾向すらある (Caspersen 2012)[118]。このように同時代的には成功例になると理解されていたものが、代表的な失敗例になったからこそ、現状十分に取り組まれていないその原因を考察することには重要な意義があるといえよう。

　第二に、チェチェンは中央政府が大国ロシアであり、「パトロン」がいないという意味で、旧ソ連・旧ユーゴの「未承認国家」としては特殊な事例である。例えば、他の事例は「パトロン」が大国で中央政府は中小国（アブハジア、南オセティア、プリドニエストルなど）、あるいは「パトロン」も中央政府も中小国（スルプスカ、クライナ・スルプスカ、ナゴルノ・カラバフなど）に分けられる。「未承認国家」への外部主体の関与は、中央政府と「パトロン」「未承認国家」をめぐる力学と何らかの関係があると考えられるので、チェチェンの事例に注目することは、外部主体の関与をめぐる力学や論理を考える上でも有用だろう。

　第三に、チェチェンは紛争後に様々な課題が山積する中で平和の定着に取り組むという大変な時期に「パトロン」なき「未承認国家」となり、外部支援を獲得することが困難な状況におかれていたにもかかわらず積極的な働きかけを行った例外的事例である。既述のように他の事例は、「パトロン」からの支援

が紛争後の平和定着期に外部支援を獲得できないという「未承認国家」の欠点を相殺していた。こうした状況になかったチェチェンの外部への働きかけを明らかにすることは、既存の議論では取り上げられていない視角を提供する可能性がある。そして、こうした試みにもかかわらず、現実にはチェチェンが平和の定着に失敗したという事実は、紛争後の地域と国家性の問題を考える際に理解しておく必要があるだろう。

本書は、紛争後にこのような「未承認国家」としての課題を抱えたことが、マスハドフ政権が「複合的なディレンマ」や「状況悪化のスパイラル」に陥る一つの要因を形成していると考えている。

第5節　ソ連邦・ロシア連邦におけるチェチェン

ここではソ連邦・ロシア連邦におけるチェチェン[119]の位置づけ、特徴について確認したい。この際に第2節で旧ソ連地域の他の民族対立との比較で触れた特徴についても掘り下げる。

チェチェン紛争を考える上で重要なこととして、前述のようにソ連邦においては「重層的転換」期に種々の民族対立が表面化し、そのうちいくつかは武力紛争へと至ったという事実がありながらも、ロシア連邦においては武力紛争へと発展した分離独立運動がチェチェン以外には存在しないという点が挙げられる。こうした事情もあり、チェチェンそれ自体はロシア連邦の民族自治地域の中でも特殊で例外的だと見なされることが多い。このようにして例外的に紛争へと発展していった背景には、チェチェン民族やその歴史の特殊性、さらには彼らの共和国の政治・経済・社会的な特殊性があったのだと捉えられることも多い[120]。こうした「チェチェン例外論」（あるいは特殊論）は、紛争との直接的因果関係を証明することが困難なので扱いには注意が必要である。他方で、チェチェンがソ連邦・ロシア連邦において一定の特殊性を有している側面もあり、このような点を理解しておくこと自体は必要だろう。

そこで以下では、まずソ連邦とロシア連邦について非常に簡単に説明した上で、以下で詳細に取り上げていくチェチェンについて押さえておくべき基礎的な情報を提示する。その上で、いかなる理由で「チェチェン例外論」が主張されてきたのかをみていく。

第1項　民族連邦制とチェチェン・イングーシ自治共和国の基礎情報

　ソ連は、法的に等しい権利を持つ共和国による連邦国家で、共和国の内部には民族に基盤をおき形成された大小様々な自治単位（自治共和国・自治州など）が存在した（繰り返しになるが、それぞれの自治単位の名称となっている民族を「基幹民族」という——例えば、グルジア共和国ではグルジア人）。こうした連邦の形成過程で争点となるのは、どの民族までどの程度の自治単位を形成できるのか、また領域をどのように区切るのか（＝「政体の人的・領域的範囲」）という問題である[121]。

　法的な自治権が異なることは、何を意味するのだろうか。ソ連を構成する共和国——ロシアやウクライナ、グルジアなど——は、ソ連憲法によって連邦から脱退する権利（離脱権）を認められていた。現実にはこの権利は、行使できない統治体制が敷かれていたが、法的にはこれらは主権国家であり、外交権も認められていた（Конституция СССР 1977 г.; 中井、柴、林 1998, pp.19-27, 161-173）。

　これに対して自治共和国は、連邦構成共和国に帰属し、そこを通してソ連に参加していた。よって、連邦からの離脱権は持たなかった。他方で、彼らは独自の憲法や立法行政府（最高会議や閣僚会議）を持ち、予算の策定や閣僚の任命権も認められていた。さらに、独自の大学や教育機関、メディアも保有し、共産党や大学教員などインテリ・エリート層に基幹民族が積極的に採用された。

　それに対し自治州は、独自の国家行政的機関を持たず、その自治権も基本的には文化面に限定されていた。自治州当局（州ソヴェト）は、中央政府が決定した政策の執行を担う機関で、予算の策定や計画の立案など限定的な権利しか持たず、独自の憲法、閣僚会議、大学やメディアなどは有していなかった。

　このような自治的地位の相違は、当該地域の基幹民族が行使できる権力の差異を明らかにしており、これはソ連形成期から大きな問題になった。時期的には1950年代までに限定されるものの自治共和国から共和国への格上げ、逆に後者から前者への格下げもあったので（中井、柴、林 1998, p.22; 塩川 2007b, pp.42-43, 48-49）、どのような基準で昇格が可能なのかは自治共和国にとっては重要な問題であった。塩川（2007b, p.43, 49）は、領土や人口の大きさ、独自の民族エリートの存在、政治的自治の経験の有無を挙げつつ、スターリンが提示した基準（外国と接する国境を有し、その共和国で密集した多数派であり、100万人規模の人口があること）を紹介している。

　塩川の基準では、チェチェンでは人口はまだしも、後述するように領土は決

して大きくなく、民族エリートも少なかったので共和国としては不適合に思える。また、スターリンの基準でも外国と接する国境を有さず不適合だが、人口規模と民族的多数派という条件はクリアしている[122]。

このようにチェチェンは共和国になる条件を満たしていなかったが、ここで共和国への昇格（格上げ）の基準と関連して確認するべきことは、ソ連解体の過程でグルジアが独立国になったので、チェチェン（・イングーシ）はロシ

図4　チェチェン・イングーシ自治共和国
出典：Григорьев（1964）から編集・訳出

ア連邦内で外国と国境を接する自治共和国[123]となったということである[124]。つまり、ソ連時代は十分に有していなかった離脱権を行使できる連邦構成共和国に昇格する「資格」を、皮肉にもソ連解体後にチェチェンは手にしたのである。このように外国と国境を接しているということは、法的に独立が認められるのか（その権利を有するのか）という議論とは別に、地理的にそれが可能であるのかという議論も呼び起こす。例えば、90年代にチェチェンと同じように連邦中央から自立化傾向を強めたタタールスタンは、現実には外国と国境を接していなかったため、どれほど政治的に分離主義的なポーズを見せても、物理的にそれが可能なのか（ロシアの中で陸の孤島として独立できるのか）という問題を抱えていた。しかし、少なくともチェチェンではこのような意味での障害はなかったということである。

こうしたことを確認した上でチェチェン・イングーシ自治共和国の基礎的な情報を押さえたい（図4）。ロシアの最南端に位置した同自治共和国は、東にロシアの自治共和国であるダゲスタン、西に同じく自治共和国の北オセティアと

表1−12　チェチェン・イングーシ自治共和国における行政地区人口（1989年）

地区	人口（1000人）			地区人口における割合（%）	
	合計	都市人口	農村人口	都市人口	農村人口
アチホィ・マルタン	60,0	----	60,0	----	100
ヴェデノ	33,3	----	33,3	----	100
グローズヌィ	100,5	----	100,5	----	100
グデルメス	83,4	46,4	37,0	56	44
マルゴベク	45,6	20,4	25,2	45	55
ナドチェレチヌィ	35,2	4,3	30,9	12	88
ナズラニ	79,0	18,3	60,7	23	77
ナウル	46,6	----	46,6	----	100
ノジャィ・ユルト	49,0	----	49,0	----	100
ソヴェトスコエ	15,1	----	15,1	----	100
スンジャ	62,1	9,3	52,8	15	85
ウルス・マルタン	85,0	----	85,0	----	100
シャリ	136,8	30,7	106,1	22	78
シェルコフスキー	44,8	----	44,8	----	100
グローズヌィ市	400,5	400,5	----	100	----

出典：*Грозненский Рабочий*（以下 *ГР*），12 мая 1989 г.
グローズヌィ市のみ首都ということで地区から分離して表示されているが、他の都市は地区の中に含まれている。なおここで出て来る「都市人口」の定義は「都市型労働者団地」（＝3000人以上の居住者の住む労働者団地）の有無に基準をおく。

接していた。チェチェン・イングーシ自治共和国の領土（1万9300 km^2）[125]には、南部に大コーカサス山脈と接する山岳地帯、北部に主要な都市と平野地帯が広がっており、その首都グローズヌィはパイプラインの他、鉄道などで周辺地域と繋がっていた。

　チェチェン・イングーシ自治共和国の行政区分は、3共和国直轄都市（グローズヌィ、グデルメス、マルゴベク）、2地区管轄都市（アルグン、ナズラニ）、14地区により形成されていた（Президиум Верховного Совета Чечено-Ингушской АССР 1978）。地区はその内部に中心的な村落や都市があり、スンジャ地区を除き地区名と中心地の名前は同一であった（表1−12）。その後、1990年に地区が新設され、加えてシャリ地区とウルス・マルタン地区にあった同名の村が共和国直轄都市に、またアルグン市も共和国直轄に格上げされた。現行区分に触れれば、イングーシの分離で2地区2都市が同領土に、その後チェチェンでも3地

表1－13　チェチェン・イングーシ自治共和国の主要民族構成（人口の単位は 1,000 人）

	1926		1939		1959		1970		1979		1989	
	人口	割合	人口	割合	人口	割合	人口	割合	人口	割合	人口	割合
チェチェン人	294	76.3	368	52.9	244	34.3	509	47.8	611	52.9	735	57.8
イングーシ人	70	18.2	84	12	48	6.8	114	10.7	135	11.7	164	12.9
ロシア人	10	2.6	201	28.8	348	49.0	367	34.5	336	29.1	294	23.1
総人口	384		697		710		1,064		1,156		1,270	

出典：塩川（2007a, p.178）より
26 年と 39 年、59 年以降の領土的枠組みは、厳密には異なるものである。

表1－14　チェチェン・イングーシ自治共和国の民族別都市・農村人口割合（1989 年）

民族名／人口	都市（%）	農村（%）	民族名／人口	都市（%）	農村（%）
チェチェン人	25.0	75.0	タタール人	76.2	23.8
イングーシ人	35.4	64.6	クムク人	22.2	77.8
ロシア人	79.9	20.1	ノガイ人	2.3	97.7
アルメニア人	97.4	0.26	アヴァール人	17.1	82.9
ユダヤ人	92.0	8.0	その他の民族*	70.0	30.0

出典：Госкомстат РСФСР (1990, C.130) より作成。なお数字は 0.1 ポイント以下を四捨五入した。
* ここに入るのは 79 年センサスで取り上げられていたダルギン人、ラク人、ベラルーシ人、オセット人だと思われる。

区が新設、5 共和国直轄都市、15 地区という区分に至る[126]。

　チェチェン・イングーシ自治共和国は、基幹民族であるチェチェン人が人口の約 6 割、同じく基幹民族のイングーシ人が約 1 割、そしてロシア人が約 2 割を占めており、この三つの民族が共和国の主要な民族であった（表1 - 13）――その他の民族については表1 - 14 を参照されたい。

　チェチェン・イングーシ自治共和国はソ連・ロシア連邦、あるいは北コーカサス地域の他の自治共和国と比して都市化に遅れていた。比較対象のうち最も都市化率の高いロシア連邦と比して 70 年には 20 ポイント、89 年になるとその格差は 30 ポイント以上開いており、さらに同連邦の地区の中で最も都市化に遅れた北コーカサス地区の平均都市化率を下回る水準だった。1970-89 年のチェチェン・イングーシ自治共和国の都市・農村人口の増加率を算出すると、後者が前者を 5 ポイント上回っており、農村の人口増加率が高いことが分かる（表1 - 15）。

　この農村人口の増加率と都市人口の増加率の差は、都市に多数住む民族と農

表1−15　比較におけるチェチェン・イングーシ自治共和国における都市、農村、首都人口

項　目（単位）	1970	1979	1989	項　目（単位）	1970	1979	1989
グローズヌィ（千人）	341	375	400	ソ連邦の都市化率（％）	56.3	62.3	65.9
都市人口（〃） 農村人口（〃）	444 620	490 666	512 747	ロシア連邦の都市化率（〃）	62.2	69.1	73.6
チェチェン総人口における首都人口割合（％）	32.0	32.4	31.5	北コーカサス地区*の都市化率（〃）	49.8	54.9	57.2
同総人口における都市人口の割合＝都市化率（％）	41.7	42.4	41.5	北オセティアの都市化率（〃）	64.5	67.5	68.5
				ダゲスタンの都市化率（〃）	35.3	38.5	43.2

出典：Государственный Комитет СССР по Статистике (1989a,1990), Госкомстат РСФСР (1990) より作成
* 6民族共和国に加えクラスノダール、スタヴロポリ、ロストフを含む経済地区で主にソ連時代に使用された。

村に多数住んでいる民族の違いをみれば理解できる。表1−14を見るとロシア人、アルメニア人、ユダヤ人、タタール人はその人口の7割以上が都市で生活していたことが分かる。これに対して基幹民族であるチェチェン人とイングーシ人は都市化に遅れ、前者の4分の3は農村に住んでいた。グローズヌィを見た場合、チェチェン人は同市人口の31％、イングーシ人は5％、ロシア人、ベラルーシ人、ウクライナ人などのスラヴ人は56％を占めていた（Tishkov 1997, p.197）。

　チェチェン・イングーシが都市化に遅れ、むしろ後退すらしていたことは、基幹民族であり人口の約7割を占めるチェチェン人、イングーシ人の多くが農村に居住していたこと、加えて彼らが他民族と比して世帯規模が大きく出生力も極めて高かったことに起因している。例えば、1989年には、世帯規模が5人以上の割合がチェチェン人とイングーシ人では56.8％と63.7％であるのに対し、ロシア人とアルメニア人は12.3％と25.5％と少なかった。都市の世帯規模は72.2％が5人以下だが、農村住民ではこれは43.6％まで下がる（Статистический Комитет Содружества Независимых Государств 1993a）。

　次にチェチェン・イングーシ自治共和国の産業や経済について触れるが、これは首都のグローズヌィでの石油採掘や精製・加工が最も中心的な産業であった。石油産出については、かつてはソ連邦全体でもアゼルバイジャンのバクーに次ぐ生産量を有していたが、70年代をピークに頭打ちとなり、主に精製や

加工へと変化を遂げていった[127]。グローズヌィはこれらに加え化学工業、機械工業、建設産業、食品加工業も盛んで、農業も生産が一部行われていた。こうしたことからチェチェン・イングーシの生産手段の75～80％がグローズヌィにあるとされた（Юсупов 1997, С.142）。

生産手段がグローズヌィに集中している一方、農村人口の多いチェチェン・イングーシでは、農業が十分な雇用を創出することが難しかった。1991年には、労働可能人口の20～30％、人口にして10～20万人が農村地域では余剰労働力となっていた（Ибрагимов 2006, С.369）[128]。このようにして都市に流れる人口にグローズヌィの産業が必ずしも雇用を提供したわけではない。そもそも石油関連産業は一定の技術や教育水準が求められ、またたとえこれらを満たしていても多くのチェチェン人とイングーシ人は雇用されなかった。

例えばユスポフ（Юсупов 1997 С.139）は、80年代から90年初頭までのチェチェンの民族的構造について社会経済面から述べ、石油採掘や精製、機械工業や機器製作は主にロシア人が行い、チェチェン人やイングーシ人が担う業種ではないこと、彼らが多数を占める業種は建設業や農業であることを指摘している[129]。チェチェンの主要産業である石油関連企業で基幹民族がほとんど雇用されていなかった事実は、他の論者も明らかにしている。これによると、例えば石油関連企業には80年代後半に5万人の労働者と技術者がいたが、このうちチェチェン人、イングーシ人はわずか数百人であったという（Ибрагимов 2006, С.369）。

このように国内産業が十分な雇用を創出できず、基幹民族は石油関連企業にも就職できなかったことからチェチェン・イングーシでは、多くの若者が季節労働者として周辺諸国やカザフスタン、シベリアなどに出向いた。その規模は10万人ともいわれる。こうした季節労働者の移動は、次第に自治共和国外のチェチェン人の数を増加させ、ソ連全土にいるチェチェン人のうち、チェチェン・イングーシ自治共和国に居住している人々の割合を減少させていった[130]。1989年には、自治共和国の近隣だけでも5万8000人がダゲスタンに、1万5000人がスタヴロポリ地方に、1万1000人がヴォルゴグラード州に、さらに8500人がカルムイク自治共和国に、そして6000人がサラトフ州に居住しており、その数は合計で10万人に迫っていた。

多くの課題を抱えるチェチェン・イングーシ自治共和国の経済は、人々の生活水準や給与水準からも理解できる。1985年にロシア連邦の平均月収は169

ルーブルであったが、チェチェン・イングーシでは連邦平均の半額以下（82.2 ルーブル）だった（Типенко 1992, C.126）。同自治共和国のコルホーズやソフホーズに勤務している農業従事者の収入と連邦平均の間にも差があり、85 年には連邦平均の 82.5％の水準だったが、91 年には 74.8％まで低下した[131]。89 年に報告された別の調査では、チェチェン・イングーシで世帯一人当たりの平均月収が 30 ルーブル以下の割合はチェチェン人では 15.5％であったのに対し、ロシア人では 1.7％、100〜150 ルーブルの割合は、同じく 17.4％に対し 29.7％であった（Юсупов 1997, C.142）[132]。これらの部分的数値で何かを主張することは難しいが、チェチェン人の方が相対的に貧しいということが想像される。こうした生活水準についてどのように認識しているかと問うた 91 年頃の社会調査では、ロシア人の 42.3％が平均的なものと評価し、30.7％は平均以下、21.2％は低い水準と評価した（Юсупов 1997, C.142）。だが、57.6％は基幹民族と比して自分たちがより悪い状況下で生活していると考えており、実際にはロシア人にも自治共和国の経済とその下での生活についての不満があったようである。

第2項　歴史からみる「チェチェン例外論」

　チェチェン紛争が始まった時、またこの紛争が終わった時、さらには再発した時、新聞の紙面で注目を集めてきたのはチェチェン民族がいかに特殊な民族であるのか、あるいはどれほどロシアに抵抗してきた民族であるのかを記載した記事であった。ここで持ち出されるのは、コーカサス戦争と現代のチェチェン紛争の連続性であり、チェチェンとロシアの歴史は「侵略と抵抗」で彩られていたという見方である[133]。また「チェチェンは歴史上、自ら望んでロシアに編入されたことは一度もない」というような主張もしばしば確認される[134]。このことは、ロシア帝国であれソ連邦であれ（その後の新生ロシアであれ）自らその一部となることは望んでいなかったのに（力ずくで）編入されたという認識があり、これも「侵略と抵抗の歴史」を意識していよう。
　研究者にもこうした図式の中でチェチェン紛争を捉える人たちは多いが[135]、ここではその「侵略と抵抗の歴史」、あるいは「4 世紀にわたる戦争」と呼ばれる歴史を概説したい。
　ロシアのコーカサスへの進出は、1566 年にイヴァン雷帝がカバルダの姫君と婚姻し、これを活用して平和裡に併合を目指したことが始まりとされる。こ

第1章　比較と理論の中のチェチェン紛争

れが失敗すると軍事侵攻に切り替え、ダゲスタンのマハチカラを征服、その後コサックを入植させ、この地の警備にあたらせた。17世紀までコーカサスは、オスマン帝国とペルシア帝国（サファヴィー朝）の影響下にあったが、サファヴィー朝が内紛に至ると、ピョートル1世は南コーカサスの征服に向かう。同時に北コーカサス山岳民の討伐も行うが、これは補給や食料に難を抱えた。

　その後、勢力を拡大するロシアは膨張政策を展開、以後徐々に勢力を低下させていくオスマン帝国とコーカサスをめぐる争いを展開した。ロシアは、エカテリーナ2世の時代に2度にわたる露土戦争に勝利し、これによって現在のカバルダを征服、またコーカサス総督府を設置した。こうしたロシアの攻勢に対し、チェチェン、ダゲスタンなどの山岳民がチェチェン人のシャイフ・マンスール（別名：ウシュルマ）の下でロシアに激しく抵抗した（1785-95年）。この抵抗は、北コーカサスの様々な民族の団結を目指したが、帝国の指揮下で闘うコサックやカルムィク領主に敗北する[136]。逆にロシアは、アレクサンドル1世の時代にオスマン、ペルシア両帝国との戦争に勝利することによってカスピ海沿岸を占領、また保護領としていたグルジアも併合する。これに対してダゲスタンとチェチェンでは1817年からイスラーム神秘主義（スーフィズム）のナクシュバンディー教団を基盤にその指導者を中心にロシアに抵抗を続けた。

　だが翌年には、ロシアは現在チェチェンの首都がある地域を陥落させ、ここに要塞を築き、1820年には石油採掘も始めた。そしてロシアは、ニコライ1世の治世にコーカサスを完全に手中に収める。だが、その後もチェチェンやダゲスタンで抵抗は続き、その指導者イマーム・シャミーリ[137]は戦線をコーカサス全域に拡大し、約30年間にわたって闘争を続けた。マンスールからシャミーリまで続く反乱は、ナクシュバンディー教団というイスラーム神秘主義の役割が大きいとされる。シャミーリの領域国家イマーマトでは、ロシアとの「聖戦」への参加をムスリムの責務とし、共同体の秩序はシャリーア（イスラーム法）によって形成され、住民生活のすべての面に厳格に適用された。シャミーリの抵抗は1859年に彼が捕らえられ終焉を迎える。だが、シャミーリが捕らえられると、彼と対立していたカーディリー教団のクンタ・ハッジがチェチェンに戻り、禁欲主義、非暴力、世俗世界からの分離と無抵抗主義を訴え、これが紛争で疲弊した人々に受け入れられた。こうしてカーディリー教団の団員が増加し、またシャミーリの遺志を継ぐナクシュバンディー教団による抵抗も継続したことから、ロシアはこれを脅威と見なし、クンタ・ハッジを捕らえ

103

た[138]。

　こうしてロシアに抵抗するイスラーム指導者が排除されたチェチェンでは、1888 年にコーカサス鉄道が開通するなど、ロシア帝国による開発も進んでいく。1917 年頃までには石油採掘地点も増加し、その数は 386 カ所にものぼり (Tishkov 1997, p.190)、この後チェチェンはロシアにとって優良な産油地としての役割を果たすようになる。

　第一次大戦下のロシアで 1917 年に 2 月革命が起きると、チェチェンでは、チェチェン民族大会（Чеченский национальный съезд）が開催され、代表者会議を創設し独立に向けた動きを模索した。その 2 カ月後にチェチェン民族大会の代表者たちは、第一回山岳民大会に参加し、北コーカサス・ダゲスタン山岳民連合（Союз Объединённых Горцев Северного Кавказа и Дагестана）を創設、翌年 5 月に山岳民連合共和国（Республика Союза Горских Народов; Горская Республика）として独立を宣言した。この間ロシアでは 10 月革命によってソヴェト政権が誕生したが、1917–21 年の北コーカサスは、ボルシェヴィキ、民族主義勢力、デニーキンの白軍（ロシア帝国軍）とコサック部隊、そしてムスリム集団など様々な行為主体が交錯する地域だった (山内 1988, pp.370-371; Bennigsen 1992, p.112, 121)。

　独立を宣言した山岳民連合共和国は、ボルシェヴィキとの、またデニーキンやコサック部隊との戦闘で徐々に後退していったが、その首班はチェチェン人のタパ・チェルモエフが務め、オーストリア・ハンガリー、ドイツ、トルコ、アルメニア、グルジア、アゼルバイジャン、在ロシア英国代表部に承認された (Avtorkhanov 1992, p.152; Dunlop 1998, p.37)。同国の指導部は、主にロシアで高等教育を受けたリベラル知識人で、北コーカサスに世俗的で民主的な連邦共和国を導入することを模索し他民族との融和も掲げた (Gökay 2004, pp.7-8)。こうした姿勢は、コサックと山岳民の関係を一時的に改善させたものの、山岳民共和国の指導部は知識人であるがゆえにチェチェン・イングーシの大衆に支持を広める基盤を持たず、世俗主義を掲げていたがゆえにイスラーム指導者と連携することもできなかった。そして 1919 年 5 月にはデニーキン軍によって消滅させられる。

　これに対し、チェチェン人のウズン・ハッジをその首班としダゲスタン、チェチェンのムスリムによって形成された北コーカサス首長国（Северо-Кавказский Эмират）は 9 月に独立を宣言し、デニーキン軍との戦闘に突入す

る[139]。また1918年当時としては、公式にはチェチェンなどの政治的権威は、ボルシェヴィキが掌握しているということになっていたが、そのテレク・ソヴェト共和国（Терская Советская Республика）の実権は、テレク川以北という一部にしか及んでおらず、実際にはこれらの地域はデニーキン軍によって支配されていた。こうした状況から現地ボルシェヴィキ勢力は北コーカサス首長国を支持し、対デニーキン軍戦線で協力体制を築いた。これにはウズン・ハッジの支持者やダルギン人とされるナクシュバンディー教団の指導者シャイフ・アリーなども加わった（Bennigsen 1992, pp.121-122）。このような共闘によってデニーキン軍排除に成功すると、ソヴェト政権は一転して「首長国」を認めず、これを排除しようとした。

　ソヴェト政権の勝利は、1921年に山岳民自治共和国やダゲスタン自治共和国が創設されたことで明らかだが、抵抗はそれ以後も続いた。こうした抵抗を受けて当局の厳しい監視と弾圧が行われ、多くのチェチェン人とイングーシ人が逮捕、殺害された[140]。この後も両民族に対する弾圧が続いたが、ソ連体制下で新たな問題となったのは自治行政単位の領域設定やその法的地位であった。これは、チェチェンやイングーシに限った問題ではなく全連邦的な問題であったが、特に北コーカサス地域では1950年代後半までこれらは度々変更（分割・合併・廃止・復活・帰属変更）された[141]。

　このようにソヴェト体制に編入されて以降もチェチェン人と当局の対立は続いた。例えば1937年に内務人民委員会（НКВД：国家政治局の後継組織）によって反ソ分子として1万4000人のチェチェン人、イングーシ人が逮捕された（Avtorkhanov 1992 p.175; Dunlop 1998, pp.55-56; Tishkov 2004, p.23）。また1944年には、チェチェン人やイングーシ人などがドイツ側に協力したとして、彼らは中央アジアに強制移住させられ、チェチェン・イングーシ自治共和国も廃止、分割された。1956年にフルシチョフが「スターリン批判」の一部として強制移住を取り上げると、チェチェン人とイングーシ人は強制移住させられた他の民族と同様に(1)民族の組織化、(2)個人の違法帰郷、(3)フルシチョフの秘密報告の拡大解釈を行い、1957年に自治共和国復活までこぎ着ける（半谷2004, pp.86-88）[142]。

　チェチェンとロシアの間には以上のような「侵略と抵抗の歴史」があった。こうしたことからチェチェン人はロシアに怨念を持っているとか、独立はチェチェン人の宿願であり、紛争はこうした理由で起きたなどとジャーナリストからは主張されることも多い。このような歴史的経緯を直接、90年代に発生す

る紛争と結びつけて説明する議論は、80-90年代の政治展開やそこで提起された問題を軽視することに繋がりかねないので慎重になるべきであると筆者は考える。むしろ、このような歴史的経緯は第2章1節で取り上げるペレストロイカ期における民族運動の覚醒、そしてそこで掲げられている民族的要求（歴史的名誉の回復など）と強い結びつきがあり、紛争発生そのものとの間には直接的な関係がない。

　また紛争との関係を別にして、ソ連史やロシア史においてチェチェンの特殊性を考えてみても「侵略と抵抗の歴史」は、チェチェンに限らず帝国の辺境地域においては大なり小なりみられる現象でもある。このように考えると、チェチェンは例外的な事例ではなく、むしろこのような「侵略と抵抗の歴史」の典型例であるのではないだろうかと考えられなくもない。

　他方で、その中身（侵略や抵抗の期間、規模、継続性、性質など）をみてみると、やはりチェチェンは最も顕著かつ強烈な事例である。このようにみると、今度は典型例というよりもその例外的な位置づけ（特殊性）が際立つ。例えばそれは、ソ連の国民史形成の過程において──ソ連時代全般からみれば、比較的短い時期に限定された異質な認識であったとはいえ──当局者や歴史学者などがチェチェン人とイングーシ人を諸民族の友好を確立する上での「障害」と認識していたという事実（立石2011, p.265）からも読み取れる[143]。

　もちろん、チェチェンを典型例と捉えるか、特殊例と捉えるかは強調する側面や重点のおき方で変化する。このことに加えて確認すべきことは、チェチェンに向けられる視線がいつの時代も常にオリエンタリズム的なものだったわけでも、そうした見方でチェチェン紛争が十分に説明できるわけでもないということである。初期のチェチェン研究は、オリエンタリズム的視点に批判的であったがゆえに、その裏返しとして紛争当事者の一方が持っていると観察者が考えるオリエンタリズム的な見方を自身の研究に批判のために内在化させる傾向があった[144]。こうした結果、むしろこうした見方を否定的に捉える研究者がそれを流布させるような逆説的な現象が生じた。結果としてこのような研究は、オリエンタリズム的な見方を乗り越えることができず、ゆえに紛争の発生に至った具体的な経緯を理解することを一層難しくしてしまった側面がある。したがって、本書はこのような失敗の反省の上に立ち、これまで取り上げてきた歴史的事実はそれとしてきちんと受け止めつつ、紛争に至る政治過程はこれとは別に丁寧に検討するべきだという立場をとる[145]。

第1章　比較と理論の中のチェチェン紛争

第3項　政治・社会からみる「チェチェン例外論」

　歴史的な経緯に加えて、チェチェンがロシア連邦の中で例外的に紛争へと発展したのは、チェチェン民族の政治社会的な基盤に原因があるという見方もある。これは、前述の歴史と関わる問題だが、ソ連体制下での政治参加や政治統合度が低かったこと、このため、チェチェン人たちの不満がうっ積していったことに理由を求める議論と、チェチェンの政治社会組織そのものの特殊性に原因を求めるものがある[146]。

　まず政治参加と政治統合度についてであるが、これが最も顕著なのは、チェチェン人、イングーシ人の共産党への加入率である。1976年の調査によれば、チェチェン人、イングーシ人の共産党員数はそれぞれ1万2959人と2753人で、全民族人口における共産党員の割合はわずか1.71％と1.48％である。このデータを提示している塩川（2007b, p.141）は、共産党員になるための年齢的条件があるので、民族の全人口における割合のみで共産党員の数を判断することは避けるべきだとしつつも、そうした年齢構成の差を考慮に入れても、「チェチェン人とイングーシ人の低さは突出しており、この両民族がいかにソヴェト体制に統合されていなかったかを如実に物語る」と述べている。

　もう一つの特徴は、上記の党員の少なさとも関係するが、自治共和国の共産党（正確にはソ連共産党チェチェン・イングーシ州委員会：Чечено-Ингушский областной комитет КПСС）指導部について述べることができる。通常、ソヴェト体制下の各共和国や自治共和国などの共産党指導部について語る時、第一書記は基幹民族、第二書記はロシア人（あるいはスラヴ人）というパターンが一般的に定着していた。だが、チェチェン・イングーシでは、ソ連末期（1989年）にチェチェン人であるザヴガエフが第一書記に就任するまで、常に第一書記をロシア人が担い、チェチェン人は第二書記を担った。

　カレール＝ダンコース（1981, p.257）によれば、恒常的にこのような役割分担が適用された例は北コーカサスではチェチェン・イングーシのみ、それ以外の地域では、マリ、ウドムルト、モルドヴァ各自治共和国だけであるという。しかもチェチェン・イングーシでは、これに加えて内務大臣、共和国KGB（国家保安委員会）議長、検事総長などに在職したチェチェン人とイングーシ人が一人もいなかったのである（Ибрагимов 2006, C.371）。

　表1－16で明らかなようにチェチェン・イングーシの共産党組織の役員におけるロシア人を中心とする非現地民族の割合は、ダゲスタンや北オセティ

表1−16 比較におけるチェチェン・イングーシ自治共和国の共産党役員（1985-86年）

分類／自治共和国	チェチェン・イングーシ	ダゲスタン	北オセティア
共産党州　第一書記	R	N	R
同　　　　第二書記	N	R	N
同　　　　第三書記	R(1)、N(1)	N(3)	N(1)、R(1)
同　　政治局員	R(7)、N(6)［54%］	N(9)、R(3)［25%］	N(8)、R(4)［33%］
同　　委員会部局長	R(6)、N(5)［55%］	N(9)、R(2)［18%］	N(5)、R(5)［50%］
同　　委員会委員	N(50)、R(50)［50%］	N(97)、R(28)［22%］	N(50)、R(45)［47%］
同都市・農村委員会 書記局員：同委員会 の合計数	N(34)、NN(23) |40%| ：19	N(85)、NN(19) |18%| ：41	N(18)、NN(11) |37%| ：9

出典：Rywkin（1993）を元に作成
1）当初、Rywkin（1993）の表データではなく名簿データより数えたが（富樫2010a）、ロシア人（=R）、現地民族（=N）、非現地民族（=NN）の分類に際し、政治局員や部局長における「ロシア人の数」に「非現地民の数」（ロシア人以外も一部含む）を記載していたことが判明したため、この数字をRywkin（1993）の表1の数字に改めた。このため、上表では政治局員や部局長は常任委員に限定される。
2）関連して富樫（2010a）ではチェチェン・イングーシの州委員会委員のデータのみを誤ってRywkin（1991）の古いデータ（現地民と非現地民の分類のみ）で記載してしまっていたことが判明し、これも訂正した。
3）分類の「現地民族」は基幹民族が多数だが、他のコーカサス諸民族も含んでいる。「非現地民」は現地民族以外ではあるが、ロシア人以外にもウクライナ人やアルメニア人なども含む。
4）（ ）の数字は人数、［ ］の数字は当該役職におけるロシア人の割合、‖の数字は当該役職における非現地民族の割合を示したものである。
5）ダゲスタンの都市・農村委員会は、名簿データの確認できなかった8地区を除いた数である。

アと比しても高く、しかも理解の念頭に各自治共和国の基幹民族の人口割合（チェチェン・イングーシでは約7割、ダゲスタンでは、現地諸民族を合計して約8割、北オセティアでは約5割）をおいておくと、これはより鮮明になる。また、チェチェン・イングーシ自治共和国では、住民により近い存在である都市委員会や農村委員会などの書記局に目を向けても、依然としてロシア人を中心とする非現地民族が多いことが特徴的である。

　もう一つ「チェチェン例外論」の根拠として提示されるのは、チェチェンの伝統的な氏族・部族構造（地縁・血縁集団）やその秩序形成である。表1−17は、チェチェン社会に存在するとされる血縁・地縁団体をまとめたものである。これらの組織は、14-19世紀の間に形成され、存在したとされるが、こうした氏族構造には多くの研究がなされてきた。包括的なチェチェンの氏族モデルを初めて提供したのはママカエフ[147]であり、彼のモデルは長い間チェチェンの

第 1 章　比較と理論の中のチェチェン紛争

表 1 － 17　チェチェン社会の血縁・地縁組織の概念

名称（チェチェン語キリル文字表記）	意味内容	文化人類学用語との接点
Мохк：モフク	トゥクムの連合、土地・国	政治共同体（国家）
Тукхум; тукхам; тухум：トゥクム	テイプの同盟・連合	部族（トライブ：tribe）
Тейп：テイプ ; тайпа：タイパ	地域共同体、ガルの連合	氏族（クラン：clan）
Гар：ガル ; гара：ガラ	伝説に基づく合同的な血縁概念	クランとリネージの中間
Некъий：ニェクイー ; некъ：ニェク	連合的な血縁集団	リネージ（lineage）
Ца：ツァ ; цIа：ツア ; ЦIн-нах	近親血縁集団	拡大家族（複合家族）
Дой(ь)зал：ドィザル ; дIозал：ドォザル	家族	核家族（単一家族）

出典：筆者作成
名称のキリル文字が複数あるのは、チェチェン語のキリル文字表記法や語源をどこにとるのかで名称が異なって表記されることが多く、参考文献でも表記がそれぞれ違うことに起因する。チェチェン語・英語辞典でもロシア・チェチェン辞典でも表記法に統一がみられなかったので複数記載することとした。

　氏族研究の教科書とされてきた。だが、現在ではその分類の不確実性も指摘されている（Dettmering 2005, p.470）。表 1 － 17 では、そうした批判も踏まえた。
　まず一番規模の小さな血縁・地縁組織体の「ドィザル」であるが、これは単純に家族と訳すこともできるが、より分かりやすくいえば単婚家族（あるいは核家族）である。次に「ツァ」であるが、これは近親血縁集団であり、具体的には第 7 世代まで含む拡大家族と考えられている（Ильясов 2006, C.178, 185）[148]。「ニェクイー」は、「ツァ」の連合的な血縁集団で、ここまでが文化人類学上ではリネージ（血縁関係の確認できる氏族集団）に分類されると思われる[149]。
　ここからは明確な血縁関係を確認できないが、共通の伝説や歴史的起源、あるいは抽象的な故地などによって結びつけられている集団、すなわちクランである。クランは、その内部構成員の間で共通の起源をめぐる認識に一定の幅を有しており、おそらく「ガル」は、一部血縁関係が明確に確認できないものを含むが、認識の上では同じ血縁関係を有する個人・集団によって構成されている組織だと考えられる。その「ガル」の連合体である「テイプ」は、それゆえに血縁的な同質性の比較的薄められた集団であるといえよう。これは各「テイプ」（あるいは「ガル」）ごとに同質性の幅が組織内部にあり、そのため一部は血縁関係の明確な集団の大同盟であるが、一部は血縁関係があまり確認できず地域的な共同体であるなどという多義性を生み出す。
　こうした「テイプ」の数について論者ごとに主張は異なるが、チェチェンでは、最大で約 200 の「テイプ」があり[150]、そのうち、30 はダゲスタンの「テ

イプ」に、また 15 は他のコーカサス諸民族の「テイプ」に分類できるとされる (Вачагаев 2003, C.18)。「テイプ」は、共通の土地、または山を有し、アダトと呼ばれる慣習法や長老を中心とする疑似民主主義的な評議会によって秩序を形成し、また武装集団を有した（Ильясов 2006, C.180）。このように「テイプ」は、元々山に起源を持つことから、論理的にはこれを平野部や山岳部という地理的条件で分類することはできないとヴァチャガエフ (Вачагаев 2003, C.22-23) は主張する[151]。

これら複数の「テイプ」から形成された共同体を「トゥクム」という[152]。ダゲスタンなどではこの「トゥクム」は、血縁的要素が強いのに対し、チェチェンでは軍事・経済的必要性から形成された同盟としての色彩の方が強い (Ахмадов 2009, C.74-75)。「トゥクム」は、チェチェンに9つあるといわれており、「メフク・クヘル（Мехк кхел：土地、または国の最高組織）」と呼ばれる評議会[153]を構成する。このようにかつてのチェチェンでは、支配装置としての垂直的な権力構造はなく、地縁・血縁共同体による水平的な管理体制があったと指摘される。

チェチェンの氏族構造の定義や機能をめぐっては研究者の間でも認識の相違があり、例えば「テイプ」一つをとっても 19 世紀から現在に至るまで学術的な共通理解は確立していない (Натаев 2009)。また支配的な理解では、18 世紀に土地で人々を結びつける封建制が導入されて以後、氏族構造は衰退したとされており、これはソ連体制下で一層加速したとされる[154]。さらにソ連時代の自治共和国指導部におけるロシア人比率の高さを確認すると、この血縁・地縁組織はソ連時代に政治的影響力を行使できる余地はほとんどなかったと思われる。

しかし、ペレストロイカ期に民族文化の「復興」が叫ばれると、氏族や部族への関心も高まり、政治勢力もこれを利用しようとする傾向が強まったため、90 年代のチェチェンの政治展開を氏族や部族の政治的役割や影響力を通して説明しようとするメディアや論者も多くなった。これにはチェチェン研究者（Юсупов 1997; Вачагаев 2003; Натаев 2009）の反発も少なくない[155]。

これらに加えてチェチェンの政治・社会的な特徴として指摘されるのは、慣習法（アダト）や「血の復讐」などという民族文化[156]、さらにはチェチェンを南北に分断する地域閥、イスラーム・スーフィズムの教団組織である。「血の復讐」は、一族の誰かが殺害されたり深刻かつ屈辱的な行為——死に至る傷害

やレイプなど——を受けたりした場合、被害者の男性親族が報復する義務（権利）を有しているというもので、現代においても「血の復讐」を語る報復事件は起きている。地域閥とは、北部出身者と南部出身者を分ける見方で、双方の歴史的背景、宗派、民族構成割合、地理環境、居住形態、産業基盤の違いなどによって人々の考え方や利害の相違が存在していると考えるものである[157]。

スーフィー教団についてもこうした地域的相違と関連づけられて論じられることもある。チェチェンではナクシュバンディーとカーディリーという二つの教団があり、各教団内部にはシャイフ（あるいはウスタース）という聖職者的地位にあり尊敬されている老師のもとに集った弟子（ミュリド：ムリード）たちが自警組織（ヴィルド）を形成していた。この組織は、既述のようにロシア帝国との闘争の基盤になったものであり、ソ連下の自治共和国時代も二つの教団を合わせて 32 のヴィルドが存在した（Акаев 2008; Akaev 2010）。またチェチェン北部ではナクシュバンディー、南部ではカーディリー信者が多いとされていることに加え、90年代に前宗派が親露派、後宗派は独立派支持となったため（Музаев 1999c; Акаев 2008）、これを地域対立に結びつける議論も出た。

他方で、アカーエフ（Акаев 2008, C.43-44; Akaev 2010, p.66）は、チェチェンで最も大きい「クンタ・ハッジ」ヴィルド（カーディリー教団）はチェチェン人の7割以上が所属しており（イングーシ人の8割以上）、またヴィルドは「テイプ」などの氏族構造と密接な関係がないとしている。加えて、平野部で信者の多いナクシュバンディー教団の聖地は、実は山岳部にも多数あり、その偉人シャミーリはロシア帝国と対峙した宗教指導者で独立派にとっては象徴的な人物である。したがって、地域や宗派だけでは政治的立場は割り切れない部分もある。

本書では、チェチェンの地縁・血縁集団やその伝統、あるいは地域的な派閥意識の存在を認めた上で、しかし、それを積極的に用いて現代チェチェンにおける政治対立や紛争を説明しようとする立場はとらない。それは既述のように外部の観察者が自分たちの社会では馴染みのない紛争地の特徴で対立を語ろうとすることが、時に紛争や政治対立の理解を妨げることもあると考えるからである。また、チェチェン紛争に関してジャーナリズムや初期の研究がこうした特徴を重視して説明を試みてきた以上、それを単純になぞり議論を展開することは、本書のような後進の研究の取組みとしてはあまり有用ではないとも考えている。したがって、本書では以下で政治対立などをみる際により一般化して、その争点、主体、性質、対立過程などを重視する。

以上のように本書では、チェチェン民族の歴史、あるいは彼らの自治共和国のおかれてきた政治・経済・社会環境、民族文化などは、それだけで90年代の紛争を直接的に説明できるものではないという立場をとるが、他方で、紛争に至る過程で政治指導者がこれらを動員資源として利用した側面もあるという立場をとる[158]。またソ連末期の民族運動に注目してみると、ここで取り上げたチェチェン民族を取り巻く環境から民族運動は生じており、このような状況の改善を要求してきたという経緯もある。したがって、ここでみてきた「チェチェンがソ連邦やロシアにおいてどのような歴史的、経済的、政治的状況におかれてきたのか」ということは、1980年代から90年代にかけてのチェチェン民族運動の活性化の背景を理解する上では欠かせないことなのである。次章では、ペレストロイカ期のチェチェンにおける民族運動の始まりとその展開を押さえ、第一次チェチェン紛争の発生について議論を進めたい。

注

1　なお本書は、行為主体を安易に一枚岩的に捉えるべきではないとしているが、「二重の対立構造」に目を向けると、ロシアやチェチェンを一枚岩的に捉えず、下位分類(ロシア政府、チェチェン独立派政府、チェチェン反対派)を設けているもの、他方でそれはより細部の分類が必要な中間的なものに留まっている。ここでは分析枠組みとしての「二重の対立構造」を構成するアクターにこれ以上の下位分類を導入すると複雑になり過ぎ、図式化が困難になるのでこのような分類を用いている。より下位の分類の内実とそれを用いることによって得られる理解については本書の分析作業の中で明らかにしたい。
2　なお本書は、紛争の構造を不変的なものだとまでは考えていない。本書が提示するチェチェン紛争の構造も1990-2000年代前半までは十分に説明できるが、終章で述べるように2000年代後半については、この構造自体が変化しており、十分に説明することが困難である。
3　紛争構造、あるいはその構成要素の変化(=紛争移行)については、第1章3節で説明する。
4　このように行為主体は紛争構造に働きかける術が限定されており、それは第1章3節で後述するように例えば紛争当事者の一方が武力闘争やその目的を放棄し和平を受け入れるか、あるいは相手側を全滅させるかなどの極端な例が想像される。ただ、そうした方法以外にも行為主体が自身の利益を守り、妥協を最小限にした形で構造に強く働きかける手段もあり、それを本書は「争点管理」(アジェンダ設定)と呼ぶ。これは、それ以前に当事者間で争点として共有されていたものと異なる争点を設定することで自らにとって有利な状況を作り出そうとする行為であり、このような行為の結果として第三者からみても争点が変化し、紛争構造すらも変わったように受け取られる状況が生じることがある。第二次

チェチェン紛争（発生過程とその後）では、これが大きな問題となったが、このことについては第4章および終章で触れる。
5　筆者はこの「構造」が第一次・第二次を問わずチェチェン紛争の発生においてロシアやチェチェンの政治指導者の政策決定に特に重要な影響を与えたと考える（次章以降で後述）。なお、既述のようにこの「構造」は必要最小限の争点・行為主体・問題群を内包したもので、実際に分析に用いる際には、ここに組み込んでいない行為主体の動向（例えばロシア議会や野党）、また注1で触れたように、ここに組み込んでいる行為主体の内部動向（ロシア政権内部の対立）をみる必要がある。本書で提起するダゲスタン問題（第4章4節）もその一つである。
6　なお、この「構造」は第一次・第二次を問わずチェチェン紛争の特徴であるので、当てはめるチェチェン政権を初代大統領のドゥダーエフに置き換えることもできるし、それ以前についても関係する行為主体を当てはめることができる。
7　なお一般論でいえば外部からの介入や関与は負の影響を与えることもあり、本書も介入の正の側面だけを強調したり、介入がなされればとにかく良いという主張をしたりしているわけではない。負の側面については、第2節では紛争要因との関係、第3節では「未承認国家」との関係から触れる。
8　本書ではツルヒャーの定義をより簡素にして、武力紛争を「分割・両立させることのできない価値をめぐって二者以上の行為主体の間で暴力を伴って展開される対立過程」とする。
9　強度に着目する分類は冷戦時代にアメリカ国務省が主導する形でなされた定義であり、いわば対立する他国に対して働きかける資源、影響の規模で分類したものである。ここで主張される「強度」とは、紛争の費用と関係しており、投入資源（使用される武器の種類・規模、動員される部隊要員数、見込まれる犠牲者数、作戦に要する時間など）によって測られる。低強度紛争に関しては片山（2001）を参照。ただし、冷戦後初期には、冷戦後の紛争を総称するような意味合いでこの概念が用いられたこともあって——例えばガー（Gurr 1994, p375）——用語法の乱れが生じた。このため、現在の紛争を理解する際にこの用語を用いることに疑問を持つ論者（Kaldor 2007; カルドー 2003, pp.2-3）もいる。
10　他方で犠牲者の規模による分類に否定的な論者もいる。ティシュコフ（Tishkov 1999, p.576）は国内紛争や地域紛争を、その形態から①暴力紛争、②暴力衝突、③非暴力紛争と分類することを提唱している。
11　例えばフィアロンら（Fearon and Laitin 2003, p.87）によれば、同じ期間（1945-99年）に内戦は戦争の5倍発生しており、その死者も戦争の5倍であるという。こうして現在では、国際システムにおいて国家間戦争よりも内戦——革命、分離主義紛争、民族反乱などの多様な形を含む——の方が生じやすく、また破壊的な形態だと考えられている（Quinn, Mason and Gurses 2007, p.167）
12　通常 nation という場合、国民国家を前提とした想像上（または創造上）の国民（≒民族）概念を念頭においているか、またはそれを形成している多数派の民族（ethnic group）を指す場合が多い。ネーションと民族についてはアンダーソン（1997）、ゲルナー（2000）、関根（1994）、塩川（2008）などを参照。
13　nation に対し、ethnic group および ethnicity の場合、当該集団の国家の存在は自明ではなく、彼らの文化や習慣、あるいは言語、宗教、歴史などに注目し、他の集団と区別する際に用いることが多い。
14　他方で民族紛争や民族的な暴力（ethnic violence）などという言葉を用いた時にその意味

内容や含意が多様で、実際にその用語で包括される個別事例も極端な民族虐殺から強制移住までかなり幅があることもあり、無批判にこの用語を社会科学者は用いるべきではないという議論（Brubaker and Laitin 1998）もある。往々にして地域研究者も自分が研究する地域の紛争を民族紛争とされることに反発する傾向がある。

15　民族紛争それ自体は1950年代から段階的に増加傾向にあったが、90年代に問題となったのは旧ユーゴや旧ソ連で生じた分離主義紛争であった。なお、過去半世紀の間の分離主義紛争のうち2／3が90年以降に生じたとされている（Gurr 2002, pp.38-39）。

16　これに対する反論としては例えばゼングハース（2006）を参照。その後もハンチントンの本質主義的な立場をとる単純明快な議論には反発しつつも、民族紛争の研究には精力的に多様な論者が取り組んでいる。

17　第一次紛争に至る過程での地域的な影響関係については第2章で、第二次紛争に至る過程での同影響については第3章4節、第4章4節で明らかにする。

18　さらに、この文脈において国家間の対立の直接的な原因——例えば2000年代初期のグルジアとロシアの衝突（グルジア領パンキシ渓谷へのロシア軍機による空爆）の原因——となるなどした。

19　これについては種々のデータがあるが、いくつかの論文（Мукомель 1999; Dunlop 2000; Cherkasov and Grushkin 2005）がこの議論を扱っている。

20　現在主流の紛争研究は、計量分析を通して紛争が発生した地域にみられる特徴と紛争の因果関係を考察する研究である。ここで取り扱われる事例の理解の問題や入手できるデータの問題、依拠するデータの種類によって評価は変わることがあり、その意味でも紛争理論からの理解の扱いは難しい問題を孕んでいる。また統計分析でカウントされている紛争の定義も異なる。例えば前掲（表1－3）のウプサラ・プロジェクトの定義と異なり、内戦研究で著名なフィアロンら（Fearon and Laitin 2003）は内戦の定義を「少なくとも合計で1000名が死亡しているか、年平均でも100名以上が死亡していること」としており、コリアー・ホーフラーモデル（Collier, Hoeffler and Sambanis 2005）でもほぼ同様の定義が用いられている。

21　脱稿後に入手したので、本書では議論を活用していないが、紛争（内戦）要因の研究レビューとしては、窪田（2013）が参考になる。

22　通常、Structural factorsには既述の「構造要因」という用語が当てられるが、本書ではチェチェン紛争の対立構造を指す際に「二重の対立構造」という言葉を用いており、意味内容の異なる「構造」という用語を複数用いることは誤解を生むため、紛争の「構造要因」については「構造的環境要因」という語を当てる。

23　ブラウンによる紛争要因の分類については、日本では月村（2010, 2013a）が紹介している。

24　彼の研究は、民族紛争研究に基盤をおいており、紛争要因（の分類）の典拠もこれらの文献が主である。

25　国家の脆弱性が高まった理由についてガー（Gurr 1994, pp.353-354）は、(1)それ以前に当該国家を支えていた国際的支援がなくなったこと（ブロックシステムの崩壊）、(2)これを原因として地域／グローバルな勢力図が変化したこと（地域／グローバルな権力移動）、(3)国内における急激な体制転換や権力移動が生じたこと（国内の体制転換）を指摘している。これは個別地域の紛争からも指摘されており、例えばボスニア内戦については佐原（2008）が、アフリカの紛争については武内（2000, 2005）が国際環境の重要性を指摘している。

26　例えば体制転換後には、紛争発生のリスクは3.5倍になるとされ（Zürcher 2007, pp.48-49）、独立以後2年間はそれ以外の年に比べて内戦が発生するリスクが5.25倍増えるとさ

れる (Fearon and Laitin 2003, p.83)。またガー (Gurr 1994, pp.361-362) は、調査した紛争の半分は権力移動の後に、9つは国家が誕生してから5年の間に、そして11は権力の急激な移行の後に生じているとしている。

27　民主主義国の間では、非民主主義国との間に比べ国際紛争が起こる可能性は低く、またエスカレートする可能性も低いという議論であるが (カント 1985, pp.32-33; 竹中 2006, pp.157-163; 鈴木 2007, pp.143-158)、これに対する批判も多い (土佐 2003, pp.140-175; 小林 2004a)。

28　民主主義は多数決を原則とするので少数派の声が黙殺されるという危険があり、こうした事態において多数派の指導者が少数派の不満に応えず、それを多数派による「民主的な意志」と正当化する際には、むしろ民主主義は紛争を招く危険がある。ただ、ガーも他の制度よりも民主主義が民族対立を抑制すると一貫して考えている。

29　なお外部からの介入や支援は、国家が行うものと非国家主体が行うものに分類でき——後者、特に離散民については社会的要因で触れる——、当該地域の政府に行うものと、「反乱勢力」や野党に行うものがある。またこれには、国家の安定性に寄与するものと国家の脆弱性を高めるものがある。

30　ただ、これは外部主体が関与したから紛争が発生したのか、それとも紛争が外部主体の利害や関心に関わるものであったため、紛争発生後にこれに関与しようとしたのかなどを考える必要があろう。

31　その理由として経済発展の低い国は、国家の財源も十分ではないため、その行政機能や警察・軍などの治安・安全保障機能を十分に果たす能力がなく、したがって、国家機構が脆弱になり、紛争に陥りやすいと説明される (Fearon and Laitin 2003, pp.75-76, 83)。なお一人当たりのGDPが1000ドル以下だと紛争発生のリスクが41％増加すると主張されている。

32　コリアーら (Collier, Hoeffler and Sambanis 2005, p.15) によると一次産品輸出がGDPの32％規模になると紛争リスクが上昇するという。それは一次産品が「反乱勢力」の攻撃や強奪の対象にされやすく、収奪に成功すると彼らは資金源を確保することができるが、逆に国家は財源を失うので、紛争発生のリスクが高まるという議論である。

33　武内 (2000, pp.36-37) もシエラレオネやコンゴの事例を通してこうした議論に触れている。なお貧困を「反乱勢力」の動員機会ではなく、国家機能の指標として扱うべきだという主張もある (Gurr 1994, p.359)。

34　「反乱勢力」などが暴力の組織化を行うためには一定の資源や経済基盤が必要であり、こうした基盤形成に汚職や闇経済の存在はプラスに働くという理解である。

35　冷戦終結後の地域紛争・内戦等を「新しい戦争」とするカルドーは、この外部からの支援が決定的に重要だと述べている (カルドー 2003, pp.153-186; Kaldor 2007, pp.95-118)。彼女はこれを「グローバル化した戦争経済」と述べる。

36　数値でいえば、アメリカの一人当たりの実質GDPは1989年に2万998ドル、先進工業国は1万5043ドル、ソ連は6220ドル、旧ユーゴは5095ドル、ロシアが7968ドル (1990年)、アルメニアが4741ドル (同)、グルジアが4572ドル (同)、アゼルバイジャンが3977ドル (同) であった。世界平均が4622ドルで、途上国平均は2296ドル (UNDP 1992, p.127, 161)。

37　1989年のサブ・サハラの一人当たりの実質GDPは1187ドルで、しかも80年の一人当たりの実質GDP比−2.2％の成長率であった。また1日1.25ドル以下で生活する者の割合も1985年で人口の46.8％を占めていた (The World Bank 1990; UNDP 1992)。

38　彼は歴史的にみて「文明」の裂け目で紛争が生じやすいとしたが、文化本質主義の彼に

とっては民族も帰属先の「文明」に規定されるので、多くの民族がおり多くの「文明」が交錯している地域は最も紛争が起きやすい地域となる。

39　ロシアの多民族・多宗派地域であるダゲスタン共和国を例に錯綜する境界線（相違）がむしろ対立の相殺をもたらしていると指摘している松里（2009）はハンチントンの議論との対比という観点からも興味深い。

40　これは多数派民族の人口に占める割合が45％を超えると、統計的に紛争が生じやすいという主張であるが、問題は多数派の行動にあるので、これは政治体制（統治の制度的側面）や政策とも関係している。なお、佐原（2008）はボスニア内戦でクロアチア人とセルビア人による他民族への残虐行為が行われた地域とそこにおける当該民族の割合を提示し、前者では同民族の割合が30〜50％、後者では30〜60％の地点で虐殺が生じやすかったとしている。逆に当該民族が絶対的優位にある地域で他民族への虐殺事件はほとんど生じていなかったという。

41　1970年代までは、近代化論を主流として紛争を未開な部族間の争いと理解し、彼らを近代社会に統合することで問題を改善しようとする見方があった（Gurr 1994, pp.347-348）。ここでは、例えば都市化率の低さは、人々が伝統的部族社会から解放されず、近代社会への統合が進んでいない状態と理解された。

42　例えばカレール＝ダンコース（1981）は、かつてソ連の民族問題を人口問題としたが、これは今まで少数派であった人々が人口増加と共にそれに見合った政治的意思決定への参加と経済的利益配分を要求することで、今まで権力を握ってきた人々との対立が深刻になるとの推測をもとに主張されたものだった。

43　これはガー（Gurr 1994, p.349）などが調査した「危機にあるマイノリティ・プロジェクト」の結果、調査対象であった4／5の集団が彼らの居住している国で他集団と比較し、システムに内在した差別的な扱いを被っていたことから、これが彼らの政治運動や集団利益を規定しているのではないかという理解である。差別の定義とその評価についてはGurr（2002, pp.31-34）も参照されたい。

44　特にアフリカや南米、南アジアの紛争における子ども兵（child soldiers）の問題では、子どもたちを恐怖、暴力、薬物を通して「教育」することで「有用な戦闘員」を育成していると指摘されている（シンガー 2006）。逆に、紛争後のDDR（Disarmament; 武装解除、Demobilization; 動員解除、Reintegration; 社会への再統合）の観点からも教育の重要性は指摘されている。

45　例えば1989年のソ連における中等教育就学率は95.8％、ロシア連邦平均は95.4％である。

46　コリアーら（Collier, Hoeffler and Sambanis 2005）も石油への依存度が高いと紛争リスクが高まるとする。

47　アフリカの紛争を例に天然資源と紛争の関係を考察した篠田（2005a）は、天然資源それ自体が紛争を誘発するというよりも政治構造の矛盾を増幅させる媒介的な役割を果たし、紛争の温床になるとした。

48　ここで言及するチェチェンはソ連時代の領域枠組み（チェチェン・イングーシ自治共和国）を指す。

49　溝口（2012, p.15）によれば「複数の分野で大規模なシステムの転換が同時に起こっているだけではなく、それらが交錯し、連鎖することによって、互いの改革の進展を促進したり阻害したりする効果を持つ転換」を「重層的転換」という。旧ソ連の場合、経済体制の転換、政治体制の転換、国家の再編（加えて外交の転換）が生じた。旧ソ連・社会主義地

域の「重層的転換」の実相は塩川（1999, pp.385-619）を参照。
50　こうした民族問題の類型化に対してはソ連末期に山内（1995）〔初版は 1989 年〕や塩川（1990）が考察を試みている。塩川はその後、さらに考察を進めており（塩川 1999, pp.566-609, 2009）、他にも同様の関心は多くの論者（中井 2000; 六鹿 2000 など）に持たれた（ソ連が解体すると前述の疑問「なぜ一部の地域では紛争に至り、一部では回避されたのか」が観察者の疑問としてより一層強いものとなった）。
51　連邦を構成する民族共和国の内部に、さらに異なる民族による自治単位（自治共和国、自治州など）があることを指す用語。ロシアの民芸品になぞらえて「マトリョーシカ構造」とも呼ばれる。
52　共和国の名称となっている民族。例えばウクライナ共和国ではウクライナ人のことを指す。
53　ソ連末期の擬似国際関係については塩川（2012）を参照されたい。
54　ソ連邦時代のチェチェン問題は、ロシア（エリツィン）がソ連邦中央（ゴルバチョフ）と権力闘争、分離化傾向を強める中（Aの構図）で、チェチェン（ドゥダーエフ）も同じくロシア連邦中央（エリツィン）からの分離化傾向を強め（Bの構図）、さらにチェチェン内部では民族急進派や独立派と旧共産党系指導者や「民主派」などの間に今後のチェチェンの方向性をめぐる対立があった（Cの構図）。
55　そもそもバルト三国は 1940 年までは独立しており、それが不法にソ連に併合されたと考えていたので、他のソ連邦構成共和国のように新たに独立するのではなく、独立は「復活」させるものだと考えていた。
56　主に言語と国籍をめぐる問題だが、ペレストロイカ期から独立後は塩川（2004, pp.201-204, 2007b, pp.281-295; 2007c, pp.92-110）、小森（2011）、エストニアについては小森（2009, pp.115-156, 201-208）を参照。
57　民族自治単位の法的地位の相違とそのことが持つ意味については 5 節で簡単に説明する。
58　またその後、領域的にもロシアからの分離化傾向が強まっていくと、ロシアと切り離されることや少数派としての地位が固定化され意思決定に参加できないことに不満を持つロシア人やコサックと、多数派として共和国の政治の実権を握るチェチェン人の間の緊張も高まった。
59　例えば本来、民族Aの権利を認めることが同Bの権利を奪うことには必ずしもならないはずである。ただし、だから「ロシア語系住民問題はきわどい対立に至らなかった」などというつもりはない。バルト三国にも特異な状況があり、一つは既述のように彼らはかつての独立を回復するという立場だったので、通常の新国家が誕生する際の国籍設定のように全住民への国籍付与よりもかつての国家の市民やその子孫が市民権を得るべきだという考えがあった（塩川 2007c, p.100）。もう一つはそれまでソ連という空間において「支配民族」として認識されがちだったロシア語系住民が「重層的転換」によって突然権利を大幅に制限され、「外国」に住むような状況に強い危機感を持っていた。このように対立が先鋭化しやすい条件もあった。
60　実際にコーカサスの紛争の一部——南オセティアやナゴルノ・カラバフ——では紛争直前にその自治単位（自治州）は中央政府——グルジアとアゼルバイジャン——によって廃止されている（富樫 2012a）。
61　ソ連邦内における経済格差と民族問題についてはバルト三国とムスリム地域（主に中央アジアを想定）の比較で塩川（1990）が比較的初期に問題視したが、同様の格差はコーカサスとの間でも指摘できる。

62　既述のように経済指標と紛争発生の関係についてコーカサスの紛争を対象に検証したツルヒャーは明示的な関係性はないと述べたことに触れたが、経済要因を重視するコリアー・ホーフラーモデルからグルジアの紛争を分析した際も同様の結論を提示している（Zürcher, Baev and Koehler 2005）。
63　中央アジアにおける民族対立については山内（1995）、小松（1992）、宇山（1993, 1994）などを参照。
64　なお、なぜカザフスタンで民族紛争が生じなかったのか（民族紛争の抑制要因）を考察したものとして岡（2003）がある。中央アジアでは「民族運動」が体制（共和国指導部の）主導だった点──宇山（2004）の言葉でいえば、「民族自決」ではなく「共和国自決」だったこと──も影響を与えていると考えられる。
65　例えば「反乱勢力」の動機や不満がどれほど強いものだったか（それを規定するだけの構造的環境要因が十分にあったのか、彼らの目的や意志はどれほど強固だったのか）や反乱が生じた場合の勝算がどれほどあったのか（この点、中央アジアで唯一紛争を経験したタジキスタンはコーカサスの紛争地域と同じく山岳地形である）などによって説明が可能だというものが想定されよう。
66　例えば、一例として民族的少数派がソ連体制下で自治単位を形成していたか否かは、分離主義勢力の動員資源、能力を考える際に重要な問題である（Cornell 2002）。こうした民族自治単位があり、対立を内包していたタジキスタンではゴルノ・バダフシャン自治州が独立宣言を出したように、この変数は一定の意味があると考えられる（ただし同自治州のパミール人は人口統計ではタジク人として扱われてきた）。
67　なお本書において構造と主体の関係を考える際に（紛争研究に関わる研究ではないが）、高橋・岡部（編）（2010）から一定の示唆および刺激を受けた。
68　もちろん、それでもパワーの非対称性がモスクワとグローズヌィの緊張関係を即座に改善しなかった（チェチェン独立派がモスクワへの抵抗を断念しなかった）という点において、「重層的転換」は、ロシア国家の脆弱性（特に経済的な移行に起因するもの）やチェチェン独立派の抵抗力（ソ連軍から引き継いだ大量の武器を保持）を高めるなど一定の役割を果たしている。ただ、94年12月の紛争開始までに新憲法・新連邦条約・権限区分条約などが制定されておりロシア連邦の政治・制度面での移行は落ち着き始めており、単純に「重層的転換」の混乱がパワーの非対称性を改善したと理解することにも問題がある。
69　特に検討対象の紛争地域が紛争後に抱える課題について鳥瞰的に理解する上で、この枠組みは有用だといえよう。本書でも紛争後のチェチェンの課題を観察する際に平和構築の議論を参考にする。
70　介入事業としての平和構築が持つディレンマについては稲田（編）（2004, pp.3-25）や石田（2007a）を参照。
71　なお、ここではconflict transformationを「紛争移行」としているが、通常transformationの訳語は「変容、変質」などが当てられ、「移行」の訳語が当てられるのはtransitionである。そして多くの場合、「移行」という語は、あるものから別のものに変化する際に用いられる──例えば、社会主義から民主主義への体制移行などのように。これに対して「変容」や「変質」などは、あるものから別のものに変化することまでは含意せず、性質の変化を指すことが多い。紛争の個々の側面を指して用いられているtransformationという用語を「別のものに変化する」という含意のある「移行」と訳すのは、若干違和感があり、ここではラムズボサム他（2009）〔訳書〕と異なり、「変質」と訳している。他方で、こうした個々の側面の「変質」が重なれば、全体として捉えた時に「ある紛争が別のもの（例

えば平和)に移行する」可能性はあるので、これら総体——すなわち conflict transformation ——を指す際には「紛争移行」という訳語を当てている。
72　他方で冷戦の終結という国際構造の変化は、新しい紛争を生み出すことにもなったのは既述の通りである。
73　なお紛争移行期における平和政策と紛争再発の因果関係に関しては、脱稿後に入手したものだが、久保(2013)が参考になる。
74　ただし、紛争期間の長さ(和平の難しさ)に関しては、この相違が重要だという指摘もある。それによれば、クーデターや大衆革命に起因した紛争は比較的すぐに終わりやすいが、民族紛争だと紛争期間が長くなるというものである。紛争期間とそれを左右する要因についてはフィアロン(Fearon 2004)参照。
75　1989-2005年の事例を集計したもので、平和合意全体に占める「政府をめぐる紛争」は約7割になる。
76　これらについては第4章表4-3「『領域をめぐる紛争』の和平合意に含まれる政治的な規定(1989-2005年)」も参照のこと。
77　櫻井は、これらの事例として北アイルランド、ブーゲンヴィル、南スーダンを挙げている。加えて東ティモールも将来の地位について自治か独立かの国民投票をすることに合意したので、ここに含むことが可能だろう。なお、これらの合意では当然のことながら分離主義地域の要求のみ受け入れられたわけではなく、中央政府側の望む解決策(多くの場合、現状維持か広範な自治)も排除されていない。
78　権力分有と自治権付与はいずれも対立する勢力に政治・経済・軍事面での権力へのアクセスを認める点では同じだが、前者は既存の領域的枠組みの内部での参画を認め、後者は新たな領域的枠組みや権力を付与するという点で違いもある。
79　彼が分析対象とした事例は1944-99年の111事例で、政府の勝利の後に権力分有が提示されると約10年間平和が継続し、反乱勢力の勝利だと88カ月、軍事的膠着状態だと19カ月という結果が出た。
80　他方で、和平合意抜きでの平和維持部隊の展開(国連PKO [Peacekeeping Operations] の派遣)は、紛争再発(あるいはその抑止)と有意な関係にないとの指摘もある(大林 2013, p.148)。
81　多くの場合、統計分析の指標として用いられる民主主義の水準はPOLITY IV (http://www.systemicpeace.org/polity/polity4.htm)のスコアである。
82　他方でこうした統計分析に基づく紛争再発研究の知見に対して、国際社会の関与や介入が紛争発生の一因となった事例もあると地域研究から指摘されているのも既述した通りである。
83　表1-8は紛争の勝者が採るべき政策という観点から取り上げているが、1997-99年のチェチェン紛争の和平期には厳密に勝者と敗者を定めることが困難なので、ここでは対立を構成する行為主体がどのような政策的立場を採用したのか、表1-8と比較する形で言及することとする。
84　その際ここで予測した問題が実際の紛争移行過程においてどれほど問題となったのかについては第4章1節2項にて触れる。
85　国家的地位をめぐる問題(statehood issues)は、通常、国家性の問題と訳される。この際に注意が必要なのは、本書ですでに取り上げたリンスやステパンの定義する「国家性の問題」(stateness problem)と前者の違いである。後者は、主に国内的に権威や境界の範囲がその領域内部の人員に十分に受け入れられていないということを問題にしているが、前者

は、主に国際的にその領域的統治の主体が国家と認められるのか、それだけの十分な要件を有しているのかということを問題にしている。当然、後者の問題は前者の要件に関わる部分があり、両方を関連づけて論じる議論（西川 2013）もある。本書（特に本節や第3章4、5節）では「」で表記していない場合、前者の意味で国家性という用語を用いていることに注意されたい。

86　例えばICISS（2001）は、平和構築を国際社会による責任（「再建する責任」）として捉えている。

87　例えば、ウッドワード（Woodward 2007, pp.143-170）は平和構築への外部主体の関与についてはすでに共通認識があり、問題はその方法と成否に移っていると主張する。

88　なお、unrecognizedとするか、nonrecognizedとするか、さらに訳語を「未」・「非」・「不」承認のいずれにするのかも議論を呼ぶ問題である。例えば、解釈によっては、「未承認」（unrecognized）は今後承認がなされる可能性を意識しているような用語と、「非承認」や「不承認」（nonrecognized）は個別国家の「承認をしてはならない」との意志が反映されているような用語と、判断される余地がある（不承認は、クーデターなどで誕生した違法な国家への承認拒否などで用いられる国際法的用語でもある）。筆者も元々このようなことを意識し、「未（非）承認国家」と表記していたが、この表現を繰り返し使うのは煩雑なので、本書では便宜的に「未承認国家」で表記を統一した。

89　国際的に独立が承認されていない「未承認国家」の対外的働きかけは、独立国家が他国に対して行う外交と同列に扱えないため、ここでは「」付きで外交という言葉を用いている。

90　ペッグに加え代表的な研究としては、バフチェリらの編著（Bahcheli, Bartmann and Srebrnik 2004）とキングストンらの編著（Kingston and Spears 2004）が挙げられ、旧ソ連の事例に特化したものとして第一人者のキング（King 2001）、リンチ（Lynch 2002, 2004, 2007）、コルスト（Kolstø 2006）などの業績がある。また近年カスパーセン（Caspersen 2008a, b, 2009, 2012）が旧ソ連・旧ユーゴに基盤をおきながらも非常に精力的に理論的研究を進めている。旧ソ連地域の具体的な事例研究は別注で触れる。

91　これは、古くはジャクソン（Jackson 1987）が「疑似国家」（quasi-states）と形容した現象である。「脆弱国家」などの諸概念、またこれらの問題が開発援助や平和構築において提起している課題については、稲田（編）（2009）および武内（2011）を参照されたい。

92　なお例えば、カスパーセン（Caspersen 2012）も用語としては本書と同様に「未承認国家」（unrecognized states）を用いているが、その著作の中で明らかにしているのは、内的主権が外的主権なき状況下でいかに形成され、「国家」としての生存を担保しているのかという議論である。

93　なおコルスト（Kolstø 2006, pp.724-725）は、「疑似国家」（quasi-states）をジャクソン（Jackson 1987）によってなされた定義とは異なる形で用いている。コルストはジャクソンの「疑似国家」が現状では「破綻国家」などという概念にとって代わられている（後者の方が定着している）こと、また近年、「疑似国家」は、本来、逆の現象である「未承認国家」を形容する際にも用いられていること（用語法の変化）を指摘する。その上で、「疑似国家」という用語は「未承認国家」のために用いて、ジャクソンの主張しているような現象には「破綻国家」などを用いることを提案している。

94　ただし、本書はコルストが述べるように「疑似国家」という用法を「未承認国家」にのみ用いるべきだという立場には立っていない。そもそも政体が有する主権の疑似的側面は内的にも、外的にも（パラレルに）観察可能なものであり、用法の問題は観察者がどちら

を強調したいのかという便宜的な問題に過ぎないからである。
95 このように承認に政治的利害がつきまとうことを指摘することは、承認の法的正当性を検討する必要がないと述べているわけではない。むしろ、国家承認が極めて政治的な行為であるからこそ、いかにそれを法的に妥当な行為だと正当化するのかということは大きな問題になる。特にこの場合、国際法的に確立していない外的自決権（分離権）を分離主義地域が行使することが認められるのかということが議論になる（櫻井 2009）。なお似たような条件を持ちながらも国家承認されたコソヴォとされなかったアブハジアを主に西側の主張する法規範の観点から比較し説明を試みた論文として櫻井（2013）があるが、当該論文で提示される議論（承認の正当性の根拠）はあまり納得できるものではなく、結果として櫻井も末尾で触れる政治的要因が承認の可否を分けた可能性を際立たせている。
96 なお承認の数それ自体も、(1)国際社会がどれほど当該分離主義地域の存在を受容しているのか、(2)将来的に当該地域が独立国家と（中央政府を含めた承認していない国家主体から）承認される素地がどれほどあるのか、を考える上で重要な指標になり得る。
97 他方で、伝統的な「未承認国家」には台湾や北キプロスなどの「分断国家」も含まれており、これは、いわゆるどちらが正統な権威であるのかという「政府をめぐる対立」に主眼がある。他方で、「分断国家」においては、南北朝鮮のように当事者が相互に国家承認している事例もある。
98 現存する「未承認国家」として提示されるのは、北キプロス、台湾、パレスチナ、プリドニエストル、アブハジア、南オセティア、ナゴルノ・カラバフ、ソマリランド、コソヴォ、クルディスタンなど、実在した事例としては、エリトリア、ブーゲンヴィル、チェチェン、スルプスカ、クライナ・スルプスカ、タミル・イーラムなどである。
99 他方でこれも事例ごとに差がある。コソヴォは 2012 年現在 91 カ国に、台湾も 23 カ国に承認されているが、ソマリランドやナゴルノ・カラバフはどこからも承認されていない。
100 カスパーセン（Caspersen 2012, pp.26-31）は、未承認地域（国家）はどの時代にも存在したが、承認されない理由はそれぞれ異なるとして三つの主要な要因を挙げている。それによれば、(1)「未承認国家」の内的主権の問題、(2)承認する国家側のイデオロギー的・戦略的利益、(3)主権国家間の領土保全という国際法的原則である。
101 キングストンら（Kingston and Spears 2004, pp.15-34）は、これを「国家の中の国家」と定義付け、ペッグの「事実上の国家」よりも緩やかな定義を用いている。ペッグ（Pegg 2004, pp.36-37）は、「国家の中の国家」と「事実上の国家」の共通点を認め、その意義を確認しながらも、政治的な目標として分離独立を位置づけているか否かという点で前者と後者は異なるとした。
102 なお、より現代的な問題を考える上で旧ソ連・旧ユーゴ地域の事例が有用であるとの認識は、現在広く共有され、そのためペッグ以降の研究者はこの地域（中でも旧ソ連）に特化し研究している（King 2001; Lynch 2002, 2004, 2007; Kolstø 2006; Kolstø and Blakkisrud 2008; Caspersen 2008a,b, 2009, 2012; Matsuzato 2008; 松里 2012; Cooley and Mitchell 2010）——バフチェリらの編著（Bahcheli and Bartmann, Srebrnik 2004）も 10 の事例のうち 6 は旧ソ連・旧ユーゴの事例である。なおブロアーズ（Broers 2013）は、旧ソ連（コーカサス）の「未承認国家」に関する事例研究は、(1)外部主体（「パトロン」や国際機関）の役割への注目（～2000 年頃まで）、(2)「未承認国家」内部の政治的変動やその力学への注目（～2008 年頃）、(3)コソヴォ独立とロシア・グルジア戦争による承認や独立をめぐる議論への関心の揺り戻し（2008 年～現在）という段階を辿ってきたと指摘している。
103 なお自治が紛争の際に資源になるとの議論として、コーカサスのグルジアを事例に考

察を試みた前掲のコーネルの論文（Cornell 2002）が挙げられる。ただし、例えばプリドニエストルについてはこの議論（民族自治単位が「未承認国家」の生成に果たす役割）からは説明できない。

104　国際法における自決権の形成に関しては、松井（1981）を参照されたい。

105　なおこの自決権においては、独立を達成した植民地国家からその内部地域がさらに自決権を行使し、分離独立をすることは認められていない。自決権は一回限定の行使、しかも植民地の人民に限定されるというのが、20世紀の国際法における共通理解であった（山形2012）。ただし、国際法において分離権（外的自決権）は明確に否定されているわけでも、認められているわけでもなく、そのことが論争を生んでいる。

106　コソヴォの独立宣言等における民族的要素の排除については、柴（2011, p.214）も指摘している。「獲得される独立」論およびコソヴォの独立過程における西側諸国による国際規範の提示については、前掲の櫻井（2009）を参照されたい。

107　このようなことから現状維持（「未承認国家」問題の未解決）は双方の利益になっている側面もあるとキングは指摘する。本書もこのような側面があることを認めながらも、中央政府については、当該政府自身も「未承認国家」と同様にこの問題を体制の正統性と国内団結のために強く利用してきたことから、和平が国内政治的に大きなリスクを伴う行為と認識されており、ゆえに現状を維持する方に利益を見出しているものと考える。これは、いかなる形であれ、現状の変更はそこで生じるリスクを政治家が背負わなければならず、しかも紛争前の状態の回復（中央政府にとっては当該地の奪還）は交渉では不可能な状況がある中で、形成されている理解である。

108　例えば、「破綻国家」ソマリアの存在がソマリランドの生存を助け、場合によってはその正統性の源泉にすらなっているといわれている（遠藤2007, 2009）。

109　他方で、ここで述べられているのは、いわば民主主義的な「傾向」があるという指摘に留まるもので、これをもって成熟した民主主義があるとまではいえない。

110　ここでは国際的な介入がなされていた時点においてすでに「未承認国家」に該当しなくなっている事例の多い旧ユーゴ地域は、紛争後の「未承認国家」における平和定着に対して国際社会がいかに関与するのかという問題を検証する事例としては適さないと述べている。他方で、広く「未承認国家」問題と国際社会の対応という観点からは当該事例も非常に示唆的であることは付言しておきたい。それは、クライナ・スルプスカの事例では国際社会（特に西側先進国）はクロアチアによるクライナ・スルプスカへの攻撃と同地域の消滅を黙認しながらも、コソヴォに対してはむしろ国際社会がセルビアの反対を押し切り、その「未承認国家」的特徴（内的主権）を担保し、さらには国際支援を通してこれを整備・補強しているように映るからである。コソヴォは、国際的な介入がなされるまでは、「未承認国家」の要件を満たしていなかったが、国際的な支援を受け、独立宣言をすることでこれが整備された非常に特異な事例である。

111　ペッグ（Pegg 1998, pp.26-27）も「未承認国家」自身は外交能力を有していると考えていると言及しているに過ぎない。

112　なお、「未承認国家」の対外的関係は、国家レベルのものに限られるわけではない。宗教と「跨境」という独特な観点からこれを取り上げたものとして松里（2012）は興味深い問題提起を含む。

113　このことと「未承認国家」が「パトロン」の傀儡だという議論は異なる。そもそも傀儡政権と違い「未承認国家」は「パトロン」に依存はしつつも独立性を有している。例えば、カスパーセン（Caspersen 2008a, pp.357-372）の議論を参照されたい。

第1章　比較と理論の中のチェチェン紛争

114　チェチェンを「未承認国家」の事例として取り上げ考察している研究としては、グレイニー（Graney 2004）の論文が挙げられる。同論文は、参照できる情報の不足からか、「未承認国家」の事例として包括的に分析を試みるというよりもチェチェン紛争の概説をする中で「未承認国家」としての側面を考えるという構成になっており、不十分な印象を残す。特に紛争後の国家建設の問題点――内的・外的主権の効果的な確立をできなかったこと――を問題と指摘するが、このような問題が「未承認国家」たるチェチェンのいかなる特徴によって生じたのかについて十分に切り込んでいない点は残念である。本書はこうした課題に鑑みて、前述したようなアプローチから分析を試みる。

115　チェチェンへの考察が少ない要因は種々考えられるが、積極的に事例から排除する（事例としては不適合である）というよりも研究蓄積が薄く実態の分からない1997-99年のチェチェンを扱いづらいという理由があるだろう。例えばリンチ（Lynch 2004, pp.10-11）は、チェチェンについて他の旧ソ連の事例と同様の事例だが、実証研究の対象としては適さないと述べている。

116　チェチェンが中央政府からの財政的独立性が低かったことを問題視する論者もいるが、独立性は前述のように総合指標として問われるべきであり、また現存する「未承認国家」も「パトロン」への依存度が極めて高いので、財政的独立性のみをとってチェチェンを比較対象から排除すべきだという議論は比較分析や理論的枠組みを考える上で生産的な対応とはいえない。

117　ペッグ（Pegg 2004, p.42）は、後にその理由を中央政府による軍事的方法を用いた問題の解決策が明白に失敗した事例だからであると再び触れている。

118　カスパーセンの議論において興味を引くのは、彼女が既存の研究で形成された「未承認国家」に対する「偏見」（無秩序な暗黒大陸のような印象）に批判的で、現存する「未承認国家」の合理的かつ効率的統治形態（民主主義など）の存在を指摘しておきながら、チェチェンに対しては迷いなくその無秩序な側面を強調しているというアンビバレントな点にある。

119　以下では、行政地理区分や人口、経済などの基礎情報、また政治についてはチェチェン・イングーシ自治共和国についてまとめ、歴史については主にチェチェン人の歴史をまとめる。

120　例えばヒューズ（Hughes 2001）は、往々にしてチェチェン紛争が(1)植民者と現地人の紛争、(2)前近代と近代の紛争、(3)文明の衝突などと捉えられてきたとしている。そして特に91年のドゥダーエフの権力奪取後（後述）、現在のチェチェン社会組織の前近代的な特徴や「山岳民」の氏族的な繋がりなどがロシアで誇張され、神話化されてきたと指摘する。

121　ソ連邦における自治や連邦制そのものの問題については本書ではとても触れることはできないので、以下の代表的文献を参照されたい。高橋（1990）、塩川（2007b）、山内（1988, 2009）、マーチン（2011）。なお、コーカサスにおける民族自治単位やその帰属をめぐる歴史的問題は、北川の諸論文が参考になる。

122　なお仮にチェチェンがソ連時代に連邦構成共和国だったならば、連邦からの離脱権を行使することで――他のソ連邦構成共和国のように――独立できたことになる。

123　なおロシア連邦の自治共和国は、91年7月3日付けロシア連邦（РСФСР）修正憲法（Конституция РСФСР в редакvии от 3 июля 1991 г.）において「自治」の名がとられ、共和国になった。ただし、これは連邦再編過程でロシアが見せた民族自治共和国への政治的配慮であり、それゆえに実態として法的地位は変化せず、連邦からの離脱権も持たないものであった。

124 その国境は 3000〜4000 m 級の山を有する山岳地帯であった。
125 日本の四国地方より若干広い程度でソ連邦領土の 0.086%、ロシア連邦領土の 0.11%を占めていた。
126 なおイングーシの分離によって失われたのは、マルゴベクとナズラニ地区および、共和国直轄マルゴベク市と地区直轄ナズラニ市である。また同共和国の分離によってスンジャ地区においては、チェチェン・イングーシ両国の境界が曖昧になっている。92 年、95 年および 02 年に新設された地区はイトゥム＝カレ、シャロイ、クロチャロイである。なお、ソヴェトスコエ地区に関してはシャトイに改称されている。
127 また天然ガスの生産も行っていたが、1940 年にはソ連全体の約 3 ％の産出量（8730 万 m^2）であったが、60 年には全ソの 1 ％にも満たなくなる（Статистическое Управление Чечено-Ингушской АССР 1967）。
128 またユスポフ（Юсупов 1997, C.142）は、工業部門が十分に発達していた 1970-80 年代のチェチェンですら社会指数では全ロシアで最下層の水準であり、さらに農村地域はその数倍劣っていたと述べている。
129 同様の指摘はティシュコフ（Tishkov 1997, p.197）もしている。
130 1979 年には全ソにおけるチェチェン民族中、民族共和国にいるチェチェン人は 80.9%であったが、89 年にはこれは 76.6 ％に減少した（Государственный Комитет СССР по Статистике 1989a,1990）。
131 これは近隣地域と比較しても低い。例えばスタヴロポリ地方とクラスノダール地方では農業従事者の月収は連邦平均の 140％以上、ロストフ州では 118％以上の水準である（Ибрагимов 2006, C.370）。
132 なお同時期のロシア連邦およびソ連邦構成共和国の収入階層については塩川（2007b, p.215）を参照。ロシア連邦では一人当たりの平均月収が 75 ルーブル以下の割合は 6.3％、75 から 150 ルーブルは 19.4％、100 から 150 ルーブルは 34％、150 から 200 ルーブルは 24.6％、200 ルーブル以上は 22%であった。
133 これはメディアのみならず、当局者も言及しており、例えば、チェチェンとロシアが平和条約を締結した際に、ロシアのエリツィン大統領とチェチェン・マスハドフ大統領は共に「4 世紀にわたる対立」の終結を主張した（*Независимая Газета*, 以下 *НГ* と略記, 13 мая 1997 г.; *ГР*, 16-22 мая 1997 г.）。
134 「自主編入論」はソ連期に自治共和国当局公認のイデオロギーとなっていくが、ペレストロイカ以降に見直されることとなる（詳細は第 2 章 1 節参照）。なお「自主編入否定論」は、マスハドフも繰り返し確認しており、研究者もこれに同調している（Масхадов 1997, C.13, 150, 162）。ただ、後述するようにソ連への編入に関しては民族ソヴェトが形式的には作られ、そこでボリシェヴィキの革命に同調する勢力がいたことも事実なので、自主編入の動き自体もまったくなかったとまではいい切れないかもしれない。
135 既述のガンマー（Gammer 2006）に加えて、ダンロップ（Dunlop 1998）やスレイマノフ（Souleimanov 2007）、あるいは山内（2000）、宮川（2005）もこのような歴史の重要性を説く。ただ例えばソキリャンスカヤ（Sokirianskaia 2008）はチェチェンの歴史的経験について、「不満の記憶」だけではなく、「成功の記憶」（ソ連時代の発展）、「多民族共存の記憶」（ソ連時代の共存）もあると述べている。
136 マンスールの抵抗については、Güne-Yadcy（2003）に平易にまとめられているので参照されたい。
137 通常、トルコ語やアヴァール語表記では「シャーミル」と記載されることが多いが、

第1章　比較と理論の中のチェチェン紛争

ここではロシア語表記の「シャミーリ」を用いる。その理由は、この「シャミーリ」の名前がチェチェンの野戦軍司令官シャミーリ・バサーエフに引継がれていることを確認しやすくするためである。

138　また彼の支持者 4000 人はロシア軍によって攻撃、消散させられ、これにより 200 人が死亡、1000 人が負傷、数百人がシベリアに強制的に移住させられた。クンタ・ハッジは 1867 年に獄中死した (Bennigsen 1992, p.118)。

139　ウズン・ハッジは、その宗教活動によってツァーリにシベリアへ追放されたチェチェン人の長老であり、1920 年に天寿を全うした時には 90 歳であった (山内 1988 p.373; Dunlop 1998, p.39; Gökay 2004, p.8)。

140　国家政治局（通称 ГПУ）は富農や反革命勢力、そしてイスラーム主義者の除去のため、大規模な作戦を展開した。これにより約 3 万 5000 人が逮捕されたという (Avtorkhanov 1992, pp.160-161; Dunlop 1998, pp.39-52)。

141　これら民族政策については、野田 (2012a) を参照されたい。

142　だが他民族と異なり、チェチェン・イングーシ自治共和国復活は地元当局も住民も激しく抵抗した。そのため共和国復活を認めるが、それは中央アジアに設置するなどの解決も模索された。

143　立石は、このことについてソ連の国民史描写の中で「ある時代の特定民族内部の階級的亀裂に着目せず、民族全体を否定的に評価する見解が公式に示されたのは、ソヴェト政権を通じて初めてのことであった」と付言している。

144　例えば日本の研究者が指摘する「チェチェンフォビア」やオリエンタリズム的な見方については、山内 (2000)、宮川 (2005) の議論を参照されたい。

145　筆者は「チェチェンフォビア」やチェチェンに対するロシアのオリエンタリズム的な見方が存在しないとは考えていない。むしろ、第二次チェチェン紛争後そうした見方は一層強まっていると考えている。他方で、そうした認識とそれを積極的に紛争や政治対立の理解に用いるべきだというのは別次元の問題だというのが本書の立場である。

146　なおこうした議論は既述のように主にジャーナリズムからなされているもので、以下で政治的統合度の低さや政治社会組織の多様性を示す際に用いる文献がこのような主張を強く支持しているわけではない。

147　マゴメット・ママカエフは、チェチェン・イングーシ自治共和国の作家 (1910-73)。チェチェン氏族に関する包括的なモデルを提供した彼の著書『その崩壊の時期におけるチェチェン・テイプ』(Чеченский тайп в период его разложения) は米国の文化人類学者ルイス・モーガンがイロコイ族社会の分析の際に用いたヒエラルヒー的家族構造を活用しチェチェンの氏族研究を行った研究である。

148　なお、イリヤソフはこれを ЦIн-нах と形容している。

149　ママカエフ分類では「ガル」までがリネージで、7 世代まで含む拡大家族とする (Dettmering 2005)。

150　イングーシ系の 4「テイプ」を含む。なお、数字は論者ごとに若干幅がある。現代「テイプ」の機能については、2002-05 年にチェチェンとイングーシで調査を行った報告論文 (Sokirianskaia 2005) もある。

151　また「テイプ」が機能していた 16-18 世紀には、チェチェンの領域的枠組みは現在と異なり、現在の北部・平野部地域（シェリコフスキー、ナウル、ナドチェレチヌィ地区など）は含まれていなかった。

152　語源はイラン諸語、アラビア語、トルコ語など諸説あるが、意味は「卵」「種子」とさ

125

れている。
153　ただしこれは 16 世紀末から 18 世紀初めにはみられたが、それ以後は急速に衰退した。だが、1990 年代の政治展開の中でドゥダーエフは、民族急進派内部の対立が激化する過程で自らの正統性を担保するためにこれを復活・活用しようとした（第 2 章 1 節参照）。
154　よくいわれるのは、ソ連体制下でのチェチェンの近代化や産業構造の変化、あるいは、共産主義化や強制移住によって血縁・地縁組織は衰退を余儀なくされたというものである。
155　具体的には、一部の利益集団や派閥が氏族・部族構造を政治的影響力行使の手段として利用していたが、これらの集団はチェチェンの「伝統的な氏族」とはいい難く、そもそも氏族・部族構造自体も時代的に不変的なものでも、チェチェン社会において均一的なものでもないという主張がある。また、「テイプ」の定義も、現代社会におけるその機能に関する知識も持ち合わせていないにもかかわらず、これをチェチェン社会の基盤に位置づけ語っているという論者が多いなどという批判もある。
156　これらについては、アフマードフ（2009）、スレイマノフ（2012）などを参照されたい。
157　例えば北部の一部地区は 1957 年に編入されたため、ロシア人が多い。また北部は平野部で南部は山岳部であり、生活様式や基盤となる経済が異なる。前者では、大規模農業や工業なども可能だったが、後者では牧畜などを主としていた。
158　したがって本書では、地縁・血縁組織などの重要性をまったく否定するというような極端な立場はとらず、「テイプ」をめぐる政治対立に関する議論も必要に応じて注などで触れる。

第2章
第一次チェチェン紛争とその後の課題

第1節　第一次チェチェン紛争までの経緯

　本節では、第一次チェチェン紛争の起源がどこにあり、チェチェンにおける民族運動がいかに紛争へと発展していったのかを明らかにする。なお、ペレストロイカから第一次紛争までのチェチェンの動向については、前述のようにすでに多くの資料集や回想録などがあり、優れた研究も多数出ている[1]。こうしたことに加え、本節は本書の中核的、中心的な分析対象（1997-99年のチェチェン）に入るための導入として位置づけられるので、ここでは先行研究の知見を活用して第一次紛争の起源と紛争に至る経緯を概説したい。

第1項　ペレストロイカとチェチェンにおける社会運動の活性化
　1985年、ゴルバチョフ（М. Горбачёв）がソ連共産党書記長に就任し、改革を行うと数年間でソ連とその連邦構成主体の内部では大きな変化のうねりが生じた。チェチェン・イングーシ自治共和国でもこうした中で民族運動が活性化していくわけであるが、これは1990年11月に第一回「チェチェン民族大会」（Чеченский Национальный Съезд）[2]という形で結実する。ここでは、チェチェンにおける民族運動の起源としてペレストロイカ期のチェチェン・イングーシ自治共和国における社会運動の活性化の経緯をまとめる。
　チェチェン・イングーシ自治共和国におけるチェチェン人の社会運動が活性化し、民族運動の強い原動力となった理由は大きく分けて三つあった。一つは、連邦的なレベルでのペレストロイカ（再建）政策の直接的な影響が自治共和国にも及び、非公認な（当局に登録されていない無許可の）社会運動を可能に

127

したことが挙げられる。例えば、チェチェンでは1985年に第二の都市グデルメスで生化学工場の建設が開始されたが、この工場が有害物質リシンを排出するという話が広まり、周辺住民から反発の声が強まった。その後、88年5月に工場建設に反対する数千人規模の環境保護デモがグデルメスで、6月にはグローズヌィでも行われ、主催者は自らを「ペレストロイカ促進連合」（Союз содействия перестройке）と名乗った（Асуев 1993, С.6-7）。これは、ゴルバチョフ体制への支持を表明することで自治共和国当局への批判を内包する運動を巧みに展開したことを意味する。この環境保護運動がソ連解体前のチェチェンにおける非公認社会運動の始まりだった[3]。

この運動は、数千人規模の集会などを経て二つの組織、「緑の運動」（Зеленое движение）と「人民戦線」（Народный фронт）を生み出した（Музаев 1997, С.29, 71; 玄 2006; 野田 2008, pp.67-68）。その後、89年までにこれらの非公式社会集団に加え、「コーカサス協会」（Общество Кавказ）、「バルト」（Барт：合意）[4]、「ニイィスホ」（Нийсхо：正義）[5]、「メモリアル」（Мемориал）などの団体が創設された（Музаев 1997, С.72-73, 1999a, С.34, 1999b С.24; Гакаев 2008, С.707）。これらの組織は、学者や作家など知識人、あるいは技師などによって構成されており、彼らは次第に民主化や民族の文化・歴史・言語の復権などを主張するようになっていった。

チェチェン人の社会学者ユスポフ（Юсупов 1997）は、ペレストロイカの時代に「社会構造の刷新が生じた」と主張している。彼によれば、すべての経済組織が近代化する過程で社会組織に変化が生じていき、生産活動の複雑化や所有の多様な形が認められるようになり、これによって協同組合や銀行家、起業家、小作農などの新しい社会集団が形成されたという。ユスポフは、このような社会的な変化に際して積極的な行動をとったのは、ロシア人よりもチェチェン人やイングーシ人の方が相対的に多かったことを示唆している。彼によれば、社会的な調査の結果、民間経済部門における株式会社創設や組合組織の発展に積極的に関与している人がチェチェン人では45.5％、イングーシ人では61％、ロシア人では26.8％、他民族では27％であったという（Юсупов 1997, С.147）。このようなペレストロイカの過程で出現した新しい社会集団に加え、作家や教員、研究者などのインテリが前述した非公認組織の中で主導的立場を担った[6]。

民族運動の起源としての社会運動の活性化の二つ目の理由は、自治共和国指導部の交代と新指導部における運営方針の変化である。1989年には、チェチェ

ン・イングーシ自治共和国で初めてチェチェン人の第一書記としてザヴガエフ（Д. Завгаев）が就任した[7]。チェチェン人である彼が第一書記に就任するということは、体制側からの自由化の推進を意味した。ザヴガエフ自身が自由化や民主化、改革に積極的に取り組んだのである（*Новое Время*, 1994, № 37; Музаев 1999b C.25; Гакаев 2008, C.709）。

その一つは、公的なイデオロギーについてより柔軟な姿勢をとるというものであった。例えばヴィノグラドフ（В. Виноградов）教授が唱え、後に自治共和国の公式イデオロギーとして受け入れられたロシアへのチェチェンの「自主編入論」[8]への批判もこの文脈で出現してきた。もう一つは、政権のイスラームへの政策緩和であり、彼の就任前だが 88 年には自治共和国ムスリム宗務局（ムフティー庁）も創設されていた。さらに党組織の幹部人事の若返りも挙げられ、ザヴガエフ体制では知識人や大学教授、コムソモール（共産党の青年組織）からの登用がなされた[9]。最後に、彼は前述した社会組織との接触も重ねた。こうしてザヴガエフの就任とその改革路線によって 89 年夏以降、チェチェンの社会運動はより政治的、民族的要求[10]を主張するものに変質していった――しかし、それはまだ「覚醒」といえるほどのものではなかった[11]。

チェチェン人として初めて第一書記に就任したこともあり、ザヴガエフに対する評価や期待は元々高かったが、彼の柔軟な姿勢もあり、後に急進的な独立派としてドゥダーエフ政権誕生を強力に後押しするヤンダルビエフやアブムスリモフなど「バルト」指導部も当初は彼への支持を表明していた（Музаев 1999a）。だが、彼の就任によって共和国の主要ポストに同じ「テイプ」（≒氏族）や地域出身者が採用されたため、「テイプ」や地域間の権力対立を生み出したと指摘する声もある（Gall and de Wall 1998, pp.80-81; Lieven 1999, p.57）。他方で、彼自身が十分な知識を有しておらず、権力闘争の経験もなかったことから周囲に適した人材をおくことができなかったとする見方もある（Ибрагимов 2006, C.371）。いずれにしてもザヴガエフ就任後、指導部の非ロシア人化――より厳密にはチェチェン人化――が進むことになる。

最後に三つ目の理由として、今までの運動からの質的変化、すなわち要求を掲げるというだけではなく、実際に政治参画を担う機会が到来したことが挙げられる。1990 年 3 月のロシア連邦（РСФСР）と自治共和国（ЧИАССР）の人民代議員選挙の結果、大学教授や教師、ジャーナリスト、非公式組織の活動家など様々な背景を持つ人々が選挙で政治勢力として多数進出し、彼らがそれまで

主張していた要求を実行していく機会や能力を手にしたのである[12]。彼らの選挙での躍進は、二つの現象をもたらした。

　一つは、新旧勢力の入れ替えという現象を生じさせた。例えばロシア連邦人民代議員選挙では、ハズブラートフ（Р. Хазбулатов）教授（経済学博士）がソ連共産党チェチェン・イングーシ州委員会第二書記グロモフ（П. Громов）を破り当選し、急進的な「人民戦線」の代表、ビスルタノフなども自治共和国最高会議議員として当選したのである（Гакаев 2008, С.713-14）。もう一つは、社会運動組織の再編である。これは選挙を経て、運動を今後どのように展開・発展させていくのかという問題に対応する必要を受けて生じたものである。具体的には、自治共和国最高会議において「民主派」ブロックが形成されたり、「バルト」が「ヴァイナフ民主党」に発展し、早くも90年秋頃には自治共和国政権を批判する急先鋒の組織へと変化を遂げたりした。

　このように全連邦レベルでのペレストロイカ推進とその影響下でチェチェンの社会運動が展開され、さらに、こうした過程で自治共和国の指導部交代という変化が生じたことでチェチェン・イングーシ自治共和国の政治状況は大きな転換期を迎えた。ペレストロイカは、チェチェン人たちを取り巻く環境を大きく変化させたのである。それは連邦レベルで活躍するチェチェン人の増加という事実からも明らかだった。1989年のソ連人民代議員選挙で選出されたハッジエフ（С. Хаджиев）教授（歴史学博士）は、ソ連の石油産業相に任命され、90年にロシア人民代議員選挙で選出されたハズブラートフ教授は、ロシア最高会議の第一副議長に任命された。さらに、初めてのチェチェン人少将としてドゥダーエフとイギラギモフ（В. Ибрагимов）が昇格するなどした。ソ連時代、自治共和国においてですら主要なポストを十分に担うことができていなかったチェチェン人が表舞台で活躍するようになったということは、ペレストロイカという時代を象徴しているだろう[13]。こうして体制の自由化、政治参画の実現などを経てチェチェンの社会運動は、彼らの懸案であった自民族に関わる諸問題を運動の前面に掲げ、これを改善しようとする民族運動へと発展していくこととなった。

　第2項　チェチェン民族運動の「覚醒」とイングーシとの分離

　このような経緯を経て、1990年11月23～25日にグローズヌィで開催された「チェチェン民族大会」は、自治共和国政権を支持する「ドシュ」（Дош：言

第2章　第一次チェチェン紛争とその後の課題

葉）という勢力[14]と自治共和国最高会議の「民主派」勢力[15]、そしてチェチェンの著名なインテリのイニシアティヴで準備されたものだった（Музаев 1999a, C.34; Гакаев 2008, C.720）[16]。大会には自治共和国の各都市・村からの代表、各組織の代表、さらには自治共和国外のチェチェン人、シリア、トルコ、ヨルダン、アメリカなどのチェチェン人離散民も参加し、総勢1000人以上の大会となった。この大会には、ソ連軍少将のドゥダーエフも招待された。また政権側からもザヴガエフが大会を支援し会場にも足を運んだ（Асуев 1993, C.19-20; Гакаев 2008, C.721）。

この大会では、自治共和国の社会経済問題や宗教問題、チェチェンの文化や歴史をめぐる問題など様々なことが討論されたが、最終的にはチェチェン共和国（Чеченская Республика Нохчийчоь）の主権決議が採択された。さらに同大会は執行委員会の選任も行い、委員長にドゥダーエフ、第一副委員長に民族大会準備委員長だったウムハエフ、副委員長にはヴァイナフ民主党執行部のヤンダルビエフとソスランベコフ（Ю. Сосланбеков）がそれぞれ就任した[17]。

この大会で採択された主権宣言は、実はそれほど唐突なものではなかった。それは当時、ソ連の構成共和国もロシア連邦の連邦構成主体も主権宣言を次々に出しており（塩川 2007a, pp.23-26, 2007b, pp.56-129）、またチェチェン・イングーシ当局（最高議会）においてもこの大会以前から主権宣言をめぐる議論をしていた（塩川 2007a, pp.181-182; Гакаев 2008, C.723）[18]という背景があったからである。また、チェチェン・イングーシではなくチェチェン単独の主権宣言をした背景には、1989年に開催されたイングーシ民族大会で、プリゴロドヌィ地区の回復を目指すイングーシ人[19]たちが（ロシア連邦内での）イングーシの領土的一体性の回復を主張したことをうけての決定だったと考えられる[20]。

このように民族大会での主権宣言採択は、さほど大きな問題ではなかったものの、この大会がチェチェン民族運動において重要な意味を持つのは、(1)大会開催のイニシアティヴを握っていたと思われていた親ザヴガエフ的な勢力が大会を通して民族急進派に主導権を奪われたこと、(2)ドゥダーエフという後の独立派大統領を意図せず——当時はお飾りとして[21]——民族大会執行委員長に選出したことの二つに見出せよう。

第一の点については、チェチェン民族大会での主権宣言の後、自治共和国最高会議でも主権宣言が採択された後に問題となる。すなわち、最高会議で採択された主権はチェチェン・イングーシ共和国[22]の主権[23]であり、続いてザヴガ

131

エフの名によって公布された共和国領土における法の効力に関する決議[24]でも明らかなように、急進派が目指す主権共和国への格上げ（ロシアからの離脱）は想定されていなかった。このため、ロシアからの分離を主張していた民族急進派は当局の決定に反発し、1990年12月に「チェチェン国民全民族運動」（Общенациональное Движение Чеченского Народа）を結成し、ロシアから離脱した形でチェチェン国家の主権を実現するための闘争と北コーカサス地域での諸民族の連携を訴えた（Музаев 1999a, C.35, 1999b, C.26）[25]。

このようにして共和国政権とチェチェンの民族急進派の対立が表面化する中で、民族大会執行委員会の間でも対立が生まれてきた。ここに来て第二の点、すなわちドゥダーエフを執行委員長として任命したことが重要な意味を持つことになる。1990年3月までは穏健派のウムハエフ副委員長が、エストニアのタルトゥにいるドゥダーエフ委員長に代わり実質的に代表職を担っていた。しかし、ドゥダーエフがソ連軍を辞しチェチェンに帰還し、民族大会執行委員会の要求や意見を受け入れるよう共和国指導部に求め対立し始めたのである。この後、チェチェンでは当局と民族急進派の統治をめぐる対立（「政府をめぐる対立」）が顕著になった。

1991年6月の第二回「チェチェン民族大会」で民族急進派は、再び「チェチェン主権共和国」を宣言したが、今度はこの共和国はロシアにもソ連にも帰属しないと述べて、独立路線を明らかにした。さらに、ザヴガエフ議長の退任と共和国最高会議の廃止を求め、その後のチェチェン領土における権力機構は自らが代表を務める「チェチェン国民全民族議会」（Общенациональный Конгресс Чеченского Народа：以下ОКЧН）の執行委員会[26]が担うとした。

こうした最中、8月にモスクワで共産党保守派クーデターが発生した。ザヴガエフはこれに対し曖昧な対応をとったことから、ドゥダーエフは共和国最高会議と議長のザヴガエフを非難し、退任を強く求めた[27]。その後、ドゥダーエフ側は実力によって一部施設を管理下におき、ハズブラートフの仲介によって9月に創設された暫定最高会議（Временный Высший Совет：以下ВВС）[28]においても反対派と対立した[29]。リーヴェン（Lieven 1999, p.60）は、エリツィンもその盟主ハズブラートフも当時はソ連保守派のクーデターの直後で、主に自らの勢力を固定化すること、そして行政組織から親ゴルバチョフ勢力を排除することを目的にしており、チェチェンにおける最高会議転覆を企てたドゥダーエフの動きは、彼らの闘いの同盟者として映ったのではないかと述べている[30]。ガ

第 2 章　第一次チェチェン紛争とその後の課題

ルとドゥ・ヴァール (Gall and de Wall 1998, p.96) は、ハズブラートフがドゥダーエフによるザヴガエフの排除を積極的に支援したか、または後押ししたとする。支援の有無は別にしても、少なくともこの時点では、ロシア指導部はこのようにして生じたチェチェンでの革命（ドゥダーエフおよびОКЧНの行動）に好意的な態度をとっていたと塩川 (2007a, p.192) も述べている[31]。結局、ザヴガエフは解任され[32]、ドゥダーエフらが押し切る形で大統領選・議会選挙が決定されたが、このようなドゥダーエフのやり方に反発する民族派も少なからずおり、この間にいわゆる「民主派」やインテリ集団の一部[33]が離反した (Музаев 1999a, C.37)。

この後、チェチェンでは 10 月に大統領選挙と議会選挙が実施され、大統領選挙の投票率は 72％、ドゥダーエフが 90.1％の得票を得て大統領に就任した[34]。ティシュコフ (Tishkov 1997, p.202; 2004, p.62) は、この選挙は 360 の投票所のうち 70 カ所でしか投票は行われず、実際の投票率は 10～12％だろうと主張している。ムザーエフ (Музаев 1999a, C.39) によれば、選挙管理委員会は民族急進派勢力で形成され、ハッジエフなどを含む大統領選挙立候補希望者 7 名が立候補を拒否されたという。これに対して、リーヴェン (Lieven 1999, p.63) は、選挙監視員は地元のロシア人への脅迫も含め多くの不正を確認しているが、全体としてこの結果は同時期のチェチェン民族の雰囲気をそれなりに反映しているとする。確かに、ドゥダーエフの選挙公約 (Дудаев 1992, C.4-7) をみても、前面に出ているのは民主主義や自由主義に基づく主権独立国家の建設であり、民族文化や言語の発展を唱えていたものの、市民的権利について言及したり、ロシアとの互恵的な経済統合の発展を挙げたりと当時のチェチェン社会で受容されうる内容だった。ОКЧНはこの選挙を合法と主張したが、ВВСはこれを無効とするアピールを行った。

ロシアも選挙結果を違法なものだとして無効を主張し、チェチェンに非常事態令を導入した。エリツィンは、治安維持のためにチェチェンに内務省部隊 600 人の派遣を決定したが、ソ連が形式的には存在している以上、彼の一存のみでは連邦軍は動かせなかった。結局、この内務省部隊はグローズヌィに到着後、数千人から 1 万人に達するチェチェンの民衆や急進独立派組織に包囲・拘束されて何もできず、後にロシア最高会議とチェチェン側で合意に至り解放された。

第3項　ソ連解体とチェチェン紛争への道筋

チェチェンとロシアが対立する中で1991年11月にイングーシは、住民投票でチェチェンと分離し、ロシア連邦内で共和国を創設すること（首都はヴラディカフカースとし、プリゴロドヌィを領有）を決定した（投票率72.7%、賛成92.5%）。翌月にソ連が解体すると[35]、ロシアは連邦条約締結に向けて動き出し、92年3月までにはタタールスタン[36]、チェチェン、イングーシ以外の連邦構成主体とこれに合意した[37]。チェチェンでは、この時期に民族急進派が新憲法を制定しており、国家としての体裁を益々持つようになっていた。

このように第一次紛争に至るまでのチェチェンは、モスクワからの独立性を保持する（政治的統制を受けない）一方、共和国内では様々な諸問題が噴出し、これが民族急進派内部に亀裂を生み出した。共和国を取り巻く諸問題は、民族急進派内部にロシアとの交渉の必要性を認識させたものの、いざ交渉に取り組むとチェチェンの民族急進派は、交渉の中身や主導権をめぐって対立した。その結果、経済的実利を優先し、ロシアとの話し合いを進めるべきだという実利派とあくまでも独立のために妥協的な交渉はするべきではないという独立派に分裂することになる。モスクワはチェチェン内部の分裂を利用してドゥダーエフの排除を試みるも、ロシア内部での権力闘争もあり、うまく行かなかった。このようなチェチェン内部の対立、ロシア内部の対立、グローズヌィとモスクワの対立などが複雑に絡み合い、紛争の回避を困難なものにしていった。ここでは、このような「二重の対立構造」の観点から対立の経緯をまとめる。

ドゥダーエフ政権の権力掌握以後のチェチェンがモスクワから独立した状態を保てたのは、92年夏頃から93年秋にかけてロシア中央政界における政治闘争が挙げられる。これは、ロシア連邦の新憲法をめぐり生じた連邦構成主体を絡めた政治闘争であり、人民代議員大会・最高会議と大統領の権力闘争でもあった。エリツィンは議会の解体と新議会の創設などを謳い、人民代議員大会と最高会議の機能を停止し、政党活動の停止なども含む非常事態令を発布した。だが、議会側がこれに抵抗し最高会議ビルに籠城すると、エリツィンは武力によって彼らを排除した（93年10月）。これによって、エリツィンの下からは多くの「民主派」が離れ、また事件で逮捕されたハズブラートフ（5カ月後に恩赦）とは修復不可能な対立関係に陥った[38]。

こうしたロシア中央政界における混乱もあり、連邦中央からの独立性を強めていたドゥダーエフ政権下のチェチェンだったが、住民の流出が相次ぐな

ど問題も生じていた。コロトコフ (Коротков 1994, C.109) によれば、1991-92 年に 8 万 4600 人のロシア人が共和国から去ったという[39]。この住民流出は、ロシアからの制裁を受けて経済が破綻し、チェチェンが無秩序になることで加速した。連邦移民局の調査では 93-94 年に 9 万 9900 人のロシア人が去り、連邦統計局によれば 89-95 年の間に合計 27 万 5000 人の住民がチェチェンを去ったという (Ибрагимов 2006, C.374)。

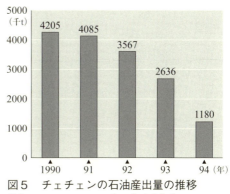

図5　チェチェンの石油産出量の推移
出典：Госкомстат России（1999）より作成

　住民の流出は、国内の治安悪化、また政治勢力間の対立が原因であるが、これは元を辿れば経済問題に端を発していた。既述のようにチェチェンは、石油関連産業に過度に依存し、他の産業や農業が十分な雇用を提供できていない共和国であったが、石油産業においても主要業務である精製部門に対するロシアからの原油輸送量がロシアとの対立の過程で減少した[40]。さらにロシア人流出の結果、彼らが多数を占めていた石油関連産業の労働者がいなくなってしまい[41]、石油の生産量も減少した (図5)。このようにして 94 年までに共和国の生産力は、それ以前と比して約 80％も低下、20 万人以上が失業に陥ったという (Известия, 16 августа 1994 г.)[42]。

　他方で 92 年からロシアが財政支出を原則停止したため、このような種々の課題を抱える石油産業にチェチェン経済はより一層依存せざるを得なかった[43]。このことは、石油産業をいかに管理・運営していくのかという問題を生み出し、こうして民族急進派内部で石油資源をめぐる対立が表面化した[44]。以上のように国内が不安定化していく中で民族急進派の中に実利のためにやはりロシアとの話し合いに取り組むべきだという勢力 (実利派) が出てきた。こうした経済的理由に加え、軍事的緊張関係もロシアとの交渉の必要性を認識させた。

　92 年 10 月に隣接するイングーシ共和国は、プリゴロドヌィ地区の帰属をめぐって北オセティアとの紛争 (イングーシ・北オセティア紛争) に突入した[45]。このことも民族急進派内部 (実利派) にロシアとの交渉の必要性を認識させた。紛争は連邦の平和維持軍の介入によってすぐに収まるが、平和維持軍はイン

グーシに進駐後、チェチェンとの国境付近に駐留したため、ドゥダーエフ政権が非常事態宣言をし、大統領警護隊を国境付近に配置する事態となった。ベンニグセン（Bennigsen 1999, p.539）はこのような状況を指し、93 年までにはロシアがチェチェンに簡単に介入することができる状況が整備されていたと述べている。こうした一触即発の緊張関係は、チェチェンとロシア双方に交渉の必要性を認識させた可能性が高い。

　以上のような経済的理由と軍事的緊張関係から連邦条約や権限区分条約の交渉に積極的な姿勢をとったのは議会執行部や副首相だった[46]。だが、モスクワとの交渉は民族急進派を分裂させていくこととなる。92 年 11 月にガイダル首相を代表とするロシア交渉団とマモダエフ（Я. Мамодаев）第一副首相を代表とするチェチェン交渉団が会談し、まずチェチェン軍とロシア部隊の分離体制や協力に関する協定に合意した。しかし、この合意をめぐりドゥダーエフとマモダエフが早くも対立した（Музаев 1999b, C.31）。ロシアとの交渉の加速を狙うマモダエフは、12 月にモスクワでガイダル首相と会談を行った（Коммерсантъ, 19 декабря 1992 г.; Payin and Popov 1996, p.20）[47]。93 年 1 月にも議会主導[48]でロシア代表団[49]と交渉が行われ、ついに両者は権限区分条約の草案に合意した（Коммерсантъ, 15 января 1993 г.; Музаев 1999b, C.31; 塩川 2007a, p.215）[50]。だがドゥダーエフは合意内容を不服とし、これを認めなかった。それでも交渉は続き、3 月にはマモダエフ、ソスランベコフ、スレイメノフ（初代民族保安隊司令官）とロシア議会代表との間で話し合いが行われたという（Payin and Popov 1996, p.21）。

　だが結局、交渉は実を結ばなかった。その理由は、モスクワ・グローズヌィ双方での内部対立、交渉窓口の一元化の課題、さらには両者の認識の相違に直面したためである。ドゥダーエフは、交渉の主導権を議会に取られロシアとの間で合意が形成されることに反発していたが、チェチェン憲法では議会は外交指針を決定する権限および国家体制の諸問題につき決定する権限を有しており[51]、議会の取組みはその活動の範囲内と考えることもできよう。ドゥダーエフが議会主導の交渉に反発したのは、彼の妥協を拒否する姿勢やマモダエフへの不信感（Hughes 2007, p.74）、あるいは彼が強く求めていたエリツィンとのトップ会談にロシア側が応じなかったこと（Ибрагимов 2006, C.375; Гакаев и Ибрагимов 2008, C.750-751）などが指摘されている。

　ただドゥダーエフがロシアとの交渉自体を拒否していたわけではないことは押さえる必要があろう。特に紛争が近づくと交渉や妥協を示唆しており、

第 2 章　第一次チェチェン紛争とその後の課題

ヒューズ (Hughes 2007, p75-76) によれば、94 年には彼が何度もモスクワに直接会談を申し入れたとのことである。ヒューズは、コルジャコフ (А. Коржаков) 元大統領警護隊長の著作などを引用し、エリツィン周辺 (具体的には大統領府長官フィラトフ：С. Филатов、報道官コンスティコフ：В. Костиков) によってこれは握り潰されたとしている。ドゥダーエフ自身も 94 年 8 月に「戦争回避はもちろん可能だ」とし、エリツィンとの直接会談を望んでいるとインタビューに応えている (*Труд*, 9 августа 1994 г.)[52]。

ただ、この時点 (93 年夏頃) では、議会主導の合意を大統領が拒否することで、交渉に参加した指導者はいずれも反ドゥダーエフ勢力にまわることになった[53]。こうして議会と対立するようになったドゥダーエフは、かつて存在し 91 年に復活させた「メフク・クヘル」(国の最高組織を意味する) などを利用し、自らの正統性を確保した上で、大統領直轄統治を導入した[54]。これに対して議会側もドゥダーエフ首相を解任、マモダエフを首相に任命して、議会主導の政治を導入しようとし[55]、両者の対立は散発的な武力衝突へと発展する。

チェチェンの民族急進派内部の対立が激しくなる中で、ロシアは親ロシア的な勢力を支援し、ドゥダーエフの排除を目指す政策へと転換する。こうして 93 年 12 月にはザヴガエフ元最高会議議長の庇護下にあるアフトゥルハノフ (У. Автурханов) 元ナドチェレチヌィ地区知事を首班として暫定評議会 (Временный Совет) を北部ナドチェレチヌィ地区に設立した。だが、暫定評議会の背後にモスクワがいたことは自明だったので[56]、当初は反ドゥダーエフ派からも協力を拒否され、チェチェン内部における有効な勢力にはなれなかった。また、この時期にはエリツィンの政敵となっていたハズブラートフがチェチェンに帰国しており、状況はより一層複雑になった。モスクワは暫定評議会を軸にドゥダーエフから権力奪取を行いたいが、それには彼らと一線を画す勢力も含めた反ドゥダーエフ派[57]の一元化が必要であった。だが、もしこの主導権をハズブラートフに握られれば、中央での権力闘争が再構成される危険があった[58]。

多くの先行研究は、こうしたハズブラートフのチェチェン問題への関与がエリツィン政権の政策に変化をもたらしたとする (Payin and Popov 1996, p.24; Tishkov 1997, pp.215-219; Lieven 1999, p.91; 徳永 2003, p.68; German 2003, pp.104-107; 塩川 2007a, pp.218-220)。それは、ハズブラートフを排除する形で反対派諸勢力 (図 6) をまとめ、また彼らへの財政的・軍事的支援を強化する必要が生じたということであり、その結果、暫定評議会の軍司令官にはガンテミロフが任命され

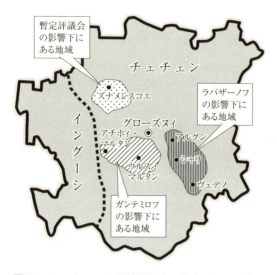

図6 チェチェンの反対派勢力の拠点（1994年）
出典：*Московские Новости*, 4-11 сентября 1994 г.
なお地図は必ずしも正確な位置を示していない（イメージ化したもので、例えばズナメンスコエ村はもっと西北部国境近くにある）。

た[59]。こうしてロシア側が「秩序を導入できる健全な勢力」（フィラトフ連邦大統領府長官）と述べた（*Сегодня*, 2 августа 1994 г.）暫定評議会は、94年8月に暫定政府（Временное Правительство）を発足させ、チェチェン国家の最高権威であると宣言した[60]。暫定政府は近いうちに選挙も行うとしたので、ドゥダーエフ政権の排除は——それが法手続き上のものであれ、武力によるものであれ——既定路線になっていた[61]。

こうしたロシア指導部の対チェチェン政策の背景にハズブラートフ・ファクターという難しい問題があることを認めつつも、モスクワが反ドゥダーエフ勢力の支援をし、ドゥダーエフを排除しようとすることに警鐘をならす論者も当時いた。94年9月、モスクワの反ドゥダーエフ派への支援が自明となっている中でチェチェン人の歴史学者ガカーエフ（Д. Гакаев）は、今後のチェチェンで生じうる三つの未来を予見し、最も現実的にあり得る未来としてドゥダーエフが暫定評議会など反ドゥダーエフ派に勝利し、彼らの背後にいるロシアとの間で紛争発生のリスクが高まるというものを提示した（*Московские Новости*, 4-11 сентября 1994 г.）。これは、コーカサス諸民族とロシアの紛争へと拡大する恐れがあり、深刻な問題をもたらすとした[62]。彼は、大多数のチェチェン人が望んでいる未来としてロシアとチェチェン、そしてチェチェン内部での紛争の平和的解決、民族の調和と平和を達成することを挙げ[63]、チェチェンで武力衝突が続いている以上、この実現は熟慮を重ねたロシア政府の行動に大部分依存しているとした[64]。

だが結局、反ドゥダーエフ派の結集にある程度成功したモスクワは、ドゥダーエフの軍事的排除を試みた。94年11月25日正午、首都グローズヌィの

境界線に位置しているコルホーズにロシア軍・北コーカサス軍管区に所属していると思われる軍用ヘリが空爆を行った。これを合図に反ドゥダーエフ勢力は、グローズヌィへの総攻撃を開始した (НГ, 26 ноября 1994 г.)。作戦は、ロシア軍から戦車や装甲車のみならず、志願兵も参加した大規模なものだったが、3日間に及ぶ戦闘の末、反ドゥダーエフ派の軍事作戦は失敗した。チェチェン独立派外務省によれば、この軍事衝突で「反乱軍」の約500名が死亡し、200名が捕虜になった (НГ, 29 ноября 1994 г.)。このうちロシア兵の死者は少なくとも12名、捕虜は20〜60名出た (Payin and Popov 1996, p.24; Lieven 1999, p.92)。ロシア軍は当初この作戦への関与を否定し、11月29日になって初めて関与を認めた (НГ, 29 ноября 1994 г.)。

反ドゥダーエフ勢力と共にグローズヌィへの大規模な軍事作戦を展開し、敗北したモスクワは、ガカーエフの提起した「最も現実的にあり得る未来」を歩むこととなった。11月29日に行われたロシア安全保障会議では、48時間以内の武装解除と捕虜の解放がドゥダーエフ側に求められた。だが、捕虜の解放は受け入れられたものの武装解除は拒否された。こうしてロシア政府は憲法秩序回復、領土保全、ロシア市民保護などを謳い、チェチェンに連邦軍・内務省軍を投入、第一次チェチェン紛争が始まったのである。

第4項　第一次紛争の発生過程と「二重の対立構造」、構造的環境要因の関係

このようにして始まった第一次紛争だが、そこに至る過程において「二重の対立構造」や紛争の構造的環境要因はどのような役割を果たしたのだろうか、最後に触れて本節の終わりとしたい。

まず、今まで取り上げてきたペレストロイカから第一次紛争までのチェチェンの政治展開を大きく区分すると、(1)ソ連時代の自治共和国における民族運動の始まり (1988-90年)、(2)民族運動の「覚醒」(90-91年)、(3)民族急進派による政権奪取とチェチェン・イングーシの分離 (91-92年)、(4)対露交渉をめぐる実利派と独立派の対立 (92-93年)、(5)国内の分裂とロシアによる直接介入 (93-94年) に分けられる[65]。この区分を用いて、まずは紛争の構造的環境要因の役割についてツルヒャーによる先行研究を批判的に検討したい。

ツルヒャー (Zürcher, Baev and Koehler 2005, pp.283-285; Zürcher 2007, pp.110-111) は、急進的な民族勢力が影響を持つようになった背景 (上記時期区分に当てはめ

ると(1)から(3)まで）と、独立派政権が第一次紛争へと突入した背景（同(4)から(5)）をそれぞれ構造的環境要因から考察している。そして前者については、強制移住や共和国自治エリートの形成などというソ連時代の民族政策（制度的・非制度的差別）が歴史的経験として共和国の多数派であるチェチェン人に共有されることで[66]、急進的民族運動が支持を獲得し、動員も可能になったとしている[67]。後者については、国家制度の解体とその後の国家建設の失敗を理由として挙げ、その前提にあった問題、あるいは関連した問題として体制転換、チェチェンにおける不法な経済活動と利権争いなどを挙げている。

ツュルヒャーの研究は、民族運動の過熱とそれがもたらした帰結、また政治対立とそれがもたらした帰結を分けて論じている点で意義深いが、上記の分析結果には疑問もある。例えば、チェチェン革命に最も大きな影響を与えたのは、ソ連の解体だとしているが（Zürcher, Baev and Koehler 2005, p.284）、前述したように革命（ドゥダーエフの権力奪取）の方がソ連解体よりも先に起きており、これは矛盾している[68]。また紛争への引き金要因として主にチェチェン内部における国家の機能や統治性の問題、経済の機能不全や資源をめぐる権力闘争を挙げているが、これは「二重の対立構造」のうちチェチェン国内における「政府をめぐる対立」の過熱要因を指摘しているに過ぎず、これがモスクワとの「領域をめぐる対立」といかに結びついたのかは不透明である。

紛争へと至る過程を理解する際に重要なこととして、どの要因が国内における「政府をめぐる対立」の原因となり、どの要因がモスクワとの「領域をめぐる対立」の原因となったのかという整理をする必要があるが、ツュルヒャーの指摘する要因の多くは、前者の要因である。後者の要因についてはあまり指摘されず、せいぜいそこから推測されるのは、不法な経済活動を行い、破綻国家と化し、ナショナリズムを強めるチェチェンをモスクワは無視（放置）できなくなったという議論である（Zürcher 2007, p.112）。だが、これは本書で明らかにしてきた事実をみれば適切な理解とはいい難い。また例えばドゥダーエフ政権がモスクワに抵抗し存続することができた背景にこうした要因（石油などの資源、不法経済・闇経済）が存在したという理解――いわゆる「反乱の資金調達」（Financing of Rebellion）――も提示されている（Zürcher, Baev and Koehler 2005, p.282）が、これにも疑問が残る。

確かに上記時期区分の(2)には、石油資源や「不法経済」なるものによってチェチェンの経済はどうにか成り立っていた側面もあるが、これはロシアから

も財政支出があったという前提での話である。ロシアが財政支出を止めると非常に厳しくなり、時期区分(3)には経済が立ち行かなくなる。こうして民族急進派内部にロシアと積極的に交渉するべきだと考える勢力（実利派）が大きくなり、今度は交渉のあり方やその主導権をめぐってチェチェン国内で独立派との対立が激化、新たな「政府をめぐる対立」に発展する[69]。「政府をめ

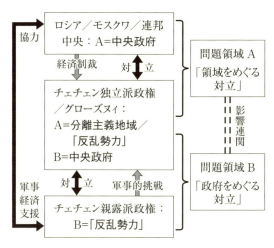

図7　第一次紛争へと至る過程での「二重の対立構造」
出典：筆者作成

ぐる対立」は、時期区分(4)になると暴力衝突へと発展する事態となり、チェチェン問題の「二重の対立構造」のもう一つであるモスクワとの「領域をめぐる対立」にも影響を及ぼす。こうして93年12月にはモスクワが介入する形で「政府をめぐる対立」を構成する新たな政治主体（親露派）がチェチェンに作られ、94年夏にはそれまでの急進民族派のうち実利派を吸収する形でこの政治主体を拡大させ、ドゥダーエフ政権を排除する路線が決まってくる。このようなチェチェン国内における「政府をめぐる対立」が過熱することで（反対派が軍備を備え、一定領域に基盤を持ち、政権と対峙していたという点で）ドゥダーエフ政権の統治性（軍事力、領域基盤〔支配地域〕、政治基盤、反対派に対する優位性）は、それ以前よりは若干低下する側面はあった。しかし、それはモスクワとの「領域をめぐる対立」を解消するほどの打撃をドゥダーエフ政権に与えることにはならなかった。

　以上のように第一次紛争の発生過程においては、少なくともモスクワがチェチェンの「政府をめぐる対立」（図7のB）において中央政府たるドゥダーエフ政権と対峙する「反乱勢力」たる親露派勢力を軍事・経済的に支援し、中央政府を軍事的に排除しようとした（「政府をめぐる対立」に強く関与していた）ことが非常に大きな意味を持っていた。ここでモスクワがこうした行動をとった背

景を考えなければならないわけだが、その理由はツルルヒャーが指摘するようなチェチェン国家の破綻という現象があったからというよりは、別の要因があったように思われる。すなわち、「領域をめぐる対立」（図7のA）で連邦中央と対峙しているドゥダーエフ政権の統治性が大幅に低下することなく、その領域的支配もある程度しっかりしていたという状況があったからなのである[70]。

　本来、紛争の発生は、当該領域の政体（国家）の脆弱性、統治能力の低下などで説明されることが多いが、逆説的なことにチェチェンではドゥダーエフ政権の統治性の強固さに紛争発生（ロシアの軍事介入）の一つの原因が見出せる。こうした一見すると矛盾する理由が出て来るのは、チェチェン紛争がモスクワとの間の「領域をめぐる対立」とチェチェン国内の「政府をめぐる対立」が複雑に絡み合って形成されている――「二重の対立構造」がある――からである。「政府をめぐる対立」に介入することによってドゥダーエフ政権の軍事的排除を試みたものの、これに失敗したことでモスクワは「領域をめぐる対立」においてチェチェン独立派との紛争が不可避であるように認識した可能性が高く、こうして二つの問題領域が結合し、ロシアとチェチェンの間で紛争が発生したのである。

　次節ではこのようにして発生した第一次紛争がどのようにして和平に至ったのか、「二重の対立構造」のうち「政府をめぐる対立」がチェチェン諸勢力の接近によって解消に向かったことが影響し、「領域をめぐる対立」も改善に向かったということを明らかにする。さらに第1章3節1項で取り上げた紛争移行形態の観点から紛争が和平に向かう過程でどのような変化を遂げたのか、考察を試みる。

第2節　第一次紛争の進展と紛争終結

第1項　第一次紛争時のチェチェンの政治勢力：
　　　　親露派の分裂と独立派への接近

　第一次紛争が開戦した当時、エリツィンはロシア国民に戦争の説明をすることもなく（手術のために入院）、また、チェチェン駐留軍のもとへも1年半の間、訪ねなかった。当初、ロシア政権・軍部共に紛争の早期終結を予想していたが、グローズヌィ陥落には3カ月を要し、多くの犠牲が出た。その後も無計画な作戦によって死者や捕虜は増えた。当時、急激な資本主義化によって経済危機を

第 2 章　第一次チェチェン紛争とその後の課題

経験していたロシアは、兵士に十分な訓練や装備を与えることができず、軍務経験のあまりない田舎から出て来た若い徴集兵が次々と犠牲となった。

チェチェン側がロシア軍に抵抗できたのは、(1)ソ連軍から引き継いだ武器があったこと（駐留軍が武器をチェチェンに放置、または横流しした）[71]、(2)ソ連退役軍人がチェチェン指導部におり、抵抗作戦の立案や計画に携わっていたこと[72]、(3)住民の武装化のレベルが元々高かったこと、(4)財産や家族を守るために戦わざるを得ないという事情によって住民の武装化が進んだこと[73]、(5)ロシアの侵攻によってチェチェン住民や独立派指導部がドゥダーエフの下に団結したこと、(6)緒戦の都市戦で敗走したチェチェン抵抗軍は、地の利を生かした山岳戦・ゲリラ戦で体制を立て直し攻勢に転じたことなど、様々な要因があるだろう。

ただ住民の武装はそれが防御的なもので、身を守るために仕方がなかったとしても、住民と戦闘員の区別を困難にした。またロシア軍も攻撃を加える際に一般人の犠牲を最小限にする十分な対策を講じなかった。例えば第一次紛争で最も大きな住民被害を生み出したのは、94年末から年初にかけてのロシア軍のグローズヌィ攻略作戦であったが、空爆やロケット攻撃が加えられた時にそこには15～20万人の住民（チェチェン人のみならずロシア人も含む）が留まっていたのである（НГ, 27 декабря 1994 г.）。

ロシア軍はこのような犠牲を多数出しながら、95年半ばまでにチェチェンにおける支配地域を拡大していった。ロシア政府は、開戦直前に親露派勢力による暫定評議会の下に設置した暫定政府を「民族復興政府」（Правительство Национального Возрождения）と改称し、モスクワに基盤をおく有力なチェチェン知識人のハッジエフ元ソ連石油産業相を首相に任命した。ロシアは、この政府をチェチェンの唯一合法な権威としていたが、95年1月には行政機構を担う本格的な組閣を命じ、親露派による統治を模索し始める[74]。この内閣は、①ハッジエフをはじめとするソ連時代の政治・経済エリートや知識人、②反ドゥダーエフ派の民族主義者、③ドゥダーエフ政権元閣僚、④ロシア連邦より派遣されたロシア人政治家、⑤ソ連外にいるチェチェン人ディアスポラによって構成されており、しかも分類③の勢力が分類①に次ぐ規模で入閣していたことからも明らかなように（図8）独立派の切り崩しも狙っていたと思われる[75]。

だがロシアは、ゲリラ戦・山岳戦へと進む過程で次第に芳しい戦果をあげることができなくなり、紛争も泥沼化していった。また、この過程でロシア軍に

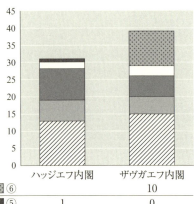

図8　民族復興政府閣僚の属性
出典：筆者作成
①ソ連時代の政治・経済エリート・知識人、②反ドゥダーエフ派の民族主義者、③ドゥダーエフ政権元閣僚、④連邦より派遣されたロシア人、⑤ソ連外にいる離散民、⑥属性不明

よるチェチェン住民への人権侵害の増加、特に武装勢力と住民を選別する収容所（Filtration camp）[76]の存在が大きな問題となった。さらに95年4月には、アチホィ・マルタン地区のサマーシキ村にて、ロシア内務省特殊部隊の「掃討作戦」（Операция зачистки）が行われ、非武装の住民（女性や子どもを含む）、少なくとも103人が殺害され、破壊や略奪が行われるという悲惨な事件も起きた（Гакаев и Ибрагимов 2008, С.753-754）[77]。ガカーエフとイブラギモフは、サマーシキを典型例としながら「これがチェチェン戦争におけるやり方で、こうしたことは最初にグローズヌィ[78]で、その後、チェチェン各地で起きた」とする。

　こうした作戦は、独立派司令官の出身村落や拠点に対しても行われ、95年5月にはバサーエフ（Ш. Басаев）司令官の出身地（ヴェデノ）がロシア軍によって空爆され、親族十数人（彼の妹や親族の乳児を含む）が死亡した。このような事件は、チェチェン独立派からの報復攻撃を招いた。例えばヴェデノが空爆された翌月、バサーエフ司令官に率いられた独立派部隊は、チェチェンの北にあるロシア連邦スタヴロポリ地方で病院を占拠し、医師や患者などを人質にとる事件を起こした[79]。こうしてチェチェン紛争の地域的拡散も大きな問題となったのである。

　病院占拠事件においてバサーエフは、人質解放の条件として紛争の停戦とチェチェンからのロシア軍の撤退を要求した。当初、バサーエフらの実力による排除を試みたロシア指導部だったが、これが失敗し人質にも犠牲が出ると、バサーエフとの交渉に応じざるを得なくなった。これ以後、モスクワはOSCE[80]の仲介を受けて独立派との交渉を模索する一方、親露派政権の基盤

表2－1　第一次紛争時のチェチェン諸勢力（ザヴガエフ政権誕生前）

分類	政党・政治団体	代表者
(1) 親民族復興政府	祖国党、チェチェン共和党	ハッジエフ首相、ウムハエフ（民族調和委員会委員）、マゴマドフ（民族調和委員会副委員長）
(2) 民族復興政府に近い陣営	国民義勇軍退役軍人運動、農業党、憲法制度回復運動、民主前進党、チェチェン女性運動	ガンテミロフ、アフタノフ（民主前進党）エリムルザエフ（民族調和委員会副委員長）、M. ドゥダーエフ（映画産業に関する国家委員会委員長）、K. ムサエフ（スポーツ・観光・若者に関する国家委員会委員長）
(3) 比較的中立	共和国復興民族同盟、旧自治共和国共産党（ザヴガエフ支持）	ハズブラートフ（共和国復興民族同盟）、ザヴガエフ元最高会議議長（→95年12月民族復興政府首長へ）
(4) ドゥダーエフに近い陣営	「国民調和運動」、民族独立党、「平和と統一を」国民外交運動	クターエフ（民族独立党）、P. ソスランベコフ（Ю. ソスランベコフの弟）
(5) 親ドゥダーエフ政権	ドゥダーエフを支持する政党＝「イチケリア政党・委員会総会」	ヤンダルビエフほか

出典：筆者作成
分類(1)と(2)の勢力の多くは、ザヴガエフ政権誕生後にこの政権への反発から分類(2)から(4)に移行し、逆に分類(3)のザヴガエフ支持者（旧共産党勢力）は、同政権誕生後に分類(1)に移行することとなる。

を強化し、彼らとの合意形成によってチェチェン問題の解決を図ろうとするという政策を推し進めた。

　こうした独立派・親露派の両側面からのアプローチは、独立派の反発を買うだけではなく、親露派の分裂をも招いた。親露派の分裂は、主に二つの要因から成り立っている。第一に、ハッジエフ民族復興政府首長の解任が挙げられる。ハッジエフはモスクワを基盤にチェチェン・インテリ集団に一定の影響力を持っていた。その彼がロシア側の意向で解任されたことに彼が党首を務める祖国党をはじめ、共和党などが反発した（Музаев 1999b, C.39-40）。こうして民族復興政府に加わっていた様々な勢力（表2－1 (1)〜(3)）は、ハッジエフの後任として親露派政権の首長に就任したザヴガエフとの間に一定の距離を持つようになる[81]。なお、ザヴガエフ政権下では副首相ポストが増加し、閣僚の数も増えた[82]。一方で反ドゥダーエフ民族派とドゥダーエフ政権元閣僚の数は減ったので、彼らの閣内に占める割合は大きく低下した[83]。逆に、ソ連時代のエリートの数が増え、そのうちに占めるザヴガエフ支持の旧共産党勢力の割合も増えた[84]。

親露派勢力の分裂の第二の理由は、ザヴガエフがドゥダーエフ勢力との接触を親露派勢力に禁じ、ロシアとの間で権限区分の基礎原則協定を合意する（95年12月）[85] など、一方的な政策を推し進めたことが挙げられる。民族復興政府に加わっていた勢力は、共同のフォーラム「円卓」を基盤に独立派とのパイプ役を担い、ロシアと独立派の話し合いにも一定の支援をしていた。一口に親露派といっても、彼らはドゥダーエフ政権を支持せず、ロシアとの関係改善が必要だと認識している点が一致しているだけで、求める共和国の政治的地位や対ロシア認識には齟齬があったのである。親露派といえども、とてもロシアの「傀儡」とはいえず、ロシアとの間に合意を形成することにすら無条件に賛同しているわけではなかった。

　ザヴガエフは、ロシアとの原則協定の合意を「平和と和解に貢献する最も重大な出来事」と形容し（Коммерсантъ, 09 декабря 1995 г.）、ロシアも大規模復興事業計画による莫大な予算を提示し、ザヴガエフ政権を支援した[86]。だが、原則合意によって民族復興政府からチェチェンの諸勢力は一層離反した。皮肉なことにこの合意によってザヴガエフ政権を除くチェチェンの諸勢力の「和解」と「平和」が促進され、96年4月に彼らが共同の評議会である政党・活動調整評議会（Координационный Совет Партий и Движений）[87] を設置するに至った。このように「二重の対立構造」のうち、まずチェチェン国内の対立が和平の方向に向かいだしたのである。

　ザヴガエフ政権誕生後にこのような独立派と親露派の接近が進んだことは、結果としてこの政権の正統性を著しく低下させた。そして、このことはロシア政府に彼らが合法性を否定するチェチェン独立派と交渉することが不可避であると認識させた。元々ロシアの世論は、当初から紛争に反対だったことに加え[88]、紛争の過程でロシア軍の作戦が失敗し、犠牲も増える中で反戦ムードが強まっていった。メディアは反戦の立場から放送し、野党も知識人も社会運動組織も、そして軍関係者ですら反戦的な立場に立った（Ибрагимов 2006, C.377）[89]。こうした国内の反戦ムードに加え、国際社会からもチェチェンにおける人権侵害への批判が強まっていた。例えば、ロシアが加盟申請していた欧州評議会は、チェチェンにおける人権状況から加盟手続きを停止していたし[90]、ロシアに経済支援をしていた欧米諸国も紛争の平和的解決を訴え、援助の凍結に言及したりしていた（Kuzio 1996; Bowker 2005）[91]。

　こうした国内外からの圧力は、大統領選挙で再選を目指すエリツィン大統領

に紛争を終結させる必要性を認識させた。こうして徐々に「二重の対立構造」のもう一つを構成するモスクワとチェチェン独立派の対立も和平へと向かう環境が次第に整備され始めた。他方で、エリツィン政権にとっては、大義名分を掲げて紛争を始めたからには一定の「成果」も必要であった。そんな中、96年4月21日から22日未明にかけてロシア軍は衛星電話を使うドゥダーエフの位置を特定し、ミサイル攻撃によって彼の暗殺に成功する[92]。

こうしてドゥダーエフ殺害による「成果」を確保したエリツィン大統領は、暫定大統領に就任したヤンダルビエフと96年5月にモスクワで停戦合意に至る[93]。6月には、ロシアのミハイロフ（В. Михайлов）民族問題相とチェチェンのマスハドフ参謀長を代表とする交渉委員会がチェチェンの隣国イングーシのナズラニで開催され、今後の方向性を示す合意が形成された。

第2項　チェチェン和平の実現とマスハドフ政権の発足

チェチェン問題に一定の目処が見えてきたこの時期（96年6月）には、ロシア連邦の大統領選挙も行われた。第一回投票でエリツィンはどうにか得票率で1位（35.2％）をとったものの、2位のジュガーノフ（Г. Зюганов）共産党党首との差はわずか3％程度だった。決選投票を控えるエリツィン陣営は、政権のチェチェン政策を批判し、注目を集めていた得票率3位（14.5％）のレーベジ（А. Лебедь）将軍をチェチェン問題担当の安全保障会議書記として閣内に起用し[94]、レーベジ票を取り込もうとする。これは結果的に成功し、決選投票でエリツィン（得票率53.8％）はジュガーノフ（40.3％）を破り、大統領に再選された。

ロシア政権は、大統領選挙までにチェチェン問題に一定の成果をあげるため[95]、親露派の支援を継続し彼らがチェチェンの正統な権威となるシナリオを推し進めつつ、他方で独立派との交渉にも応じざるを得ないという二律背反する政策を進めていた。例えば、エリツィンは、独立派とモスクワで停戦合意した翌日に親露派と温めてきた双方の関係に関する条約案を一方的に提示した（Указ Президента РФ от 28 мая 1996 г. № 789）[96]。さらにザヴガエフ政権の統治する北部地域に年金や社会保障手当などの支給を開始するなどしていた（Распоряжение Президента РФ от 28 мая 1996 г. № 282-рп）。またロシアとチェチェンの交渉委員会が1996年6月10日に合意した議定書[97]の5条で「ロシア軍の撤退後、すべての政治勢力が参加した自由で公正な選挙を国際的な監視下で実施

する」と合意していたにもかかわらず、ロシア指導部は、連邦の大統領選挙と同日（6月16日）にザヴガエフ政権による議会選挙を認めていた。こうしたモスクワの対応には、独立派のみならず非ザヴガエフ系親露派勢力も強く反発した。そして独立派の野戦軍司令官は、次々とロシア軍の支配地域を襲撃するなどし、ロシア軍支配地域を奪還していった。こうしてエリツィンはザヴガエフ政権の権力強化や同政権との合意形成は和平に何ら意味をなさないと理解し、96年7月ついに同政権の役割は終わったと宣言した（Указ Президента РФ от 12 июля 1996 г. №. 1028）。

こうした中でモスクワでは、レーベジ安全保障会議書記が対チェチェン交渉の主導権を握ることとなり、チェチェンのマスハドフ参謀長と交渉を重ね、ついに96年8月にダゲスタンのハサヴユルトで合意（通称、ハサヴユルト協定：Хасавюртское соглашение）を締結した[98]。ハサヴユルト協定では、チェチェンとロシアの相互関係について事実上棚上げし、これについては少なくとも2001年12月末日までに国際法の一般原則および規範に基づき合意に至るとしていた（Еременко и Новиков, 1997, С.184-5）。

これを受けてチェチェン国内では、ロシアと合意した「すべての勢力の参加した自由で公正な選挙」に向けての準備のため、諸勢力間の協力がさらに進んだ。チェチェンの国内対立の解消（和解）がロシアとチェチェンの対立に影響を与え、後者も和平に向かわせる一つのきっかけを作ったわけだが、今度は後者も和平に至ると、これが前者の和平もさらに促進するという作用（＝「状況改善のスパイラル」）を生み出した。このように「二重の対立構造」は、一定の条件下では相互にポジティブな影響を与え合うこともある。

こうして10月にはヤンダルビエフの下で「連立内閣」[99]と形容されるチェチェン諸勢力による政府が誕生した（Музаев 1997, С.176）。首相にはマスハドフ、副首相には独立派への接近を主導した民族独立党党首のクターエフ（Р. Кутаев）と民族調和委員会副委員長（「憲法機能回復のための活動」代表）のエリムルザエフが就任し、閣僚も独立派と親露派のバランスが取られた。筆者の確認では、経済・雇用・運輸・公共部門は親露派が、安全保障・工業・石油・外交は独立派が就任し、閣僚の棲み分けもなされた[100]。

96年11月には、ロシアのチェルノムイルジン首相とチェチェンのマスハドフ首相の間でチェチェンの大統領・議会選挙までの協力原則協定について合意に至る。この協力原則[101]では、選挙後、両政府が特別な経済関係に関する合

第2章　第一次チェチェン紛争とその後の課題

意に至ることとし、それまでの合意として 12 月までに空港や鉄道・道路を復興し再開する、流通と関税に関する規定を共同で準備し採用する、チェチェン共和国における石油輸送や精製、さらにその復興に関する合意採択を目指すとした。さらにチェチェンの居住地における生活供給インフラの復興に取り組む、年金や公務員の労働賃金の支払いを保証する、戦闘行為の結果、被害を受けた人々への補償金の支払いをロシア連邦の省庁が実施するとした（Еременко и Новиков 1997, С.207-208）。

96 年年末までにロシア軍が撤退すると（*ГР*, 10-16 января 1997 г.）、翌 1 月にはチェチェン共和国の大統領選挙・議会選挙が行われた。大統領選挙には、独立派からヤンダルビエフ、マスハドフ、バサーエフ、ウドゥーゴフなどが、さらに元民族派で反ドゥダーエフ勢力へとまわったソスランベコフを含む 16 名が立候補した（詳細は表 2－2）。立候補者リストを見ると、親露派の有力候補はおらず[102]、また独立派との合流や話し合いに積極的だった民族独立党の党首クターエフがマスハドフの選対本部長を務めていたことからも、親露派諸勢力も一部を除きマスハドフ支持で固まっていたと思われる。なお、大統領候補者には、中央選挙管理委員会から選挙資金として 3615 ドルが提供され、テレビで 20 分間の演説をする権利が等しく与えられた（*Известия*, 21 января 1997 г.）[103]。この選挙に際して、アメリカやデンマークなどの西側諸国が OSCE を通してチェチェン中央選管に選挙準備費用 35 万ドルを供与した（*НГ*, 14 января 1997 г.）。

選挙は、避難民 5 万人を含む約 51 万人の有権者が在外投票所 40 カ所を含む 477 の投票所で投票を行い、227 人の国際選挙監視団（OSCE 72 人、CIS 150 人、日本 3 人など）、300 人の報道関係者が見守った。大統領選挙は、投票しない候補者を線で消し、投票したい者を残すという方法で行われたが、文字を読めない老人もおり、記入した投票用紙を広げ確認を求める者までいたという[104]。選挙箱は段ボールのようなもの（写真参照）で手作り感のある選挙だったようだが、他方で各投票所では OSCE の指示に基づき、十分な管理・チェック体制も取られた。

この時の選挙は、チェチェン人にとって非常に大きな意味を当時も、そして今も持ち続けているように思われる。ソキリャンスカヤ（Sokirianskaia 2008, p.118）は、インタビュー（2002-06 年に実施）の応答者の多くが 97 年の選挙を忘れずにいたとして、選挙当時 30 代半ば（回答した時は 41 歳）のタマラという一人の女性が以下のように振り返っていたと記述している。

149

表2-2 チェチェン共和国大統領選挙候補者名簿（1997年）

大統領候補	生年・前職	副大統領候補	生年・前職
З. ヤンダルビエフ	1952年・暫定大統領、作家	С. Х. アブムスリモフ	1954年・暫定副大統領、歴史経済学者
Ш. バサーエフ	1965年・准将	В. イブラギモフ	1961年・内政・経済担当大統領顧問
О（А）. マスハドフ	1951年・中将*、首相	В. アルサノフ	1951年・北西部戦線司令官
А. ザカーエフ	1959年・民族防衛担当大統領顧問、文化相	Я. アブドゥラエフ	1962年・外務副大臣
М. ウドゥーゴフ	1962年・第一副首相、国家政治・情報相	З. ベロエフ	1965年
А. アバラエフ	1964年・ザンダカスク戦線司令官	П. ヌツルハノフ	1955年・チェチェン物資公社社長
Л. シャヒドフ	1953年・議員	М. エリサヌカエフ	1953年
С. И. アフマドフ	1953年	В. ティミルブラトフ	1964年・技師長
Ю. ソスランベコフ	1956年・コーカサス山岳民連合代表	С. イドリコフ	1951年・ポーランド・ボリショイバレイ・ソリスト
А. モフサル	1950年・独立系新聞『平和民主同盟』編集長	Р. ムサエフ	1964年・『平和民主同盟』秘書
Х. アブバキロフ	1963年・チェチェン国立大学物理学講座上級講師	А. ガイトゥカエフ	1961年・イトゥム＝カレ地区パスポート課課長
С. マイゴフ	1966年・技師	Д. ウマーロフ	1969年
З. Х. ハサエフ	1948年・法学者・経済学者、暫定評議会諜報部長	К. サイダエヴァ	1959年・裁縫企業第一副社長
З. モヴラトフ	1950年・予備役隊長	А. スムブラトフ	1953年・言語学者
Х. ショフハロフ	1953年・建築家	М. チタエフ	1961年・エネルギー専門技師
М. ジャンチュラエフ	1954年・経済学者、国際企業ПИМ-ЛТД社長	В. ウマーロフ	1957年・農学者、厚紙工場工場長

出典：巻末資料の「1997年チェチェン共和国大統領選挙投票用紙」より和訳・摘出
この他に「投票用紙」には高等教育の有無（バサーエフ以外は皆、高等教育を修了）などが記載されている。＊ドゥダーエフの死後、マスハドフが事実上の最高軍事司令官となったが、しばらくは前者が大将で後者は中将のままだった。

第2章　第一次チェチェン紛争とその後の課題

写真　1997年1月の大統領選挙・議会選挙の模様
出所：鍋元氏（日本から派遣された選挙監視員）提供
①ヤンダルビエフ支持者、②バサーエフ支持者（ウルス・マルタン）の集会、③ウルス・マルタン地区の投票所で投票する女性、④チェチェン中央選挙管理委員会より発行された国際選挙監視員身分証

　私の人生でたった一回だけ自分の票を投じたのよ。それがあの日だった。なんて沢山の人が投票していたのかしら！　投票所には行列ができていたわ。人々は踊っていたの。みんな感じていたのよ。戦争は終わったのだって、これから私たちは新しくより良い生活を始めるのだって。

　こうして選挙が無事に行われ、その開票の結果、得票率59.3％でマスハドフが大統領に選出された（表2-3）。OSCEは選挙を「自由公正なもの」と評

表2-3　チェチェン共和国大統領選挙の結果(1997年)

候補者名	得票率(%)	得票数(人)
А. マスハドフ	59.3	241,950
Ш. バサーエフ	23.5	95,841
З. ヤンダルビエフ	10.1	41,183
М. ウドゥーゴフ	0.93	3,794
А. ザカーエフ	0.58	2,366
Ю. ソスランベコフ	0.13	543
投票率	79.3%	

出典：筆者作成。参照資料は *Ставропольская Правда*, 28.01.1997 г.; *Северный Кавказ*, № 5.01.1997 г.; *Независимая Газета*, 28.01.1997 г.; *Известия*, 28.01.1997 г.; Мазаева, 1997, С.13 など。

価をし、ロシアも「合法なもの」と承認し、穏健的なマスハドフ大統領の選出を歓迎し、祝福した (*НГ*, 2 февраля 1997 г.)。

また、大統領選挙と共に共和国議会選挙も行われたが、この選挙は波乱を生んだ。まず第一回選挙では、63 の選挙区になんと 766 名の候補者が立候補した (*НГ*, 28 января 1997 г.; *Известия*, 28 января 1997 г.)。当然、ほとんどの候補者は、当確ラインの得票を集めることができず、当選者が出たのはわずか4選挙区だけであった (Музаев 1997, С.12)。後日行われた第二回選挙（2月15日）では、32 選挙区で議員が選出されたものの、定員の3分の2に満たなかったため、議会は3月13日まで招集できなかった。議会では、マスハドフの選対本部も務めた盟友クターノフが代表を務める民族独立党が 18 議席、ウドゥーゴフが代表を務めるイスラーム秩序党が7議席を獲得した (Музаев 1999с, С.44-45)[105]。議会選の混乱はあったものの、マスハドフは2月12日に大統領に就任し、自らを首相とした第一次内閣を形成した。マスハドフが「実務内閣」(Деловой кабинет или Деловое правительство) と名付けたこの内閣は、「連立内閣」と同様、主要閣僚を独立派・親露派で分け合い、前内閣では入閣しなかった実務家も取り込んだ[106]。さらにマスハドフは、政治・経済・外交などそれぞれの大統領顧問を任命した。

このようにしてロシア軍の撤退後、内閣や議会を成立させたチェチェンは、5月にロシアと平和条約[107]を締結した。この条約（Договор; Treaty）は、双方の武力の不行使を謳い、両者の関係を国際法の一般原則および規範を基盤に形成

する、この条約を今後の合意の基盤にするなどとしていた（*ГР*, 13-22 мая 1997 г.）。こうして第一次チェチェン紛争は終結した。

第3項　紛争移行形態の考察Ⅰ：
　　　　　第一次紛争の終結過程で何がいかに変化したのか

　ここでは、今まで明らかにしてきた第一次紛争が和平に至る政治過程について、第1章3節1項で示した紛争移行の理論的視座から再検討したい。すなわち、紛争の構成要素にいかなる変化が生じることによって和平に至ったのかを検討する。なお、既述のようにチェチェン紛争は「二重の対立構造」を有しているので、紛争移行の形態について理論的視座から検討する際にも、この両方の対立について考察する必要がある。当然、その際にはそれぞれの対立を個別に検討することのみならず、その相互作用についても留意する必要がある。加えて、チェチェン紛争の「二重の対立構造」を構成する行為主体は、第一次紛争の発生から終結に至る過程と——主に次章で検討する——第一次紛争の終結後から第二次紛争発生に至る過程では異なっている（このことも紛争移行を理解する上では重要であり、後者の時期における議論は第4章5節2項で触れる）。

　第一次紛争の発生から終結に至る過程では、「領域をめぐる対立」は主にロシア連邦政府とチェチェン・イチケリア共和国政府（ドゥダーエフ政権）という行為主体によって構成されていた。これに対し、「政府をめぐる対立」は、より複雑で第一次紛争に至る過程では、自治共和国共産党政権（中央政府）と民族急進派（反対勢力）、さらに後者の権力奪取後には民族急進派の分裂によって大統領府と政府および議会（民族急進派政権内部の対立で、本書では前者を独立派、後者を実利派と形容）、さらにこれが再編される形で独立派政権（中央政府）と親露派（反対派）などと対立を構成する行為主体が変化していった（本章1節参照）。ここで検討するのは、主に第一次紛争の終結に至る過程なので、最後に挙げた行為主体——すなわちチェチェン・イチケリア共和国政府という独立派の政治集団（ドゥダーエフ政権）と、暫定評議会・民族復興政府などという反対派政治集団（親露派）——によって「政府をめぐる対立」が構成されていた。

　「領域をめぐる対立」と「政府をめぐる対立」がこのような行為主体によって構成されていたことを確認した上で、第一次紛争の終結に至る過程での紛争移行形態についてまとめたものが表2-4である。この表では、「領域をめぐる対立」を便宜的に(1)と表記し、「政府をめぐる対立」を(2)と表記している。

表2－4　第一次紛争の終結に至る紛争移行

移行の形態	説　明	変　化
①文脈的変質	紛争がおかれている社会的（a）・地域的（b）・国際的（c）文脈が変化すること	(a)小, (b)中, (c)無
②構造的変質	紛争を構成する関係者、あるいは彼らの目的や関係性という紛争構造が変化すること	(1)：小, (2)：大
③関係者の変質	紛争当事者集団がその内部にて方向性を見直したり、掲げた目標を放棄・変化したりすること	(1)：中, (2)：大
④争点の変質	紛争当事者集団が立場を変えたり、もしくは争点が顕著な特徴を失ったりする、あるいは新しく顕著な問題が生じ、争点が変化すること	(1)：無, (2)：大
⑤個人的・集団的変質	紛争当事者の有力な指導者／集団が紛争に対する姿勢を大きく変化させること	(1)：大, (2)：大

出典：筆者作成。より詳細な変化の説明については表2－5を参照されたい。
(1)：ロシア連邦政府とチェチェン・イチケリア共和国政府の関係：「領域をめぐる対立」
(2)：チェチェン・イチケリア政府と親露派政権の関係：「政府をめぐる対立」

　紛争移行の特徴についてまず総論的にいうと、第一次紛争が終結する過程で変化の振れ幅、あるいは力学が大きかったのは、「領域をめぐる対立」よりも「政府をめぐる対立」の方である。また、「二重の対立構造」のうちどちらが先に変化を経験したのかという観点からみても後者の方が先に変化している。再三確認しているように「二重の対立構造」は相互に影響を与え連関しているので、「政府をめぐる対立」における変化は「領域をめぐる対立」にも少なからぬ影響を与え、これが後者の変化（和平）をもたらしたのである。

　移行の形態（表の①～⑤）についてその変化の振れ幅をみてみると、第一次紛争の終結に至る過程では傾向として指導者の交代などに伴う紛争のメタ構造——紛争の解釈などをめぐる対立・認識の相違——などの移行（よりミクロ的なレベルでの移行）の方が、紛争を取り巻く文脈や構造というものの移行（よりマクロ的なレベルでの移行）よりも大きかったといえよう。以下では、表2－4の移行形態の観点から、第一次紛争が終結に至る過程で「領域をめぐる対立」と「政府をめぐる対立」にいかなる変化が生じたのかを理解したい。

　第一次紛争が終結に至る過程で決定的な意味を持ったのは、(1)では独立派の大統領ドゥダーエフが殺害されたこと（紛争関係者の変質）である。これに対して(2)ではドゥダーエフの殺害も重要な意味を持っていたが、それ以前にロシアの対チェチェン政策への不満から親露派と形容されていた勢力が分裂、そ

第2章　第一次チェチェン紛争とその後の課題

表2-5　第一次紛争が終結する際の「二重の対立構造」の構成要素の変化

	(1)「領域をめぐる対立」	(2)「政府をめぐる対立」
対立を構成する主体	ロシア連邦政府（中央政府） チェチェン独立派政府（反対勢力）	チェチェン独立派政府（中央政府） 親露派勢力（反対勢力）
①文脈的変質	社会的文脈 (a)：ロシア世論の圧力、国際的文脈 (c)：紛争前から大きく変化せず	地域的文脈 (b)：紛争の地域的拡散、
②構造的変質	関係性も目的も大きく変化せず	紛争の目的・関係の抜本的変化
③関係者の変質	ドゥダーエフ死亡による関係者の変化（交渉推進指導者の登場、武力による排除から交渉による解決へ）	親露派の分極化、交渉（国内の融和と和解）を優先する指導者の増加
④争点の変質	分離独立という争点は変化せず	正統な政府をめぐる対立を除去
⑤個人的・集団的変質	ドゥダーエフの死亡による関係者の変化、ロシア政権が交渉により積極に	旧親露派指導者が正統な政府をめぐる競合者から和解の促進者へ転向

出典：筆者作成

のほとんどがロシアから離反し、チェチェン国内の融和を優先する指導者へと転向したことが大きな意味を持った。結果としてこれは、構造的変質、関係者の変質、争点の変質、個人的・集団的変質をもたらした（表2-4および表2-5）。

　ロシアの対チェチェン政策それ自体はドゥダーエフの死後まであまり変化しなかった——すなわち(1)の②から④（表2-4、表2-5）にはそれ以前に変化が生じなかった——が、(2)には大きな影響を与えていたことになる。こうして(2)では形成されつつあった国内和解の土壌がドゥダーエフの死後、チェチェンの様々な政治勢力の結集をもたらした——これはヤンダルビエフ政権の暫定内閣を指す。このように(2)では、これまで対立していた行為主体の和解ムードが強まることで、対立そのものが除去された——すなわち紛争の構造的変質が生じたことになる。このようにしてチェチェン内部での「政府をめぐる対立」は解消されたのである。

　これに対して「領域をめぐる対立」では、ドゥダーエフの死後にチェチェン独立派もロシアも交渉を優先し、モスクワがレーベジなど新しい指導者を交渉責任者に任用することで関係者の変質や個人的・集団的変質は生じたが、紛争の基本構造や争点は依然として分離独立問題であり、この点に対して双方ともに妥協を示すことがなかった。すなわち「領域をめぐる対立」の対立構造は変化していなかったことになる。和平の必要性がチェチェン・ロシア双方に認識

され、さらにドゥダーエフの死によって交渉が行いやすい状況が生まれることによって合意は締結されたが、争点（の解決）は棚上げされたのである。

　文脈的変質に関しても総じて質的な変化は小さかったことが指摘できよう。例えば、国際社会はロシアに対して和平への圧力を——それが実効的な影響を与えたのかという問題は別にしてその言説の上では——強めていたが、これは紛争開始当初から欧米が主張していた「チェチェンは分離独立問題ではなく人権問題である」という文脈の上での批判に過ぎなかった。このようにみてみると、紛争のおかれた国際的な文脈（表2－4、表2－5のc）には紛争発生から終結までの間に質的な変化はあまりなかったといえよう。

　また紛争の社会的文脈（同a）においても概して同様の指摘ができる。例えばロシアの世論は一貫してチェチェン紛争に反対であった。確かに開戦後から終結に至る過程をみてみると、量的には変化が生じていた——すなわち紛争を継続する政権への圧力は日増しに強くなり、それは大統領選挙などを控えていたエリツィン政権には大きな懸念材料になっていた。他方で質的観点からみると、紛争前から世論が「紛争に反対であった」という事実それ自体は変化しておらず、その意味で紛争がおかれた社会的な文脈も変化していたとはいえまい。

　最後に地域的文脈（同b）についても大まかにいえば、国際的文脈や社会的文脈と同様に変化の振れ幅は小さかった。例えばチェチェン紛争が周辺地域と密接な関係を有しているのは、イングーシ・北オセティア紛争、アブハジア紛争などの例をみれば紛争発生前から明らかである。そしてこの文脈において周辺共和国（政権や政治勢力、そして住民）がチェチェンに一定の共感や支持を抱く側面と、逆に警戒感や懸念を抱く側面があった。こうしたチェチェン紛争がおかれた地域的な文脈は第一次紛争発生時から終結まで量的には強まったり弱まったりした側面はあるものの、質的には大きな変化を経験しなかった。

　ここで文脈的の変質がほとんどなかったことを指摘するのは、必ずしも文脈的変質と紛争終結の関係性を否定するためではない。文脈的な変質は、質的変化という意味ではほとんど生じなかったものの、量的変化という意味では生じており、このことは個人的・集団的変質に一定の影響を与えた可能性があり、ひいてはそれが紛争終結に間接的な要因となった可能性も排除できない。すなわち社会的・地域的・国際的な文脈における紛争の位置づけは変化していなかったにもかかわらず、この文脈でそれ以前は問題視されなかったことが重要で改善する必要のある課題として紛争当事者——この場合、大統領選挙を控えるロ

シアのエリツィン政権——に改めて認識された可能性があり、これがロシアのチェチェン紛争に対する姿勢を変化させることに一定の意味を持った可能性があるということである。

　紛争移行は主に質的な変化を問題にし、量的な変化はさほど問題にしないか、少なくともそう捉えられかねない測定方法を設定しているように映る。このことは、紛争移行という現象がその構成要素の比較的大きな変質（質的変化）を伴わない限り、目に見える形で生じないはずだという理解が背景にあり、その点には一定の説得力もある。他方で、第一次チェチェン紛争の終結過程に目を向けてみると、「二重の対立構造」のうちロシアとチェチェン独立派の「領域をめぐる対立」においては、関係者の変化に伴う個人的・集団的変質が生じる際にもう一つの対立構造である「政府をめぐる対立」の変質が影響を与えたというだけではなく、質的には変化をしていない紛争のおかれた文脈からも一定の影響を受けていた側面がある。

　このように第一次チェチェン紛争の終結過程では、重層的な対立構造の中で入り組んだ形での紛争移行が生じた。この事実は、次節以降で取り上げる紛争後の諸課題がどのようにして生じたのかを考える際にも示唆的であるだけでなく、さらにその先に待ち受けている第二次紛争の発生という別の紛争移行を考える際（第4章5節2項）にも示唆的である。

第3節　マスハドフ政権誕生後のチェチェンにおける戦後課題

　以上のようにして、どうにか停戦や平和条約の締結に至ったものの、紛争後のチェチェンには課題が山積していた。これらは、後述のようにそれぞれ経済・社会・政治に分類することができるが、そのいずれも相互に関係し、また複雑に絡み合っていた。端的にいえば、これらの課題は、ロシアとチェチェンの諸関係をいかに規定していくのかという問題と結びついていた——これは紛争移行過程をみてきたように一義的には「領域をめぐる対立」が温存されていたことに起因している。

　繰り返しになるが、チェチェンとロシアは、ハサヴユルト協定と平和条約によって問題解決のための武力行使を放棄し、双方の関係を国際法の一般原則および規範のもとで発展させ、最終的な決着は2001年末までに得るとしていた。したがって、紛争後に生じていた諸課題を改善するに当たりチェチェン当局は、

表2－6　第一次紛争後のチェチェンにおける主要な課題

経済的な課題	社会的な課題	政治的な課題
(1) 経済運営の課題 (2) ロシアからの自立性の問題 (3) 地域・対外的関係の問題 (4) 石油資源の管理と利益分配	(1) 軍員の武装・動員解除と社会復帰、警察・軍・司法の改革 (2) イスラーム過激派への対処 (3) 住民の紛争被害への補償	(1) 和解と戦争責任 (2) 国家（司法・立法・行政）機能の再構築 (3) ロシアとの法的・政治的関係

出典：筆者作成

　ロシアとの関係を定める話し合いを進めながらも、他方で現状の不透明なロシアとの関係をある意味で所与のものと受け入れ、紛争後のチェチェンにおける平和の定着に取り組む必要があった。また、対露関係に起因した問題だけではなく、紛争によって新たに問題が生じたり、紛争以前にあった問題がより大きなものとなったりしたという側面もあるので、これらの改善は容易ではなかった。

　では、紛争後のチェチェンには具体的にどのような課題があったのだろうか。ここでは、紛争後の課題を経済・社会・政治という問題領域ごとに分けて明らかにしていく[108]。これらをまとめて提示したものが、表2－6である。

　これらの課題は、次章で取り上げるマスハドフ政権の紛争後の政策と密接に繋がっており（政権はこれを改善しようと試みた）、また第4章で取り上げる平和定着の失敗を考察する上でも重要なものである。既存の研究では、紛争後に課題が山積していたという事実を自明のものとするあまり、具体的にどのような課題があったのか体系的にまとめる試みがあまりなされていないように思われ、その意味でもここでこうした整理をする意義はあるだろう。以下では、まず経済的な課題から明らかにしていく。

第1項　経済的な課題

　経済的な課題として第一に挙げられるのは、共和国の経済運営の課題である。チェチェンは紛争前、都市化の遅れた共和国であったが、共和国内で産業が最も発達していた首都グローズヌィに生産手段の7～8割が集中していた。だが、同地は戦闘の最も激しかった場所であり、石油関連産業施設をはじめ住居や公共施設も破壊され、街全体が廃墟となった。紛争により共和国の住宅財の60～70％が、社会経済インフラの約80％が破壊され、耕地は5000ヘクタール以下に——すなわち元々の耕地面積の15％規模に——低下した（Юсупов 2000a,

C.168; Souleimanov 2005, p.48)。また耕地の 30％以上には地雷が埋められており、農業もできる状態ではなかった (Юсупов 2000a, C.170; Lanskoy 2003, p.185)。エネルギー面でいえば、チェチェン国内には紛争前に発電所が 4 カ所あり（最大発電量 400 メガワット〔以下 MW〕）、これで国内の電力需要（夏：180 MW、冬：300 MW）を賄っていた。しかし、紛争によってこれらが破壊され修復には 20 億ルーブルが必要で、どうにか再稼働可能なものだけでは、国内需要には到底届かない 20 MW しか供給できなかった (ГР, 12-18 ноября 1998 г.)。こうした電力不足が市民生活はもちろんのこと、経済活動を著しく制限することは容易に想像できる。

　このように紛争は多大な被害を生み出したが、共和国が被った経済的損失については論争がある。専門家の間でも損失の評価額をめぐって 55 億〜350 億ドルと幅があり、意見の一致がみられない[109]。ただ、評価額の乖離がありながらも、大きな損失を被ったという点で議論は一致しており、こうした状況から復興しない限り、チェチェンの紛争後の安定は困難であるという理解も一致していた。

　第二に、経済面でロシアとどのような関係を築くのかという問題があった。チェチェンは、グローズヌィに石油関連工業の拠点を有し、紛争前にはパイプラインを通してアゼルバイジャンのバクーから原油が送られてきており、これをグローズヌィで精製し、黒海沿岸のノヴォロシースクに輸送していた。こうした石油の輸送と精製に依存していたチェチェンだが、それでも年間 10〜20 万の余剰労働力が発生しており、彼らは近隣地域で出稼ぎ労働に従事していた。また共和国政府の財源は、連邦交付金に依存していた。このようにチェチェンは経済的にロシア（あるいは近隣地域）に強く依存していた。

　こうした構造的問題が背景にあり、第一次紛争へと至る過程では、ロシアによる経済制裁を受けてチェチェンの生産力が大幅に低下する事態が生じた。既述のようにチェチェンとロシアは、96 年 11 月に石油輸送や関税に関する合意を目指すことに合意していたが、チェチェンが紛争後の安定的な財源として石油関連産業からの収入を確保するためには、具体的にロシアとの経済協力関係を早期に定める必要があった。紛争直後には、こうしたロシアとの経済関係が不透明であり、また、交戦相手であったロシアに依存し続けることも問題であったので、どのようにしてロシアから一定の経済的自立性を確保するのかという課題もあった。

第三に、ロシアからの経済的な自立性を高めるという点において、地域的な関係、そして対外的な関係を改善する必要があった。地域（コーカサス地域）に関していえば、直接国境で接するグルジアとの経済交易を拡充し、労働市場へのアクセスを高める必要、またパイプラインの始点であったアゼルバイジャンとの間では石油輸送を早期に再開し、輸送量を増やす必要があった。対外的な関係については、廃墟と化したチェチェンを復興させるために石油開発やパイプライン事業に国際的な投資を集める必要があった。ただし、これらは経済主権に関わる問題を含んでいたため、ロシアとの法的・政治的な関係に一定の前進がみられない限り困難な課題でもあった。

　第四に、既述のようにチェチェンでは石油が最も有用な資源であるため、この管理・利権の配分をどのように行うのかという問題があった。第一次チェチェン紛争へと至る過程でも石油の管理と利権の配分をめぐって衝突が生じたことはすでに触れた通りだが、このように貴重な国家財源となる重要な資源である石油をいかに管理・配分するのかという問題は紛争後も残されていたのである。そして、国内財政および経済の石油依存をいかに逓減させていくのかということも紛争後の安定を考える上で極めて重要な問題であったのである。では、次に社会的な課題に移ろう。

第2項　社会的な課題

　社会的な課題として第一に挙げられるのは、抵抗軍としてロシアと対峙した独立派兵士の武装・動員解除と社会復帰、さらに並行して彼らを基盤とした警察・軍組織の改革や整備、また司法改革などが挙げられる[110]。紛争発生時に、チェチェンには国家による暴力の独占という意味での近代的な軍隊は存在しなかった。したがって、自らの生命を守るためなど各自がそれぞれの理由や目的に応じて武装した。武装した人々は、「テイプ」（≒氏族）や「トゥクム」（≒部族）、あるいは地域指導者の下でまとまるなどし、ロシア軍と対峙した。だが、戦争が終わっても雇用が確保されない[111]、また治安が改善されないなどの問題から武装解除や社会復帰は進まなかった。こうして武器を手放さない者や各地域で作戦を展開していた野戦軍がその地域を統制し続けるなど、政権の影響力が及ばない地域があった[112]。こうした中で国家による暴力の独占と治安の回復を行うためには、これらの武装勢力の武装・動員解除と社会復帰、同時に文民管理による治安司法部門の再編を行う必要があった。だが、96年12月末

までにロシア軍が撤退して以降、チェチェンには国際的な平和維持部隊は展開しなかったため、これらの実施過程における安定的な治安維持手段を有していなかった。

　第二に、住民の健康被害とそれへの取組みの必要性が挙げられる。紛争中、ロシア軍の地雷や空爆の被害にあった人々、そして肉体的のみならず心理的疾患を抱えた人々への対応は急務であった。いずれも公式データがあるわけではないが、例えば、15万7000人が身体障害者となり、さらに戦時中に石油採掘場から燃え上がるガスや有害物質を吸い込んだ人々は癌を患った――一例として、肺癌の発症率は近隣共和国の5～8倍、乳癌は2～6倍になった。さらに新生児の40％は何らかの障害を持って生まれ、乳幼児死亡率は戦前の2倍になったとされる（Юсупов 2000a, C.171; Lanskoy 2003, p.186）。また98年の公式データにはなるが、共和国人口の約29％を占める子どもの約8割が医学的・心理的、あるいは社会的リハビリを必要としているという調査結果や、子どもに限定されるものではないが、結核の発症率が紛争前（94年）と比較して2倍以上、死亡率も3倍に増加したというデータもある（Музаев 1999b, C.74）[113]。紛争によって病院などの医療関係施設も破壊されており、紛争後も十分な医療体制は整っていなかった。これに加えて、生活インフラも破壊されており、不衛生で劣悪な生活環境から体調を崩す人も多かった。

　また保健医療に加え、紛争遺族へのケアや老人への年金支給など福祉システムの構築も早急に求められていた。特に年金については、紛争後のチェチェンには約26万7000人の年金生活者がいた（ГР, 14-20 февраля 1997 г.）。年金をソ連時代に積み立てていた人々は、本来ロシアからこれを受給する必要性があった。チェチェンとロシアは、既述のように96年11月の合意で年金の支払いをロシアが行うことに合意し、97年5月の合意でもこれが確認されていた。しかし、こうした予算の執行や合意の履行は、チェチェンがロシアと継続的に交渉を行い良好な関係を維持するか、これを前進させていく中で生まれるものであった。したがって年金一つをとっても、ロシアとの関係が暗礁に乗り上げれば、大きな問題にぶつかる可能性があった。

　第三に、最も深刻な課題の一つで、後にチェチェンにおける政治対立を引き起こす要因になったものとして、急進的なイスラームの影響力拡大が挙げられる。第一次紛争前のチェチェンは、ドゥダーエフ政権が独立を宣言したにもかかわらず、どこからも承認されず孤立した（塩川 2007a, p.206）。そして徐々にイ

スラーム諸国への接近を模索し始めた[114]。紛争が間近に迫ると「カフカース戦争130周年記念祭」をグローズヌィで開催し、コーカサス諸民族の連帯を訴え、さらに共和国における国民動員と「ジハード」を宣言し、ムスリム同胞に対して助けを求めた（НГ, 14 мая и 11 августа 1994 г.）。こうしたイスラーム的言説は往々にして政治的に利用されたものであり、紛争までのチェチェン共和国やその指導者は、非常に世俗主義的で民族主義的だったという理解が多くの先行研究の共通見解となっている。

しかし、紛争が始まるとワッハーブ主義（あるいはサラフィー主義）と呼ばれる純粋なイスラームを掲げる急進的な勢力の影響力が次第に大きくなり、紛争後にはそれは無視できない規模になった（Lieven 1999, pp.359-363; Derluguian 1999a; Lanskoy 2003; Tishkov 2004, pp.164-209; Souleimanov 2005, 2007; 玄 2006, pp.164-190）。ここで取り上げるワッハーブ主義とは、本来サウジアラビアの国教である復古主義的、あるいは純化主義的なイスラームを指す[115]。この用語は当人たちが自ら用いている名称ではなく、第三者から往々にして批判を込めて用いられてきた[116]。チェチェンやロシアにおいても伝統的なイスラームとは異なる、原点回帰、復古主義的なイスラームを求める急進的なムスリム集団を指す際にある種、レッテルとして用いられている[117]。チェチェン人のイスラーム研究者であるアカーエフ（Акаев 2001, C.132）は、チェチェンのワッハーブ主義のイデオロギー的な立場についてメディアの報道に基づいてその特徴を捉えると、イスラーム国家の建設、コーカサス・カリフ制、イスラーム的秩序の導入、世界のイスラーム化が必要だとする宗教急進的な概念とでもいえるとしている[118]。

チェチェンでは伝統的イスラームとしてスーフィズムのカーディリー教団とナクシュバンディー教団があり、これらはいずれもチェチェンの伝統文化とも結合してきた[119]。ペレストロイカから90年代にかけての共和国における宗教の復興も、この伝統的なイスラームの復興であった。これに対して紛争後のチェチェンにおけるイスラーム過激派とは、元々は外部から流入し、その後、影響力を拡大したワッハーブ主義者たちを指す。

ワッハーブ主義は、宗教的な運動としてチェチェンに根付いていたわけでも[120]、イスラームおよびその宗教的権威が政治化（politicization of Islam）する過程で影響力を持つようになったわけでもなく[121]、紛争と強く結びつく形でチェチェン社会に流入し、その影響力を拡大していった[122]。

チェチェン人の社会学者ユスポフ（Юсупов 2000b）は、チェチェンの社会・

表2-7 ワッハーブ主義の影響力拡大の背景

(1) 在外チェチェン離散民やその傭兵としてイスラーム義勇兵が紛争に参加
(2)「ジハード」への貢献で評価されるという単純明快な思想
(3) 伝統的な氏族・部族のヒエラルヒーを無効に
(4) 義勇兵への参加者やその家族に金品を提供
(5) 紛争時にチェチェン・ナショナリズムと一体化
(6) 若者の間での浸透

出典:先行研究を参考に筆者作成

政治生活においてイスラーム——特にワッハーブ主義——の影響力が大きくなった背景(理由)を宗教的／社会的／政治的／法的／戦時イデオロギー的に分類し挙げている。ユスポフは、これら要因をペレストロイカ以降から第二次紛争までというスパンの中で捉えているが、筆者はここでは第一次紛争後のチェチェン社会におけるワッハーブ主義の影響力拡大を紛争中の要因から見出すこととしたい(表2-7)。ただ、個別の要因や背景がどのような属性を有しているのかを分類することも理解に役立つと考え、本書の提示する要因がユスポフの分類ではどのように位置づけられるのかも提示したい。

まず一つ目の要因として挙げられるのは、傭兵などとしてイスラーム義勇兵が紛争に参加したことが挙げられる[123]。これはイスラーム義勇兵の参加を求めたドゥダーエフ政権の行動が背景にあったので、ユスポフのいう政治的要因と捉えることができるだろう。ハッターブ[124]にみられるように義勇兵は大きな戦果をあげ、独立派の事実上の勝利に貢献した。彼らの中には紛争後もチェチェンを去らずに留まり続けた勢力がおり、その社会的・政治的影響力は無視できなかった。

もう一つは、こうしたワッハーブ主義勢力が単純明快な思想を人々に提供したことが挙げられる。これは、ユスポフの分類でいえば宗教(信仰)的要因となろう。紛争下で精神的なよりどころをなくしていた若者をワッハーブ主義は強く惹きつけた[125]。紛争を「ジハード」と自己規定し正当化する論法は、独立派にも好んで使われていたが、自分たちが唯一正しい真理を持っていると確信するワッハーブ主義者たちの行動や思想はより強力な動員資源となった。ワッハーブ主義者たちは、チェチェンの社会文化的な基盤を真のイスラームに回帰する際の障壁と見なし破壊し、伝統的なイスラームに対する攻撃(批判)も強めた(Саватеев 2000, C.89; Tishkov 2004, pp.172-173; Souleimanov 2005, pp.54-

59, 2007, pp.135-143)。

　こうした行為は、チェチェンの伝統文化や地縁・血縁関係という社会的制約から若者たちを解放した——特にワッハーブ主義者たちは社会的に弱い氏族から動員するという有効な戦略を採るなどした（Souleimanov 2007, p.138）。さらに戦闘に参加する人々には金品を支払い、学校などの公共財も提供したといわれている。アカーエフ（Акаев 2000）は、ダゲスタンやチェチェンで仕事がなく疎外されており、宗教に無頓着な若者がワッハーブ主義に魅了されたとし、その背景には、高い失業率、充足されない物的状態、当局の汚職、犯罪の多発する社会、宗教的な真空状態などがあると述べている。これはユスポフの主張する社会的な要因に分類できよう。

　以上のようなワッハーブ主義者の大衆動員手段の提供や人々に精神的支柱を提供する役割、さらに紛争での活躍は、チェチェン独立派の抵抗に欠かせないものとなり、チェチェン・ナショナリズムとワッハーブ主義は次第に一体化していく[126]。これは、ユスポフのいう戦時イデオロギー的な要因と捉えることができよう。

　しかし、このように影響力を拡大したワッハーブ主義者たちは、紛争後のチェチェンでは、むしろ平和の定着の障害となった。一つは、ロシアとの「ジハード」を宣言していたワッハーブ主義者の存在は、対露交渉の障壁となった。また純粋なイスラームへの回帰を唱える彼らは、クルアーンやシャリーア（イスラーム法）の遵守などをチェチェン社会に強く求めることで、紛争後の世俗的・近代的な社会・法秩序形成の障壁になっただけではなく、伝統的な文化と結合した伝統的なイスラームを信仰する人々を異端者と呼ぶなど宗派的な対立を増長させていった[127]——これを伝統的イスラームと近代的なイスラームの対立と称する論者もいる。特に、伝統的なイスラームは相対的に父親世代の人々が信仰しており、逆に急進的なイスラーム（ワッハーブ主義）は若者世代が信仰していたため、世代間の対立も生まれた。

第3項　政治的な課題

　最後に政治的な課題についてまとめたい。ここで第一に挙げられるのは、和解と戦争責任の問題である。ここで挙げる和解は、国内的な和解（「政府をめぐる対立」の和解）と対外的な和解（「領域をめぐる対立」の和解）の二つがある。

　まず、国内的な和解だが、これは、政治指導者間の和解と住民レベルでの和

解によって成り立っている。前者と後者は重なり合う部分も多く、特に共同体レベルで特定の政治指導者を支持していたり、その影響下にあったりする場合には、指導者間の和解が住民レベルの和解の必要条件となる。だが、一つの共同体内部で様々な意見の相違がある場合、あるいは地域を跨がり住民間に対立が生じてしまった場合は、たとえ指導者の間で和解してもこれが住民レベルでの和解に直結するわけではなく、より住民レベルに根ざした和解の模索（真実委員会の設置など）が求められることも多い。こうした国内的な和解とは、いわば政治指導者や一般住民も包括する「国民」の和解であり、この「国民」概念は、紛争後の和解の過程で創造されるものでもある。

　第一次紛争の過程をみてみると、独立派が主張するチェチェン・イチケリア共和国とは、ロシアの介入があったとはいえ、チェチェン・イングーシ自治共和国の枠組みから多くの人々を取りこぼしてきた「国家」であった。当然そこには、流出したロシア人、対立したコサック、分離したイングーシ人、そしてドゥダーエフに協力しなかったチェチェン人は排除されていた。ドゥダーエフ政権は、非チェチェン人に対して必ずしも排他的であったわけではなく、また政権も自らが他民族も包括する「国民」の代表であると正当化するために非チェチェン系住民にも配慮したが、こうした政策は成功しなかった[128]。

　またドゥダーエフ政権成立後、北部地域ではこの権威を否定するチェチェン人勢力やコサックの影響下にあったので、政権の主張する共和国の領域的枠組みは、実態的には北部地域を除く範囲に縮小していた。93年頃になると対露交渉をめぐり民族急進派内部（大統領と議会）にも亀裂が生じた。翌年に政権は、共和国名を「チェチェン・イチケリア」（Чеченская республика Ичкерия）に変更するが、国名に山岳地域を指す「イチケリア」という言葉、また国旗や国章に山岳地域のチェチェン人の象徴である狼が入ったことからも明らかなように、その領域的枠組みは山岳部に主要な基盤をおき、これに伴い「国民」概念からも親露的な北部住民は半ば排除される形となった。

　もちろん、紛争の発生前にイングーシ人が自分たちの共和国を形成し、またロシア人の多くも治安の悪化や紛争の発生を理由としてチェチェンから去った事実を考えれば、少なくとも紛争以前のように彼らがチェチェンに戻ってくる見込みはほとんどなかった。したがって、イングーシ人やロシア人との和解や彼らを包括した「国民」創造は、紛争後のチェチェン国内では相対的に大きな問題にならなかった[129]。一方で、既述のように紛争へと至る過程でチェチェ

ン人内部の分裂と衝突も生じており、しかも反ドゥダーエフ派はロシアから軍事支援を受け、政権の転覆を試みていた。こうした作戦の失敗がロシアの直接介入の契機にもなった事実に鑑みれば、紛争後のチェチェン共和国の安定のためには、チェチェン人同士（親露派／独立派）の和解と共存は不可欠であった。こうした「国民」和解と「国民」創造は、既述のように1996年4月にザヴガエフを首班とする民族復興政府を除く親露派諸勢力が独立派と和解・合流することで前進した。しかし、急進独立派の中には、親露派に対する侮蔑や警戒心もあり（Lieven 1999, p.80）、こうした和解は容易ではなかった。

　対外的な和解は、交戦主体が内部に限定されず、また紛争が領域的に拡張した場合に必要となるもので、チェチェンでは当然ロシアとの和解が必要になった。いうまでもなく武力紛争を経験した対立する行為主体の間での和解は簡単なものではなく、時間のかかるものである。これを便宜的に短期・中長期などと分類すると、短期的にはロシアとの間で信頼を醸成し、対話のチャンネルを確保すること、そして問題を共有し、交渉による解決の必要性、特に武力の不行使などを確認する必要があろう。これら短期的に必要とされる和解の条件は、停戦合意やハサヴユルト協定で少なくともチェチェン・ロシア政府間ではすでに合意に至っていた。

　そこで問題になるのは、中長期的な和解の条件である。中長期的には、双方の国民感情を和解に向かわせる必要があり、これは人的・物的に著しい紛争被害を受けたチェチェン住民がロシアとの和解を受け入れる条件を整備することが重要な問題であった。具体的には、破壊された住居や生活インフラの復興、新たな雇用、紛争による賠償問題などにロシア政府が取り組むことによってこれは整備されるものであり、チェチェン側としてはこの実現を働きかける必要があった。こうした中長期的な和解において国民感情と共に重要なのは、双方の紛争当事者（政治指導者）における戦争責任の追及と反省であった。和解が目指す解決は、長期的には「双方の可能な限りの偏見や固定観念の除去であり、過去に根ざした感情対立の解決のために未来の平和と友好を担保にした妥協である」（小菅 2005, p.2, 213）とされる[130]。政治指導者が過去の失敗から「なぜ紛争が発生してしまったのか」を学び、これを糧に対立した行為主体との間に平和のための妥協をすることによって中長期的な和解は近づいてくる。しかし、紛争後のチェチェンでは戦争責任の追及や指導者の反省は困難であった。まず、チェチェンの独立派の中には、停戦やその後の合意（ハサヴユルト協定や平

和条約）を「和解のため」ではなく、病院占拠事件やテロ[131]によって「ロシアが敗北したため」合意したと見なす勢力がいた。こうした急進独立派や過激派は、ロシアとの合意に「独立」の文言が入らないことに不満を示しており、そもそも前提となる認識に大きな齟齬が生じていた。彼らの認識から明らかなように、彼らは紛争を招いたことを失敗だと見なしていなかった。むしろ「ロシアを敗北させた」という観点からすれば、戦争は正しい選択であり、責任追及や反省をする必要はなかった。加えて、ロシアにおけるエリツィンのように戦争責任を問われる可能性もあった[132]。ドゥダーエフは、その象徴的な最期（ロシア軍による暗殺）を迎えたこともあって「国民的な英雄」と独立派に位置づけられた。このため、チェチェン国内では彼の責任を問う声は、ほとんどあがってこなかった。

　以上のようにチェチェンの独立派の間でも紛争やその結果に対する認識の相違があったということは、元々難しい中長期的な和解へと歩む道のりが一層複雑で困難なものとなっているということを示しているだけではなく、そもそも政府間では合意しているはずの短期的な和解に対してもチェチェン独立派の中に異論や不満があることを示している。したがって、政府間では合意したように見える短期的な和解にも一定の危うさが内在していたのである。

　政治的課題として第二に挙げられるのは、「国家」の再構築をめぐる問題である。ソ連解体前後から対立が形成されたチェチェン問題は、前述のようにチェチェン内部にも「国家のあり方」や正統性（legitimacy）をめぐり様々な対立を抱えていた。チェチェン紛争は、それ自体が「国家」や「独立」を問うものであったが、国内の分断や内紛によって紛争前のチェチェンには、一元的な政治（国家）機構がほとんど存在しなかった。戦争後にはこれらを初めて創るという大きな仕事があった。これは前述の和解や「国民」創造と対になる新しい「国家」建設事業である。そのためには、多様な政治勢力が参加した自由で公正な選挙を経て新政権が誕生した後、行政機構などを整え、さらに有力な指導者の積極的な協力を得て戦後復興に取り組む必要があった。しかし、持久戦・ゲリラ戦が繰り広げられたチェチェン紛争においては、思いの外、野戦軍司令官の影響力と発言力が強くなってしまった。彼らは自らの働きに見合った利益や権力を求め、マスハドフ政権の政治運営の大きな障壁となった。

　そして最後に、ロシアとの法的・政治的関係をどのように規定するのかという大問題が残っていた。これはドゥダーエフ政権時にロシアとの交渉をめぐり

表2-8　第一次紛争後のチェチェンの政治展開（表4と同じもの）

分類	時期	政治展開
第一段階	97年2-6月	「つかの間の安定」：比較的政治情勢は安定、ロシアと平和条約も締結
第二段階	97年7-12月	「反政府系政治運動の組織化と圧力の高まり」：対露交渉と親露派処遇が問題
第三段階	98年1-5月	「内閣の急進化と閣内対立の表面化」：急進的イスラームが重要な政治的問題
第四段階	98年6月-99年2月【(1)98/6-7, (2)98/8-11, (3)98/12-99/2】	「政権と反対派の武力闘争」：さらに三つの時期に分類 (1)「マスハドフ政権によるワッハーブ主義勢力への攻勢と一時的な勝利」 (2)「反マスハドフ系政治同盟の統合と結合剤として急進的イスラームの活用」 (3)「反対派との武力衝突の加熱と大統領支持派内部の亀裂」
第五段階	99年3-9月	「共和国のイスラーム化の完了と混沌」：政権の政策的破綻と国内の混迷

出典：筆者作成。分類は筆者独自のもの。

民族派が二分したように紛争後にチェチェン社会を二分する大きな問題であった。もう一方で、少なくともこの問題の前進なくして他の問題も解決できないという側面があり、ゆえに取り組む必要性の高い問題でもあった。

第4項　紛争後の政治展開の変遷（1997-99年）

　このように紛争後のチェチェンに多様な課題があった中で、次章ではマスハドフ政権が平和の定着のためにいかなる試みを行ったのかを明らかにしていく。個別の政策を取り上げる際に、その都度、紛争再発までの政治展開について説明する余裕はないので、次章に入る前に第一次紛争後から第二次紛争へと至るチェチェンの政治情勢の展開を大まかにまとめたい。次章では、この大まかな展開を踏まえた上で必要に応じて、政策領域ごとにより詳細な個別説明を行う。このような整理をしておくことは、マスハドフ政権が取り組んだ政策の意義や課題について深く考える上でも必要だろう。なお、すでに序章で明らかにしたように本書では紛争後のチェチェンの政治展開を独自に大きく五つの段階に分け（表2-8）、この時期区分を以後、一貫して分析や考察に用いる。ここでは本書独自の時期区分に基づき1997-99年のチェチェンにおける政治展開について概説する。

　紛争後のチェチェンの政治展開の第一段階（1997年2～6月）は、端的にい

えば「つかの間の安定」の時期であった。これは、マスハドフの大統領就任から第一次内閣の改造までを指し、比較的政治情勢が安定していた時期である。こうした状況下で政権はロシアとの話し合いを重ねることができ、前述の平和条約の締結などに至った。

　第二段階（1997年7～12月）は、「反政府系政治運動の組織化と圧力の高まり」の時期である。この時期に結成された反マスハドフ派の政治組織は多く（表2-9）、マスハドフ退陣を要求するデモも行われた。彼らの批判は、政権の対露交渉姿勢を問題にするものが大半であり、裏返せば、この時期は政権がロシア側と積極的に交渉を重ねた時期でもあった。政権は、批判を受けて急進的な指導者や野戦軍司令官たちを閣内に起用したものの、継続して経済閣僚などには実務家を登用し続けた[133]。

　第三段階（1998年1～5月）は、「内閣の急進化と閣内対立の表面化」の時期である。これは、反政府系政治運動の圧力と社会・経済的課題から政治運営に苦しむマスハドフがバサーエフを首相代行に任命し組閣権を付与したため、内閣の急進化が進んだ時期である。この野戦軍司令官や急進独立派による内閣は、経済政策で失敗し汚職を疑われただけでなく、閣内対立も表面化させた。具体的には、ダゲスタンで生じていた急進的なイスラーム（ワッハーブ）主義勢力と政府（マハチカラ）の闘争を「チェチェンが支援するべきか」が議論を呼んだ。バサーエフ内閣閣僚は、ワッハーブ主義に親近感を持つ者が多く、ダゲスタンへの介入を求めた。ただ、これにマスハドフが反対し、彼らを解任した。解任された閣僚がバサーエフと共にイチケリア・ダゲスタン国民議会の創設に参加するなど、この出来事は、ダゲスタンやチェチェンのワッハーブ主義者と反政府系派指導者が連携を強化していく分岐点になった。

　第四段階（1998年6月～99年2月）は、「政権と反対派の武力闘争」の時期である。これは、さらに三つの時期に区分でき、第一期（6～7月）は「マスハドフ政権によるワッハーブ主義勢力への攻勢と一時的な勝利」の時期であり、第二期（8～11月）は、「反マスハドフ系政治同盟の統合とその結合剤として急進的イスラームの活用」の時期、そして第三期（1998年12月～99月2月）は「反対派との武力衝突の加熱と大統領支持派内部の亀裂」の時期である。

　第一期では、ラドゥーエフ傘下の部隊によるグローズヌィのテレビ局占拠事件（6月）、グデルメスでのワッハーブ主義武装勢力と政府軍の衝突（7月）があり、いずれも政府軍が勝利を収め、反乱勢力はマスハドフ政権への忠誠を表

表2−9　第一次紛争後のチェチェンの政治集団（1997-99年）

	政党名：原語	略称	代表・代表的指導者	説明
マスハドフ支持政党・活動	(1) 民族独立党：Национальная Независимая Партия	民独党	クターエフ	「政党・活動評議会」での主導的立場に。97年大統領選でマスハドフを全面支持。議会選挙にて18議席確保。
	(2) 民主前進党：Демократическая Прогрессивная Партия	民進党	アフタフハノフ大統領経済顧問（97年当初）	親露派だが、ザヴガエフ政権とは距離を保った。「政党・活動調整評議会」に参加。マスハドフ支持。議会外政党。
	(3) 自由祖国党：Марша Даймохк	祖国党	ベノ元外相	97年4月に元親露派チェチェン政党祖国党を基盤に発展的創設。マスハドフ支持。議会外政党。
	(4) チェチェン・イスラーム国家党：Нохчийн Исламан Пачхьалкх	国家党	アトゲリエフ副首相	97年8月に創設。政党名と異なり、イスラーム色は薄く、経済・金融部門に強い。マスハドフ支持。議会外政党。
	(5) 民族主義政党ノフチ：Националистическая Партия «Нохчи»	ノフチ党	パシャエフ大統領府政治・文化・情報局局長	97年11月頃に創設。独立した国民国家創設を主張。ナショナリズムとイスラームが中心的思想。マスハドフ支持。
中間的政党・活動	(6) イスラーム秩序党：Исламский Порядок	秩序党	ウドゥーゴフ	97年1月創設。大統領選でウドゥーゴフ支援。議会で7議席。表面上、マスハドフ支持も過激派に接近。(8) へ。
	(7) 自由活動党：Маршонан Тоба	自由党	バサーエフ	97年2月創設。当初、マスハドフ支持も97年半ばには離反。98年4月に(11)に参加。99年2月に解党。
反マスハドフ派政党・活動	(8) イスラーム民族党：Исламская Нация	イス民党	ウドゥーゴフ	秩序党など政治勢力の連合として97年8月に創設。執行議会の支局をダゲスタンにも設置。98年4月に(11)に参加。
	(9) 戦時愛国同盟マルショナン・バホィ：Военно-Патриотический Союз «Маршонан Баъхой»	愛国同盟	アスラムベコフ大佐	97年夏頃に著名な野戦軍司令官たちが創設。急進派・過激派組織の結節点。98年夏には他の組織に吸収、消滅。
	(10) コーカサス連盟：Кавказская Конфедерация	連盟	ヤンダルビエフ	97年8月に過激派が形成。ロシアからのコーカサスの解放とイスラーム連邦国家創設が目的。
	(11) イチケリア・ダゲスタン国民議会：Конгресс Народов Ичкерии и Дагестана	イチ・ダゲ国民議会	バサーエフ	98年4月にイス民党主導で形成。ダゲスタン・イスラーム勢力も参加。ワッハーブ主義者を支援する。
	(12) コーカサス・イスラーム統一組織：Организация Исламского Единства Кавказа	イス統一	ヤンダルビエフ	96年創設の組織を98年にヤンダルビエフが活性化。義勇軍の組織化とムスリムの統一を主張。(11)と連携。

第2章　第一次チェチェン紛争とその後の課題

反マスハドフ派政党・活動	⑬ジョハルの道：Путь Джохара	ジョハル	ラドゥーエフ	97年1月に創設。独立したチェチェン・イスラーム国家の創設と対露闘争の継続を主張。
	⑭南西部戦線退役軍人同盟：Союз Ветеранов Юго-Западного Направления	軍人同盟	ゲラーエフ	98年11月に創設。イスラーム規範とシャリーアに基づいたチェチェン・イスラーム国家、対露ジハードを主張。
	⑮政党・活動センター：Центр Общественно-Политических Партий и Движений	政・活センター	バサーエフ	98年10月創設。⑻、⑾、⑿、⒀等が参加。マスハドフ退陣、イスラーム評議会設置、対露交渉中止などを要求。

出典：筆者作成。作成に当たりムザーエフ（Музаев 1999c, 56-72）の政党・組織情報を参照した。

明した。またマスハドフは、ワッハーブ主義者を支援する閣僚の罷免を宣言し、これを実行した。当初は政権のこうした政策が成功を収めたと思われたが、マスハドフの暗殺未遂事件が生じるなど、これは「一時的な勝利」に過ぎなかった。

　第二期では、それまでは対立すらしていたラドゥーエフとバサーエフ、さらには政権側の対テロ責任者のイスラピロフを加えた同盟が形成され、彼らがシャリーア違反などからマスハドフの解任を求めた。この反マスハドフ政治同盟の重要な点は、それぞれ個別に連携していた急進独立派・過激派が統合へ向かい、これに政権の対テロ責任者が加わったこと、さらにこの政治同盟がアルサノフ副大統領への支持を表明したことである。これによって政府内部に急進派や過激派を支援し、ワッハーブ主義者との協力も排除しない勢力が残っていることが決定的になった。他方で、この政治同盟の形成によって議会は、政権への支持を明確に打ち出すことになった。こうして立法や司法など法的な権威は政権を支持し、法的正統性は持たないがイスラーム的正統性を持つと主張する者たちは政権と対立するという、その後の構図がこの時期に固定化したのである。

　第三期では、拉致されたイギリス人技師らの解放のための大規模作戦が実施され（98年12月）、反対派による政権へのテロや暗殺未遂（99年1月）も頻発した。また大統領支持派内部でも世俗主義を強く打ち出し反対派に対処するべきだと考える議会と、もはや「イスラーム化」は不可避なのでこの主導権を大

統領が握るべきだと考えるシャリーア最高裁や宗務局（ムフティー庁）で意見の対立がみられた。結局、シャリーア最高裁や宗務局の穏健派と議会が歩み寄り、イスラーム評議会を議会に替わる最高立法機関とするのではなく、議会内部の委員会とする（議会の宗教問題委員会を改組し、より決定権を持たせる）ことに合意、対立は解消された。だが、この決定は急進派や過激派に盛んに批判され、テロも相次いだため、政権は見直しを迫られた。

　第五段階（1999年3〜9月）は、「共和国のイスラーム化の完了と混沌」の時期である。これは、それまで反政府系政治同盟やワッハーブ主義者と対立したマスハドフが事実上敗北し（武力によって反対派を排除することを断念し）、共和国の「イスラーム化」（憲法と議会［の立法権］の停止、イスラーム評議会の設置、シャリーアとクルアーンに基づく政治を行う体制の導入[134]）を完了した時期である。ただ、これは、反マスハドフ政治同盟が主張していたイスラーム的な正統性を法的に認めることになり、彼らの行動をより一層制御できないものにした。また、世俗主義を支持する古参民族主義者も政権から離反することとなる。

　加えてこの時期は、チェチェンにおける大統領と反対派の激しい対立がロシアや近隣地域とチェチェンの関係も悪化させていった「対立・混乱の輸出」の時期でもある。在チェチェン・ロシア連邦内務省代表のシュピグンが過激派に拉致され、ダゲスタンの村々ではチェチェンの急進派・過激派と連携するワッハーブ主義者が支配を強化していた。マスハドフは、武力省の統合や反対派の武力排除、そしてシュピグンの救出を目指すが、自身に対する暗殺未遂事件によって断念する。こうして彼は話し合いを求めるようになるが、反対派のそれへの回答は、3度目の暗殺未遂事件となって表れた。過激派はすでに「対露戦争の再開の準備を進めている」と宣言しており、歩み寄りができる状況にはなかった。そして、こうして第二次紛争へと近づいていく。

注

1　日本で最初にこの問題を学術的観点から体系的にまとめようと試みたものとして徳永（2003）、現在、最も優れている日本語での第一次チェチェン紛争に関する研究として塩川（2007a, pp.162-255）が挙げられる。

2　「チェチェン国民全民族大会」（Общенациональный съезд Чеченского Народа）とも記載される。

第 2 章　第一次チェチェン紛争とその後の課題

3　これが自治共和国当局に深刻な懸念を与えたのは、この無許可のデモが工場設置決定の責任を問う形で第一書記フォテエフ（В. Фотеев：ロシア人）の解任を求めていたことであり、デモの規模も大きく対処が困難だったためである。自治共和国指導部は、88 年に創設したムスリム宗務局のムフティー・ガザベエフ（Ш. Х. Газабаев）の協力によってデモの散会には成功したものの、非公認集団の影響力を痛感することになった。

4　「バルト」（統一、合意、調和の意）は、若い民族主義的なインテリによって形成された組織で、創設メンバーには、後にチェチェン独立派暫定大統領となる作家のヤンダルビエフ（З. Яндарбиев）、同じくヤンダルビエフの下で暫定副大統領となる経済学者のアブムスリモフ（С. Х. Абумусулимов）などがいる。90 年 5 月に「バルト」は、「ヴァイナフ民主党」（Вайнахская демократическая партия）へと発展する。

5　「ニイィスホ」という組織名は、「人民戦線」から分派した勢力による政治組織（1990 年創設）とイングーシ人を中心とした政治組織の二つが用いていたが、89 年当時すでにあったのは後者の方である。なお、後にラバザーノフ（Р. Лабазанов）も 1994 年に同名の政党を立ち上げるが、これとは関係ない。

6　ただし、最も初期に形成され当初最も有力な非公認組織であった「人民戦線」の代表は、技師のビスルタノフ（Х. Бисултанов）であったし、デモや集会、社会組織には技師や労働者ももちろん、積極参加していた。

7　それまでの第一書記フォテエフは、1989 年に最初（で最後）のソ連人民代議員（Народный депутат СССР）選挙にて当選をし、中央（モスクワ）に最高会議議員として転任した。

8　この主張とペレストロイカ期におけるヴィノグラドフの末路に関しては、シュニレルマン（Shnirelman 2006）が分かりやすくまとめている。

9　どういった人物が具体的に登用されたのかについては、Гакаев(2008, С.711-712) を参照されたい。

10　要求内容は、例えば社会政治生活における民主化、言論の自由、民族文化や文化の復興、ヴァイナフ民族の歴史的真実（名誉）の回復などであった。

11　なぜならば、これはザヴガエフ政権による自由化政策の一環として許容された民主化の動きであり、当局も民族的要求を掲げる組織や集団とチャンネルを持ち、ある程度コントロールできていたからである。

12　なお、この選挙の後に招集された自治共和国最高会議にてザヴガエフは議長に選出された。

13　なお真偽は不明だが、ザヴガエフは後のインタビュー（1995 年）でこれらチェチェン人の登用（特にドゥダーエフとハズブラートフ）は自身の後押しによるものだと述べている（Gall and de Wall 1998, p.81）。

14　チェチェン人とイングーシ人のインテリによって 1990 年に創設された組織で、チェチェン・イングーシにおける民族文化の復興と自由化改革への支持を表明していた（Музаев 1997, С.64-65）。

15　ウムハエフ（Л. Умхаев）を代表とする勢力。

16　なお玄 (2006, p.121) は、ヴァイナフ民主党が同大会を招集したと記載しているが、確かに氏が記述しているように大会ではヴァイナフ民主党など急進派が主導権を握り、ヤンダルビエフもその成果を著書で記載しているようだが、ガカーエフ（Гакаев 2008）によればヴァイナフ民主党が招集したというよりも当該組織も民族大会の準備調整作業に参加していたということのようである。

173

17 ドゥダーエフが委員長に選出されたことについてリーヴェン（Lieven 1999, p.58）は、①比較的小さく影響力の大きくない「テイプ」出身で、②ソ連軍での勤務によって長い間チェチェンの外で生活したため、③大きな対立を抱える「テイプ」やその支持者・利益集団間の妥協的な候補だったとしている。ソスランベコフは、「ドゥダーエフは、進歩主義的な共産主義者でそれが非難されるべき組織だと分かってからもソ連共産党から脱会しなかったのだが、彼が自分はクンタ・ハッジ・ヴィルド（スーフィー・イスラーム教団の枝組織）の一員だと述べたものだから、影響力のある教団から彼は信頼できるとお墨付きを得た」と述べている（Акаев 1999c, C.7）。
18 ガカーエフによれば、最高会議では主権宣言について 14 個の案が出されていたという。
19 イングーシの当時の状況とその領土問題の詳細については、本書でほとんど取り上げる余裕はないので、差し当たり塩川（2007a, pp.186-190, 199-203）および富樫（2010c, pp.24-25; 2012a）を参照されたい。
20 ヴァイナフ民主党は、それ以前は主権ヴァイナフ（＝チェチェン・イングーシ）国家としてソ連邦構成共和国を目指すというような姿勢をとっていたが、このことはチェチェン・イングーシ自治共和国のロシアからの離脱を前提としていた。他方でイングーシと北オセティアの領土問題の改善は、ロシア連邦内において可能になるものであり、イングーシが民族大会で領土問題を最優先事項と掲げた以上、当面イングーシはロシア連邦から離脱しないことは明らかになった。こうしたことからヴァイナフ民主党執行部は急速にチェチェン単独の主権宣言へと傾き、チェチェン民族大会執行部も情勢の不透明なイングーシはとりあえずおいておき、チェチェンの主権宣言を採択することになったと考えられる。
21 当時は「結婚式用の将軍」（Свадебный генерал）などといわれていた。後に創設される「チェチェン国民全民族議会」で執行委員を務め、さらに独立派と対立する親露派政権の副首相に任命されるジャマルハノフはドゥダーエフを見て「彼は一体誰だ？」と尋ねたら、「我々チェチェン人の初めての将軍だよ」といわれたとし、「私にとって彼は有名ではなかった」と後にRENTV（ロシアのテレビ局）のドキュメンタリー番組（Чеченский капкан：2004 年制作）で述べている（НТВ 2011）。
22 この主権宣言では、それまでの共和国名（チェチェン・イングーシ自治ソヴェト社会主義共和国：ЧИАССР）から「自治」「社会主義」「ソヴェト」の語が削られた（塩川 2007a, p.184; Гакаев 2008, C.723）。
23 第 17 条には、イングーシ側の領土回復要求も飲み込む文が記載されている（Еременко и Новиков 1997, C.7-10）など、あくまでも（自治）共和国としての枠組みを維持した上での主権宣言であった。
24 同決議には「チェチェン・イングーシ共和国の国家主権に関する宣言はロシア連邦法、ソ連邦法に矛盾しないものである」と記載されていた（Голос Чечено-Ингушетии, 1 декабря 1990 г.）。
25 参加した組織は、ヴァイナフ民主党、コーカサス協会（Б. メジドフ代表）、緑の運動（Р. ゴィテミロフ代表）、イスラーム復興党（А. デニーエフ代表。90 年 12 月創設）、イスラームの道（Б. ガンテミロフ代表。90 年春創設）などであり、後にも参加組織は増加した。
26 この執行委員長には、ドゥダーエフが就任、第一副委員長にはソスランベコフ、副委員長としてヤンダルビエフとアフマドフ（Х. Ахмадов）最高会議議員が就任した。
27 この後、ザヴガエフは体制の立て直しをはかり、新しい最高会議幹部会を形成し、民族大会執行委員会元副委員長のウムハエフ、最高会議民族問題委員会委員長のブガエフ（А. Бугаев）を起用した（Музаев 1999a, C.37）。これは民族派の取込み、民族急進派への牽制

第 2 章　第一次チェチェン紛争とその後の課題

を狙ったものだが、大した効果は得られなかった。なお、クーデターへの曖昧な態度もしくは支持は、チェチェンと同様にロシアから分離主義的傾向にあったタタールスタンでもなされたが、シャイミーエフはザヴガエフと対照的に政権を維持することに成功した。タタールスタンのクーデターへの対応は、小杉（2000b）を参照されたい。

28　最高会議側とОКЧН執行部によって創設された次の選挙までの暫定的な議会で、議長にはОКЧН執行委員会副委員長で旧最高会議議員のアフマドフ、副議長にはハズブラートフの旧知チェルヌィ（Ю. Черный）が就任した（Музаев 1999b, C.27）。

29　ОКЧНのアフマドフはチェルヌィと激しく対立し、辞任（暫定最高会議側は罷免を主張）。その後、10 月にОКЧН執行委員会は、チェチェン・イングーシ共和国の解体とチェチェン主権共和国への移行を再び宣言する。なおこの後の対立関係については、詳細を大幅に省かざるを得ないので、大枠の流れについては巻末資料（図「90 年代初頭のチェチェン政治勢力とその対立」）を参照されたい。

30　ただし、BBCと離反したОКЧН執行委員会が自らを共和国の最高権力と主張すると、ハズブラートフとドゥダーエフやОКЧН執行委員会も対立し始める。ハズブラートフは 10 月 3 日にチェチェン・イングーシ共和国における統一的な立法機関はBBCであるとする最高会議決議を採択している（Еременко и Новиков 1997, C.19）。

31　ガカーエフとイブラギモフ（Гакаев и Ибрагимов 2008, C.741-742）もエリツィンがドゥダーエフとの接触を避けていたものの、共産主義者との闘いに利用しようとしていたことを示唆する記述をしている。

32　ザヴガエフは正式には 9 月 15 日に辞任しモスクワに逃れて、エリツィンのシニア・アドバイザーになった（Lieven 1999, p.61; 塩川 2007a, p.194）。

33　例えば「人民戦線」「シャイフ・マンスール協会」「メモリアル」「ドシュ」「インテリ協会」「民主改革運動」などであり、ハッジエフ石油相の支持母体なども含まれる。彼らは「円卓」会議を結成する。

34　当時の選管による選挙結果については、Дудаев(1992, C.8) に掲載されている。なお、このようなドゥダーエフによる権力掌握の過程を「チェチェン革命」（Чеченская революция）と形容することが多い。

35　ソ連解体の最終局面についてゴルバチョフ・ファンドのアルヒーフに基づき詳細にまとめたものとして塩川（2007d）は興味深いので参照されたい。

36　タタールスタンの動向については、Музаев(1999a, C.176-181)、Derluguian(1999b)、松里（2000）、Evangelista(2003, pp.96-109)、Mikhailov(2005)、塩川（2007a, pp.89-161）、そして小杉の諸論文（1997-98, 1999, 2000b, 2010-12）を参照されたい。

37　この経緯については、塩川（2007a, pp.18-87）、また主に 90 年代後半以降のロシアの中央・地方政治に着目したものであるものの、権限区分条約の合意内容やその際の政治取引などを分析したものとして中馬（2009）、90 年代初期のモスクワにおける憲法・連邦法制定・権限区分条約をめぐる諸勢力の交錯する対立構図と政治過程を分析したものとして溝口（2012）を参照されたい。また、このようにして形成されたロシアの連邦制は、他の連邦国家と比較してどのように特徴付けられるのかという問題は、分離主義や民族問題を考える際の前提理解として欠かせないが、これについては長谷（2006）を参照のこと。

38　詳細な経緯については、塩川（2007a, pp.54-69）を参照されたい。

39　なお、彼は 93 年上半期の流出数（1 万 9000 人）も挙げている。これに対してイブラギモフ（Ибрагимов 2006, C.373）は、連邦移民局のデータとして（99 年の公刊資料から）91-92 年に 4 万 5000〜5 万人のロシア人がチェチェンから流出したとしている。この時期は、

ソ連解体前後で連邦統計局もどれほど正確な数を把握していたのか不透明である。なおコロトコフは、公式なデータと臭わせる記述だが出典がなく、イブラギモフは、91-92年を「高い値段で部屋を売ることができた時期」としており、少なくともこの時期の流出は治安の悪化のみならず、経済的理由もあったと示唆する記述をしている。

40 ただし、まったく送られなくなったわけではなく、91-94年の間にロシアから計2100万トンの原油が輸送されたという。他方で、91年以前は年1200〜1400万トンの原油をチェチェンは輸入し、精製していた（Гакаев и Ибрагимов 2008, C.743-744）——ただこの数字はロシア以外の地域も含む可能性がある。德永（2003）によれば、92年にロシアは経済制裁の一環としてチェチェンへの石油（原油）の供給量を400万トン削減したとのことである。

41 元々1500人いた同国石油採掘所労働者は、94年12月（チェチェン紛争開戦）には100人以下に減少した（Ибрагимов 2006, C.372）。

42 なお、関連して90年頃から紛争終結までのチェチェン共和国住民の日常生活について紹介を試みたものとしてオスマエフ（Осмаев 2009）の論文がある。

43 チェチェンが経済的打撃を受けた要素としてもう一つ92年1月にグルジアのガムサフルディア（Z. Gamsakhurdia）政権が倒れたことの影響も考えられる。ガムサフルディア統治下のグルジアを経由してトルコなどと貿易をしていたと指摘する声（Dunlop 1998, p.96）もあるからである。

44 ムザーエフ（Музаев 1999a, C.41）によれば、92年夏頃にガンテミロフ（Б. Гантемиров：当時グローズヌィ市長）とマモダエフ（第一副首相）のグループと、ウツィエフ（Р. Уциев：大統領経済顧問）とアルバコフ（С. Албаков：内相）のグループが石油産品の通商・販売権をめぐり対立したという。あるいは、有力「テイプ」のチンホイ（マモダエフ首相派）とドゥダーエフを支援する「トゥクム」（ミャルヒ）が衝突したという報道もある（Известия, 16 августа 1994 г.）。対立は93年3月にはウツィエフとその兄弟、さらにサニコ（Г. Санько）副首相が死亡するまでに発展した。当時の記事（Коммерсантъ, 19 марта 1993 г.）では、マモダエフの汚職を知っていたため、サニコは死亡した可能性があると推測されている。

45 この紛争に関する包括的な研究があまりないが、差し当たりTishkov（1997）、富樫（2012a）を参照。

46 ムザーエフ（Музаев 1999a, C.43）によれば、初めてロシアとチェチェンの専門家集団が会談をしたのは、92年3月にロシア最高会議副議長のジグリン（В. Жигулин）とチェチェン最高議会マスメディアに関する委員会委員長のヤンダルビエフ（いずれも当時）が会談したものだったという。

47 ヒューズ（Hughes 2007, p.72）によれば、ここで権限区分条約の草案に合意したとのことである。

48 チェチェン側の交渉担当はアフマドフ最高会議議長、メジドフ（Б. Межидов）最高会議第一副議長、ソスランベコフ外交問題委員長、ユスポフ（Ш. Юсупов）在モスクワ・チェチェン代表だった。

49 シャフライ（С. Шахрай）副首相、アブドゥラティポフ（Р. Абдулатипов）民族院議長、シュイコフ（С. Шуйков）民族問題担当副首相の3名。

50 この際に、ロシア代表団はドゥダーエフとも会談を行ったようである。コメルサント紙によれば、アフマドフ議長は権限区分条約について2月初めには署名・批准の準備ができるという見通しを語っていたという。なお塩川によれば、「権限区分条約の草案の合意」ではなく、正確には「権限区分条約を結ぶ用意があるという議定書が発表された」と述べ

第 2 章　第一次チェチェン紛争とその後の課題

る。中身については塩川を参照されたい。
51　チェチェン共和国憲法第 62 条 1 項 2 項（*Конституция Чеченской Республики*, Раздел 3, Статья 62, 1. 2）。チェチェン共和国憲法について日本語訳がみられる文献としてはアフマードフ（2009）がある。
52　また、モスクワはもし連邦的な条約を自分たち（チェチェン）と締結すると、自立した合法的な政治家として自分（ドゥダーエフ）を認めることになるのでそれを望んでおらず、これが交渉を妨げているという見方を提示した。
53　詳細は巻末資料（図「90 年代初頭のチェチェン政治勢力とその対立」）を参照されたい。
54　ただし、ドゥダーエフは内閣改造や武力省統合などを行った後、立法権を奪った形で議会を復活させた。だが反対派の議員を排除し、アフマドフ議長代行の代わりに自らの親族のイディゴフ（А. Идигов）議員を任命し、彼が議長解任決議を採択、その後、正式な議長に就任した模様である（*Ичкерия*, 31 июля 1993 г.）。なお副議長はヤンダルビエフの親族のハムザット・ヤンダルビエフ（Х. Яндарбиев）をあてた。
55　ドゥダーエフは就任時から首相を兼務していた。マモダエフ政権は、「国民信任政府」（Правительство Народного Доверия）を主張した。
56　ドゥダーエフはアフトゥルハノフをロシアの特務機関員であると批判していた（*Труд*, 9 августа 1994 г.）。
57　具体的には、アルグン市に基盤を持つラバザーノフおよびその支持者（約 150〜200 名の戦闘員）、ウルス・マルタン市に基盤を持つガンテミロフおよびその支持者（約 800 名の戦闘員）、グローズヌィのトルストイ＝ユルトに基盤を持つハズブラートフおよびその支持者などである（図 6 参照）。
58　「ハズブラートフはチェチェンを通して政治の表舞台に戻りたいはず」「チェチェン大統領を目指している」などの記事が盛んに出ていた（*Общая Газета*, 12-18 августа 1994 г.; *Известия*, 16 августа 1994 г.）。
59　ガンテミロフは暫定評議会副議長にも任命された（他の副議長は元シャリ地区勤労者代表ソヴェト執行委員長のジャマルハノフ〔Б. Джамалханов〕、ビジネスマンのムサエフ〔Л. Мусаев〕）（Музаев 1999a, C.342）。
60　暫定評議会は立法機関という位置づけで、暫定政府が行政府となった。閣僚について巻末資料「暫定評議会閣僚名簿」を参照されたい。
61　ドゥダーエフ政権は「このような状況においてはロシアとのいかなる合意も不可能だ」と強く反発した（*НГ*, 2 августа 1994 г.）。
62　実際にコーカサスの地域機構「コーカサス山岳民連合」のシャニボフ（М. Шанибов）代表は、「ロシアがチェチェン問題の武力による解決を目指すならば、チェチェンを支援する」と述べ、同機構の武装組織の形成にまで言及していた（*НГ*, 2 августа 1994 г.; *Сегодня*, 2 августа 1994 г.）。
63　予見した未来の最後の一つは、親露派の暫定評議会を基盤にした反ドゥダーエフ派の勝利とドゥダーエフの国外逃亡であり、これはうまく行けばロシアとの関係が正常化する一方、悪く行けば、勝利した反ドゥダーエフ派が分裂し内戦に至るというものだった。
64　なおガカーエフは、国民はドゥダーエフも反ドゥダーエフ勢力も支持しておらず、チェチェン内部の紛争（対立）の政治的解決を目指す政治勢力や指導者を支持していると述べていた。
65　これもかなりおおざっぱな区分でより下位の区分も可能だが、ここでは省略する。
66　したがってチェチェンが民族的多元性に乏しい共和国で、イングーシとの分離、ロシア

人流出によってチェチェン人の割合が高まっていたことも重要な役割を果たしたと指摘される（社会的環境の民族構成要因）。
67　この背景にチェチェン共和国における高い失業率などが挙げられる。
68　無論、ソ連が解体へと向かう過程が前者に影響を与えたこと——モスクワでの共産党保守派8月クーデターがドゥダーエフのチェチェンにおける政権奪取に影響を与えたこと——などはあるし、また後者がチェチェン独立派の選択肢（排除していなかった妥協点：主権共和国への格上げ）を奪ったという意味において、ソ連解体に至る過程とその帰結は、チェチェン革命へと至る過程とその後の独立派政権の政治運営と関係している側面もあることはいうまでもなかろう。
69　それ以前の「政府をめぐる対立」（時期区分(1)から(3)のある時期まで）は、図7のB＝中央政府に「自治共和国指導部」（ザヴガエフ政権）が、B＝「反乱勢力」に「民族急進派勢力」（当初はチェチェン国民全民族運動や同議会、後にドゥダーエフ政権）が入る。
70　既述のように94年11月にロシアが支援し発生した反対派の大規模な軍事作戦も失敗（ドゥダーエフ政権側が勝利）しており、この作戦によってドゥダーエフ政権の反対派に対する優位性、あるいは政権の安定的な政治基盤が著しく揺らぐこともなかった。
71　グローズヌィ駐留軍スコフロ少将は、CIS統一軍シャポシュニコフ空軍元帥よりドゥダーエフ政権に武器の半分を引き渡すよう指令を受けたとしている。また92年5月にロシア国防相グラチョフ（П. Грачев）は駐留ロシア軍の武器50%をドゥダーエフ政権に引き渡す命令を出した（Гакаев и Ибрагимов 2008, С.747）。これらは、現地部隊がドゥダーエフ側に武器を販売し、すでに武器が渡っていたので事後的にそれを正当化するための指令だったとされている。武器の詳細は、前掲書に加えTishkov（2004, p.64）も参照されたい。
72　ソ連軍少将だったドゥダーエフが最高司令官、同大佐であったマスハドフが参謀総長（当初は副参謀長）として作戦の立案、計画に関与するなど独立派に軍事専門家がいたことが長期的な抵抗を可能にしたと考えられている（Blandy 2003, p.425）。
73　94年にはグローズヌィの市場では武器購入も容易だった。例えばカラシニコフが500ドル、マカロフが750ドルで売られ、手榴弾（1500～2000ドル）や迫撃砲（2000～2500ドル）も市場で売られていたという（Известия, 16 августа 1994 г.）。当時、現地取材をした徳永（2003, p.59）も武器の市場流通を指摘する。
74　ロシアは親露派を基盤としてチェチェン国内の統合と憲法的秩序の回復を目的とし、95年1月に「民族調和委員会」（Коммисия национального соглашении）の設置を後押しした。その上で、同組織を共和国の憲法の機構再建のための連邦との協力機関とし、必要な支援を行うとした（Указ Президента РФ от 27 января 1995 г. № 79）。また3月には重ねて新憲法制定およびそれに基づく選挙・政府組閣まではハッジエフ首相の「民族復興政府」および「暫定評議会」（立法府）がチェチェンの正統な政治的権威だと確認した（Указ Президента РФ от 23 марта 1995 г. № 309）。
75　なお分類①の集団は、副首相ポストの多くを占め、②は出版や検察・税務など、③はエネルギーや石油、外交などを担当し、④は治安ポストを務めていた。詳細は、巻末資料「民族復興内閣」を参照されたい。
76　拷問などによって武装勢力かどうか、武装勢力に関する情報を有しているかどうかの判断をする場所で、人権団体の報告書（例えばAmnesty International, 1996, *Russian Federation: Brief summary of concerns about human rights violations in the Chechen Republic*）に登場する悪名高い施設である。この施設が収容者に与えた影響は計り知れず、収容者は肉体的・精神的疾患を抱え（チェチェンの医師団の調査では囚人の8割が心的外傷を抱え）

第 2 章　第一次チェチェン紛争とその後の課題

た（Осмаев 2012a, C.190-191）。
77　サマーシキ村（95 年 4 月）での住民の犠牲者数については人権団体の間でも数に相違がある。アムネスティ・インターナショナルは、犠牲者数を 250 人以上としているが、これは遺体が発見されなかった行方不明者も含んでいると思われる。日本人ジャーナリストによる取材に関しては、林（1997, pp.85-112）を参照されたい。サマーシキの悲劇は、ガカーエフらも述べているように二度、攻撃がなされたことだろう。96 年 3 月の大規模攻撃でアムネスティは 600 人以上の民間人が死亡したと前掲の報告書に記載している。
78　前述のグローズヌィ攻略作戦を指すと思われる。
79　事件発生までの経緯、事件の顛末などについては当事者のインタビューも交えたガルとドゥ・ヴァールの記述（Gall and de Wall 1998, pp.256-275）が参考になる。なお、同書は、91 年のチェチェン革命から 97 年の第一次紛争締結までを主にインタビュー資料から構成しており——読者はこれらインタビューの取り扱いに注意を要するものの——、第一次紛争の理解に役立つ重要な基礎文献の一つである。
80　OSCEチェチェン支援グループ（The OSCE Assistance Group to Chechnya）は、1995 年 4 月の第 16 回OSCE評議会で設立が決まった。主な活動内容として、①人権や基本的自由への配慮の促進と民主主義制度・プロセスの発展援助、選挙監視等を含む可能な法的合意の準備支援、②NGOを通した紛争被害者への人道支援、③IDPや難民の早期帰還のためのロシア連邦当局と国際組織に対する支援提供、④ロシア連邦の領土的一体性およびOSCEの諸原則に則り、チェチェンの安定化と平和を促進するためのラウンドテーブル等の設置を通した対話と交渉への従事、が挙げられる（*OSCE PC.DEC/35,* 11 April 1995）。同機関は 1998 年 12 月までチェチェンで活動し、以後、治安情勢からモスクワに拠点を移した。活動自体は、第二次紛争が発生した後も継続したが、2002 年末に閉鎖された（Guldimann 1997; Skagestad 1999, 2000, 2008）。
81　なお正確な経緯としては、95 年 10 月にハッジエフが解任され、親露派がチェチェン最高会議の復活を宣言し、この最高会議にてザヴガエフがチェチェン政府の元首に選出された後、親露派の支配地域で彼の信任投票が行われたということである。
82　筆者が把握できているのは巻末資料に挙げたように 12 名だが、ムザーエフ（Музаев 1999b, C.40）によればザヴガエフは 14 名の副首相を入閣させたという。
83　巻末資料に掲載しているように閣僚名簿は主だった要職、また資料で明らかにできたものしかカバーしておらず、閣僚に占める割合は、ここから算出しているので、相対的な割合を示したものに過ぎない。ハッジエフ内閣では反ドゥダーエフ派民族主義者は閣僚の約 2 割、ドゥダーエフ政権元閣僚は約 3 割を占めていたが、ザヴガエフ内閣ではいずれも約 1 割程度に低下した。
84　なお新規入閣者は属性が不明の人が多いが、彼らは調査しても名前がほとんど出て来なかったので、有力な政治家・指導者ではなかった可能性が高い。おそらく可能性として高いのは、旧自治共和国の地方組織や部局の役人、あるいは共産党組織の比較的下の方の役職を占めていた人物だろうと思われる。
85　合意文書それ自体は入手できなかったが、エレメンコらの資料集（Еременко и Новиков 1997, C.117）に掲載されている概要（典拠不明）によれば、双方がチェチェンに特別な地位を与える必要性を認めるもので、チェチェン共和国国家機関を自立した国家権力機構と見なし、独自予算や国家システムを形成する権利、天然資源の利用や共和国税制を決定する権利など連邦管轄事項を除く権利を持つと規定した。さらに、連邦機関と調整の上、国際関係、対外経済関係の構築、国際機関への参加も可能であるとされている。

86 チェチェンの経済社会復興のための包括的事業は、95年2月から準備が進められたが（Указ Президента РФ от 16 февраля 1995 г. №. 140）、96年1月にまとめられ、総予算16兆2000億ルーブル、約10億ドルの大規模事業となった（Указ Президента РФ от 24 января 1996 г. №. 86）。

87 96年1月に「円卓」指導部とドゥダーエフ政権支持の組織を包括するイチケリア政党・委員会総会が合意に至り、94年4月に結成した評議会（Музаев 1997, С.21, 36-37）。

88 これは後に発生する第二次紛争に対する世論と対照的である（Pain 2005）。

89 なお、ロシアの政権の中でもチェチェン紛争に全員が賛成だったわけではない。よく引き合いに出されるのは、開戦決定がなされた11月28日の安全保障会議の一幕である。開戦の積極派（紛争の前途を楽観視する勢力）はシャフライ副首相、グラチョフ国防相、コズィレフ（А. Козырев）外相などで、消極派（紛争の前途を悲観視する勢力）はプリマコフ（Е. Примаков）対外情報庁長官、シュメィコ（В. Шумейко）上院議長、カルムィコフ（Ю. Калмыков）法相などである（Ибрагимов 2006, С.376; 塩川 2007a, p.221; Гакаев и Ибрагимов 2008, С.752）。

90 欧州評議会総会の決議では、サマーシキでの住民殺害や選別収容所なども取り上げ問題視した（*Russia's application for membership of the Council of Europe*, Doc. 7463, 18 January 1996; http: //www.assembly.coe.int/ASP/Doc/XrefViewHTML.asp?FileID=7397&Language=EN, *OPINION No. 193 (1996) on Russia's request for membership of the Council of Europe*, 25 January 1996; http: //assembly.coe.int/Main.asp?link=/Documents/AdoptedText/ta96/EOPI193.htm）。

91 ただし、これがどれほどの圧力を実際に持ったのか、また欧米諸国がどれほど本腰を入れて圧力をかけたのかに関しては、疑問の声の方が強い。例えばIMFのロシアへの国際支援は結局継続されただけでなく、95年4月にはIMFがロシアへの史上最大規模の融資（68億ドル）を決定していた（Bowker 2005, p.229）。

92 彼が殺害されたのは首都グローズヌィの南西30キロにあるウルス・マルタンのゲヒ・チュ村である。なおドゥダーエフはモスクワとの交渉の準備を進めていたため、衛生電話で通話していたとされている。

93 なお、交渉では双方の座る位置すら問題となった。ヤンダルビエフは、エリツィンが上座（議長席）に座ることに反発し、「対等に座らないのなら帰る」と強く抗議した。エリツィンはここでは譲ったが、翌日チェチェン側を「騙し討ち」した。すなわち、チェチェン代表団をモスクワに半ば「人質」として留めおき安全性を確保した上で、メディアと共に初めてチェチェンに赴き、停戦の成果をアピールしたのである（Gall and de Wall 1998, pp.326-329; German 2003, pp.145-146）。これらの映像はYouTubeで視聴できる。

94 正式には、レーベジは民族問題大統領顧問兼安全保障会議書記という形で任命される（Указ Президента РФ от 10 августа 1996 г. №. 1151）。この任命は、レーベジがチェチェン問題を解決できれば彼を任命したエリツィンの成果となり、彼が失敗すれば彼の政治的人気や影響力の低下を期待できるというエリツィン政権にとって「最善の選択」だった。

95 エリツィン政権はチェチェン紛争の電撃的勝利の可能性も探っていたようで、例えばOSCEチェチェン支援グループ代表のグリディマン（Guldiman 1997, p.137）は大統領選挙の決選投票前後にロシア側の停戦違反が著しかったと述べている。

96 全25条からなるこの条約案は、その第1条で「ロシア連邦内において主権的、民主的、法的、社会的国家としてチェチェン共和国の特別な地位を実現するために双方は以下の合意に達した」としているように、あくまでチェチェンを連邦構成主体として位置づけてい

第2章　第一次チェチェン紛争とその後の課題

た。なお、チェチェン側の権限に関しては95年12月合意（ザヴガエフ政権とロシア政府の合意）とほぼ同じものである。

97　ロシアとチェチェンの合意については原則として97年の平和条約締結まではエレメンコらの資料集（Еременко и Новиков 1997, *Россия и Чечня: 1990-1997 годы*）を参照している。当該文書は166-7頁参照。

98　ハサヴユルト協定は、厳密には「共同声明」（Совместное заявление）であり、そのことが後にこの合意内容の有効性や意味をめぐって問題を生むことになる。なおレーベジは合意締結の1カ月半後にその職を解かれることになる（Указ Президента РФ от 19 октября 1996 г. № 1464）。

99　Коалиционный кабинет、あるいはКоалиционное правительство（＝「連立政府」）と形容された。

100　詳細は巻末資料「第一次チェチェン紛争後のチェチェン・イチケリア共和国内閣人員（1996-99年）ヤンダルビエフ政権・マスハドフ内閣（96/10/16-97/2/12）」を参照されたい。

101　エレメンコらの資料集（Еременко и Новиков 1997, C.207-208）では合意年月日を97年12月23日としているが、11月23日の誤りである。なおRybkin（1997, pp.237-238）にも合意の英訳が掲載されている。

102　なお、立候補を希望していたザヴガエフは、身の安全が保障されないとして立候補を辞退したという。

103　議員候補には100ドルの選挙資金が提供された。

104　選挙監視の際のエピソードについては、日本から現地に行った国際選挙監視団のエッセイ（鍋元1997a, b）が当時の状況を記載しているので、参照されたい。

105　各政党については、次節の表2－9を参照されたい。

106　詳細な閣僚名簿については、巻末資料「第一次チェチェン紛争後のチェチェン・イチケリア共和国内閣人員（1996-99年）」の第一次マスハドフ内閣を参照されたい。

107　正式名称は、「ロシア連邦とチェチェン・イチケリア共和国の平和と相互関係原則に関する条約」（Договор о мире и принципах взаимоотношений между Российской Федерацией и Чеченской Республикой Ичкерия）。なおこの平和条約は、その条文のはじめに「両政府はハサヴユルト協定を確認し」という一文があったが、ハサヴユルト協定への言及を嫌ったエリツィンが署名の際にこの一文を削除するよう求めたとされる。合意文書のコピーについては、チェチェン政府刊行の「大統領の100日」（Мазаева 1997）を参照。

108　このような紛争後のチェチェンの課題をまとめようと考えた比較的初期の段階に、武力紛争中・後の平和構築の議論（篠田2005b；武内2008）から一定の示唆を受けた。

109　なお、チェチェン共和国側は1500億ドルから2000億ドルの損失を被ったと主張していた（Осмаев 2008, C.763）。

110　これらは平和構築でいわれるところのDDRやSSRに当たるだろう。DDRに関しては山根（2008）を参照。

111　紛争後の失業率は80％とされ、若者ではこれは100％に近かったと指摘される（Souleimanov 2005, p.48）。

112　98年12月のチェチェンの新聞（*ГР*, 17 декабря 1998 г.）によれば、チェチェンでは1人の大将（最高司令官マスハドフ）、2人の少将、49人の准将がいたといい、これは部隊員に占める将軍の割合がドイツ（1/1500人）の5倍（1/300人）であるとする。おそらく各野戦軍の司令官に自動的に准将の地位を与えたことでこのような「将軍大国」になってし

181

まったと思われるが、この記事が書かれた頃にはすでに何人かの准将（バラーエフ、メジドフ、ラドゥーエフ）はその犯罪行為から罷免されている。
113　前者は保健省による「チェチェンの子ども」プログラムによる調査結果（ГР, 4-11 января 1998 г. 掲載）であり、後者は「公式データ」という以外、ムザーエフ著にはデータ元の詳細（どの機関による調査か）が明示されていない（出典は Ичкерия 紙の 98 年 1 月 9 日付とのことである）。
114　例えば 92 年にはアゼルバイジャンのイスラーム指導者との会談（4 月）や中東諸国への訪問（8 月）を行い、対露政治同盟の要素にイスラームとコーカサス諸民族の団結を加えた（Коммерсантъ Власть, 31 августа 1992 г.）。
115　ワッハーブ主義は、ムハンマド・イブン・アブドゥル・ワッハーブを創始者とするクルアーンと預言者ムハンマドの言行を記録したスンナという原点に立ち返るべきだと主張するイスラーム改革運動に起源を持ち、自らはムワヒッドゥーン（一神教徒）と称する。
116　なおワッハーブ主義と同様の意味で用いられることも多いサラフィー主義は前者同様、初期イスラームの原則や精神の回復を目指すことの必要性を訴える立場をとるが、戻るべき原点を明確に定め、これからの逸脱を許さないという原理主義的な運動と、柔軟で斬新な再解釈の下でイスラームを現実に適合させていこうとする近代主義的な運動を内在している。チェチェンやダゲスタンを指して主張されるサラフィー主義は多くの場合、過激な原理主義を指すが、ダゲスタンでこうした勢力が当局の腐敗や不正に対する批判を強め、改革を主張してきたように近代主義的な要素もある。またユスポフ（Юсупов 2000b）はチェチェンのワッハーブ主義を近代主義的な要素を伴う——すなわちサラフィー主義と捉えられる——と述べている。
117　ワッハーブ主義とチェチェン紛争、ロシアとの関係について玄（2004, 2006, pp.69-117）を参照されたい。
118　なおアカーエフ（Акаев 2000）は、ロシアや欧米においてはイスラーム「原理」・「過激」・「急進」主義は同じように扱われているとし、これは一種の「イスラームフォビア」だとする。
119　チェチェン共和国のイスラーム（その初期の歴史から現代まで）についてはアカーエフの概説書（Акаев 2008）が簡単に全体像を捉えられる点で現状では最良の本だと思われる。
120　1980 年代末から 90 年代初めにワッハーブ主義者が流入したとされるが、92 年にはチェチェンのムスリム聖職者たちによって彼らの活動は禁止されていたという（Музаев 1999c, C.157）。
121　チェチェンの伝統的イスラームであるスーフィズムの権威をめぐるカーディリー教団とナクシュバンディー教団の対立、さらにドゥダーエフ政権と親露派政権（民族復興政府）のイスラーム的正統性をめぐる対立は指摘されている（Музаев 1999c, C.155-157; 玄 2006, pp.149-154, 160-162）が、紛争前にワッハーブ主義が共和国のイスラーム的権威をめぐりスーフィズムと対立したり、あるいはこれに政治指導者が参入したりというような現象はなかった。ただ 95 年頃（紛争開始後）には、スーフィー教団とワッハーブ主義の対立（前者の宗教儀礼であるズィクルをめぐる対立）が指摘されている（Акаев 1999b, 2001）。
122　ここで述べているのは、急進的イスラームを掲げる宗務権力の政治への参加や政治家によるその利用によって、これらが社会に浸透したのか、それとも紛争過程で社会に浸透した結果、政治利用されることが増えたのかのニュアンスの違いであり、筆者は後者の立場をとる。
123　ハッターブによれば、彼に従う形で参戦した義勇兵は約 300 名で、アラブ人が主だっ

た勢力だったが、ダゲスタン系民族やカラチャイ人、チェルケス人なども少数ながら含まれていたという（*ГР*, 28 февраля-6 марта 1997 г.）。

124　本名はサミール・イブン・サリフ・イブン・アブダラーフ・アル・スワウリムでサウジアラビア出身のアラブ人（当初ヨルダン出身のチェチェン離散民とされていたが違うとウィルアムズ〔Williams 2008〕は主張する）。アフガニスタン戦争でムジャヒッディーンとして従軍後、タジク内戦やアブハジア紛争に義勇兵を率いて参加、その後、チェチェン紛争に参加。ダゲスタンのカラマヒ村で結婚し、子どもをもうける。

125　ワッハーブ主義者に同調し、参加している者の8割は若者ともいわれている（Tishkov 2004, pp.175-176）。

126　ナショナリズムというような共同体内部での団結と外部への排除という作用が働く現象と、ワッハーブ主義（あるいはサラフィー主義）というムスリム共同体（ウンマ）において宗教的真理に回帰しそれを実践していくという世界規模の運動現象は、一見して相容れないように思われる。だが、紛争後のチェチェンでは「メシア（救い主）としてのチェチェン人がムスリムを導く」というような高揚感がこの矛盾を穴埋めしたと考えられている（Souleimanov 2005, p.49）。

127　紛争直後には、伝統的なイスラーム（スーフィズム・ナクシュバンディー教団）の75歳のイマーム（グローズヌィ中央モスク）が殺害されたという。このイマームは反ワッハーブ主義者として有名だったため、殺害はワッハーブ主義者によるテロと理解されている（Акаев 2000, С.138）。

128　例えば、政権は「（少数）民族連合」を招集し、その代表者が民族・離散民割当に応じ政治に参加できるようにするとした。こうして91年10月に「ロシア語話者会議」（あるいは「スラヴ共同体」）も創設された。だが、政権が独立路線を堅持すると、ロシア語系住民は「連合」から脱退し、独自に「スラヴ議会」を結成した（Коротков 1994, С.109; Музаев 1997, С.51, 76）。

129　ただし、それでもロシア語系住民は95年当時に15万人いたといわれており、彼らの存在がまったく問題にならなかったわけではない。特に北部に住むコサックとの関係は後に問題になる――コサックはチェチェン独立派政権が選挙で誕生すると、ロシア（スタヴロポリ地方）への編入を求めたし（ただしマスハドフ政権が対話路線で応じ、しばらく沈静化するが）、後にチェチェン独立派の権力闘争が激化し、ロシアが武力介入を考えるようになるとテレク川以北の彼らが多数住む地域を占有し、緩衝地域を作るべきだという議論も出た。こうした問題意識は、マスハドフ政権にもまったくなかったわけではなく、政権はロシア語系住民との関係に配慮し、97年8月にはロシア語系住民問題大統領顧問にミトロファノフ（А. Г. Миторофанов：ロシア人）を任命した。彼によれば他にもアゼリー人やコサック、ダゲスタン諸民族、ウクライナ人、ドイツ人による民族組織が形成され、これらが「ロシア語系住民議会」に参加していた。ミトロファノフは、週に2回程度各組織の代表者が大統領府で会合を持っていたと述べている（*ГР*, 11 февраля 1999 г.）。また国内で急進独立派やイスラーム過激派の影響力が強まると、彼らの反ロシア的言動によってロシア系住民の肩身は狭くなり、1999年2月の「法的イスラーム化」の完了によってそれは最高潮に達した（99年春にはロシア系住民は2万8000人まで減少したというロシア側のデータもある）。ロシア系住民とチェチェンの政治的危機については、ブガイ（Бугай 2006, С.313-331）がまとめている。

130　そもそもこのような和解は実現可能なのかという問題は多分に論争的であり、小菅の日英和解論に対しても中尾（2007-08）が痛烈な批判をしている。チェチェンとロシアは日

英のように国家間の紛争ではなく非対称紛争であるので同列に論じられないが、より直近の出来事であり、犠牲者の心情面からすれば和解はより困難であるとも思われる。
131 病院占拠事件とは、95年6月にバサーエフがロシア連邦スタヴロポリ地方で人質1500人をとった事件と、96年1月にラドゥーエフ（С. Радуев）がダゲスタンのキズリャルで同じく人質をとった事件の二つを指す。
132 エリツィンへの責任追及とは、95年に下院で行われた「チェチェン紛争の原因と発生に関する調査委員会」や99年5月に提出された大統領弾劾手続き（罪状にチェチェン紛争を含む）を指す（徳永 2003, p.108）。
133 マスハドフはこの内閣を「統一内閣」（Единый кабинет）と形容した（*СГ*, 16 января 1998 г.）。
134 以下、この体制を本書では「シャリーア・クルアーン体制」と通称する。

第3章
マスハドフ政権の平和定着の試みと挫折
(1997-99)

第1節　マスハドフという指導者とその評価

　第3章では、紛争後のチェチェンにおいて大統領（兼首相）となったマスハドフが平和の定着と国内の安定のためにいかなる政策に取り組み、これがどのようにして挫折していったのかを明らかにしていく。以下でマスハドフ政権の平和定着の試みとその挫折を検討する前に、まずマスハドフがどのような人物でいかに評価をされてきたのかを簡単に整理したい。

第1項　マスハドフの経歴：追放の地での出生から独立派大統領まで
　ここではマスハドフの経歴について、出生から1997年2月のチェチェン共和国大統領就任までを概説する。
　アスラン・マスハドフは、1951年9月21日にチェチェン民族が強制移住させられたカザフスタン共和国カラガンダ州オスカル地区のシャコイ村で三男として生まれた。1957年、チェチェン・イングーシ自治共和国の復活に伴い、彼は両親と共に一族の故郷ナドチェレチヌィ地区のゼビル・ユルト（Зебир-Юрт）村に帰還する。1969年にグルジアのトビリシ高等軍事砲兵学校を卒業（この間に同郷の妻・クサマとトビリシで出会い結婚）したマスハドフは、1972年から6年間、極東軍管区に勤務し、師団参謀長まで昇進した。妻のクサマによれば、当時中ソ関係が芳しくなかったこともあり、緊張の張りつめた国境付近に夫が勤務していることには心配が絶えなかったという[1]。その後、マスハドフは1978年から3年間レーニングラード（現在のサンクト・ペテルブルグ）にあるクリニン軍事砲兵アカデミーで学び、1981年からはハンガリー駐留ソ連南

部軍集団の一員として 5 年間、ユーゴスラヴィア（当時）とルーマニアの国境に近い都市セゲドに勤務し、砲兵連隊司令官にまで昇進した。1986 年からは、ソ連軍・沿バルト軍管区に属していたリトアニアの首都ヴィリニュスで勤務し、ロケット部隊・砲兵大隊司令官を務めた。

1991 年 1 月、ソ連はリトアニアに対して軍を投入し、テレビ局などへ攻撃を加えた。前年に独立を宣言したリトアニアをソ連邦に留めるためにとられた作戦だったが、この結果、約 14 人が死亡、約 700 人が負傷したといわれている。この際、マスハドフにも作戦参加の命令が下っており、おそらく彼も作戦に加わったと思われる。妻のクサマは、このヴィリニュスでのソ連軍の弾圧によって軍に失望したとし、さらにイングーシ・北オセティア紛争の際のロシア軍の行動にも大きな不安を覚え、マスハドフに「無辜の人々を殺すなんて何のための軍なの！」と詰め寄ったという。マスハドフがソ連軍を去る理由については、イングーシ・北オセティア紛争においてロシア軍がイングーシ人に対してとった行動に不満を覚えたこと、あるいは彼の駐留部隊に赴任した新しい司令官との対立などが指摘されている (Музаев 1997, С.124, 1999с, С.22)[2]。だが、クサマは「ヴィリニュスから去る際に自分の意見を夫が聞いてくれた」といっており、リトアニアでの弾圧作戦に参加することで心が揺れ動いたマスハドフが家族の説得で軍を去った可能性も考えられる。ソ連軍での彼の最高位は大佐であった。

クサマのインタビューやマスハドフ自身の主張では、祖国のチェチェンにも悲劇が迫り（イングーシ・北オセティア紛争によって進軍したロシア軍がチェチェンとの境界に接近し）、祖国は専門的な軍を必要としていたため、1992 年 12 月にチェチェンに戻ったとのことである (Масхадов 1997, С.6; Мазаева 1997; ГР, 31 января- 2 февраля 1997 г.)。マスハドフがドゥダーエフと対照的なのは、後者はソ連解体前に軍を去ったのに対し、マスハドフはソ連解体まで軍務についていたということである[3]。

帰国後、まもなくマスハドフはドゥダーエフ大統領に呼び出され、第一副参謀長への就任を依頼され、受諾した。93 年夏になると参謀総長を務めていたシャハドフ（Б. Шахадов）とドゥダーエフの間で対立が生じ、シャハドフは解任され、マスハドフが参謀総長に任命される[4]。

1994 年 3 月、マスハドフは新たに組織化されたチェチェン軍の参謀総長に任命され、中将を授与される（大将はドゥダーエフ）。第一次紛争が始まってか

第3章　マスハドフ政権の平和定着の試みと挫折（1997－99）

らは、94年末から95年年初にかけてのグローズヌィ攻防戦の指揮をとるなど、独立派の主要な作戦を立案・指揮した。ロシアとの交渉に関しても独立派の中では最も積極的な指導者として当初から交渉の席に参加しており、既述のようにハサヴユルト協定の立役者となる。そして、1997年1月の選挙でチェチェン共和国大統領に選出され、2月に就任した。

第一次紛争が始まって以降は、マスハドフの地元のナドチェレチヌィ地区は、親露派の暫定評議会の支配地域となっており、またマスハドフもグローズヌィなどで独立派の軍務に就いていたこともあり、山岳地域のヴェデノ地区ペルヴォミィスコエ村に移住したようである。彼には一男二女の子どもがおり、息子のアンゾル（Анзор）はマスハドフと共に独立派の抵抗軍に参加した。マスハドフには孫がおり、その名前は――皮肉なことに後にマスハドフ政権と激しく対立し、政権の基盤を著しく破壊するバサーエフのファーストネーム――シャミーリであった[5]。

第2項　マスハドフの人物像や評価

マスハドフという人物をどう評価するべきなのかという問題は、本書では彼が採用した政策から判断するべきだという立場をとる。したがって、彼の紛争後の政策について明らかにせずに彼に対する評価を行っても、論理的な妥当性がないと考えている。他方で、彼に対する既存の理解を前もってまとめることも、後で本書の理解との比較を行う上で意味があると考える。ここではマスハドフの人物像とその評価について、現地の人々にどう理解されてきたのか、また研究者にはどう評価されてきたのかについて簡単に触れたい。ここでは彼の政治的立場や属性ではなく、性格や特徴などの人物像について触れる[6]。

まず、現地の人々にどう理解されてきたのかということだが、当時の現地世論を事後的に我々がみる際に有用な資料がほとんどないので、多くの論者は大統領選挙でマスハドフが過半数を超える支持を得て選出されたことに彼への住民の評価を見出す。そして、その際に彼が親ロシア的な北部・平野部出身なので親露派勢力や北部地域の住民からの支持も得やすかったとか、彼の氏族が大きな影響力を有している「アレロイ・テイプ」だったなどと言及される[7]。さらには、北部地域出身だから、彼は理性的で派手は好まないとか、ロシアとの交渉に積極的だったと論じられる（北川 2000, p.60, 62）[8]。こうした解釈はある程度有用なものだとも思うが、ここではもう少し客観的な別の視点から――すな

わち大統領選挙後にチェチェンの主要な新聞に掲載された記事（ГР, 31 января-2 февраля 1997 г.）を例に――現地の人々のマスハドフへの評価について考えてみたい。

この記事では、選挙前にチェチェン国立大ジャーナリズム講座と協力して行った世論調査結果（調査対象となった有権者の約54％がマスハドフに投票すると答えていた）に言及し、実際の選挙でもマスハドフが同程度の得票率を確保できた理由を挙げている。それによれば一つ目に、まず何よりも彼の堅実な性格が評価されたとし、二つ目に彼の政策、あるいは立場が（他の大統領候補者と比した時に）相対的なリアリズムとして位置づけられることを挙げている。そして最後に、大きな役割を果たしたものとして、他の候補者が汚く彼を批判する中で自制する彼に有権者は好感を持ったという。この三つは、マスハドフの人物像をうまく捉えているように思う。

マスハドフについてよく指摘されることは、口数の少ない職業的な軍人ということである。妻のクサマは、マスハドフは責任感が強く仕事人間だったと述べており、息子のアンゾルも父について「あまり多弁ではなかった」と述べている。タリンでドゥダーエフが集会を解散させよとの命令を拒否した上でソ連軍を辞しチェチェンに帰還したのに対し、マスハドフはヴィリニュスで英雄主義に走らなかったという点を挙げ、彼が職業的な軍人だったと指摘する論者もいる。そして、こうした軍人としての堅実さや信頼性がロシア軍の高官との交渉を可能にしたという見方もある（Дубнов и Крутиков, "Почему ему легко разговаривать с Лебедем" Новое время, № 38, 1998 г.; Lieven 1999, p.37）。こうしたマスハドフの人物像もあり、大統領選挙では過半数を超える支持を得ることができたといえよう。

マスハドフに対する大衆の評価は、紛争後に彼が取り組む平和の定着がうまくいかないことで低下していったと考えられるが、他方で、それでも「マスハドフが相対評価では一番」という状況はその後も続いたと考えられる。これは複数のチェチェン人の論者（Юсупов 2000b; Акаев 2001）が同時代的に「大衆の多くは反対派指導者よりもマスハドフを支持している（た）」と述べていることからも確認できるが、他にも紛争が近づいていた99年2月の世論調査でも「チェチェンの状況を改善できる指導者はマスハドフだ」という答えが反対派指導者よりも多かったことからも理解できるだろう（ГР, 25-31 марта 1999 г.）。[9]

人の長所が裏返せば短所（欠点）でもあるということはよくあることで、こ

第3章　マスハドフ政権の平和定着の試みと挫折（1997-99）

表3-1　マスハドフの人物像の両側面

良い特徴		悪い特徴
(1) 堅実さ、誠実さ	⇔	(1) 地味、取引が下手
(2) リアリスト、実務的		(2) 妥協、現状追認
(3) 自制的、遠慮深い		(3) 消極的、発信力がない

出典：筆者作成

れはマスハドフについてもいえる（表3-1）。例えば、彼の堅実さは状況によっては地味でカリスマ性がないように映る可能性があるし、誠実さは政治取引できず、権力闘争に弱い指導者だという評価に繋がる可能性がある。リアリストで実務的という評価にしても、見方を変えれば妥協しやすく現状の追認に陥りやすいということになりかねない。自制心があって遠慮深いという評価も、消極的で発信力のない政治家ということになりかねない。

こうした長所の裏返しとしての短所は、研究者のマスハドフ評価と一致する部分も多いように思う。研究者のマスハドフに対する評価は大きく分けて二つに分類することができる。一つは、マスハドフがとるべき対応をとらなかったことで紛争が再発したとして紛争の再発をマスハドフの責任とする議論である。例えば、ウェア（Ware 2005, p.85）は、以下のように述べる。

　　バサーエフに反対することによって戦争を回避する機会があったにもかかわらず、マスハドフはバサーエフに反対するという選択をせず、彼ら軍閥の軍事活動を制限することも、国際的な支援を受けたテロリスト・キャンプを閉鎖することも、さらにロシアと共にテロリスト集団を抑え込むことで自らの政府を維持するということもしなかった。これらのテロリストが暴力的にロシア連邦から北コーカサスの共和国を分離し、その居住者たちを急進的なイスラームのルールによって無理矢理支配すると宣言していたのだから、プーチン大統領がチェチェンに軍を戻すという以外に選択肢を持っていたなどと考えるのは困難である。

ウェアの指摘は──多くの飛躍と疑問があるが──、「対処する機会があったのにもかかわらずマスハドフは何もしなかった」ので、結果としてチェチェンを取り巻く状況を悪化させ、さらにモスクワ（プーチン首相〔当時〕）を戦争へ

189

と引きずり込んだと述べているように理解できる。

　こうした一方的な責任転嫁の議論に対して、もう一つの評価は、紛争の再発はマスハドフの責任のみに集約できる問題ではなく多様な要素が絡んでいたが、同時に彼の政策や指導力に一定の問題があったのも事実だという立場である。後者の見方の方が少なくとも研究者の間では支配的で、この見方では「マスハドフは何もしなかった」ということを積極的に支持する論者も少数である。他方で、この立場に立つ論者の多くも、「マスハドフがどんなことをしても紛争の回避は難しかった」（例えば Derluguian 2005; Souleimanov 2005; Осмаев 2008 など）、もしくは「マスハドフはそれなりの努力をしたが、それは彼の指導力の不足から十分に完遂されなかったか、ある局面では決定的な過ちを犯した」（例えば Акаев 2000; Юсупов 2000b; Lanskoy 2003; Осмаев 2012a など）のいずれかの立場に立つことが多い。前者は、紛争後のチェチェンの構造的環境要因から、後者は指導者の力量から、それぞれ紛争はそもそも回避が困難だったと考え、マスハドフ政権の個別・具体的な政策について問い直そうとする作業をあまり行っていない。

　筆者は、個別の政策を問い直すことをせずに紛争再発という結果だけをとって、最初から再発は不可避だったと主張するのは結果論であり、一種のトートロジーだと考える。またマスハドフが現実主義的な指導者だったという主張に対して「紛争回避をできなかったのだから現実的ではない」との指摘を受けたこともあるが、これも前述の論理と同じ矛盾を内在しているように思う。このような結果論からチェチェンのような紛争が再発した地域を理解してしまうと、そこから学べるものは限りなく少なくなる。紛争を回避することが困難となり再発したという事実を受け止めつつも、それでも「指導者がいかなる政策を試み、それがどの程度展望を持たせ、どの段階で煮詰まったのか」を考えることは、同じような課題を抱えている紛争移行地域が現在の国際社会において少なからず存在する以上、取り組む意義のあることだと考える。

　他方で本書自体はマスハドフにも一定の責任や課題があったと捉える点で、既存の研究が形成してきたマスハドフへの支配的な見方とまったく異なる見方を提示しようとするわけではない。したがって、マスハドフ政権の政策を明らかにしていくのは、「現状のマスハドフへの評価がまったく誤っており、これを改善したい」という「マスハドフ擁護論」や「未練論」を展開するためではない[10]。本書がマスハドフ政権に注目するのは、この政権が「二重の対立構造」

の中心に位置づけられる重要な行為主体であり、この行為主体に着目することで「いつ／なぜ／どのように紛争回避が困難になる状況が形成されたのか」を明らかにできると考えてのことである[11]。そして、このような問題を考える際には、既存の研究が「最初から失敗が限りなく不可避だった」としてあまり検討を加えていない紛争後のマスハドフ政権の政策的取組みとその挫折を丁寧に再考し、分析する作業が欠かせないと本書は考えているのである。

第3項 マスハドフ政権による戦後政策を理解するに当たって

次節以降でマスハドフ政権が紛争後のチェチェン国内の課題とロシアとの間で抱えていた課題を改善するために取り組んだ政策について取り上げるが、ここで前もって確認しておきたいことがある。紛争後のチェチェンは、一部の人道支援機関を除けば、国際機関による大規模な支援事業はなく、結果として当事者の意思や思惑とは関係なく、紛争地自身によって平和の定着や国家の再建という事業に取り組む必要があった。そして紛争後のチェチェンの諸課題は、ロシアとの関係をいかに構築するのかという問題と密接に結びついていた。

筆者は、以下でマスハドフ政権の戦後政策を四つの観点──対露・国内・地域・「外交」という四つの政策対象領域──からまとめるが、それぞれの政策は当初から政権にとって等しい重要性を持っていて、同じ時に同じだけの労力で取り組まれたものとは考えていない。前の二つ（対露問題と国内問題）は、チェチェン紛争の「二重の対立構造」──連邦中央との「領域をめぐる対立」とチェチェン内部の「政府をめぐる対立」──を想起すれば分かるように政権が紛争後にチェチェンを安定させるためには対面せざる得ない問題領域である。これに対して後の二つは、それを改善しなければ──すなわち地域関係や国際関係の悪化が──紛争再発に結びつくというような問題ではなく、むしろ紛争後のチェチェンの対露問題や国内問題に鑑みて、マスハドフ政権が地域的、国際的に働きかけることが平和定着に寄与すると考え、政策に取り組んだ問題領域である（図9）。したがって、ここで挙げている四つの政策対象領域には違いがある。

加えて、これらの政策は、重点的に取り組まれた時期などの相違もある。その理由については改めて次章以降で明らかにするが、前もってその理由を一つここで挙げるならば、ロシアとの関係という難しい問題が他の政策領域の障壁となったり、あるいは他の政策領域に重点的に取り組む必要性を生んだりし

191

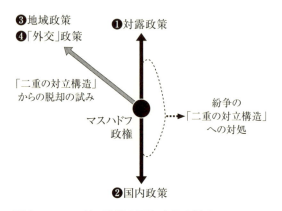

図9　マスハドフ政権の平和定着の試み
出典：筆者作成

たということである。なお、本書が分類する四つの政策対象領域のうち地域政策と「外交」政策は重なる部分が多い。地域政策でマスハドフ政権が主に働きかけたのは、国境を接するグルジアと石油パイプラインの始点であるアゼルバイジャンであり、ここで意味する地域は主に南コーカサスを指している。南コーカサスを対象とするのであれば、グルジアもアゼルバイジャンも独立国なので、これも「外交」政策に含まれるのではないかと思われるかもしれない。ここであえて地域政策と「外交」政策を分けている理由は二つある。

　第一に、マスハドフ政権として主に働きかけたのは、グルジアとアゼルバイジャンであったが、コーカサスに対する包括的な政策を議論する際にそれ以外の国を排除していたわけではなく、前提として南北コーカサス地域を含んで政策を展開していた。後述する「コーカサス共通の家」や「コーカサス共通市場」などの構想はまさにそれであり、首脳級会談には南北コーカサスの各共和国が参加を呼びかけられたこともその証左となろう[12]。

　第二に、かつて共にソ連を構成し、長い間一定の地域的な関係性を持っていたコーカサスという地域はソ連解体後に南コーカサスの諸共和国が独立した後も、一定の地域的・文化的関係性を保持し続けた。地域政策と「外交」政策というようにあえて分類する背景には、ソ連空間を共有せず地理的にも隣接しない国家とチェチェンの関係を、ソ連空間を共有し地理的にも隣接し一定の文化的均質性を保持する国家との関係[13]と同列に扱うことへの違和感もある[14]。特に地域政策では「未承認国家」問題はさほど顕在化しないが、「外交」政策では顕在化するということなどを理解すると、やはりこうした差別化の必要はあると判断した[15]。

　以下では、まずチェチェン紛争の「二重の対立構造」の一つである、チェチェンがロシアとの間で抱えていた問題（「領域をめぐる対立」＝分離独立問題）

第3章　マスハドフ政権の平和定着の試みと挫折（1997-99）

についてマスハドフ政権が(1)いかなる方針や政策目的を掲げ、(2)どのような政策に取り組み、(3)これがどんな問題に直面し、政権はいかなる対応（政策変更や妥協）をとったのかを明らかにする。同様の方法で紛争の「二重の対立構造」のもう一方、つまりチェチェン内部で生じた問題（「政府をめぐる対立」）に対するマスハドフ政権の取組みを明らかにする。その後、これら「二重の対立構造」から生じる問題を改善し、紛争後のチェチェンを安定させるためにマスハドフ政権が取り組んだ地域・「外交」政策についても明らかにする。以上の作業を通して、マスハドフ政権が紛争後にどのように平和の定着を試みたのかを明らかにする。

第2節　対露政策

第1項　マスハドフの対露政策の三つの柱：
　　　チェチェンが得るべき地位

ここではマスハドフがどのような対露認識を持っていたのかということについて、チェチェンとロシアがいかなる関係を築くべきだと考えていたのかを素材に明らかにしていきたい。

マスハドフはハサヴユルト協定でチェチェンとロシアの法的・政治的地位が5年間棚上げされたことについて、以下のように述べている。

> 私は会談の際に常にこういっていた。今日はロシアとチェチェンの地位について議論するのをやめないか？　紛争前であれば、タタールスタン、あるいはバシコルトスタン[16]の文脈でロシアとチェチェンの関係も議論することができたかもしれない。だが、いまはチェチェンを独立国と見なそうとすれば、ロシア指導部は「何のために兵は犠牲になったのか」と追及されるし、我々が何らかの（独立以外の政治的地位に関する）案に同意したら、私たちも「何のために闘ったのか」と追及を受ける。こうして我々は「先延ばしする」ということになった。戦争を終わらせて、座って考えよう（*Новое время*, No. 38, 1996 г., С.7）[17]。

この発言をみると、マスハドフがチェチェンの地位の棚上げを積極的に提唱し、この問題と対面することを避けていたように映るかもしれないが、実際に

表3-2　マスハドフの対露政策の三つの柱
(1) 主権国家 or 国際法の主体としてのチェチェン国家
(2) 経済・防衛空間をロシアとの間で共有する
(3) 外交権を保持し、これを行使する

出典：筆者作成

はそうではない。マスハドフは、紛争の終結とチェチェンの地位問題を関連づけて同時に議論すれば、和平はそもそも困難だと認識し、これを切り離すことを推進したということである。このように考えると、和平に至ればロシアとの問題には再び対面せざるを得ないし、これを改善することなくして、チェチェンの安定は困難だということにもなる。だから、マスハドフの大統領選挙の公約（*ГР*, 23-30 января 1997 г.）でも「防衛・外交関係」の最も重要な問題としてロシアとの関係が挙げられていたのである。

　では、具体的にロシアとどのような関係を築き、チェチェンはいかなる法的・政治的地位を得るべきだとマスハドフは考えていたのだろうか。筆者は、マスハドフの対露政策には三つの主要な柱があったと考えている（表3-2）[18]。その一つ目の柱は、チェチェンを主権国家として、あるいは国際法の主体として捉え、この権利をロシアに認めさせなければならないと考えていたことが挙げられる。例えば、前述のインタビューでも、続けて以下のように述べている。

　　チェチェン国民が再び追放や攻撃を恐れることのないようにする。もしも何かあった時に、チェチェン国民が「これはまったくロシアの国内問題ではない」と確実に表明できるようにしたい。我々は国際法の主体となることを望む（*Новое время*, №. 38, 1996 г., C.7）[19]。

　こうした主張はその後も確認されている。他方で、このことはロシアから完全に分離することを意味しているわけではない。実際にマスハドフは、97年8月にエリツィンと会談した際に「チェチェンとロシアは相互に戦略的利害を有している」「チェチェンはロシアの傍におり、どこにも飛び去ることはない」と話した（*ГР*, 21-27 августа 1997 г.）[20]。確かにマスハドフは、チェチェンは独立国家（Независимое государство）だと繰り返し発言していた。だが、この「国家」は、等しく独立国家であるロシア連邦と相互関係を規定する必要があり、その

第3章　マスハドフ政権の平和定着の試みと挫折 (1997-99)

際に両者の関係を定めるのは、ハサヴユルト協定や平和条約で同意したように国際法（条約）でなければならないという立場をとっていた。マスハドフは、これが定められてこそ、チェチェンの主権が（ロシアにも）政治的に認められると考えた[21]。

　二つ目の柱は、このこと、すなわちロシアとの間で主権国家間の同盟形成——より具体的には経済・防衛空間を共有すること——を目指すというものである。これは、ドゥダーエフが紛争前に述べていたとされる「共通の防衛圏（Общая оборона）、エネルギー事業（Общая энергетика）、金融システム（Общая финансовая система）」とも類似しているが、以下の点を確認する必要がある。一つは、マスハドフがエネルギー事業についてロシア以外の国との間に合意を形成することに強い意欲を示していたこと——これは地域政策や「外交」政策で取り上げる石油パイプライン事業や国際投資への期待があったから——である。また、ロシアとの経済関係についても慎重に交渉する必要性を強調していた。そこには、ロシアに過度に依存することへの警戒感があった。選挙公約では以下のようにも言及している。

　　ロシアとの関係では、将来における私たちの隷属〔Закабаление〕、とりわけ完全な経済的従属は排除するものでなければならない。これは自分たちの資源やポテンシャル、そして国際的な経済統合の特典というものを十分に把握しつつ進めていかなければならない。（この過程での）あらゆる種類の（ロシアからの）封鎖の可能性も除外してはいけない、もし除外するような関係を築けば、自治的な（地位での）生存へと向かう準備をしなければならなくなるからである（ГР, 23-30 января 1997 г.）。

　主権国家であるが、経済・軍事空間を共有するというと、それは名目的な主権国家に過ぎなかったソ連邦構成共和国や、自らは主権国家だと憲法に規定してロシアと連邦条約や権限区分条約を締結したタタールスタンの例も思い浮かぶ。だが、これらとマスハドフの主張する地位は異なる。表3-3は、その違いをまとめた表、すなわちマスハドフが対露方針を策定した97年当時にすでに先例として存在していたソ連邦・ロシア連邦における自治単位の法的・政治的地位と、マスハドフ政権がロシアとの交渉で掲げていた（目標としていた）法的・政治的地位を比較した表である[22]。

表3-3 自治権や国家的地位をめぐる相違点

選択肢	法的位置づけ	経済的独立性	軍事的独立性	政治的独立性	国際法上の主体性
(1) 自治共和国	自治単位	極めて低い	なし	低い	なし
(2) ソ連邦構成共和国	主権国家	低い	なし	低い	なし（あると主張）
(3) タタールスタン	連邦内の自治単位だが自らは主権国家を主張	ある程度高い	ほぼなし	高い	なし（ただし専轄事項で外交・対外経済活動に言及）
(4) マスハドフの主張	主権（独立）国家	ある程度高い	高い	独立	あり

出典：筆者作成
(1)はチェチェンの元々の地位で、参考のために記載。

　まずタタールスタンとの違いだが、これはマスハドフがタタール型解決を受け入れられないと述べていたことで明らかである。タタールスタンは92年憲法では自らを主権的国家と位置づけていたが、実際にロシアと調印した権限区分条約にはタタールスタンが求めていた「主権国家」の文言はなかった（塩川 2007a, pp.136-141; 小杉 2012）[23]。またタタールスタンの場合、そもそもタタール人は民族運動の過程で独自の軍を形成するなどしておらず、連邦からの軍事的独立性もほとんどなかった。タタールスタンとマスハドフの主張する国家像が一致するのは、対外経済活動、特にロシアやその外部との経済的関係だろう。タタールスタンは、権限区分条約でロシア連邦憲法に抵触しない限りにおいて外国との協定締結と国際組織への活動参加が共和国の管轄事項として認められており（第2条第2項第11号）[24]、主に経済面でこの権利は行使された。例えば1990年代には石油を外国に輸出し、外国からは投資を受けるなど独自の対外経済関係を持っていた（Makarychev and Valuev 2002）[25]。政治的にもシャイミーエフ大統領の統治下（1991-2010年）はほとんど連邦から介入を受けず、政治的な独立性はかなり高かったと評価できよう。ただし、繰り返しになるが、こうした権利やそれに伴う連邦からの自立性は、ロシア連邦内でタタールスタンが連邦から認められた共和国管轄権を行使した結果として生じていたものであり、「主権国家」としてのタタールスタンが保持する権利ではなかったのである。

　ソ連邦構成共和国とマスハドフの主張する国家像は、法的地位（権利）においては一致する。ランスコイ（Lanskoy 2003, p.188）は、「独立よりも国際法の主

第 3 章　マスハドフ政権の平和定着の試みと挫折（1997-99）

体」という言葉をマスハドフがよく用いていたことなどを考えると、やはりその地位はソ連邦構成共和国に似ているとし、マスハドフの言葉はこのような妥協を暗に示していたが、彼自身はその可能性について詳しく説明していなかったと述べる。だが、筆者はソ連邦構成共和国が現実に行使できた権利を考えた時、そのような権利では、マスハドフの掲げていた要求は満たされないと考える。

　広く知られているようにソ連邦構成共和国が有していた主権は多くの場合、ソ連体制下では行使できないようになっており、連邦からの離脱権も外交権も、軍事的権利も名目的なものに過ぎなかった（塩川 2007b, pp.47-52）[26]。したがって、国際法の主体として見なされることも一部例外（ウクライナとベラルーシの国連加盟）を除きなかった。これに対して、マスハドフは繰り返し国際法の主体であることを重要な条件に挙げており、法的にはこれらの権利が保障されながら——実態としては名目的なものに過ぎず——行使できなかったソ連邦構成共和国とマスハドフの考える国家の法的・政治的権利の間には明らかな違いがある。

　マスハドフ政権の対露政策の三つ目の柱として、このような国際法上の主体としての証明、すなわち外交権を獲得することが必要だと認識していた点が挙げられよう。外交権について具体的に言及するのは、前述の二つの柱と比較して少し遅い時期で、具体的には大統領に就任し、ロシアとの交渉に取り組む過程で現れてきた。例えば、1997 年 8 月のエリツィンとの会談に際してチェチェン国民に対し、外交関係を伴ったチェチェン・ロシア間の包括的な条約形成を提議すると述べた（ГР, 21-27 августа 1997 г.）。これはチェチェンが外交権を保持した形でロシアとの間で合意形成を目指す意欲を示したものであった。しかし、外交能力を保持する国家としてチェチェンがロシア以外の国とも合意形成を目指していたのは、マスハドフの発言（ГР, 23-30 января 1997 г.）から明らかである。

　このようなマスハドフ政権の対露政策をまとめると、その目的は、ロシアにチェチェンの「独立」を認めさせる（＝ロシアと決別し、完全な独立性を保持する）ことにあったのではなく、「主権」を認めさせる（＝ロシアと関係を保持しつつ政治的・法的独立性を担保する）ことにあったといえよう。この際、重ねて確認するべき点は、ここで出て来る「主権」という言葉は、確かにランスコイが述べるような「独立」と「主権」を分けて考えるソ連邦的発想から出て来ている素地はあるものの、他方でソ連邦構成共和国の名目的主権とは一線を画すものでもあるということである。外交権の行使などを通して外的主権を現実に行使す

ることを考えていた点、さらに内的主権についても政治的独立性（統治権）を担保しようとしていた点に鑑みれば、マスハドフ政権の主張する「主権」には、原則として自らの意志に反して外部からその行使を制限されることはないという意味において国際政治や国際法で登場する至高の権利としての主権の要素も含まれていたように思う[27]。

　独立をあえて大々的には問題にしなかったことは、「独立」という表現を前面に出せば、ロシアとの交渉が事実上不可能になる可能性が高いことに加えて、当時、マスハドフやチェチェンの人々に限らず、ロシアの方からもチェチェンは「事実上の独立状態」（Де-факто независимость）や「未承認国家」（Непризнанное государство）などと形容されていたことも関係していよう[28]。しかし、いずれにしても、これ（国家性）をいかにロシアとの話し合いを通して実体を持たせた（承認を得る）ものにするのか、そして、その上でどのようにチェチェンの安定を図っていくのかということにマスハドフ政権は対面する必要があった。ここで取り上げてきた対露政策の三つの柱は、いわばこうした課題に対するマスハドフ政権の対処方針の表れとして理解できよう。では、具体的にマスハドフ政権がどのように対露政策に取り組んでいき、どのような問題に直面したのか、検討していきたい。

第2項　経済的関係の前進と法的・政治的関係の足踏み

　1997年2月、マスハドフは「ロシア連邦との交渉に関わる政府委員会」（Комиссия правительства по переговорам с РФ：以下、対露交渉委員会と略記）を設置し、委員長に第一副首相のウドゥーゴフを任命した[29]。この委員会には、内相に加え、チェチェンの国営石油企業「南部石油会社」総裁、さらに民族問題と政治問題に関する大統領顧問がそれぞれ参加した[30]。後に反マスハドフ派と強い連携をするウドゥーゴフがどういう経緯で対露交渉委員会の委員長に任命されたのかは分からないが、彼もマスハドフの対露政策の方針に従い、交渉に参加した。

　ロシアとチェチェンの交渉（表3−4参照）は、両者の法的・政治的関係については平和条約でもハサヴユルト協定の内容を追認する合意にしか至れなかったこともあり、比較的合意に至りやすい経済交渉を優先する形で話し合いが進んだ。平和条約の合意の際にも「経済協力整備に関わる合意」に至り、ロシアとチェチェンが96年11月に合意に至っていたチェチェンの居住地区にお

第3章　マスハドフ政権の平和定着の試みと挫折（1997-99）

ける住宅インフラの復興、年金や手当、公務員労賃の支払い、戦争被害者への補償金の支払い、チェチェンの復興事業などを実現することが確認された[31]。その後も、関税協定や石油パイプラインの再稼働と通行税に関する合意――詳細は4節で取り上げる――にも至った。このように97年5月から9月までにロシアとチェチェンは一定の経済的合意を締結することに成功したので（表3-4）、再び法的・政治的地位に関する合意形成を目指した。

　モスクワの対チェチェン交渉姿勢は、かねてより一貫しており、「チェチェンはロシア連邦の構成主体である」という一言に尽きた。チェチェン側（ウドゥーゴフ委員長）からすれば、平和条約で「国際法に基づき両者の今後の関係を規定する」とした時点で独立を承認したに等しい（*НГ*, 15 октября 1997 г.）のだが、ロシア側からすれば「それはあくまでも今後の合意について指摘したもの」で、現時点ではチェチェンはロシアの一部であるという認識を持っていた。ロシア側の交渉担当者であったルィプキン（Rybkin 1998, p.98）安全保障会議書記は、「私たちの連邦の特別な構成主体としてすべての分野において最大限の自由を与える用意がある」としたものの、「外交や対外経済政策については連邦省庁からのみ行われるものである」と主張していた。

　またロシア側には、ハサヴユルト協定も平和条約も法的な性質を伴わないと主張する当局者もいた。例えばハサヴユルト協定の際にコヴァリョフ（В. Ковалев）法務大臣は「政治宣言であり、法的なものではない」と主張していたし（Осмаев 2008, С.757）、平和条約についてですら、ヤストルジェムブスキー（С. Ястржембский）大統領府報道官は、「倫理的、政治的なものであり、法的な性質は有さない」とし、合意に記載された「国際法」という文句についても「ロシア連邦法体系の構造の一部」と理解していると述べた（*Коммерсантъ*, 13 мая 1997 г.）[32]。

　このようにチェチェンとロシアの交渉に関わる指導者の間では著しい認識の相違があったため、8月のエリツィン・マスハドフ会談[33]の後、9月に設立された条約案準備のための共同委員会（*ГР*, 21-27 августа 1997 г.; Распоряжение Президента РФ от 22 сентября 1997 г. № 385-рп）[34]では、三つの作業部会が設置され話し合いが進められることとなった[35]。そして法的・政治的な地位に関しては、とりあえずそれぞれが素案をまとめるということになった。この素案作成の過程では、双方の内部でもどのように関係を規定するのかということについて意見の不一致があったようである。例えば、ヤストルジェムブスキー連邦大統

199

表３−４　ロシアとチェチェンの交渉年表（1997-99 年）

年 月	交渉・合意内容
97/2	モスクワおよびイングーシで交渉：平和条約と経済問題を議論
97/4	グローズヌィで交渉
97/5	平和条約締結 経済協力整備に関わる合意、ロシア連邦銀行とチェチェン国立銀行間での協定締結
97/6	ロシアとチェチェンが農業復興協定に調印 ロシアのチェルノムイルジン首相とマスハドフがソチで銀行・関税・石油事業における協力に関する覚書（Меморандум о сотрудничестве в банковском, таможенном и нефтяном деле）に調印
97/7	ロシア・チェチェン関税協定（Таможенное соглашение между РФ и ЧРИ）調印
97/8	エリツィンとマスハドフが会談：ロシアとチェチェンの関係に関する合同作業委員会設置に合意
97/9	カスピ海石油初期輸送協定（Соглашение о транзите и ранней Каспийской нефти между РФ и ЧРИ）に調印 ロシアとチェチェンがソチで交渉：合意形成のための三つの作業グループの設立に合意
97/10	ルイブキンとマスハドフがグローズヌィで非公式会談 条約策定合同準備委員会が開催：グローズヌィ空港の国際空港化や経済問題などを議論
97/12	ルイブキンとマスハドフがグローズヌィで会談
98/1	ルイブキンがマスハドフと会談 ロシアのアブドゥラティポフ副首相とチェチェン指導部代表が会談 ロシア代表団とチェチェン代表団がグローズヌィで会談（1/17-23：集中討議）
98/2	ルイブキンとマスハドフがグローズヌィで会談：拉致問題、経済問題、ロシア・チェチェン交渉委員会について議論
98/4	ロシア・ステパーシン内相代行とマハシェフ・チェチェン共和国内相がモスクワで会談
98/5	ロシアとチェチェンの内務省・法務省・検事局間の相互援助・協力協定の締結
98/8	マスハドフとロシアのキリエンコ首相の会談
98/10	ロシアのプリマコフ首相とマスハドフがヴラディカフカースで会談
99/1	ステパーシン内相とマスハドフがイングーシで会談
99/4	プリマコフ首相は、チェチェンに未払いの石油輸送料の支払いを命令
99/5	ステパーシン首相とマスハドフがイングーシ共和国のマガスで会談
99/7	マスハドフがロシアとの交渉に関して独立問題以外では妥協する意向を発表 ロシア内務省とチェチェン保安機関が追加議定書に署名 ミハイロフ・ロシア民族問題相とマハシェフ・チェチェン共和国副首相がスタヴロポリで会談

出典：報道資料などから筆者作成。全体年表については巻末資料「チェチェン関係年表」を参照されたい。
ЧРИ：Чеченская Республика Ичкерия, チェチェン・イチケリア共和国

第3章　マスハドフ政権の平和定着の試みと挫折（1997-99）

表3-5　法的・政治的地位をめぐるロシアとチェチェンの認識の相違

	ロシア政府側の提示する合意素案	チェチェン政府側の提示する合意素案
名　称	「相互の全権代表に関わる条約」	「善隣協力条約」
法的・政治的地位	自らの憲法、立法府を持つチェチェン共和国は、共和国の国家機構システムを自ら樹立し、ロシア連邦の管轄する権限を除き、その領土において全権的な国家権威を有する。	チェチェン・イチケリア共和国とロシア連邦は相互にその主権、独立を認め、外交・領事関係を樹立する。
外交・対外関係	チェチェン共和国は、その参加がロシア連邦の締結している国際条約に抵触しない限りにおいて自ら国際的、対外経済的な関係、国際機構や国際基金の活動に参加することができる	・ロシア連邦はチェチェン共和国の国連、OSCE、CISへの参加に協力をする ・双方の最も高い地位にある条約当事者が国際関係における多元的協力を調整することが適切である
対立の改善方法	当該条約に関する（法的）紛争や意見の不一致が生じた場合、調停手続きか、あるいはロシア連邦憲法規定によって解決する	当該条約の解釈や規定の適用に関する（法的）紛争は、国連憲章33条に従って、国際的な紛争解決手段によって解決するべきである
賠償問題	チェチェンへの損害賠償に関する条項はない	双方の最も高い地位にある条約当事者は、チェチェン国家と国民の戦時中における物質的・倫理的な損害の規模を明確にすることに同意し、ロシア側は指定された損害の程度に応じて〇〇年までに賠償する義務を有する

出典：コメルサント紙（*Коммерсантъ*, 15 октября 1997 г.）より筆者作成

領府報道官は、「チェチェンとロシアが国際的関係を樹立することは不可能だ」と述べていたが、逆にアブドゥラティポフ連邦副首相は「チェチェンをロシア連邦構成主体としながら（チェチェンと）条約を形成することは不可能だ」とし、「合意形成が可能な新しい解決策でなければならない」と主張していた（*НГ*, 18 сентября 1997 г.）。

　このような議論を経て1997年10月頃までには双方の素案が完成したようである（表3-5）。当時の報道では素案の中身についてあまり詳細に取り上げていないので、実態は不透明な部分も多いが、ここではコメルサント紙を参照し、そこで言及されている素案について検討を加えてみたい[36]。

　まずロシア側の素案では、「チェチェンは連邦の管轄事項以外のすべての権利を保持する」とし、連邦の管轄事項である外交に関しても、「ロシア連邦が締結した国際条約に矛盾しない限りにおいて」国際機構に直接参加する権利などが認められている。対立が生じた場合にロシア連邦憲法などでこれを改善す

るとしているように、基本的に既存の連邦の枠組み内でチェチェンに最大限の権利を与えるというものである。このような文言をみると、ソ連邦構成共和国の法的な権利に実体を持たせたような形（表3-3参照）を提示していたといえなくもない。

これに対してチェチェン側の素案では、あくまでも合意は主権独立国家間の国際的条約と位置づけている。かつてマスハドフが「もしも何かあった時に『ロシアの国内問題ではない』と確実に表明できるようにしたい」と述べたように、対立が生じた際は国際的な仲介を求めるよう規定している。さらに第一次紛争に関わる賠償についてロシア側に支払い義務があると記載している——なおロシア側は一度合意した賠償（既述の96年11月の政府間合意）について素案では記載していないが、経済的支援などで代えるつもりだった可能性がある。

双方の素案をみると、実は外交的な権利に関してはある程度接近しており、合意可能性があることが分かる。ロシアの案では、「ロシアが締結した国際条約に抵触しない限り」国際組織や対外経済関係を結ぶことができるので、チェチェンの案で挙げられている国連、OSCE、CISなどロシアがすでに加盟している機関にはチェチェンも——現実的にどのような手順を踏むのか、どのような地位で参加するのかには留保しても——参加できる可能性が高い[37]。逆にチェチェンの案では、ロシアと対外関係を調整する余地を残しているので、これはロシアの意向（ロシアが締結した国際条約）を無視するわけではないと読み取れる[38]。すでにロシアとチェチェンの間では共通の経済・防衛空間を共有することについてはコンセンサスが形成されていたので、双方の関係、およびチェチェンと第三国の間で樹立可能な関係を、国家の外的主権の発露たる「外交関係」（Дипломатическое отношение）とするか、より抽象的な意味合いを含む「国際関係」（Международное отношение）とするかには意見の相違はあったものの、権利の中身では接近していたのである。

紛争の調停に関してもまだ調整の余地はあった。すなわち、ロシアの案では連邦憲法以外に別の調停手続きも——どのような形かは不透明だが——考えていたようであり、ロシア側がここで国際的な調停手続きを認め、チェチェン側がロシア連邦憲法も調停の際に参考にすることなどを認めれば、調整がまったく困難であったわけではない。他方で、両者の法的・政治的な地位については、まだ認識の差は大きかった。ロシアの案はチェチェンを連邦の一部とはっきり規定していないものの連邦構成主体であることが読み取れ、チェチェン側の強

第3章　マスハドフ政権の平和定着の試みと挫折（1997-99）

い反発が想像される。チェチェンの案では独立の文言が含まれていたので、ロシア側はこれを容認することが困難である。

　ただ、妥協によっても調整はまったく不可能であったのかといえばそうではない。例えば可能性としては中間的な地位——すなわち主権国家間の同盟のような形——とし、対外関係を樹立する権利については表現面での調整と詳細な手続きを別に定めることとし、「独立」や「外交」などの文言を国家的地位に関わる記述からは取り除くという形が考えられる。実際にルィプキンは98年3月——当事者の間である程度、議論し尽くされ、棚上げされていた時期——に「チェチェンはいつでもロシアと同盟的関係（Союзническое отношение）を形成できる」と述べていた（Известия, 19 марта 1998 г.）。したがって、こうした想定は、チェチェンとロシアの交渉当事者の一部に認識としてはあったのだろう[39]。だが素案一つにしても、両政府（交渉主体）間での調整はもとより、その内部での意見の集約や調整も非常に困難なものであった。

　例えば素案は、ロシア連邦下院の審理にかけるとしていたが[40]、これがなかなか進まなかった——これは条約交渉が実質的に立法機関抜き（調印後の議会報告のみ）で行われたタタールスタンとの権限区分条約（小杉 2011, pp.26-27）とは対照的である[41]。下院はチェチェン問題の平和的解決を訴えながらも、他方で将来的に独立を認めることになりかねないチェチェン側の素案に反発し、チェチェン問題に関する聴取会でもこの問題を扱わなかった。ロシア側の交渉担当であり、交渉推進派であったアブドゥラティポフは「私たちの議員は現実的な情勢分析を受け入れる準備ができていない、この深刻な問題の愉快な解決策があると安心している」と議会を批判し、その聴取にも参加しなかった（НГ, 15 октября 1997 г.）。また同じく交渉推進派であったルィプキンは、「ロシア領土内における自治領的（Самоуправляющейся）共和国」[42]というような地位がチェチェンに提供できるかもしれないと述べたようだが、ユリエフ下院副報道官は「法的には可能でも非現実的」とし、議会はチェチェンが連邦構成主体のままであることを望んでいるので、このような地位を認める特別法の採択に必要な（議会の）2／3の同意も得られないと断じた（Известия, 29 ноября 1997 г.）[43]。

　チェチェン内部にも異論はあり、ラドゥーエフやヤンダルビエフなどは元々政権の対露政策を公然と激しく批判していたが（後述）、対露交渉委員会のメンバーであったアブムスリモフ大統領政治顧問（ヤンダルビエフの側近）もその一人だった。彼が政治顧問に任用されたのは国内的な勢力均衡の観点からだ

が（次節で言及する）、おそらく独立を譲らなかったのは彼やウドゥーゴフだったろうと思われる。また政権を離脱したバサーエフの政党は、ロシアとチェチェンが共通の軍事・経済空間を共有するというマスハドフの方針にすら公然と異論を唱え、対露政策を批判していた（*ГР*, 13-19 ноября 1997 г.)。

こうした素案をめぐる双方の国内的な意見の不一致もあり、法的・政治的地位の交渉が進展しないことで、マスハドフは97年10月頃からはルィプキンとの直接会談に乗り出していたが、それでも状況は改善されなかった。このようにしてウドゥーゴフが述べていた「ロシアが法的・外交的関係を形成することに同意しないならば、まず我々は他の国との外交関係を構築し、その後にロシアということにならざるを得ない」（*НГ*, 15 октября 1997 г.) ということが現実になった。チェチェン政府は、ロシア以外の国への働きかけを加速させていったのである（これについては4、5節で詳述する）。またロシアとの交渉でも合意困難な法的・政治的地位に関する議論は後回しにされ、共同委員会の作業部会でいえば、経済と安全保障問題に交渉はシフトしていくこととなった。

第3項　経済的合意履行をめぐる問題と治安・安全保障問題

1997年12月に首相代行に任命され、98年1月にロシア代表団とも会談したバサーエフは、「チェチェンはすでに独立国であり、ロシアはこれを承認しないといけない」という立場（*ГР*, 13-19 ноября 1997 г.) をとっていたので、この内閣で法的・政治的関係が前進する見込みはほとんどなかった[44]。マスハドフによるバサーエフへの就任打診は97年11月頃だが、この時期にロシアとチェチェンは交渉の議論を関税問題や合意した経済協力の履行問題へとシフトしていた。ここで議題となった経済合意の履行は根深い問題であった。

例えばエリツィンは97年8月にマスハドフと会談した際に「連邦はチェチェンに8000億ルーブル割り当てたが、チェチェン国立銀行は1200億ルーブルしか受け取っていないことが分かった」と述べた。エリツィンは、「連邦からチェチェンに資金を拠出する際に監視していなかった」として、「この金はどこかに消えた」と弁明した（*НГ*, 19 августа 1997 г.)。この件については、チェチェンとロシアが共に資金の流れを確認することで対応するとしたが、少なくとも97年8月には経済合意の履行問題はすでに表面化していたことになる。

それ以後もこの問題は継続してチェチェン・ロシア間の懸案事項であった。バサーエフは、97年11月の時点で「今年、ロシア連邦はチェチェン共和国へ

第3章 マスハドフ政権の平和定着の試みと挫折（1997-99）

の融資（финансирование）として4億7000万ルーブルを計上したが、私たちはそれを受け取っていない」として、合意に署名したエリツィンやチェルノムイルジン首相などの指示が官僚たちに無視されていると不満を表明した（*ГР*, 13-19 ноября 1997 г.）[45]。このことは、ロシア側の交渉担当者も問題だと認識しており、ルィプキンは98年1月に「チェチェンとの関係において最も良い（紛争の）予防的措置は、97年5月に合意した経済協定を実現することにある」と述べた（*НГ*, января 1998 г.）。その発言の数日後、チェチェンを訪問し、実情を見たルィプキンは「チェチェンの経済復興事業のための連邦の金額を執行するのでは、グローズヌィだけではなく、モスクワにとっても十分ではないと認識した」と語った（*НГ*, 15 января 1998 г.）。

　他方で、少なからぬ復興資金をチェチェンに支給するためには、ロシアの国内世論[46]や議会への説明責任の観点からチェチェンにもロシア政府の懸念に応えてもらう必要があった。こうして交渉は、次第にチェチェンの治安や安全保障の問題へと移っていった。ここで議論になるのは、内務省間の情報共有やロシア人などが拉致されている事件への対応、国境警備の問題などである（表3-4の98年2月会談などを参照）。この合意は98年5月に至るが、それ以後もこの問題は度々表面化した。ロシア人高官の拉致事件などが発生したからである。このような事態に至ると双方による批判合戦が始まり、交渉は進まなくなる。チェチェンの国内事情やロシアの財政危機などもあり、交渉は停滞していく。

　だが、プリマコフの首相就任（1998年9月）に伴い交渉も一時的に活性化する[47]。具体的にはプリマコフが11月にマスハドフと北オセティアで会談し、一定の合意に至ることで予算支給の見込みが出て来たことが挙げられる。プリマコフ（2002, p.194）によれば、拉致対策のための司法協力、ロシア側がチェチェン企業の復興支援やロシアからチェチェンに強制送還された住民への補償金の支払い[48]、年金の支払いを行った後、マスハドフが「テロリスト勢力と本格的な闘いを開始し、彼らをせん滅する」という合意であったという。当時の報道（*Известия*, 9 декабря 1998 г.）によれば、プリマコフは会談の後、チェチェンへの資金の拠出のために省庁に指示を出し、これには石油通行料の支払い、年金、公務員給与の支払いなどが含まれていた。

　チェチェンのクルバノフ財相は、会談直後の取材に現状1ルーブルたりともロシアから支払いはないとしながらも、ロシア側が99年初めには支払いを

表3−6　対露交渉課題とその合意の有無（1997-99年）

交渉課題	時　期	合意締結の有無
法的・政治的地位	1997/1-12	なし：ただし双方共に素案はまとめる
経済協力	1997/2-	あり：ただし履行をめぐって問題が顕在化
治安・安全保障	1998/1-	あり：ただし履行をめぐって問題が顕在化

出典：筆者作成

開始すると聞いているとして期待を寄せていた（Голос Чеченской Республики, 26 ноября 1998 г.）[49]。実際に99年1月になると7000万ルーブルの労賃がチェチェンに支払われたというが（ГР, 4-11 февраля 1999 г.）[50]、1カ月に少なくとも必要とされる公務員などの労賃が1050万ルーブルなのでこれは最大6カ月分であった（ГР, 11-17 февраля 1999 г.）。ただ紛争後、ほとんど労賃は未払いであったので借金の返済（未払い給与の支払い）で大部分消えてしまう可能性が高く、今後の支払いもどれほど継続できるのか不透明であったようである。

こうして部分的に改善の兆しがみられたものの、プリマコフが「マスハドフはウドゥーゴフ外相の解任[51]以外、前述の合意条件を履行しなかった、あるいはできなかった」と述べているように、結局、状況を根本的に改善できるような合意の履行には双方共に至らなかった。その要因についての検討は次章で行うが、十分な資金を獲得する前にチェチェンのマスハドフ政権が統治能力を著しく低下させる状況に陥ってしまったことが対露交渉の文脈でも大きかった。

以上のような交渉の推移（表3−6）をみるならば、実はチェチェンとロシアの法的・政治的地位については最初の1年間だけ交渉の議題にあがり、そこで積極的に議論されたものの、結局、合意の見込みが立たず、主要な議題としては再び棚上げされた事実に気づく。マスハドフは、ロシアとの法的・政治的関係に関して自らの目標をある程度明確にして交渉に臨んだが、それでもロシアとチェチェンの間で合意に至ることはできなかった。その理由について、ここではロシア・チェチェン双方（交渉担当者）の認識の相違、双方内部（大統領府や内閣府、議会と政府など）での意見の不一致などを挙げたが、これらについての分析は第4章2節で行いたい。また合意に至ることができた交渉課題（経済協力、治安・安全保障）においてもその履行という問題が最後まで残り続けた。チェチェン側は、ロシアの経済協力の未履行を問題にし、ロシア側はチェチェンの治安や安全保障協力における合意の未履行を問題にした。ここでも双方の

認識の溝は埋められないまま事態の深刻さだけが増していった。これらについてもなぜ合意が履行されなかったのかということの考察は第4章2節で行うこととしたい。

「二重の対立構造」のうち、ロシアとチェチェンの間で抱えていた「領域をめぐる対立」に対して以上のように取り組んできたマスハドフ政権であったが、もう一方のチェチェン国内における「政府をめぐる対立」に対しては、どのような政策目的や方針を持って取り組んでいったのであろうか、そしてそれはどの程度、成果を出すことができ、どのような経緯で挫折していったのであろうか。以下ではマスハドフ政権の平和定着の国内政策について明らかにする。

第3節　国内政策

第1項　マスハドフの政治運営方針：内閣の構成からの考察

紛争後の課題（前掲の表2－6参照）のうち、その多くは、実際のところマスハドフ政権のみでは取り組むことが不可能なものが多く、チェチェンの法的・政治的地位や地域・対外関係はもとより住民への戦後補償や経済運営の課題などもロシアとの交渉に関わる問題であった。このようなこともあり、国内政治的にまず大きな課題であったのは、チェチェン諸勢力間の和解と国家機能の再構築をいかに行うのかというものであった。

マスハドフはこれにどう取り組んだのだろうか。アリハッジエフ（P. Алихаджиев）国会議長（元野戦軍司令官）は、97年当時にマスハドフについて「紛争前も、紛争中も、紛争後もチェチェン人たちの間の調和を探求していた」と述べており（Мазаева 1997）、元外相のアフマドフ（Akhmadov and Lanskoy 2010, p.78）も「マスハドフは選挙で負けた反対派や少数派も含む形で（国内の）団結を維持したかった」と当時を回想している。これに対して、何人かの論者（北川 2000; Souleimanov 2005）は、「マスハドフは自分と同じ氏族を登用したことで非難された」とマスハドフが必ずしも調和や団結を追求していたわけではなかったと指摘している。

実際はどうだったのだろうか。ここでは、マスハドフ政権の紛争後の政治運営方針について簡単にまとめたい。筆者は、大統領選挙の後から紛争再発までにマスハドフの手によって形成された内閣は、紛争後にいかに国家を安定させていくのかという問題に対するマスハドフの方針を読み取る指標になり得ると

考える。そこで、ここでは 1997 年から 1999 年までの内閣の変遷を通して、マスハドフ政権の政治運営方針をひも解いていきたい。

　大統領選挙では、独立派は統一候補を立てることをせず[52]、しかも選挙の過程で候補者間のネガティヴ・キャンペーンも展開されたため[53]、チェチェン内部の対立――この場合、独立派と非独立派の間だけではなく、独立派内部も――が温存されることが懸念された。だがその後、実際に採られたマスハドフの政策は、国内の安定と諸勢力の調和やバランスを重視したものであった。

　マスハドフが形成した内閣の特徴として挙げられることは、第一に親露派[54]を含む非独立派諸勢力の登用を行い、それを紛争再発まで継続させたということである。一口に非独立派といっても多様な勢力がいたが、これらの勢力が独立派との「連立」という形で初めて参加した内閣は既述のようにヤンダルビエフ政権下で形成された。他方で、この「連立内閣」は、あくまでも大統領選挙までの暫定的な内閣であった。このことは、合意で求められていた「すべての勢力が参加した自由で民主的な選挙」が行われた後には、特段、この「連立」を継続させる必要性はないということも意味した――実際に、例えばこの「連立」が成立したのはヤンダルビエフ政権下であったが、非独立派勢力（特に親露派）の政権への登用を激しく批判したのも他でもなく彼だった。

　だが、マスハドフは選挙後に自ら形成した内閣においても非独立派の諸勢力を継続して登用することとした。確かに、この親露派勢力の登用は、ラドゥーエフやヤンダルビエフからの激しい批判（デモや抗議）を受け、数カ月で内閣改造を余儀なくされる[55]。そして、その後、内閣の性格は徐々に急進派や野戦軍司令官を中心としたものに変化していく（表3-7、表3-8）。こうしたその後の傾向もあり、第一次紛争後のマスハドフ政権に言及している研究（北川 2009, p.209）は、野戦軍司令官が内閣の中心を占めていた点を強調する傾向がある。だが、以下のような事実についてここでは確認しておこう。

　まず、こうした研究が指摘するような内閣の多数派を野戦軍司令官が占めていたという特徴は当初からあったものではなく、元々は非独立派諸勢力を含む多様な顔ぶれによって内閣が形成されていたということである。次に、改造の度に入閣する数は減っていったものの、それでも第二次紛争が発生するまで非独立派諸勢力は政権から排除されることはなく、閣僚として入閣し続けていたことである（表3-8参照）。このような事実をとってみても親露派を含む非独立派諸勢力を政権に登用するというマスハドフの方針が一過性のものではない

第3章 マスハドフ政権の平和定着の試みと挫折 (1997-99)

表3-7 紛争後のチェチェンの内閣とその特徴 (1997-99年)

内閣	第一次マスハドフ内閣	第二次マスハドフ内閣	第三次マスハドフ内閣
首相	マスハドフ(大統領兼務)	同左	同左
時期	1997.3.24-6.3	1997.6.3*-97.8	1997.8-98.3.5*
特徴	実務内閣	混成内閣 穏健独立派・急進派・親露派混成	経済内閣 ドシュカエフを第一副首相に
補足	ヤンダルビエフ暫定内閣の閣僚の8割を引継ぐ	野戦軍司令官を多数登用、親露派も継続入閣。役職増加、権力衝突	バサーエフ、ゲラーエフ、モフサエフを解任。経済閣僚を強化
内閣	バサーエフ内閣	第四次マスハドフ内閣	第五次マスハドフ内閣
首相	バサーエフ首相代行	マスハドフ(大統領兼務)	同左
時期	1998.3.5*-98.7.3	1998.7.3-98.10	1998.10-99.6
特徴	急進独立派内閣 独立派野戦軍司令官中心の内閣	経済・防衛内閣 バサーエフ解任後の内閣	穏健独立派内閣 マスハドフ支持者中心の内閣
補足	バサーエフに組閣権付与。政策実行力低下、汚職問題	バサーエフ派解任も主要閣僚は残留、経済と治安の二兎を追う	ウドゥーゴフの解任や防衛・安全保障ポストの改革
内閣	第五次マスハドフ内閣		
首相	マスハドフ(大統領兼務)		
時期	1996.6-99.9		
特徴	宥和破綻内閣 過激派も古参民族派も親露派も		
補足	古参民族派、穏健派、急進派、親露派登用もすでに破綻		

出典:筆者作成
* 第二次内閣の副首相が任命されたのは4月1日だが、全閣僚が任命・承認されたのは6月3日である。同じくバサーエフの首相任命は98月1月1日だが、閣僚が承認されたのは3月5日である。

ことが確認できるだろう。

　マスハドフ政権の内閣の特徴として第二に挙げることができるのは、実務家の政治参加の推進と実務的政治運営を模索していたことである。マスハドフは、元々政府は専門家の養成に取り組むべきだなどと主張していた (ГР, 10-16 января 1997 г.) が、これは紛争後に多くの課題を抱える国家を再建し、その運営を行うに当たって「独立の闘士」(野戦軍司令官たち)だけでは困難だという合理的判断があったと思われる。前述の非独立派の指導者が(決して大多数ではないとはいえ)閣内に継続して登用され続けたのは、これらの人々が行政経験を有し、戦後で混乱を極めるチェチェンの政治運営に必要な人材でもあったた

表3-8　内閣の主要閣僚の属性（1997-99年）〔単位：人〕

閣僚の属性		内閣の特徴	連立内閣	実務内閣	混成内閣	急進内閣	経済・防衛内閣	穏健内閣	破綻内閣
独立派	文民指導者		6	8	10	9	7	8	4
	軍民指導者（野戦軍司令官）		8	3	14	16	11	10	12
			14	11	24	25	19	18	18
非独立派	独立派との交渉に参加した民族的指導者		4	4	2	0	1	1	0
	旧自治共和国エリート		4	3	3	1	2	4	4
	ザヴガエフ民族復興政府指導者		4	4	3	2	0	1	1
			12	11	8	3	3	6	5
属性不明			2	0	11	1	1	0	4
主要閣僚の数			28	22	43	29	24	24	25

出典：筆者作成。詳細な名簿については巻末資料「第一次チェチェン紛争後の内閣人員」を参照されたい。
1)「混成内閣」後には、バサーエフなど独立派軍民指導者が数名解任、経済閣僚のドシュカエフが第一副首相に任命されたが閣僚の大幅変更はなかったので、ここでは割愛。
2) 巻末資料とは分類法が若干異なっているが、独立派内部の穏健派と急進派の分類は一部閣僚については現在入手できる情報がほとんどなく、曖昧にならざるを得ないので、ここでは割愛。
3) これと同じ理由で名前だけ調べることができたものの属性の判断がつかない指導者も多数おり、その意味でもこれは主要閣僚の属性の傾向を掴むための表である。

めである。

　第三に、マスハドフ政権は、独立派野戦軍司令官を政治起用し、国内の安定を模索したことが挙げられる。マスハドフ政権をみると、「実務内閣」だけ独立派野戦軍司令官の閣内起用は限定的だったものの、以後、継続して彼らが閣僚の多数派を形成していた。こうした事実に接すると、やはり治安の悪化や対露交渉の課題、国内の混乱状況の中で徐々に野戦軍司令官の意向を政権が無視できなくなって、彼らが閣僚に起用されたのではないかと考えるかもしれない。そうした傾向ももちろんなくはないのだが、実は当初から野戦軍司令官は政権に登用されていなかったわけではなく、大統領府に設置された様々な重要会議や委員会のメンバーを構成していた[56]。したがって、元々野戦軍司令官を登用していなかったマスハドフが国内の諸課題や急進的な野戦軍司令官の圧力に屈して彼らを登用したわけではない。

　野戦軍司令官の登用は、チェチェン紛争において彼らが十分な貢献をしたという論功行賞的な意味合いだけではなく、現実に各地において野戦軍司令官が一定の軍事力を持っており（表3-9）、それを即座に解散させることができな

第3章　マスハドフ政権の平和定着の試みと挫折（1997-99）

表3-9　チェチェン各地の軍閥勢力

部隊名	拠点・支持基盤	平野／山岳	最大規模	補足
バサーエフ・ドルグエフ部隊	ヴェデノ地区、シャリ地区	双方	約2500名	
ハイホロエフ部隊	アチホィ・マルタン地区、スンジャ地区	双方	約500名	
エルホエフ部隊	バムト村近郊（アチホィ・マルタン地区）	山岳部	約50名	
ボグラエフ部隊	イシチェルスカヤ（ナウル地区）	平野部	約100名	
ゲラーエフ部隊	グローズヌィ近郊、ウルス・マルタン地区、シャトィ地区、アチホィ・マルタン地区	山岳部	約500名	
「ドゥダーエフ軍」	グデルメス、ゴルダリ村（ノジャイ・ユルト地区）	双方	約600名	司令官はラドゥーエフ
ムルダシェフ・ヤマダーエフ部隊	グデルメス、ノヴォグローズヌィ	平野部	約150名	第二次紛争時、連邦軍側につく
ゲリスハノフ部隊	ノジャイ・ユルト	山岳部	約150名	
コーカサス戦闘教育センター	セルジャニ・ユルト村、シャリ地区、ヴェデノ地区	双方	約550名	司令官はハッターブ
バラーエフ部隊	ウルス・マルタン地区	山岳部	約200名	
アトゲリエフ部隊	シャリ地区	平野部	約200名	
ハタシェフ部隊	ウルス・マルタン地区	山岳部	約300名	
アスルトビノフ部隊	ケンヒ村（シャロイ地区）	山岳部	約100名	
アバラエフ部隊	ザンダク村（ノジャイ・ユルト地区）	山岳部	約150名	第二次紛争時、連邦軍側につく

出典：グロドネンスキー（Гродненский 2010, C.26-27）を参照し筆者作成
彼が挙げている部隊規模については典拠がなく疑問もあるが、最大の動員可能規模だと考えれば、あながち誤っていないと思われる。

い以上、政治の場に彼らを参加させることで新しい国家への帰属意識や忠誠心を生み出そうとしたと思われる。実際に野戦軍司令官が共和国の武力省庁の高官に任命されると、配下の部隊がその武力省庁の部隊に吸収されたり、移行したりもした——ただ、これは後に問題を生み出すことにもなる。こうしたことに加えマスハドフは、人々の武装解除を進めるために武器の登録制度の導入、あるいは回収のための国家による武器購入なども模索していたようである（НГ, 18 января 1997 г.）。

以上のように紛争後のチェチェンの内閣をみてみると、方針としてマスハド

フはチェチェンの諸勢力の調和を目指したといえよう[57]。このような事実を踏まえると、マスハドフ政権の国内政策は、紛争後の地域において和解によって国家機能の再構築を試みるという穏健的なものであったと評価できるだろう。他方でこの方針は、以下で明らかにするように実行する過程で様々な問題にぶつかった。こうした政策を実施するということは、政権に危なげなく、とにかくバランスをとることを重視させるため、マスハドフ自身に思い切った行動をとれなくさせたのである。例えばマスハドフは、自身に批判的な指導者も政権に登用することを「アフガニスタン化のシナリオ（内紛）を避けるためだ」としていたが、結果としてこのような政策が反対派に誤ったシグナルを送った可能性もある。マスハドフ政権がいかなる問題と対面していったのか、以下では紛争後のチェチェンにおける政治的争点を通して考えていきたい。

第2項　チェチェン国内における政治的争点とマスハドフ政権の対応

ここでは、第2章3節4項で示した第二次紛争までのチェチェンの政治展開の分類（表2－6）を用いて、チェチェン国内でいかなる政治的争点がどのような経緯で出現し、これにマスハドフ政権がいかに対応したのか、反対派の政治勢力の動向も押さえながら明らかにする。

反対派指導者の動向について、あるいは紛争後のチェチェンにおける権力闘争についてまとめている多くの研究は、大なり小なり目的は違えども反対派の指導者が政権に対抗するための動員資源として急進的イスラームを活用したことに注目し議論を展開している。本書も1997-99年のチェチェンにおける重要な問題として急進的なイスラームがあり、これが政治的争点になったという点は先行研究と立場を同じくする。他方で、当初からこれが重要な政治的争点であったと考える先行研究とは若干立場が違い、具体的にはこれが政治的争点として大きな問題になったのは第三段階（98年1～5月）以降であると考える。

また先行研究は、反政府系指導者をそれぞれの思惑や背景には若干の違いがあったものの、結局、イスラームを政治的に利用したという意味では大同小異だったと理解する傾向がある（Wilhelmsen 2005）。本書では、様々な政治指導者・政治勢力が急進的イスラームを政治的に利用し、反マスハドフ勢力として団結していったという「終着点」は先行研究と共有しつつも、それ以前に政治指導者が採った政策や立場をみてみると、代表的な政治指導者の間の違いが鮮明になると考える。このような違いを理解することは、利害の相違がありながらも

第3章　マスハドフ政権の平和定着の試みと挫折（1997-99）

どうして彼らが反マスハドフ系政治勢力として団結したのかという問題を考える上で重要である。そして、このような理解を形成するためには、急進的イスラームが重要な政治的争点として登場する以前に、いかなる政治問題が表面化しており、それに政権や反政府系指導者がどのように対応したのかということを押さえる必要がある[58]。以下では、こうした考えに基づいて議論を展開する。

　まず、第一から第二段階（97年2～12月）までに表面化した政治的争点は、非独立派（特に親露派）と独立派の閣内バランスをどうするのかという問題であった。マスハドフは、既述のように親露派の中でも実務経験が多い指導者は、紛争後の混沌とする状況では政府に必要な人材だと考えていたが、ウドゥーゴフやバサーエフなどは何よりも紛争に貢献した野戦軍司令官がもっと登用されるべきだと考えていた。下野して以降、過激な発言を繰り返していたヤンダルビエフは、ラドゥーエフと共にマスハドフの「実務内閣」を激しく批判していたが、彼らは後述するように非独立派勢力を政権から排除するべきだと考えていた。こうした状況でマスハドフは閣僚の増員、すなわち野戦軍司令官の登用を行いつつ、親露派など非独立派諸勢力の登用を維持しようとした。その結果、内閣の閣僚数は1.3倍に増加し（表3-8参照）、重複する役職[59]間の主導権や管轄権をめぐる対立も生まれた。和解や融和には有効と思われる政策が行政運営上は非効率で無駄が多く、派閥意識を生みやすい状況を作り出したのである。

　親露派と独立派の閣僚バランスが問題となったのは、この時期（第一段階から第二段階まで）に政権が対露交渉に重点的に取り組んだからであった。国内政治的にはこの交渉のあり方も争点になった。独立派の間では平和条約一つをとっても評価が分かれていた。マスハドフや交渉に参加したウドゥーゴフはこれを大きな前進と捉えたが[60]、バサーエフ第一副首相（当時）は平和条約締結後にチェチェンで行われたセレモニー[61]で以下のように述べた。

　　合意の調印は重要なことだが、すべての問題が解決されたわけではない。私たちにはロシアとの間で解決する必要のある問題がまだたくさんある。これは私たちの独立国家形成の始まりに過ぎない。私たちは自分の生命をかけて闘ったもののために、一歩一歩非常に注意して進まなければならない。生命をかけて闘ったもの、それは完全な自由と独立だ！（Мазаева 1997）。

バサーエフは、平和条約自体を否定的にみていたわけではないが、この条約で何かが改善されたり、前進したりしたわけではないと強く牽制していた[62]。これに対して、ラドゥーエフは調印前に「チェチェン国家の独立闘争を継続する。ロシア政府の二枚舌的な約束を信用しない！」と表明し、マスハドフにロシアとの交渉に関与していたクターエフ（当時ロシア・CIS担当副首相）の解任を強く求めた（ГР, 16-22 мая 1997 г.）。ヤンダルビエフも後にラドゥーエフと共にマスハドフに対して「長期にわたる国民への欺瞞」と「行き詰まった交渉プロセスを招いた」ことを理由に批判し、平和条約の破棄と対露交渉委員会の解体を求めた。さらに、国内の政治経済状態の改善とロシア連邦との不明確な関係に決着を付けるために新しい人材を登用する必要があるとして、対露交渉に積極的だった親露派など非独立派系閣僚の解任を求めた（Коммерсантъ, 19 ноября 1997 г.）[63]。

　このようにみてみると、バサーエフからは、独立が担保されるのであれば、対露交渉を排除しないが——それは積極的に交渉を推進する立場と一線を画しており——慎重にロシア側の動きを見極めて対応しようとする受動的な姿勢が見て取れる。これに対してラドゥーエフとヤンダルビエフは、そもそも対露交渉に取り組む必要性をあまり認識しておらず、とにかく独立を認めさせれば良いというような姿勢があった。

　既述のように97年末頃には法的・政治的地位をめぐる対露交渉は行き詰まっており、彼らの政権に対する圧力は強まっていた。マスハドフが対露交渉で法的・政治的地位を再び棚上げするようになったのは、交渉が難航したということ、合意履行をめぐってロシアへの不信感が生まれたということだけではなく、国内的な圧力の中でこれ以上、妥協をすることが困難であったという事情があったといえよう。しかも、この時期には「聖戦」（Газават）を唱える戦闘員たちがロシア部隊への攻撃をするなど対露関係を悪化させる事態も生じていた——なおこうした攻撃は、必ずしも宗教的要求に基づいたものではなく、雇用がない中で臨時収入を求める元戦闘員が参加するということもあった[64]。

　対露認識の相違は、彼らが目標とする国家をどのように捉えているのかという問題と結びついていた。いずれの指導者も広い意味では独立派であるので、チェチェンが独立国家である（べきだ）という認識は共有されていた。その上でマスハドフは、少なくとも当初は親露派も他の民族も加えた自由民主的な国家[65]を、バサーエフとウドゥーゴフも当初はこれと大差はないが、どちらかと

第3章　マスハドフ政権の平和定着の試みと挫折（1997-99）

いえば独立派を中心とした民族主義的な国家を、ヤンダルビエフは大きく異なり当初から急進的なイスラーム国家を目指していた。その後、ほとんどの指導者が徐々に（第三段階以後の政治的闘争を経て）、よりイスラーム的な国家像に傾斜していく（後述）。

　国内における政治的闘争の加熱は、混沌とする経済・社会状況をどのように改善するべきかという問題とも結びついており、これは第一段階から第五段階までずっと重要な課題であった[66]。若者の8割は失業しており――あるいはそもそも紛争後、職が見つからず――（ГР, 23-29 июля 1998 г.）、失業者は40万人に達する状態が続いた（Московские Новости, 15-22 февраля 1998 г.）。公務員や教師への給与の未払いも続き、年金の支払いも滞っていた（これらはロシアとの合意でロシアが支払うものとなっていた）。チェチェンの財政不足は相当深刻だったようで、財相も97年末には「資金さえあればすべての問題が解決する」と述べるほどであった（ГР, 27 ноября-3 декабря 1997 г.）。このような経済社会的問題は、共和国における犯罪の主因にもなった。共和国検事局によれば、97年には3558件の犯罪があり、98年にはこれは3083件へと減少したものの、その約1割弱は殺人事件であった（ГР, 8-14 апреля 1999 г.）。これは殺人発生率（人口10万人に占める殺人事件件数）でみると、97年には436件、98年でも372件と驚異的な数値となる[67]。

　当時の新聞の風刺画を通しても経済社会問題の根深さは読み解ける。例えば、年金を待ち過ぎて骸骨になってしまった老女が年金事務所に現れると、年金事務官が「年金はありません」と書かれた看板の前で「皆さん、怖がらないで。彼女は年金のために来ただけです」と発言する風刺画（図10①）、困窮する2人組が石油目当てに地面を掘ったところ地球を貫通してしまったという風刺画（②）、窓口に行くと「お金は今後もありません」（Денег не будет никогда）という張り紙が貼られているという風刺画（③）、武装した子どもたちが「この銃を市場で売ってアイスを買おう」といっている風刺画（④）、銀行強盗のギャングが駆けつけた警察に銃口を向け強奪した札束で作ったギブスを見せながら「滑って転んで気がついたらこのギブスさ」と犯罪行為を正当化している風刺画（⑤）などが掲載されていた。最初の風刺画は年金がまったく来ないこと、二つ目は人々が困窮していることから石油の盗み取りが蔓延し、チェチェンの石油量自体も減少していること[68]、三つ目は資金や給与が支払われる見込みがまったくないこと、四つ目は武装している人たちはまだ子どもだというこ

215

図10　新聞における社会風刺画
いずれも『グローズヌィの労働者』より（出典は下記の通り）。
① *ГР*, 24-30 декабря 1998 г., ② *ГР*, 16-22 июля 1998 г., ③ *ГР*, 9-15 июля 1998 г.
④ *ГР*, 18-24 июня 1998 г., ⑤ *ГР*, 23-29 июля 1998 г.

と、そして五つ目は犯罪者の傍若無人な振る舞いに治安機関もなす術がないことを、それぞれ皮肉を込めて描いている。関連して、例えば1998年8月の世論調査に目を向けてみると、約5割の人が自身の状況について「切迫した状況」、2割近くの人が「憂鬱になる状況」と答えており、人々の生活が苦しい状況にあったことが読み取れる[69]。

　マスハドフは、こうした経済社会的課題を外部との協力――具体的には対露協力、コーカサス域内協力、欧米との協力――によって乗り越えようとしたが、対露協力も行き詰まり国内政治的にも妥協ができる状況ではなくなると、次第にコーカサスにおける協力、あるいは欧米との協力へと重点が移っていった（これらについては次節以降で取り上げる）。

　さて、以上取り上げてきたような多様な政治的争点の出現は、政権が優先的・重点的に取り組む政策分野をいかに設定し、そのための内閣をいかに整備するのか、という問題を生み出した。これは、治安・安全保障問題と経済問題のどちらをまず改善するのかという中で生じた問題であった。まず前者に率先

して取り組み、身代金拉致などを減らしてチェチェン国内の安全性を訴え、投資や援助を求めるか、あるいは、まずは後者を少しでも改善し、雇用を増やすことで犯罪や拉致の温床をなくすかという対処法の問題である。

「実務内閣」以後の内閣は、経済や行政の安定を目指しつつも、野戦軍司令官たちの登用による国内秩序の維持という二兎を追う「混成内閣」だったが、その後、重複するポストを減らし、経済問題に優先的に取り組むことを重視し、実務家を中心とした「経済内閣」を形成する。だが結局、経済復興を短期的に実現することは難しく、治安や安全保障問題に対処を迫られるようになった。「急進独立派内閣」でバサーエフが首相代行として組閣権まで付与されたのは、治安・安全保障問題も経済問題も改善する術があると政権を批判する彼に実際に仕事をさせてみようというマスハドフの判断もあったからだと思われるが、この内閣は、経済問題はおろか治安・安全保障問題も改善できなかった。こうしてバサーエフを解任し、治安・法執行機関を再編し、閣僚を入れ替え、ロシアとの関係も前進させようとする（治安と経済の二兎を追う）内閣を改めて組閣するも、結果は出なかった。マスハドフ政権が優先的政策課題を設定し、それに取り組むことに苦慮していた点（政策的なブレがあった点）は、その後、自らを支持する勢力中心の「穏健独立派内閣」を形成しておきながら、やはりこれが治安などを改善できないとみるや、再び反対派への宥和的姿勢をとる（今度は古参民族派から急進独立派などを総動員する）内閣を形成したことからも読み取れる。マスハドフは、この内閣を「国民宥和内閣」にし、内戦のリスクを軽減しようと試みていたが、実際には「宥和破綻内閣」となってしまった。

以上のような内閣の特徴の変化（表3-7）は、マスハドフが様々な課題が山積する中で限られた資源を用いてどの問題に重点的に取り組むべきか悩み、政策的にも揺れていた事実を明らかにしている。

第3項　政治的争点としての「イスラーム化」とマスハドフの苦慮

マラシェンコとトレニン（Malashenko and Trenin 2004, p.71）は「イスラーム的要素の分析をまったく行わないチェチェン紛争の研究などない」と述べているが、チェチェン紛争においてイスラームが重要な意味を持っていることは広く多くの論者に共有されている。紛争後のチェチェンでは既述のように急進的イスラーム（ワッハーブ主義）の影響力は無視できないものとなっていたが、当初はチェチェンの中央政治において必ずしもそれは重要な争点にはなっていな

表3-10　紛争後のチェチェン共和国における「イスラーム化」

分類	説明	開始時期
「社会的な イスラーム化」	イスラームの価値や規範が社会において無視できない、または重要な意味を持つようになり、人々の行動を規定するようになる	第一次紛争時から野戦軍の間で進行。紛争後、社会でも支配的に
「政治的な イスラーム化」	(1) 政治においてイスラームの価値や規範、その下での行動が政治指導者に求められる状況が生じる (2) 政治指導者による動員手段としてイスラームが利用され、イスラーム的争点が出現する	(1) 紛争時から (2) 第三段階 (98/1-5) から政治的争点に、第四段階 (98/5-99/2) には支配的に
「法的な イスラーム化」	(1) イスラーム的な法制度（例えばシャリーア）の導入とこれに伴う国家行政機能のイスラーム化 (2) 最終的な到達点は国家制度の完全なイスラーム化	(1) 紛争中ヤンダルビエフによって (2) 99年2月にマスハドフによって

出典：筆者作成。「政治的なイスラーム化」の開始時期(2)については第2章3節4項で示した分類に基づく。

かった。紛争後のチェチェンでは、「イスラーム化」（Исламизация; Islamization）が進んでいたのに、なぜ最初は重要な争点とならなかったのだろうか。この疑問に答えるために、ここではまず「イスラーム化」の多様な側面について触れたい。その後、それぞれの分野における「イスラーム化」がいつから進行（浸透）し、重要な問題となったのかを検討する。そして、このことが政権の国内政策にいかなる影響を与えたのかを考えたい。

筆者は、第一次紛争後のチェチェンにおける「イスラーム化」は、三つの属性に分類できると考える（表3-10）。これは、それぞれ進行していった時期が異なっている[70]。

紛争後の社会的な課題（第2章3節2項）において取り上げた「イスラーム化」は、この分類でいえば「社会（集団）のイスラーム化」であった——なお、ここで述べているイスラームとは、伝統的イスラームではなくワッハーブ主義を指す。これは紛争時に野戦軍や山岳地域で特に浸透していき、紛争後にはチェチェン社会で支配的な影響力を持つようになった。また例えば、外国人傭兵部隊を率いていたハッターブは「自分は外国人である」としてチェチェンの政治には基本的に関わらない方針をとったが、他方で若者の戦闘教育センターを設置し、チェチェンに留まった[71]。彼は当初、ロシアとチェチェンが不可侵条約を結ぶまでチェチェンに留まるとしていたが (ГР, 28 февраля-6 марта 1997 г.)、平和条約に至った後は「ロシアがチェチェンに対して経済的な戦争（行為）を

第3章　マスハドフ政権の平和定着の試みと挫折（1997－99）

しているので、若者に戦闘能力を付ける教育センターを主導していく」と述べてチェチェンに残った（*Московские Новости*, 12-19 апреля 1998 г.）[72]。

ハッターブの訓練センターに加え、隣接するウルス・マルタン地区、グデルメス地区などでは「ジャマーアト」というイスラーム共同体が形成され、武装した戦闘員が駐留するなどした。彼らは表面上、自分たちの団体の教育的目的を前面に出していたが、97年夏頃には政権もイスラーム的なプロパガンダや扇動を問題視し、大統領令によってこれを禁止した（*ГР*, 21-27 августа 1997 г.）。ワッハーブ主義勢力は、一説によればチェチェン人口の5～10％規模と比較的小さいにもかかわらず（Souleimanov 2007, p.139）、紛争後の社会において強い影響力を持ち続けた[73]。ワッハーブを支持するかどうかは別にして、紛争後にイスラームの社会的影響力は強まっており、こうした背景もあって、マスハドフも二度もハッジ（聖地巡礼）を行ったのである[74]。

「社会的なイスラーム化」の次に進行したのは、実は「法的なイスラーム化」である。これはドゥダーエフ死後に暫定大統領を務めたヤンダルビエフによって推し進められた。このこともあり、チェチェンの「イスラーム化」におけるヤンダルビエフの役割を軽視するべきではないという議論、より具体的にはワッハーブ主義の影響力拡大や政治的イスラームの浸透はヤンダルビエフの下で進んだのだという議論が提示されることも多い（Акаев 1999a, 1999c, 2001; Малашенко 2001b; Hertog 2005; 玄 2006; Осмаев 2008, 2008c）[75]。

ヤンダルビエフは、暫定大統領であった1996年9月に世俗的な刑法（ロシア連邦法）を無効にし、シャリーア（イスラーム法）刑法を導入する[76]——すなわち世俗的な裁判所を廃止し、シャリーア裁判所を設置する——大統領令を発布した。その後、新たに設置されたシャリーア裁判所の役人の大多数は、イスラーム戦士たちの中から任命され、彼らはヤンダルビエフがアラブ諸国から受け入れた講師から裁判所での仕事の指導を受けたという。また共和国の国家宗教としてイスラームを宣言し、さらにワッハーブ主義者たちから形成されるイスラーム連隊（バラーエフが連隊長に就任）を創設した（Осмаев 2008, C.757-758, 2008c, C.138）[77]。他方でこのような「法的なイスラーム化」はマスハドフ政権になると棚上げされ、しばらくの間、これ以上は進行しなかった。

マスハドフは、大統領に選出された後にはチェチェンをイスラーム国家だと述べていたが、同時にサウジアラビアやスーダン、イランのような国家ではなく、チェチェン型のイスラーム国家には原理主義や過激主義のようなものはな

く、チェチェンの伝統や習慣もイスラームを形成していると主張した (*НГ*, 18 января 1997 г.; *Голос Армении*, 25 ноября 1997 г.)。こうした彼の発言から彼の主張するイスラーム国家は、ヤンダルビエフの主張するものとは大きく異なっていることが分かる。それは大統領に選出される以前の彼の発言をみれば、より鮮明だろう。

　　私たちの方（独立派の中）でも多くの人が「ムスリム国家だ」「原理主義だ」などといっている。私たちはこう応える。「いや、今はいけない。私たちはムスリム国家を求めていないからだ」と。私たちはムスリムだが、私たちには宗教、つまりイスラームの伝統や習慣だけがあるわけではない (*Новое время*, No. 38, 1996 г.)。

　「法的なイスラーム化」の進行が97年2月のマスハドフの大統領就任以来止まっている中で、次に進行したのは「政治的なイスラーム化」である。しかも、イスラームが政治的争点として出現した際に問題となったのは、チェチェン国内におけるイスラームのあり方などというものではなく、隣接するダゲスタンの政治情勢を受けてのものだった（表3－11）[78]。ダゲスタンでは当時、ワッハーブ主義がある程度、浸透しており社会において無視できない影響力を有していた[79]。彼らは、武装拠点（ジャマーアト）をチェチェンとの国境沿いに作り、97年12月には4地区同時に駐留ロシア部隊やダゲスタン内務省部隊への攻撃を仕掛けるという事態まで起きていた (*Известия*, 23 декабря 1997 г.)。1998年5月にはダゲスタン諸民族の一つであるラク人の民族運動指導者であるハチラーエフ兄弟がダゲスタンのワッハーブ主義勢力と連携し、ダゲスタン国家評議会議長のマゴメドフに退任を求め、武装デモを行った。これは連邦の武力介入の危機も高まるなど一触即発の事態となった。

　このようなダゲスタンの政治情勢は、チェチェンの閣僚間の対立を引き起こした。具体的にはハッターブなどと強い繋がりのある急進的な指導者から「チェチェンはダゲスタンの問題に関与するべきではないか」という問題提起がなされた。ハッターブは、ダゲスタンのワッハーブ主義勢力と協力関係にあり、実際に97年12月の武力衝突には関与していたとされていた[80]。このようにして第三段階（98年1～5月）に急進的イスラームへの対応が政治的争点に現れたわけだが、この時のマスハドフの反応は明確であった。マスハドフ

第3章　マスハドフ政権の平和定着の試みと挫折（1997−99）

表3−11　チェチェンにおける政治的争点と「政治的なイスラーム化」の進行

時期分類		イスラームをめぐる政治的争点	「イスラーム化」の担い手	中央の政治勢力の対応
第三段階 (98/1-5)		ダゲスタン情勢への対応→国内ワッハーブ主義への対処	ダゲスタンのワッハーブ主義者、また連携するハッターブ	急進派はダゲスタンに同情、マスハドフは反対
第四段階	第一期 (98/6-7)	政府によるワッハーブ主義者（国内）の実力による排除	各地方のワッハーブ主義勢力、イスラーム連隊など実動部隊	政府を全面的に支持
	第二期 (98/8-11)	政権のイスラーム的正統性	バサーエフ、ラドゥーエフなど急進的・過激主義的な指導者	議会や穏健派はマスハドフ支持、急進派は離反
	第三期 (98/12-99/2)	イスラーム体制導入の方法	政府、シャリーア最高裁、議会、宗務局（ムフティー庁）	急進派はダゲスタンと連携強化、独自の議会創設
第五段階 (99/3-9)		イスラーム評議会の正統性	政権と反対派のイスラーム評議会	どちらかの勢力に参加も、膠着状態に

出典：筆者作成

は、地方を不法に占拠するワッハーブ主義勢力を犯罪者として扱い、政府の反テロセンターや民族保安隊の部隊を派遣し、排除を試みた。このような事態に接してハッターブは、マスハドフ政権を「ロシアの手先」と激しく非難した (Музаев 1999c, C.100)。98年5月のダゲスタンの事件に対しても、マスハドフはハチラーエフらを支援するべきだと主張するウドゥーゴフ[81]やハリモフ（シャリーア防衛相）らに強く反対した。さらにその後、ハリモフを解任し、グデルメスでのワッハーブ主義武装勢力への攻撃を開始するなど強い姿勢でこの問題に対処した[82]。これに反発して抗議するという形でバサーエフ首相代行も後に辞任をした。

以後、マスハドフ政権は、チェチェンの各地（特にグデルメスなど）の武装したワッハーブ主義勢力を排除しようと作戦を展開したが、第四段階の第一期にはこの衝突が大きくなり、イスラーム連隊など政権側の武装勢力もワッハーブ主義者を支援していることが分かった (Голос Чеченской Республики, 23 июля 1998 г.)。ここに来て、急進的なイスラームをめぐる問題は地方だけではなく、グローズヌィでも大きなものとなった。特にラドゥーエフやヤンダルビエフはワッハーブ主義勢力への支持を表明し、前者の部隊はそれ以前も政府軍と小競り合いをするなどしていた[83]。だが、この時点では政府軍の鎮圧作戦は基本的に成功を収めていたこと、またマスハドフの暗殺未遂事件（98年7月）が発

生し世論も政権支持に傾いたこと、シャリーア最高裁も犯人探しのためにヤンダルビエフらの出廷を求めたことで、多くの指導者がマスハドフ支持の姿勢をとった。こうして多くの指導者は政府の行動を全面的に支持した。

グデルメスでの衝突（98年7月）に強い危機感を覚えたチェチェンのムスリム宗務局・ムフティー（最高位聖職者）であるカディロフは、ダゲスタン・イングーシ・チェチェンのムスリム宗務局関係者を集めて「北コーカサス・ムスリム議会」(Конгресс Мусульман Северного Кавказа) を開催した。この議会では、ワッハーブ主義者のイデオロギー活動も実務的活動も違法だと宣言され、カディロフは親ワッハーブ主義的な武装勢力の解体を訴えた。カディロフによれば、マスハドフもこれに賛同し、すでにその実現のための方法を採用しているとした。他方でワッハーブ主義者の排除はやはり難しいとカディロフ自身は強く認識していたようで、以下のようにも述べている。

> 私の見方では、私たちの共和国の多くの権力機構がワッハーブ主義に感染している。大統領府や政府の若干の代表者たちは精神的にも物質的にも過激主義的な潮流を支持しているのである (Голос Чеченской Республики, 6 августа 1998 г.)。

カディロフの懸念が現実となるのは、第四段階の第二期（98年8～11月）である。この時期以降には、「政治的なイスラーム化」が多くの代表的な政治指導者によって試みられ、政治的な争点として政権のイスラーム的な正統性が問題にされることとなる。この時期の政治的なイスラームをめぐる問題がそれ以前と決定的に違うのは、もはやこれは地方の問題や政府内の親ワッハーブ主義的指導者という一部の勢力の問題ではなく、共和国の政治的権威をめぐる問題となったということである。この要因としては、政権から離反していたバサーエフが反マスハドフ派をまとめる中心的な指導者として登場し[84]、シャリーア違反などを理由として政権を批判したためである。地方の不法な武装勢力であれば排除できたマスハドフだったが、「独立派の英雄」であり動員力のあるバサーエフを排除することは容易ではない。マスハドフは武装勢力の排除を継続し、バサーエフら主要な急進的野戦軍司令官とは話し合いを進めた。11月8日にはついにマスハドフとバサーエフらの会談（約8時間）が行われた。マスハドフからはチェチェンの内政・外交政策を決定する大統領府顧問評議会の設

第3章　マスハドフ政権の平和定着の試みと挫折（1997-99）

置と反対派指導者の参加を求めたようだが (*ГР*, 12-18 ноября 1998 г.)、これは反対派に受け入れられず、その後も政府側部隊の司令官が殺害される事件などが起きた。

　このようにして反対派が提起したイスラーム的な正統性を政権は担保する必要性にかられ、第三期（98年12月～99年2月）には、政権内部でもイスラーム体制の導入をいかに進めるのかということについて政府・議会・シャリーア最高裁・宗務局[85]などで喧々諤々の議論がなされた[86]。ここで政治的争点になったのは、イスラーム体制の導入方法だったが、これは「法的なイスラーム化」をいかに進めるのかという問題に再び戻ってきたことを意味する。こうして、当初はイスラーム的な国家を否定すらしていたマスハドフが国家制度の「イスラーム化」を自ら導入するという皮肉な状況が生じるのである。しかし、こうしたマスハドフの政策は、様々な問題を引き起こした。一つは、マスハドフの支持者の一部が離反したことであり[87]、もう一つは、共和国宗務局（特にカディロフ）の政権への不信感が大きくなったことである。最も大きな問題は、反対派から提起されたイスラーム的な正統性の議論に乗っかってしまったことで政権は弱さを露呈し、反対派が政権と話し合いに応じる必要性を低下させたことである。なお、このような共和国の政治的危機に対して、すでに政治勢力としては少数派となっていた世俗的民族主義派は、チェチェン民族国家の基礎に立ち返るべきだとして、「テイプ」や「トゥクム」を基盤とした伝統的チェチェン型民主国家の建設を訴えたが、これは大きな政治的影響力や世論の支持も得られなかった[88]。

　こうして第五段階（99年3～9月）には、政権側も反政権側も国家の最高立法機関としてのシューラー（イスラーム評議会）を設置した上で、自らの権威の正統性を主張し、大衆を動員する状況に陥った。ここに来ると、すでに争点としての「政治的なイスラーム化」は飽和点に達した。政権も反マスハドフ派も双方を批判するだけで国内の無秩序状態を改善することはできなくなった。

　ユスポフ（Юсупов 2000b）は、このようにして進行した国家政治領域の「イスラーム化」は、チェチェン国家の歴史的・文化的価値や社会的な経験などに応える形で出て来たものではないとして、その背景を以下のようにまとめる。一つにこれは権力や財産、勢力範囲の分配などという対立のロジックから出て来たものであって、「法的なイスラーム化」[89]などはイスラームと国家政治機構の一体化を期待していたごく一部の住民への応答でしかないとする。それにも

223

かかわらず、このような状況に至ったのはチェチェン指導部がロシアと関係を調整する文脈において、「政治的・法的なイスラーム化」を自決へと向かっていく行動だと見なしたことに理由があるとしている。似たような指摘は、イグナテンコ（А. Игнатенко）からもなされている。それによれば、「イスラーム化」とはロシアから独立するための手段（イデオロギー）であり、チェチェンをイスラーム世界に参加させるための手段、住民を動員するための手段、そして自己防衛のための手段でもあるとする（НГ, 20 ноября 1997 г.）。

　こうした見方は、それ以降の論者にもある程度受け入れられている。確かに、本節で明らかにしてきたように急進的なイスラームが動員資源として反政府系指導者によって活用され、また政治争点化されたことは事実であろう。また、こうした過程で進行した「イスラーム化」を多くの大衆は求めていなかったことも、マスハドフと反政府系指導者の対立に対して世論や議会、宗務局などはマスハドフ支持だったことからも明らかだろう――世論については第4章3節で取り上げる。

　他方で、筆者はイグナテンコの最初の二つの指摘、ユスポフの最後の指摘には同意できない。「政治的・法的なイスラーム化」は、反政府系指導者が政権に挑戦するための動員資源や正統性として活用された。つまり、いわばイスラームを争点化する過程――すなわち国内的な対立――で生じた現象なのである。したがって、これはロシアからの自立やチェチェンの自決を高めるという文脈で進められたり提示されたりしたものでは必ずしもなかった[90]。確かに「政治的・法的なイスラーム化」の断行は、イグナテンコの述べるようにロシア連邦法からの法的逸脱を意味し、政治空間もロシアと共有できないという状況を生み出したが、それは「法的なイスラーム化」を初期に導入したヤンダルビエフを除けば、マスハドフ政権にとっても反対派にとっても国内対立の進展によって副次的（結果的）に生じた現象であって、それ自体を目的としたものではなかった。イスラーム世界への参加などという指摘も以下（5節）で取り上げるマスハドフ政権の「外交」をみれば、あまり的を射た指摘ではないことが分かる。このように「イスラーム化」は、あくまでもチェチェン国内、またはダゲスタン情勢と接合し出現した問題あるいは争点であり、対露関係において政権がロシアとの問題を解決するために「イスラーム化」を選択したわけではないのである。

第3章　マスハドフ政権の平和定着の試みと挫折（1997-99）

第4節　地域政策

　以上取り上げてきたマスハドフ政権の政策は、チェチェン紛争の「二重の対立構造」であるロシア連邦中央との対立とチェチェン国内での対立を改善することを目指して行われたものだったが、これ以後に取り上げる地域政策と「外交」政策は、以上のような紛争の「二重の対立構造」からの脱却を目指して行われた政策である。既述のようにこれらは、当該政策に取り組まなければ、紛争後のチェチェンを取り巻く地域関係や国際関係が紛争再発を不可避なものにしてしまうわけではない。マスハドフ政権は、これらの政策に取り組むことで紛争の「二重の対立構造」下で生じるディレンマや紛争再発のリスクを軽減しようと試みた。ここではまず地域政策を取り上げ、次節ではこの地域政策と密接な繋がりを有する「外交」政策について明らかにする。

第1項　マスハドフの地域政策の方針

　まず、マスハドフ政権がコーカサス地域に対していかなる政策方針を掲げていたのかをまとめ、これが紛争後のチェチェンの課題を改善する上でどのような意義を持っていたのかを検討したい。

　紛争後のチェチェンにおける大きな課題として繰り返し言及されていることとして「経済をいかに運営していくのか」という問題がある。この問題に関してマスハドフの大統領選挙の公約に再び目を向けてみると、そこではチェチェンの石油産業の復興、特にチェチェンを経由する石油パイプラインの再開、さらには拡充（新規パイプライン事業）の必要性と重要性が訴えられていた（*ГР*, 23-30 января 1997 г.）。彼自身が述べていたように石油パイプラインの復興は、周辺地域の協力がなければ成り立たなかった。そこで、マスハドフはコーカサス地域の政治・経済協力と互恵関係を強化する「コーカサス共通の家」（Кавказский Общий Дом）構想を提唱するようになったのである（*ГР*, 14-20 августа 1997 г.）。つまり、マスハドフ政権の地域政策の方針として、まさにこの二つ、すなわちコーカサス地域における協力の強化と、石油パイプライン事業の再開・発展が挙げられよう。

　第一のコーカサス地域における協力の強化は、周辺地域との関係改善が挙げられる。ロシアのみに依存する状態からの脱却と周辺地域との経済的協力の強化を目指す政権にとって、紛争後に関係が希薄となっていた周辺地域との関係

を修復することは特に必要なことであった。ここで政権が関係を改善する必要のある「戦略的パートナー」として重要視したのは、グルジアであった。チェチェンは、周辺をダゲスタンやイングーシなどロシア連邦の構成主体に囲まれており、唯一接する外国（独立国）がグルジアである。そしてこのグルジアは黒海に面しており、チェチェンが国際的な政治・経済関係を築く際の基盤になり得る国であった[91]。他方で、グルジアとチェチェンは、アブハジア紛争や90年代初期の内政をめぐり対立していた。

　チェチェンの初代大統領のドゥダーエフは、グルジアの初代大統領のガムサフルディアと親しく[92]、彼がクーデターによって政権を追われた際もチェチェンに迎え入れ、新たに誕生したシェヴァルドナッゼ（E. Shevardnadze）政権と対立した。さらに、アブハジア紛争の際には「コーカサス山岳民連合」を通して部隊まで派遣し、アブハジア側を支援していた[93]。ガムサフルディア支持派の反乱がグルジア東部で生じた際には、チェチェンの一部勢力もこれに加担したとされ、さらにガムサフルディアの死後には彼の葬儀がチェチェンで行われ、亡がらはチェチェンに眠るなどした（Скаков 1998, C.86-87）。こうした経緯もあって、第一次紛争が発生するまでにチェチェンとグルジアの関係は非常に悪化しており、これを改善する必要があった[94]。

　第二の石油パイプライン事業の復旧・拡充については、具体的にはまず、チェチェンを経由するバクー・グローズヌィ・ノヴォロシースク（以下BGN）ライン（図11参照）の復旧に取り組む必要があった。BGNラインはソ連時代には、アゼルバイジャン沿岸のカスピ海産石油を輸送する主要なルートであったが、ソ連解体とナゴルノ・カラバフ紛争[95]、そしてアゼルバイジャン・エルチベイ政権の脱ロシア的な外交政策もあり、石油輸送は停止し、パイプラインをめぐる関係も不透明なものになっていた。ロシアは、チェチェン紛争の発生によってチェチェンを輸送ルートから外す案を考え、その準備も進めていたが、これは新たに建設する必要があり（図11）、すぐには実現が困難であった[96]。94年にカスピ海の原油共同開発（いわゆる「世紀の契約」）に合意したアゼルバイジャンと欧米企業は、採掘した石油をどのように大規模輸送するのかという問題を抱えており、エネルギー輸送をめぐる議論は関係各国で加熱していた（廣瀬 2008; 輪島 2008）。

　当時、輸送ルートについては、様々な構想が出されていたが（現在、実際に稼働している石油パイプラインについては表3－12参照）、このうち、既存のインフ

第3章 マスハドフ政権の平和定着の試みと挫折(1997-99)

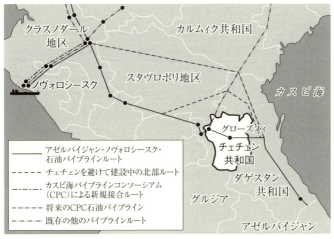

図11 北コーカサスの石油パイプライン(1997年当時)
出典:(Итоги, 21 января 1997 г., С.21)より筆者編集・作成

表3-12 南北コーカサスの石油パイプラインの概要

パイプライン名称	バクー・グローズヌィ・ノヴォロシースク	バクー・トビリシ・スプサ	バクー・トビリシ・ジェイハン
①合意年②建設年③稼働年	① 1996年②ソ連時代③ 1997年	① 1996年②ソ連時代に建設したものを大幅修繕③ 1999年	① 1999年② 2002年③ 2006年
全 長	1,330 km	833 km	1,768 km
輸送能力(①日量②年間)	①約10万バレル②約500万トン	①約15万バレル②約750万トン	①約100万バレル②約5000万トン

出典:筆者作成。輸送量は、パイプラインが拡張・修繕された後(2011年現在)のものである。輸送能力は、BP(British Petroleum、英国石油)のデータより、稼働年に関しては輪島(2008)を参照。

ラを使ってすぐに石油を輸送することができたのは、BGNラインだけだった。現在からすれば、このパイプラインの輸送日量も年間輸送量もバクー・トビリシ・ジェイハン(以下BTC)ラインよりも、また拡張されたバクー・スプサラインよりも劣っているが、当時はアゼルバイジャン側も生産量の6割以上を国内消費に充てており、年間生産量も約900万トンに過ぎなかった[97]。このため当分の間は、BGNラインの輸送能力で十分であり、必要であればパイプラインの増設などをすれば良かった。

こうした思惑もあり、ロシア政府とアゼルバイジャン政府は96年1月にロシア領を経由して石油を輸送する協定を締結した（*Коммерсантъ Власть*, 18 января 1996 г.）。ただし、これはカスピ海で新規に採掘予定[98]の石油生産を見込んだ合意であり、いわば今後条件が整備されたらロシア経由で石油を輸送するということを確認しているに過ぎなかった。加えてまだこの時期、チェチェン紛争は継続しており、ロシア政府はチェチェンの正統な権威としてザヴガエフの民族復興政府しか認めていなかったので、アゼルバイジャンの石油はこの政権下で輸送されることを想定していた。だがこの政権は、現実にはチェチェン北部の一部地域を除き統制できておらず、ロシアはアゼルバイジャン政府との合意の1カ月後、形式上、親露派政権内に石油産業を管轄する南部石油会社（Южная нефтяная кампания）を創設したが（*Коммерсантъ Власть*, 9 сентября 1997 г.）[99]、これはほとんど意味を持たなかった。そして、チェチェンの諸勢力が合流しザヴガエフ政権が形骸化すると、ロシアは独立派と和平を模索する状況に至った。こうして結局、ロシアもチェチェン独立派との間で石油輸送をめぐる話し合いをする必要があった[100]。

　以上のようにBGNラインの復旧は、採掘した石油の輸送を早期に行うことを模索していた欧米企業やアゼルバイジャン当局にも関心を持たせ、またカスピ海におけるエネルギー権益を失うことに強い危機感を有していたロシアも自国経由の輸送ルートの固定化という側面からマスハドフ政権との話し合いに取り組む必要性を認識していた。ただBGNラインの復旧と拡充のためには、解決しなければならない問題もあった。

　第一に、パイプラインの再開にはロシア・アゼルバイジャン・チェチェンの間で合意を形成する必要があった。チェチェンが国際的に独立国と承認されていない以上、アゼルバイジャンはチェチェンと合意を形成することはできず——仮にこれができたとしてもチェチェンはパイプラインの中継地点に過ぎず、結局——ロシアと合意形成をする必要があった。ロシアとアゼルバイジャン間の合意の問題は、97年3月には解決された。96年の政府間石油輸送協定に続き、ロシアのトランスネフチ社とアゼルバイジャンの国営石油会社、国際操業会社の間でも輸送量の合意に至ったのである[101]。ここで残る問題は、チェチェンを取り巻く合意形成となった。

　第二に、紛争によってチェチェン内を通過するパイプラインは修復が必要で、修復しない限り、仮に合意が形成されても再開できる状況にはなかった[102]。

そして第三に、マスハドフ政権は、既存のパイプラインの再開のみならず、拡充、すなわち新規パイプライン建設も模索していたが、そのためにはチェチェン領内を通過するという輸送面での不安を払拭する必要があった。第一と第二の問題は、チェチェンは主にロシアと話し合う必要のある問題であり、現実的には第三の問題のみチェチェンがアゼルバイジャン政府や諸外国に働きかけることのできた問題であった。

以下では、コーカサス地域における協力の強化と、石油パイプライン事業の再開・発展にマスハドフ政権がどのように取り組んだのかについてみていこう。

第2項　グルジアとの関係改善という実りなき成果

まず、コーカサス地域における協力の強化という観点からグルジアとの関係改善についてまとめる。端的にいえば、マスハドフ政権はグルジアとの関係改善にある程度成功したものの、それは実質的にチェチェンに利益をもたらさなかった（あるいはもたらすまでに関係は発展しなかった）。以下では、マスハドフ政権のグルジアへの働きかけについてまとめる。

マスハドフ政権のグルジア当局との初めての接触は、大統領就任直後の97年3月だった。イングーシのナズラニでアーウシェフ大統領と会談した際にグルジアの防衛相も同席したのである。スカコフ（Скаков 1998, С.87）によれば、マスハドフはこの席でアブハジアへのチェチェン部隊の侵入は許容できるものではなかったとして、その誤りを認め、グルジアの領土的一体性を保証すると述べた[103]。チェチェン側の対グルジア政策は、このようにグルジアが抱える紛争問題やエネルギー問題での協力を通して両国の関係を発展させることを目指したものであった[104]。

マスハドフ政権はその手始めとしてグルジアとチェチェンの文化交流から重点的に取り組んだ（表3－13）。チェチェン側のグルジアとの交渉窓口は、ザカーエフ文化相（後に副首相）が中心となり、グルジアに月に一回のペースで訪問し、グルジア政府関係者と会談を重ねた[105]。この際にチェチェン側のアブハジア問題に対するシグナルも伝えられていたようである。例えば、97年5月にザカーエフと共にグルジアを訪問したクターエフ大統領顧問（CIS・ロシア担当副首相）はアブハジア紛争への仲介を申し出た。また直後の7月には、過去にアブハジア紛争に参加したバサーエフ副首相（当時）も紛争の平和的解決に尽力する用意があると表明した（Скаков 1998, С.88）[106]。ザカーエフは、同

表3-13 グルジア・チェチェン関係年表 (1997-99年)

年月	出来事
97/3	マスハドフがイングーシでアーウシェフ大統領とグルジアのナディバイッゼ防衛相と会談
4	グローズヌィでグルジア議会代表団とマスハドフの会談
5	クターエフ大統領顧問・ザカーエフ文化相がグルジア訪問
6	クターエフがグルジア訪問
7	ザカーエフ副首相がグルジア訪問、シェヴァルドナッゼ大統領と会談
8	ザカーエフが再びシェヴァルドナッゼと会談 マスハドフがグルジア訪問、シェヴァルドナッゼと会談
9	グルジア議会代表団のチェチェン訪問、チェチェン議会代表団のグルジア訪問
10	ザカーエフのグルジア訪問、シェヴァルドナッゼとの会談 アルサノフ副大統領のグルジア訪問
11	ザカーエフのグルジア訪問
98/2	グルジア議会代表団のチェチェン訪問
4	グルジア政府代表団のチェチェン訪問
5	ザカーエフのグルジア訪問、議会議長と会談
10	チェチェン・グルジア幹線道路のチェチェン側完成
99/9	アルサノフ元副大統領のグルジア訪問

出典:筆者作成

月のシェヴァルドナッゼとの会談でもグルジアの領土的一体性を支持し、紛争の仲介をする意向を重ねて表明した (*Вечерний Тбилиси*, 31 июля-2 августа 1997 г.)[107]。

こうした働きかけもあり、97年8月末にはマスハドフとシェヴァルドナッゼのトップ会談が実現した。この席で、両者はコーカサス地域における安定と平和を、その統一性(領土的一体性)を維持した上で目指すということに合意した (*Вечерний Тбилиси*, 2-4 августа 1997 г.; *Свободная Грузия*, 2 сентября 1997 г.)[108]。さらにチェチェン側はグルジアとチェチェンをつなぐ幹線道路の建設を取り付けることに成功した (*ГР*, 11-17 сентября 1997 г.)。チェチェンとグルジアは国境を接しているにもかかわらず、グルジアに行く際にはイングーシや北オセティアを経由する必要があった。これを改善すれば、チェチェン人はグルジアの労働市場にアクセスできる(山岳地域に新たな雇用を提供できる)ようになる[109]。そして幹線道路の建設は、念願だった黒海(外部)へのアクセスをチェチェンにも

第3章　マスハドフ政権の平和定着の試みと挫折（1997-99）

たらす重要なプロジェクトだった。

　グルジア側もチェチェンによる働きかけには、積極的に応じていた。一つは、やはり南オセティア紛争やアブハジア紛争への仲介に対する期待があり、これはロシア主導の交渉枠組みに不満があるグルジアにとって少しでも現状を改善できる可能性があるならば、それだけでチェチェンと接触することには一定の価値があるというものだった[110]。

　もう一つは、石油輸送への期待である。グルジアでは、アゼルバイジャンからの石油パイプラインの話が盛んになされるようになるとグルジア経由のパイプラインもあり得ると期待をした。現実的には、バクー・スプサラインもBTCラインもすぐに操業できないので、チェチェン経由で石油を得るためにチェチェンとの経済協力を強化するべきだという議論があった（*The Georgian Times*, 31.1.1997）。石油パイプライン事業については、以下で詳細を述べるが、97年10月にBGNパイプラインが再始動する頃には、副大統領のアルサノフがグルジアを訪問し、バクーからグローズヌィにパイプラインで輸送した石油をタンクローリーでトビリシに運び、それを黒海沿岸の港（ポチやバトゥーミ）に輸送するという構想をグルジア側に提示した（Коммерсантъ, 17 октября 1997 г.）。これは、現実的な案ではなく、チェチェンのヤリハノフ南部石油会社総裁も否定的だったが、グルジアにはエネルギーそれ自体の確保と通行税という収入の観点から好意的な評価がなされたようである——特に後述する「コーカサス共通市場」（Кавказский общий рынок）構想には積極的に参加した。

　マスハドフ政権は、自身の構想の一番の賛同者となりつつあったグルジアに対して最大限の配慮をしていたようで、その証拠に97年12月にはチェチェン政府と異なる見解を出したという理由で在アブハジア・チェチェン代表部のトゥンタエフ代表を解任した（Вечерний Тбилиси, 23-25 декабря 1997 г.）。スカコフ（Скаков 1998, С.93）によれば、これは同代表が「チェチェンは近いうちにアブハジアの独立を承認するだろう」と発言したことを受けたものだったという。

　このようにグルジアに対して積極的なアプローチを行ったマスハドフ政権だが、グルジアとの協力を通して得られた実質的な恩恵はなかった。マスハドフはグルジアへの幹線道路について「隣国への最短の道であり、チェチェンにとって最も重要なものだ」と述べ（*The Georgian Times*, 2.10.1998）、特に関心を示していた[111]。だが、幹線道路は、98年10月までにはチェチェンとグルジア国境を接合する部分を残し、実質的に完成していたにもかかわらず、その先の建

231

設が進まなかった。この幹線道路建設が進まなかったことには、いくつかの理由が考えられる。

　一つは、98年2月にグルジアで発生したシェヴァルドナッゼ大統領の暗殺未遂事件への関与を思わせる声明をラドゥーエフが出したことが挙げられる（*Свободная Грузия*, 19 февраля 1998 г.）。ラドゥーエフは、それ以前からグルジアをシェヴァルドナッゼ政権から救済するとか、ガムサフルディア支持派による部隊を創設したとして97年末までにグルジアで作戦を実行するなどと主張していた（Скаков 1998, C.104）ので、暗殺未遂への関与を臭わせる発言でグルジアとチェチェン間には緊張が走った。マスハドフは、国内での反乱の罪でシャリーア最高裁においてラドゥーエフを裁くとしていたが、この事件を契機にシェヴァルドナッゼ政権がマスハドフ政権の統治能力に疑問を抱いた可能性は高い。これ以降、チェチェンでは、ワッハーブ主義者や急進独立派が政権と激しく対立していくが、チェチェンの不安定化がグルジアとチェチェンの協力を止めた恐れがある[112]。

　もう一つは、グルジアが国内の課題やロシアとの関係からチェチェンとの関係強化に消極的となったことが挙げられよう。幹線道路については、チェチェン側の建設作業員がグルジアの国境警備兵に作業を妨害されたとか、単純にチェチェン側の予算が切れただけ（在チェチェン・グルジア代表部代表）など様々な要因が指摘されたが（*The Georgian Times*, 2.10.1998）、ロシアの態度も影響したという意見もあった。これによれば、ロシアは元々、武器密売など不正取引への懸念から道路建設に否定的だった（*Свободная Грузия*, 5 сентября 1998 г.）が、ステパーシン内相がグルジアを訪問した際に「私はあなた方がすぐに問題を抱えることになると恐れている。私を信じなさい」と述べたことが関係しているとしている（*The Georgian Times*, 22.10.1998）。

　当時グルジアは国内的にもシェヴァルドナッゼの暗殺未遂のみならず、ジャワヘティやアジャリア地域も不安定化しており、軍事反乱の動きもあった（Gordadze 2009, p.40）。結局、アブハジア紛争でも南オセティア紛争でもロシアの仲介に依存しており、対露関係は実際のところ重要であり、チェチェンも前述のように不安定化している中で、グルジア政府がこれ以上問題を抱えることを懸念し、同政府にとって特段魅力のない幹線道路の建設を取りやめた可能性が高い。

第3章 マスハドフ政権の平和定着の試みと挫折（1997-99）

第3項　石油輸送の再開をめぐる交渉の成果

　コーカサス地域における協力の強化を模索し、グルジアに働きかけたものの実質的な利益を確保できなかったのに対して、石油パイプラインの復旧については、マスハドフ政権が求めていたアゼルバイジャンとの交渉ではなく、結局、ロシアと交渉せざるを得なかったものの、石油輸送再開という実利を得ることに成功した。ここでは石油輸送再開をめぐる政治交渉について簡単にまとめ、次節で取り上げる「外交」政策の基盤がいかに整備されたのかを明らかにする。

　チェチェン側（ヤリハノフ南部石油会社総裁）は当初、石油輸送の問題はロシア・アゼルバイジャン・チェチェンの三者合意（трехсторонний договор）が必要で、そのためにもチェチェンとロシア間でまず関税と銀行に関する協定を締結するという考えがあった（НГ, 3 июля 1997 г.）。これはチェチェンも直接アゼルバイジャンと交渉することによって有利な条件でパイプラインを再開させようという思惑があったのだと思われる。ただ、こうしたチェチェン側の思惑はアゼルバイジャン側にも受け入れられなかったようである[113]。マスハドフは、97年7月にアゼルバイジャンを訪問してアリーエフ（H. Aliev）大統領と会談した（Бакинский Рабочий, 3 июля 1997 г.）。だが、この会談では石油パイプラインをめぐる両者の関係について前進する議論がなされた形跡はない。アゼルバイジャンは、国営企業や国際操業会社を通してすでにロシアとの間で石油輸送に関わるトランジット料金（通行税）などについて合意しており（15.67ドル/t.）、新たにチェチェンとこれらを調整する合理性も必要性もなかったことなどがその背景にあったと思われる。

　こうして結局、チェチェンは石油輸送問題でもロシアとの交渉に依存することとなった。他方で石油パイプラインの修復や石油輸送の再開については比較的早く合意に至った。97年5月に南部石油会社とロシアの燃料エネルギー省は、チェチェンの石油パイプラインの復旧と石油輸送問題を解決することに合意、6月にはチェチェン政府代表団はモスクワに経済復興計画を持ち込んだ（97年5月の政府間合意でチェチェン側が自ら経済復興計画を提出することになっていた）。この文書では3000～5000万ルーブルをチェチェンの石油産業に投資することとなっていた（Коммерсантъ Власть, 10 июня 1997 г.）。

　他方で、石油輸送を再開する上で欠かせないトランジット料金をめぐっては議論が紛糾した。チェチェン側は、当初は6.6ドル/t.を要求したが、ロシア側は0.43ドル/t.と議論は平行線を辿った。ロシア側は、総延長1330kmの

BGNラインのうち、チェチェンを通過するのはわずか150 kmに過ぎず、連邦構成主体に連邦がトランジット料金を支払わないという通例がある以上、この金額は妥当だと考えていた (*Известия*, 30 августа 1997 г.)[114]。チェチェン側は交渉の度に妥協し、4.27ドル/t.へ、そして2.2ドル/t.へと要求する金額を下げていった (*Коммерсантъ Власть*, 9 сентября 1997 г.)。ロシア政府は、この金額で妥協点を見出そうと考えたが、トランジット料金をロシア連邦予算から支給するのは問題だとして、トランスネフチ社がチェチェンに支払うことになった (*Известия*, 05 сентября 1997 г.)[115]。

こうしてチェチェンとロシアは、1997年9月にカスピ海石油初期輸送協定に調印し、10月には石油パイプラインが再始動、カスピ海産の石油輸送が始まった。またロシアが97年末までに輸送量分の通行税（約85万ドル）を支払い、近いうちにパイプライン補修人員の派遣とその費用負担（200万ドル）をすることとなった (*Зеркало*, 13 ноября 1997 г.)。このように当初、チェチェン側がアゼルバイジャンとの協力で模索しようとした石油パイプラインの再開については、結局ロシアと交渉する必要性が生じたが、それでも早期のパイプライン再稼働という共通の利益があったため、比較的早く合意形成をすることができた——ただし、このトランジット料金の支払いをめぐってもロシアとチェチェンは既述のように対立するようになる。

石油パイプラインの再始動に成功したマスハドフ政権は、新規パイプラインの建設を通してコーカサス地域の経済統合を進め、外国からの投資を得るというもので、これはロシアとの法的・政治的地位をめぐる交渉が難航する中で、脱ロシア化を目指す動きでもあった。次節で、欧米諸国など広く国際社会に支援を求め、マスハドフ政権がいかに「外交」政策を展開したのかについてまとめる。

第5節 「外交」政策

本節では、マスハドフ政権がチェチェンの経済復興と失業などの社会問題の改善、そして政府の財源確保と経済的な対露依存から脱却するために展開した対外政策——近隣コーカサス地域を除く——についてまとめる。1997-99年にはチェチェンの法的・政治的地位の問題は改善されておらず、国際的にもチェチェンの独立は承認されていなかった（「未承認国家」だった）ので、この対外

第3章　マスハドフ政権の平和定着の試みと挫折（1997-99）

政策は厳密には外交政策として扱うことはできない。他方で、非公式会談や民間交流という名目が用いられながらも、後述するようにマスハドフはその訪問先で政府首脳級と会談しており、それは疑似的には外交と呼べる性質を持っていた。したがって、本書ではマスハドフ政権の対外的な働きかけを「」付きで「外交」とする。

なお、マスハドフの対外的働きかけについては先行研究では半ば無視されてきた。一つは、既述のようにそもそもマスハドフ政権の取組みを丁寧に取り上げ再考しようとする試みがほとんどないという理由に拠るが[116]、同時に1997-99年のチェチェンを対象とした研究が対露関係と国内政策という二方面から当時のチェチェンの状況や紛争の再発を説明しようとしてきたことが挙げられる。「外交」政策それ自体の取組みはまったく知られていないわけではなく、取組みがあったという事実は一部の研究で言及されている[117]。だが、これはそもそも成功する見込みがなく、結果も明らかに失敗だった——目的（独立承認）を達成できなかった——ので取り上げて考察する価値のないものだと評価されてきた節がある。例えば、オスマエフ（Осмаев 2008, C.765-766）は以下のように述べている。

> マスハドフは、チェチェン共和国の独立承認、あるいは悪くても外国の指導部からの援助を得る目的で外国訪問に取り組んだ。グルジアやアゼルバイジャンへの訪問ではこれといった成果はなかった。イギリスやアメリカへの訪問でも期待していた成果は得られず、西側の政治家はチェチェン共和国のために対露関係を複雑にし（マスハドフと）会談しようとはしなかった。トルコ、マレーシア、サウジアラビアへの訪問も何ももたらさなかった。第一にロシアとの関係を調整する必要があり、その解決なくしていかなる外相であれ議会の議員であれ、大統領自身であれ外交的な成果を期待することなどできなかったのである。

本書は、オスマエフと認識の一部——特に「外交」政策の挫折は対露関係が不透明であったことに起因しているということ——を共有するが、それでもなお「外交」政策は取り上げて考察する価値があると考えている。第一に、対露関係と国内政策という二方面からの理解ではマスハドフ政権の平和定着の試みを十分に理解できないからである。マスハドフ政権は、対露政策と国内政

策の課題が山積する中で「外交」に活路を求めた経緯があり、そのため政権も世論もこの政策が現状を打破する可能性があると、一定の期待感を持っていた[118]。このような事実を踏まえると、「外交」政策を無視して紛争後のマスハドフ政権の平和定着の試みを考察することは困難であると思われる。このことから「外交」政策をまったく取り上げないで、マスハドフ政権の平和定着の失敗、すなわち紛争再発について十分に考察することはできないと考える。

第二に、マスハドフ政権の「外交」的な働きかけそれ自体を把握しながら、これを意味のないものと理解、言及している論者は、実のところ「外交」の方針や目的、働きかけや取組みなどを十分に調査・検討してはいないのである。それにもかかわらず、これがまったく成果を出せなかったと評価したり、紛争後のチェチェンにとって意味のないものだと理解したりすることは結果からの解釈に過ぎない。以下では、これらについて検討し明らかにしていく。その上で本書が指摘するのはオスマエフとは若干異なる理解である。

以下で明らかにするように、マスハドフ政権の「外交」政策は必ずしも独立承認を目的に位置づけておらず、受入国でも政府高官級がマスハドフと会談していた。本書は、既述のように「外交」政策の挫折が対露関係に起因していたという理解を共有するが、他方で「外交」に取り組んだ背景にそもそも対露関係の行き詰まりがあったという（本章3節で既述の）事実も指摘しておきたい。このことを踏まえ、マスハドフ政権の「外交」政策を見て取ると、当初から政権は不透明な対露関係を自明なものとして「外交」に取り組んだ可能性が高く、そして、そこで得られる成果にも限界があるということをまったく想定していなかったわけではないと思われる。

以下では、まずマスハドフの外交ブレーンであったヌハーエフがいかなる構想を持ち、働きかけを行っていたのかを明らかにし、その後、マスハドフの「外交」の方針、目的、そして取組みについてまとめる。最後に、このような政権の「外交」政策がなぜ十分な成果を得られなかったのかについて明らかにする。

第1項　マスハドフ「外交」の下地：ヌハーエフの構想と働き

マスハドフは選挙公約で、あるべき政治経済の形を自由主義とし、「紛争後の国家経済の復興のような重大な問題を解決するため、外国企業を参加させる」必要があるとし、第二次大戦後のヨーロッパ復興の際のマーシャル・プラ

ンに言及しつつ、紛争後の地域に対する外部からの支援の重要性を指摘した。そして、「これは単なる部分的投資ではなく、経済復興に関わる国家間の複合事業でなければならない」と主張し、チェチェンでは石油開発とパイプライン事業がここに位置づけられると述べた（*ГР*, 23-30 января 1997 г.）。ただ、この時点では、このような事業に取り組む際に支援を受ける具体的な当てがマスハドフにあったのかは不明である。

　実は、その後、マスハドフ政権によって展開される「外交」政策は、ヌハーエフ（Х.А. Нухаев）という実業家によって準備・構想され、そして進められていたものであった。ヌハーエフは、モスクワ国立大学在学中の1970年代にチェチェン独立を掲げる学生組織を設立し、政治犯として収容所に送られた経歴を持つ人物である[119]。ペレストロイカ期にロシアの政財界との繋がりを密にし、ドゥダーエフ政権誕生後にチェチェンに帰還、96年にはヤンダルビエフ政権で第一副首相となった（*ГР*, 23-29 октября 1997 г.）[120]。彼は、マスハドフ政権誕生後に政治的役職につかず、個人的立場で活動を展開していた。

　このヌハーエフの構想がマスハドフ政権によって後に採用されたということに関して興味深いのは、ある時期まではヤンダルビエフもこの計画の準備に中心的に関わっていたということである。97年7月のインタビューで彼は「今、私はコーカサス投資銀行（Международный Кавказский Инвестиционный Банк）の設立で忙しい」と述べていた[121]（*ГР*, 18-24 июля 1997 г.）。ヤンダルビエフは、この時にバサーエフ副首相の辞任というニュースへの感想を求められ、マスハドフを「大統領の安楽イスで権力を追求する人」と痛烈に批判しており、したがって、この時点でヤンダルビエフやヌハーエフがマスハドフの指示を受けて行動していたとは考えにくい。

　だが、この構想は下記で明らかにしていくように途中からマスハドフが主導する「外交」政策に変化しており、その時期にはヤンダルビエフの関与はまったくなくなっている。すなわち、どこかでヤンダルビエフが計画から排除されたか、あるいは自ら抜けたわけだが、現時点ではそれが具体的にいつなのかは不明である——なお、ヌハーエフとマスハドフの政治的距離についてはさほど遠くないと思われる[122]。以下では、マスハドフがこの政策を主導し、「外交」の表舞台に出るまでのヌハーエフの働きについてまとめる。

　マスハドフ政権が誕生した2カ月後（97年4月）、ヌハーエフはワシントンで「アメリカ・コーカサス国際商工会議所」（Кавказско-Американская

Международная Торгово-Промышленная Палата）を設立し、会頭に就任したが、執行部には政財界の著名人が名を連ねた。元在ルクセンブルク・アメリカ大使のブッシュ（F. Bush）、元欧州復興銀行総裁アタリ（J. Attal）、元ホワイトハウス顧問のレーヴィン（M. Levine）、元ソ連外相のパンキン（Б. Панкин）、元イギリス保守党・副党首のマカルパイン卿（A. McAlpine）などである（*ГР*, 23-29 октября 1997 г.; *Prism* [The Jamestown Foundation], 5.12.1997; *The Georgian Times*, 26.12.1997; *Сегодня*, 15-22 марта 1998 г.）。彼らは中央アジアからヨーロッパに至るユーラシア横断石油パイプラインを最終的な目的とし、その手始めとしてコーカサスに投資をするとした。この構想は、当時においては必ずしも荒唐無稽な話ではなかった。既述のように94年にアゼルバイジャンと欧米企業がカスピ海の開発合意に至るなどソ連解体後のエネルギーをめぐるかけ引きは加速しており、石油輸送ルートの需要が急速に高まっていた。

BGNラインの重要性はすでに述べたが、欧米の投資家はこのルートが再始動すれば、ノヴォロシースクから海上輸送で、あるいはウクライナ経由（陸路）で欧州への石油の輸送も可能となるので、この地域の動向に関心を持っていたようである。こうした意味でも経由地であり、「事実上の独立」状態にあるチェチェンの戦略的重要性は高まった。チェチェンでは当時、ロシアの関与を抑えた形で権益を確保できる可能性もあった。またBGNラインをとりあえず復旧させ利益を得て、その後、ルートの多角化と輸送可能量を増やすというような理解もあった。

97年10月にBGNラインが復旧し、石油輸送が始まる直前、マカルパインを中心とするイギリス代表団がグローズヌィを訪問した[123]。彼らの訪問はイギリス政府の関与するものではなかったが、その直接の目的は、当時のマスコミ報道によれば96年7月にチェチェンで人道支援活動中に拉致されたイギリス人医師2名の救出であったので（*НГ*, 19 ноября 1997 г.）、イギリス政府がまったく感知していなかったということもないだろう。他方で、彼らはグローズヌィの視察とマスハドフとの会談も目的としていた。マスハドフとの会談では、コーカサス横断エネルギー会社を設立するという合意に至った（*Prism*, 5.12.1997; *The Georgian Times*, 26.12.1997; *Коммерсантъ*, 11 марта 1998 г.）。

チェチェンへの訪問とエネルギー会社設立を受けて翌11月には、ロンドンでマカルパインやヌハーエフが中心となり、「コーカサス投資基金」（Кавказский Инвестиционный Фонд）の盛大な設立パーティーが開催された。こ

第3章　マスハドフ政権の平和定着の試みと挫折（1997-99）

のパーティーにはマカルパインと親しいサッチャー（M. Thatcher）元首相（当時・英国石油政治顧問）やキッシンジャー（H. Kissinger）も参加したとされる[124]。また、マスハドフ大統領の経済顧問であるビサーエフ（И. Бисаев）は、そこで「アスラン・マスハドフは今回の計画を支持しており、この実現を大変注視しています」と述べ、チェチェン政府としての計画への支持を表明した。さらにパーティーでは、投資基金の目標投資金額を30億ドルと設定した（*НГ*, 12 и 20 ноября 1997 г.; *Голос Армении*, 15 ноября 1997 г.）。

　ヌハーエフの欧米での積極的なロビーイング活動とは対照的に、既述のようにチェチェンの状況は悲惨であった。政府は慢性的な資金不足で、ロシアとの法的・政治的交渉も暗礁に乗り上げており、経済合意履行の問題も顕在化していた。国内の経済社会インフラは破壊されたままで、ロシアとの合意に基づき支給されるはずの年金や給与の支払いはなされず、国内の復興は進んでいなかった。治安の悪化もあり、武装解除も進まず、急進的な指導者はマスハドフ政権への批判を強めていた。ヌハーエフの働きで投資を集める仕組みは整い始めていたが、これをマスハドフ大統領が積極的に活用し対外的な働きかけを行い、投資を確保し、早急に共和国の再建に取り組む必要があった。

第2項　「外交」の方針と軌跡：「未承認国家」の積極「外交」
　「コーカサス投資基金」が設立されて以後、98年末までがマスハドフ政権の積極的な「外交」がなされた期間である。ここでは、その「外交」方針について簡単にまとめた上で、マスハドフ政権の「外交」政策にはどのような特徴があったのか明らかにする。
　まず、マスハドフの「外交」方針はいかなるものだったのだろうか。第一に、受入国の立場も考え、チェチェンの独立承認などの問題はむしろ棚上げして関係を築こうとしたということが挙げられよう。既述のようにマスハドフ自身は、外交権を有する主権国家としてチェチェンを認識していたが、この承認を国際的に求めることは困難だとも認識していた。例えば、マスハドフは98年3月のイギリス訪問の目的を問われ、以下のように答えた。

　　チェチェン共和国は、外交によって（国家）承認に関わる状況を急転させることを切望していると主張している人もいるが、この渡航において私たちは何らかの戦略的目的を達成しようと思っていない。私たちは

（承認を）急いでいない。なぜならば、私たちは理解しているからだ。世界政治とはどういうものなのか、そしてそこに、自分たちで独立を達成しようとしているチェチェンにとってどれほどの居場所があるのかを（*Московские новости*, 15-22 марта 1998 г.）。

また彼のブレーンであるヌハーエフも、「コーカサス共通市場」の実現などを通してチェチェンの国際社会への参加や（国際）法的な独立性が担保されていくという考えを示しており（*ГР*, 11-17 декабря 1997 г.）、独立承認それ自体をあまり問題にしていなかった。

第二に、チェチェンへの投資や援助、そのための同地の安全性のアピールや文化的理解の促進を目的としたことが挙げられよう。例えば、欧米ではチェチェンの急進的イスラームへの懸念やチェチェンにおける石油の安全輸送に疑問の声もあったが、マスハドフはこの懸念に応えようとする発言を度々していた[125]。このことは、マスハドフ政権が投資や援助の不安材料の払拭に懸命だったことを示唆している。このように考えてみると、マスハドフの「外交」政策は、法的・政治的な関係は棚上げしつつも、まず経済的な協力を求めたということが指摘できよう。これは、今まで述べてきたチェチェン国内の諸課題に鑑みれば実利的な判断であり、またヌハーエフの働きかけによって欧米に一定のロビーイング組織が形成されていたので、投資や援助への期待も政権内部で高まっていたことが背景にあると思われる。

第三に、このような投資や援助の獲得のために、同じ条件下におかれた「未承認国家」や文化的同質性を有するイスラーム諸国などではなく、むしろ欧米への働きかけを重点化したということが挙げられる。コーカサス地域には当時チェチェンと同様に独立を主張していながら、国際的には承認されていない「未承認国家」としてアブハジアや南オセティア、ナゴルノ・カラバフがあった。これらに加えて、モルドヴァのプリドニエストルは同じような条件におかれていることから本来、連携がしやすかったわけだが[126]、チェチェンはこれらの地域に働きかけることをしなかった。その理由としては、これら地域の支援国（「パトロン」）はチェチェンと対立しているロシアであったこと、またグルジアとの関係改善を掲げている以上、アブハジアなどとの過度の接近はグルジア関係に否定的な影響を与えるという判断があったと考えられる[127]。またイスラーム諸国に関しても訪問をしていなかったわけではないが、聖地巡礼の

第3章　マスハドフ政権の平和定着の試みと挫折（1997-99）

表3-14　マスハドフの「外交」関連年表（1997-99年）

年月日	出来事
97/1/27	選挙でマスハドフ大統領が選出
4/12	サウジアラビア訪問（メッカ巡礼）
5/22	タタールスタン訪問
7/1-	ダゲスタン、アゼルバイジャン訪問
8/30	グルジア訪問
10/13	マカルパインらイギリス代表団がグローズヌィを訪問
10/25	チェチェン経由の石油パイプライン再始動
10/28-	トルコで休暇の後、アメリカ訪問（11/8-21）、帰路でアゼルバイジャンにも訪問
11/11	イギリスで「コーカサス投資基金」が設立
12/18-	シンガポール、フランス、イタリア、ブルガリア訪問
98/3/8-12	イギリス訪問
8/5-	トルコ、アメリカ訪問
9/8-	インドネシア、マレーシア訪問
10/15	ポーランド訪問

出典：富樫（2011）を一部修正。

ための二度のサウジアラビアの訪問を除けば、トルコやインドネシア、マレーシアなどどちらかといえば世俗的なイスラーム諸国であり、中東諸国への訪問は限られている[128]。

では、以上のような方針の下に展開されたマスハドフ政権の「外交」政策はどのような特徴を持っていたのであろうか。第一に挙げられるのは、非常に短期間に数多くの国を訪問したという点である（表3-14）。

このような特徴は、同じような条件下におかれていた「未承認国家」の他の事例をみてみても、紛争直後の取組みとしてはかなり例外的で、「外交」への積極性を見出せる。また創設された在外代表部に目を向けてもその数は非常に多く（表3-15）、これは実存する「未承認国家」と比較してみた場合にコソヴォに次ぐ数である[129]。このようにマスハドフ政権の「外交」政策をみてみると、チェチェン政府が当時、一定の対外交渉能力を有していた、もしくはそのように評価できるほどの積極的働きかけを行ったと判断できるだろう。第二の特徴は、チェチェンは当時、国際的には独立国と承認されていなかった「未承認国家」であったので、マスハドフやその閣僚を受け入れる国は、当然ロシアとの関係を意識して対応は慎重になるが、それでも政府高官級が対応してい

表3-15 チェチェン共和国在外代表部一覧（1997-99年）

独立国		非国家主体	
旧ソ連	アゼルバイジャン、リトアニア、グルジア、ロシア、ウクライナ	未（非）承認国家	アブハジア、北キプロス
イスラーム諸国	ヨルダン、パキスタン、サウジアラビア、マレーシア、トルコ	国際機関	EU、ユネスコ
欧米	フィンランド、フランス、オランダ、ドイツ、デンマーク、ポーランド、アメリカ	ロシア連邦構成主体	タタールスタン、カルムィク、モスクワ市

出典：富樫（2011）を一部修正。資料としては、Музаев（1997, C.15-18）と ГР（29 мая-4 июня 1997 г.）。
EU：European Union, 欧州連合

たという点が挙げられる。

例えば、97年11月のマスハドフのアメリカ訪問では、ブレジンスキー（Z. Brzezinski）元国務長官とセスタノヴィッチ（S. Sestanovich）無任所大使兼国務長官特別顧問と会談しており、ペンダゴンで国防省高官とも「都市的条件における戦術」について意見交換したという（НГ, 18 ноября 1997 г.; Известия, 14 ноября 1997 г.）。アメリカは、これは民間交流で（アメリカへの訪問自体は、カーネギー財団の招きによるものである）、あくまでもマスハドフをロシア連邦の構成主体の長として迎え入れていること、アメリカ政府はロシア連邦の領土的一体性を尊重していると表明していた（Свободная Грузия, 20 ноября 1997 г.）。

実際に、最初の訪米に際してマスハドフはソ連時代のパスポートを使い、代理人が在モスクワ・アメリカ大使館でビザ申請をする（Голос Армении, 6 декабря 1997 г.）など民間交流の色彩も強かった。また二度目の訪問では、チェチェン外務省によればマスハドフはクリントン大統領、ゴア副大統領、オルブライト国務長官との会談も希望した（Коммерсантъ, 4 августа 1998 г.）が、これは実現しなかった。他方で、「単純にロシア連邦の一構成主体に過ぎないのならば、ペンタゴンの高官やセスタノヴィッチ国務長官特別顧問が会談しないはず」（Голос Армении, 25 ноября 1997 г.）であり、一地域としてでもなく、独立国家としてでもない特別な扱いをした。

これは97年3月のイギリスへの訪問でも同じことで、この際にはマスハドフは、イギリス外務官僚も参加する形でサッチャー元首相と会談し、議会へも訪問した。また王立国際問題研究所やオックスフォード大学にて講演も行った（The Independent, 3.5.1998; RFE/RL 9.3.1998; НГ, 11 марта 1998 г.; Свободная Грузия, 28

第 3 章　マスハドフ政権の平和定着の試みと挫折（1997–99）

марта 1998 г.）。無論、イギリスもマスハドフの訪問中に外務省がチェチェン独立派の独立宣言をイギリスは認めていないと再度確認する声明を出したり、マスハドフの訪問に際してイギリス大使館が詳細な訪問日程を添えて国家元首として出迎えない旨、モスクワに通達したりするなどした（*The Independent*, 6.3.1998; *RFE/RL* 9.3.1998）。

　他方で、他の国でもホスト国の受入れは、政府高官級の場合が多く、例えばマレーシアやポーランドでは首相や外相などと会談していた（*ГР*, 24-30 сентября, 22-28 октября 1998 г.; *Московские Новости*, 18-25 октября 1998 г.）。したがって、このような事実を理解し、第 1 章 4 節 4 項で示した「未承認国家」への国際社会の対応（表 1 – 11）にチェチェンの「外交」政策への各国の反応を位置づけると、それは④限定的受容（寛容）に位置づけられると思われる。以上のようにチェチェンは、「未承認国家」として積極的な「外交」に取り組んだ事例と評価することができよう。

第 3 項　「外交」の挫折

　こうした「外交」は、98 年 11 月にはアメリカから 5000 トンの穀物支援を得る（*ГР*, 12-18 ноября 1998 г.）など徐々に成果が見え始めたが、その矢先に破局を迎えた。直接的原因は、野戦軍司令官のバラーエフ（元イスラーム連隊隊長）に拉致されていたイギリス人 3 名とニュージーランド人 1 名が政権による奪還作戦も実らず、98 年 12 月に惨殺されたからである。

　実は、それ以前から外国人に対する身代金目的の拉致は問題になっており（表 3 – 16）――ロシア人に関するものは第 4 章 2 節で後述――、アメリカやイギリスでマスハドフが会談した際も、相手国からは拉致もしくは行方不明となっている自国民に関する懸念が述べられていた。他方で、例えばアメリカ人 2 名の行方不明（表 3 – 16 の(1)と(2)）に関しては、マスハドフ政権誕生以前――より厳密には第一次紛争中――に発生したものであった[130]。そのため、これらの直接的な責任は必ずしもマスハドフ政権にあるものではなかった。またイギリス人の人道支援者（夫婦）の拉致事件（同(3)）に関しても、拉致された後の拘束期間が 1 年 2 カ月と非常に長く「外交問題」にもなったが[131]、その後、無事に解放されるなどしていた[132]。

　これに対して、イギリス人ら 4 人の拉致事件がマスハドフ政権の「外交」政策を終焉させることとなったのは、今まであった「マスハドフ政権は事態を

表3－16 チェチェン共和国における欧米人に対する代表的拉致事件

	時　期	拉致被害者	国　籍	年齢・仕事（当時）	チェチェンに来た目的	拉致（失踪）場所	結　末
紛争時	(1) 95年4月	フレッド・キューニー（Fred Cuny）	米国	51歳、人道活動家	停戦の仲介、人道支援	独立派拠点へ向かう途中？	【行方不明】
紛争時	(2) 95年7月	アンドリュー・シュマック（Andrew Shumak Jr,）	米国	25歳、フリーフォトジャーナリスト	取　材	グローズヌィから山岳地へ向かう途中？	【行方不明】
紛争後	(3) 97年7月	カミラ・カー（Camilla Carr）	英国	40歳、医師、人道活動家	人道支援（戦争被害を受けた子どもの支援）	グローズヌィ	【解　放】交渉の末、98年9月に二人共
紛争後	(3) 97年7月	ジョン・ジェームス（John James）	〃	37歳、医師、人道活動家	人道支援（戦争被害を受けた子どもの支援）	グローズヌィ	【解　放】交渉の末、98年9月に二人共
紛争後	(4) 98年10月	ダレン・ヒッキー（Darren Hickey）	英国	26歳、Granger Telecom 技師	チェチェン住民の95％が利用可能になるラジオ・テレビシステムの導入	グローズヌィ	【死　亡】98年12月にイングーシとチェチェンの国境近くで斬首された頭が発見される
紛争後	(4) 98年10月	ピーター・ケネディ（Peter Kennedy）	〃	46歳、〃	チェチェン住民の95％が利用可能になるラジオ・テレビシステムの導入	グローズヌィ	【死　亡】98年12月にイングーシとチェチェンの国境近くで斬首された頭が発見される
紛争後	(4) 98年10月	ルドルフ・ペッチ（Rudolf Petschi）	〃	42歳、独立コンサルタント	チェチェン住民の95％が利用可能になるラジオ・テレビシステムの導入	グローズヌィ	【死　亡】98年12月にイングーシとチェチェンの国境近くで斬首された頭が発見される
紛争後	(4) 98年10月	スタンリー・ショー（Stanly Shaw）	ニュージーランド	58歳、Granger Telecom 技師	チェチェン住民の95％が利用可能になるラジオ・テレビシステムの導入	グローズヌィ	【死　亡】98年12月にイングーシとチェチェンの国境近くで斬首された頭が発見される
紛争後	(5) 98年11月	グレッグ・ハーバート（Gregg Herbert）	米国	51歳、英語教師（キリスト教徒のミッショナリー）	ダゲスタン国立大学での英語教育（95年赴任）	マハチカラ（学生といたところ）	【奪　還】99年6月にロシア部隊が

出典：筆者作成
資料は当時の各種報道だが、主だったものとしてキューニーとシュマックについては、(*The New York Times*, 21.1.1996; *Известия*, 12 ноября 1997 г.; *Свободная Грузия*, 20 ноября 1997 г.; *The Independent*, 13.12.1998)、カーとジェームスについては、(*The Independent*, 30.6.1998; *Сегодня*, 22 сентября 1998 г.)、英国人技師たちについては、(*Сегодня*, 6 октября 1998 г.; *Financial Times*, 9.12.1998; *The Independent*, 13.12.1998)、ハーバートについては、(*The New York Times*, 30.6.1999; *The Moscow Times*, 30.6.1999; *The Times*, 1.7.1999) などを参照。

制御できないのでは」という国際的な懸念を確信に変えたからである。例えば、この事件では、政権は拉致被害者の救済のために全力を挙げることを表明し、大規模な作戦を実施した。しかし、こうした作戦は被害者の奪還に繋がらなかったのみならず、被害者は殺害され、しかも切断された首が道路に並べられるというセンセーショナルな結末を迎えたのである[133]。マスハドフ政権の

第3章　マスハドフ政権の平和定着の試みと挫折（1997-99）

最も大きな外部支援者は、マカルパインらイギリス人有力者であったので、この事件ですべては水の泡となった。イギリスのクック（R. Cook）外相（当時）は、この事件をうけて「あそこに英国市民の安全はないので、近づいてはならない」と述べた（Financial Times, 9.12.1998）が、これはマカルパインらにもチェチェンから手を引く決定的事件になったのである。

なお、その後のアメリカ人の拉致事件（表3-16の(5)）は、国内問題や対露問題という観点からみた場合、当時（本書の分類では第四段階第三期から第五段階にかけて）の事態の深刻さ[134]、または平和定着の挫折に向かう過程で表出したダゲスタン情勢とのリンケージを理解する上で重要な事例だといえる[135]。ただ、「外交」政策への影響という文脈では4名の拉致事件が最も大きな影響を与えた[136]。

では、バラーエフ野戦軍司令官（あるいはその配下）は、なぜイギリス人ら4名を惨殺したのであろうか。この理由としては様々なものが指摘された。当時のイギリスの新聞（The Independent, 13.12.1998）は、犯罪、権力（争い）、ビジネス（身代金）、イスラーム的な利益などが複雑に絡み合ってこうした結果が生じたとし、そこには一種のパラノイアもあったと分析した。殺害される前の拉致被害者の一人が「自分はイギリスの特務機関に従事しており、アメリカのCIA（中央情報局）やイスラエルなどに役立つ情報を提供しようとしていた」と述べ（させられ）たビデオテープが拉致犯側から提供されていたのである。イギリスの新聞は、犯人側がこのようなパラノイアを抱いていたことが技師たちの惨殺にも影響を与えたと捉えていた。

もう一つ有力なものは経済的な動機である。その象徴的な典拠とされるのが、2001年11月に報道されたBBC（英国放送協会）の特集番組および、それらを掲載した新聞記事である。その内容は、イギリス人らと共に拉致されていたと述べるダゲスタン人の役人アドゥホフ（A. Адухов）の主張を取り上げたもので、要旨は主に3点からなる。第一に、バラーエフはビン・ラディンと繋がったテロリスト・ネットワークから資金援助をされており、第二に、技師たちを雇用していた企業側から1000万ドルの身代金を支払う申し出が出されていた。そして第三に、ビン・ラディンやタリバンからは3000万ドルの支払いを約束するから殺害するよう申し出があったというものである。これを受けてバラーエフは、「アラブの兄弟」との関係を維持するために殺害した、とアドゥホフに述べたという。アドゥホフは、バラーエフから「ジハード」などイスラーム過

245

激主義的な言説も聞いたとしているが、バラーエフが Granger Telecom とビン・ラディン側の提示額を天秤にかけ、「3000万ドル出すというので 1000 万ドルはもう必要ない」と応答したと述べている。つまり、これは彼らの経済的な動機を強調していることになる[137]。

同じ経済的動機を挙げながらも、ランスコイ (Lanskoy 2003, p.205) は、ビン・ラディンとの繋がりは 9.11 以後にアメリカから支持を得るために強く主張され始めたもので、それ以前にはロシア内でも「高値を付けたのはFSB（ロシア連邦保安庁）側」と理解されていたとして、その典拠に 2000 年のモスクワ・ニュースの記事（*Московские Новости*, 28 марта 2000 г.）を挙げた。これらには主張に違いがあるものの、殺害の背景には一定のイデオロギーや理念のようなものよりも経済的な動機があったと理解している点で共通している。

経済的な動機は有力なものの、これに加えて本書は、マスハドフ政権に打撃を与えることそれ自体が一つの大きな動機であった可能性を指摘しておきたい。その根拠として、第一に、マスハドフ政権の「外交」政策上、重要な意味を持つイギリス人を立て続けに拉致の対象としていることが挙げられる。例えば、技師たちは人道支援活動家の解放のわずか2週間後に拉致され、しかもあと数日で彼らは仕事を終え帰国する予定だったのである（*НГ*, 9 декабря 1998 г.）。第二に、政権による大規模な奪還作戦は当初からある程度予想されており――すなわち、拉致実行犯は一定のリスクを背負った上で拉致を実行し――実際に政権側の奪還作戦が行われると、その直後に殺害していることなどが挙げられる。

拉致事件は、第4章2節で後述するようにロシア人に対しても行われ、チェチェン人に対する拉致も多数あった。だが、人道支援目的などチェチェン人のために活動に取り組んでいる外国人を拉致するという行為に加え、その際に犯人側がとった残虐な行為は、国際的な注目を集め、チェチェンという「国家」の印象を極めて悪化させていった[138]。チェチェン世論は、元々過激な反対派に批判的で拉致事件にも反対していたが、知識人のアカーエフは、イギリス人ら4名の拉致事件が発生した折、「拉致は国民に対する犯罪だ」として、これを強く非難した（*ГР*, 8 октября 1998 г.）。アカーエフは、頻発する拉致事件はチェチェンがテロの拠点であり、無法地帯だと国際的にアピールしかねない状況を作り出しており、犯罪者集団による自殺行為、チェチェン住民への犯罪行為だと糾弾した。そして犯人たちに以下のように語りかけた。

第3章　マスハドフ政権の平和定着の試みと挫折（1997－99）

　自分自身を、そして私たちを破滅させないで欲しい。彼ら（イギリス人ら4名）を解放して欲しい。犯罪行為に抗し、神に赦しを求め懺悔してほしい。

　このような知識人の切実な訴えは聞き届けられなかった。こうしてマスハドフ政権の「外交」政策は終焉を迎えたわけだが、この事件が生じなくとも外部支援の獲得は困難であったことも事実である。また仮に支援が獲得できていたとしても、それが紛争の再発を防ぐ肯定的な影響をどれほどもたらしたのかについても不透明な部分がある[139]。それだけ、この時期（第四段階第二期から第三期）のチェチェンは混迷していたのである。反マスハドフ派の影響力は極めて強くなり、彼らは一方で国内課題を大統領の責任とし、他方で自らの政権への非協力を「イスラームの規範に則った行動」と正当化していた。加えて、マスハドフが「外交」で不在の機会を利用し、急進的な政策の実施やマスハドフの退陣要求を出した。マスハドフは各国を訪問し支援を呼びかけたが、会談の後、チェチェンからはこのようなニュースが届いたので、政権の信頼性は低下していった。そしてマスハドフへの暗殺未遂事件も複数回発生していたので、マスハドフ政権の統治能力に対する疑問は増すばかりであった。

　「未承認国家」であるチェチェンがその生存を担保できなかった理由（平和定着の失敗要因）の考察は次章に譲るが、以上のようにみてみると、マスハドフ政権の「外交」政策は以下のように総括できるだろう。すなわち、政権が地域政策や「外交」政策に打って出たのは、「二重の対立構造」の諸問題が残存・悪化する（ロシアとの問題も改善せず、国内でも種々の課題を抱える）中でそうした状況を打破するためであったわけだが、「外交」政策の失敗それ自体は、結局、紛争の「二重の対立構造」から政権が脱しきれなかったという現実を明らかにしている。例えば、マスハドフ政権の「外交」政策は、「未承認国家」の対外政策においてまず懸案事項になる独立承認を問題にせず働きかけたわけだが、結局、投資や援助にしても対露関係――チェチェンが「未承認国家」であること――がネックになって、期待していた国家レベルの関与は得られなかった。また政財界を中心として進められた投資や援助に関してもチェチェンの国内問題が直接的な打撃となって政権が期待した機能を果たす前に頓挫してしまった。

　欧米からの支援への期待がなくなったチェチェンはその後、既述のようにマスハドフが急進派を囲い込み、自らの正統性を担保するために「法的なイス

ラーム化」を進める。だが、これは急進派にむしろ正統性を与えることになり、1999年8月にバサーエフらがダゲスタンに進軍し、イスラーム国家の樹立を宣言する。その後、ダゲスタンでの攻防を経て、モスクワなどでアパート爆破事件が頻発し、これをチェチェン人による犯行だとするプーチン政権（当時・首相）によって第二次チェチェン紛争が開始される。次章では、今まで取り上げてきたマスハドフ政権の平和定着の試みがなぜ頓挫してしまったのか、多角的に検討し明らかにしたい。

注

1 以下、マスハドフの妻クサマの発言については、新聞に掲載されたインタビュー（*ГР*, 31 января-2 февраля 1997 г.）より。
2 マスハドフの元直属の部下（B. Завадский）は、新しい上司の横暴もあり、マスハドフとの対立が顕著になったとインタビューに答えている（Масхадов 1997, C.44-45）。
3 無論、この相違は彼らの軍での地位、あるいはチェチェンの民族派に指導者として向かい入れられたか否かなどドゥダーエフとマスハドフの相違を確認すれば、理解できないことでもない。なお、マスハドフがソ連解体（91年12月）から軍を去る92年12月までの1年間どのような任にあったのかは不明である。
4 クサマは、ドゥダーエフとマスハドフの関係は「軍務経験者の間の通常の関係」としていた。
5 クサマによれば、94年に生まれた孫にはチェチェン民族の英雄とされていたバサーエフの名前を彼女が付けたという。彼女は、97年当時のインタビューでバサーエフを尊敬していたし、今もしているが、夫に不当な批判を続ける彼に今は哀しみを持っていると語っている（*ГР*, 31 января-2 февраля 1997 г.）。
6 前者については次節以降で明らかにしていく個別の政策を通して検討したい。
7 加えて副大統領候補のアルサノフも山岳地域出身で影響力のある「テイプ」出身であったと言及される（Akhmadov and Lanskoy 2010, pp.70-71）。ただし、既述のように「テイプ」などの伝統的な社会集団の影響力は測定が非常に困難であり、しかも紛争後に急進的なイスラーム勢力がこうした旧来的社会秩序を破壊していたので、出身地域や「テイプ」などから安易に彼らの支持基盤を語ることで見落とすことも多い。また前述のようにマスハドフは北部地域に少年期以外に住んでいないことも押さえるべきである。
8 なお、北川は当時の新聞の分析を紹介しているものの、これに対する自身の見解は述べていない。
9 世論からの紛争移行期のチェチェンについての考察は、第4章3節で行う。その際にこれらのデータも改めて提示する。
10 「未練論」や「擁護論」に陥らず、ある事象を問い直すことの意味については、塩川（2010, pp.9-11, 217-222, 237-246）から一定の刺激を受けた。
11 このことは、むしろ逆のいい方をすれば本書の提示する分析枠組みが行為主体を紛争構

第 3 章　マスハドフ政権の平和定着の試みと挫折（1997-99）

造に内在化させて捉えた概念であるから、1997-99 年のマスハドフ政権に着目することが欠かせないということなのである。
12　また 1997-99 年の南コーカサスの新聞をみていて、盛んにコーカサスという地域的枠組みやその下での連携についての議論がなされていたことに気づき、当時コーカサスという地理・地域概念のリバイバルのようなものが生じていた印象を受けた。以上のようなことも地域政策をそれ以外の「外交」政策とは独立してまとめる必要があると感じた背景にある。
13　例えばこれは、ソ連解体前後の法的・政治的地位が揺らいでいた時期に本来、「未承認国家」であるチェチェンがグルジア・ガムサフルディア政権と連携したり、あるいは第一次紛争が始まって以降もアゼルバイジャンにチェチェン独立派の代表部があったりしたというような微妙な関係を指す。
14　なお後述するように同じ旧ソ連空間を共有する国家でも地理的に隣接せず、文化的近接性も保持しないような国家には積極的な働きかけをほとんど行っておらず、旧ソ連地域という枠組みを設定する意味はそれほどないと筆者は考えている。
15　他方で、後述するように地域政策と「外交」政策は強く結びついている部分もあるので、この二つがまったく異質なものだとも筆者は考えていない。
16　バシコルトスタンもペレストロイカ期にロシア連邦からの分離化傾向（ただし、独立ではなく主権〔ソ連構成〕共和国への格上げ要求）が強まり、連邦との交渉の結果、1994 年 8 月に権限区分条約を締結し、資源や予算、課税、銀行、対外経済関係に関する共和国の専管権を獲得した。ペレストロイカ期からロシア憲法制定期までにおける同共和国の連邦中央との関係については塩川（2007a, pp.27-33, 50-61）が、90 年代のバシキール民族運動についてはムザーエフ（Музаев 1999a, C.65-69）が、権限区分条約の内容については中馬（2009, p.95）の表 1 が参考になる。
17　（　）は筆者による。以下引用については同じ。
18　なお、マスハドフの対露政策の柱については比較的初期にランスコイの研究（Lanskoy 2003, pp.187-190）で学んだ部分が多い。ただ、彼女の研究は、主に 1998 年 8 月のエリツィン・マスハドフ会談を素材にマスハドフの対露政策を「外交関係の相互承認、一つの防衛圏、一つの経済圏」を目指すものだと捉えているが、その解釈も含めランスコイと筆者の間には見解の相違がある（後述）。
19　同様の主張は他のインタビュー（Масхадов 1997, С.30-31）にもみられる。
20　同様の主張は他のインタビュー（Масхадов 1997, С.14）にもみられる。そこでは「今日ロシアと私たちの間には経済や文化、政治に緊密な関係がある。ロシアの経済力、安定性、民主主義に私たちは強い関心がある。ロシアに仇がいることも、問題があることも私たちはよく知っている。私たちは軍事を含むすべての問題において最も望む形でパートナー関係や同盟関係に至ることを望んでいる…（中略）…彼らにとっても闘うことよりも提携することの方が良いだろう。チェチェン人にとって名誉は命よりも尊い。このことを理解するべき時だ」。
21　例えば、大統領選挙前に行われた『独立新聞』（НГ, 19 января 1997 г.）のインタビューにおいてこのような発言がみられる。
22　当然、比較対象の法的・政治的地位の内実が流動化していた時期（例えば表 3 - 3 の(1)や(2)ではペレストロイカ期）に着目したり、交渉過程やその含意を推し量ったりすれば（同じく(3)では①タタールスタンが 90 年代初期に目標として掲げた地位、②交渉の過程で選択肢や可能性として浮上した地位、③合意の拡大解釈や一方の主張に則った場合に獲

得したように見えなくもない地位など)、比較にはより慎重さが必要となる。ここでは(1)と(2)についてはペレストロイカ期に着目しておらず、(3)についても交渉過程を比較することを目的としていないのでこれらの問題を含めていない。なおタタールスタンの連邦中央との交渉過程および上記①〜③については、小杉 (2010-12) に詳しい。またその後のタタールスタンを考える上で、2002 年の共和国憲法改正と、2006 年の新たな権限区分条約は重要だが、これについては中馬 (2007, 2009)、小杉 (2002-2003〔未完論文〕、2013a) が参考になる。

23 　他方で、権限区分条約を同意したその日とその約 1 カ月後に調印した協定では、ロシア連邦およびタタールスタン共和国の主権宣言への言及はなされている (小杉 2011, pp.28-29)。これは、おそらくロシア側の抵抗を受けながらも、タタールスタン側が自身の主張する「主権国家」としての地位を明示する文言を関連する協定に入れることには成功したのだ (連邦とのやり取りの結果) と思われる。権限区分条約で共和国の側が獲得した専管事項等については、小杉 (2012) の他に中馬 (2009, pp.94-96) も参考になる。

24 　ただし、それはタタールスタン共和国の「主権国家」性によって具現化された権利としてではなく、ロシア連邦の構成主体としてのタタールスタン共和国が管轄する事項として規定されたものである。

25 　例えば、外国投資は 97 年の時点で 1 億 7000 万ドルに達した。また 96 年当時には、石油はタタールスタンの輸出全体の約 9 割を占めていた。ただし、これは連邦の意向を無視して行われたわけではなく、ロシア連邦経済省の後押しで 95 年に創設された連邦の外国投資促進センターと協力や連携もとられていた。

26 　離脱権を行使する手続き法は、ペレストロイカ期 (90 年 4 月) に連邦最高会議で採択された。「これは、ソ連憲法に明記された、連邦構成共和国の連邦離脱権を行使する場合の具体的手続きを初めて定めたものとして画期的であったが」(中井 1997, p.12)、「最終決定に連邦人民代議員大会による承認を必要にしている点」など「離脱を『共和国』の権利とする建前と矛盾している」(塩川 1990, p.22) ものだった。

27 　本来、至高の権利としての主権は分割できず、「主権国家でありながら独立国家ではない」という表現は、前述のソ連の特殊事情を知らない論者には誤解を生む可能性がある。またこのような理解を前提にしている場合も、「ソ連自体の連邦構成共和国の主権と違い、至高の権利としての主権の要素も含む」という表現は混乱を生むかもしれない。ここでいわんとしているのは、一定領域における独占的な政治的権威を有する (内的主権を担保する) 政体が経済主権の一部を委譲する形で (独自通貨を使用せず、共同経済圏を構築し) 同盟的国家を形成しつつも、外交権については自ら行使しようとするという状況を指している。

28 　つまり、少なくともチェチェンの独立派には自分たちの国家の独立が自明視されており、大々的にそれを確認する必要性がなかった可能性も考えられる。

29 　ロシア側も 97 年 3 月にチェチェンとの条約締結を目的にチェチェン問題委員会を設置し、委員長には安全保障会議書記のルィブキンを任命した (Распоряжение Президента РФ от 07 марта 1997 г. № 64-рп)。なお、5 月に同委員会の目的、権限、機能などが明確にされ、ここではチェチェンの復興なども同委員会がチェチェン側と調整する問題とされた (Распоряжение Президента РФ от 12 мая 1997 г. № 184-рп)。

30 　構成メンバーの詳細は巻末資料「第一次紛争後の内閣人員」を参照されたい。

31 　正式名称は、「チェチェン・イチケリア政府とロシア連邦政府間の合意」で合意文書は、チェチェン政府刊行の資料集 (Мазаева 1997) より。なお、ルィブキンは当時、これらの

金額を 1 兆 2700 億ルーブルと見積もっていると述べていた (*ГР*, 16-23 мая 1997 г.)。
32　ハサヴユルト協定を再検討したオスマエフ (Осмаев 2012a, b) は、この合意に対するロシア・チェチェン双方の認識や議論について検討を加え、これを合意文書というよりも宣言のようなものだと評価する。
33　なおこの会談でもエリツィンとマスハドフの認識の相違が露呈した。エリツィンはチェチェンにもタタールスタン型の解決を模索することを示唆したが、マスハドフはロシアとチェチェンの外交的な関係を主張し、議論が噛み合っていなかった (*Известия*, 19 августа 1997 г.)。
34　ロシア側はルィプキンに加え、ユマシェフ (В. Юмашев) 大統領府長官、アブドゥラティポフ (Р. Абдулатипов) 副首相、ショーヒン (А. Шохин) 下院議員、ミハイロフ (В. Михайлов) 民族問題担当相で、チェチェン側はウドゥーゴフ第一副首相、アブムスリモフ大統領政治顧問、ザカーエフ文化相、ヤリハノフ南部石油会社総裁によって構成されていた。
35　同じくルィプキン (Rybkin 1998, p.133) によれば、包括的合意に関する作業部会、経済関係合意に関する作業部会、軍事・警察関係合意に関する作業部会の三つである。なお、後の連邦大統領令 (Указ Президента РФ от 7 ноября 1997 г. № 1174) ではチェチェンの発展と安定化のための国家委員会もロシア側で設置されているので、ロシア側の委員会においてはこれら経済と軍事に関する話し合いの役割は、条約案準備委員会から分かれた可能性もある。
36　なお、この素案について管見の限り、当時の新聞などではその全文は載せられていない。また合意に至らなかった文書なのでロシアの各種公式サイトの法令集などにも掲載されていない。他方で、インターネット上では、親独立派系のサイトやロシアの法令をまとめたサイトなどにチェチェン側・ロシア側双方の条約案が公開されている。例えば、以下のサイトを参照。http://www.politika.su/doc/pcri9710.html; http://constitutions.ru/?cat=221&paged=2; http://chechenianphenomenon.tripod.com/Documents/Prodogri.htm
37　なお、これはタタールスタンとの権限区分条約と似た表現だが違いもある。具体的には、タタールスタンとの合意では、ロシア連邦憲法が一つの判断材料になっており、チェチェンとの合意案では、ロシア連邦の締結した国際条約が判断材料になっている点である。
38　実際にマスハドフも 98 年 8 月のワシントン訪問の際に「我々はロシアと協議しながらチェチェン人が国際社会と自分たちの関係を建設していく準備ができている」と述べていた (*Известия*, 11 августа 1998 г.)。
39　具体的にどういう同盟であるのかが本来は問題になるはずだが、「どのような同盟の形態になるのかは (この際) 重要ではない」として言及しなかった――発言はロンドンで彼の自伝が出版される際のもの。
40　審理は、「北コーカサスの政治・経済・社会状況と連邦中央とチェチェン共和国の交渉の進捗状況」についての非公開聴取という形式で行われ、アブドゥラティポフ、ルィプキンなどが呼ばれたようである (Бугай 2006, С.234)。
41　ただし、チェチェン型 (下院での素案審議〔予定〕) が特異であったのではなく、むしろタタールスタン型 (調印の後、質問や報告のみ) が特異であり、後者は議会制度移行期の混乱なども関わっている (権限区分条約締結直前の 1993 年 12 月に新たな連邦議会〔下院・上院〕の選挙が行われたため)。
42　通常、ソ連邦あるいはロシア連邦下 (91 年まで) では自治共和国を Автономная республика と称したが、ここでルィプキンは автономия ではなく、самоуправление とい

う語を用いている。すなわち、自治共和国とは異なる政治的地位を指していることは明らかだが、具体的にどのようなものを考えていたのかは不明である。

43 ユリエフ下院副報道官は、それでもこれを導入する方法としては、大統領令があるとしながらもこのような大統領令は滑稽だと批判した。

44 またバサーエフが首相代行に就任し、交渉に参加するということに対してロシア側では不満や警戒感があった。例えば、保守派のクリコフ連邦内相兼副首相はバサーエフを「人さらいで血塗られている」と批判した。またスクラートフ検事総長も「バサーエフへの刑事責任（スタヴロポリ病院占拠事件）の追及は継続する」とし、役職にあり彼と会談したすべての人は求めに応じて証言をする必要があると述べていた（*НГ*, 13 января 1998 г.）。

45 チェチェンのグジャエフ財務副大臣も同様に 4 億 7000 万ルーブルがロシア側から支払われていないと述べていた（*ГР*, 27 ноября-3 декабря 1997 г.）。

46 例えば、98 年 5 月の世論基金（ФОМ）による調査では、「チェチェンの経済復興のためにロシアが資金提供しなければならないか」との問いに、68％は「必要ない」と答えており、チェチェンへの資金支給に否定的な見方が多かったことが分かる（http://bd.fom.ru/report/cat/reg_ros/chech_/stat_chechnya/t8036108）。

47 マスハドフ政権側も対露関係の改善を目的として元民族派であり、92 年頃に対露交渉をめぐりドゥダーエフと対立したソスランベコフ（コーカサス山岳民連合代表）を副首相兼大統領外交顧問として入閣させた。ソスランベコフは、ロシアの新聞（*НГ*, 3 сентября 1998 г.）に「一度も反ロシア的な急進的立場をとらず、独立闘争にも加わっていないことが特徴的な人物」と肯定的に記述されているので、彼の起用の背景にロシアとの関係改善の意図があったことは明らかだろう。

48 「チェチェン共和国で紛争の被害を受けた住民への補償」ではなく、「チェチェン共和国外におり、（ロシアがチェチェンと紛争をする際に）チェチェンへ強制送還させられた住民」とされている点に注意する必要がある。紛争時にチェチェン共和国にいた住民への補償は当初からチェチェン・ロシア双方で議題にあがり、平和条約締結後の経済協定などではロシア側が補償する方向で調整されたものの、その後、実施には至らなかったようである。

49 彼の話では少なくとも連邦の年金基金から 4000 万ルーブルが拠出されるという話だったが、現状の年金生活者だけで 5000 万ルーブルが必要ということであった。

50 これは当初の予定金額よりも 2000 万ルーブル少なかったとされる。

51 ウドゥーゴフの解任後、対露問題の責任者にもソスランベコフが就任した（*Сегодня*, 25 ноября 1998 г.）。

52 ただし、マスハドフはバサーエフ、ウドゥーゴフ、ヤンダルビエフ、ザカーエフの間で統一候補を出す案もなかったわけではないと述べていた。それによれば戦闘に参加した 1000 人ほどにアンケートを実施して 33％以上得票したものを統一候補とするアイディアがあったようである（*НГ*, 18 января 1997 г.）。

53 多くの場合、有力候補のマスハドフが批判されるという構図で、特にヤンダルビエフとバサーエフの陣営から激しいマスハドフ批判が展開された（*ГР*, 31 января-6 февраля 1997 г.）。

54 ここでいう親露派は、旧自治共和国エリートとザヴガエフの民族復興政府元関係者を指す。それまで親露派のグループに入れていた多くの集団は、「政党・活動調整評議会」を独立派と形成して以降、ロシアよりも独立派に接近していたので親露派集団の分類に含めていない——ただし非独立派諸勢力には含んでいる。

第 3 章　マスハドフ政権の平和定着の試みと挫折（1997-99）

55　詳細は巻末資料「第一次チェチェン紛争後のチェチェン・イチケリア共和国内閣人員（1996-99 年）」の第一次マスハドフ内閣：「実務内閣」に譲るが、野戦軍司令官の副首相への任用は早くも第一次内閣発足 1 週間後の 4 月 1 日に行われている――ただし、これら一部ポストの議会承認は 5 月である。

56　詳細は同じく巻末資料「第一次チェチェン紛争後のチェチェン・イチケリア共和国内閣人員（1996-99 年）」の「マスハドフ政権・大統領府の各種役職および組織」を参照されたい。

57　こうした方針が具体的にいつごろからマスハドフによって提示されていたのかの判断は難しいが、独立派と非ザヴガエフ系諸勢力の和解に関与していた時点（96 年頃）にはこうした国内の融和は彼にとって重要な課題だと認識されていた可能性が高い。自著（Масхадов 1997, С.26-27）でも「最も困難なのはチェチェンにおける平和である」として「紛争後の国内における強固な相互理解、平穏は私にとって最も本質的なもの（問題）だろう。真の平和と平穏を求めるすべての人が私の同志なのである」と述べていた。

58　これらについては、次項や第 4 章 3 節でも考察する。

59　詳細は巻末資料を参照されたい。

60　ウドゥーゴフは、「チェチェン国民の歴史における重要な出来事、97 年 5 月 12 日のロシアとの平和条約の調印がマスハドフ大統領就任の 100 日間で行われたのである」と自らも交渉に参加した平和条約の成果を強調していた（Мазаева 1997）。また政権は、合意調印日を歴史的な日としてチェチェン共和国の祝日にするための作業部会まで設置した（ГР, 16-22 мая 1997 г.）。

61　スタールィ・アタギで行われたセレモニーで、マスハドフ、ウドゥーゴフ副首相、ザカーエフ文化相など交渉に参加した人々に加え、イングーシの大統領のアーウシェフ、チェチェンのムフティーのカドィロフ、国会議長のアリハッジエフなどが参加した（ГР, 23-29 мая 1997 г.）。

62　97 年 11 月に内閣に再入閣するという話が広がる中でインタビューを受けたバサーエフは「ロシアとの条約はその文書に署名した者たちにとっては価値がある」と皮肉を述べた（ГР, 13-19 ноября 1997 г.）。

63　いずれもラドゥーエフの政治組織「ジョハルの道」の集会にてなされた発言である。

64　例えば 97 年 9 月にはナウル地区のロシア軍部隊を「聖戦」の名の下に 25 名の戦闘員が襲撃した。この攻撃はエリムルカストフという人物がグローズヌィやグデルメスで戦闘員に賃金を支払い雇って実行したもので、10 名が死亡したという（ГР, 4-10 сентября 1997 г.）。

65　国家観については大統領公約では言及が少なく、「自由な国家」としているだけであった。自由にはこだわりがあるようで「主権や独立は市民の自由が保障されない時に空虚なものになる」とも後に述べている（ГР, 23-30 января 1997 г.）。それ以前のインタビュー（Масхадов 1997, С.32）では「新しいチェチェンは共和国に住むチェチェン民族と他のすべての民族の国家でなければならない」と述べ、他民族への配慮を示し、またチェチェンには伝統的に民主主義の基盤があるとし民主的な国家運営に言及していた。

66　第一次紛争後のチェチェン社会の状況については、当時の新聞やムザーエフの資料集以外では、オスマエフ（Осмаев 2012a, С.176-221）が比較的丁寧に整理しているので、こちらも合わせて参照されたい。

67　なお、典拠とした人口は、99 年刊行のロシア統計年鑑のデータ（Госкомстат России 1999）よるもので、97 年は 81 万 3000 人、98 年は 79 万 7000 人である。データがどれほど厳密かには疑問も提起されうるが、ここでは参考のために用いている。

68 例えば98年には産出量の約7割水準の石油が盗まれていた。これは当初の採取見込（計画）量の45％水準であり、約半分の石油が盗まれていたことになる（Музаев 1999b, C.210-211）。
69 なおこのように大多数の人が深刻な状況におかれていたわけだが、同時に「問題ない状況」(21.9％)、「良い状況」(5.7％)と回答する人もまだ一定数いた（Басханова 2004, C.95）。
70 なお「イスラーム化」の属性ごとの分類はしていないものの、第一次紛争後のチェチェンにおける「イスラーム化」の過程を11の具体的出来事の観点からまとめているアカーエフの分析も興味深いので参照されたい（Акаев 2008, C.61-62）。
71 拠点はシャリ地区の山岳部セルジュニ・ユルト村にあり、45日間の教育プログラムを提供していた。
72 なお、既述のようにすでにダゲスタンに妻子がいたので、チェチェンやダゲスタンを去るつもりはそもそもなかった可能性も高い。
73 他方で彼らは地域住民との間に軋轢も抱えていた。ハッターブ自身も（自分がこれだけ貢献した）チェチェンにおいてですら紛争後に「テロリストだとか、原理主義者だとか、ワッハーブ主義者だ」などと（批判を込めて）呼ばれていると述べていた（ГР, 28 февраля-6 марта 1997 г.）。
74 最初の聖地巡礼は、97年4月であった（ГР, 1-8 мая 1997 г.）。
75 チェチェンの「イスラーム化」に限らず、民族運動や紛争の研究においてもヤンダルビエフへの注目が低かったと指摘する論者（Derluguian 2005, pp.35-36）もいる。
76 この刑法はスーダンの刑法を書き写したものだとされている（Юсупов 2000b）。なお、当時チェチェンのムフティーであったカドィロフは98年7月のグデルメスでのワッハーブ主義者と政府軍（ヤマダーエフ部隊）との衝突を受けて、チェチェンでワッハーブ主義者が影響を強めたのは、ヤンダルビエフ（当時・暫定大統領）が自分（カドィロフ）の反対にもかかわらず、シャリーア刑法を導入したからだと彼を激しく批判した（Акаев 1999c, C.13）。
77 他にも「社会的なイスラーム化」についても進め、例えばダゲスタンのワッハーブ主義者（バガウッディーン・ケベドフ）と連携したり（後述）、グローズヌィにイスラーム青年センターを設置したりした。
78 ただまったく「政治的なイスラーム化」を政権が意識しなくて良い状況だったのかといえば、そうではなく、その証拠にマスハドフの最側近アトゲリエフが97年9月「ノフチ・イスラーム国家党」を創設していることが挙げられよう。ただし、この政党は、結党大会で「私たちの目的は自由なイスラーム国家」であると述べている（ГР, 4-10 сентября 1997 г.）ようにイスラームを党名に掲げながらも穏健で世俗的な要素も含んだ政党であった。
79 詳細は、マスハドフ政権の平和定着を挫折させた要因として第4章4節で検討する。
80 直前の新聞のインタビューには「ムスリムは自分の兄弟である聖戦士のために祈願しなければならない」という意味深な発言をしている（ГР, 27 ноября-3 декабря 1997 г.）。彼のこの無謀な試みについてはゲイベル（Geibel 2000）を参照されたい。
81 ウドゥーゴフは、97年11月の時点で自身の政党「イスラーム民族党」の大会で緊迫するダゲスタン情勢に言及し「ダゲスタンを支援し武器や軍備を提供するべきだ」と述べていた（Зеркало, 29 ноября 1997 г.）
82 それ以前にも急進的なイスラームを支持するモフサエフ（元民族保安局長で当時シャリーア防衛副大臣）を罷免していた。

第 3 章　マスハドフ政権の平和定着の試みと挫折 (1997-99)

83　さらにこの反乱鎮圧で政府のフルトィゴフ民族保安局局長が殉職するなど政府側にも被害が出た。マスハドフは 3 日間フルトィゴフらのために共和国は喪に服すとする大統領令を発布した (*ГР*, 25 июня-1 июля 1998 г.)。

84　この時期の反対派政治組織については、第 2 章 3 節 4 項の表 2-9 を参照されたい。

85　なお宗務局には元々統一的な見解があったわけではなく、親ワッハーブ主義者もいたが、彼らは反対派の形成した「イチケリア・ダゲスタン国民議会」(表 2-9 参照) に参加し、政権との関係を絶った。これに対して、共和国のムフティーであったカディロフは、「反ワッハーブ派の砦」といわれており、シャリーア・クルアーン体制への移行が議論される中でも「チェチェン民族は、まだシャリーア・クルアーン体制への完全な移行への準備ができていない」と異論を表明していた (*НГ*, 18 декабря 1998 г.)。

86　マスハドフは世俗法を停止してシャリーアを導入した場合どうなるのかなど、シャリーア導入の検討委員会を設置し、「法的なイスラーム化」についての議論を進めさせた (*ГР*, 26 ноября-2 декабря 1998 г.)。

87　例えば古参民族運動指導者 (元 ОКНЧ 執行部) のススコフ (З. Сусуков) は、「シャリーア体制の導入は権力闘争に過ぎない」と切り捨てた。また議会の立法権などを停止し、事実上議会機能が大幅に削減されることを受けての発言だと思われるが、「我々は選挙権のない民族なのか？」と批判したという (Музаев 1999c, С.127-128)。

88　具体的には、マスハドフの外交ブレーンの役割を担ったヌハーエフや大統領府・内閣官房付属政治・情報・文化局局長であり、民族主義政党「ノフチ」の指導者でもあるパシャエフ (Ш. Пашаев) などがこうした主張を展開した。なお彼らを支援する団体による集会、新聞の刊行なども行われた。

89　ここでは先行研究の議論との対話をするため、前者の主張する「イスラーム化」をその属性に応じて本書の分類 (「社会的・政治的・法的イスラーム」のいずれか) に当てはめて議論をする。

90　第一次紛争に至る過程でこうした側面がなかったわけではないが、既述のようにそこで問題にされているイスラームと 1997-99 年で問題にされているイスラームは質的にまったく異なるものである (前者は伝統的イスラームのスーフィー教団、後者は急進的イスラームのワッハーブ主義)。第二次紛争では、政権を担う可能性のない急進的反対派は、こうした主張をしていたが、それはマスハドフ政権批判の文脈であった。

91　マスハドフと共に 97 年 11 月にグルジアを訪問したザカーエフ副首相 (当時) も帰国後にチェチェンの新聞のインタビューに「グルジアは戦略的パートナーであり、海洋への、そして国際舞台への出口でもある。我々にとってグルジアは国際政治的な、地理的な、地政学的な共通利益を有している」と述べていた (*ГР*, 11-17 сентября 1997 г.)。

92　チェチェンがドゥダーエフ政権下で独立を宣言した際に、その独立を承認した最初の国がガムサフルディア政権下のグルジアであった。

93　アブハジア紛争の概要については、富樫 (2012a) を参照されたい。

94　なお、チェチェン紛争が始まってからはガムサフルディア支持派がラドゥーエフの指揮下で紛争に参加したといわれている (Скаков 1998, С.87)。ラドゥーエフはドゥダーエフの遠縁の親族なので、ガムサフルディア支持派との繋がりも強かった。

95　この紛争の概要については、廣瀬 (2005)、富樫 (2012a) を参照されたい。

96　なお当時考えられていた案は、コサックやロシア系住民も多い比較的親露的なチェチェン北部地域にパイプラインを迂回させるか、チェチェンを完全に迂回しダゲスタン共和国やスタヴロポリ州を通るルートだったが、これらはチェチェンのパイプライン修復よりも

費用がかかると考えられていた (*Итоги*, 21 января 1997 г.)。
97 石油生産量については、アゼルバイジャン国家統計委員会ウェブサイト (http://www.stat.gov.az/) から閲覧可能な石油算出量、また国内消費量については前掲の資料に加えてBP (英国石油) のウェブサイト (http://www.bp.com/) 上にある Statistical Review of World Energy のデータベースを参照した。
98 上記「世紀の契約」で合意したアゼリ・チラグ・グナシュリ海底油田は当初は96年末に操業 (石油生産) 開始予定だったが、実際には97年末に操業を開始した。
99 巻末資料「親露派『民族復興政府』ザヴガエフ内閣」閣僚名簿を参照されたい。
100 ヤンダルビエフ暫定大統領の下で親露派諸勢力と独立派による「連立内閣」が形成されると、南部石油会社総裁は、ドゥドゥーエフ政権元外相のヤリハノフ (Х.А. Яриханов) が就任した。
101 手始めに97年の操業開始後に20万トン、98年には150万トン、2002年までに500万トンの輸送を目指すという合意である (*Коммерсантъ Власть*, 10 июля 1997 г.)。
102 その費用は、5500万ドルといわれていた (*Итоги*, 21 января 1997 г.)。
103 ただし、アブハジア紛争へのチェチェンの関与については、チェチェン政府内でも若干、主張に違いがあり、ザカーエフはそもそも「チェチェン部隊がアブハジアで闘った事実はない」として、「コーカサス山岳民連合はロシアの特務機関によって創設されたもの」でチェチェン指導部とは関係ないという立場を――少なくとも国内向けには――採っていた (*ГР*, 11-17 сентября 1997 г.)。
104 97年4月にグルジア議会代表団がチェチェンの首都グローズヌィを訪問したが、この際に迎え入れたマスハドフは、彼らとグルジアの抱える紛争問題 (南オセティアやアブハジア紛争) について議論した (*The Georgian Times*, 14.5.1997)。
105 最初の訪問は、グルジア文化相の招きによる訪問で、当初はグルジアの独立記念日の祭典に参加するということを考えていたようである (*Вечерний Тбилиси*, 31 мая-3 июня 1997 г.)。
106 実はバサーエフは大統領選挙の際からチェチェンはグルジアと戦略的関係を築くことができると表明していた (*The Georgian Times*, 27.1.1997)。
107 なお、この訪問の際に「バサーエフが部隊を連れてアブハジアを訪問した。彼は紛争の解決もグルジアとチェチェンの対話も望んでいない」という情報が一部流れたようで、ザカーエフがこれを否定した。
108 この声明では、ここ最近の悲劇的な出来事 (おそらくアブハジア紛争をめぐる対立を指すと思われる) で今後曇ることのない全面的な協力の維持、数世紀にわたる友好協調関係の強化、新しい平和・善隣関係を建設する必要があると確認した。
109 チェチェンとグルジアの最も近い村は、約40キロしか離れていない。
110 これはグルジア内にあるアブハジア亡命政権側 (アブハジア自治共和国最高会議ナダレイシヴィリ議長) が「グルジアとチェチェンの同盟 (Альянс) は強い力になる」と述べていたこと (*Вечерний Тбилиси*, 27 июля-1 июня 1997 г.) からも明らかであろう。
111 こうした発言は、ウドゥーゴフ外相 (当時) からもなされており、この幹線道路はチェチェンにとって「命の道路」であり「欧州への窓」と認識されていたと取り上げるレポート (*Monitor* [The Jamestown Foundation], 6.7.1997) もある。
112 「相互に幹線道路をきちんと作るべきだ」と述べる在グルジア・チェチェン代表部アルダモフ (Х. Алдамов) 代表に対して、グルジアの新聞はチェチェンの不安定化やワッハーブ主義者の活動に対する質問をぶつけていたので、こうした懸念は少なくとも世論レベ

第 3 章　マスハドフ政権の平和定着の試みと挫折（1997 – 99）

ではあったと考えられよう（*Свободная Грузия*, 5 сентября 1998 г.）。
113　当然、三者合意についてロシアは否定的で、ネムツォフ（Б. Немцов）第一副首相兼燃料エネルギー相はチェチェン領を経由するカスピ海石油の輸送に関する三者の政治合意のようなものは生じ得ないと述べていた（*НГ*, 3 июля 1997 г.）。
114　ただし、ロシア（トランスネフチ社）がアゼルバイジャン側と合意していた 15.6 ドル / t. をパイプラインの総延長に占めるチェチェン通過距離の割合で割ると 5.5 ドル / t. となり、むしろチェチェン側の要求額に近い。
115　最終的にトランスネフチ社がチェチェン側に支払うトランジット料金は、2.2 ドル 40 セント / t. となったようである。
116　なお第二次紛争後のチェチェン独立派の「外交」政策については、同時期に独立派外相を務めたアフマドフが最近、書物にまとめた（Akhmadov and Daniloff 2014）。ただし、これは主にアフマドフとマスハドフのやりとりからマスハドフの状況認識や彼による対外的なメッセージなどを取り上げたもので、本書が分析する 1997-99 年のような外国訪問や当局との会談などの中身を伴った外交的働きかけとは異なる。
117　グロドネンスキー（Гродненский 2010, C.90-121）は一定の紙幅を割き、この問題に言及はしているが、マスハドフ政権の「外交」の方針や目的、政策の具体的な中身をほとんど取り上げず、専ら欧米とロシアの石油をめぐる「グレート・ゲーム」（これに中東諸国やアルカイダなどのイスラーム過激派が絡む）として扱っている。タイトルが「ベレゾフスキーのジハードか、それとも誰のための戦争か…？」とあるように彼の議論（この章に限らず彼の書籍での議論）は陰謀論の類いに留まっている。
118　世論の期待については、以下で取り上げるヌハーエフの動向を新聞が一定の紙面を割き、継続して取り上げていたことからも明らかだが、その背景には「積極的な対外協力なくして共和国の復興は不可能である」（*ГР*, 6-12 ноября 1997 г.）との問題意識があった。
119　この組織に共に参加した人物としてモスクワ国立大学で同じ時期に学んでいたアブムスリモフ元暫定副大統領がいる。またヌハーエフとヤンダルビエフの接点は、1980 年代末になるという（*ГР*, 11-17 декабря 1997 г.）。
120　なお、ヌハーエフは 96 年 12 月にチマーエフ外相など 11 名の代表団を伴い来日している。この際、受入窓口となった財団法人・日本国際フォーラムの伊藤憲一理事長に伺ったところ、96 年 3 月のマレーシアでの国際会議（汎アジアコロキアム）にてカウンターパートナーからチェチェン共和国シシャニ（B. Шишани）アジア巡回大使を紹介され、同氏が日本への訪問を希望したことが最初のきっかけだという。4 月に来日したシシャニは期せず、日本でドゥダーエフの暗殺を知った。滞在中、伊藤氏の仲介で石原慎太郎氏や自民党議員などと会談したという。読売新聞がシシャニにインタビューをし、小さな記事も掲載された（『読売新聞』1996 年 4 月 26 日朝刊）。その後、12 月にヌハーエフらが来日、政財界関係者との交渉を求めるヌハーエフらに伊藤氏は、経団連会長、アサヒビール会長など経済関係者との会合を設け、ヌハーエフは熱心に「コーカサス共通市場」を訴えたが、何度説明の席を設けても反応はほとんどなかったという（2010 年 12 月 15 日東京にてインタビュー、渡航の模様は一部 *ГР*, 23-29 октября 1997 г. でも言及されている）。だが、97 年 11 月頃になり、ヌハーエフの構想の実現が現実味を帯びた段階には、日本の商社（三菱）との接触を認める話がチェチェン側から出ている（*НГ*, 20 ноября 1997 г.）。ただ、おそらく実態としてはほとんど中身の伴わないものだったと思われる。
121　これは下記で言及する「コーカサス投資基金」に該当すると思われる。
122　ヌハーエフは、97 年 12 月頃のインタビューで「政治家をやめて実業家に転身された

が?」と問われ、「そのようなことではなく、以前政治でしてきたことと同じことをしている」として、「私の目的はロシアによる経済封鎖を打ち破ること」と述べている(*ГР*, 11-17 декабря 1997 г.)。ロシアからの経済的自立を担保するという姿勢はマスハドフと共通する。

123　訪問団は、ペレグリン投資銀行社長のパイク (F. Pike)、英国ロバートソン&アソシエート会長のロバートソン (P. Robertson)、英国投資家ゴールドスミス (J. Goldsmith) の娘婿で、元パキスタン代表のクリケット選手であり、後に政党「正義のための運動」の党首となったイムラン・ハン (I. Khan) によって構成されていた。

124　ヌハーエフは設立パーティーの翌日、ヌハーエフらの構想を支持し、マカルパインらを支援しているイギリスの億万長者ゴールドスミスとも会談したという。

125　すでに取り上げたイスラームをめぐる発言(チェチェンはイランやスーダン、サウジアラビアなどとは違うというものや、チェチェンは過激主義、原理主義、ワッハーブ主義を排除した形でイスラーム国家を建設しているという発言)は欧米への訪問中になされたものであった。

126　カラバフを除く三地域は、「未承認国家」連合を形成しており、現在この組織名は「民族の権利と民主化のための共同体」(Сообщество за демократию и права народов) となっている。ウェブサイトは、かつて開設されていたが、2014年9月現在、かつてのサイト (http://www.community-dpr.org/) は閉鎖されている。

127　スカコフ (Скаков 1998, С.88) によれば、「未承認国家」連合の会合に当初マスハドフは参加をするつもりであったが、97年4月にグルジア議会代表団との会談の後に参加を取りやめることを明らかにした。その理由は、この連合の背景にロシアがいること、グルジア・チェチェン関係のためだとマスハドフ自身が述べたとされる。

128　なお、最初の聖地巡礼の際 (97年5月) には中東諸国の指導者とも会談しているが、ただこれはすでに軍部の圧力にて辞任直前のトルコのエルバカン (N. Erbakan) 首相 (97年7月辞任) との会談やヨルダン代表団との会談だったので、巡礼の「ついで」程度のものでさほど意味がなかったと思われる。興味深いのは、ヤンダルビエフ体制下で「法的なイスラーム化」(すなわちシャリーアの導入) がなされたことへの反応として、サウジアラビアの最高ムフティー庁長官やスーダンの大統領から早急なシャリーアの導入に、むしろ警鐘が鳴らされたことであろう (*ГР*, 1-8 мая 1997 г.; Мазаева 1997)。

129　コソヴォ外務省 (http://www.mfa-ks.net/?page=2,49) によれば、2013年現在、在外代表部 (大使館など) は日本を含む20カ国にある。

130　キューニーはソロス財団の支援を受けて、和平の仲介などのためにグローズヌィに到着、独立派指導部との会談に向かう途中で行方不明になったとされる (カルドー 2011, pp.33-36)。だが、彼がチェチェンに到着した際はバサーエフも出迎えたようで、彼の活動にもアメリカにチェチェンへの関与を求めるロビーイング運動も含まれていたことから、チェチェン独立派の中には本事件は反独立派による妨害工作だという陰謀説も流布したという (Gall and de Wall 1998, p.285)。キューニーの経歴は前掲カルドーを参照。

131　例えばサッチャーは、マスハドフとの会談の際に拉致や犯罪の問題が解決しない限り支援はできないと懸念を表明していた (*The Independent*, 17.3.1998, 30.6.1998)。なお政権側は何度か奪還作戦を試みたが失敗していた。イギリス人ら4名の救出作戦もそうだが、政権側の作戦情報が拉致犯人側に漏れていた可能性が疑われる。

132　両名は97年6月にチェチェンに到着し、7月3日に拉致された。その後、ラドゥーエフとベレゾフスキーの交渉によって98年9月に解放され、モスクワ経由でロンドンに戻っ

第 3 章　マスハドフ政権の平和定着の試みと挫折（1997-99）

た。
133　遺体はイングーシとの国境近くで頭部が切断された状態で発見された。チェチェン検事局によれば、12月7日から8日未明にかけて殺害された模様だという（*НГ*, 10 декабря 1998 г.）。
134　この事件では、唯一奪還作戦が成功したが、これはチェチェン政権によるものではなく、イングーシと連邦の合同部隊による作戦であった。マスハドフ政権が作戦に関与しなかったのは、今までの作戦の失敗が情報漏洩などに起因していたと思われることもあるだろうが、第4章で後述するように政権の軍事力が著しく低下し、作戦を成功裏に展開する十分な能力を有していなかったことが疑われる。またイングーシの部隊が作戦に参加したのは、連邦単独の作戦に対するマスハドフ政権の警戒感が強く、同政権を支持していたイングーシのアーウシェフ大統領がこれに配慮し、連邦との調整役を買って出たと想像される。
135　例えば、拉致被害者のハーバートはダゲスタン住民によって拉致されており、その後、チェチェンに連れて来られている。この点を考えれば、ダゲスタンのワッハーブ主義者の関与が強く疑われる。したがってダゲスタンとチェチェンの問題が強く連携し、共振作用をもたらした事例として、この拉致事件を評価できるということである。ダゲスタン問題とのリンケージについては、次章4節で詳述する。
136　ハーバートが拉致された時期には「外交」政策はすでに破綻していたからである。
137　なおこれは、バラーエフの死後、かつ9.11以後にビン・ラディンの存在が注目される中で、唐突に出て来た印象のある主張で、ロシアでも限られたメディアにしか当初取り上げられず真偽には疑いも残った。しかし、BBCの番組とこれに反応した新聞など——つまりイギリスの方——で、この情報はむしろ広く取り上げられた（*The Times*, 19.11.2001; *The Herald*, 19.11.2001; *Financial Times*, 19.11.2001）。
138　イギリス人ら4名の斬首はいうまでもないが、アメリカ人教師のハーバートも指を切断される模様をビデオ撮影されていた。
139　ただし、もっと早い時期であれば（例えば第二段階や第三段階）、支援が状況を改善する可能性もあり、政権や世論がそれに期待していたのもここで再認するべき事実である。

第4章
平和定着の失敗の多角的検討

　ここまで明らかにしてきたようにマスハドフ政権は、紛争後に課題が山積する中で平和の定着のために様々な政策に取り組んできた。本書では、1997-99年のチェチェンに対する一般的なイメージとは異なり、マスハドフ政権が紛争後に国家を安定させるためにある程度、明確な政策目標や方針を掲げ、それぞれの問題領域に対して政策に取り組んでいた事実を明らかにした。この政策は、必ずしも当初から失敗する可能性が高かったわけではなく、実際にいくつかの問題領域では部分的とはいえ課題は改善されたり、状況が前進したりした。

　他方で、こうした試みであったにもかかわらず、これが失敗し紛争が再発したことも事実である。では、紛争直後は前途に一定の明るい展望があると外部から評価され、マスハドフ政権も中道的な平和定着の試みをしたにもかかわらず、なぜ、これが失敗し紛争再発へと至ったのであろうか。以下ではこのような本書の中心的な問いを多角的な観点から考察する。

　具体的には、まず理論的観点（紛争研究の観点）から第一次紛争後のチェチェンがいかなる問題を抱え、そもそも紛争再発の構造的リスクをどれほど有していたのか、本書の事例を少し突き放して――すなわちこれまで取り組んできた個別具体的な説明ではなく、一般論的な、あるいは理論的な観点から――明らかにする。

　その上で、マスハドフ政権が脱却しようと試みたものの結局、政権のそうした取組み（地域政策や「外交」政策）さえもめぐりめぐって頓挫させることになった紛争の「二重の対立構造」――すなわち対露関係と国内関係――の観点から、なぜマスハドフ政権の平和定着の試みは失敗したのかを考察する。さらに、紛争直後は紛争再発要因として存在していなかった（あるいは認識されてい

なかった）にもかかわらず、紛争再発に大きな影響をもたらした要因としてダゲスタン情勢とチェチェン問題のリンケージについて——地域的環境という視座から——考察する。ここでは、なぜマスハドフ政権が特段、政策対象として取り組まなかった問題（ダゲスタン問題）が紛争再発に至る過程で紛争の「二重の対立構造」と強く結びつき、マスハドフ政権の行動を拘束していったのかを明らかにする。なお、先行研究は国内問題とダゲスタン問題を結びつけ、一つの要因として取り上げる傾向があるが、本書ではこれは元々別々の問題であり、次第に連結していった——平和定着に否定的影響を与えていった——ことを明らかにする。

第1節　紛争研究の視座から

　序章で指摘したようにチェチェンに関する既存の研究は、紛争研究の枠組みを用いてこの紛争を理解しようと試みるものがほとんどなく、紛争再発の理由を対露関係や国内環境、あるいは指導者の個性や力量から考えるものが多い。しかし本書では、政治指導者が諸政策を実行する上でどれほど構造的環境に拘束され、影響を受けていたのかを検討した上で対露関係や国内環境の理解に進んだ方がより深みのある理解が得られると考えている。また本書の事例が他の紛争でも指摘されるような課題を有していたのかを考える上でも、紛争研究の枠組みからチェチェン紛争の再発（平和定着の失敗）について考えてみる意味はあろう。

　そこで本節では、第1章3節および4節で紛争再発研究と「未承認国家」論の観点から示した1997-99年のチェチェンが有していると思われる特徴とそれが提起すると予想される諸問題が、第3章の理解を踏まえた上でどのように評価できるのかを考えたい。具体的には、紛争研究の理論的知見からすると、紛争後のチェチェンを取り巻く構造的環境は、平和定着をどれほど困難なものとしていたのかを提示したい。

　なお、紛争研究では、紛争当事者を「政府と反乱勢力」などと二分する傾向があるが、「二重の対立構造」を有するチェチェン紛争の考察に当たっては、「政府をめぐる対立」「領域をめぐる対立」それぞれにおいて「政府と反乱勢力」を位置づけ考察する必要がある。この際、下位集団の対立（「政府をめぐる対立」）が上位集団の対立（「領域をめぐる対立」）とどのように結びつき、紛争の

リスクを高めていったのかを考察する必要がある。特に注意が必要なこととして、紛争地を取り巻く環境を理解する際に、どこに着目して考察するのかという問題がある。

例えば、以下1項では、紛争終結までの形態が問題にされているので、ここでは紛争そのもの（「領域をめぐる対立」と「政府をめぐる対立」の双方）が分析されるが、2項では、紛争後の政治・経済形態が問題にされるので、紛争後のチェチェン（「政府をめぐる対立」の方）に焦点が向けられる。逆に3項では、紛争後の国家性が問題とされるので、第一義的には「領域をめぐる対立」によって生じる問題に焦点が向かうが、「政府をめぐる対立」が国家性にいかなる問題を生み出し、紛争のリスクを高めたのかについても考察が試みられる。

第1項　紛争終結までの形態をめぐる考察

紛争終結までの形態からみたチェチェン紛争の再発要因については、第1章3節（特に表1-9を参照）で部分的に触れたので、ここでは紛争再発に至る過程で、これらの問題が実際にどれほど表面化していったのかについて第3章で明らかにした議論を踏まえながら考えたい。

まず紛争の争点についてだが、既述のように独立派と親露派などの和解は1996年の両者の合意によってヤンダルビエフ暫定政権下で実現していた。したがって、チェチェン国内の「政府をめぐる対立」に関しては、第一次紛争の終結過程で合意が形成されていたことになる。だが、大統領選挙・議会選挙が終わると、この問題は——マスハドフ政権下で比較的初期に親露派などの登用について——再びチェチェン国内の政治的争点になった。しかも重要なことは、第3章で明らかにしたように、それ以前は親露派と独立派の間で「政府をめぐる対立」が形成されていたのに対して、紛争移行過程でこれに変化が生じ、独立派内部の穏健派と急進派・過激派の間で対立が形成されていたことである。

他方で、チェチェンとロシアの間の「領域をめぐる対立」については、ハサヴユルト協定で棚上げされて以降、両政権の話し合いや取組みはあったものの合意が形成されなかった——その原因についての考察は次節で行う。ロシアとの交渉が進んでいくと、独立派内部で紛争の争点に対して採用するべきだと考える政策や手段について認識の相違が際立っていき、独立派の分裂も進んでいくことになる。このような過程を経て、独立派内部での「政府をめぐる対立」が一層顕著なものになっていった。このようにチェチェン紛争においては異

第 4 章　平和定着の失敗の多角的検討

なった行為主体が複数の争点や対立を形成していたことが事態をより困難なものにした側面がある。

また「政府をめぐる対立」に関しては、連立政権の樹立や権力分有などの政策的対応が想定されるが、マスハドフ政権ではこうした政策はある程度試みられた——バサーエフを首相代行にして権限を与えたり、急進的な指導者の政権への登用も行ったりした——が、結局、問題は改善されなかった。また、むしろ政権のこうした対応が反対派の政権に挑戦する際の機会のコストを低下させ、逆に得られると想定する利益を高め、政権に挑戦するインセンティブを与えた可能性もある。

紛争の期間が、武装勢力に紛争再発のコストを認識させたのかという問題はチェチェンでは何ともいいがたい。一つは、チェチェン国内の「反乱勢力」がマスハドフ政権、あるいはロシアに挑戦しようと決断する際の費用対効果の方程式においては、前の紛争期間によって予測される次の紛争のコストよりも他の要素が大きな役割を果たした可能性が考えられるからである。特にこれは、紛争が和平合意によって終結しながらも実際にはチェチェン側の勝利として受け入れられる傾向が強かったということから影響を受けている。これに加えて、後述する紛争後の政治・経済状況の影響も受ける形で、反マスハドフ派や武装勢力の認識する次の紛争における「勝利の可能性」や「勝利から得られる報酬」が高まり、逆に「現状を維持する報酬」や「紛争のコスト」などが低下していったと考えられる。また紛争の犠牲者の規模が大きいと、報復的措置への期待を高め、武装勢力への動員を進めるとされており、急進独立派や過激派の冒険主義的な行動の背景にこうした要素があった可能性も排除できない。

次に仲介だが、紛争再発の過程ではOSCEの仲介に関する問題も現れた。これは、チェチェン内部の急進独立派や過激派の動向（＝「政府をめぐる対立」の激化）がOSCEの仲介能力を無効にしてしまったからである。OSCEは、1996-97年にかけてチェチェン和平の実現に大きな役割を果たしていたが[1]、ヤンダルビエフ暫定大統領は、国際的な選挙監視を経て選出されたマスハドフ大統領の就任目前にOSCE在チェチェン代表部のグリディマン代表を「発言が看過できない」として国外退去させた (*Коммерсантъ*, 06 февраля 1997 г.)[2]。また、その後は治安の悪化などの影響を受けて、OSCEは1998年12月にはチェチェンから撤退してしまった。加えてロシア側の対応もOSCEの仲介業務を停止させた。すなわち、平和条約締結が現実味を帯びた97年3月にロシア政府は

「OSCEの仲介業務の役割は果たされ、今後その必要性はない」とする声明をOSCE常任理事会の場で出したのである (Skagestad 1999, p.213)。当初、チェチェン側も直接対話ができる以上、OSCEの仲介は特段必要ないとの姿勢をとっていたが、99年に入ってからもエリツィン・マスハドフ会談が実現しないという現実をみるやOSCEの仲介を強く期待するようになった。しかし、OSCEの接触に対してロシアは、97年3月声明と同様の反応——チェチェンとロシアの対話には第三者を入れない——という対応に終始したという[3]。それ以後、チェチェンとロシアを仲介する国際機関がないまま紛争に突入したという事実を踏まえると、国際的な仲介組織の不在や機能不全は大きな問題であったといえよう。

最後に紛争終結の形態と紛争再発の関係についてだが、第一次チェチェン紛争の終わり方をロシアとチェチェンの「和平合意による終結」と位置づければ、第三者の軍事力による保証のなかった紛争後のチェチェンでは結局、武装解除や治安機構改革もこれが原因で進まなかったと考えることができなくもない。また、ロシアがチェチェンの治安情勢に憂慮していたのも、いかなる平和維持部隊も展開しなかったことに起因するとも考えられるかもしれない。

ただし、この理解は非常に大きな問題を抱えていて、具体的には、比較的中立で関与の度合いも低い交渉の仲介などではなく、実力（軍事力）を伴い関与の度合いも強い平和維持軍の展開が「チェチェンの事例において現実的に可能だったのか」ということを無視している。つまり国際社会がチェチェン問題に干渉する意向を仮に持っていたとしても、関与ができたのかは微妙だということである。第一次チェチェン紛争の際に国際社会はすでにこの紛争をロシアの内政問題と見なしていたので、紛争後にチェチェンは「未承認国家」という法的・政治的地位が曖昧な状態となっていた。現実には、こうした状況下でチェチェンにおいて国際的な平和維持軍が展開するには、ロシア・チェチェン双方の合意がなくして不可能なのだが、これは当事者にも受け入れられる余地があまりなかった[4]。

では、紛争の終結をチェチェン側の勝利と受け取った場合はどうであろうか。これは独立派政権が3年以上政権を維持できるのかが一つの重要な指標となるわけだが、政権の維持という問題は、紛争後に当事者がいかなる課題を抱えており、この改善にどのように取り組んだのかという問題と密接に結びついている。したがってこれらの問題については、紛争後の政治・経済の形態をめぐる

第 4 章　平和定着の失敗の多角的検討

表 4 － 1　紛争後の形態に関わる再発要因の分類

紛争の段階	紛争後		
要因の属性	国家運営 （政治的要因）	経済・社会水準 （経済社会的要因）	その他
中　身	準民主主義 →準権威主義？	(1) 経済の破綻 (2) 高い乳児死亡率 (3) 天然資源への依存	(1) 政府軍の優位性：なし (2) 国際投資：ほとんどなし (3) 離散民の規模：一定の規模だが 　　支援には繋がらず

出典：筆者作成

考察で検討したい。

第 2 項　紛争後の政治・経済形態をめぐる考察

いうまでもなく紛争直後の地域は、第 1 章 2 節で示した紛争の構造的環境要因（表 1 － 4 参照）の多くを自動的に有していることが多い。したがって、問題は紛争後にこれをどれほど改善し、紛争再発のリスクを軽減できるのかということにある。ここでは第 1 章 3 節の紛争後の形態に関わる再発要因（第 1 章 3 節の表 1 － 7 参照）の議論を中心とし、第 1 章 2 節で取り上げた紛争の構造的環境要因と紛争再発の関係についても考える。

なおこれと関連して付記しておくが、ここでは主に第 3 章 3 節で明らかにした紛争後のチェチェン国内の――すなわち「二重の対立構造」のうち「政府をめぐる対立」の結果生じた――構造的環境（政治制度などを含む）と紛争再発の関係性を検討する（表 4 － 1）。これに対応する行為主体（政治指導者）の観点からの考察は、本章 3 節にて行うこととする。

紛争後の国家運営の仕方（あるいは政治制度）に目を向けると、マスハドフ政権は公正な選挙の後に誕生しており、国内の多様な勢力を登用していたので、紛争後のチェチェンには一定の民主主義があったといえよう。しかし、例えば一部の地方自治体の首長は直接選挙ではなく、マスハドフによって任命されていたり（Музаев 1999с, С.14）[5]、ヤンダルビエフ政権下で導入されたシャリーア（イスラーム法）が機能し、重罪を犯した犯罪者が公開処刑されたりという状況もあったので[6]、これは成熟した民主主義とはとても形容できない。また国内において政治的イスラームが争点になると、政権はこれへの対処として、国民投票や選挙などという民意を問う方法ではなく、議会の立法権の停止や直接選

挙を伴わない立法機関（シューラー）の設置を行うなど、その手法は徐々に権威主義と評価されかねない方向へと変化を遂げていった。ただし、これは反対勢力を容赦なく排除するというような強い権威主義とはとてもいえず、むしろ反対派の意向を汲み取ったり、話し合いを求める過程でとられたりした対応なので、まったく民主主義的な要素が欠如していたともいえない。他方で民主主義において本来、意思決定に参加するべき国民一人ひとりが結果的になおざりにされたという事実[7]もあるので、成熟した民主主義であったともいえないこともまた然りである。

このように考えると紛争後のチェチェンは、準民主主義あるいは準権威主義と評価できよう[8]。これら二つの体制は統計的に紛争が発生しやすいとされており、チェチェンもそうした事例となったわけであるが、特に何が構造的環境要因としては大きかったと考えられるだろうか。

政権にとって継続して大きな問題で、最後まで改善の可能性もほとんど見出せなかったのが、経済問題である。紛争研究では、経済成長は紛争再発を防ぐ重要なサイクルの車輪だと考えられている。経済成長は、その恩恵を受ける人々の紛争に参加するコストを増加させ、また国家の財政基盤を強化する。国家の財政基盤の強化は、国家の安定性や行政サービスの向上へと結びつき、この結果、人々の生活（経済・社会）水準も上昇する。こうして経済発展は、紛争に参加するコストをさらに増加させることで、社会全体を安定へと導いていく。

しかし、チェチェンでは前述してきたように、高い失業率と雇用の不足、給与や年金の未払い、国家の財政不足はずっと問題であり続けていた。GDPも紛争後、継続して低下し続け、1997年当初の計画では50億ルーブル、98年には70億ルーブルとしていたものが、現実には20億ルーブル（97年）、16億ルーブル（98年）と予想をはるかに下回り、99年には12億ルーブルが見込まれていた（Музаев 1999b, C.309）。加えて紛争後から乳幼児死亡率の高さ、医療・年金・社会保障、さらには学校教育などの問題も残っていた。

このような背景から武装勢力の武装解除は進まず、チェチェンの自然環境的な構造——すなわち山岳地形——もあって、反乱勢力が事実上支配する政権の影響が及ばない地域が多く出現した。これはダゲスタン（外部主体）とチェチェンのワッハーブ主義勢力の連携も容易なものとし、マスハドフ政権が統率できるチェチェンの領土的一体性も低下させていった。

経済的要因について、特に自然環境の条件とともに指摘できるのが、天然資源としてチェチェンに存在した石油に関わる問題である。これは第1章で取り上げたように、特に紛争移行期に限った問題ではなく、「反乱勢力」、中央政府双方の抵抗力や統治能力を説明する際に用いられるものである。チェチェンの場合は、石油の存在は「領域をめぐる対立」においてマスハドフ政権がロシア連邦中央から一定の独立性を担保するために活用しようとしたがうまくいかず、「政府をめぐる対立」においては政権に抵抗する財政的基盤を反マスハドフ派に提供した。紛争の理論研究が指摘するように、紛争移行期のチェチェンでは石油は、(1)その管理・利益分配をめぐる対立を生み、(2)武装勢力の経済活動に利用され、(3)国家歳入面やGDPにおける石油産業への依存[9]をもたらし、紛争発生のリスクを高めた側面もあろう。

マスハドフ政権は、こうした状況を改善しようと国際的な支援（投資や援助）の獲得を目指した。紛争再発研究では、国際投資や支援が紛争地の経済発展に欠かせず、ひいてはこれが国家基盤の強化に繋がると指摘されているのはすでにみてきた通りである。したがってマスハドフ政権の「外交」政策は、紛争の再発を避けるための選択としては有意義なものであったが、チェチェンの場合は「未承認国家」という特殊事情があり、あまりうまく行かなかった――次項でこの問題については踏み込んで検討する。また対外経済関係においても前述した石油への依存（石油関連産業のみによる投資の呼び込みと輸出の模索）ということが「外交」の選択肢の幅を狭めた。

他にも、政権の反対派に対する軍事的な優位性についてはほとんどないに等しかった。これは、政府の武力省庁[10]が元々野戦軍を基盤にして作られたものであり、その部隊員が最高司令官たるマスハドフではなく、直接の司令官に忠誠を誓っていたことに起因している。では、反乱軍の規模が大きければ和平が継続しやすいとの分析もあるが、この点はどうだろうか。チェチェンの国内対立にこれを当てはめてみる際に注意が必要なのは、第二次紛争後に生じた「政府をめぐる対立」は、それまでに存在した政治対立と連続性がなく紛争後新たに出現したものであること、そしてそもそも第一次紛争時にはチェチェン国内勢力の対立は武力対立として継続していなかったという点である。したがって、計量分析で主張されるような政府軍と反乱軍の軍事的均衡が紛争抑止に繋がるという観点から反マスハドフ派の軍事的規模を評価することはできない。他方で大林（2014）が述べていることで参考になるのは、「反乱勢力」が一定領域

を支配、あるいは外部に安全地帯を保持する場合、紛争再発のリスクが高まるという指摘である。これはチェチェンの事例では、反マスハドフ派が政権に対する強い抵抗力を保持した理由として説明できるだろう。

さて、このように紛争直後から元々国家政治機構が脆弱であったチェチェンでは、時が経つにつれてより一層、その脆弱度は強まっていったが、やはりその理由として紛争再発過程で国家の正統性が問題とされたことが大きかったといえよう。既述のように紛争後は、新たに国家建設をするので、その国家の正統性の問題は表面化しやすい。他方で、チェチェンで問題となったのは、選挙という民意を得たにもかかわらずマスハドフ政権の正統性が攻撃されたことである。コリアーら（Collier, Hoeffler and Söderbom 2008, pp.470-471）は、既述のように選挙の年は紛争再発のリスクは低下するが、その後は選挙で敗北した勢力が暴力に戻るインセンティブが高まる（＝再発のリスクが高まる）として、「選挙は要求のシグナルの誤解を生み出す」可能性があり、「紛争後のリスクという重大な問題を体系的に解決するものと見なさないようにするべきだ」と警鐘を鳴らしている。

確かに、選挙によって25％を得票したバサーエフは、その後、反マスハドフ派を統合するシンボルになっており、暫定大統領でありながらわずか10％しか得票できなかったヤンダルビエフは、早々に反マスハドフ派の急先鋒になった[11]。彼らがなぜ、このような対応をとったのかについては第3節で検討するが、紛争再発研究で指摘されているような選挙をめぐる問題はチェチェンでも生じていたように思う。

最後に離散民の規模だが、これはソ連時代のチェチェンの経済構造や1944年の強制移住という歴史的背景、そして第一次紛争による人口流出で、在外チェチェン人の規模はかなり大きくなっていた。このような離散民の支援を受けて共和国の復興に取り組むという考えはマスハドフ政権にあり、度々、在外離散民大会を後援・共催・主催した。特に対露関係が悪化し、ロシアからの予算支給がほぼなくなり、また「外交」政策も破綻した99年にはかなり精力的にこうした離散民への呼びかけを行っている（Музаев 1999b）。実際にこれが一定の支援に繋がったのかは不明だが、すでにこの時の財政状況では仮に何らかの支援を得られたとしても、それは焼け石に水でしかなかっただろうと推測される。

第4章　平和定着の失敗の多角的検討

表4－2　1997-99年のチェチェンからみる「未承認国家」の生存要因

	①「脆弱国家」（中央政府）	②経済収益の確保	③文化・教育政策と住民の統合	④「脅迫国家」	⑤国家建設と民主主義アピール
(1)国内要因	△	Ⅰ△, Ⅱ○	Ⅰ×, Ⅱ△	Ⅰ×, Ⅱ△	Ⅰ△, Ⅱ×
	①外部からの支援	②一部国際／地域機関へ参加	③「未承認国家」間の相互承認	④経済・文化交流の促進	⑤第三者による停戦監視
(2)国際要因	△→×	×	×	△→×	×

出典：筆者作成
ここでいう「中央政府」とはロシアであり、国内要因はチェチェン・マスハドフ政権の中央政府（＝ロシア）に対する生存要因（＝Ⅰで表記）と、マスハドフ政権に対する反乱勢力（反政府系指導者など）の生存要因（＝Ⅱで表記）に分類している。
記号の意味内容は、以下の通りである。○：当該要因を保持、△：部分的に保持、×：保持せず

第3項　紛争後の国家性をめぐる考察

　チェチェンの紛争後の課題として理論的に検討を加える必要があることとして、紛争後の国家性をめぐる問題がある。ここでは、この問題を「未承認国家」たるチェチェンがなぜ生存できなかったのかという疑問にかえ、生存に成功している現存する「未承認国家」が有している特徴（第1章4節の表1－10の生存要因）との比較から考察したい。
　第1章4節で明らかにしたように現存する「未承認国家」は、傾向としてその生存の国際要因を「パトロン」に依存しており、また「未承認国家」相互の連携でこれを強化している。これに対して、元々「パトロン」がいなかったチェチェンでは、既述のように停戦監視などもなく——停戦後のOSCEの活動は民主主義支援と人道支援が主なものであり——、「未承認国家」との連携も積極的に行わなかった（表4－2の(2)③と⑤）。こうした中でマスハドフ政権が特に力を入れたのが外部支援の獲得で、これは経済・文化交流の名目で進められた（同(2)①と④）。
　このようにチェチェンは、元々「未承認国家」の国際的な生存要因を部分的にしか担保できていなかったため、チェチェンが期待し働きかけた欧米から支援を獲得できない場合、国際的な生存要因を完全に失いかねない——その生存が危機に晒される——恐れがあった。そしてこの外部支援の獲得の試みは、第3章で既述したように一時的とはいえ政権に期待を持たせる水準にまで高まったものの、結局、成果を生み出せなかったのである。
　では、チェチェンが外部支援の獲得に失敗した背景にはどのような理由が

269

あったのだろうか。端的にいえば、外部主体が「未承認国家」たるチェチェンに大きな関心を持たず、あるいは、持っていたとしてもそれが支援に繋がらなかったわけである。本書では、第1章4節で外部主体の「未承認国家」への関与を民族・文化的紐帯、安全保障上の重要性、経済的動機、規範的・人道的関心に起因すると紹介した。以下でチェチェンが欧米からの支援獲得に失敗した要因を考えてみよう。

　まず、民族的・文化的紐帯だが、欧米ではチェチェンにおける急進的イスラームへの懸念は継続して存在し続け、これはマスハドフの働きかけによっても払拭されることがなかった。少なくとも欧米とチェチェンの間には民族的・文化的紐帯が欠如しており、この要因はチェチェンの支援獲得に有効な役割を果たさず、むしろこうした欧米の懸念が支援の実現を妨げた要素すらある[12]。

　欧米にとっての安全保障上の重要性も低かった。彼らはチェチェンをロシアの内政問題としていた。コーカサス地域それ自体への関心は、カスピ海の石油開発や石油パイプラインの構想もあり、この時期には非常に高まっており、チェチェンが欧米に働きかけたものとしては、欧米のこうした経済的関心に対するものが最も有効であった。しかし、このような経済的関心は政財界関係者の一部に限定されるもので、彼らの活動によって国際的な援助の機運が高まったわけではなかった。しかも、彼らがチェチェンに関心を抱いたのも石油パイプラインをめぐるいくつかの有利な条件が重なっていた短期間の間だけであった。その条件が取り除かれ始めた98年末頃——すなわち、チェチェンを迂回するロシア領内のパイプライン（ダゲスタン北部経由の）ルートの完成の目処が立ち、改修の進んでいたバクー・スプララインが99年に開通見込みとなり、さらにBTCラインの建設合意に至る頃——には薄れていった。

　最後に、規範・人道的関心だが、これは既述のように関与を正当化する際に用いられることが多く、それ自身が外部主体を動かす場合も世論の強力な圧力が必要となる。チェチェンに関しては、和平や民主的な選挙までは国際的関心も高かったが、98年に入るとコソヴォ情勢が不安定化し、欧米諸国の注目もそちらに集中するようになる。欧米はチェチェンの人権状況に関心を持っていなかったわけではないが、持っていたのは自国民の拉致に対する人道的懸念であり、これは支援を促進するよりも回避させる作用を果たすものだった。

　このように1997-99年のチェチェンをみてみると、「未承認国家」の国際的な生存要因を十分に担保できていなかったことが分かるが、国内的な生存要因

第 4 章　平和定着の失敗の多角的検討

についてはどうだろうか。理論的には、国内において闇経済などで経済収益を確保し、文化・教育政策を充実させ住民の統合を進めつつ、自らの「国家」が危機に瀕していることを強調し、国内の団結をはかり、政権が「国民」の代表であることを内外に正当化することが「未承認国家」の生存を担保する方法といえよう。

　だが、1997-99 年のチェチェンでは、マスハドフ政権はこのような政策を採らなかったか、もしくは採ることができなかった。他方で、反対派勢力に関しては、このような政策を採用することで、政権への対抗力を強めていった側面がある[13]。例えば、反政府系指導者や犯罪勢力は、闇経済による収益——具体的には拉致事件による身代金、また石油の抜き取りによる利益——を確保していた。また、彼らが広める急進的イスラームの思想は、一部地域の若年層の心をつかみ、武装勢力に動員することを可能にさせていた（つまり住民の統合に部分的とはいえ成功していた）。また、「脅迫国家」についても、マスハドフ政権はチェチェンの危機を謳い強権を発動させることはほとんどなかったが、反対派指導者は自らの主義主張を正当化する文脈でチェチェンの危機を常に強調していた。政権は民主的に選出された点にその基盤があり、対外的にはマスハドフもチェチェンが自由で民主主義的な国家だとアピールを試みていたが、これは国内的にも国際的にも「未承認国家」たるチェチェンの生存にはほとんど肯定的な影響を与えなかった。国家建設という文脈でいえば、マスハドフ政権が現存する「未承認国家」で指摘されるような文民統制の強化と指導部の脱軍人化などにも失敗した点も無視できない。しかし、プリドニエストルにしろカラバフにしろ、このような移行は紛争直後に生じたものではないし、当該地域を後押しする「パトロン」の支援のもとで一定の安定性を確保しつつ、なだらかに進んだものなのである。このようにそもそも紛争直後には文民統制を強化し、指導部の脱軍人化を進めることは極めて難しいという理解を念頭におくと外部からの支援の欠如（あるいは「パトロン」の不在）という問題の重要性がより際立つ。

　生存要因に関して中央政府たるロシアに目を向けると、確かに 1997-99 年のロシアは、財政危機やエリツィン政権のレームダック化、エリツィンの後継者をめぐる権力闘争などで政治・経済的に揺らいでおり、チェチェンに十分なエネルギーを割くことができる状況になかった。この点では、結果として当時のロシアは、「未承認国家」たるチェチェンに十分な影響力を行使できない中央

271

政府（≒「脆弱国家」）と評価できなくもない。しかし、このような要因だけでは、いうまでもなくチェチェンは「未承認国家」としてその生存を担保できない。

　以上のように整理すると、本書は「未承認国家」たるチェチェンが生存に失敗した点を考える際に「二重の対立構造」が重要な意味を持つという理解に辿り着く。すなわち、現存する「未承認国家」では、彼らが生存を担保するために採用する政策が中央政府との関係悪化をもたらしても、「パトロン」の存在がここで生じるリスクを相殺する機能を果たしている。しかし、チェチェンの事例では「パトロン」がおらず、また外部主体の関与も限定されていたので、単純に国内的生存要因を担保しようと政策を進めると、そこで生じるのはロシアとの関係悪化だけである。チェチェンの事例では、単純に中央政府と「領域をめぐる対立」を抱えていただけではなく、国内において反対勢力と「政府をめぐる対立」を抱えていた——厳密には1997-99年に新しい対立が生じた——ことも重要であった。つまり、「未承認国家」たるチェチェンの国家性は、その国内において徐々に切り崩されていったのである。

　1997年に誕生した当時、独立に向かって行く「未承認国家」の成功例とまで形容されたチェチェンが生存できなかったのは、「二重の対立構造」という紛争構造を有し、「パトロン」がいなかったことで、国内的／国際的生存要因を担保することが困難であったため、そして現存する「未承認国家」においてはその生存を担保する政策が、チェチェンでは生存にリスクをもたらす政策となってしまう構造的環境が形成されていたためである。

　以上のような理解を踏まえつつ、次節では「二重の対立構造」のうち「領域をめぐる対立」、すなわち対露関係について特にその交渉に焦点を当てて、なぜ平和の定着が失敗したのか考察を試みる。

第2節　対露交渉の視座から

　チェチェン紛争の争点は分離独立問題だったが、この問題は第一次紛争終結から第二次紛争発生までずっと改善されず残り続けた。その意味でロシアとの関係の問題は、マスハドフ政権が平和の定着を試みていた間ずっと大きな課題として政権の前に立ちはだかっていたことになる。では対露交渉の視座から、具体的にどの時期にどのような理由でマスハドフ政権の平和定着の試みが失敗

第 4 章　平和定着の失敗の多角的検討

したのかを考えてみたい。

第 1 項　非対称な行為主体間の紛争と交渉

広く紛争一般に関わる問題として合意をいかに形成し、履行していくのかという課題がある。古典的には交渉も囚人のディレンマを伴うものであるが、構造的な権力格差を内在する非対称な紛争では、国家間の交渉と履行のメカニズムを当てはめられないので、特に合意形成は難しく、第三者の仲介が必要になるという指摘がある（兵頭 2005; ラムズボサム他 2009, pp.197-204; Ramsbotham, Woodhouse and Miall 2011, pp.177-184）。

交渉は、当事者が平和的解決を求め、彼らの相違を解決しようとする基本的な方法であるので、紛争解決にとって根本的な重要性を持っているとされるが、そのプロセスは往々にして時間がかかり、そして少しずつ進展するものである（Ramsbotham, Woodhouse and Miall 2011, p.187）。しかも交渉プロセスでは、合意は困難だが中核的な問題をまず議論するべきか、それとも相対的に合意しやすいが周辺的な問題を議論するべきかのディレンマが生じる——ロシアとチェチェンの交渉においては、前者が法的・政治的地位の問題であり、後者が経済合意などの問題であった。こうして交渉は、多くの場合、一進一退で進むので、段階的な合意形成の必要性が指摘されているのである。

ロシアとチェチェンの交渉をダイヤラムで示すと、図12のような段階的な合意形成の試みが展開されたことが分かる[14]。停戦から平和条約までは両者の利害が一致し、比較的スムーズに進んだ。無論、停戦合意は度々双方によって破られたし、ハサヴユルト協定についてもレーベジが主導し、クレムリン（エリツィンやその周辺）は詳細にコントロールできていなかったという指摘[15]や「妥協の産物」に過ぎなかったという指摘もある（Осмаев 2008, C.757, 2012b）。だが、その時点では紛争当事者双方が妥協することなくして合意形成が困難であった（Осмаев 2012b, C.176）という中で締結された合意を、すべて無益なものだったと断じてしまうのは問題だろう。またハサヴユルト協定を「レーベジの暴走」と見なし疑問を差し挟んだとしても、平和条約はエリツィンとマスハドフによって締結されており、ここに至るまではグローズヌィとモスクワ双方が一定の妥協をしたといえよう。

しかし、その後、法的・政治的地位をめぐっては双方共に譲歩ができず、利害も比較的一致し合意しやすい経済問題へと交渉の議題を移行した。ここでは

種々の合意を形成することに成功したが、合意が履行されないという問題が生じた。経済合意の履行をめぐる問題は、チェチェンとロシアの間で生じていた治安・安全保障上の課題とそれに起因するロシア側の懸念とも結びついていたので、交渉ではこの問題も議論された。これも部分的には合意に至ったが、その後も経済合意の履行をめぐる問題は残り続けたわけである。

チェチェンとロシアの交渉をめぐって先行研究で指摘されることは、例えば和平合意に至るまで存在していた交渉に対する当事者の動機が合意に至ることで満たされてしまったため、新しい合意が形成されなかった（結果的にハサヴユルト協定そのものが紛争解決の阻害要因となった）

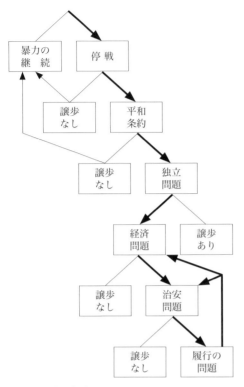

図12　対露交渉の展開
出典：筆者作成。太線が実際に辿った経緯。

という指摘やチェチェン国内の混乱が新しい合意形成への道を閉ざしたなどというものである（Shedd 2008）。

　チェチェンとロシアの平和条約は、分離独立という紛争の争点に関する何らかの具体的な合意を伴うものではなかったので、ウォーレンステインらの和平合意の分類法（Wallensteen, Harbom and Högbladh 2011, pp.148-149）に当てはめた場合、「部分的な合意」（partial agreement）[16]、もしくは「平和プロセス合意」（peace process agreement）[17] に該当すると思われる[18]。平和条約締結後にチェチェンとロシアは、両者の関係について改めて話し合う必要があったわけだが、問題となるのは、その合意可能性である。表４−３は、冷戦後の「領域をめぐる紛争」で締結された合意に占める自治や権限区分などの法的・政治的関係を定めた規定の割合を示したものである。

第4章　平和定着の失敗の多角的検討

表4－3　「領域をめぐる紛争」の和平合意に含まれる政治的な規定
（1989-2005年）

政治的な規定	国内紛争の すべての合意	国内紛争のうち 「完全な合意」*
(1) 地方政府	39%	57%
(2) 自治	37%	43%
(3) 文化的自由	32%	57%
(4) 地域的な発展	27%	36%
(5) 将来の地位に関する住民投票	22%	36%
(6) 連邦制	15%	21%
(7) 地方の権力分有	12%	29%
(8) 独立	0%	0%
(9) 上記いずれかを含む	93%	100%

出典：Wallensteen and Harbom, Högbladh（2011, p.151）。
*なお「完全な合意」とは、すべての対立を解決しようとする当事者間が合意した協定（包括的な合意）。

　チェチェン紛争においては、紛争前のチェチェンがそもそもすでにロシア連邦内の民族自治単位であったので、表の(1)〜(3)、(6)はほとんど問題にならなかった。マスハドフは主権国家たるチェチェンがロシアと経済・防衛空間を共有するとしていたので、問題になったのは、(7)と(8)の間でいかに両者が合意形成をするのかという問題であった[19]。これは冷戦後の「領域をめぐる紛争」において合意された政治的規定の中では最も少ないものであり、チェチェンとロシアがその後に合意を形成できなかったこともその難しさを明らかにしているように思う。
　他方で、本書で明らかにしたように法的・政治的地位に関する交渉は、紛争後にまったく取り組まれなかったわけでも進展しなかったわけでもない。明確な合意に至らなかったのは否定のしようもない事実だが、一定の話し合いが行われて双方から具体性を帯びた素案が提示されるまでに進展したのも事実である。これに対して経済や法執行に関しては、合意履行の問題が出現したものの、法的・政治的地位と異なり合意そのものを形成することには成功していた。既存の研究は、ロシアとチェチェンの関係を第一次紛争後から第二次紛争までほとんど変化がないものと捉え、ロシアとの対立という紛争再発の要因が紛争直後から変わらずチェチェンに存在していたかのように扱っているものも少なく

ない[20]。

　以下では、非対称な行為主体間での「領域をめぐる紛争」の交渉が非常に困難なものであるという理解を踏まえながらも、本書でここまでに明らかにしてきた事実——ロシアとチェチェンの間で一定の法的・政治的地位の交渉が行われ具体的な要求が提示さていたこと——を確認し、なぜ、素案が合意に至らなかったのかを考えたい。また合意に至りながらも履行の問題が出現した経済合意についても、ロシア側の合意未履行の背景にあった要因を考察したい。

第2項　失敗要因としての法的・政治的地位をめぐる交渉姿勢のズレ

　ロシアとチェチェンの法的・政治的地位をめぐる交渉が合意に至らなかった理由は、大きく分けて二つあるだろう。

　第一に、政治指導者の意志の問題である。先行研究（Bennigsen 1999; Lanskoy 2003; Wilhelmsen 2005; Hughes 2007）は、ロシア指導部（エリツィン政権）がチェチェン問題を改善しようとする積極的な意志を有していなかったことがチェチェンとロシアの関係において決定的な問題であったとしている——なお本書ではチェチェン指導部の意志や責任についても同様に考察するが、ここでは差し当たり先行研究で指摘されているロシア指導部の政治的意志の問題をまず検討する。実際にロシアとチェチェンの関係をみてみると、こうしたロシア指導部の政治的意志は双方の関係をみる上で一定の重要性を持っている。

　例えば、エリツィンは1997年8月以降、マスハドフとの会談の意向をパフォーマンス的に表明しながら紛争再発までの2年間、現実には一度も会談しなかった[21]。またエリツィンは、98年11月から12月にかけてそれまでチェチェンとの交渉において重要な役割を担っていた条約案準備国家委員会やチェチェンの発展と安定化のための国家委員会、さらには安全保障会議内部に設置した北コーカサスの安定とチェチェンの発展問題に関する省庁合同委員会などを次々に廃止した（Указ Президента РФ от 27 ноября 1998 г. № 1425; Распоряжение Президента РФ от 1 декабря 1998 г. № 402-рп）。こうした対応は、大統領がチェチェン問題に対して積極的に取り組む意志を持っていないことを内外に示した。無論、この背景にはチェチェン側の動向やモスクワの政治・経済状況（後述）、さらにはエリツィンの抱えていた健康問題やこれに伴う意思決定・政策決定上の混乱などもあろう。政権末期でレームダック化しており、支持率は一桁台に低迷し、エリツィンの後継指名を受けた候補は大統領選挙で勝利できないなど

と指摘されるような状況下で、この上、あえて解決困難なチェチェン問題に取り組もうとする動機などなかったということも考えられる。

他方で、先行研究がほとんど触れていないことで一つ踏まえておくべきことは、ロシア指導部が等しくチェチェンとの法的・政治的交渉に消極的だったわけではなく、第3章2節で明らかにしたように推進派や消極派がおり、内部

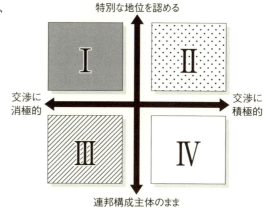

図13 ロシアの対チェチェン交渉姿勢の類型化
出典：筆者作成

で与えるべき地位をめぐって意見の相違があったということである。このことが法的・政治的合意を形成することを困難にした。すなわち第二に、政権内部における合意形成の問題があったのである。

本書で明らかにしてきたように、ルィプキン安全保障会議書記（後に副首相）、アブドゥラティポフ副首相などは、交渉に積極的でチェチェンに特別な地位を提供することにも踏み込んだ発言をした交渉当事者（図13のIIの立場に該当）であった[22]。これに対してエリツィンをはじめとする大統領府は交渉そのものには賛成し推進していたが、チェチェンを連邦構成主体に留めておくことを重視した（同IVの立場）。興味深いのは、当時エリツィン政権と首相任命や経済政策などをめぐり対立していた議会（共産党が相対的な第一党）も本書で明らかにしてきたようにチェチェンとの交渉を推進しつつも、連邦構成主体のまま留めておきたいと考えていた点ではエリツィンと同じ立場であったことである[23]。

これに対して連邦構成主体のまま留めておくことを希望しながらも、交渉自体にも消極的な勢力（図13のIIIの立場）が政権内にはいた。これは、主に武力省および司法省の指導者であり、例えばクリコフ内相（当時）は、98年1月に「犯罪者たちの拠点であるチェチェンに先制攻撃を加える必要がある」と述べるなど武力行使の必要性を訴えていた（НГ, 13 января 1998 г.）。こうした立場に対し、そもそも交渉があまり意味をなさないという立場は共有しつつも、それはすでにチェチェンが事実上の独立状態にあり、ロシアがこれを認めざる

表4-4 法的・政治的地位をめぐるロシア指導部の交渉姿勢の分類

分類	説明	指導者・役職（任期）
I	特別な地位を認めることを排除しないが、交渉そのものには消極的な立場	ルシコフ・モスクワ市長兼政党「祖国 - 全ロシア」共同代表、ソルジェニーツィン・作家
II	交渉によって特別な地位を認める立場	ルィブキン安全保障会議書記（96/10-98/3）、アブドゥラティポフ副首相（97/8-98/6）・民族問題相（98/9-99/5）、
III	連邦構成主体のまま存続させることを目指し、交渉も重視しない立場	クリコフ内相兼副首相（97/2-98/3）、ステパーシン司法相（97/7-98/3）・内相（98/4-99/5）・首相（99/5-8）、プーチン首相（99/8-2000/5）、武力・司法省庁
IV	交渉によって連邦構成主体のまま留めておこうとする立場	大統領府、エリツィン、キリエンコ首相（98/3-5）、プリマコフ首相（98/9-99/5）、議会

出典：筆者作成。分類のI～IVは図13参照。複数の役職にあり交渉に関わっていた場合、あるいは関わる発言をしていたことが確認されている場合には複数の役職とその任期も記載している。

を得ないからだと考える指導者も少数ながらいた（図13のIの立場）。さすがにエリツィン政権内部からこのような声があがることはなかったが、ルシコフ（Ю. Лужков）・モスクワ市長はこのような主張をしていた（НГ, 13 января 1998 г.; Mäkinen 2004, p.1167）。また政治家ではないものの、ロシア愛国主義者でありチェチェンに対する排外的な思想を持つ作家のソルジェニーツィン（2000, p.114）[24]も、チェチェンを切り離すことでロシアは健全になると主張しており、この立場に該当しよう。

奇妙に映るかもしれないが、ある世論調査機関（Фонд Общественное Мнение）によれば、実はロシアの住民世論をみても、「チェチェンは独立国である」との認識は97年以降増えており、ついにそれは多数派になっていた[25]。またロシアとチェチェンの間の交渉についても合意に至るのであれば、それは「チェチェンがロシアから分離し、独立国として認められる」ことだと考える人々が多かった[26]。これは、チェチェン側の主張への支持や賛同（あるいは戦争被害への同情）というような積極的な反応というよりも、既述したようにチェチェンへの復興予算支出への世論の支持が低いことなどからも、ルシコフやソルジェニーツィンのような否定的反応——現にロシア政府がチェチェンを制御できていない中で「これ以上、負担がかかるならチェチェンの独立もやむなし」というような反応——であったと推測される。

さて、以上のようなチェチェンの法的・政治的地位をめぐるロシア内部の意

第4章　平和定着の失敗の多角的検討

見の相違を見て取ると、チェチェンとロシアが調整できる合意の幅は極めて小さく、非常に困難であったことが分かる（表4－4）。

既述したチェチェン内部（諸勢力）の対露交渉姿勢を類型化すると図14のようになる。このうちロシアとチェチェンが法的・政治的地位を交渉している時期（97年5～12月）に当事者間でどうにか調整が可能なのは、ロシア側

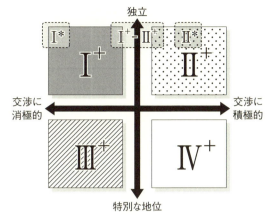

図14　チェチェンの対露交渉姿勢の類型化
出典：筆者作成

で最も柔軟な姿勢を見せるIIの立場と同じくチェチェン側のII⁺の立場（双方とも政府の交渉担当）だけであった。こうして双方の素案ができたわけだが、ここにも意見の相違は残り、素案は持ち帰られることになった。しかし、双方の国内では素案を推進し、この合意のためにはさらなる妥協もやむなしと考える勢力はむしろ少数派であったか（ロシア）、あるいは政治的影響力が低下しており（チェチェン）、法的・政治的合意を形成することが一層困難になった。

その後も法的・政治的地位を含む包括的な合意形成は度々当事者間で言及されたものの、ロシア側ではこの問題に対してキリエンコ内閣（98年3～5月）以後は、チェチェンやダゲスタン情勢を受けてすでに交渉の選択肢としてIIの立場はなくなっていた（表4－3）。逆にチェチェン側では国内情勢からI⁺の立場からの圧力が強くなり、バサーエフ内閣（98年1～7月）がI⁺-II⁺あるいはII*（ウドゥーゴフ外相）の立場をとったこともあり、マスハドフ政権はより柔軟なII⁺の立場を採りづらい状況に陥った（表4－5）。

また、ロシアとチェチェンの交渉を理解する上で踏まえておく必要があることとして、ロシアにおける中央・地方関係をめぐる全連邦的な政治潮流というものがある。ロシアとチェチェンが法的・政治的地位の交渉をしていた1997-99年という時期には、ロシア連邦全体でみると、それまでの「地方による連邦からの権利の収奪」（＝分権化）から「連邦による集権化」（地方の法体系の連邦法への適合）へと転換していた時期だったということが挙げられる（中馬 2009;

表4-5 法的・政治的地位をめぐるチェチェン指導部の交渉姿勢の分類

分　類		説　　明	指導者・役職（任期）
I⁺		独立を目標とし、交渉自体に消極的	アブムスリモフ大統領政治顧問（97/2-99?）、アルサノフ副大統領（97/2-99/2）
	I*	I⁺の極端な立場、交渉を排除する	ヤンダルビエフ、ラドゥーエフ（閣外勢力）
II⁺	I⁺-II⁺	独立達成を重視し、交渉によって進展するなら参加し、後退するなら交渉を排除	バサーエフ副首相（97/5-7）・首相代理（98/1-7）、ゲラーエフ副首相（97/5-7）
		交渉で独立的地位を得ようとする立場	マスハドフ、ザカーエフ副首相（97/4-98/3、98/10-99/9）・文化相（98/4-9）、マハシェフ内相（97/3-98/3）・副首相（98/3-99/9）、経済官僚、議会
	II*	交渉で独立を達成しようとする立場	ウドゥーゴフ副首相（97/3-98/10）・外相（98/3-10）
III⁺		連邦内の特別的な地位を受け入れ、交渉の必要性もあまりないと考える立場	親露派？
IV⁺		交渉によって連邦内の特別的な地位を獲得しようとする立場	親露派の一部勢力？、ソスランベコフ副首相（98/7-10）

出典：筆者作成。分類の I⁺～IV⁺ などについて図14参照。

上野 2010: 小杉 2013b）[27]。これは、90年代前半に制定された権限区分条約や各共和国の法律と連邦法との矛盾が連邦側（大統領、首相、議会）に問題だと認識されるようになり、地方の法律を中央に適合させるべきだという連邦側からの働きかけがあったということである。このような文脈でチェチェンとの法的・政治的地位に関する交渉を捉えると、これは連邦全体で生じていた「集権化」の試みと逆行する政治現象であることが分かる。

前述のように交渉当事者には特別な地位への言及などはあったが、総じてロシア側の政治勢力の間ではチェチェンの法的・政治的問題の解決は連邦制度の枠内でという大原則があり、そこで採り得る可能な限りの譲歩は——その名称はどうであれ中身としては——権限区分条約を基盤にした最大限の自治の提供ということになる。当然、これはチェチェンには許容できない枠組みにもかかわらず、それでもロシア国内において「権限区分条約の役割はもはや失われた」（兵頭1999）と認識されている時代背景の下では、交渉を重ねる度にむしろ政治環境としては「ロシア国内で許容され、妥協できるライン」が徐々に後退していくという逆説的な現象が生じていたのである。こうした政治的背景も

あり、ロシア側の交渉当事者の考えですらロシア国内では一層許容されにくい状況が形成され、それがチェチェンとの法的・政治的地位をめぐる交渉を非常に困難なものにしていった[28]。

このようにチェチェンとロシアの法的・政治的地位をめぐる合意形成が困難であったのは、単純に交渉当事者が生産的な話し合いを重ねなかったとか、具体的な素案が提示されなかったというようなことに起因したものではない。むしろ交渉当事者の間では一定の建設的な話し合いがなされ素案も提示されたものの、双方の国内政治勢力の対立や意見の相違、あるいは連邦全体での中央・地方関係の見直しなどが重なり、当初からわずかしかなかった当事者間の妥協の余地がより狭まっていたことに理由があったのである。

第3項　経済合意未履行の要因

さて、経済合意の未履行については前章でも触れたが、これは直接的にマスハドフ政権の平和定着にどれほどの影響を与えたのだろうか。チェチェンは、予算の多くをロシアとの合意に基づく資金供給に依存していた——例えばチェチェン共和国大統領府附属経済部局によれば（1997年当時に）国家予算の95％は何らかの形でロシアからの拠出に依存していた（*ГР*, 11-17 сентября 1997 г.）。こうしたことから紛争直前の1999年には総予算の70％が欠損となっていたという（Юсупов 2000a, C.169）[29]。紛争再発に向かう過程でチェチェンが「破綻国家」になった財政的な理由は、少なくともこの合意未履行と一定の関係があることは否定ができないように思う。

チェチェンとロシアの合意した予算支給について本書ではすでに部分的に触れてきたが、ここでは、まず年間どの程度の予算が計上されて、どの程度履行されたのかという疑問に対して限られた資料を用いて検討を加えたい。そしてその後、なぜ合意が履行されなかったのかという問題について考察を試みる。

1997年にロシアは、チェチェンに約9630億ルーブルの拠出を約束した（*Коммерсантъ Деньги*, 15 сентября 1999 г.）[30]。だが、98年2月までにこれらの予算支給はほとんど履行されなかった[31]。ベンニグセン（Bennigsen 1999, p.552）によれば、安全保障会議のメンバーであるルィブキンは実際にはたった880億ルーブルしかチェチェンには支給されていないと主張したという[32]。連邦からの予算支給は、その後98年度分は履行されたという[33]。ただ、これらも連邦が計上したとしているだけで実際に支給されていたかは不明である。例えば99年

の上半期でチェチェンに支払われるべき予算は2億8440万ルーブルであったが、実際に支払われたのは1億2254ルーブルであった（*Коммерсантъ Деньги*, 15 сентября 1999 г.)³⁴。

ここで取り上げた出典元の記事（*Коммерсантъ Деньги*, 15 сентября 1999 г.）は、実はロシアが合意を履行しなかったことを問題にしているのではなく、逆にロシアが親切にもチェチェンに予算や電気・ガスなどを供給し続けたために³⁵「テロの経済的な基盤を作り出した」ことを問題とし、政府の対応を批判したものである。在チェチェン・ロシア代表部のクリン（Г. Курин）も98年にロシアから8億ルーブルがチェチェンに拠出され、3億5000万ルーブルの電気とガスが供給されたと主張している（*Свободная Грузия*, 12 декабря 1998 г.）。他方で、電気に関しては、紛争の結果、チェチェンの発電施設が破壊されたため、主にイングーシやスタヴロポリ地方から供給されたものであった（Музаев 1999b, с.196）。また、これは需要量（250 MW）を十分賄うことのできない供給量（130〜140 MW）であり、チェチェン当局は地区ごとに停電を行い、農村部には朝夕のみ電気を供給するなどしていた（*ГР*, 18-24 февраля 1999 г.）³⁶。

資料的な制約もあり、チェチェンとロシアが合意した経済協定の予算ごと、あるいは拠出元ごとの履行の有無について十分な検討をすることはできないが、第3章2節の検討に加え、以上のような部分的な整理を踏まえると、合意された予算支給がまったく行われなかったというではなく、少なくともその一部はほぼ確実に履行されていなかったということが現状で確認できることである。また政府間で合意はしたものの、様々な事情からロシア側が拠出することを嫌がる項目もあった。一つにそれは戦後賠償であり、チェチェン情勢の悪化に伴い年金・労賃も支払いが滞りがちになった。またチェチェンの経済復興事業についてもロシアとチェチェンの間で現実に策定され、どの程度実施されたのかもはっきりとしない。98年の年初時点では、連邦がチェチェンの復興事業を策定したところ、その予算規模は16兆ルーブルになったという（*НГ*, 13 января 1998 г.）³⁷。98年の年末になりプリマコフの指示で再び復興事業の策定が行われ、今度は総計1兆ルーブルと算出された（*Свободная Грузия*, 12 декабря 1998 г.; Музаев 1999b, с.190）³⁸。これらは途方もない金額で、当然、財政危機に陥っていたロシアにこのような金額を拠出できるような政治的、経済的余裕はほとんどなかった。

ロシア側がチェチェンに予算支給しなかった、あるいはできなかった理由に

第4章　平和定着の失敗の多角的検討

表4－6　ロシアの経済合意未履行の背景にある要因

分類	ロシア内部の要因	チェチェン側に起因する要因
項目	(1) クレムリンの政治的意志の欠如 (2) 政権内部の交渉姿勢など足並みの不一致 (3) ロシア政府が抱える金融・財政的な問題 (4) モスクワにおける政治闘争の過熱	(1) 急進的なイスラーム勢力の影響力拡大 (2) マスハドフ政権の求心力の低下 (3) ダゲスタン問題とのリンケージ (4) 政府高官を含むロシア人の拉致被害が多発
	(5) 双方の官僚・役人の中間搾取（汚職）	

出典：筆者作成

ついては様々な可能性が考えられ（表4－6）、既述した法的・政治的合意が形成できなかった要因（ロシア内部の要因(1)と(2)に該当）に加えて、こうしたロシアの金融・財政問題（同(3)に該当）についても指摘しておきたい。1990年代初期に資本主義経済への性急な移行を行ったロシア経済は、ハイパーインフレなど様々な問題に悩まされていたが、1997年頃までには安定を取り戻し始めていた。そうした折にアジア通貨危機が発生し、元々投資リスクが高く、また財政状況が悪化していたロシアから投資を引き揚げる動きが加速し、ルーブルが大幅に下落、98年1月に政府はデノミレーションを発動した（1000ルーブルを新1ルーブルに換算）。ロシア政府は、IMFからの追加融資を受けるなどしたが状況は改善せず、8月には対外債務を90日間停止する状況に陥った。その後もルーブルの暴落は止まらず、98年にはロシアの金融・財政に危機的な事態が生じていた（西村可明 2000）。このような状況でチェチェンに予算支給をする余裕はなく、ましてや復興事業などという大規模な財政出動は不可能であった。以上のようなこともロシア側の合意未履行の要因の一つとして考えられる。

以上取り上げてきた三つの要因に加えて、ロシア内部の要因として最後に挙げることができるのは、モスクワにおける権力闘争や政治対立の存在である。1998年は、主にエリツィン政権と議会が前述の金融危機をめぐる対立を激化させた時期である。既述のように大統領府と議会——その多様性を加味しても方向性として——は、チェチェンとの交渉を推進し、連邦の枠内に留めるべきだと考えている点で共通点を有していた。この意味においては、ロシア政府がチェチェンに予算を支給したり復興事業に取り組んだりし、チェチェンを連邦の枠内に留まらせるという政策に関して大統領と議会の間には大きな利害対立はないように思われる。他方で、経済政策やその責任のあり方をめぐっては議会——特に共産党——とエリツィン政権は激しく衝突し、例えばキリエンコ

の首相任命は議会で 2 度承認を拒否され (98 年 3 月)、チェルノムイルジンの首相への再任用は 2 度の拒否の上 (同 8 月)、エリツィン側が諦めざるを得なかった。こうした対立は、本来、対チェチェン政策で同じような政策路線を支持する両者にチェチェン政策をめぐっても異なる見解を持たせた可能性がある。特に予算の執行やその規模などは 99 年末の下院選や 2000 年の大統領選挙を控え、チェチェン情勢も絡まり争点化された可能性があり、こうした結果、政府の合意履行の問題が出て来たとも考えられよう。

政治闘争は議会と政権の間だけではなく、98 年から 99 年にかけては政権内部でもエリツィンの後継者をめぐって対立が大きくなっていた。例えば、98 年 8 月に首相に任命されたプリマコフは、その老練な政治手腕で財政危機を乗り切ることに成功し、高い支持率も背景にエリツィン政権周辺の汚職捜査をスクラートフ検事総長と協力し進め、大統領府やその周辺と対立した。プリマコフは一時的とはいえ高い支持率を得て脱エリツィン系の次期大統領候補と目されたため、現政権側（エリツィンやその側近）は強い警戒感を抱いた――この対立は 99 年の下院選まで続く。エリツィンとプリマコフも本来、対チェチェン政策では似たような政策路線を支持しているが、議会と大統領府同様、他の問題で生じた政治対立によって何らかの意見の相違や対立が対チェチェン政策に持ち込まれ、これが合意履行に影響を与えた可能性も排せない――特に後述する二重の交渉窓口はこのような結果として生じた問題であろう。

他方で以上のような説明は、時期的にみても 97 年における合意の未履行については十分な説明をできていない。そこで考えられるのはエリツィンが述べた「金はどこかに消えた」という話で、具体的には支出側のロシア官僚（もしくは政治家）、あるいは受取側のチェチェン官僚（同・政治家）などの汚職によって本来、公務員労賃や年金の支払い等々、両政府間の合意に基づいて住民に支給されるはずの資金が横領された可能性である。ただ、この場合も少なくとも両政府が全面的に横領に関与しているなどということは現実には想定できず、逆にそうであるならば一部の者が関与してそこまで多くの資金を簡単に横領できるのかという疑問が残る[39]。

最後に取り上げた要因を除けば、今まで主としてロシア側の要因をみてみたが、チェチェン側に起因する要因も考えられる（表 4－6）。このうち、(1)から(2)についてはすでに説明してきたが、次節でマスハドフ政権の平和定着の試みがいかなる国内要因によって頓挫したのか検討するので、詳細は次節に譲

第 4 章　平和定着の失敗の多角的検討

表 4 − 7　拉致されたロシア政府関係者（1997-99 年）

時　期	拉致された人物：役職→結末	チェチェン政府の対応
98/5-11	ヴラソフ（В. Власов）：ロシア連邦大統領特使→【解放】	人道支援組織のイギリス人男女 2 名と共に政府が拉致犯の潜伏場所捜索に取り組む。11/13 に解放される。
98/9-10	サイドフ（А. Саидов）：在チェチェン・ロシア代表部課長→【死亡】	政府の対拉致部局が捜索するも、イギリス人ら技師 4 名が拉致された同日（10/3）に遺体が発見される。
99/3-00/3	シュピグン（Г. Шпигун）：内務省チェチェン問題担当全権代表、少将→【行方不明の後、死亡確認】	政府は全力で捜索し、容疑者の逮捕、同拠点への攻撃を仕掛けるも奪還できず、第二次紛争発生後の 2000 年 3 月山岳地（イトゥム・カレ地区）でロシア軍が遺体を発見。

出典：筆者作成
この他にもジャーナリストなどが拉致されているが、ここでは取り上げないので、巻末年表を参照されたい。なお拉致被害者はロシア人や外国人（米・英国人やニュージーランド人、ポーランド人など）に加えて、チェチェン人（主にサイドフなどの親露派、穏健的な独立派、一般市民）も対象となっている。

る。(3)については、チェチェン側（マスハドフ）もロシア側当局者もおそらくこの問題が両者の交渉や合意履行に何らかの影響を与えるとは元々想定していなかった問題であったが、それが 98 年春頃から非常に大きな役割を果たすようになった――その詳細については 4 節で論じたい。ここで触れたいチェチェン側の要因は、ロシア人の拉致被害（表 4 − 6 の(4)）である。

　経済が破綻し、武装解除の進まないチェチェンでは人権活動家、ジャーナリスト、国際機関などの職員に対する身代金目的の拉致が頻発していたが、ロシアとの交渉で問題化したのは、ロシア政府高官への拉致事件である（表 4 − 7）。拉致はチェチェン政府による犯行ではなく、マスハドフ政権は拉致被害者の奪還のために最善の努力をしたという事実も踏まえるべきだが、結果だけをみれば、3 名のうち 2 名は死亡または行方不明（当時）となった。このような状況を予防できないという点においてマスハドフ政権の統治能力はロシア側から疑問視された。逆に同政権側からはロシアが十分な資金を提供せず、経済合意を履行しないことで必要な政策を講じることができない（構造的な制約が生じている）と理解された。こうして相互不信は一層高まっていった。特にシュピグンの拉致では、彼が軍関係者ということで連邦側の武力省、特にシュピグンの出身母体の内務省では武力介入論も強まったようで、かなり危うい状況になった[40]。

そもそも拉致ビジネスは、ロシア人ジャーナリストの拉致事件に対してベレゾフスキー（Б. Березовский）やグシンスキー（В. Гусинский）などのオリガリヒ（新興財閥）が人質解放のために高額の身代金を支払ったこと[41]で——拉致犯の経済的動機が高まり——拡大したとされている（Tishkov 2004, p.111）。実際に、現地住民が被害者の場合の要求額は3000ドルから50万ドルであるのに対して、既述の欧米人の拉致では最低でも1000万ドル以上、ヴラソフ連邦大統領特使の拉致の際には1000～1200万ドル（*Московские Новости*, 17-24 мая 1998 г.）が要求されており、高額な身代金目的に犯行を行ったことが容易に想像される。またこうして拉致被害者解放のために形成されたモスクワとチェチェンの交渉ラインは、後述する交渉窓口の問題も生み出す。

　以上のような議論をまとめてみると、チェチェンとロシアの経済合意の履行で問題となったのは、(1)当事者間の信頼醸成、(2)合意履行の条件とそのモニタリング、(3)当事者間の交渉の継続性とその際の窓口というものである（表4－8）。第一の信頼醸成に関わる問題は、先に触れたので割愛する。次に、第二の合意履行の条件とモニタリングだが、まず条件については、ロシアとチェチェンの間で予算支給などについて特別な条件を定めていなかった。したがって、ロシアにとっては合意を履行する固定されたインセンティブがあったわけではなかった。特にロシア内部では予算を支給するということはチェチェンを連邦構成主体に留まらせることだという議論が議会からも提起されており、法的・政治的交渉が棚上げされた98年以降のチェチェン・ロシア関係においてはロシアの交渉担当もこうした見方を少なからず持っていたように思われる。逆に、チェチェンにとってロシアが合意した予算を支給しないことは「履行条件を定めずに合意を形成したのに、それを破っている」と理解され、合意そのものへの違反行為と映った。ロシアとチェチェンは、合意履行のモニタリング方法などについても会談を重ねたようだが、今度はその過程で交渉の継続性とその際の窓口という第三番目の問題が表出した。

　既述のように1997-99年のロシアは激動の中にあった。金融危機やエリツィンの後継者をめぐる政治対立、そして相次ぐ首相の短期交代、このような状況もあり、ロシアとチェチェンは交渉の継続性とその窓口という問題に直面した。当初は、ルィプキン・ロシア連邦安全保障会議書記とウドゥーゴフ副首相（後に外相）兼対露交渉問題委員長が実務交渉に当たっていたが、交渉が思うように前進しないとマスハドフは直接ルィプキンとの会談に参加するようになった。

第4章　平和定着の失敗の多角的検討

表4－8　ロシアとチェチェンの交渉の継続性と窓口の問題

チェチェン・ロシア公式ルート交渉				非公式ルート	
担当者（役職）	時期	担当者（役職）	時期	チェチェン側	ロシア側
ウドゥーゴフ（対露問題交渉委員会委員長）	~97年10月？その後も外相として関与	ルィプキン（安全保障会議書記）〔アブドゥラティポフ（副首相）*1〕	~98年3月	ラドゥーエフ*2	ベレゾフスキー（元安全保障会議書記）
マスハドフ（大統領）	~99年9月	キリエンコ（首相）	~98年8月		
		プリマコフ（首相）	~99年5月	ウドゥーゴフ	
		ステパーシン（首相）	~99年8月	ラドゥーエフ	
		プーチン（首相）*3	~99年9月		

出典：筆者作成。なおロシア側交渉担当者の交代は、辞任（解任）によるものがほとんどである。
*1：アブドゥラティポフは、当初交渉の前面に出て来ることはなかったが、98年1月に安全保障会議内にチェチェン問題に関する省庁合同委員会が設置され、その委員長に就任する（Указ Президента РФ от 29 января 1998 г. № 107）と、それ以前より強く関与するようになる。反対にこれと前後してルィプキンの関与は低下していく。
*2：ラドゥーエフは身代金拉致に関わり（犯人との仲介をしており）、ベレゾフスキーと直接交渉していた。
*3：プーチン首相下では、実務交渉はなされていない（ロシアとチェチェン側の交渉が行われたのは、ステパーシン首相期までである）。非公式ルートとしては、レーベジ・クラスノヤルスク知事とマスハドフの会談も考えられるが、当時レーベジは政権との関係がなかったので非公式ルートに該当しないと判断。

　だがその後、ロシアの交渉担当者はルィプキンからキリエンコ首相（98年8月まで）、プリマコフ首相（99年5月まで）、ステパーシン首相（99年8月まで）と次々に替わっていった。

　しかも、エリツィンの周辺で次期大統領候補者レースが盛んになされると、チェチェンとロシアの交渉を非公式ルートで模索し、自ら政治的な成果を出そうとする勢力も現れた。例えば98年7月にはベレゾフスキー元安全保障会議書記やチェルノムイルジン元首相（98年3月まで）、レーベジ元安全保障会議書記（当時クラスノヤルスク地方知事）、シャイミーエフ・タタールスタン共和国大統領らを中心にチェチェン政策に関する緊急声明が出され、連邦の政策に問題があるとして批判した――なお、この声明が出されたのは、キリエンコ首相とマスハドフの会談の直後であった。当時の報道（НГ, 28 июля 1998 г.）ではこうした「元チェチェン問題担当者」からの批判は専ら99年末の連邦下院選挙、2000年の大統領選挙を見据えた行動だと評価されていた。このように99年に入るとチェチェン問題は、モスクワの権力闘争における重要な政策的争点にな

り出したのである。

　彼らの中でもベレゾフスキーの役割については特に触れる必要があろう。ベレゾフスキーは、安全保障会議書記としてチェチェンとの和平交渉にも参加し、独立派（特にウドゥーゴフ）と一定のパイプを有していた（*Коммерсантъ*, 6 ноября 1997 г.）。彼は 97 年 11 月に安全保障会議書記の職を解かれた[42]が、その後、私人としてチェチェン問題に関与した。そして例えば、ロシア人の拉致事件の際にはマスハドフの頭越しに拉致実行犯と強い繋がりのあるラドゥーエフと交渉するなどという行動をとった。このような行動は、拉致実行犯に「拉致をすれば身代金はとれる」という既述の「誤ったシグナル」を与えただけではなく、マスハドフに対抗するラドゥーエフの国内的な——特に反対派内部における——権威を高めることになった。ベレゾフスキーは、他にもウドゥーゴフとは電話会談を繰り返していたようで、99 年 6 月にはマスハドフとステパーシン首相の会談があった（Музаев 1999b, C.313-314）が、同時期にはウドゥーゴフとベレゾフスキーも電話会談をしていたようである。対立の解決のために政府で要職を占めた私人同士が非公式で接触することは——それが政府の承認の上であれば交渉手段の一つとして、非承認であっても状況打開のための民間外交や政府への提言として——有効なこともあろう。他方で、ベレゾフスキーの動きはモスクワにおける権力闘争を背景に持ち、またチェチェン国内の対立構図を利用したもので、交渉窓口の問題を生むだけだった[43]。

　このような交渉の継続性とその窓口をめぐる問題は、チェチェンとロシアの関係をより一層複雑にし、マスハドフ政権の対露政策の前に立ちはだかったのである。以上のような理解を踏まえて、次に「二重の対立構造」を構成するもう一つの対立、すなわち「政府をめぐる対立」の考察へと進みたい。

第 3 節　国内環境の視座から

　本章 1 節では、国内的な平和定着の失敗について国内制度や構造的環境などの側面から一定の考察を試みたが、ここではなぜこのような制度や構造的環境が生じたのか、政権の反対派への処遇という観点から考察する。また紛争の発生は指導者の果たす役割も大きいので、第一次紛争後から第二次紛争発生までのチェチェンの主要な政治指導者と彼らの政治集団の主義・主張をまとめ、これが今まで検討してきたマスハドフのものとどのように異なっていたのか、ま

第4章　平和定着の失敗の多角的検討

た彼らの行動が平和の定着にいかなる否定的影響を与えたのかについても明らかにする。

その際に本来、対露関係を意識すれば、最善の政策とは思えない「イスラーム化」の推進をなぜ政権も反対派指導者も国内対立において採用することとなったのかを考える。さらにこのような問題が形成された背景として大衆世論と政治指導者の間に状況認識をめぐるズレがあったことを指摘する。最後に先行研究で指摘される紛争再発の国内要因について批判的に再検討する。

第1項　紛争要因としての反政府系政治指導者

第3章3節で取り上げた政治的争点への各指導者の対応をまとめ、代表的政治指導者の特徴を分類すると表4－9のようになろう。

マスハドフは、親露派への処遇、対露交渉姿勢、国家運営、イスラームへの立場、経済政策のいずれも他の指導者と比べると穏健的な立場をとっており、実利的・中道的な独立派と位置づけることができよう。マスハドフを支持する勢力や指導者（表2－9参照）にもある程度、このような評価を当てはめることができると考える。

これに対し、ウドゥーゴフとバサーエフは、より急進的で、悪くいえばパフォーマンスに走る指導者で、特にバサーエフの場合は一部の人々を魅了し惹きつけるようなカリスマ性もあった。彼らのアイディアには、明確な裏付けがあるわけではなく、それゆえ、政権に入っても具体的な成果をあげることができなかった。バサーエフは、大統領選挙の際に石油の盗み取りを問題にしたが、彼が首相代行に就任すると弟のシルヴァニが石油利権の汚職に手を染めた。ウドゥーゴフは、対露交渉が成果をあげないと、ロシアとの間で「権限を分割するというなら、アゼルバイジャンと連邦条約を締結した方がマシだ」と主張するなど (Зеркало, 4 ноября 1997 г.)、彼らの言動は人々の注目を集めたが、具体性や現実的代替案を伴っていなかった。

他方で、彼らが少なくとも政権が一目おく政治力（ウドゥーゴフ）・動員力（バサーエフ）を持っていたこと、またそれゆえに政権に登用されていたことも無視するべきではない。彼らは、必ずしも偏狭で非妥協的な指導者ではなく、ある程度、柔軟に（あるいは日和見的に）情勢を判断し対応していた。これは当初、バサーエフとラドゥーエフが激しく対立していたこと[44]、ウドゥーゴフとバサーエフがワッハーブ主義者排除のための政府軍の作戦を表面上は支持して

表4-9 チェチェン独立派の代表的政治指導者の分類（1997-99年）

政治指導者	マスハドフ	ウドゥーゴフ	バサーエフ	ヤンダルビエフ	ラドゥーエフ
生年（年齢）*1	1951年（46歳）	1962年（35歳）	1965年（32歳）	1952年（45歳）	1967年（30歳）
独立派 以前の経歴	ソ連軍大佐	新聞編集長	車販売業	詩人	貿易会社勤務
独立派 での最高位	首相・参謀総長	情報相	国家評議会委員	暫定大統領	独立派准将
所属政党*1	なし（民独党、民進党、祖国党等が支援）	秩序党	自由党	連盟	ジョハル
		イチ・ダゲ国民議会／政・活センター			
大統領選挙	59.3%の得票	0.93%の得票	23.5%の得票	10.1%の得票	立候補せず
政権との距離	大統領兼首相（軍最高司令官）	入閣（副首相や外相など歴任）	入閣（首相代行など）するも反発	入閣なし	入閣なし（政権の敵と名指し）
親露派の処遇	積極起用：政権で働いてもらう	消極起用 or 積極的排除：独立派、特に野戦軍司令官の起用を優先するべき		完全排除：親露勢力は排除すべし	
対露政策	主権国家間の経済・軍事同盟を目指す	主権国家独立として承認させる		対露戦争（「ジハード」）の継続	
交渉姿勢	交渉に積極的	交渉には関与	排除しないが消極的	交渉の必要はない	
理想の国家像*2	民主主義による主権国家	民主主義は排除しないものの独立派を中心とする主権独立国家		「ロシア帝国」の支配から解放された主権独立イスラーム国家	
イスラームへの立場	①治安回復・犯罪の抑止 ②反対派の行動制御を期待	①精力的にイスラーム体制導入を求めていたが、政権がこれを行うと自らの正統性が失われることを警戒 ②ダゲスタンのイスラーム勢力との連携促進		イスラームよりドゥダーエフの権威に依存	
経済政策	①対露協力 ②コーカサス共通市場 ③欧米からの投資	マスハドフの政策を排除せず、②に重点（右と同じ）	コーカサス地域 特にダゲスタンとの連携（カスピ海へのアクセス）に期待	中東諸国に期待	具体的構想なし
政治的立場	穏健独立派	急進独立派		過激派	
支援者・同系統に属す指導者	クターエフ、マハシェフ、ザカーエフ、アトゲリエフ	ハリモフ、モフサエフ、ゲラーエフ、アルサノフ、イスラピロフ（98年8月以降）など		アブムスリモフ、バラーエフ兄弟、メジドフ、P.アフマドフなど	
支援者のグループの特性	親露派、経済閣僚、古参民族派、穏健野戦軍司令官	急進的野戦軍司令官、親ワッハーブ主義者		ワッハーブ主義者、ドゥダーエフ主義の狂信的信奉者、犯罪勢力	

出典：筆者作成
*1：年齢・所属政党については97年当時のもの。所属政党の略称については表2-9を参照のこと。
*2：国家像は、99年2月の「シャリーア・クルアーン体制」導入前までのものである。

第4章　平和定着の失敗の多角的検討

いた（または強く異論を差し挟まなかった）ことを確認すれば分かる。彼らは確かに急進的な政治的立場をとっていたが、ある段階（第四段階前半：98年7月）までは是々非々の立場でいたのである。

例えば、バサーエフは1997年7月、内閣を去る際に以下のように述べている。

> 彼を悪意のある人と捉えるようなイメージがあるが、アスラン・マスハドフは、これと違って、立派で愛国者で勇ましく、国と国民のことを憂いている人だ。だが、彼は複雑に働くのだ。この複雑さが私たちの職務上の関係にも影響したが、個人的な関係には影響を与えていない。私は心からアスランの成功を祈っている。ここでは私は彼の邪魔をしてしまうから辞任することとした。役に立てず残念だ（*ГР*, 18-24 июля 1997 г.）。

このバサーエフの言葉からも明らかなように、彼は辞任してもすぐに反マスハドフ派に回ることはなかった。そしてこうした彼の政権に対する是々非々的な立場もあり、98年には再び入閣することになるのである。マスハドフ政権は、一方で彼らの影響力を無視しがたいものだと考え、他方で彼らの政治力や動員力は平和の定着に寄与すると考え、閣僚として起用するという対応をとったといえよう。これは、ウドゥーゴフやバサーエフと行動を共にした指導者や勢力についても指摘できる[45]。

なお、ウドゥーゴフとバサーエフの違いについて付記しておくことも重要だろう。一つにバサーエフは、病院占拠事件によってチェチェン和平を近づけた──ロシアをチェチェン独立派との和平交渉に取り組まざるを得なくした──「民族の英雄」とされた人物で、少なくとも彼の地元では絶大な支持を得ていた。また野戦軍司令官であり、彼の指示で動く実動部隊（武力）を有していた。これに対してウドゥーゴフは、野戦軍を率いて前線で闘っていたわけではなく、情報相として専らプロパガンダ工作を行っており、チェチェン大衆との距離もあった（Derluguian 2005, p.50）。彼の情報戦略家としての活動はドゥダーエフ政権には欠かせないもので、それゆえ、若くして情報相に任命されたといわれるが、同時に大衆からの支持基盤はなく、大統領選挙のキャンペーンでも「ウドゥーゴフのいっていることは良く分からない」と新聞（*ГР*, 31 января-2 февраля 1997 г.）に酷評されていた。大統領選挙の得票率からみてもバサーエフ

が 25%、ウドゥーゴフが 0.9% と世論からの支持には大きな違いがある[46]。

またウドゥーゴフは、当初から急進的なイスラームをその政治思想として掲げ政党を組織化し、ダゲスタンのワッハーブ主義者へのシンパシーも表明していたが、他方で、現実政治ではロシアとの交渉に参加し、政権がダゲスタンのワッハーブ主義者への協力を拒否した際も、地方のワッハーブ主義勢力を武力で排除した際も政権に留まり続けた人物でもある。彼の政治的、イデオロギー的立場はワッハーブ主義者だと評価されることが多いものの（Акаев 1999b; Wilhelmsen 2005）、彼が実利を優先し、こうした対応をとったことも踏まえておく必要があろう。

さて、政権に対して、またロシアとの交渉に対して是々非々の立場であったバサーエフやウドゥーゴフと対照的なのは、ヤンダルビエフとラドゥーエフである。

まずヤンダルビエフだが、彼は第一次紛争が終結に至る過程では、独立派の暫定大統領として「政府をめぐる対立」を解消させる「連立内閣」を形成させた[47]が、大統領選挙での敗北後、政権との接触を避け、一貫して反政府的な立場を採り続けた人物である[48]。彼の政権への対応には、唐突で当てつけと思えるようなものもあった。既述のようにヤンダルビエフは、マスハドフの大統領就任目前に、OSCEのグリディマン代表を国外退去させたが、国際的な注目を集める中で、チェチェンが非難を浴びかねない行動をとったことに彼の非妥協的な姿勢が見て取れる。またマスハドフが大統領に選出された際もロシアからマスハドフ陣営に金融支援がなされたなどとバッシングを続け、選挙結果について「ロシアから与えられ続けている残飯スープ（похлебка）の代わりに自分たちの自由を差し出した」と有権者の決定を痛烈に批判したこと（Акаев 1999a, b）にもこうした側面は見出せよう。

大統領選挙以後もヤンダルビエフは、政権に対して批判的、攻撃的であったが、他方でマスハドフは、初期からチェチェン民族運動を牽引し、ドゥダーエフ政権誕生を後押ししたヤンダルビエフに対して一定の配慮をしていた。これは、ヤンダルビエフの盟友（共に最古参の民族主義活動家でありながら急進的で過激派とされる）アブムスリモフを政権誕生後、大統領顧問に任用していたことにも見出せよう[49]。

しかし、その後もヤンダルビエフの政治姿勢が変わることはなく、特に決定的な行動は 98 年 7 月のグデルメスでの政府軍（ヤマダーエフ部隊）とワッハー

ブ主義者の衝突後にみられる。ヤンダルビエフは、衝突で敗北したワッハーブ主義者たちを自らの拠点（スターリィ・アタギ）に受け入れたのである。検事総長のセルビエフ（X. Сербиев）はこれを「憲法違反の容認しがたい行為」と痛烈に批判したとされているが（Акаев 1999a, b）、この行為をみてもバサーエフなどとの違いが際立つだろう[50]。

次にラドゥーエフだが、彼を「超民族主義者」と形容する論者（Derluguian 2005, p.50）もいるが、彼はいわばドゥダーエフの「残像」を政治的権威として活用することで影響力を行使しようとしていたのである[51]。例えば彼はドゥダーエフが生きていると繰り返し主張し、自らの政治組織や軍隊にドゥダーエフの名を付け、政権への敵対的行動を正当化していた。マスハドフは、ラドゥーエフを「政権の敵」と名指しし、准将の地位を剥奪するなど強い行動で対応した[52]。治安の悪化は、ラドゥーエフの行動と結びついていることもあり、彼を入閣させることで状況を改善しようとするという選択肢はないわけではなく、そうした噂も何度かメディアで流れたが、マスハドフは一貫して否定し続けただけではなく、「ラドゥーエフには自らの行動の罪を負わせる」と述べていた。このことからも政権は、ラドゥーエフに対してはウドゥーゴフやバサーエフなどに対して提示した閣僚としての登用も、ヤンダルビエフなどに対して見せた政治的配慮もなく、対決姿勢を鮮明にしていたといえよう。このような対応は、同じように政権と強く対立したワッハーブ主義者に対して取られており[53]、ウルス・マルタンやグデルメスに作られたジャマーアトの司令官もラドゥーエフと同様の分類をすることが可能だろう。

第2項　政治指導者・政治勢力の立場：分類と変化

以上のような代表的指導者と関連する政治組織の政治的争点に対する立場を示したものが、図15である。この図では、横軸で思想的立場を「世俗主義」から「イスラーム主義」までとり、縦軸で対露政治姿勢を「対露協力」から「対露戦争」までとっている[54]。

$a \sim \delta$は、それぞれの典型的な立場を意味する。aは、経済的実利を重視し、対露協力による独立の維持を掲げ、そのためにも世俗的な国家運営を行う必要があると考える。当初のマスハドフと彼を支持する勢力がここに位置づけられる。

βは、対露協力とイスラーム主義の共存を目指すものだが、これは現実的に

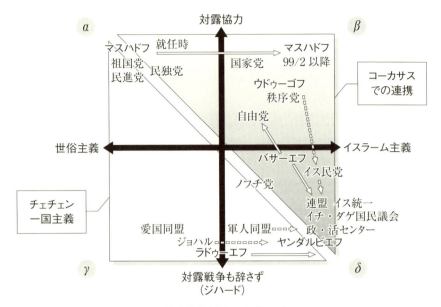

図15　紛争後のチェチェンの代表的指導者と組織の分類図
出典：筆者作成。政治組織は略称（表2-9）で記載。

は両立困難であった。ロシアは「イスラーム化」に懸念を抱いていたのであり、それを推進しつつ協力を進める行為には矛盾が生じるからである[55]。「法的なイスラーム化」を自ら導入して以後のマスハドフ政権はここに位置づけられる。マスハドフがこうした両立困難な立場を採用したのは、既述のように反政府系指導者がδの立場をとり政権の正統性を激しく批判したからである。皮肉なことにマスハドフ政権は、国内対立において自らが反対派への対処のために必要と判断した政策を採用することで紛争の「二重の対立構造」の見地からすれば、二律背反する政治的立場を採用することになった。大統領に就任する前のマスハドフの発言は、権力闘争の中でこのような政策を採用した彼自身の矛盾を浮き立たせる。

　　再び冒険主義的な手段をとるなんてことはない。私たちが突然イスラーム的な国家を欲し始め、それをすぐにつくろうなんていうことを許すわけがない。（そんなことをすれば）国民に謝らなければならないからだ

(*Новое Время*, No. 38, 1996 г.)。

　こうして政権は政策的に行き詰まったのである。
　γは、チェチェン民族主義（あるいはコーカサス山岳民の連帯と協力）によるロシアとの対峙という政治的立場で、これは第一次紛争時の独立派（特にドゥダーエフ）の政治姿勢であった。だが、紛争の過程でイスラーム義勇兵が活躍したり、独立派の抵抗の精神的な支えとしてイスラーム信仰が広範な広がりを見せたりしたことから、イスラームを一切無視し、世俗的ナショナリズムを掲げるという姿勢は、紛争後には支持される素地があまりなかった。そのため、こうした立場をとる指導者も政治組織もほとんどなかった。
　δは、イスラーム主義による対露戦争を掲げ、コーカサス地域（あるいは、より大きく世界規模のムスリム共同体）で連携し、独立の活路を見出す立場である。これはヤンダルビエフが主張していたものだったが、その賛同者はハッターブやバラーエフ、メジドフなどの地方のワッハーブ主義勢力を除けば中央政界にはほとんどおらず、当初は現実的な考えとは見なされていなかった。そのため、バサーエフやウドゥーゴフは当初、こうした立場を掲げるワッハーブ主義者と政治行動や政策レベルでは一定の距離をとっていた。ラドゥーエフも当初は、チェチェン民族運動の父・故ドゥダーエフ大統領の権威に依存していたという点で元来、世俗的な要素が強い指導者であったが、他方で彼は自らの行動を正当化できる動員資源はなんでも活用するというような姿勢をとっていた。またヤンダルビエフとも当初から連携し、後に反政府系政治勢力に合流する際も率先してイスラーム的な言説に則りマスハドフ政権を批判した。
　こうしてδ地点、すなわち急進的イスラームによるロシアとの対峙という立場へと多くの反政府系政治指導者・勢力が集結していった。他方で、そこに至るまでの経緯は決して直線的、あるいはそれぞれの指導者が同じようなペースで進んでいったのではなく、既述のように指導者ごとの紆余曲折や温度差、そして立場の相違があったのである[56]。
　ここでも皮肉な現実は、急進的独立派や過激派においても当初、その大多数は決して現実的で有用なものとは見なしていなかった政治的立場（δ地点）が対立の過程において採用され、そこに反政府系指導者が集結したことである。このような国内対立過程における矛盾は、政権にも反政府系指導者にも指摘できることであり、紛争移行過程における政治対立とそこでとるべき政策的対応

という困難な問題（ディレンマ）を明らかにしている[57]。

さて、このような政治指導者の行動を踏まえて、紛争再発に対する彼らの行動の影響（≒責任）を考えるとどうだろうか。いずれの指導者も大なり小なり紛争再発の責任を求められるであろうが、特に和平の妨害者（スポイラー）として提示されることが多いのはバサーエフである（Derluguian 2005; Shedd 2008）。

デルルギアン（Derluguian 2005, p.50）は、バサーエフが97年末にはフラストレーションからチェチェン復興のための政治的取組みを捨てて、ゲリラの生活様式に戻ったと指摘している。厳密にはこれは誤りで、バサーエフは97年11月には入閣要請を受けて、チェチェンの復興に取り組む意向を見せていたし（ГР, 13-19 ноября 1997 г.）、98年からは自ら首相代行として政策に取り組んでいた。問題はむしろその後に有効な政策を実行に移せず、ラドゥーエフなどから汚職を激しく批判されると現実政治を捨て、デルルギアンのいうところの「ゲリラの生活様式」に戻ったことである――筆者はその一つの転機がダゲスタン情勢だったと考えており、これについては4節で後述する。そして、この際にバサーエフが自らの行為を急進的なイスラームのイデオロギーによって正当化したことが大きな問題になったわけである。

バサーエフが他の指導者と異なり、和平の妨害者（スポイラー）として重要な意味を持ったのは、彼が大衆から一定の支持（無視できない規模）を有していたこと、そして動員できる武力が他の指導者――前述の指導者、あるいはバラーエフやメジドフなどの地方の反乱勢力やワッハーブ主義者――と比しても大きかったことが挙げられよう。

無論、ヤンダルビエフやウドゥーゴフ、ラドゥーエフ、あるいはイギリス人技師を殺害したバラーエフ、そしてダゲスタンのワッハーブ主義者と早くから連携したハッターブなどの責任も非常に重く（次節で後述）、この意味で彼らも和平の妨害者ではあった。しかし、過激派の多くは当初からマスハドフ政権に対抗的で、彼らが平和の定着の障壁となることは、97年の時点である程度予測可能であったことを踏まえる必要もあろう。その上で、バサーエフ不在の反マスハドフ派の結集というものがあり得たのかということ、そして仮に形成されたとしてもそれはあそこまで大きな影響力を保持できたのかということを考えた時に、バサーエフの決定（政治参加から政府転覆へ）が最も大きな意味を持っていたといえよう。

表4－10　紛争移行期のチェチェン世論の望む共和国制度

選択肢／回答時期（母数）	(1) 1997年10月(817)	(2) 1998年8月(470)	(3) 1998年12月(460)
イスラーム国家	30.1%	24.39%	34.35%
欧州諸国のような民主主義国家	60.7%	63.64%	50.43%
答えられない	9.2%	11.97%	15.22%

出典：Басханова (2004, C.79) より。調査はチェチェン共和国大統領府情報分析センターによる。

表4－11　紛争移行期のチェチェン世論が認識する現状の共和国制度

選択肢／回答時期（母数）	(1) 1997年10月(817)	(2) 1998年8月(470)	(3) 1998年12月(460)
世俗的な国家	9.7%	2.0 %	0.87%
イスラーム国家	6.0%	3.33%	9.13%
イスラーム的よりも世俗的	5.1%	4.21%	3.04%
世俗的よりもイスラーム的	3.2%	3.77%	2.17%
世俗的でもイスラーム的でもない	68.5%	79.15%	78.70%
答えられない	7.5%	7.54%	6.09%

出典：表4－10と同じ。

第3項　紛争移行過程の大衆世論と政治的争点：
指導者と大衆の認識のズレ

　さて、このような政治指導者が繰り広げる対立やそこでの争点を明らかにすればするほど、「ではチェチェン社会（世論）はこれをどう認識していたのか」という疑問は膨らむばかりだろう。ここでは限定的とはいえ、1997-99年のチェチェン世論に関する資料[58]を用いて、紛争移行期のチェチェンにおける政治対立、あるいはその争点に対してチェチェン世論がいかなる反応を示していたのかを考察したい。

　まず政治指導者の間でも盛んに議論された国家制度をめぐる世論の認識について取り上げたい。ここでは「どういう国家制度を望んでいる（た）のか」（表4－10）と「現状を実際にどう認識している（た）のか」（表4－11）をみてみたい。それぞれの世論調査の時期は、本書の分類では、(1)は急進的イスラームが政治争点化される以前（第二段階）、(2)は政治争点化され、しかも反マスハドフ派政治同盟が形成された時期（第四段階第二期）、(3)は政権内部で「法的なイスラーム化」の議論がされていた時期（第四段階第三期）である。

大衆が望む国家像（表4－10）では、調査対象時期を通して「民主主義国家」が過半数を超えていた。急進的イスラームが政治争点化されて以降は、むしろ「イスラーム国家」を望む割合が減り、「民主主義国家」あるいは「答えられない」という回答が増えている。これは反政府系指導者が掲げる急進的な「イスラーム化」に世論が一定の警戒感、もしくは疑問を持っていたことを窺わせる。マスハドフ政権が「法的なイスラーム化」の議論を進める頃には「イスラーム国家」は不可避とみたのか、世論ではこれを支持する割合が10ポイント程度増え、逆に「民主主義国家」との回答は同程度減少しているが、選択に困る回答者も(1)から(3)の期間に傾向として増加していることが分かる。

　共和国の制度的実態に対する世論の認識（表4－11）は、「世俗的でもイスラームでもない」という回答が全体を通して7割から8割程度で圧倒的多数である。傾向としては急進的イスラームが政治的争点にされる以前（＝(1)）は、「世俗的な国家」（「どちらかといえば」を含む）との認識がそれに次いで多かったが、争点化された段階（＝(2)）では「世俗的な国家」は「イスラーム国家」（同じく「どちらかといえば」を含む）と拮抗する状況になり、「法的なイスラーム化」が議論される段階（＝(3)）では前者と後者の割合は逆転している。

　以上のような結果をみると、以下のようなことが指摘できよう。第一に、チェチェン世論の過半数以上は「民主主義国家」を継続して望んでいたが、現実の共和国制度はこれとは異なると認識していた。第二に、世論の3割程度は「イスラーム国家」を望んでいたが、反政府系指導者の掲げるイスラームには疑問があり、現に進む共和国における「イスラーム化」も彼らの望む、あるいは認識しているイスラーム的な国家へと接近させるものだと考えていなかった。これは世論のイスラーム認識と政治指導者の認識が異なっていたことを示唆する。それ以後――具体的には「法的なイスラーム化」の完了後――の世論については、資料に内在した課題があり評価が難しいが、以下、99年に行われた主要地区における世論調査結果（表4－12）[59]を素材に部分的な考察を試みてみたい。

　この世論調査結果は、当時の新聞（*ГР*, 25-31 марта 1999 г.）に掲載されたもので――その後、ムザーエフの資料集やチェチェンの世論調査に関する報告書などでも取り上げられている――、ここでは性別回答データ（(1)と(2)）のみが挙げられていた。そして「調査の結果、アチホィ・マルタン地区では住民の半数以上（56.4％）がイスラーム国家を望んでいるが、他では世俗的な国家を望ん

表4－12　より望ましいと認識する国家制度（1999年2月）

地区／回答の属性	イスラーム国家			世俗的な国家		
	(1)男性	(2)女性	(3)男女比1：1の理論的全体値	(1)男性	(2)女性	(3)男女比1：1の理論的全体値
アチホィ・マルタン	66.2%	25.0%	45.6%	33.8%	75.0%	54.4%
グローズヌィ市	58.5%	37.3%	47.9%	41.5%	62.7%	52.1%
ナドチェレチヌィ	51.4%	41.8%	46.6%	48.6%	58.2%	53.4%
グデルメス	50.4%	44.0%	47.2%	49.6%	56.0%	52.8%

出典：筆者作成。データは *ГР*, 25-31 марта 1999 г. 参照。
(1)は男性のうち当該回答をした人の（男性回答者母数に占める）割合、(2)も同様に女性の回答者割合。
(3)は元データでは提示されていない(1)と(2)の総和（＝全体の回答者）に占める割合を算出しようとしたものだが、サンプル母集団における男女比は厳密には1：1ではないので、これは回答者の男女比が1：1だった場合の理論的な全体値である。なおグローズヌィとアチホィ・マルタンの女性回答者データは元データに典拠している（バスハノヴァのように入れ替えていない）。

でいる」という解説文が加えられていた。

　後にこのデータを転載したバスハノヴァらの報告書（Басханова 2004, C.81-82）では、アチホィ・マルタンで56.4%が「イスラーム国家」を支持しているのは、アンケートのサンプル母数の男女比が2：1であることに起因しているという当時の新聞の解説を引用した上で、女性回答者についてグローズヌィとアチホィ・マルタンのデータを入れ替えている（ちなみに入れ替えた上で男女比2：1に基づきアチホィ・マルタン全体の「イスラーム国家」支持の割合を算出すると56.5%になる）。

　彼女らのデータ入れ替えは、おそらくこのようにアチホィ・マルタンの回答の全体値（56.4%）に合わせるために導きだした対応だろうと推測できるが、それでも元データに変更を加えるという重大な行為に対する十分な説明をしていないので、釈然としない[60]。ちなみに理論値として男女比を1：1にして全体値を導きだすと、グローズヌィとアチホィ・マルタンのデータを入れ替えた場合「イスラーム国家」支持が過半数（51.8%）を超えるが、入れ替えない場合は逆に「世俗的な国家」支持が過半数（54.4%）を超えてしまう。したがって数字を入れ替えるか否かは、調査結果を左右する決定的に重要な判断なのだが、バスハノヴァらの報告書では具体的な説明がないので、表4－12では元の新聞報道データに依拠し変更を加えてはいない。なお、他の地区に関しては、男女比1：1の理論値でも実際のサンプル男女比でも「世俗的な国家」への支

持が過半数を超えている[61]。

　以上のようにこのデータは、その全体像が捉えがたく非常に扱いが難しいものだが、それでも傾向として二者択一では 99 年 2 月のイスラーム体制が導入された直後も「世俗的な国家」の支持が相対的に高いことが判明する。もちろん、提示されているデータそのものに内在する前述の問題以外にも、さらに回答の意味内容——例えば「イスラーム国家」とはどのようなものを指しているのか[62]——に疑問を挟み込む余地は十分にあるので（これは表 4 - 10、4 - 11 についても同じ）、それぞれの回答の中に一定の幅があるということも押さえておく必要がある[63]。

　それでも政権が「法的なイスラーム化」はもはや不可避だとして喧々諤々の議論の後に導入した「イスラーム国家」（99 年 2 月）について世論の評価は二分しており、少なくとも調査地区においては「イスラーム国家」に対してより否定的な見解の方が多かったことは注目に値する。以上のような理解を踏まえると、世論は反政府系指導者の掲げるイスラームに対してだけ疑問を差し挟んでいただけではなく、政権の実行した「法的なイスラーム化」にも同様に疑問を有していたことが窺える。

　こうしたマスハドフ、あるいはその政権と大衆の距離は、98 年 8 月の世論調査でもすでにある程度生まれていたことが読み取れる。反政府系指導者のマスハドフ政権への激しいバッシングの一つが政権の「縁故主義」批判であったこともおそらく影響し、この時期には世論も「政権は幹部人員に旧知の友人や関係者、有力氏族を登用している」と捉えるようになっていた[64]。氏族などでなくとも政策や実務経験ではなく、影響力のある集団を登用しているのだという意見も加えると 7 割以上の人が共和国の幹部人員を否定的にみていたことが分かる[65]。これは、マスハドフ政権が掲げていた国内での和解や融和、実務家の政権登用などが少なくとも大衆世論には「十分に取り組まれている」とは理解されていなかったことを示唆している[66]。

　このようにマスハドフ政権と大衆世論の間にも一定の溝、あるいは政権に向けられる世論の不満はあったが、それはむしろ彼に対する期待の裏返しでもあった。例えば、「あなたの意見では共和国の状況を改善できる指導者は誰ですか？」と問うた 99 年 2 月の調査では、回答の選択肢には野戦軍司令官のみならず、ハズブラートフ（元ロシア連邦最高会議議長）らの名前も記載されていたのだが、「回答者は反対派への妥協姿勢などマスハドフの『柔軟』な政策につ

第4章 平和定着の失敗の多角的検討

表4－13 信頼できる政治指導者

指導者	役 職	％
マスハドフ	大統領兼首相	50
アリハッジエフ	議会議長	14.7
ザカーエフ	副首相	13.8
カディロフ	ムフティー	10.6
ゲラーエフ	准将	8.5
バサーエフ	准将	6.0
アトゲリエフ	副首相	5.5
ウドゥーゴフ	元副首相	5.4

出典：*ГР*, 25-31 марта 1999 г.
【注意】マスハドフの数値のみ概数で正確ではない。

いてさんざん批判を展開した後、結局、名簿からマスハドフの名前を選んだ」という (*ГР*, 25-31 марта 1999 г.)。このようにして、マスハドフは反対派のシューラー（国家イスラーム評議会）を構成する指導者らの4倍の支持を得て、「信頼できる指導者」（3～5名を回答）でも約過半数から支持を得ていた（表4－13）[67]。このようにマスハドフへの不満は彼に対する期待の裏返しであり、回答者の過半数以上は、議会やシャリーアではなく大統領の権力をより強化し、堅牢にして欲しいと求めていた[68]。

このように考えると、「相対評価ではマスハドフが一番」という反政府系指導者に対する揺るがぬ政権の優位性がありつつも、政権そのものを評価した場合、第四段階第二期以降、世論は（少なくとも）一定の不満を有していたように思われる。こうしてみると、1997-99年という紛争移行期におけるマスハドフ政権の取組みやその実行過程で生じた反政府系指導者との対立、そして共和国の「イスラーム化」などは大衆世論をある意味で置き去りにし、世論と政治指導者の認識の間に溝を作り出し（あるいはそれをさらに広げ）、それが埋まらぬまま紛争に至ったことを気づかせる。例えば、世論の求める大統領権力の強化は、マスハドフ自身は求めていたもののマスハドフと協力して反政府系指導者と対峙していた議会が反発し認められなかった――ここでは議会と世論にも認識のズレがあったということになる。このような大衆世論と政治指導者の認識のズレは、政治闘争の中で選挙や民意が正統性の源泉として捉えられなかったことと関係しているかもしれない。こうしたことを踏まえた上で、最後にマス

ハドフ政権の平和定着が失敗した国内的要因のまとめに移りたい。

第4項　国内的要因と平和定着の失敗：先行研究の批判的再検討

　第2項で検討した反マスハドフ派政治指導者の役割以外にいかなる国内要因によって平和定着は失敗したのだろうか。先行研究の議論に本書で得られた理解を補足しつつ、検討してみたい。

　チェチェン国内における急進的イスラームとダゲスタンにおけるイスラーム問題の連関という観点から1997-99年のチェチェンについてまとめているスレイマノフ（Souleimanov 2005, p.48）は、チェチェンの事実上の独立状態（1997-99年）——すなわち本書でいうところの平和定着——が失敗に至った理由として以下の5点を挙げている。

　それは、(1)氏族への忠誠の勝利（＝中央集権化の失敗）、(2)国家や社会の窮地を効果的に予防することが可能な政治機構の欠如、(3)高い失業率、(4)大衆の武装化、(5)氏族に基づいたなれ合い主義を含む汚職というものである。この主張の中心には、「氏族構造の問題とそれによるチェチェン社会の分裂」という理解がある。これによって「グローズヌィの実権は、統一されたチェチェン国家への忠誠というよりもマスハドフへの個人的な同調、あるいは彼との氏族・血縁関係によって大部分が決定された」としている。これは、マスハドフが永続する氏族（「テイプ」）間の対立を鎮めることに失敗したために自身の氏族を政権に多数登用し、自らの政権の正統性を低下させたこと、そしてこうした氏族間の対立や野戦軍司令官の抵抗もあり、マスハドフ政権の実権がチェチェン共和国全体ではなく、彼の支持者にしか及ばなかったということを意味している。

　本書で明らかにしたように指摘の前半部分には当然疑問が提起されるべきであろう。第一に、マスハドフは、反対派（親露派、急進独立派）を政権に多数登用していた。第二に、仮に第二次紛争直前のマスハドフ政権の閣僚がマスハドフ支持者やその氏族によって構成されていたとしても、それは急進独立派や過激派による反マスハドフ政治同盟の形成と政権からの離反という変化を受けた後に生じたものである。したがって、当初からマスハドフ政権が縁故主義に基づいた登用を行ったわけではない。またすでにその時には、彼の正統性は反対派によって切り崩されていたのである。したがって、これが政権の正統性を低下させた根本的原因ではないのである。一方で、指摘の後半部分に関して

第 4 章　平和定着の失敗の多角的検討

は、本書でみたように適切な理解といえよう。マスハドフの権威の低下は、彼の実権を徐々に縮小し、それは同時に政権の平和定着の実現可能性を低下させていった。

　これに対して 1997-99 年のチェチェンをマスハドフ政権の抱える問題という観点からまとめたランスコイ（Lanskoy 2003, p.195）は、98 年夏の政治社会状況がチェチェンのその後を決めたとし、具体的に四つの出来事を挙げている。それは、(1)ワッハーブ主義者に対する反対世論が鮮明になったこと、(2)野戦軍の多くが（反マスハドフ）政治同盟に統合されたこと、(3)マスハドフは犯罪分子を排除するために軍事力を用いる明らかな能力を有し、またそうした取組みへの大衆の支持を有していたにもかかわらず、実施する意志がなかったこと、(4)モスクワは確かに（エリツィンの）後継者をめぐる政治闘争と金融危機の打撃を受けていたが、そもそもマスハドフを支持する意志がなかったことである。ランスコイは、より早い時期に野戦軍司令官の利害関係を利用するなどして彼らを分断、武装勢力にも厳しく対応していれば問題は改善できたと考えている。

　オスマエフも 2012 年に刊行した著作（Осмаев 2012a, С.128）で 99 年年初までにチェチェンの世俗的・民主的独立国家樹立の試みは破綻を迎えたとして、その理由を四つ挙げている。それは、(1)世俗的・民主的な国家建設や国家・社会の発展に関心を持っている集団がイチケリアの「疑似エリート」（квази-элит）には存在しなかったこと、(2)強い中央政府が不在であったこと、(3)国際的な孤立とロシアとの関係断絶という不利な対外環境があったこと、(4)チェチェン国内に十分な富の蓄積がなかったことがイチケリアの「疑似エリート」たちを国際的な冒険（авантюра）に向かわせた、などとしている。なお、ここでオスマエフのいう「疑似エリート」とはインテリでも政治エリートでもないのに、紛争によって権力を獲得し、紛争後に政治指導者として台頭した野戦軍司令官を指している。

　ランスコイと異なりオスマエフの指摘する要因のほとんどは、チェチェンが紛争直後から抱えていた問題である[69]。もちろん、それがやはり改善できなかったという「事実」は重要だが、より重要な疑問は、なぜ当初から予想されていた問題を改善できなかったのかという「理由」に向けられるべきである。これに対する回答と思われる記述をオスマエフは二つほどしている（Осмаев 2012a, С.439）。一つは、ランスコイと同様に、マスハドフの指導者としての資質に関わる問題――すなわち彼は結局、様々な派閥や政治集団の間の調整しか

せず、具体的な取組みを行わなかったということ——を指摘している。そして、もう一つは、多様な政治勢力の政治への参加が制限されていた——議会選挙などで親露派勢力が排除されていた——ということを問題視している。

　前者について、オスマエフの主張が興味深いのは、2008年の研究では、マスハドフ政権のディレンマを指摘し、それでも政権が努力を怠ったわけではないとの肯定的評価だったが、2012年の著作ではこのような評価はなくなり、逆にマスハドフ政権の無能さが事態を深刻なものにしたと受け取れる言及が増えている点である。このように彼の理解が大きく変化した理由は不明だが、おそらくその背景には1996-99年を時系列的にも極めて精緻に再検討する作業に取り組む中で[70]、事態の悪化を食い止められない大統領マスハドフに深く失望したことが大きいと思われる。特にチェチェンの独立国家建設の試みが失敗した責任は、軍事マフィア的な「疑似エリート」が政権に参加したことそのものにあると痛烈に批判している（Осмаев 2012a, C.143）ように、彼はマスハドフの野戦軍司令官への対応を問題視しているのである。この点でもランスコイの指摘と近いが、彼女が98年夏以前に野戦軍司令官を分断し、犯罪勢力を軍事的に排除しなかったことを問題にしているのに対し、オスマエフはそもそも政治参加させたことが問題だとしている。

　オスマエフがこのような問題意識に立っていることは、二つ目の要因への言及から明らかである。すなわち、そもそも97年の大統領選挙や議会選挙に親露派などの参加を認めていれば、親露派系住民も包括する形でのチェチェン社会というものが確立され、これが国家を破綻へ向かわせる「疑似エリート」の動きに制約をかけたはずだ（Осмаев 2012a, C.85）という理解である。こうした主張は、本書に対しても非常に示唆に富むが、若干の疑問を提起したい。

　まず後者の方について、親露派の大統領選挙や議会選挙への参加に関しては、ハラスメントがあったという事実は知られているが、オスマエフのいうように参加自体がまったくなかったのか、それとも一部参加したが当選できなかったのかは別問題である[71]。また一口に親露派といっても、本書で明らかにしてきたようにその政治勢力は多様である。例えば、98年11月に副首相に就任したソスランベコフは、ロシアの新聞では就任時に親露派のような扱いを受けていたが、彼は第一次紛争が始まった当初からロシアによる戦争に反対し、ザヴガエフ政権への協力も拒否している。ハッジエフは民族復興政府の首長だったが、彼の解任後、その政党・祖国党は独立派との対話の道を選び、マスハドフ政権

第4章　平和定着の失敗の多角的検討

を支持した——すなわち同政権の対露政策（主権国家としてのチェチェンがロシアと共存する）も支持していた。他にも、当初、独立派と一定の距離があった民族独立党はマスハドフを支える主要政党となり、議会でも与党となった。

確かに大統領選挙にはザヴガエフらの参加は拒否されたが、彼以外の親露派はマスハドフ支持という路線で立候補しなかった素地があることも確認するべきである。もちろん、結果として議会では、野戦軍司令官たちが主要な議席を占め、チェチェンの独立路線は自明視されており、この意味で狭義の親露派は存在しなかった (Музаев 1999c, C.44-48)。ただし、議会は閣僚の承認などを通してマスハドフによる親露派の登用も支持（あるいは黙認）していたことに加え、急進派や過激派との権力闘争ではマスハドフを支持していた。つまり、野戦軍司令官中心の議会だから、政府に対して反対派と歩調を合わせていたというようなことではなかったのである。また、仮にオスマエフの主張するように親露派が議会で一定以上の議席を獲得できたという状況を想定した場合も、では現に政権に対して武装闘争をする反対派に議会は有効な対処法を有していたのかという点の疑問は依然として残る。

他方で、前述の前者の議論、すなわちマスハドフがいわば政治指導者間の和解や調和を優先してきたこと、それが結局、事態を収拾するどころか悪化に向かっていってしまったことは本書でも触れた通りである。だが、その際に重要な要因となったのは、オスマエフの述べるような個人の資質というよりも紛争の構造であるというのが本書の理解である。オスマエフ (Осмаев 2012a, C.78-79, 439) は、マスハドフがハサヴユルト協定の立役者になれたのは、彼が国内勢力との間であれ、ロシアとの間であれ調整する能力に秀でていたからだとする一方、調整の役割に終止する姿勢が「疑似エリート」の台頭と暴走に繋がったと批判する。

本書ではそうした側面を認めつつ、他方で別の視点からの説明を試みている。具体的には、調整型の政策は、彼の能力や個性のみに起因するのではなく、紛争の構造に起因している部分も多いと本書は考えている。特にオスマエフの研究では欠落しているロシアとの「領域をめぐる対立」とチェチェン国内の「政府をめぐる対立」の関係性や相互作用の中でこの問題を考える必要がある。すなわち、チェチェン紛争が抱える「二重の対立構造」の中では、マスハドフ自身が国内問題の改善には良いと判断した政策が対露関係においては悪い政策にならざるを得ないため、思い切った行動をとれないという事情があったのであ

305

る。他にも、マスハドフの融和優先の政策[72]は、強力な指導力と厳しい処置が第一次紛争へと至る過程でチェチェンを分断させってしまったという「ドゥダーエフの失敗」を間近で見たことが影響しているという見方もある[73]。

もちろん、政治参加を認めるにしても、では危機的状況が発生した時に彼らに強い態度で臨んだのかというランスコイの疑問は、立ち止まって考えてみる必要のある重要な問いである。確かにマスハドフの対応は、国内対立が激化する第四段階以降、生温いものであり、第四段階第一期の「政権側の一時的勝利」を除けば、以後「実力の伴わない脅し」を繰り返すような対応であった。ここでも、このような対応をとった背景をランスコイもマスハドフの個性や指導力から説明しようとするが、まずもって行使できる軍事力がどれほどあったのかという点も検討するべきであろう。

何度も繰り返しているように共和国の武力省庁の部隊が野戦軍部隊による編制であり、多くの野戦軍司令官が徐々に政権から離反していったという事実は、共和国政権の軍事力が段階的に低下していったことも意味している。シャリーア親衛隊とイスラーム連隊はワッハーブ主義者たちを支援していたとして解散させられたが、後にイスラーム連隊の元隊長バラーエフの部隊がイギリス人ら4名を拉致したように、政府の管轄を離れた部隊は司令官の下で残り続けた。他方で、政権側では98年10月頃には反テロセンターの司令官イスラピロフも反マスハドフ派政治同盟に合流したので、彼の部隊も事実上、政府の武力省から離れたことになる。また治安機関の責任者は、急進派や過激派との衝突で死亡したり、暗殺されたりしていた。それのみならず、給与の未払いも問題となっており、政府の治安機関における動員力は低下し、武器や装備面でも不安を抱え、兵士の士気や忠誠心も揺らぎかねない状況にあった[74]。したがって、こうした一連の政治対立の中で政権側の軍事力は、質的にも量的にもかなりの程度低下していったと思われる。

マラシェンコ（Малашенко 2001b, C.27）の以下の主張もこのような筆者の考察を支持しているように思う。すなわち、彼いわく99年5月にチェチェン共和国のムフティーであるカディロフへの4度目の暗殺未遂が起きたが、実はこれは5000人規模と見積もられる「タリーカ防衛軍」（Армии Защитников Тариката）の創設を宣言した後の事件であった。もし、1999年8月にワッハーブ主義者のダゲスタンへの侵攻がなく、「タリーカ防衛軍」が重要な軍事・政治勢力になっていれば、政権は自分たちでワッハーブ主義者に対抗することが可能で

第 4 章　平和定着の失敗の多角的検討

あっただろう、というのが彼の主張である。これは裏返せば、「タリーカ防衛軍」なる武力組織を新設でもしない限り政府は、ワッハーブ主義者や反政府勢力に対抗することが困難であったということになる。過激派やワッハーブ主義者、そして犯罪者を政府軍が排除しようとする一方、急進的な独立派指導者（例えばゲラーエフ）を軍事部門の責任者として何度か政権に登用し、彼らの軍事力を利用しようとしたこと（急進独立派に対しては最後まで大規模な軍事的排除に踏み切れなかったこと）にもこれは見て取れる。

　このように筆者は、マスハドフの指導力や決断力を問題にする以前に当時選択可能であった政策や指導者を拘束している環境も検討する必要があると考える。このことは、マスハドフの指導力や責任について検討する意義自体を否定する——すなわち、平和定着の失敗は、紛争後の構造的環境だけから説明できるとする——ものではない。確かにある時期から紛争再発が極めて困難な状況が固定化され、指導者が採り得る政策的余地がほとんどなくなったと考えているが、本書でマスハドフ政権に着目し、紛争を政治過程の中で理解しようとしたのは、このようなアプローチを採用すれば、具体的にどの時期までは平和の定着がまだ比較的可能で、どの段階で紛争回避が不可能になったのか、またその際にいかなる要因が大きなものだったのかを多角的に考察し明らかにできると考えたからである——これについては 5 節で改めて検討したい。

　他方で、紛争後のチェチェンを取り巻く環境が政策の実現を困難にしていたという事実（本章 1 節）を丁寧に観察せずに平和定着の失敗を指導者個人の意志や資質（Lanskoy 2003; Осмаев 2012a）、あるいはチェチェンの伝統的な社会構造（Souleimanov 2005）などの問題に集約してしまうのも性急だろう[75]。そうした理由もあり、ここでは先行研究が指摘している平和定着失敗の国内要因を本書でここまで明らかにしてきた事実を踏まえ、批判的に検討した。

　特にここで理解するべきなのは、マスハドフ政権が試みた平和定着の失敗は、紛争移行地域における国内的正統性と国際的正統性の相克——すなわち紛争の「二重の対立構造」下で生じる「複合的なディレンマ」——という重大な問題を提起しているということである。

　紛争後のチェチェンでは、急進独立派や過激派による圧力が激しくなり、選挙で選ばれたという点で法的・政治的に正統性を有する大統領は、ドゥダーエフ路線の継承を主張する反ロシア的指導者や急進的イスラームを掲げる過激派からその正統性を攻撃された。こうした批判は、当初から批判を目的化したも

のであったが、軍事的に強固な基盤を持つ反対派の影響力が無視しがたい規模に達した時点で、政権は何らかの対応に迫られる。

政権が正統性への攻撃に対処するためには、一方で軍事的に排除することが困難な急進派を政権に取り込み、他方で過激派と対峙する必要があった。しかもその際に反対派が批判する政権のイスラーム的正統性を高めていく必要もあった。だが、こうして「政府をめぐる対立」に対処しようとすればするほど、チェチェンとの間で「領域をめぐる対立」を抱えているロシアはもちろん、チェチェンへの投資を模索していた欧米財界人らも、マスハドフ政権に対する懸念や不信感を強くする。国内的正統性を担保するための政策は、外部からみれば、国内の犯罪や混乱を促進しかねない政策であり、これがマスハドフ政権の国際的正統性を低下させていった。

だが、こうした懸念に応え、国際的正統性を高めようとすれば、国内的正統性が低下することもまた明らかであった。ロシアからの信用を得るために親露派勢力の閣内・要職起用や柔軟な対露交渉姿勢を打ち出せば、強い影響力を持つ急進独立派や過激派の反対を受け、政権の国内的基盤と正統性は益々低下してしまう。急進独立派や過激派を実力によって排除しようとすれば、正統性以前に内戦のリスクが高まるという懸念もあって、マスハドフ政権はディレンマに苦しんだ。結局、こうした実力による排除は何度か試みられたものの具体的成果を出せず、断念した。このような紛争移行過程における国内的正統性と国際的正統性の相克という構造的課題の中でマスハドフ政権の平和定着の試みは、もがき苦しみながら頓挫していったのである。

第4節　地域環境の視座から：ダゲスタン問題とのリンケージ

平和定着の失敗は、マスハドフ政権が様々に取り組んだ政策が頓挫したり、紛争後にみられた課題が改善しなかったりしたことのみに起因するだけではなく、1997-99年の間に新しく生じた問題——ダゲスタン情勢の不安定化と同問題のチェチェン情勢へ——の影響も受けている。

1999年8月にチェチェンと国境を接するダゲスタンのボトリフ地区（図16の⑫）とツマディ地区（同④）に「ダゲスタン・イスラーム聖戦士統一司令部」（Объединенное Командование Дагестанских Моджахедов：以下ОКДМ）に率いられたワッハーブ主義武装勢力が進軍し、「ダゲスタン・イスラーム共和国」の

樹立を宣言した。ОКДМは、最高司令官をバサーエフとし、彼の部隊やハッターブの部隊も作戦に参加したが、主力は著名なワッハーブ（サラフィー）[76]主義指導者バガウッディーン・ケベドフ（Б. Кебедов）[77]をはじめとするダゲスタンの部隊で構成されていた[78]。

アカーエフ（Акаев 2000）によれば、このアヴァンチュール（冒険主義的行動）に参加したチェチェン人は参加者全体の25％にも満たず、チェチェン国民も政府も彼らの行動を支持しなかったばかりではなく、事件の直後に数千人規模の集会を開き、彼らの行動を批判したという[79]。

図16　ダゲスタン共和国地図
出典：筆者作成

だが、この事件が転機となり、チェチェンに対して軍事的介入をするべきであるという議論がモスクワで強まったのは否定のできない事実であり、その後に発生したアパート爆破事件で第二次チェチェン紛争の発生は決定的になった。既述のようにアパート爆破事件を第二次紛争の直接的な契機と見なし考察することは実証面で大きな問題を抱えており、こうしたことから多くの研究は実質的にダゲスタンへの進軍を第二次チェチェン紛争の発端と見なしている。

その意味でこの事件へと至る経緯は、マスハドフ政権の平和定着の失敗や紛争再発を考察する上で問い直す必要性がある。ここでは、ダゲスタンでいかなる問題が生じ、なぜこれがチェチェンの政治情勢と強く結びついていったのか、そして、これがマスハドフ政権の平和定着の試みにいかなる影響を与えたのかについて明らかにする。前もって本節の理解を提示すれば、以下のようになる。

今まで明らかにしてきたようにマスハドフ政権の平和定着の試みは、紛争の「二重の対立構造」を脱しきれなかったため頓挫したが、この構造をより複雑にし、国内問題も対露問題も政権が制御できない状況を作り出す役目を果た

したのは、隣接するダゲスタン共和国の情勢であった。第二次チェチェン紛争の発生は、多くの先行研究ではチェチェンがダゲスタンを巻き込む形で――ダゲスタンに「侵攻」し――発生したと捉える傾向にあるが、実際にはそこに至るまでには、むしろチェチェン側がダゲスタンのワッハーブ主義者らによって様々な問題に巻き込まれていくという経緯があった。では、マスハドフ政権はどのようにしてダゲスタンの問題に引き込まれていったのだろうか、以下で明らかにしていきたい。

第1項　ダゲスタンにおける急進的イスラーム問題

　チェチェンに隣接するダゲスタンは、約30にもなる大小様々な民族[80]を抱え、ロシア連邦では唯一、その名称に民族名を持たない特異な共和国である[81]。ここでは、ダゲスタン情勢が不安定化しチェチェンの政治情勢と強く結びつく要因となった急進的イスラームの動向について焦点を絞り議論することとし、ダゲスタンに関する基礎的な情報や同共和国の抱える様々な問題については最小限の言及に留める[82]。

　ダゲスタンの急進的イスラームがチェチェン情勢にどのように影響を及ぼし、マスハドフ政権の平和定着を困難なものにしていったのか――いかにチェチェン・マスハドフ政権がダゲスタンの情勢という問題に巻き込まれ、振り回されたのか――を考察する上で押さえておくべきことが五つある。

　第一に、一般的に北コーカサスにおける急進的イスラームは多くの場合、チェチェンを通して広まったかのように論じられることが多いが、実はダゲスタンの方がワッハーブ主義の歴史的起源は古い。ダゲスタンでワッハーブ主義勢力が現れたのは、チェチェンよりも20年も早いのである。すでに1970年代には、後にチェチェンの過激派と連携し、ダゲスタンにおいてイスラーム国家の樹立を宣言するケベドフがワッハーブ主義宗教指導者（ムッラー）として有名だった (Акаев 2000, 2001)[83]。また1990年にはソ連で初めての独立的なイスラーム政治組織であるイスラーム復興党（Исламская партия возрождения）[84]が結党されたが、代表に選出されたのはアヴァール人（ダゲスタンの有力民族）のアフタエフ（А. Ахтаев）だった[85]。彼に加え、彼と共に結党大会に参加したケベドフとオスマロフ（А. Осмаров）は、後にワッハーブ主義者として有名になる。特にケベドフはマドラサやイスラーム・センターを創設し、そこでサイード・クットブなど中東の近代的なイスラーム思想（サラフィー主義）を学ばせ、書籍

出版などを通してこれを広めた (Акаев 2000; Кудрявцев 2000)。このようにしてダゲスタンでは早くも 1990 年代にはワッハーブ主義は明らかな社会文化的現象として現れており、これは後に一般に指摘されるようなチェチェン・ファクターによって浸透したものではなかった (Музаев 1999a, C.218) ――むしろ浸透の時期からすれば、チェチェンよりもダゲスタンの方が早かったのである。

　第二に、このような急進的なイスラームの浸透過程がチェチェンとダゲスタンとでは異なっていた。ダゲスタンでは、中東におけるサラフィー主義を意識し、その著名な論者などの主張を踏まえ、これを学び広めていた。このようにダゲスタンでは伝統的なイスラームに対する一つの宗教思想的なオルターナティブとしてイデオロギー的にワッハーブ主義は浸透したとみることができよう。これに対してチェチェンでは、紛争過程にワッハーブ主義が浸透したわけだが、その際に一部の外国人部隊（アラブ人など）を除いてその宗教思想的背景に関する知識を持ち合わせておらず、宗教的な権威も持たない野戦軍司令官がこれを広める役割を担い、紛争後には恣意的な解釈で自らの立場を正当化するために用いた。チェチェンにおけるワッハーブ主義が社会的には伝統的イスラームに対抗する「近代的イスラーム」というサラフィー主義的な性質を持ちながらも、その宗教思想的潮流がイスラーム研究者をしても「定かではない」と指摘されるのは、このような浸透過程に理由を見出せよう。

　他方で、第三にチェチェン紛争が発生することでダゲスタンにおける急進的イスラームはその影響を受けたことも事実である。ダゲスタンでは、90 年代半ばには急進的イスラーム勢力が政治勢力・武装勢力へと発展していったが、その背景としては 90 年代初期における中東諸国から原理主義的な使節団の北コーカサスへの流入に加え、チェチェン当局者とダゲスタンのワッハーブ主義勢力の接触、そしてチェチェン紛争の影響が指摘されている (Кудрявцев 2000; Добаев 2000; Малашенко 2001a) [86]。

　こうして 95 年末にはダゲスタンでも伝統的イスラーム（スーフィー教団）と急進的イスラーム（ワッハーブ主義）の衝突が生じた。第一次チェチェン紛争が終わる頃にはダゲスタンのワッハーブ主義組織は主に中西部の地区を中心として信徒を確保し武装勢力を形成、チェチェンの南部山岳部を中心とし拠点を持つ武装勢力との連携を強化した[87]。

　第四に、チェチェンでもダゲスタンでも急進的なイスラームは、伝統的なイスラームに対して少数派であったという点は共通しながらも、ダゲスタンにお

表4-14　ダゲスタンのワッハーブ主義・スーフィー教団の勢力関係
（1998年）

地　区	地図上の位置	スーフィー教団信者（人）	ワッハーブ主義信者（人）
ブィナクスク	①	1,000	820
ハサヴユルト	②	1,170	460
キジリャユルト	③	790	500
ツゥマディ	④	575	475
シャミーリ	⑤	480	37
グムベトフスク	⑥	430	37
ウンツゥクリ	⑦	320	135
カズベク	⑧	410	40
ゲルゲビリ	⑨	410	30
フンザフ	⑩	330	95
ツゥンティン	⑪	280	126

出典：*НГ*, 18 марта 1998 г. を図16と相互参照が可能なように筆者編集。

ける急進的イスラームの浸透とその信者の規模はチェチェンよりも大きなものであった。1998年には中西部の多くの地区（表4-14および図16）でワッハーブ主義信徒は無視できない規模となり、地区によってはスーフィー教団の信者に匹敵するまでになっていた[88]。彼らはイスラーム国家の樹立をその目標に掲げ、共和国政権、治安当局（駐留ロシア軍含む）、伝統的イスラームなどと激しく対立し、1996年頃からテロ攻撃などを加え始めた[89]。

　第五に、ダゲスタンにおける急進的なイスラームの勢力拡大の背景にはチェチェンで指摘されたような社会経済的な問題、特に若者の高い失業率[90]、伝統的イスラームへの批判、共和国政権への不満などがあったが、そこにはダゲスタン特有の問題もあった。例えば、伝統的なイスラームにしてもチェチェンではナクシュバンディー教団とカーディリー教団が宗務権力をめぐる対立を展開したものの、1997年当時の共和国には一つの宗務局しかなかった。これに対して、ダゲスタンでは有力な民族がそれぞれ宗務局を作るなどして、伝統的なイスラーム内部にも民族間の対立が持ち込まれていた[91]。このことは、各民族の伝統的なイスラーム組織にそれぞれ自らの勢力基盤を安定させ、これを守る必要性を生じさせた。スーフィー教団は元々ミュリドという自衛組織を有していたので、これを維持し他の民族の宗教組織との均衡を維持する措置がとられ

た。こうしてダゲスタンでは、伝統的イスラームの武装勢力もチェチェンと比較して非常に大規模で、かつ民族的、地理的に分散し存在する状況になった[92]。このことは、たとえワッハーブ主義が1997年までに非常に速いスピードで大きな影響力を保持する勢力に成長していても、伝統的なイスラーム勢力が十分に対抗できる能力を有していることを意味した。こうした状況は、ワッハーブ主義勢力が目的として掲げる「真実のイスラーム」に基づく国家建設がすぐには実現できないということを意味した[93]。

こうした結果、ダゲスタンのワッハーブ主義勢力は体制に不満を持つ民族運動との接近も試みた。ただ、これに関しては、97年当時にはすでにペレストロイカ期から高まった各民族の分離主義運動[94]が体制側による切り崩しもありすでに下火となっており、しかも制度的に議会は民族別議席配分などを保証していたため、大多数の住民は現状維持に利益を見出していた[95]。他方で、共和国指導者はソ連時代とほとんど変わっておらず[96]、こうした体制の枠組みの中で自らの意見が聞き入れられないことに対して不満を抱いている急進的な民族勢力[97]もいた。こうして急進的なイスラーム勢力と孤立しつつあった急進的民族組織が接近した[98]。

以上のように、ダゲスタンのワッハーブ主義勢力は、チェチェンよりも早く浸透し、第一次チェチェン紛争が終わる頃には政治・軍事的に一定の勢力を保持（一部地区を実効支配）しており、共和国政権、治安部隊、伝統的イスラームなどと激しく対立（テロを起こすなど）していた。他方で彼らの目的とするイスラーム国家の樹立には大きな障害があった。それは一つに共和国の一部の世論や急進的民族組織以外からはほとんど賛同が得られていなかったこと、もう一つに伝統的なイスラームが武装勢力を持ち、強固な基盤を持っていたことである。こうして彼らはチェチェンの急進独立派や過激派、そしてワッハーブ主義者との連携を強化し始めた。この過程においてダゲスタンの情勢がマスハドフ政権の平和定着の障害となっていたのである。

第2項　チェチェンへのダゲスタン問題の飛び火

ここでは、ダゲスタンにおけるワッハーブ主義者らの動向、あるいはそれによって生じた問題がいかにチェチェン情勢と連動したか、あるいはチェチェンの急進独立派や過激派、ワッハーブ主義者がいかにダゲスタンの勢力と連携しようとし、これがマスハドフ政権の政策にどのような影響を与えたのかを、

表4-15 ダゲスタン問題のチェチェンへの影響とリンケージ

時期	出来事	詳細
第二段階 (1997/7-12)	(1) 急進的イスラーム勢力との連携 (8月)	ヤンダルビエフがコーカサス連盟*を創設、ダゲスタンのワッハーブ主義勢力と連携強化
	(2) 世俗・民族組織の連携 (8月)	ウドゥーゴフがイスラーム民族党*を結党し、ダゲスタン支部を創設 (ムハマト*、M. ハチラーエフが指導部)。
	(3) ダゲスタン駐留ロシア軍に4地区で攻撃 (12月)	ダゲスタン・ワッハーブ主義がペルヴォマイスコエ、ハサヴユルト、キズリャル、ブイナクスクで攻撃
第三段階 (1998/1-5)	(1) ダゲスタン・ワッハーブ勢力のチェチェンへの逃亡 (1月)	ケベドフらダゲスタンのワッハーブ主義勢力がチェチェンに逃れ、ハッタープの訓練基地などに滞在
	(2) イチケリア・ダゲスタン国民議会*創設 (4月)	ダゲスタン・チェチェンの急進民族派・過激派・ワッハーブ主義派の同盟結成
	(3) マハチカラでの反乱 (5月)	M. ハチラーエフらの武装デモと政府庁舎占拠、ワッハーブ主義勢力が村を実効支配
第四段階 (1998/6-99/2)	ダゲスタンにおいて「独立イスラーム領土」が誕生 (98年8月)	ブイナクスク地区のワッハーブ主義の拠点が、ダゲスタンとロシアから離脱した「イスラーム領土」を宣言
第五段階 (99/3-9)	イスラーム国家樹立闘争 (8月)	ツマディとボトリフ地区 (図16の④と⑫) にОКДМが進軍、連邦から独立したイスラーム国家樹立を宣言

出典:筆者作成。なお、時期分類は表2-8を参照されたい。
*チェチェンの政治組織に関しては2章3節の表2-9を参照されたい。ムハマトはアヴァール人の民族組織「アヴァール民族共同体」の指導者。

　チェチェンの国内問題 (第3章3節・本章3節) と地域問題のリンケージという観点から検討したい (表4-15)。

　第一次チェチェン紛争後、早くも第二段階 (97年7～12月) の時期にはチェチェンの急進独立派や過激派とダゲスタンのワッハーブ主義勢力、急進的民族主義勢力との連携がなされた。このうち、急進的イスラーム勢力との連携はヤンダルビエフが主導し、世俗・民族組織間の連携はウドゥーゴフが主導した。双方ともその政治組織は、結成時からそのまま急進的で過激な政治姿勢を全面に出したわけではなく、例えばヤンダルビエフの創設したコーカサス連盟党の結党大会では「自由で統一的なコーカサス」という抽象的な概念を掲げていた。こうしたこともあり、コーカサス地域における連携を主張するマスハドフも挨拶文を送るなどしていた (ГР, 21-27 августа 1997 г.)[99]。他方でこうした政治組織に参加したのは、その急進性ゆえにダゲスタンで支持が広がらない民族組織[100]、あるいは目標の達成のためには単独での活動に限界を感じていたよう

314

な急進的イスラーム勢力であった。このような連携は、当初はそれぞれの組織や指導者の政治基盤の確保のためのパフォーマンスのように受け取られていたが、後にダゲスタンとチェチェンの問題をつなぎ合わせる役目を果たす。

既述のように1997年12月にはダゲスタンで四つの地区[101]でほぼ同時期に駐留ロシア軍などへの攻撃がなされたが、実はラドゥーエフがその直前にケベドフらと軍事同盟を締結したと述べたため（Зеркало, 14 февраля 1998 г.）、モスクワは当時、この攻撃もチェチェンの治安悪化の延長線上の出来事、あるいはチェチェン過激派の挑発と捉えていた[102]。しかし、この時点ではダゲスタンでの攻撃はチェチェンとはあまり直接的な関係のないもので[103]、むしろダゲスタンのワッハーブ主義者によってチェチェン側が巻き込まれた要素すらあったのである[104]。確かにこの攻撃にはハッターブの関与も疑われていたが、これはダゲスタンのワッハーブ主義者による犯行だと明らかになっており（Кисриев 2007, C.92）[105]、チェチェンの過激派やワッハーブ主義者が——たとえその行動を支持し、共感を示していたとしても——とった行動ではなかった。マスハドフ政権は、当時、対露交渉で経済合意の履行を求めていたが、モスクワが「チェチェンの過激派がダゲスタンで挑発行為をしている」と認識した素地がある以上、これはチェチェンとロシアの関係にも否定的な影響を与えた可能性が排せない。

この事件がチェチェンに影響を与えたのは、対露交渉だけに限定されない。ダゲスタンでは、ケベドフらワッハーブ主義者に対する取締りが強化され、マハチカラにある彼のイスラーム・センターは廃止、責任者も逮捕された。こうした当局による弾圧を恐れたケベドフやその信徒は、チェチェンに逃れたのである（Кисриев 2007, C.92-93）。さらに深刻なことに彼らはダゲスタンの警察官9名を人質としてチェチェンに連れて来ていた[106]。こうしてダゲスタンのワッハーブ主義者がチェチェンに潜伏することで、第三段階（1998年1〜5月）の時期にはチェチェンの急進独立派や過激派との連携はより一層強化される[107]。彼らは当時、マスハドフ政権に対抗するために動員手段を獲得しようとしており、その文脈においてはダゲスタンの急進的イスラームの開祖であったケベドフの存在は非常に大きなものであった。このようにしてチェチェン中央政治における急進的イスラームをめぐる政治的争点が表面化していくことになるのである。

マスハドフ政権の国内政策は、その後もダゲスタン情勢の影響を受けて大き

な課題を抱えることとなった。具体的には、急進的イスラームをめぐる政治対立は、またもダゲスタンの動向の影響を受け、第四段階（1998年6～99年2月）の武装闘争へと進んでいくことになるのである。その契機となったマハチカラでの反乱について説明したい。

　98年5月21日の早朝、ハチラーエフ兄弟に率いられた約2000～3000人のデモ隊（武装勢力300人含む）がマハチカラの政府庁舎を占拠し、マゴメドフ国家評議会議長の退任、共和国における大統領選挙の導入などを訴えた（*Коммерсантъ*, 22 мая 1998 г.; *Известия*, 22 мая 1998 г.）。マゴメドフとM. アリーエフ（議会議長）はモスクワに滞在中で、意表を突かれた共和国政権は即座に対応できなかった。この事件が非常に大きな意味を持ったのは、第一にロシア下院議員であるナーディル・ハチラーエフ、そしてダゲスタンの議員であり、元閣僚でもあるマゴメト・ハチラーエフが政府の転覆を試みたということである。彼らはロシアの三色旗を政府庁舎からとり、緑色のイスラーム旗を掲げ、自らの行動に急進的民族運動の色彩だけではなくイスラーム的色彩も持たせていた。第二に、このことが象徴的なように彼らはワッハーブ主義勢力と共に行動を起こしていたのである。マハチカラでの蜂起と同じタイミングでブィナクスク地区の村では内務省部隊駐留所が武装したワッハーブ主義勢力に襲撃、占拠される事態が生じたのである（*Свободная Грузия*, 30 августа 1998 г.; Кисриев 2007, С.93）。さらにダゲスタン当局が驚いたのは、第三に急進的な民族組織がハチラーエフ兄弟のものに限らず、例えばアヴァール民族組織[108]がマハチカラでデモに参加するなどしていたこと（*Свободная Грузия*, 29 мая 1998 г.）である。

　このようなダゲスタンでの反乱は、彼らと同盟関係を結んでいたチェチェンの急進独立派などに彼らを支援する具体的行動をとるように求めた[109]。こうして既述したダゲスタンへの介入をめぐるチェチェン政府内での対立が形成され、彼らにシンパシーを抱く閣僚がマスハドフに罷免される事態へと至ったのである。ダゲスタンにおけるワッハーブ主義勢力とハチラーエフの反乱[110]は、マスハドフ政権にチェチェン内部にいるワッハーブ主義者への脅威を認識させ、政府が彼らを排除する行動（作戦）に移らせる。このように第四段階の第一期（98年5～6月）におけるマスハドフ政権と地方の反乱勢力の武力闘争の背景にもダゲスタン情勢の影響があったのである。

　ダゲスタン情勢が次にチェチェンに大きな影響を与えるのは、バサーエフが政権から完全に離反し、ゲリラ闘争の指導者に戻るという決断をする時であっ

た。1998年7月に政権を離れたバサーエフは政権を批判していたものの、すぐに軍事的に直接対峙をしようとはしなかった[111]。しかし、1998年8月には一つの大きな転機が生じる。それはダゲスタンのワッハーブ主義勢力の拠点が、ダゲスタン当局から独立したイスラーム国家として宣言したためである。バサーエフとその盟主ハッタープは、7月にカラマヒ村で開催された「イチケリア・ダゲスタン国民議会」で統一イスラーム国家の樹立を呼びかけていた（*Свободная Грузия*, 30 августа 1998 г.）が、その第一歩がダゲスタンのワッハーブ主義勢力によって達成されたのである。これを受けて、バサーエフは政権と軍事的に対峙しつつ、反マスハドフ派を統合させる方向に方針を転換し、11月には反マスハドフ派政治同盟（「政党・活動調整センター」：表2-9参照）を創設した。既述のように紛争再発（マスハドフ政権の平和定着の失敗要因）を考察する上で反対派政治指導者の行動、特にその代表格としてのバサーエフの決断の重要性は何人かの論者によって指摘されているが、他方でバサーエフがゲリラ闘争に戻ったきっかけについて分析した研究はあまりない。本書では、ダゲスタンにおける同盟者たちの「成功」が強く影響し、バサーエフがゲリラ闘争に戻る一つのきっかけが生まれたことを指摘したい。

　そして、この後、チェチェンではイスラーム的正統性をめぐって政治闘争が過熱し、政権も「法的なイスラーム化」を完遂する状況に至ると、マスハドフ政権と反マスハドフ派は膠着状態に陥った。そうした中で、ダゲスタンのワッハーブ主義者を中心とし、バサーエフとハッタープも司令官として加わったОКДМのツゥマディ、ボトリフ地区への進軍が生じるのである。

第3項　紛争再発要因としてのダゲスタン情勢

　以上のような経緯でチェチェンに様々な影響を与えたダゲスタン情勢は、それ自体が一つの紛争再発要因であり、ゆえにマスハドフ政権の平和定着を頓挫させる大きな要因であった。ここまでは主にダゲスタン情勢がチェチェンの国内問題を複雑にしてきた経緯をみることで、このことを説明してきた。以下では、ダゲスタン情勢とチェチェンの国内問題が結びつくことによって、他の政策領域にどのような影響が及んだのかについて考察を試みたい。

　なお、ここでの理解を前もってまとめれば、以下のようになる。すなわち、マスハドフ政権の対露政策や地域・「外交」政策は、第二段階（1997年12月）までは認識の上でロシアや外部主体にダゲスタン問題とチェチェン国内問題

表4－16　マスハドフの平和定着の試みに対するダゲスタン情勢の影響

政策領域	影響を受けた分野（時期）	影響内容
対露政策	(1) 法的・政治的地位に関する交渉 　（第二段階：1997/7-12） (2) 経済的合意に関する交渉 　（第二段階以降：1997/8-99/8） (3) 治安・安全保障に関する交渉 　（第三段階以降：1998/1-99/8）	(1) すでに交渉は停滞、決裂に影響 (2) ロシア側が履行しない要因に (3) 治安・安全保障問題を前面に
地域政策	コーカサス首脳級サミット（1998/4）	周辺地域の懸念が増大
「外交」政策	積極「外交」の時期 （第二段階中期以降：1997/10-98/11）	欧米諸国の懸念を増長

出典：筆者作成。時期分類については、表2－8を参照されたい。

　が一体的に捉えられることで課題を抱えた。第三段階（1998年1～5月）にはダゲスタンとチェチェンの国内問題の連動は、現実のものとなっており、これがマスハドフ政権の対露政策や地域・「外交」政策の課題としても表面化した。第四段階（98年6月～99年2月）には、すでにチェチェン国内の対立が制御不能になっていたため、ダゲスタン情勢とチェチェン国内問題のリンケージが直接、対露政策、地域・「外交」政策に与えた影響は限定されるものの、第五段階（99年3～9月）には、ロシアとの間で発生する紛争の直接的契機を作り出した。

　では、ダゲスタン情勢とチェチェン国内問題のリンケージがそれぞれの政策領域に与えた影響を平和定着の失敗（紛争再発）という観点から考察したい（表4－16）。

　まず紛争の「二重の対立構造」のもう片方、すなわち対露政策への影響だが、これは三つの交渉領域すべてに一定の影響を与えたといえよう。例えば、法的・政治的地位に関する交渉では、1997年8月における急進独立派や過激派のダゲスタンにおけるイスラーム勢力との連携は、マスハドフ政権がロシアとの間で複雑な交渉を進めていく中で障害となった。具体的には、急進独立派や過激派は「ダゲスタンの勢力と連携することでロシアから自立できるので、ロシアに妥協する必要はない」というような認識を持ち、これが法的・政治的地位をめぐる対露交渉の国内的な妥協を一層困難にし、ひいてはチェチェンとロシア間の信頼醸成にも影響を与えた。また法的・政治的地位をめぐる交渉は、すでに97年11月頃には停滞し、合意形成が困難になっていたが、もはや

この問題を議論している余裕はないということを確認させたという意味において 12 月のロシア軍基地などへのダゲスタン・ワッハーブ主義者の攻撃は大きな意味を持つだろう（既述のようにロシア政府は、この問題をチェチェンの過激派の行動と受け取っていた）。

　この襲撃は、交渉課題が治安・安全保障問題にシフトしたことにも少なからぬ影響を与えたと思われる。経済合意の履行という問題が生じた際に、ロシア側とチェチェン側の認識の不一致――具体的には財源の問題か治安の問題か――が表面化したことはすでに触れたが、ロシア側が懸念していた治安の問題は、ダゲスタンにおけるワッハーブ主義者の行動によってより強く認識されることとなった。例えば既述した 98 年 1 月のクリコフ・ロシア連邦内相の発言（「犯罪者たちの拠点であるチェチェンに先制攻撃を加える必要がある」）は、ダゲスタンにおける攻撃を明確に意識した発言だった。以後もダゲスタンにおける問題がチェチェンと一体的に捉えられる傾向があったので、ダゲスタン情勢が政権の対露交渉に与えた影響は無視できない。

　紛争の「二重の対立構造」から脱却するためにマスハドフがとった地域・「外交」政策には、ダゲスタンの情勢はいかなる影響を与えているだろうか。まず「外交」政策についてだが、97 年 10 月頃（本書の分類では第二段階の中期）からマスハドフ政権は、積極的な対外的働きかけを行ったわけであるが、節目節目にダゲスタン情勢が否定的な影響を与えた可能性は排せない。97 年 11 月にロンドンで投資基金が設立され、12 月には欧州への外遊とマスハドフ政権の「外交」政策は好調なスタートを切ったかと思われたが、ちょうどそのタイミングでダゲスタンのロシア軍基地などへの攻撃がなされる。またマスハドフ政権がロンドン（98 年 3 月）やワシントン（98 年 8 月）に訪問した前後にも、ダゲスタンからは不安を煽るニュースが届いた（表 4 – 15）。

　この時期――特にワシントン訪問の 98 年 8 月頃――には、チェチェン情勢そのものも不安定化していたので、ダゲスタン情勢のみがマスハドフの「外交」に否定的な影響を与えたということではない。他方で、欧米がチェチェンと一体的に捉えていたダゲスタンでいくつかの重要な事件が発生していたこと[112]、またダゲスタン情勢が認識面でも実態面でもチェチェン情勢と強く結びついていくと、マスハドフ政権の「外交」政策は、もはやほとんど成果の期待できないものとなったということは踏まえておくべきだろう。マスハドフ政権の「外交」は、98 年 12 月のイギリス人らの拉致殺害事件で終止符を打ったが、すで

にその前から欧米が懸念を抱く問題（治安の悪化、自国民の拉致）はダゲスタン情勢との絡みでも顕在化していたのである。

これは「外交」政策とも密接に繋がっていた地域政策にも影響を与えた可能性がある。具体的には、マスハドフ政権のロンドン訪問後、コーカサスにおける経済協力を目的としてチェチェンの首都グローズヌィで首脳級サミットが開催された（98年4月）。このサミットでは、ロンドンでのマスハドフの「外交」を目の当たりにした周辺地域の政府高官や首脳がコーカサスの経済協力に関心を持って集まった。だが、その直後にはチェチェンの急進独立派や過激派と同盟関係にあったハチラーエフやワッハーブ主義者の反乱がダゲスタンで生じるのである。こうしてサミット開催時には高まっていた地域協力についてはその後、話が進まなくなる。このような影響も受けることによってマスハドフ政権の平和定着の試みは頓挫したのである。

第4項　地域情勢の共振作用としての第二次チェチェン紛争の発生

最後に紛争再発要因として直接的な打撃を与えたダゲスタンでのОКДМの国家樹立宣言後、どのようにして第二次チェチェン紛争へと歩んでいったのか、簡単にまとめたい。

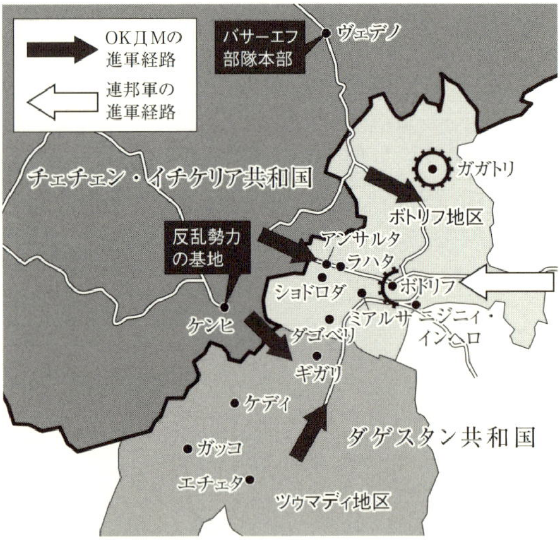

ОКДМの蜂起の後、ダゲスタン共和国治安部隊との衝突が始まったが、当時連邦の首相であったステパーシンが「我々はダゲスタンを失うかもしれない」（*Известия*, 10 августа 1999 г.）と語ったようにこれは深刻な問題となった（図17）[113]。武装蜂起はダゲスタン・ワッハーブ主義者の他の拠点でも起き[114]、ハチラーエフ兄弟も彼らと歩調を

図17　ОКДМのボトリフ・ツゥマディ地区への進軍
出典：*Известия*, 11 августа 1999 г.
●は村を指す。ボトリフ村：連邦軍駐留村、ガガトリ村：ワッハーブ主義者の通行を拒否した村、その他の村：ダゲスタン・ワッハーブ主義者の拠点

合わせたとされる (*НГ*, 11 августа 1999 г.; *Известия*, 17 сентября)。ダゲスタンの事態は「もはや戦争だ」とモスクワの危機感も高まり、プーチンＦＳＢ（連邦保安庁）長官を中心に対処がとられることとなった。プーチン長官は「ダゲスタンは戦争状態にない」(*Известия*, 11 августа 1999 г.) として世論の沈静化をはかり「情勢の十分な安定化には１週間半から２週間程度かかる見込みだ」と述べた(*НГ*, 11 августа 1999 г.)。他方でモスクワは、今回の蜂起はバサーエフとハッターブに主導されたものとして捉えており、「賊のいるところはそこがどこでも打撃を加えることになる」とプーチン長官が述べたようにチェチェンに攻撃が広がる可能性も排除しなかった (*НГ*, 14 августа 1999 г.)。

チェチェン側は、マスハドフがこれは「ダゲスタン人同士が闘っているものだ」と述べ関与を否定し (*НГ*, 11 августа 1999 г.)[115]、在モスクワ代表部もチェチェン政権の事件への関与はないと述べた (*Свободная Грузия*, 14 августа 1999 г.)。また真相は不明だが、マスハドフが犯罪勢力の排除のために連邦と合同の作戦を行うことを申し入れてきたと連邦内務省副大臣のズボフ（И. Зубов）は述べた (*Свободная Грузия*, 14 августа 1999 г.)。こうしたマスハドフの対応に対してロシアでは「バサーエフやハッターブ個人の行動だとしても監視していなかった責任はある」という批判 (*Известия*, 12 августа 1999 г.) も出た。また事件に関する密約や陰謀説[116]なども噂された (Осмаев 2008, C.773-774)[117]。

ダゲスタン・ワッハーブ主義者の行動は、ダゲスタン社会にも大きな打撃を与えた。ダゲスタン世論は概ねワッハーブ主義者の行動に批判的で、89％の人がその行動に嫌悪感を覚えると回答、わずか３％しか彼らの行動を好意的に評価しなかった (*Свободная Грузия*, 14 августа 1999 г.)[118]。さらに事件発生後には民族を横断してワッハーブ主義者に対抗するための義勇兵への志願が続出した[119]。こうしたこともあり、プーチン（８月16日に首相に就任）が述べたように約２週間で事態をある程度沈静化することに成功した。しかし、バサーエフらを捕らえることはできず、彼はチェチェンに敗走、またダゲスタンでも散発的な衝突が第二次チェチェン紛争の開戦後も継続した。

その後、ダゲスタンやモスクワでアパート爆破事件が発生する（表４‐17）。「テロ事件」の個別の検証は資料的課題があり難しいが、チェチェン人による犯行であるという明確な証拠は出て来ないうちに「リャザン事件」[120]が発生し、ＦＳＢの自作自演説も流れ始めると、ロシア政府は翌23日「テロリストせん滅」のためにグローズヌィへの空爆を開始した。こうして第二次チェチェン紛争が

表4−17　ダゲスタンやモスクワにおけるアパート爆破事件

事件	死者	負傷者
ダゲスタン・ブイナクスクにおけるアパート爆破事件（99年9月4日）	64人	146人
モスクワ・グリヤノフ通りアパート爆破事件（99年9月8日深夜から9日）	90人	200人
モスクワ・カシルスコイでのアパート爆破事件（99年9月13日）	130人	不明
ロストフ州・ヴォルゴドンスク市アパート爆破事件（99年9月16日）	18人	310人
リャザン事件（99年9月22日）→居住者通報により発覚→FSB：演習と主張	0人	0人

出典：*НГ* 10 и 18 и 31 сентября 1999 г.; *Зеркало*, 10 и 17 сентября 1999 г. を参照し作成

発生した。

　以上のように第二次紛争へと至る過程ではダゲスタン情勢の持つ意味は非常に大きく、それはチェチェン情勢の不安定化がダゲスタンに悪影響を与えたという既存の理解とは異なり、そもそもダゲスタン情勢それ自体がチェチェンとは別の、ある程度独立した問題であり、これがチェチェン情勢に影響を与えた側面もかなり強かったということを意味している。このように本書は、主にダゲスタン進軍の部隊構成からダゲスタン・ワッハーブ主義者の動向をチェチェン問題と結びつけているアカーエフの研究から、さらに一歩踏み込み、ダゲスタン情勢がチェチェンに与えた影響を明らかにした。

　アカーエフ（Акаев 2008）は、99年8月の出来事にダゲスタンのワッハーブ主義者の強い関与もあったと認めた上で、この事件をチェチェン側から攻め入ったという印象を与える「侵攻（вторжение）」ではなく、単に「進出（вступление）」などといい換えるべきだとしている[121]。

　本書では、第三段階（1998年1〜5月）などをみれば、既存の議論と違い、むしろチェチェン側がダゲスタン側によって問題に巻き込まれ振り回されてきた要素も多分にあるという点を確認してきたので、「加害者とされることの多いチェチェン側も被害者なのだ」という見方をアカーエフと共有できる。しかし、本書の分析では、第四段階第二期（98年8〜11月）にはすでにチェチェンとダゲスタンの情勢は一体化し、強く連動・共振する状況になっていたため、アカーエフがさらに踏み込んで主張しようとしているような「チェチェンの側

こそ被害者なのだ」という主張[122]は共有することができない。

　他方で確かに、当初はむしろチェチェン側が巻き込まれた要素があるのにもかかわらず、今まで多くの場合、この事実は注目されたり問い直されたりしておらず、第一次紛争後のチェチェンとダゲスタンの問題は、前者が後者を一方的に巻き込む形で一体化していったかのように捉えられる傾向が強いのも事実である[123]。そうした現状もあり本書ではダゲスタン問題をチェチェン国内問題と切り離し、これらがどう接合したのかを前者から後者への影響という今までと異なった観点から問い直した。そして双方の問題が接合した後にはどのような共振現象が生まれていったのかを、マスハドフ政権の平和定着への否定的影響という側面から明らかにした。

第5節　平和定着の失敗と紛争要因の考察

　以上検討してきた1997-99年のマスハドフ政権の平和定着の試みとその失敗についていかなる理解を形成できるのだろうか、最後にまとめていきたい。ここでは、まずマスハドフ政権の平和定着の試みがどのように頓挫したのか、今までの議論をまとめ鳥瞰的に提示する。その上で、1997-99年のチェチェンにおいて紛争がどのように移行していったのか、第1章3節1項で示した紛争移行の形態から捉え直す。最後に、マスハドフは他に採り得る選択肢がなかったのか、彼の指導者としての責任も意識しながら再考し、平和定着の失敗の多角的考察のまとめとする。以上を通して、第一次紛争後のチェチェンにおいて、「いつ／なぜ／どのように紛争回避が困難となる状況が形成されたのか」を明らかにする。

第1項　紛争移行過程における平和定着の失敗要因：相互関係と力学作用

　ここでは今まで個別に取り上げてきたマスハドフ政権の平和定着の失敗要因を改めてまとめ、さらにそれぞれの政策がどの段階まではまだ明るい展望を残していたのか、あるいはどの段階でかなり厳しい状態へと追い込まれたのかについて、問題領域の相互関係に触れつつ分析したい。すなわち、平和定着が失敗した理由を問題領域・時間軸を横断する形で鳥瞰的に考察することによって今まで多角的な観点から行ってきた分析を一つに繋ぎ合わせることを目的としている。

なお、ここでも今までの分析作業で用いてきた時期区分、問題領域を用いて評価を行うが、既述のように問題領域AからCとDは性質が大きく異なる。少しくどいがその点をまず確認したい。A対露政策とB国内政策は「二重の対立構造」に対するマスハドフ政権の政策的取組みであり、Cはこの構造からの脱却を目指して新たに問題領域を設定し、取り組んだ政策である。これに対して問題領域Dは、先行研究では往々にして問題領域Bと一体化されて捉えられがちだが、元々チェチェンの国内問題とは分離していた問題であり、またマスハドフ政権が平和定着のために取り組むべき問題領域としても認識していなかった——したがって政策目標を設定していなかった。そのため、A〜Cは政権の政策がどの段階では明るい展望を持てたのか（あるいは厳しい状況に追い込まれたのか）という政策的観点からの状況評価をしているのに対し、Dは当時のダゲスタンの情勢がチェチェン——より具体的にはマスハドフ政権のAからCの政策——に否定的影響をどれほど与えたのかという他の問題領域への影響という観点から状況評価を行っている。これらを組み合わせる形で、平和定着の失敗（紛争再発）に至る過程でそれぞれの問題領域における課題（紛争要因）がいかなる相互関係や力学作用を持っていたのかを鳥瞰的に捉えようとしたものが、表4－18である。

　このようにしてみると、第一段階にはチェチェン紛争の「二重の対立構造」に対するマスハドフ政権の政策は、紛争直後の和平ムードもあり比較的問題なく取り組まれたが、第二段階に入り、「領域をめぐる対立」の法的・政治的解決を目指す実務交渉がスタートすると対露関係も進展しなくなり、「政府をめぐる対立」が改善された国内においても山積する課題に対して取り組む政策やその手段、展望などをめぐって不協和音が生じてきた。この時期の課題（問題領域Aではロシアとチェチェンの法的・政治的地位、Bでは対露交渉姿勢、親露派と急進独立派の閣内均衡、目標とする国家像）は、「二重の対立構造」を通して分かち難く結びついていたので、マスハドフ政権は政策的ディレンマに陥る。問題領域Aにおける「領域をめぐる対立」を改善するためには一定の妥協も排除できないが、それはすなわち問題領域Bにおける「政府をめぐる対立」の激化を招き、そのことはひいては——仮に前者で合意に至ったとしても——「領域をめぐる対立」の合意が国内的に受け入れられるか分からない（すなわち対外的に履行できるか分からない）状況を作り出していた。

　したがって、この第二段階にマスハドフ政権は「二重の対立構造」からの脱

第4章　平和定着の失敗の多角的検討

表4－18　マスハドフ政権による平和定着（問題領域・時期区分）からの状況評価

時期区分／問題領域	A対露政策	B国内政策	C地域・「外交」政策	Dダゲスタン問題
第一段階（97/2-6）	合意締結：◎	国内和解の推進：○	地域関係改善の取組み開始	影響関係ほぼなし
第二段階（97/7-12）	法的・政治的交渉の難航：△+	山積する課題と政策実行力の問題：△+	地域政策で成果、積極的「外交」の開始：◎	チェチェン反対派との連携基盤形成：▲
第三段階（98/1-5）	経済合意と治安・安全保障問題：△	政治争点としての「急進イスラーム」出現：△	治安面に課題も一定の可能性も：△+	対露・国内政策に否定的な影響：●
第四段階（98/6-99/2） (1) 第一期（98/6-7） (2) 第二期（98/8-11） (3) 第三期（98/12-99/2）	(1) 治安・安全保障問題に重点化：× (2) プリマコフ登場：△ (3) 注視と膠着：×	(1) 政権の一時的勝利：○ (2) イスラーム的正統性をめぐる権力闘争：× (3) 法的イスラーム化の完了：×	(1) 「外交」の退潮：△ (2) 英国人らの拉致殺害事件：×失敗 (3) ―	(1) ダゲスタン反対派がチェチェンに逃亡：● (2)-(3) ダゲ・チェチェン問題のリンケージ：×
第五段階（99/3-9）	交渉の停止：×	対立と膠着：×	―	ダゲスタン進軍→紛争へ

出典：筆者作成

【記号が意味するところ】
〔A～C：政策（問題）領域における状況評価〕
◎：大いに明るい展望が持てる（具体的成果を伴う）、○：一定の明るい展望が持てる、△+：状況は悪化傾向であるものの、改善の余地はあり展望が持てる、△：状況は悪化しており、改善も困難であまり展望が持てない、×：状況は悪化の一途であり展望もない
〔D：当該問題領域がA～Cに与える影響の側面からの状況評価〕
▲：否定的な影響を与えているものの、まだ限定的なもの、●：ある程度の範囲に否定的影響を与え連関関係も生じている、×：問題が連結し非常に強い否定的な影響を与えている

却を目指して、問題領域C——すなわち地域・「外交」政策——にも率先して取り組むこととなる。地域政策ではグルジアとの関係改善にある程度成功し、アゼルバイジャンからの石油輸送再開は結局ロシアが主だった交渉相手になったが、それでも合意に至るなど成果が出た——したがって、法的・政治的交渉では行き詰まり出していたものの、ロシアとチェチェンの交渉は経済協力の側面では第二段階においてはまだ明るい展望を持てていた。また「外交」政策は、実質的な成果にすぐに結びつく見込みは低かったが、他方でマスハドフ政権にとって欧米などの国際社会に働きかけ、またカウンター・パートナーも一定の対応をしたことで今後の展望（チェチェンへの投資や支援）に期待を持たせるものとなった。確かに第二段階には、国内対立において急進独立派や過激派は政

権との距離を強く認識し、自らの政治組織を形成し始めた時期でもあり、後からみれば、この時にダゲスタンのワッハーブ主義者と彼らの連携基盤が形成された側面もあった。しかし、総じてみればこれはとるに足らない否定的影響で、この時期にはまだマスハドフ政権の平和定着は明るい展望を持てていたといえよう。

しかし、第二段階に形成されたダゲスタン・ワッハーブ主義勢力とチェチェンの急進独立派や過激派の連携の基盤は、第三段階にはダゲスタンとチェチェンの問題を結びつけ、チェチェン国内における「急進的イスラーム」という新たな政治争点の出現をもたらし、対露交渉においてもモスクワがダゲスタン問題とチェチェン問題を一体的に認識することで、治安・安全保障面での懸念を増長させた。このことはチェチェンとロシアの交渉課題を変更させることにも繋がった。また、この時期はチェチェンの「外交」に対するカウンター・パートナー（特にイギリスのマカルパインら）が投資・支援先としてのチェチェンに治安面での懸念を強くするという状況も生まれていたが、これはダゲスタン情勢との関係もあった。

以上のようにみてみると、第三段階には、問題領域AからDが相互に関係し影響を及ぼし、それぞれの問題領域において指導者に求められる政策が矛盾するという「複合的なディレンマ」の土台が形成されつつあったと評価できるだろう——そのメカニズムについては終章で改めて図式化して提示する。他方でこの時期は、チェチェン国内の対立における急進的イスラームの問題は、地方の反乱勢力の動向によって主に生じていた問題であった。確かに、ダゲスタンのマハチカラ動乱を受けてグローズヌィ（チェチェン中央政治）でも対応が争点化されたが、マスハドフ政権が明確にダゲスタン・ワッハーブ派への支援を拒否し、チェチェンの親ワッハーブ的な閣僚も罷免するなど、その否定的影響や相互作用はまだ政権にとって制御できる水準であった。「外交」についても同様のことはいえ、治安面での懸念は生まれていたが、同時にマスハドフがイギリスを訪問し、サッチャーに会うなど少なくとも政権が今後にまだ一定の期待を抱くことのできる状況があったのである。

第四段階は、このように危うくも保たれていた均衡が崩れ、平和定着の失敗が確定していく時期であり、同時に不確定要素が加われば、いつ紛争が生じてもおかしくない状況が形成された時期でもある。ただし、この時期もさらに三つの下位区分に分けられるので、それぞれの時期によって違いもある。

まず第一期は、国内的には地方の犯罪勢力やワッハーブ主義に対するマスハドフ政権の一時的勝利という一定の明るい展望が持てる状況が生じていたものの、ダゲスタンでの蜂起の後に当局の弾圧を受けたワッハーブ主義指導者（ケベドフ）がチェチェンに逃れるなどダゲスタンとチェチェンの問題が強く結びつく状況になっていた。また政権が「二重の対立構造」から脱却する意味で期待をしていた「外交」政策は、チェチェンの治安への懸念が拭い難いものとなり、マスハドフ自身も国内対立が激しくなり外遊する余裕もなくなり、退潮傾向が強まっていた。対露関係についても交渉は主に治安・安全保障面でのロシアの懸念にマスハドフ政権側が応えることができないという状況が継続し、このため、ロシアはチェチェンへの経済合意の履行を渋るという状況が続いていた。

第二期に入ると、政権が一時的な勝利を得ていた国内対立が激化し、しかもついに主要な政治指導者が急進的イスラームを政治的争点とし、マスハドフ政権に挑戦するという状況に至った。チェチェンの急進独立派の政治指導者は、今まではダゲスタンのワッハーブ主義勢力にシンパシーを持っていたものの、政権と対立してまで表立って行動をとらなかったのだが、こうした状況が変化した。こうしてチェチェンとダゲスタンの問題が一体化し、連動する状況が完成した。この時期には「外交」政策は、イギリス人ら技師が惨殺されることで他の政策領域よりも早く破局を迎えることとなった[124]。このように第二期に入ると、ある問題領域における状況の悪化が他の問題領域における状況悪化へと結びつく「状況悪化のスパイラル」が生じていたが、他方で対露関係はプリマコフの登場によって、むしろ一時的に改善の期待が生まれたといえよう。

ただプリマコフが支援の条件としてマスハドフに求めたテロリストのせん滅は、すでに国内対立の文脈で急進独立派や過激派が政治・軍事同盟を形成し、マスハドフ政権と対峙しており、しかも彼らはチェチェン国内のワッハーブ主義勢力のみならずダゲスタンのワッハーブ主義者とも同盟関係を形成していたことから実現が困難であった。こうして第三期には問題領域Aにおいて求められる政策とまったく矛盾する政策（「法的なイスラーム化」の断行）を問題領域Bに対応する文脈で採用せざるを得ないという逆説的な状況が生じたのである。こうして「複合的なディレンマ」と「状況悪化のスパイラル」が形成され、第五段階におけるバサーエフとハッターブのダゲスタンへの進軍、さらにダゲスタン各地における同地域のワッハーブ主義勢力による蜂起という突発的な出

来事が起こると、そのまま第二次チェチェン紛争へと至ったのである[125]。

第2項　紛争移行形態の考察II：
第二次紛争の発生過程で何がいかに変化したのか

これまで1997-99年の政治的な展開を押さえ、マスハドフ政権の平和定着の試みとその挫折のプロセスおよび要因について考察してきたが、第2章2節3項のように冒頭で示した紛争移行の理論的視座（第1章3節1項）から変化を捉えたい。ここでは第一次紛争が終結する過程での変化（＝和平へと向かう変化）を意識しつつ（第2章2節3項）、第二次紛争が発生する過程での変化（＝紛争発生へと向かう変化）について考えたい。これらをまとめたものが表4－19である。

紛争移行の特徴について、まず総論的にいうと第一次紛争が終結する過程での変化と同様に第二次紛争が発生する過程でも紛争移行の振れ幅、あるいは変化がより大きかったのは「領域をめぐる対立」（以下(1)）よりもむしろ「政府をめぐる対立」（以下(2)）の方である。また後者の方が前者よりも先に変化している点も共通している。少なくともチェチェン紛争の移行過程をみた場合、(2)の方がその対立を構成する要素に変化が生じやすく、またこの対立構造は、(1)の影響を受けるよりも、むしろそれに影響を及ぼしやすいといえる。統計的には「領域をめぐる対立」よりも「政府をめぐる対立」の方が和平に至っている数が多いというデータがあるわけだが、「二重の対立構造」を有する紛争においてもその内部の「政府をめぐる対立」の方が紛争の移行（和平であれ、再発〔あるいは新しい紛争〕であれ）が生じやすいという理解がチェチェンの事例からは得られるように思う。

個別の形態（表4－19の①～⑤）に目を向けて、その変化の振れ幅をみてみると、第二次紛争が発生する過程でも変化は、第一次紛争終結の過程と同様に(2)で先に生じ、(1)に影響を与え、さらに(1)の変化が(2)に影響を与えるというプロセスを経ているため、(2)について最初にまとめていきたい。

「政府をめぐる対立」では、第一次紛争後から第二次紛争発生までに生じた大きな問題は、独立派の分極化という関係者の変質（表4－19と表4－20の③）である。ここで注目する必要があるのは、第一次紛争へと至る過程では、親露派と独立派という行為主体が対立を構成しており、紛争終結に至る過程でも彼らの和解が問題になったのに対し、第二次紛争発生へと至る過程では、親露

表4－19　第二次紛争の発生に至る紛争移行

移行の形態	説　明	変　化
①文脈的変質	紛争がおかれている社会的 (a)・地域的 (b)・国際的 (c) 文脈が変化すること	(a) 大, (b) 中, (c) 無
②構造的変質	紛争を構成する関係者、あるいは彼らの目的や関係性という紛争構造が変化すること	(1)：小, (2)：大
③関係者の変質	紛争当事者集団がその内部にて方向性を見直したり、掲げた目標を放棄・変化したりすること	(1)：中, (2)：大
④争点の変質	紛争当事者集団が立場を変えたり、もしくは争点が顕著な特徴を失ったりする、あるいは新しく顕著な問題が生じ、争点が変化すること	(1)：中, (2)：大
⑤個人的・集団的変質	紛争当事者の有力な指導者／集団が紛争に対する姿勢を大きく変化させること	(1)：大, (2)：大

出典：筆者作成。より詳細な変化の説明については表4－20を参照されたい。
(1)：ロシア連邦政府とチェチェン・イチケリア共和国政府の関係：「領域をめぐる対立」
(2)：マスハドフ政権と反対派集団（急進独立派、過激派、ワッハーブ主義派）の関係：「政府をめぐる対立」

表4－20　第二次紛争が発生する際の「二重の対立構造」の構成要素の変化

	(1)「領域をめぐる対立」	(2)「政府をめぐる対立」
対立を構成する主体	Ⅰ ロシア連邦政府（中央政府） Ⅱ チェチェン独立派政府（反対勢力）	Ⅰ チェチェン独立派政府（中央政府） Ⅱ 急進独立派・過激派勢力（反対勢力）
①文脈的変質	社会的文脈 (a)：ロシア世論の変化、地域的文脈 (b)：紛争の地域的拡散、国際的文脈 (c)：紛争前から大きく変化せず（ただし9.11以後大きく変化）	
②構造的変質	Ⅰ 交渉による解決から武力による排除へ、(2)のⅡをⅠと一体化	和解や融和から利権をめぐる権力闘争へ、Ⅱ 急進的イスラーム・イデオロギー登場
③関係者の変質	交渉担当者の度重なる交代、エリツィンの後継者としてのプーチンの登場	独立派の分極化、Ⅰ 政治協力の模索＋武力による排除から政治的妥協へ（政権）
④争点の変質	分離独立という争点は変化しないが、「テロとの闘い」という新しい争点も	正統な政府をめぐる対立が再燃、イスラーム的な正統性が新しい争点に
⑤個人的・集団的変質	当事者の変化（レーベジの退場、プーチンの登場）、紛争への姿勢の変化	争点をめぐる指導者の顔ぶれの変化、紛争に対する姿勢の変化

出典：筆者作成

派と独立派という行為主体によって対立が構成されていたのではなく、独立派の分裂によって穏健独立派(中央政府：マスハドフ政権)と急進独立派・過激派勢力(「反乱勢力」：バサーエフなど)によって構成されていたということである。すなわち、第一次紛争終結へと至る過程で改善された親露派と独立派という政治集団による「政府をめぐる対立」は、第二次紛争発生過程でも再燃することがなく、別の行為主体による新しい「政府をめぐる対立」が出現したことになる。

　独立派の分裂の背景には、ロシアとの紛争のために団結していた勢力が紛争終結によって進むべき方向性や目的の再考を迫られたことと、紛争後に利益分配をめぐる問題が顕在化したことが挙げられる。こうして独立派にとって目的であったはずの独立が事実上得られたことによって、その後の方向性をめぐって認識の相違が露呈し、自己利益のために権力闘争が展開されるようになった(紛争を構成する個人的・集団的変質)。さらにかつて親露派と独立派は、正統な権威をめぐる対立では民意や憲法などを自らの正統性の根拠として争ったが、第二次紛争へと至る過程では民意はなおざりにされイスラーム的な正統性が重要な意味を持つことになり、「政府をめぐる対立」の争点も変質していった。このように「政府をめぐる対立」では、表4－20にまとめたように②～⑤のいずれでも第二次紛争へと至る過程で非常に大きな変化が生じたが、これはダゲスタン情勢とチェチェン国内問題のリンケージ——すなわちダゲスタンのワッハーブ主義勢力と急進独立派や過激派の連携——によって生じた側面もあり、このことから「政府をめぐる対立」のサブ・アクターとして彼らの存在も指摘する必要がある。

　「領域をめぐる対立」ではどうだろうか。まずこの対立は、ロシア連邦政府とチェチェン独立派政権によって構成されていたが、既述のようにチェチェン独立派内部の「政府をめぐる対立」が非常に大きな影響を及ぼしていた。モスクワは、マスハドフ政権のチェチェンにおける領域的権威を認めつつ、だからこそ、その「反乱勢力」たる急進独立派や過激派、ワッハーブ主義者の行動の責任はマスハドフ政権が負うべきだと考えていた。そしてモスクワはチェチェンの急進独立派や過激派とダゲスタンのワッハーブ主義勢力を一体的に捉えていた。これら勢力がイスラーム国家の樹立を宣言していたということに鑑みれば、紛争の構造も関係者も争点も個人・集団も変質したとモスクワの視点からは捉えられなくもない。他方で、そこにはモスクワによる「争点管理」や紛争

第4章 平和定着の失敗の多角的検討

のイメージを変更させようとする思惑も絡んでいる——これについては後述する。

　1997-99年という第二次紛争に至る過程のモスクワの対チェチェン政策をみて指摘できることは、非常に大まかに捉えれば先行研究の指摘するような一貫性や政治的意志が欠けていたということである。それは、チェチェンの分離独立問題に対してロシア政府がまったく取り組んでいなかったなどということではなくて、具体的にどのようにこの問題を改善しようとしていたのかが少なくとも当時の報道レベルでも不明瞭にしか捉えることができず、しかもモスクワにとってチェチェン問題に率先して取り組むインセンティブがあったのかについてもよく分からないということである[126]。ロシアは第一次紛争に至る過程では「二重の対立構造」の「政府をめぐる対立」を利用し、そこに介入することで「領域をめぐる対立」を改善しようとしたが、第二次紛争へと至る過程では同様の対応はしなかった[127]。

　こうした事情もあり、ロシアのチェチェン政策はあまり明瞭な方針がなかったように思われるが、第二次紛争へと至る過程での政策的変化に着目すれば、プーチンという指導者の登場過程が重要な意味を持つ。プーチンは、レーベジのようにチェチェン問題を通してモスクワで権力を獲得した指導者であり、チェチェン問題への対応は「交渉よりも武力による解決」を基軸とするものだった。他方で、プーチンの登場以前にも「交渉よりも武力による解決」を主張する勢力はおり、ゆえに重要なことは彼が政治の表舞台に登場したことではなく、以前からいた武力によって問題を解決することを主張する指導者（プーチンを含めて）がモスクワで強い影響力を持つようになったということにある（個人的・集団的変質、関係者の変質）[128]。

　そしてこうした文脈で「チェチェンにおいて生じていることは民族自決闘争などではなく、テロや犯罪である」というロジックが広められ、争点化された（争点の変質）。実際には、その交渉過程をみれば明らかなようにロシアとチェチェンの対立の中心には分離独立問題（「領域をめぐる対立」）があり、「テロとの闘い」はダゲスタン情勢やモスクワでのアパート爆破事件を受けて、いわばモスクワが自らのチェチェンへの対応を正当化するために主張したものである。しかも「テロとの闘い」とは、通常「テロリストに屈しない」というスローガン（標語、行動指針）のようなもので、それ自体は紛争の争点として捉え難いものだが、これが争点化されたわけである[129]。

331

こうした「争点管理」は、国内対立の過程でみたように反マスハドフ派によって「政府をめぐる対立」でもなされており、同様の現象が「二重の対立構造」の双方の問題領域で生じていたことになる。このことが皮肉なのは、その後、激しく対立するチェチェンの急進独立派／過激派とロシア政府が、自身の行動を正当化するという同じ文脈で「争点管理」を行い、その後チェチェン紛争を捉える際に定着すらした「テロとの闘い」や「ジハード」という言説を流布させたことにある。

　さて、紛争を犯罪勢力やテロとの闘いとする論法は、実は第一次紛争時にもロシア政権によって争点化が試みられ失敗したものだが、これが今回ある程度定着したのは、紛争がおかれた文脈が変化したからである。特に、ロシアにおいてチェチェン紛争に対する高い世論の支持が形成されたこと（Pain 2005）は、それ以前とはまったく異なる社会的文脈を作り出した（社会的文脈の変質）[130]。こうした世論が形成された背景には、チェチェン問題が地域的に拡散し、モスクワの住民にとっても無視できない問題と認識されたからであり[131]、その意味においてダゲスタン情勢とチェチェン国内問題のリンケージ、さらにはモスクワなどで起きたアパート爆破事件の意味するところは大きい。他方で、チェチェン紛争が地域的に拡散するという現象は、スタヴロポリでの病院占拠事件をはじめ第一次紛争でもみられた現象である。第二次紛争の発生過程でこれが問題となったのは、より広範囲に拡散し（モスクワ）、しかもより強力にリンケージした（ダゲスタン）とロシアの住民に受け取られたことが大きかったといえよう。

　これに対して国際的な文脈は大きく変化しなかった。依然として欧米にとってチェチェン問題は人権問題であり、民族解放闘争でも「テロとの闘い」でもなかった。他方で、99年3月から6月にかけてのNATOのユーゴ空爆によってロシアと欧米の関係はかなり悪化していた。このことに加え、コーカサスにおいてもアゼルバイジャンとグルジアが期限の切れるCIS集団安全保障条約を延長せず——事実上脱退し——NATOへの接近を推進する（Cornell and Starr 2006; Nation 2007）などロシアが安全保障上・地政学的な危機意識を高める状況にあった[132]。このような事実は、チェチェン紛争を取り巻く国際環境——すなわち紛争の国際的な文脈——には変化が生じなかったものの、その当事者であるロシアを取り巻く国際環境が変化した、もしくは彼らがそう認識せざるを得ない状況が生じたことを意味する。このことは、「領域をめぐる対立」におい

て個人的・集団的変質、関係者の変質に一定の影響を与えた可能性がある。

なお、第二次紛争発生までには特段変化しなかったチェチェン紛争を取り巻く国際的な文脈だが、皮肉なことにアメリカで同時多発テロが発生して以降（第二次チェチェン紛争発生の2年後）、ブッシュ（G. W. Bush）政権を中心にチェチェン問題とは「テロとの闘い」であるという評価が広まっていった[133]。これはイラク戦争までの「米露蜜月」の短期間に両政府で共有された認識だったが、それでもマスハドフまでテロリストに含めるべきかどうかは認識に齟齬があり[134]、欧州は——実効的行動は採らず受動的な対応に終始したものの——基本的にチェチェン問題を人権問題として扱い続けた。

第3項　指導者のとり得た選択？：
マスハドフの指導力と責任論をめぐって

筆者は、今まで明らかにしてきたように「二重の対立構造」下で「複合的なディレンマ」や「状況悪化のスパイラル」が生じたため、紛争は不可避になったと捉えている。したがって、第四段階以降はもはや指導者が誰であれ政策がどんなものであれ、紛争を回避することは極めて難しかったと考えている。ただ、それ以前に目を向けてみれば、本書で検討してきたようにマスハドフ政権の平和定着は、一定の展望や期待を抱かせる政策であり、当時の状況に鑑みて合理的、他の指導者の政策と比較して現実的と評価できる側面があるとも考えている。

他方で、チェチェン紛争のような「二重の対立構造」を有する紛争では、比較する対象や視点を変えれば、評価も変わり得るという事実は確認しておく必要があろう。「複合的なディレンマ」が生じていたのだから、これはなおさらである。このことは、マスハドフが自らの直面している諸問題や諸勢力との関係に配慮した政策を採用した事実を彼の指導力不足や状況認識の甘さ——指導者としての「弱さ」——と評価している論者がいることからも明らかである。だが、こうした評価は、何か「とるべき正しい政策があったのに彼が採用しなかった」、あるいは「より良い指導者がいれば、もっと良い政策を実行していた」という理解を前提にして下されているように映る。しかし、本書の理解では、現実には「正解」といえるものなどほとんどないような極めて困難な状況が当時のチェチェン（第四段階以降）に形成されていたのである。

本書では、これまで紛争移行過程におけるロシア指導部と反マスハドフ派の

役割(責任)について一定の検討を試みたため[135]、ここではマスハドフの役割や責任について再度問い直してみたい。その際に「とるべき正しい政策があった」という議論は退けつつ、平和定着が困難になり始めた第四段階以降において「いかなる政策的余地があったのか」、また「どの段階での彼の政策的判断が後の状況をより困難なものとしてしまったのか」ということを検討したい。

本書は、すでにランスコイが国内的観点から主張する98年夏(本書の分類では第四段階第二期)における反対派の武力による排除がマスハドフの持つ軍事力などの観点から容易ではなかったと主張した。他方で、軍事力に関しては改善も可能で、具体的にはロシアと連携し軍事支援を得て、急進独立派や過激派を排除するという選択肢が第一に挙げられる。この政策で期待されることは、急進的独立派や過激派を切り捨てることによって政権が「政府をめぐる対立」に勝利し(政治的実権を回復し)、国家による暴力の独占を達成するということである。これによってチェチェン国内は安定し、また政権の対露政策を妨害する勢力は除去されるので、ロシアとの「領域をめぐる対立」についても改善されるか、少なくとも現状維持によって紛争発生のリスクは低下する。

反対にこの政策によって生じ得る問題としては、第一に、この政策はロシアとの連携や協力に基づくものなので、マスハドフ政権の国内的正統性はより一層低下する恐れがあること、第二に、急進的な野戦軍との全面的な衝突は完全な内戦へと突入する恐れが高いこと、そして第三に、このようなリスクのある政策をとることで政権がまだ相対評価では有していた大衆の支持を失う可能性があることなどが挙げられよう。またマスハドフ政権の側からロシア側に要請して軍事的な支援を得るということは、政権がロシアに軍事的に著しく依存することになる。1990年代初頭の反ドゥダーエフ派とロシアの関係をみれば明らかなようにマスハドフ政権は自律性を損なうので、この政策を採用することは事実上、独立派としての看板を下ろさざるを得なくなる。

独立派としての政治的立場を捨てることができれば、政治指導者にとってこの選択肢は決して採用しがたいものではなく、マスハドフと袂を分かったカディロフ、あるいはヤマダエフ、カキーエフなどの野戦軍司令官はその後、親露派政権を形成し、ロシア軍と共にチェチェン独立派と闘うことになる。だが、これは第二次紛争が発生した後のことであり、「領域をめぐる紛争」をロシアと抱えるより「政府をめぐる紛争」を急進独立派や過激派と抱えた方が良いという判断であって、紛争そのものを回避することを可能とする選択肢ではない。

第4章　平和定着の失敗の多角的検討

　第二に考えられる選択肢としては、第一の方法とまったく逆の方法、すなわちチェチェン北部地域を切り離して緩衝地帯を作り、「イスラーム化」を政権主導で導入し、ロシアとの関係を断絶する（ロシアの切り捨て）というものである。これも導入時期としては「政治的なイスラーム化」が争点化され、マスハドフ政権と急進独立派・過激派の対立が激しくなった第四段階第二期以降が考えられる。このような政策は、現実に急進独立派や過激派が実行することを求めていたし、政府も「法的なイスラーム化」に関しては主導したわけだが、この選択肢は、さらにそれを進めてマスハドフ政権が急進独立派や過激派と合流することを意味している。したがって、「政府をめぐる対立」を改善し、国内を団結させ「領域をめぐる対立」に全精力を注ぐということになる。

　だが、この政策はリスクが非常に大きい。第一に、マスハドフができるだけ抑制しようと努めてきた共和国の「イスラーム化」の箍を自ら外すことになり、ハッターブやラドゥーエフの動向が規制できなくなる。したがって、ダゲスタン情勢とチェチェン国内問題のリンケージ、そこで生じる共振作用は制御不能になる。このことは第二に、結局ダゲスタンへの進軍を止められなくなる可能性を生む。そして第三に、そもそも反対派と団結することは可能なのか──具体的にどのような問題軸で誰とまで協力するのか──という問題が生じるが、これが新たな火種を生みかねない。さらにこのような政策を採用した場合、穏健独立派や古参民族主義派、大衆の政権からの離反も止められなくなる。以上のようにみれば、これは短期的処方箋に過ぎない。

　第三に考えられる選択肢としては、議会の解散、新議会選挙、あるいは国民投票など民意に問うことで政権の正統性を高め、その上で政策を導入していくというものである。この政策は、「政府をめぐる対立」を改善することにより「領域をめぐる対立」をも改善しようとするものだが、平和定着が困難になる以前（第四段階以前）にも用いる機会が多数あった政策であった。例えば、対露政策や国内における親露派・急進独立派の閣内バランスが問題になった第二段階に導入していれば、マスハドフ政権の国内的正統性を高め、その政策（対露・国内政策）を正当化することができていた可能性がある。また、政権と急進独立派や過激派の対立が激しくなった第四段階以降においても、反対派の批判によって低下した政権の国内的正統性を回復させること、さらに回復した正統性を基盤にして、過激派などを排除することも可能になったと考えられる。

　筆者自身もなぜこのような政策を第四段階以前に政権が導入しなかったのか

335

は疑問だが、この選択肢にも問題点やリスクはある。第一に、理論的にも（コリアーらの議論を想起せよ）現実にも（97年の議会選挙を想起せよ）選挙は対立を激化させ、選挙結果を受け入れられない勢力が急進・過激化する恐れがある。第二に、特に第四段階以降でこの政策を導入した場合、イスラーム的正統性を争点化している反対派が選挙結果という制度的正統性を受け入れるのかは疑問である。もちろん、選挙結果を受け入れなければ排除すれば良いという建前になるのだが、これは結局、政権の投入可能な軍事力がどれほどあるのかという問題に再び戻ってきてしまう。そして最後に、この選択肢は、第4章3節3項の世論と政権の距離（認識の齟齬は徐々に深まっていったこと）を想起すると、対応が遅くなればなるほど、政権は選挙や国民投票で住民からの十分な支持を得られるのだろうかという問題に直面せざるを得なくなる。しかし、逆にいえば、それ以前であれば、相対的にリスクの少ない選択肢であったため、マスハドフ政権は大衆の支持を有していながらそれをうまく活用できなかったと評価できるだろう。

　総じて第四段階になると、すべての問題を根本的に改善できるような選択肢はなかなか見つからず、想定される対処法も現実には「二重の対立構造」のいずれかの紛争の発生によって他方を防ぐという方法にならざるを得ない。では、「とる余地のあった選択肢」ではなく、後の状況を悪化させたマスハドフの政策判断という別の観点からその責任を考えてみるとどうだろうか。これは「少なくともこの政策はとらない方が良かった」としてマスハドフの責任を問うものでもある。

　マスハドフの政策や決定は、時に大いに矛盾を孕むものであり、特に「複合的なディレンマ」や「状況悪化のスパイラル」に陥ると現実逃避と受け取られかねない突飛な発言を彼自身もすることがあった[136]。マスハドフに紛争発生の責任を求める声も強いのは、こうしたことも影響しているだろう。マスハドフの政策決定の矛盾は、例えば98年10月のプリマコフとの合意を形成した後に、それと矛盾する形で国内での「イスラーム化」を主導していったこと、あるいは99年3月におそらく最後の機会と思われるエリツィンとの直接会談の準備を進めながらも、その準備委員会に過激派のアブムスリモフを任命したりしたことに見出せる。さらに、99年8月のダゲスタン進軍を受けても、バサーエフらの武力排除を断行しなかったことなども指摘できる。

　これらの政策の矛盾は、「複合的なディレンマ」や「状況悪化のスパイラル」

第4章　平和定着の失敗の多角的検討

の中で採られたという点から理解できなくもないものの、それでも十分に納得できるものではない[137]。マスハドフの責任を挙げるとすれば、それは彼が追求する国内の融和や反対派との対話が「二重の対立構造」下で「複合的なディレンマ」と「状況悪化のスパイラル」が生じている状況（第四段階以降）では、紛争へと歩みを着実に進める宥和的かつ妥協的行為となっていたにもかかわらず、彼がそれを認識していなかったか、あるいは認識していたのに、それをやめなかったことにある。彼は、軍人として紛争は最終手段であるべきだと考え、それをできるだけ避けようとすることが指導者のあるべき姿だと捉えていた。

　　戦争はいつも簡単に始めることができる、時にはおそらくつまらないいいがかりを利用したりして（始められる）。しかし、戦争は終わらせることが非常に難しい、たとえ一人でも被害者がいて、一人でも負傷した人がいれば、なおのこと、これは問題になる。だから戦争は、それを始めた側の人にとっては最も責任の重い正しくない行為であり、偶然巻き込まれた人にとっては最も深刻な辛い経験なのである（Масхадов 1997, С.26）。

だが、「二重の対立構造」下で「複合的なディレンマ」と「状況悪化のスパイラル」が生じている状況では、このような彼の意志が紛争へと歩を進める行為に他ならなかったという点に彼自身の大いなる誤算と責任があったのである。これは第3章1節で提示したマスハドフという人物が持つ「長所／短所」と同様に、ある状況においてはマスハドフという政治指導者の指導力として評価されるものが、第二次紛争が発生する過程では彼に内在した根本的な問題として表出することになったということなのである。

　最後にマスハドフのその後について触れて終章に移りたい。紛争発生後、マスハドフは急進独立派らに「独立派の顔」として再び祭り上げられ、自身もロシアとの交渉において主体的な役割を果たせない状況[138]の中で事態の進展を座視することしかできなくなる。こうしてマスハドフは政治指導者としては完全に「死亡」し、彼に対する国民の期待も開戦後にはほとんどなくなった[139]。そして、2005年3月8日「国際婦人デー」[140]にトルストィ・ユルト村でロシア特殊部隊によって殺害された。「テロリストの頭領」として殺害されたマスハドフに対して親露派チェチェン政権の内務大臣は「象徴的だな、我らの大統領アフマト・カディロフは、男性の祝日『勝利の日』[141]に英雄として亡くなっ

たわけだが、この自称大統領は『女性の日』に暗い洞穴を死に場所として選んだわけだ」(*Коммерсантъ*, 9 марта 2005 г.)とあざけり、彼の死体も無残にメディアに晒された。だが、彼の最期はチェチェン住民の彼に対する捨てきれぬ期待、そして愛憎入り交じる感情を示唆するものでもあった。

　実は、彼が殺害された場所は首都グローズヌィから北西に15キロ足らずの「最も平穏な場所」とされるところで、ハズブラートフの出身地であり、それゆえに90年代初期には反ドゥダーエフ派の拠点の一つと目されていた。こうした事情もあって、よもやここにマスハドフが潜伏しているなどとは考えられず、マスハドフ捜索の特殊作戦も彼の親族が住む山岳部を中心に行われていた。しかし、現実には親露派政権の目と鼻の先に彼は潜伏し、周辺住民にも保護――あるいは潜伏を黙認――されていたのである。彼に対する期待がなくなって以後も、独立派の拠点とはいえない場所で彼が潜伏・生存していたことを考えると、紛争再発を防げず失敗した「弱き指導者」をそれでも見捨てられず、心を寄せる住民がいたことが分かる。マスハドフという指導者は、1997-99年という時代と紛争の構造に翻弄された指導者といえるかもしれない。

注

1　グリディマン(Guldimann 1997)によれば、96年1月から97年3月までの間、30回もグローズヌィとモスクワを往復し、ほぼ毎日ロシアの責任者と電話し、チェチェンの責任者との間を取り持ち、双方の信頼醸成に努めたという。
2　グリディマンの発言はチェチェンの法的・政治的な地位に関するもので、これはロシアとチェチェンが正式な合意をしていない以上、チェチェンをロシア連邦の一部だと見なすというものだった。これはグリディマン自身が述べているように「OSCEの立場はその加盟国の立場を反映している」ということに過ぎない。彼自身は、質問自体がヤンダルビエフに近いジャーナリストによってなされた意図的なものと捉えているようである。なおマスハドフは当選後、グリディマンを呼び戻した(Guldimann 1997, p.136, 141)。
3　OSCEが接触したロシアの政治家についてはSkagestad (1999, p.220; 2008, pp.167-168)を参照されたい。
4　外国部隊の駐留は、ロシアにとって当該地域(チェチェン)がロシア連邦の一部であると認識している以上許容できるものではなく、同じくチェチェン独立派にとって外国部隊(ロシア軍)の撤退が紛争終結(=事実上の勝利)の一つの象徴だったので、許容できるものではなかった。なお、第二次紛争発生以後になるが、マスハドフ政権は、欧米諸国にチェチェン紛争に対して建設的な態度を採るよう請願し、その中で国際平和維持部隊を展開させることに賛成すると述べていた(『ロシア月報』1999年10月：原典は *Радио*

России, 4 октября 1999 г.)。
5　ただし、マスハドフが任命したのは、地区（район）の知事であって、それ以下の自治体である市や村の首長は直接選挙で選出されている。
6　例えば97年9月に公開処刑がなされている。この処刑は、ロシア刑法上は違法であるので、ロシアとチェチェンの非難合戦にも発展した。マスハドフ政権側は、国内で治安が非常に悪化する中で重罪には厳しく対処するという犯罪者への政権のメッセージを強く打ち出す上でもこうした方法が必要であるという立場をとった。
7　政治指導者の政策や認識と世論の問題認識のずれについては3節4項を参照されたい。
8　なおフリーダム・ハウスの指標（http://www.freedomhouse.org/report-types/freedom-world）では、1998-99年以前のチェチェンに対する評価はないが、1998-99年は政治的権利（political rights）も市民的自由（civil liberties）も6と低く（最低評価が7）、1999-2000年にこれは両方とも7となっている。なお、98年評価はプリドニエストルやカシミール、クルディスタンと同評価であり、アブハジアとパレスチナは政治的権利、市民的自由のいずれかがチェチェンより1ポイント高いものの、ほぼ同じ評価である。
9　今まで述べていないGDPに占める割合についてのみ取り上げると、チェチェン当局のデータでは99年の石油採掘量は600トン／月（7200トン／年〔見込〕）である。これはチェチェン石油会社労働組合が賃金未払いに抗議し、石油採掘量が4000トン（1億8000万ルーブル）／月もあるはずなので給与を支払ってほしいとの要求に対して、チェチェン政府が実際の採掘量を答えたものである（ГР, 10-16, 24-30 июня 1999 г.）。労働者組合が提示する採掘金額から政府が主張する採掘量による収入を導きだすと年間3億2400万ルーブルが見込まれる。これに前掲99年当時のGDP予想値を用いて、GDPに占める割合を導きだすと27％になる。なお97年頃の国家収入に占める石油関連産業の割合についてユスポス（Юсупов 2000a, C.169）は6割から7割と推測している。
10　部隊の規模については、第3章3節の表3－9および巻末資料「チェチェンの政府系軍事組織関係表」参照。
11　なおウドゥーゴフやザカーエフは、自らの当選の可能性は低いと認識しながらも選挙後を見据えたキャンペーンを展開していたと当時の新聞（ГР, 31 января-6 февраля 1997 г.）でも理解されており、これは彼らの選挙戦後の政権との関係をうまく捉えることができる指摘のように思う。
12　例えばセスタノヴィッチ（アメリカ国務長官特別顧問）はマスハドフとの会談の際にチェチェンにおけるイスラームの台頭に懸念を表明していた（НГ, 18 ноября 1997 г.）。
13　反対派指導者の責任も含めて、これらの詳細な分析は3節で行う。
14　なお、このダイヤグラムは議論の展開を傾向として示すものだが、そこでなされた議論の内容は「合意／非合意」の二分法だけでははかれず、ここまでは合意でき、ここからはできないという線引きをめぐってなされていた点も付記しておきたい。
15　実際にレベジ（レベジ 1997）も「私は単独で唯一の正しい――政治的――解決策を探った。これを私は誇りにしている。大統領は例によって、この解決法には何のかかわりもなかった…（中略）…私にはとにかく急がなければならなかった。後方支援がなかったのだ。後方では病人（エリツィン：引用者による）に影響力を持つための水面下での闘争が続いていた」と述べている。
16　紛争当事者が対立の一部を解決することに合意した協定。
17　当事者間が対立を解決する上でのプロセスについて合意した協定。
18　なお彼らのデータ（UCDP Peace Agreement Dataset, 1989-2005: http://www.pcr.uu.se/

339

research/ucdp/datasets/ucdp_peace_agreement_dataset/）ではチェチェン紛争の和平は挙げられていないため、その評価が分類もなされていない。
19　ただし、これと関連して(4)地域的な発展については、それが賠償であれ、復興事業であれ問題になった。逆に(5)将来の地位に関する住民投票は本来問題になってもおかしくなかったが、少なくとも両者の法的・政治的地位の問題は2001年末までに決着を得るとしていたので、決着を得る際の細かな方法にまで議論は及ばなかった。ただし、チェチェン側としては対露交渉へのシグナルの出し方の一つとして国民投票を行い、これをもってチェチェンとロシアの交渉（議論）を活性化させるなどの選択肢はあったはずだが、これはいかなる理由からかは不明だが、とられなかった。
20　停戦合意やハサヴユルト協定のみを問題視し、ロシアとチェチェンの交渉過程を問い直していないこともその証左となるだろう。
21　1998年1月に会談予定であったが、チェチェンと国境を接しているダゲスタン情勢の不安定化を受けて取りやめとなり、99年4月にもマスハドフと会談の意向を表明しながら、これも実現しなかった（Музаев 1999b, C.69, 276）。なお、99年5月にはチェチェンのマハシェフ国防相がエリツィン・マスハドフ会談の調整のためにモスクワに行くなどした（ГР, 13-19 мая 1999 г.）が、これも実現しなかった。
22　ただし、彼らがその後も一貫してこうした政治的立場をとり続けたかは議論の余地がある。アブドゥラティポフは自らの出身地ダゲスタン情勢の不安定化がチェチェン問題と接合し始めるからである。
23　議会のチェチェン問題への姿勢については、一部政党（我らが家ロシア、祖国、統一、ヤブロコ）しか取り上げておらず主に第二次紛争への対応を扱っている研究だが、マキネン（Mäkinen 2004）が参考になる。ここで紹介されていない自民党（ジリノフスキー党首）は、平和条約締結の際に「ロシアの一部であるチェチェンをさも独立国家であるかのようにして条約の締結をしてしまった」と批判していた（Коммерсантъ, 13 мая 1997 г.）が、彼は元来、民族連邦制に批判的で、チェチェンに関しても南北に分割し、ロシア人が多数派の北部地域をロシアに残し、南部（チェチェン独立派地域）は切り捨てるべきだという発言もしていた。これは、後述のソルジェニーツィンとほぼ同じ主張である。
24　ソルジェニーツィンは、ソ連時代の反体制派作家として有名で投獄や迫害を受けて亡命した人物であること、また『収容所群島』などを通してソ連の実態を内外に伝えたことから「改革派」や「民主派」として理解されかねないが、彼自身はロシア愛国主義者であり、ロシアを混乱に陥れる性急な改革を行ったエリツィン政権に批判的で、逆に安定をもたらしたプーチン政権を強く支持していた。彼のチェチェンに対する排外主義的な見方については、ソルジェニーツィン（2000, pp.109-118）を参照されたい。
25　97年1月にはチェチェンは「ロシアの一部」と認識していた人は回答者の51％、「独立国」と認識していたのは32％だったが、99年3月には前者は34％、後者は45％となった（同5月でも「独立国」と認識する人が僅差だが「ロシアの一部」より多い）。調査は、ロシアの世論基金（ФОМ）によるもの（http://bd.fom.ru/report/cat/reg_ros/chech_/stat_chechnya/t904712）。
26　同回答は、97年8月調査では40％、98年1月では42％、同2月では47％、同5月では32％、99年3月では41％でいずれも多数派を占めている。「ロシア連邦内に残留し特別な地位は与えない」は、それぞれ19％、18％、20％、28％、22％で、「特別な地位を得て残留」は、28％、27％、22％、25％、21％となっている。調査は同じくロシアの世論基金（http://bd.fom.ru/report/cat/reg_ros/chech_/stat_chechnya/t903314）。

27 　なお、この時期にも権限区分条約は締結されていたものの（98年6月のモスクワ市との合意が最後）、⑴相対的に分権化要求の強い民族共和国との合意は96年までに終えていたこと（特に96年以降の条約は共同管轄を増やすという色彩が強く、結果としてむしろ地方の専管は減る合意だったこと）、⑵1998年の金融危機で連邦と地方の権限および利害が衝突し、連邦が看過できない問題が生じていたこと、⑶それ以前から連邦は権限区分条約の問題点を認識し、連邦法との適合や権限区分条約を規制する法制度の制定に当たっていたことなどから、以上のような評価が可能であろう。

28 　ただし、いうまでもなくこのことは「だからロシアとチェチェンの交渉は不可能であった」とか「だから第二次紛争の回避は困難であった」ことを意味しない。例えば、それはロシア全土の中央・地方関係の是正（集権化）に積極的であったプリマコフ首相がチェチェン問題の改善のために積極的な役割を果たそうとしたことがその証左であるし、世論もむしろこの時期にはチェチェンの独立も特別な地位での連邦残留も受け入れられるという傾向を示していたからである。このように考えると、先行研究の指摘するチェチェン問題を解決するモスクワの政治的意志の欠如は、改めて大きな問題であったといえよう。

29 　なお、ロシア連邦国家統計局のデータでは、98年のチェチェンの財政状況が確認可能だが、これによれば、収入9470万ルーブルに対して支出が1億6300万ルーブルと記載されている。このデータの性質、根拠などには注意が必要だろうが、支出が収入の1.5倍という非常に大きな赤字を計上していることは分かる（*Финансы России - 2002 год* [http://www.gks.ru/bgd/regl/b02_51/]）。

30 　98年には金融危機を受けてルーブルを切り下げたので、98年の価値では1/1000の10億ルーブル。なお、ロシア側のチェチェンへの財政支出は依拠する文献によって若干の差がある。

31 　例えばチェチェンのクルバノフ財相によれば、このうち社会問題の改善のために合意によって支給される予定だったのは4億7000万デノミ・ルーブル（97年当時では4700億ルーブル）だったが、実際に支給されたのは870万デノミ・ルーブル（同87億ルーブル）だけであったという（Музаев 1999b, C.190）。

32 　エリツィン・マスハドフ会談（97年8月）では、1200億ルーブルしか支給されていなかったことが確認されているので、これとルィプキンが発言した金額の間には400億ルーブルほどの差額が生じる。

33 　98年上半期に支給された予算は約2億ルーブルとされており、その内訳は1億1800万ルーブルの年金支給、2500万ルーブルの石油パイプライン運行料など（*Коммерсантъ Деньги*, 15 сентября 1999 г.）。

34 　この内訳は、5000万ルーブルがチェチェン共和国労働者への給与予算、700万ルーブルが共和国住民（失業者等社会的弱者）への援助、54万ルーブルが特別支出、6500万ルーブルがチェチェン国有パイプライン企業「チェチェン・トランスネフチ」への債務およびアゼルバイジャン石油の通行料となっている。

35 　ステパーシン前首相（当時）の主張を典拠とし、95-99年までに15億ルーブル分のガスと電気が供給されたとしている。

36 　なおチェチェン側はロシアからの供給を債務として計上しており、これは97年と98年だけでも5億7600万ルーブルとされる。またチェチェンの発電送電施設で働く2500人の職員は28カ月間無給で職務に当たっていた。供給量は時期で微妙に異なるようで、例えばムザーエフは、98年12月の*Голос Чеченской Республики*を引用し、供給量は昼夜に停電して必要量を最小にしても需要（115 MW）を賄うことのできない量（80 MW）であった

341

としている。
37 なお、97年5月の平和条約締結時、ルィプキンは復興にかかる経費を4兆ルーブルと見積もっていると述べた (*ГР*, 16-23 мая 1997 г.) ので、半年でその見込みは4倍に増えたことになる。98年の金額はデノミをした直後なので、おそらく旧ルーブルのまま記載されていたと思われる。仮に旧ルーブルだとして新通貨に換算すると、それでも160億ルーブルとなる。これはロシア側が拠出したと主張する98年のチェチェン側への資金提供額の20倍規模の金額で、同年の連邦予算全体の2%規模となる(なお仮に新ルーブル換算だと98年連邦予算の約2.3倍規模の金額ということになる)。連邦予算は、ロシア連邦国家統計局のデータで、前掲の *Финансы России - 2002 год* より。
38 こちらの金額は、複数の出典がこの金額と共に他予算については新ルーブルで記載していること、また98年の年末にもなってこの復興事業だけ旧ルーブル記載をする可能性は低いことなどからおそらく新ルーブル換算だと思われるが、仮にそうだとすると98年にチェチェンに提供する資金の1000倍の金額となる。当然、復興事業は複数年で行われるものだが、この金額は99年連邦予算(1兆2130億ルーブル)の8割の規模になる。連邦予算は同 *Финансы России - 2002 год* より。
39 また形式上はロシア側から支出され、一部金額しかチェチェン共和国側が受領していないということは確認されているので、少なくともロシア当局側で出入金を担当する一定の権限を有する者の協力や関与がなければこうした横領は困難である。
40 ロシア内務省は、この拉致に関与したのは反対派のシューラー(イスラーム評議会)の構成員、バサーエフやバラーエフだと認識していたようである (*Известия*, 10 марта 1999 г.)。シュピグン拉致とこれが軍事介入に与えた影響についてはサースディ (Szászdi 2008, pp.64-94) を参照。少なくともエリツィン (2004, p.504) もこの事件が紛争回避を困難にしたと回想している。なおマスハドフがシュピグンの解放のために最善を尽くしたのも事実で、例えば治安・武力省庁の再編や犯罪勢力への武力作戦の実施などを試みた。さらに情報提供のために財政危機にあるにもかかわらず1500万ドルの報奨金を出すとした (*Известия*, 20 марта 1999 г.)。
41 例えば98年だけでもベレゾフスキーは70人の人質を解放したとされる。本人はこの際にいかなる金銭の支払いもなかったとしているが、現実には支払われたという見方が支配的だった (*НГ*, 13 ноября 1998 г.)。
42 ベレゾフスキーのチェチェン問題への姿勢ははっきりしないが、チェチェンがロシアの一部であり(=現状)、またあり続けるべきだ(=将来)という考えの下、チェチェンに一定の経済的恩恵を与えることで連邦の影響力を拡大しようという思惑があった(特に自身のビジネスもあり石油パイプラインに関心を向けていた)ようである (Berezovsky 2006, pp.467-517)。なお彼は98年4月に安全保障会議書記に復帰するも今度はCIS担当執行書記となったため、チェチェン問題には直接関与する権限を持たなかった。
43 なおベレゾフスキーについては、バサーエフがダゲスタンに進攻する前にチェチェンのテレビでベレゾフスキーから300万ドルを受領したとクルアーンの前で——すなわち嘘はないと証明するために——述べる (*Известия*, 17 сентября 1999 г.) など彼の暗躍や陰謀をめぐる議論は2000年代に強まっていく。これは、一つにプーチン政権誕生後に政治闘争に敗北したベレゾフスキーがスケープゴートにされたという面もあるだろうが、他方で第二次紛争直後にはマスハドフも彼を痛烈に批判しており、当事者が彼の紛争への関与について悪い印象を抱いていた面もある。例えばマスハドフは、エリツィンの後継者プーチンを大統領に選出させるために戦争が必要とされ、プーチンの選挙キャンペーンを担当して

いたベレゾフスキーがバサーエフやウドゥーゴフに資金供与をし、行動をとらせた（「戦争はベレゾフスキーとバサーエフ、ウドゥーゴフが始めた」）と批判していた（*Lenta.ru*, 11.04.2000; http://lenta.ru/vojna/2000/04/11/maskhadov/）。

44 対立は、バサーエフ内閣の汚職をラドゥーエフが批判したこと、また98年2月のシェヴァルドナッゼ暗殺にラドゥーエフが関与した疑いでチェチェン・グルジア関係が悪化したことへのバサーエフの反発（彼はグルジアとの関係強化を唱えていた）が原因にある（*Свободная Грузия*, 19 февраля 1998 г.; Музаев 1999с, С.98-9）。

45 表4－9に記載した急進的な野戦軍司令官も入閣を経験している（例えば、ゲラーエフは副首相や防衛相、ハリモフは内相、モフサエフは国家保安局局長）。

46 だが、候補者の乱立と必要得票率を獲得できないというような意味で混乱していた議会選挙でウドゥーゴフのイスラーム秩序党は、議会招集の際に7議席を獲得しており、彼の支持基盤がまったくなかったともいえない。

47 ただし、これ自体はチェチェンの諸勢力が和解する過程で形成された（主導したのはマスハドフとクターエフといわれる）ものであり、必ずしもヤンダルビエフのイニシアティブの下で行われたものではない。

48 このようにみると、第一次紛争終結に至る過程と第二次紛争発生へと至る過程では表面上、ヤンダルビエフは大きく変化していることになる。こうした経緯もあり、表4－9では親露派への処遇や対露政策に若干曖昧さを持たせる表記をした。左側が暫定大統領時、右側が下野して以降の政策と捉えて問題ない。

49 巻末資料「第一次チェチェン紛争後のチェチェン・イチケリア共和国内閣人員（1996-99年）」を参照。

50 バサーエフは政府軍の行動を黙認・支持し、グデルメスでのワッハーブ主義者の行動を支援しているといわれていた自らの盟友ハッターブを庇うなど受動的な対応をとった。

51 彼が「超民族主義者」でも、妥協することのない強い信念を持っていたわけでもないことはロシア軍の進軍後の対応からも分かる。彼は99年10月に紛争がもはや不可避と知ると、それまでの主張を180度変えてロシアとの交渉の必要性を訴え、今まで繰り返し批判してきたロシアとの条約も支持すると述べたのである（Музаев 1999b, С.762）。

52 98年11月にラドゥーエフを一兵卒に降格する大統領令を発布した（*Коммерсантъ*, 11 ноября 1998 г.）。

53 例えば、イギリス人ら技師の拉致殺害の容疑者でイスラーム連隊元隊長バラーエフやグデルメスでの反乱でワッハーブ主義勢力を援助したシャリーア親衛隊元隊長メジドフも准将の称号を剥奪されている（Акаев 1999a, 1999b; Саватеев, 2000, С.90; Малашенко 2001a, С.19）。

54 なお、この図ではあえて加えていないが、他にも分類の指標として団結や統合の対象を「チェチェン一国」とするのか「コーカサス地域」とするのかというものがある。ただ、紛争後のチェチェンでは、チェチェン一国のみでは生存することが厳しいということは自明だったので、こうした立場を前面（全面）に出す政治指導者や組織はほとんどいなかった。したがって、相対的に「コーカサス地域主義」という立場が強かった。このため図15では、あえて団結や統合の対象を取り上げることで分類するというようなことはしていない。

55 なお、「法的なイスラーム化」に対するロシア側の反応は様々で、交渉推進派だったアブドゥラティポフとルィプキンの間ですら認識の相違があった。前者は、これは過激派への接近だと捉えたのに対し、ルィプキンは決定を問題視しながらも反対派との衝突を避け

343

るための行為と捉えた (Szászdi 2008, pp.51-52)。

56 なお、このことは指導者の仲・不仲も影響していると思われる。例えば、ヤンダルビエフとウドゥーゴフは共にドゥダーエフ政権のイデオロギストであり、チェチェンの初期民族運動から行動を共にしていた（ヴァイナフ民主党の前進・バルトからウドゥーゴフは参加していたと述べている：НГ, 19 декабря 1998 г.）。ラドゥーエフとヤンダルビエフもドゥダーエフという共通項があったので、第一次紛争後に接近しやすかった。またバサーエフとハッターブは独立派義勇軍の同盟者であり、ハッターブと地方のワッハーブ主義者は急進的イスラームという共通項を有した。他方で、バサーエフはヤンダルビエフやラドゥーエフを嫌っており、また彼は一時期反対派の指導者として祭り上げられそうになった副大統領アルサノフとも仲が悪かったとされる（Библиотека газеты «Северный Кавказ» 2009）。またアルサノフは、バラーエフなどの地方のワッハーブ主義者と対立しており（Московские Новости, 30 марта-5 апреля 1999 г.）、反対派も簡単にまとまることができるという状況に元々あったわけではなかった。

57 こうした「政治的ゲーム」で失敗したのは、副大統領のアルサノフだろう。彼は、副大統領でありながら、反マスハドフ派との連携を模索したり、一時期彼らから支持表明を受けたりした。こうしてアルサノフ自身も自らの影響力を強めるために反マスハドフ派に一層接近しようとするが、シャリーア・クルアーン体制導入を前にして副大統領職がマスハドフによって廃止（免職）されると急激に影響力を失った。解任直後、政治的に自分が中立であることをアピールしようとし、政権と反対派いずれのシューラーにも参加しないとしていたが (ГР, 11-17 февраля 1999 г.)、これで自分の影響力を回復できないとみるや、現状でも自分は副大統領だと主張した (Московские Новости, 30 марта-5 апреля 1999 г.)。

58 取り上げる世論調査のほとんどは大統領府情報分析センターが行ったものであり、一部は当時の新聞あるいはこれを転載したムザーエフの資料集 (Музаев 1999b, С.246-248, 1999c, С.135-137) から、大部分はバスハノヴァの著作 (Басханова 2004) から取り出したものである。

59 大統領府情報分析センターが1120名を対象にアチホィ・マルタン、グデルメス、ナドチェチェヌィ各地区、グローズヌィ市で行った調査。

60 なお仮に元データのまま、男女比2：1で「イスラーム国家」／「世俗的国家」支持の回答者を算出すると、前者が52.4％、後者が47.5％になる。ただし、男女比を男2.18に対し女性1とすれば、全体の回答者は56.4％になる。この程度の誤差を内包して「男女比が2：1であった」と述べることはあると思われる。したがって、厳密に2：1で当てはめて合わないからといって回答自体を入れ替えてしまうのは問題があろう。

61 ただし、後者については出典元でそのように言及があるだけで詳細な元データは分からない。

62 一つの参考意見を提示すれば、97年4月に行われた世論調査では、「シャリーア刑事訴追手続きが共和国にあることを歓迎するか」との問いに66.1％が「はい」と答え、33.9％が「いいえ」と答えていた (Басханова 2004, С.80)。この時期チェチェンではシャリーア刑法に基づき重罪人の公開処刑を行っており、これは既述のようにロシアや国際社会から非難を浴びていたが、少なくともチェチェン世論はその刑事訴追手続きについて7割近くが賛意を表していたことになる。これは、厳しい処置が犯罪抑止に役立つという知識人や政権にみられた理解と同様の理解を世論も持っていたことを窺わせる。

63 これは同様に「世俗的な国家」についてもいえ、それは宗教的な国家ではないという点では明確な回答だが、さらに先に進んで「では民主主義国家なのか」というところにまで

は答えていない。
64 「共和国の幹部人員はどのような基準で決まっていると思いますか」を問うた調査で、回答者は 1122 名（男性 572 名／女性 550 名）。54.0％が「旧知の人物・関係者・有力な氏族」、21.8％が「それとは別の影響力を持つ集団」、5.6％が「然るべく学識者・実務経験者」、3.9％が「個人的な忠誠心」、13.6％が「分からない」、1.8％が「それ以外の要因」であった（Басханова 2004, C.98-99）。
65 実際に「自分たちと共和国幹部人員の関係をどう考えるか」と問うた質問では、7 割が「否定的／消極的な関係」だと回答している（Басханова 2004, C.99）。「肯定的／好意的な関係」との回答は 3％程度、「答えられない」としているのは約 26％であった。
66 ただし「幹部人員」という言葉は、指し示す人および役職の範囲が「閣僚」よりもかなり広いと思われるので、「幹部人員への否定的な見方」＝「閣僚への否定的な見方」と安易に繋げてしまうのも問題だろう。
67 なお、これら政治指導者に対する世論調査結果は、前述のムザーエフの資料（Музаев 1999b, C.247-248; 1999c, C.136-137）にも載っているが、一部の情報が欠落、もしくは誤記載されており、これに依拠し当時の新聞を見ないと異なる評価をしかねないので注意が必要である。またバスハノヴァの報告書にはこれらの世論調査結果は記載されていない。
68 議会との回答は約 20％、シャリーアは 25％。なお、筆者がモスクワで入手した『グローズヌィの労働者』（ГР, 25-31 марта 1999 г.）の当該新聞記事には掲載されていなかったものの、アメリカの East View がインターネット上で販売しているデータベースの当該記事では別のアンケート調査も記載されていた（なぜ紙媒体にないデータが電子版にあるのかは不明）。これによれば、世論は概して（反対派との）武力闘争に反対で（特にグデルメスでは 93％と最も高く、同地は武力闘争へ参加する意志がある人も 7％と最も少ない）、男性の 61％、女性の 57％が反対派よりも政権にシンパシーを抱くと回答している。マスハドフの努力では反対派を説得できないから彼が自主的に辞任するべきだと考える人は 10％で、武力による防衛も含むマスハドフ政権の抵抗が必要だと考える人が 30％、マスハドフ政権が妥協なき解決策を探求することを最も望むという考えの人が 40％であったという。
69 (4)に関しては説明がまったくないので理解に苦しむ。特に「富の蓄積」や「冒険」とは何を指すのかが分からないと議論しようがない。仮に国内では十分に動員資源を獲得できないので、過激派がダゲスタンへ進軍したというような理解であれば、やや疑問を残す。過激派は、国内において身代金拉致や石油の抜き取りなどで財政基盤を確保しており、また経済が破綻している中で職のない若者を動員することにも成功していた。ダゲスタン進軍に彼らが向かっていったのは、そこで得られるかも分からない経済的利益（よくいわれるチェチェンを迂回する石油パイプラインを押さえ、カスピ海へのアクセスを得ること）よりも、国内での膠着状態の打破を目的とした政治的動機の方が強いと思われる。
70 筆者は脱稿までに入手できなかったが、オスマエフは 1996-2006 年に関する詳細な事実関係の整理、文書や研究の整理を行った資料集（Чеченская Республика в 1996-2006 гг.: хроника, документы, исследования, Нальчик）を 2011 年に刊行したようである。
71 確かに議会選は候補者の乱立、投票率の問題（50％以下は不成立）、大統領選挙の勢いを受けてマスハドフ与党を主張する民族独立党とイスラーム秩序党が優位に選挙を進めたという事実はあった。しかし、こうした中でも親露派政党はまったく立候補を排除されていたわけではなく、例えば、有力な親露派政党である祖国党の候補者は民独党や秩序党よりは少なかったが立候補はしていた（Интерфакс, 9 февраля 1997 г.）。なお、1997 年議会選挙における立候補者および当選者の詳細な情報は当時の新聞資料や資料集でも欠落してお

り、検証が極めて困難である。

72 マスハドフは97年5月のインタビューで選挙後の政権運営について融和的な政権運営を行うことを明示していた。「私を支持してくれた人は60％だが、私は私に反対した残り40％の人たちの支持も得たいと思っている。私の課題は国民の統合なのである。だから今日、大統領上級評議会では選挙での私の対立候補の多くも働いている」(*Интерфакс*, 8 мая 1997 г.)。

73 マスハドフが、こうした強い指導力と厳しい処置の採用に少なくとも躊躇していたか、もしくは、そうした措置をできるだけとらないようにしていたとみる論者としては、アフマドフ元外相（Akhmadov and Lanskoy 2011, pp.236-237）が挙げられる。

74 例えば98年11月の時点でチェチェン軍の軍人は11カ月給与をもらっておらず、軍から出向し各治安機関に派遣されている兵士は1年半給与をもらっていないと軍幹部は明らかにしている。装備品や武器の不足も大きな問題であったようである(*ГР*, 15-21 октября 1998 г.)。

75 アフマドフ（Akhmadov and Lanskoy 2011）は、この点を繰り返し強調している。

76 後述するようにダゲスタンでは、ワッハーブ主義と呼ばれている勢力の多くは、その宗教思想的立場としてはサラフィー主義者として捉えることが可能であり、後者の用語を用いる方がこれらの勢力を正確に理解できると思われる。他方で、チェチェンの勢力と連携するダゲスタン側の勢力だけ、チェチェン側と分けてサラフィー主義と呼ぶのは誤解を招くので、ダゲスタン側もワッハーブ主義と形容する。

77 彼はアヴァール人であり、バガウッディーン・ムハメッド（Мухаммед：ムハンマド）、あるいはマゴメドフ（Магомедов）、キジリュルトフスキー（Кизилюртовский：彼の拠点地区からとった名前）などとも呼ばれていた。マゴメドフが比較的よく文献で使われるが、以下で登場する当時のダゲスタンの首長（国家評議会議長）マゴメドフ（Магомедали Магомедов）と紛らわしいので、本書ではケベドフを用いる。

78 他にもアヴァール人指導者のラマザノフ（С. Рамазанов）、アリーエフ（А. Алиев）、タガエフ（М. Тагаев）およびその武装勢力（マゴメドフ：コーカサス・イスラーム軍、タガエフ：ダゲスタン・イマーム蜂起軍など）が参加した（Акаев 2000; Добаев 2000）。

79 ただ、その後の著作（Акаев 2007, С.65）ではアヴァール人の詩人アリーエフの言説（チェチェン人の蜂起への参加は10％に過ぎない）を引いている。アカーエフはチェチェンのイスラーム研究（スーフィ研究）の大家として著名だが、それゆえにチェチェンのイスラームがワッハーブ主義しかないように理解されている状況、偏見やレッテルが溢れていることに強く反発している。これに対してダゲスタン住民であるキスリーエフ（Ware and Kisriev 2002）は、ダゲスタン諸民族とチェチェン人が半々だと主張する。

80 1989年（ソ連時代）の人口センサス（Госкомстат РСФСР 1990）では、アヴァール人が27.5％、ダルギン人が15.6％、クムク人が12.9％、レズギン人が11.3％、ロシア人が9.2％、ラク人が5.1％、タバサラン人が4.3％、アゼリー人が4.2％、チェチェン人が3.2％、ノガイ人が1.6％、ルットゥリ人が0.8％、アグル人が0.8％、タット人が0.7％、ツァフル人が0.3％などである。

81 ダゲスタンとはトルコ語で山岳国家を意味する。またダゲスタンは、体制移行後も大統領制が導入されず（92年、93年、99年に国民投票で導入を否決：反対はそれぞれ83％、68％、75％）、最高会議議員から選出される国家評議会（14民族それぞれの代表で構成される）の議長（ダルギン人のマゴメドフが就任）が国家元首を務めるという体制がとられた数少ない共和国でもある。複雑な民族構成であったため、民族別の議席割当（一定の選

第 4 章　平和定着の失敗の多角的検討

挙区を民族人口構成別に振分けた）制度もとられた（なお議会議長にはアヴァール人のアリーエフが就任）。民族議席割合は、選挙法制定時とその運用過程で若干変化したようで、また 2003 年には選挙法改定で選挙区の数と構成（複数人区の導入など）も大きく変化した。これらについては、以下の文献を参照のこと（Музаев 1999a, С.79-80; Zürcher 2007, pp.196-197; Ware and Kisriev 2010, pp.57-75, 156-185）。

82　本節で取り上げるチェチェンとの関係に一定の留意をしながらダゲスタンの基礎的情報、抱えている課題を挙げている文献としてはキスリーエフら（Ware and Kisriev 1997, 2002, 2010）とムザーエフ（Музаев 1999a）に加え、差し当たりコーネル（Cornell 1998b）、ガンマー（Gammer 2005, 2008）などがある。

83　彼らはワッハーブ主義という言葉を自ら使うことはなくサラフィー主義と名乗った（НГ, 18 марта 1998 г.）。

84　イスラーム復興党については差し当たり玄（2006, pp.98-102）、キスリーエフ（Кисриев 2007, С. 52-54）、シランティエフ（Силантьев 2008, С.79）、小松（1994）、湯浅（2002）を参照されたい。

85　彼は 1992-96 年に議員を務めていたが、スーフィー教団との対話姿勢もとっており、議員引退後 98 年に死亡するまでは政治に関与せず、宗教世界に基盤をおいた（Кудрявцев 2000; Малашенко 2001a, С.10; НГ, 18 марта 1998 г.）。なおイスラーム復興党そのものの活動も 94 年頃までには下火になっていった。

86　ドゥダーエフ政権は既述のように独立国家としての生存をはかるため、イスラーム的言説を強めていたが、このイデオロギーを考案していたウドゥーゴフやヤンダルビエフがダゲスタンのワッハーブ主義者に接近した。またハッターブなどの外国人部隊がチェチェンで戦闘に参入すると、ケベドフらも武装勢力の組織化を始めるなどした。こうして紛争後、ヤンダルビエフがシャリーアを導入すると、ケベドフは彼の招きでチェチェンに訪問するなどしていた。

87　特にブィナクスク地区のカラマヒ村はワッハーブ主義者の拠点として有名で（当時、ブィナクスクのワッハーブ勢力は約 800 人とされたが、カラマヒ村だけで 500～600 人いるといわれており）、ハッターブはこの村出身の女性と結婚したため、同地のワッハーブ勢力とは強い関係を有した（Кисриев 2007, С.91）。

88　このうちケベドフは 11 地区に 2031 人、オスマロフは南部 10 地区に 442 人の武装信徒を有した。なおワッハーブ信徒がどの民族に多かったのかの判断は難しいが、それぞれの地域の多数派民族は以下の通り（いずれも番号は表 4 - 14 と図 16 に対応）。②はラク人が多数派、⑨はダルギン人が多数派、⑬はラク人とチェチェン人が混住、それ以外はアヴァール人が多数派の地域である。なお 99-2000 年のワッハーブ主義に対する民族別世論についてはキスリーエフら（Ware and Kisriev 2010, p.111）に部分的資料がある。

89　彼らによる犯行ではないものも含まれていると思うが、例えば 96 年 8 月には共和国財務相がテロで殺害され、内務省部隊への攻撃、国境警備隊宿舎への攻撃（67 名死亡）などがあり、97 年に入っても、1 月には鉄道で爆破テロ（5 名が死亡）、5 月には副首相の暗殺未遂（随行員 4 名が死亡）、7 月にはハサヴユルトのロシア軍駐留基地攻撃（11 名が死亡）、10 月には内務省特殊部隊OMON駐屯所への銃撃（1 名死亡）などのテロが相次いだ（Московские Новости, 8-15 марта 1998 г.）。

90　例えば 1996 年にダゲスタンの失業率は 24％だったが、全失業者に占める若者（16～29 歳）の割合は、56.8％と非常に高かった（Адзиев и Гасанов 2010, С.26）。

91　ダゲスタンにおける宗務権力をめぐる対立については、松里とイブラギモフ（Matsuzato

347

and Ibragimov, 2005; 松里 2009)、キスリーエフ（Кисриев 2007, C.94-121）を参照されたい。当局公認の宗務局はアヴァール人が92年以降支配しており、これに対してレズギン人、クムク人などが独自の宗務局を創設した。

92　伝統的なイスラームの規模については巻末資料「ダゲスタンのスーフィー教団の概要」を参照頂きたい。

93　なお、伝統的イスラームの規模とは別の話として、当時の世論がワッハーブ主義者の掲げる独立したイスラーム国家樹立に対して一部地域（彼らの拠点）を除いて冷めた反応だったことも彼らの行動や可能性を制限する要因となった。例えば、97年の世論調査（ダゲスタン教育大学が主に若者を中心として700人に行ったもの）では79%の人がダゲスタンをロシアの共和国であるべきだと考えており、ロシアからの独立は3%の人にしか支持されていなかった（Адзиев и Гасанов, 2010, C.24）。なお、前掲のキスリーエフらの調査ではワッハーブ主義は「宗教を隠れ蓑にした急進主義者」という評価がどの民族でも高く、望む国家体制についても多くの民族が「社会主義」と回答し、「イスラーム国家」は「西欧型民主主義」に劣る評価であった（Ware and Kisriev 2010, p.111, 131）。

94　それぞれの民族がそれぞれの共和国を創設しようとする運動で、90年代初めまではある程度精力的に取り組まれた。各民族運動の展開についての詳細は、ムザーエフ（Музаев 1999a, C.75-98）を参照されたい。

95　先の97年世論調査では、共和国における民族間の安定の維持に53%が満足していると答え、そのうちの78%は現行の制度（各民族の平等による単一共和国）を支持すると答えた。これに対してわずか9%が各民族の独立自治領域を基盤とした連邦や連合を望んでいると答えた（Адзиев и Гасанов, 2010, C.23）。

96　ソ連時代は慣例で共産党ダゲスタン州委員会第一書記、最高会議議長、閣僚会議議長はアヴァール人、ダルギン人、クムク人で配分（ただし第一書記はアヴァール人とダルギン人が交互に就任）し、第二書記はロシア人が就任していた。体制移行後には、第一書記のM. アリーエフが議会議長、最高会議議長のマゴメドフが国家評議会議長と、旧共産主義指導部による配置転換がなされたに過ぎなかった。

97　例えばロシア・ムスリム連盟代表のナーディル・ハチラーエフ（連邦下院議員）、弟のマゴメト（ダゲスタン議会議員、ラク人民族運動代表）などが挙げられる。ラク人がなぜ精力的に民族運動を展開し、急進的イスラームに接近したのかは種々の要因が考えられる。彼らは人口規模では共和国の6番目の民族で、3大民族（アヴァール、ダルギン、クムク）のような政治的恩恵にあずかっておらず、しかも人口の45%は産業のない山岳部に住んでいた。同じ条件にあったタバサラン人やレズギン人は宗教・言語・地理的に近いアゼルバイジャンへのアクセスを有し、ノガイ人は農業が盛んな北部・ステップ地域に住んでおり、かつチュルク系でラク人と連携できる素地が少なかった。ラク人の居住する山岳部の失業率は高く、住民の流出が加速していたが、彼らの平野部の拠点は、1944年のチェチェン人の強制移住後、アヴァール人と共に定住した地域であり、帰還したチェチェン人と領土問題を抱えていた。そこでラク人はチェチェン人に出て行くよう求められ、逆に移住予定地ではクムク人に受入れを拒否されていた。

98　ラク人の民族運動の指導部は、ロシアからの分離、コーカサスにおける連邦も唱えており、チェチェン独立派との接触もあった（Музаев 1999a, C.85）ので、急進的イスラームとの連携も容易だった。チェチェン独立派との接触についてツルヒャー（Zürcher 2007, p.190）は、紛争勃発後、武器取引で富を得るなどして野戦軍司令官との繋がりを作り、レーベジとマスハドフの交渉にも関与していたと述べる。

99　結党大会はコーカサスの政治組織などの代表 250 名以上が参加（アルサノフ副大統領も参加）した。
100　例えばムハマトのアヴァール民族共同体は、ダゲスタンの民族連邦化やロシアからの分離、コーカサスにおける民族連邦化などを唱えていた（Музаев 1999a）。
101　攻撃されたのは、ブィナクスク市（同地区）、ハサヴユルト市、ペルヴォマイスコエ村（いずれもハサヴユルト地区）、キズリャル市（キズリャル地区）の四カ所でブィナクスクを除きチェチェン国境に近い。
102　当時の新聞でも「ハッターブが戦争を継続させている」（*Известия*, 22 декабря 1997 г.）、あるいは「チェチェンの過激派は自分たちの教義にダゲスタンを改宗させようと試みている」（*Известия*, 26 декабря 1997 г.）などという記事が掲載されていた。
103　ハッタープが関与していた以上、まったくチェチェンと関係なかったとはいい難い。他方で、ハッタープは外国人で、しかもダゲスタンで結婚し、テロのあったブィナクスク地区に基盤があったという特殊事情があり、彼の関与をもってチェチェン側の犯行とするのも短絡的である。例えばウドゥーゴフもバサーエフも、ラドゥーエフでさえも攻撃への自身の関与を疑われると否定していた（Geibel 2000, p.345）。
104　チェチェンの新聞（*ГР*, 25-31 декабря 1997 г.）は、この攻撃の後にチェチェン批判が高まっているとして反発した。この記事では、ダゲスタンにおけるワッハーブ主義者とスーフィー教団の対立、M. ハチラーエフなどの急進民族組織についての言及がなされ、これはダゲスタンの権力闘争であり、チェチェン人が行ったものではないと反論された。
105　攻撃された地区もワッハーブ主義勢力の拠点（表 4 − 14 参照）と重なる。
106　チェチェン政権側がこの事実を把握していたのかは不明だが、98 年 6 〜 7 月に政府側がワッハーブ主義武装勢力と激しく衝突する中で、ワッハーブ主義者側に最後通牒した際に彼らは解放された。ムザーエフ（Музаев 1999b C.116-117）によれば、これは当時、首相代行を辞任して間もないバサーエフが（ケベドフと協力関係にあり 97 年 12 月の作戦に参加した）ハッタープと話し合い、人質の解放の約束を取り付けたとのことで、政府との全面的衝突を回避するためになされた行動とも思われる。
107　こうして 98 年 5 月には「イチケリア・ダゲスタン国民議会」（表 2 − 9 参照）が創設された。
108　「イマーム・シャミーリ民族戦線」（Народный фронт имени Имам Шамиля）。創設当初は多民族的な組織だったが、まもなく急進的なアヴァール人組織になり、武力挑発行為を繰り返し、活動を禁止された。指導者はアヴァール人の共和国議会議員（当時）であったガッジ・マハチョフ（Музаев 1999a, C.93）。彼はマゴメドフ国家評議会議長批判の急先鋒の一人だったが、同じ民族のアリーエフ議長のことは支持していた。彼はハチラーエフ兄弟と行動していたが、99 年のバサーエフらの行動を転機に袂を分かち、民兵を率いてこれを防ごうとしたという。今はなんと与党「統一ロシア」に所属する連邦下院議員である。
109　当時、首相代行であったバサーエフは、「親モスクワ的な政権に対するダゲスタン国民の闘争への支持を提供する準備をしなければならない」と主張していた（*Известия*, 23 мая 1998 г.）。
110　なおハチラーエフらの反乱は、連邦の介入によって解決する。連邦も内戦を恐れて、対応は慎重となり、ステパーシン内相を現地に派遣、またモスクワから戻ったマゴメドフ国家評議会議長も参加する形でハチラーエフらとの議論の場を設けた（アカーエフはアブドゥラティポフも仲介したと述べている〔Акаев 2000〕）。彼らの要望は預かるという形にして、その場では不法占拠の罪も問わなかった。どうにか事態を収めると、共和国政権は

ハチラーエフ・バッシングを展開、その後マゴメトを逮捕、ナディールは下院議員を免職され自宅軟禁となった (*Свободная Грузия*, 11 сентября 1998 г.)。彼らの処罰への反応は比較的少なく、ラドゥーエフがダゲスタン当局に解放を要求したことと、ダゲスタンの反対派組織がロシア指導部にマゴメドフ国家評議会議長および治安当局者の解任、大統領選挙の導入を求めるという程度のものに過ぎなかった (*Известия*, 12 сентября 1998 г.)。

111 辞任当時はマスハドフ政権とワッハーブ主義者やラドゥーエフなどの過激派の間の武力闘争が継続しており、しかもその最中にマスハドフ暗殺未遂事件が生じたため、世論がマスハドフ支持で固まり (犯人探しや容疑者のシャリーア裁判所への出廷が求められ)、過激派もマスハドフへの忠誠を誓わざるを得ない状況に追い込まれた。このような状況がバサーエフの行動に影響を与えたことも考えられる。

112 例えば、アメリカ人教師のハーバートは既述のようにダゲスタンで現地住民4名によって誘拐されている。犯人らは、学生にバスケットボールを教えるハーバートに対してダゲスタン共和国内務省職員を名乗り、車のところまで呼び出した後、拉致した。彼はロシア・アメリカ基金の「社会文化発展プログラム」を通して95年に妻と共に赴任していた (*The New York Times*, 30.6.1999; *The Moscow Times*, 30.6.1999)。

113 ステパーシン首相の解任理由には少なくとも三つの説がある。一つは、ダゲスタン情勢に接してこのような弱気な発言をしたこと (実際に事態の対処はほとんどプーチンFSB長官が主導することになり、プーチンの政権内での評価は対照的に急上昇した)、もう一つは連邦が当時から選択肢の一つとして考慮していたとされるチェチェンへの武力介入に否定的であったということ、そして最後に、99年下院選を控えて有力野党「祖国」と「全ロシア」の連合を阻止できなかったことである。チェチェンへの武力介入についてステパーシンは必ずしも自分は反対せず、アパート爆破事件以前からこれは既定路線だったと後に反論している (*НГ*, 14 декабря 2000 г.)。ただし、介入するにしても全面か部分介入かには議論があったようである。

114 ボトリフ・ツゥマディ両地区では図16の村以外にガディリ村、グムベトフ地区 (図16の⑥) の中心・メヘルタでもワッハーブ主義者の武装蜂起があり、両地区以外にもガズベク地区 (同⑧)、ノヴォラクスク地区 (同⑫)、ブィナクスク地区 (同①) で戦闘が行われた (*Известия*, 10 августа и 17 сентября 1999 г.)。

115 マスハドフはさらに「チェチェン人がそこにいてもそれは罪に堕ちた人であり、ボトリフ地区でバサーエフが観察旅行をしていたとしても、それは彼がチェチェン民族であることをやめたか、罪の道に堕ちたかのいずれかとして理解するべきである」とした。これは、バサーエフはチェチェン人を代表しているわけではないので、彼の関与をもってチェチェン人の関与としないで欲しいという弁明だろう。

116 これは既述のベレゾフスキーの関与などだが、彼に限らず当時は支持率低迷に苦しむエリツィン政権周辺が後継者の選出のために国家的危機を生み出すことによって状況を一新しようとしたという理解がメディアで提示されていた。

117 なおダゲスタン進軍10年後に行われた世論調査 (ロシアの42の共和国・州・地方140カ所で1600人に対して行った調査) では、この事件は「バサーエフやハッターブに率いられたチェチェン人・アラブ人部隊によるチェチェンとダゲスタンにおけるイスラーム国家樹立の試み」(ダゲスタン部隊の関与は未記載) と捉えている回答者が29%、これに次いで多いのは「ロシアの分裂と北コーカサス地域の分離のためにチェチェン部隊と西側の特務機関が共謀した」が25%である (22%は「まったく分からない」、9%は「ダゲスタンの敵対する集団間の対立」との回答)。「西側 (アメリカ) の陰謀論」は、この事件に利益

第 4 章　平和定着の失敗の多角的検討

を有していたと思う集団でも「国際テロリスト」(31％)、「チェチェン独立派」(28％) に次いで「アメリカ政府」(24％) が入っていることからも分かる (ВЦИОМ, *Пресс-выпуск* №. 1285, 6 августа 2009 г.)。

118　情報通信社「コーカサス」がダゲスタンの 6 都市 18 地区で行った世論調査結果。

119　8 月 12 日にはその数は 3000 人に達し、マハチカラ市長のサイード・アミーロフは 350 人の民族横断的な志願兵を率いて、ワッハーブ主義者と闘う前線に向かったといわれている (*НГ*, 12 августа 1999 г.)。

120　序章で挙げた事件で、アパート爆破を住民が未然に防いだところ、目撃者の証言や警察当局の捜査によってテロに関与したのはロシア系民族で、車はモスクワナンバーだったことが判明する。プーチン首相 (当時) は市民がテロを未然に防いだことを賞賛するも、FSB はこれを自らが秘密裏に行った訓練だったと弁明し、大問題に発展する。アパート事件の中核的な出来事でリャザンは事件のあった都市。この事件についてリトヴィネンコ (2007) は政府の関与を強く主張していたが、実態は不明である。

121　彼は「何人かの論者は、チェチェンの犯罪勢力によってダゲスタン国民が弾圧された」と主張していると批判 (例えばダゲスタンの研究者キスリーエフにしても「バサーエフ司令官に率いられたワッハーブ主義者のダゲスタンへの侵攻」というようにダゲスタン・ワッハーブ主義指導者ケベドフの重要性を無視した記述をしていると非難) している (Акаев 2008, С.65)。アカーエフのような主張はしなくとも、例えばザウルベコヴァ (Заурбекова 2003) は、「すべてのダゲスタン住民がこの行軍はチェチェン国民の意思に反して行われたということを理解しているわけではない」とダゲスタン側の認識を問題視している。

122　確かに、この事件で大多数のチェチェン人は自らの求めていない行動のつけを支払わされたという事実はある。それは「住民の大多数が反対していたバサーエフの挑発行動をチェチェン人によるダゲスタン諸民族への弾圧行為とモスクワに捉えられた」(Заурбекова 2003, С.19) だけではなく、その後、発生したアパート爆破事件も即座にチェチェン人による犯行と断定されたという経緯があるためである。しかし、こうした被害者意識は「巻き込まれた」と感じるチェチェン・ダゲスタン双方の住民が等しく抱いていた感情であり、ダゲスタン側に「こちらの方が被害者だ」あるいは、「ダゲスタン側にこそ真の責任があるのだ」という主張を向けても何も生まれない。

123　また、チェチェンの政権の方がモスクワやマハチカラ (ダゲスタン) よりも相対的にワッハーブ主義との対決姿勢を鮮明にしていたこともあまり知られていない。チェチェンでは、既述のように 92 年に宗務局がワッハーブ主義を禁止、97 年には大統領令でイスラーム的なプロパガンダを禁止、98 年にはワッハーブ主義者との闘争・彼らの解体・追放が宣言され、宗務局も再び彼らの活動を禁止、排除するとした。これに対しモスクワでは、すでにワッハーブ主義が大きな問題となっていた 98 年 7 月にクレムリンで「政治的過激主義を阻止する連邦大統領委員会」が開催されたが、この席上、ワッハーブ主義は過激主義には該当しないという結論が出された (Акаев 1999b, 1999с)。さらにロシア政府高官はボトリフ、ツゥマディ地区などワッハーブ主義者の拠点を視察したが、具体的な対策を講じなかった (Силантьев 2008, С.297)。またダゲスタンについては、ワッハーブ主義者との闘争が終了した 99 年 9 月に議会でワッハーブ主義の活動を禁止する法律を通過させるなど、対応が後手に回っていた。

124　なおイギリス人らの殺害は、98 年 12 月に発生しており、厳密にはこの時期は本書の分類では第四段階第三期に該当する。しかし、98 年 11 月末頃にはすでに人質救出の見込

351

は低くなっており、実際に殺害されたのも12月初旬なので、表4－18ではこの事件の結末も第二期に入れた上で、「外交」政策の頓挫と評価している。

125　99年3月（本書分類では第五段階）以後、どんな形になるかの議論はありつつも介入は不可避だという考えがロシアにあったのはステパーシン発言、シュグピン拉致事件などから読み取れる。

126　もちろん、そうはいってもこの背景にあった複雑な事情（交渉をめぐるロシアの大統領府や内閣、立法府の意見や認識の相違、当時のロシアの経済・政治状況とその課題など）について理解する必要があると考え、本書では一定の考察を試みてきた。

127　この場合、ロシアが第一次紛争に至る過程で支援した親露派勢力は「政府をめぐる対立」を構成しておらず、有力な政治勢力ですらなかったので（マスハドフ政権の一部を形成していたので）、ロシアが「政府をめぐる対立」に介入する場合、支援する対象はマスハドフ政権というものがまず想定されることになる。だが、経済合意の履行を含めてロシアは同政権を積極的に支援しようとはしなかった。無論、マスハドフを支援せず親露派勢力を創設することも選択肢としてないわけではなかったが、これは実現が困難だった。

128　彼らが影響力を握るようになったのはロシア内政上の種々の要因が考えられるが、チェチェンとの関係でいえば、サースディ（Szászdi 2008）は既出のシュピグン拉致に加え、コソヴォ危機の影響もあったとする。ロシアにとってコソヴォもチェチェンも同種の分離独立問題であり、これにアメリカを中心に西側諸国が武力介入したことで露軍（文民指導者と軍・情報機関指導者）のいずれでも武力介入の動機が強まったとする。

129　なお同様の論理は、9.11以後のブッシュ政権も用いたが、プーチン政権はそれに先んじていた形になる。

130　例えば、第一次紛争時（95年11月）と第二次紛争時（99年11月）では以下のような世論の違いがあった。まず「あなたはチェチェンにおける軍事作戦がロシア連邦の崩壊を阻止するためのものだと思いますか？」との問いに対して前者は、「はい」が20.4％、「いいえ」が64.9％であったのに、後者では53.1％と20.4％に逆転した。次に「チェチェン問題の解決により好む方法はどちらですか？」との問いでは、「チェチェン人の抵抗がすべてやむまで軍事活動を継続する」のを支持するのは前者では3.2％、後者では62.5％、「チェチェンから撤退し、共和国との国境警備を強化する」を支持するのは前者では51.1％、後者では13.8％などとなった。

131　すでに98年の時点で「ロシアに敵対的と感じる国」でチェチェンは若者（17〜26歳）の間でアメリカに次ぐ2位（13.1％が回答）、年配（40〜60歳）の間でアメリカ、日本、バルト三国に次ぐ4位（同8.5％）だった（Серебрянников 1999, C.42）。この調査結果は、ロシアにとっての一地域が国として挙げられているという問題はもとより、その位置づけが超大国アメリカに次ぐ位置、また北方領土を抱える日本、ロシア語系住民問題を抱えるバルト三国と並ぶ「敵対国家」と位置づけられていたという点が意味深い。

132　既述のように石油パイプラインについても結局、アメリカなどが推すBTCパイプラインが99年に建設合意に至るなど、ロシアのコーカサスにおける権益は損なわれていた。

133　同時に国連安保理などでテロに関わる決議も多数採択され、このうち決議1440と1566がモスクワ劇場占拠事件とベスラン学校占拠事件の発生を受けて採択されたものである。また決議1267、1333および1390に基づいて資産凍結措置などをとるべきテロ組織や個人がリスト化されたが、ここにはバサーエフやヤンダルビエフの名も加えられた――ただし、マスハドフの名は記載されず。

134　なおロシア政権（プーチン政権）も少なくとも第二次紛争発生直後はマスハドフを「テ

第4章　平和定着の失敗の多角的検討

ロリストの頭領」と捉えていなかった。次第にその評価は変わるわけだが、これには一定の段階があったと推測される。まず2000年には親露派行政府が設置されるので、マスハドフ政権の権威は否定された——これがすぐに「テロリスト」と評価されるまでに至ったかは判然としない。2002年のモスクワ劇場占拠事件の際はこの事件への関与を否定したマスハドフを「テロリスト」とロシア政権は批判している。

135　「領域をめぐる対立」におけるロシア指導部の役割については本章2節、「政府をめぐる対立」におけるチェチェン急進独立派、過激派の役割については同3節、後者と一体的に捉えられていたダゲスタン・ワッハーブ主義者の役割については同4節で考察を試みた。

136　彼の突飛な発言として挙げられるのは、自身の暗殺未遂事件が起きた際の「ロシアの一部過激派（武力介入論者）とチェチェンの犯罪勢力が結託してこの事件を起こした」という発言、あるいは反対派を批判した際に「シオニスト機構とサウジアラビアの両方を支持している」と述べた発言などである。

137　特にエリツィンとの会談を準備している最中には国内的な対立は膠着状態に陥っており、わざわざ反対派に配慮してアブムスリモフを準備委員会委員に任命する必要があったのかには大いに疑問が残る。また、ダゲスタン進軍によってモスクワとの対立が紛争段階へと進んでいっても——この段階にはそれ以前と異なり、もはや「領域をめぐる対立」か「政府をめぐる対立」のいずれかで紛争は不可避に思われる状況が形成されていたのに——なおバサーエフらの排除をなぜ躊躇したのかは判然としない。

138　ロシア側はマスハドフに無条件降伏（自身の主張する「チェチェン・イチケリア共和国」大統領職の辞任と武装解除の上、チェチェン国民を前に自らの誤りを謝罪することなど）を求め、これを行わない限り交渉主体としても認めないとした。ただ、彼が投降してもバサーエフらが闘争を続けることは明らかであったので、彼自身が投降しても、それが紛争終結に結びつく状況にはなかったのである。

139　紛争が始まると、マスハドフ政権をチェチェンの実効的な政府だと見なすチェチェン人は2000年の世論調査では3.5％、親露派行政府カディロフ長官を実効的な政府だと見なすのは8％だった（あとはロシア連邦代表や軍の作戦司令部が合計で70％近くを得た）が、2001年にはマスハドフ政権は横ばいの3.3％、カディロフ政権は微増し13.9％となった（Басханова 2004, С.107）。別の調査でも「チェチェン国民の利益を体現している指導者は誰か」という問いにカディロフとの回答は19.5％、マスハドフとの回答は2.7％で、「チェチェン復興に役割を果たせる指導者は誰か」という質問でもカディロフとの回答は14.5％、マスハドフとの回答は1.7％と格差があった（Дзуцев 2001, С.25）。ただし、紛争中の世論調査なのでこの回答の信頼度の問題は当然つきまとうし、チェチェン全土を対象としていないので——戦闘地域で自由な世論調査などできない——偏った回答である可能性も排除できない。

140　日本ではほとんど馴染みのない記念日だが、1904年にアメリカ・ニューヨークで女性参政権を求めるデモを受けて1910年に記念日として提唱されたことが始まりで、ロシアでは1917年に「2月革命」（ユリウス暦表記だが、グレゴリウス歴だと3月）が起こった重要な記念日である。以後、旧ソ連圏では「国際婦人デー」には、男性が女性に花束を送り、感謝をする日になっている。

141　第二次世界大戦（ナチ・ドイツとのヨーロッパ戦線）の戦勝記念日（5月9日）。

353

終　章

1．結論：
　　「二重の対立構造」下の「複合的なディレンマ」と「状況悪化のスパイラル」
　本書の目的は、「和平がなぜ定着せず、紛争の回避が困難となる状況が形成されたのか」を明らかにすることであった。この目的を達成するために本書は、チェチェン紛争を「二重の対立構造」を抱える紛争と捉え、紛争後（1997-99年）に課題が山積し、「未承認国家」となっていたチェチェンのマスハドフ政権に着目し、平和定着の試みとその挫折の過程を調査・分析した。このような作業を通して、マスハドフ政権にとって紛争を回避することが極めて困難な状況が「複合的なディレンマ」と「状況悪化のスパイラル」というメカニズムによって1998年12月から99年2月頃（第四段階第三期）までにチェチェンで形成されたことを明らかにした。

　改めて「複合的なディレンマ」と「状況悪化のスパイラル」がどのようなものであるのかを示して本書の結論としたい。「複合的なディレンマ」（図18）は、チェチェン紛争の「二重の対立構造」を基軸とし、「領域をめぐる対立」はロシア政府（連邦中央）とチェチェン独立派政権（マスハドフ政権）によって構成され（問題領域A）、「政府をめぐる対立」はチェチェン独立派政権（マスハドフ政権）と反対派（急進独立派、過激派、ワッハーブ主義者）によって構成された（問題領域B）。この「二重の対立構造」は、本書の分類では第二段階には早くもマスハドフ政権にとって採るべき政策が相互に矛盾するなどしてディレンマを生み出した。

　本書では、こうした第一のディレンマ状態から脱するためにマスハドフ政権が新たに問題領域を設定し、地域・「外交」政策に取り組んだことを明らかに

終　章

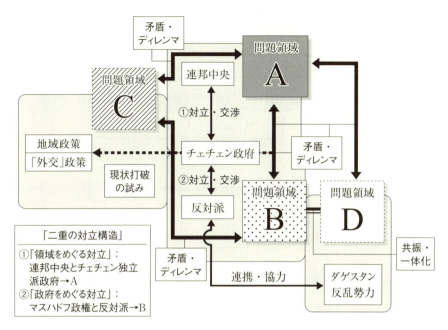

図18　紛争移行期のチェチェンにおけるマスハドフ政権の「複合的なディレンマ」
出典：筆者作成。この構図が形成されたのは第三段階頃である。

した。この政策は、国内に課題が山積するチェチェンにとって必要な外部支援を得る方法でもあった。だが、チェチェンはこの時期「未承認国家」でもあったため、この試みは本質的には問題領域Ａと矛盾し、第二のディレンマを生み出した。マスハドフ政権は、こうした矛盾やディレンマをある程度予見し、そのため、独立承認を「外交」で求めることはせず、欧米の政財界からの支援を得ようとしたが、問題領域Ｂにおける対立の激化や治安の悪化によって問題領域ＣとＢの間でも求められる政策が相互に矛盾し、ディレンマに陥った。ここに来て問題領域Ａ〜Ｃが相互に矛盾するという「複合的なディレンマ」が形成された（図18）。だが、先行研究、あるいは同時代的にロシアがチェチェン国内の問題（問題領域Ｂ）と認識していたものの中には、元々チェチェンとはさほど関係ないダゲスタン独自の問題も多数あり、したがって本書はこれを別の問題領域（Ｄ）として扱うべきであることを明らかにした。その上で、本書は問題領域ＢとＤが共振作用を起こしつつ、次第に接合・一体化していく過程

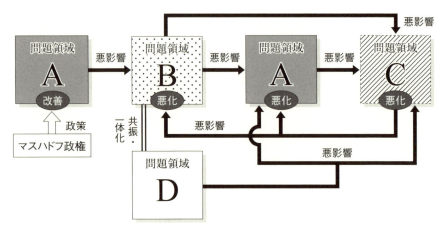

図19　紛争移行期のチェチェンにおける「状況悪化のスパイラル」(平面図)
出典：筆者作成

に注目し、これが問題領域AやCとの間に生じていた矛盾やディレンマを拡大していったことを明らかにした。このような「複合的なディレンマ」は、本書の時期区分では第三段階（1998年1～5月）には形成され始めた。

そして第四段階（98年6月～99年2月）に入ると、新たなメカニズムへと発展する。それは、ある問題領域に対して政治指導者が政策に取り組み、当該問題領域の状況を仮に改善できたとしても、それが他の問題領域の状況悪化へと繋がり、政策によって改善したはずの問題領域の状況さえも結果的に悪化させ、さらにそうした連鎖が永続するという「状況悪化のスパイラル」である（図19）。このサイクルの両輪は、共振作用を強め一体化していった問題領域BとDであり、状況悪化は加速度的に進んでいく。こうして第四段階第三期（98年12月～99年2月）にはマスハドフ政権はすでに政策的に行き詰まり——問題領域Cにおける地域・「外交」政策はすでに破綻し他の問題領域において——同政権がいかなる試みをしても「領域をめぐる対立」「政府をめぐる対立」のいずれかの紛争は不可避な状況が形成された。すなわち本書は、学術的に第二次チェチェン紛争の契機と見なされることの多いダゲスタンへの進軍（1999年8月）の6カ月前にはすでに紛争回避が困難となる状況が形成されていたことを明らかにしたのである。マスハドフ政権は、「状況悪化のスパイラル」の原動力であり、それゆえに紛争回避がより困難に思われた「政府をめぐる対立」

終　章

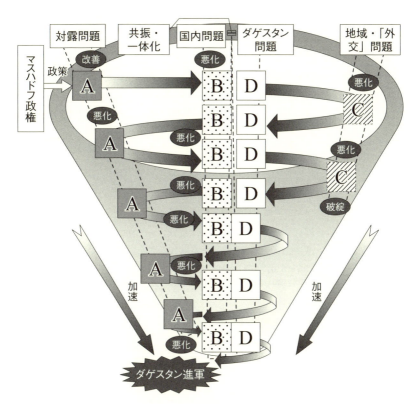

図20　紛争移行期のチェチェンにおける「状況悪化のスパイラル」（立体図）
出典：筆者作成

を抑止しようと以後も政策的対応を行っていくが、それが「領域をめぐる対立」を一層悪化させた。さらにチェチェン国内での内戦は結果として回避できたものの、ダゲスタン・ワッハーブ主義者とチェチェンの反対派指導者の一部が軍事行動を採ること（突発的事件）で「領域をめぐる対立」が紛争へと発展することとなった（図20）。

　このようにして、マスハドフ政権がもはや制御できない因子によって第二次チェチェン紛争へと突入していったのである。最後に彼に残された課題は、彼が最も重視する政治指導者の役割である「紛争を回避できるかどうか」ではなく、いずれの側に立って――独立派の看板を捨てロシアの側に立つか、独立派

表　序章で提示した先行研究が答えられない疑問に対する本書の答え

疑　問	答　え
(1) 最初から紛争回避は極めて困難だったのか？	・最初から紛争回避が極めて困難な状況にあったわけではなく、マスハドフ政権の平和定着は一定の明るい展望を持たせた
(2) いつ／なぜ／どのようにして紛争が不可避になったのか？	・「いつ」：1998/12-99/2までに ・「なぜ」：「二重の対立構造」下で「複合的なディレンマ」と「状況悪化のスパイラル」が生じ、マスハドフ政権には政策的余地がなくなった
(3) ロシアとの対立と国内での対立はどのように交錯し紛争に至ったのか？	・「どのように」：マスハドフ政権は「二重の対立構造」からの脱却を試みたが、ダゲスタン情勢という新しい問題が平和定着を特に困難にした

出典：筆者作成

の看板を下ろさず、それまでの「敵」だった急進独立派や過激派と同じ立場に立つかして——闘うという選択肢しか残されていなかったのである。そしてこの選択が後に親露派となるカディロフや一部野戦軍司令官（カキーエフやヤマダエフ）とマスハドフを分けることになったのである。

以上のように本書は、序章で提示した先行研究が十分に答えることができていない疑問に対して、表のような答えを提示したことになる。

2．チェチェン研究における本書の意義

本書は、1997-99年という移行期のチェチェンを対象とした先行研究の課題を克服することで、研究蓄積の薄いこの時期のチェチェンを包括的に理解することを目指した。本書の意義を先行研究の課題との対比から明らかにしたい。

先行研究では、「いつ／なぜ／どのようにして紛争を避けることが困難な状況が形成されていったのか」を丁寧に考察しておらず、様々な紛争要因の相互作用やその力学、またなぜ特定の要因（特に先行研究が重視する急進的イスラーム）が重要な役割を果たしたのかなどが十分に明らかにされていなかった。これに対して本書は、個別の要因に着目するあまり紛争の全体像、その構造やメカニズムが見えていないのではないかという疑問から、「紛争要因（原因）を何か一つに特定する」という作業に重点をおかず、「対立が紛争へと至る過程」を重視するという手法を採用した。本書は、チェチェン紛争の分析に際して先行研究でも意識されているものの決して掘り下げられていない紛争の「二重の対立構造」を分析枠組みとして提示した。本書は、このような紛争構造の下でど

終　章

のようなメカニズムが生じるのかを考察することによって紛争のダイナミズム（再発）を説明したわけだが、その際に先行研究の他の課題が念頭にあった。

　それは、事実関係の整理不足と理解の問題であり、特に紛争再発というベクトルを分析の前提（所与の条件）とするきらいがあるため、対露関係であれ国内問題であれ、政治指導者がどのような目的や方針を掲げ政策に取り組み、その過程でいかなる問題にぶつかったのか、またそれをどのように改善しようとしたのかなどということが十分に検討されていないという課題があった。加えて、先行研究は往々にしてロシアとチェチェンの対立、チェチェン国内の対立のいずれかに着目して紛争の再発を説明しようとするが、こうしたアプローチでは、対立が異なった行為主体と争点によって構成されているチェチェン紛争のダイナミズム（発生・停戦・再発）を十分に明らかにできないという課題があった。

　これに対して本書は、「二重の対立構造」の中心に位置づけられるチェチェン・マスハドフ政権に焦点を当て、当該政府の紛争後の政策を体系的に明らかにすることで、平和定着という異なるベクトルも同時代的にはあったのだという観点から紛争移行過程を捉え直した。平和定着という観点から紛争移行過程を捉え直すことは、「なぜ平和定着が失敗し、紛争へと向かって行ったのか」という観点から1997-99年のチェチェンを再構成（再検討）する作業でもあった。

　このような作業を通して本書は、チェチェンを理解する際に役立ついくつかの新しい知見を提供できただろう。第一に、少なくとも第一次紛争終了後、しばらくは紛争の再発は不可避ではなく、マスハドフ政権は平和定着のために独立派としては穏健で中道的な方針を掲げて、政策に取り組んだということである。先行研究は、1997-99年のチェチェンをみる際に国内対立やその原因（特に「イスラーム化」）に主要な関心を向けてきたが、マスハドフ政権の平和定着の試みをみることで国内問題以外にも対露問題や地域・「外交」問題に政権が意識を向けて精力的に取り組んできたことが明らかになった。このような事実は、1997-99年のチェチェンに対する既存のイメージ――チェチェン「国家」の破綻と急進的なイスラームで彩られる理解――とは異なる実相を明らかにしている。特にここで重要なのは、マスハドフ政権の取組みに注目することで紛争移行期のチェチェンにおいて多様な政治課題と争点があったことを確認したことである。このことは以下で明らかにする二つ目の新しい知見と共に第一次

紛争と第二次紛争に対する理解も再考させ、チェチェン紛争全体に対する理解をより豊かなものにするだろう。

すなわち第二に、紛争の再発は国内の「イスラーム化」が決定的な役割を果たしたからだと主張する先行研究に対する新しい知見である。それは、先行研究が十分に答えていない疑問——すなわちいかなる性質の「イスラーム化」がいつ／なぜ／どのように出現し、チェチェン国内において中心的な争点となったのか——に一定の答えを提示するものであり、先行研究を補足・補強する知見である。本書では、この疑問に答えるために、「イスラーム化」の性質を社会的・法的・政治的に分類し、それぞれ「いつ／なぜ／どのように」進んでいったのかを明らかにした。また特にその中で、「政治的なイスラーム化」に焦点を絞り 1997-99 年の政治闘争に対する考察を深めた。

本書では、少なくとも 1998 年 1 月（本書の分類では第三段階）以前は、急進的なイスラーム以外の多様な政治課題（対露交渉、親露派と独立派の閣内均衡、目指す国家像、経済社会問題）があり、これらが重要な政治的争点であったと明らかにした。そして、「政治的なイスラーム化」が中心的な争点となった理由を、隣接するダゲスタンのワッハーブ主義勢力の影響を受ける形で進展していったチェチェン国内の権力闘争に求めた。チェチェン共和国における「政治的なイスラーム化」の進展は、急進的イスラームを動員資源、あるいは正統性の源とした反政府系指導者が政権との権力闘争において利用した（イスラームを重要な争点に位置づけた）ことに原因があった。このような 1997-99 年のチェチェンにおける「イスラーム化」に対する新しい知見を提示することは、現在のチェチェン問題を理解する上でも非常に重要である。

例えば第二次チェチェン紛争の発生後、チェチェン紛争の争点や特徴として急進的イスラームやロシアとの「ジハード」、逆にロシア側による「テロとの闘い」というものが指摘されることが多い。さらに第一次紛争では「分離独立」が紛争の争点であったのに現在は「ジハード」や「テロとの闘い」が争点であると、争点の変化を指摘する声も多い（Cornell 2003; Hughes 2007）。紛争が「二者以上の行為主体の間で分割できない価値をめぐって展開される対立の過程」であることを確認すれば、その争点をめぐる認識に相違があること——例えば分離独立勢力が「民族解放闘争」と捉え、中央政府が「テロ」や「反乱」と捉えること——は当然である。他方で、当事者自身が掲げるスローガンが短期間で変化し、また対外的にも（賛否はともかく）それが広く認識され、紛争の

終　章

取り上げられ方が大きく変化することは、決して一般的ではないように思われる。本書ではこのようにチェチェン紛争の争点が変化したと捉えられるような状況が生じたのは、チェチェン国内の「政府をめぐる対立」においては反政府系指導者が、そしてロシア連邦政府とチェチェン独立派の間の「領域をめぐる対立」においてはモスクワが、それぞれ「争点管理」をし（急進的なイスラームを争点に加え）たことが背景にあるということを明らかにした。

　ここまでは、1997-99年のチェチェンにおける「イスラーム化」に関する先行研究が抱えている課題を前提とした場合に、本書が提示できる新しい知見について明らかにしてきた。ここからは、これら新しい知見を明らかにすることによって生じる、さらなる疑問に対する筆者の考えを記しておきたい。つまり、本書は「チェチェン国内の対立過程で進んだ『政治的なイスラーム化』は、実は逆接や皮肉を含む形で——すなわち、元々当事者自身もあまり望んでいなかった方向へと進む形で——現れた」ということを明らかにしたが、「なぜこのような現象——特に逆接や皮肉を伴う現象——が生じたのであろうか」という疑問に対する答えである。

　本書の議論を踏まえれば、反政府系指導者については、権力闘争の過程でマスハドフ政権への対抗手段としてイスラーム的正統性が重要なものとなり、「イスラーム化」はそれを担保する手段となったということが容易に理解できよう——したがって、反対派指導者は当初の理念や立場よりも権力闘争やそこで得られる実利を優先したのである。他方で、「マスハドフ政権がなぜ反対派に引きずられ、望まない形で『イスラーム化』を進めたのか」については、まだ疑問が残るだろう。本書ではその要因を各所で記述することしかしなかったので、ここで改めて提示したい。これは本書が提示する三つ目の知見である。

　本書では、まず前提として、紛争後に「社会的なイスラーム化」が進んでいたため——その概念や中身については指導者ごとに認識が違うとはいえ——、イスラームを無視することが指導者の選択として難しかったことを指摘した。加えて、「法的なイスラーム化」がヤンダルビエフ政権下で取り組まれたため、急進的イスラームを掲げる勢力に一定の法的・制度的正統性が担保されてしまってもいた。したがって、どんな形であれ、政治指導者はイスラームに対する一定の配慮を持ちつつ、政治運営を行う必要があったということが前提にあった。これを「政権自身が求めていない急進的な『イスラーム化』を進めることになる」基底的要因として指摘できよう。

これに加えて、本書は1997-99年の政治展開の中で三つの要因を指摘した。まず、マスハドフ政権の統治性——軍事力、領域的統治力、政治的能力やその基盤——が低下していったということである。このような状況が生じたことには以下のような理由があった。まず紛争後の課題で挙げたように、各部隊が参謀本部から自律的に作戦を展開し、その末端戦闘員は最高司令官よりも直属の司令官に忠誠を誓う形で部隊が創設されていたということが指摘できる。したがって、紛争後にそもそも政府が軍事的・領域的・政治的権力を独占する状況にはなかったわけだが、野戦軍司令官を政権に取り込む（制度的に彼らの部隊を政府の軍事／準軍事組織に組み込む）ことで、政権の統治性は形式的に担保されていたのである。しかし、このことは逆にいえば、個々の野戦軍司令官やその部隊が政権から距離をおいたりすれば、政権の統治性が低下せざるを得ない構造であったことを意味する。現に1997-99年の政治対立の中でこのような現象は生じていたので、政府の統治性は低下していってしまったわけである。
　しかし、問題はこれだけではなかった。つまり政権から距離をおいたり、対立したりした勢力がバラバラであれば、政権もこれをそれほど大きな問題と認識しなかったのかもしれないが、これらの勢力が結集したことで事態がより複雑になったのである。つまり、政権がその勢力の軍事的・領域的・政治的対抗力を無視できないばかりか、対応が慎重にならざるを得ない規模に反対勢力が大きくなり、さらに彼らが自身の正統性を急進的なイスラームに求め、政権を激しく批判したのである。
　元々政権は紛争後からイスラームに対する一定の配慮が必要だったわけだが、より具体的な対応（急進的イスラームを用いて政権の正統性を批判する反対派に対応すること）が求められたわけである。この際に軍事的な対抗手段をとることは、反対派が結集してしまった以上（内戦のリスクを高めるため）、もはやマスハドフにとって現実的な選択肢ではなくなってしまった。したがって、政権は急進的なイスラームを掲げる勢力も認めざるを得ないような形で自らの正統性を担保する必要性に迫られたのである。これは、反対派の言動を意識しながらイスラーム的正統性を担保するという受け身的な対応にならざるを得ず、このことが「政権自身が求めていない急進的な『イスラーム化』を進めることになった」二つ目の要因として指摘できよう。
　最後の要因として考えられるのは、本書が繰り返し指摘してきたダゲスタン情勢とチェチェン国内問題のリンケージである。特に、反対派勢力がダゲスタ

終　章

ンの急進的イスラームの開祖ケベドフと強く連携することでイスラーム学の見地からも自らの正統性を主張する手段を獲得したため、政権が対応により苦慮するようになったことを指摘できるだろう。そして、チェチェン国内において反対派と対峙し、彼らを監視、また彼らとの軍事的均衡を維持しても、ダゲスタンから新たな問題が持ち込まれることで政権が効果的な対処法を失うという問題にも直面したのである。

　さて、本書が提示する四つ目の知見は、このダゲスタンに関わる問題——すなわち1997-99年のチェチェンとダゲスタンの関係——に対する新しい理解である。従来の研究ではチェチェンがダゲスタンを巻き込む形で急進的なイスラームの活動を活性化させたり、地域情勢を不安定なものにしたと捉えられたりしてきた。第二次チェチェン紛争の契機とされるダゲスタンでのワッハーブ主義者によるイスラーム国家の樹立も、従来の研究ではチェチェン独立派の武装勢力がダゲスタンに「侵攻」する形で生じたと理解してきた。これに対し、本書は急進的なイスラーム勢力について、そもそもチェチェンよりも、むしろダゲスタンの方がその起源は古く、また活動も活発であったこと、また、このような背景から後者が前者に影響を与えた側面も強いということを明らかにした。ロシアがチェチェンの動向と認識していたいくつかの出来事の中にはチェチェン側がほとんど関与しておらず、実はダゲスタンのワッハーブ主義勢力がその主力を占めていた場合もあったのである。

　このような新しい知見の提示は、1997-99年のチェチェンに対する理解を深めるだけでなく、ダゲスタンに対する理解を深める上でも重要である。例えば、既存の研究は多民族国家ダゲスタンにおいて種々の対立がありながらも、これが紛争に至らないのは、民族集団の数があまりにも多く、いずれも多数派を占めることができていないので独立闘争が困難である（Zürcher 2007）とか、様々な社会・宗教・地縁集団があり、人々のアイデンティティーが重層的でそれぞれの集団の対立する境界線が錯綜しているから（松里 2009）などと説明されている。筆者もこうした主張に賛同するが、1997-99年というダゲスタン現代史からみてもかなり危うくなった時期に紛争が起きなかったのは、ダゲスタン内部の不安定化材料や紛争のリスクを「外来的な現象」（チェチェンに起因する問題）として排除することに成功したからである[1]。

　では、逆にチェチェン側からすると、このダゲスタン・ファクターさえなければ平和定着は成功していたのだろうか、この点にも触れたい。本書は、ダゲ

363

スタン・ファクターを第4章4節で、いわば最後に「決定打」的な形で紹介しており、一見するとこのような主張を展開しているようにも読めるだろう。だが、ダゲスタン・ファクターさえなければ、平和定着は失敗しなかったという立場（ダゲスタンへの責任転嫁論）を本書はとっていない。このファクターを最後に紹介しているのは、マスハドフ政権の平和定着に注目するというアプローチをとる上で、その政策課題ではないダゲスタン情勢は最後に紹介せざるを得ないという論理構成上の理由である。またダゲスタン情勢が「複合的なディレンマ」を複雑化し、「状況悪化のスパイラル」を加速させることで、マスハドフ政権の平和定着を極めて困難なものにしたという事実と、「これさえなければすべてうまく行った」という話は、別のものである。

　さて、本書が提示する新しい知見として最後に挙げられるのは、以下のようなものである。すなわち第二次紛争の発生のダイナミズムは、指導者の能力やチェチェンの伝統文化、あるいは急進的イスラームなどといったチェチェン国内のみに着目した考察（紛争要因の特定）では捉えることができず、これを理解するためには紛争全体を多角的に捉える枠組み——すなわち「二重の対立構造」の視点——が不可欠であるということを提示した点にある。「二重の対立構造」それ自体は、既存の研究でもそれなりに意識されてきたが、本書はこの構造の中でいかなるメカニズムが生じるのか、また複数の対立軸（「領域をめぐる対立」と「政府をめぐる対立」、またそれらを構成する行為主体など）がいかに交錯し、連動・共振するのかを明らかにした点に意義がある。このような新しい分析枠組みは、すでに本書の議論の中で提示してきたように、チェチェン紛争（問題）を理解する際に時期を問わず用いることのできる、有用な分析枠組みだと考えている。

3．その後のチェチェン問題と本研究の含意

　その後のチェチェン問題はどのように推移していったのだろうか。本研究の意義とそれが現状理解に与える含意を考えるために簡単に整理したい。

　ロシア政府は紛争開始後、チェチェンに徹底的な空爆を行い、その後FSB・国防省・内務省で構成される圧倒的な軍事力を投入した。その結果、チェチェンの一般市民に甚大な被害が出る中で1999年11月にはチェチェン第二の都市グデルメスを陥落させる。また翌月には引退を表明したエリツィンによってプーチンが大統領代行に任命され、彼は2000年1月と3月にチェチェンを訪

間、作戦の成功をアピールし、大統領選挙でも勝利する。6月にはマスハドフと袂を分かったカディロフをチェチェン行政府長官に任命し、11月にはチェチェン復興政策を開始する。ロシアは2002年に「軍事的段階の終了」を宣言した後もイングーシのチェチェン避難民キャンプの閉鎖（04年に完了）や親露派政権によるチェチェン支配を強め、同地の安定化を主張した。

　こうした政策に対し、チェチェン独立派の中からはバサーエフらが戦術を「テロ」へと切り替え、モスクワ劇場占拠事件（02年）[2]や北オセティア・ベスラン学校占拠事件（04年）に関与したとされる[3]。また親露派政権[4]のカディロフを暗殺する（2004年5月）など、結果的にバサーエフらの行動はプーチン政権の主張する「テロとの闘い」という言説を後押しする形になった。「テロ戦術」を批判し、交渉を訴え続けたマスハドフは2005年に、翌年にはバサーエフも殺害され、主要な独立派指導者はいなくなった[5]。その後、独立派は、北コーカサス全土での対露ジハードを唱えるウマーロフ（Д. Умаров）のコーカサス首長国（Кавказский Эмират）と、ロンドンに拠点をおき、ザカーエフが代表を務める亡命イチケリア政府に分裂した。現在のチェチェンはカディロフJr.（ラムザン・カディロフ）が2007年にプーチン大統領からチェチェン共和国大統領に任命されて以後、非常に権威主義的な統治（あるいはスルタン主義的統治[6]）体制を敷いている。連邦政府は、2009年4月にそれまでチェチェンに導入されていた「対テロ態勢」を解除し、以後段階的に連邦軍は撤退することになっており、これをもって名実共に連邦政府はチェチェン共和国が「安定」したとしている[7]。

　現状のチェチェン共和国の政治状況やそこに至る政治過程、それらの問題点を考察することはそれ自体が独立した研究課題であり、これは本書とは別に取り組むべきものなので、ここでは本書で提示したいくつかの新しい知見が現在のチェチェン問題を理解する際にいかなる含意があるのかを簡単に触れることとしたい。

　まず1997-99年のチェチェン共和国における政治課題や「イスラーム化」に対する本書の知見が持つ意味である。現在、ロシア連邦に対して武力闘争を継続しているのは、コーカサスにおける「イスラーム国家」樹立を掲げる急進的イスラームの武装勢力であり、これはもはやチェチェン独立派ではないこと、そしてチェチェン独立派が武装勢力としてはほぼ完全に消滅したことは事実である[8]。急進的イスラームがチェチェン独立派の中で強い影響力を保持し、最

終的には分離主義闘争を乗っ取るまでになるにはいくつかの段階が考えられるが、本書の知見はそこに至るまでの経緯を考える上でも示唆的である。例えば、1997-99年のチェチェンでは急進的イスラームのイデオロギーはむしろ大衆の間でも政治勢力の間でも十分に浸透しておらず、これは政治闘争のための動員資源や正統性として用いられることで政治的争点として出現した。他方で一度、政治的争点として出現し、反対派から政権の正統性が激しく攻撃されると、軍事的・政治的な基盤が決して盤石ではなく、しかも原則として対話（宥和）路線をとっていた政権はその影響力を無視することはできなくなった。結果として政権は正統性の担保のために自ら「法的なイスラーム化」を推進することになった。また急進的イスラームは「政府をめぐる対立」と「領域をめぐる対立」双方において争点化された。

　このような理解を踏まえて現状に至る過程をみてみると、対立する行為主体によって自らの正当化のために用いられた急進的なイスラームが、事態の進展と共にそれぞれの行為主体によって自己目的化され、結果として名実共に争点となることで自己成就し[9]、最終的にはチェチェンの民族独立闘争を乗っ取ったかのようにも思われる。これらの本格的検討は今後の課題だが、本書の知見は今後の作業にも含意を持つだろう。

　より大きな現状理解の含意としては「二重の対立構造」とその下で生じるメカニズムが持つ意味である。第二次紛争後の展開もこの分析枠組みを用いることでより豊かに理解できる。例えば第二次紛争発生を契機として反政府系指導者はマスハドフの権威を正統なものと認めて彼の下に結集したので、独立派内部での「政府をめぐる対立」は解消された。一方でロシア政府は「政府をめぐる対立」をチェチェンの政治勢力間で行わせることで独立派を切り崩すという古典的な方向（第一次紛争で採用した方法）に回帰した——今度は穏健独立派勢力の中から新たな親露派勢力を作り出し（カディロフら）、新たな「政府をめぐる対立」を生み出した。ここで、チェチェン人同士で闘わせるという「チェチェン化」政策[10]を採用する一方、「領域をめぐる対立」は存在しないとして第二次紛争を武力紛争ではなく、「テロリストせん滅」のための国内的な作戦だと位置づけた。こうした政策の結果、親露派勢力は「政府をめぐる対立」に事実上勝利し、モスクワも「領域をめぐる対立」の沈静化に成功してきたのである[11]。

　なお現状、「領域をめぐる対立」も「政府をめぐる対立」も沈静化し、もは

終　章

や存在しなくなっているといえるのか——すなわちチェチェン紛争の「二重の対立構造」は改善されたのか——は重要な問いである[12]。「領域をめぐる対立」についてはチェチェン独立派に代わり「コーカサス首長国」が展開しているが、特定領域に基盤を持つというよりも北コーカサスの山岳地域に点在する拠点を持つ彼らを、領域的基盤を持った勢力と捉えることに疑問もあるだろう。「領域をめぐる対立」は、通常ある程度明確な領域の法的地位や帰属をめぐって展開されるものだが、「コーカサス首長国」の争う領域は抽象化されたコーカサスという地域概念でしかない。その意味で「領域をめぐる対立」は以前ほど明確に存在しないのは明らかである——ただし、他方で現実に非正規戦だとしても交戦がなされているので、これが完全になくなったともいえまい。

また「政府をめぐる対立」についても「コーカサス首長国」はチェチェン共和国という領域的単位を基盤にした国家建設やそこにおける政治的権威を争っていないので、この対立を構成しているとはいい難いし[13]、亡命イチケリア政府も現実的にはチェチェン共和国においていかなる政治基盤も現状持たない以上、この対立を構成する十分な主体にもなっていないといえよう。では、このような「争点管理」とその後のモスクワの政策によって、もはやチェチェンには問題はないのかというとそうでもないのである。

カディロフ Jr. 統治下のチェチェンでは「二重の対立構造」を改善しようと連邦政府が支持基盤のない[14]カディロフ Jr. を多少無理しても支え続け、現在に至る強固な権威主義体制を作り出してしまったことの弊害が生まれているのである。例えば「政府をめぐる対立」は本来、独立派を切り崩すことを目的としていたのに、2007 年のカディロフ Jr. の大統領就任前後からむしろ親露派のチェチェン指導者の多くがカディロフ Jr. とその支持勢力によって排除されてきた[15]。これはカディロフ Jr. 以外の有力な親露派の指導者がいなくなるという結果をもたらし、連邦自身がカディロフ Jr. なきチェチェン統治の展望を抱けないという状況を生み出している。さらに「領域をめぐる対立」を改善するために導入したアメ（莫大な復興予算）とムチ（「対テロ作戦」）は、前者はカディロフ Jr. 体制下での汚職や腐敗を蔓延させ経済社会問題を改善できない状況を、後者はチェチェンの若者の連邦やカディロフ Jr. 政権への敵対心を強めているともいわれる。さらにカディロフ Jr. 自身の言動も問題で、チェチェン国内の人権活動家を殺害した疑惑もあり、プーチン個人以外には忠誠を誓わず、メドヴェージェフ（当時大統領）の方針[16]に異論を唱えるなど連邦を苛立たせてき

た。このような現実からグローズヌィの実権は事実上、モスクワの影響が及ばないところにあるともいわれている。領域的にロシアに留まっているが、その自立化傾向はドゥダーエフ政権期やマスハドフ政権期に次ぐといわれており（Vinatier 2008）、これも新しい問題を生み出している。また、カディロフ Jr. が暗殺されれば、また「政府をめぐる対立」や「領域をめぐる対立」が再燃しないとも限らないなど今後を考える上での懸念材料も多い[17]。そしてチェチェンの沈静化とパラレルに周辺地域の不安定化が加速度的に進んできたという事実も忘れてはならない。なぜならば本書で 1997-99 年のチェチェンをみてきたように周辺地域情勢との共振作用によってチェチェンが再び不安定化する可能性も今後には残っているからである。

4．紛争研究・平和構築研究における本研究の含意

　本研究は、紛争研究や平和構築研究にもいくつかの問題提起をしている。既述のように、平和構築研究は国際社会の関与しない平和定着の試みはその議論の俎上に載せないことが多い。他方で、マスハドフ政権の平和定着の試みをみてみると、分離独立闘争というゼロサム化しやすい争点を抱えている独立派政権が、外部の者がイメージするよりも穏健的で中道的な政策を掲げて自ら紛争を改善しようとしていたということが明らかになった。国際社会の紛争地への介入、関与や支援は、「我々が正しい道に導かなければ彼らは紛争を終わらせることができない」という先入観を背後に潜ませたものであることが多く、だからこそ「民主化」（民主主義的な体制）などを求めるわけである。他方で、チェチェンの事例を通して明らかになるのは、紛争当事者による平和定着もそれはそれで当該紛争地の紛争後の実情を反映した有意味な試みであって、特に平和構築が一種の「外部からの支配」だと批判される現状においては、こうした試みを取り上げることで得られる理解もあると思われる。

　特に国際社会の関与していないこうした紛争事例からの議論は、紛争移行を考える上でも興味深い。本書は、紛争再発のリスクを軽減するために中央政府・「反乱勢力」・国際社会が採用するべきだと考えられる政策（表 1 – 8）を理論研究の分析結果から推測し、国際社会が関与しない紛争では中央政府／「反乱勢力」共に残酷な選択肢を採用せざるを得ないのではないかと問題提起をした。さらに、実際に現在のチェチェンは「領域をめぐる対立」・「政府をめぐる対立」の双方において徹底的に「反乱勢力」を排除し、強固な権威主義体

終　章

制を築くことで安定化してきた側面があることを明らかにした。国際社会において欧米諸国が普遍的な価値を語りながら、現実政治では自国の国益を優先して二重基準を採用し、特定の紛争には関与しないことは今に始まったことではない（カー 1996）[18]。他方で、冷戦終結後の平和構築では、そうした現実があるにもかかわらず「民主化」や人権擁護などを強く訴える側面が特に前面（全面）に出て来ているように思われる。そうした中で、彼らが関与しない事例において安定的な紛争移行を果たすために権威主義体制を構築することが「最善の選択」であるかのような状況が生じていることも認識する必要があるのではないだろうか[19]。

　これは平和定着（あるいは平和構築）と「未承認国家」の関係性についてもいえることである。チェチェンの失敗は突き詰めれば、紛争後の国家建設の失敗に見出せる。そしてこのことは、内的主権も十分に担保できていないチェチェンは「未承認国家」としては不適合であり、同事例として扱えないという印象を与えるかもしれない。現存する事例では、指導部が文民統制や脱軍人化を進め、国内での行政サービスも提供し、中央政府からも財政的に独立しているのに、チェチェンはこうした状況を実現できていなかったからである。こうしたことから現に「未承認国家」の事例としてチェチェンを排除する論者もいる。しかし、このような議論には大きな見落としがある。第一に、現存する事例も紛争直後の内的主権はチェチェンと大差がなく、しかも外部（「パトロン」）に強く依存していた。そして第二に、本書がチェチェンに注目しているのは、こうした現存する事例では「パトロン」の存在によって表面化しなかった問題——すなわち、紛争直後という多難を極める最中にパトロンなき「未承認国家」が平和定着（あるいは国家建設）に取り組む際に生じる構造的な問題——を考察するためであった。

　現在、紛争後の平和構築への国際社会の関与は、いわば責務のように語られる傾向にあるものの、チェチェンの事例は、こうした関与を受けなかった。これは「領域をめぐる対立」を抱え、国家性が問題となっていたためであるわけだが、その後、チェチェンは紛争が再発し甚大な被害を生み出すわけである。このように紛争後に「パトロン」なき「未承認国家」となった地域に国際社会がいかに対応できるのかという問題を本書は提起している。

　またチェチェンは、既述のように同時代的には「未承認国家」の成功例として——少なくとも一部の論者からは——見なされていた。したがって、チェ

チェン・マスハドフ政権の失敗は、現存する「未承認国家」に何らかの教訓を与えているかもしれない。例えばマスハドフ政権は、少なくとも当初は国内外での和解、民主的な政治運営、自由主義的な経済を目指した。だが、これは最終的にはまったく異なる結末、イスラーム国家、ロシアとの紛争再発へと向かって行ってしまった。加えて、積極的な「外交」が必ずしも実を結ばないということも明らかにした。こうしたチェチェンの失敗を教訓として生かし逆の政策をとろうとすると、皮肉な現実が浮かび上がってくる。すなわち、前述した紛争後に中央政府／「反乱勢力」がとるべき政策との一致である。つまり、「未承認国家」の指導者が反対派を排除、権威主義的な体制を構築し、紛争相手国との緊張を維持、「パトロン」以外の外部には積極的な働きかけをしないというものである。少なくとも現存する「未承認国家」の一部はこうした状況にあるか、あるいは、過去にそうした状況にあった。加えて、「国内」統治の民主的側面が指摘される事例においても、当該政体の独立性を否定し、中央政府との話し合いをしようなどという政治勢力は認めず、排除するという政治的原理があることも確認する必要があるだろう。とにかく政治的多元性を認め、国内外でも和解するなどというマスハドフの政策は、現存する「未承認国家」には不安定化を招く、危険な政策と理解される側面があるように思われる。

ただし、マスハドフ政権を反面教師として前述のような排外的政策を採用した場合も問題は生じる。なぜならば、このような政策は、「未承認国家」の中央政府に対する独立性を高める一方、同時に「パトロン」に対する従属性もより一層高めるからである。このことは、「未承認国家」がその生存を担保するためには自らの独立性をむしろ低下させなければならないという逆説的な状況を生み出す[20]。このような中央政府からの独立性を確保するために「パトロン」への従属性を強化せざるを得ないという内的主権をめぐるディレンマを前にして、近年、「未承認国家」自身が再び外的主権（広範な国家承認）の獲得のために積極的な働きかけを行っているが、この効果は現状ほとんど出ていない。このように考えると、チェチェンの事例は、「未承認国家」の独立性をめぐるディレンマを考察する上でも有用な問題提起をしていると思われる。もちろん、このようなチェチェンの教訓が持つ意味と現存する「未承認国家」への影響は、今後検証する必要があるが、それでもこれは本書の重要な問題提起の一つである。

最後に、本書がチェチェン紛争の理解のために提示した分析枠組みは、一定

終　章

の条件下では他の紛争の理解にも有用だと考えられる。紛争は、多かれ少なかれその対立を構成する行為主体の内部に多様性を持つ。これらが紛争の争点や問題をいかに複雑にしているのかを考える上で「二重の対立構造」は有用な視角を提供すると思われる。また「複合的なディレンマ」や「状況悪化のスパイラル」は、他の紛争、あるいはより広く政策決定において生じる可能性があると考えており、チェチェンで生じた問題は他の事例にも一定の示唆を与えることができると期待する。

　特に重要な点は、チェチェン紛争のように「二重の対立構造」を有する紛争において、紛争再発を回避するためには、対立を形成するすべてのアクターが一定の妥協をする必要があるということである。ただ、妥協は紛争当事者において最も困難なものの一つであり、またどの程度の妥協で合意が達成可能なのか、そしてそのためにどのような国内政治環境を整備すれば良いのかを当事者自身が認識・理解できていない場合も多い。ゆえに筆者は、基本的には国際社会の紛争地への関与は必要だと考えている。国際社会の紛争地への関与というと、現在は軍事介入から平和構築など「強い関与」が意識されがちだが、物資や食料支援、経済的支援や交渉仲介など「弱い関与」でも紛争当事者の妥協しやすい環境を整備することは不可能ではない。チェチェンの事例も国内的政治基盤の確保（選挙や住民投票の実施）、国際支援（交渉仲介、経済・社会的支援）の獲得などが整っていれば、紛争当事者の妥協の可能性が高まっていたのではないかと筆者は考えている。

　本書の分析枠組みは、構造と主体という普遍的なテーマも意識している。構造と主体の関係は、紛争研究においても論争的かつ重要な問題である。本書は、紛争の構造（「二重の対立構造」）を分析枠組みとして提示し、この構造下で生じた紛争発生のメカニズム（「複合的なディレンマ」と「状況悪化のスパイラル」）を明らかにしたが、その際に重要な作業課題としたのは行為主体たるマスハドフ政権による平和定着政策の考察であった。構造の果たした役割を重視しているように思われる筆者が主体の取組みを重点的に考察するという逆説的な作業を行うことについては、すでに序章や第1章でそれが本書の分析枠組みを提示する上で不可欠である（「二重の対立構造」がチェチェン独立派政権を中心に位置づけて定式化した図式であること）からと明らかにしてきた。

　では、本書の結論として「結局は構造が重要だ」と述べているのかというと、必ずしもそうではない。本書では、繰り返し述べているように「過程」を重視

している。構造や環境が一方的に主体を拘束するわけでもなければ、主体が構造や環境に変化を生み出す可能性もある以上、紛争再発における構造や環境の役割を考察する際には時間的観点と主体の認識的観点を加える必要がある。本書では、結果として構造が主体を制約し、選択肢を奪うような状況が形成されたことを明らかにしたが、この結果よりも本書が問題提起したいのは、このような状況が形成される「過程」であり、そこでの構造や環境と主体の「関係」にあった。このような筆者の問題意識は、紛争発生の際の構造と主体の関係性を考察する際に本書が何らかの示唆を与える可能性があるかもしれないと淡い期待を隠し持っている。

5．今後の課題

　最後に本書の課題に触れておわりとしたい。本書は、チェチェンというロシア連邦南部の小さな共和国のたった3年間の出来事を分析対象にしているにもかかわらず、欲張ってそこに様々なものを詰め込んでしまったため、課題は無数にある。

　本書は、比較や理論を意識しながらもチェチェンという事例に深く切り込み体系的な理解を得ることを目指したが、二兎を追う試みには批判も多いだろう。比較や理論に基軸をおく人は、本書を見て「本来、紛争の構図や図式を分かりやすく提示することに学術的な意義があるはずだが、むしろこれは個別事例の複雑さを明らかにしているに過ぎないのでは？」と批判されるかもしれない。逆に地域研究者や歴史研究者は、おそらく個別具体的な事象に対する切り込みや考察の甘さ、あるいは資料的な課題にも目が行くだろうし、そもそも分析対象の特徴を図や表で抽出する行為そのものが安易で表皮的な理解に繋がりかねないという批判もあるだろう。

　こうした批判は、本書の課題を鋭く突いており、今後の課題と弁明するほかない。また、こうした比較や理論と、特定の地域的事例やその歴史を接合することが筆者の目的である以上、この課題には今後も向き合わざるを得まい。特に本書は、比較や理論を意識した問題提起というようなものは各所にあるが、これらの多くは今後、改めて筆者自身が取り組む必要があると感じている。

　チェチェン研究に内在した課題も本書には残っている。先行研究の蓄積の薄さから本書では取り組まなければならない作業が無数にあり、本来、本題から外れる事項についても調べなければならないことが多かった。こうした事情は、

終　章

本書の目的からみて周辺的な作業や課題に対する本書の精度がかなり低く、粗いものになっていることを懸念させる。中心的な分析対象である1997-99年のチェチェンについても本書は紛争再発のメカニズムを体系的に明らかにすることを目的としてきたので、個別具体的な出来事や事象については必ずしも十分に明らかにできたわけではない。これは目的とそのための作業を考えれば仕方がないことだが、特に筆者が恐れているのは、筆者の能力的課題に起因した誤認や重要な事実の見落としである。チェチェン研究は、今後も筆者の研究課題の重要な支柱の一つであり続けるので、これらの課題には今後答えたい。

注

1 　ダゲスタン政府が手を焼いていたワッハーブ主義者の排除は、1999年8月のダゲスタンとチェチェンのワッハーブ主義者によるダゲスタン村落への進軍後、大規模に取り組まれた。それ以前は、一部のワッハーブ主義者の拠点村落にダゲスタン政府の行政権はほとんど及んでいなかったが、事件の後、こうした状況を改善することに成功した。またこの時期から伝統的イスラームの宗務権力（特にチェルケフスキーの影響力）も強まっていく。
2 　モスクワ劇場占拠事件について邦語で読めるものとしてポポーヴァ（2003）、ポリトコフスカヤ（2005, pp.303-364）がある。
3 　バサーエフらの「テロ戦術」はロシア軍によるグローズヌィ陥落（2000年2月）後、特に顕著になった。第二次紛争開戦後（00年）から2003年までの比較的初期の連邦の統計では2000年上半期にはチェチェン共和国でテロが37件生じたと数えられていたが、下半期（グローズヌィ陥落後）には102件に急増した——ただし以後03年下半期まで逓減傾向だったが（*Коммерсантъ Власть*, 12-22 февраля 2004 г.）。
4 　親露派政権の系譜については、巻末資料「チェチェン共和国の歴代元首・大統領（独立派・親露派政権）」を参照されたい。
5 　主要な独立派指導者の末路については巻末資料「本書で言及した独立派指導者の末路」を参照されたい。
6 　スルタン主義的統治についてはリンス、ステパン（2005, pp.113-119）を参照されたい。カディロフ Jr. 統治下のチェチェンは、カディロフ王朝（カディロフスタン）、ラムザン王朝（ラムザニスタン）などとも形容される。
7 　2009年の「対テロ態勢」解除前までのモスクワの対チェチェン政策——特にそこで意味する「安定化」——については、非常に未整備な試論に過ぎないが、富樫（2008）を参照されたい。
8 　この現象を紛争の争点の変化と捉える論者、独立派のイデオロギー的転向と捉える論者、あるいは独立派の消滅と新たな勢力の創設と捉える論者、あるいは独立派の分裂と捉える論者など様々である。玄（2012）、スレイマノフ（2012）などを参照されたい。
9 　例えば1997-99年にはビン・ラディンもアルカーイダも結局チェチェンと直接的な繋が

373

りはなかったのだが、紛争発生後、タリバン政権下のアフガニスタンと国交を結ぶなど仮想現実（国外のイスラーム過激派との繋がり）は——その内実には留保しなければならないが——現実になったのである。

10 「チェチェン化」政策についてはヒューズ (Hughes 2007, pp.118-127) を参照されたい。

11 このようなチェチェンの沈静化の一方、隣接する地域で逆に治安状況が悪化してきている。イングーシについては富樫 (2010c)、その他の地域およびコーカサス地域全体の視点からは前掲の玄 (2012)、スレイマノフ (2012) に加え、以下を参照。Sagramoso 2007; Малашенко 2008; Malashenko 2009a; Markedonov 2009; Magomedov 2009; Nichol 2008, 2009.

12 このことはより一般化すると、90年代から現在にまで至るチェチェン紛争を「長期化した紛争」と捉えることはできるのかどうかという問題とも関わってくる。

13 ただこれについても「コーカサス首長国」がこの地域の政治的・宗教的権威を主張している以上（彼らの最終目的はグローバルなイスラーム国家だが）、理論的にはその一部たるチェチェンについても「政府をめぐる対立」を温存していると捉えることも可能である。

14 大統領に就任する以前 (2005年) の彼の支持率（「あなたは誰を最も信頼しますか？」への回答）はわずか6％程度だった (Баснукаев и Арисханов, 2005)。これはハズブラートフやヤマダエフ (Р. Ямадаев) と同程度の得票率だったが、60代からの支持率の約3割、31〜40歳の約1割の得票を得ているハズブラートフ、60代の1割、41〜50歳の約1割の得票を得ているヤマダエフに対し、カディロフ Jr. は最も得票を得ている世代の得票率でも1割に満たない（なお30歳以下の回答者が全体の5割を占めるため、ヤマダエフやハズブラートフの全体の得票率は伸びていない）。この時の1位は当時の大統領アルハノフ (А. Алханов) で 17%であった。

15 代表的な指導者として、第二次紛争発生後ロシア軍傘下のチェチェン特殊部隊（ザーパトとヴォストーク）をそれぞれ率いていたヤマダエフ兄弟とカキーエフがその部隊の司令官を解任された（大量の武器を保持していたとの名目でカディロフ Jr. が連邦に廃止を要請：2008年に部隊廃止）。ヤマダエフ兄弟は、次々に不審な死を遂げる。カディロフ Sr. の後、大統領に就任したアルハノフは首相に就任したカディロフ Jr. に激しく突き上げられ対立し、プーチンの仲裁によって事実上解任されたが、その後、カディロフ Jr. によってヤマダエフやカキーエフらと共にカディロフ Sr. を殺害、自分も殺そうとしたなどと主張され、政治的に排除される。

16 メドヴェージェフ政権時代には北コーカサスに対しても連邦管区再編など種々の政策的変更を試みた。これについては富樫 (2010c) を、彼の政治改革一般については上野 (2009) を参照されたい。

17 マラシェンコ (Malashenko 2009b) は、カディロフ Jr. が政治の表舞台から消えた場合のシナリオを、(1) 大きな変化なし（他の親露派指導者による統治）、(2) 親露派内部の権力闘争、(3) カディロフ民兵や元戦闘員が山に戻り、第三次チェチェン紛争が生じることの三つを挙げている。彼はチェチェンにカディロフ Jr. の敵は多数いて、クレムリンにも彼を支持しない勢力は多数いるとしている。

18 これに対してヒューズ (Hughes 2007, pp.195-196) は批判的で、例えばコソヴォの独立路線をセルビアとの合意を無視してまでも進めながら、チェチェンの独立への道義的支援も物質的支援もせず、ロシアの国内問題だとすることは明確な二重基準であると述べる。ヒューズの議論はチェチェンでも同様の介入をすべきという議論を背後に潜ませているように思われるが、本書でも何度も記述してきたように欧米の関与には負の側面（つまり「むしろ関与することで問題を複雑化してきた側面」）もあり、これに対する批判も根強いので、

終　章

　関与をすればとにかく良いということではない。他方で、本書の主旨は当事者の和平の取組みを理解し、その意義を認めた上で紛争当事者間の対立が激化しないように外部主体が一定の側面支援を行うことは紛争再発のリスクを低下させる可能性があるという点にある。その意味でもチェチェンの事例から学ぶべきことは多いと考えている。

19　こうした問題は、現在「アラブの春」からの紛争移行期にある中東諸国においても潜在的に問題となる可能性がある。

20　チェチェンの場合は「パトロン」がいなかったので、領域的にはロシアから独立しながらも経済的には依存し続け、これを結局、外部支援で賄うことができずに財政的な国家基盤が破綻してしまった。現存する事例では、領域的に中央政府から独立していながらも、軍事・経済的に「パトロン」に依存し続けているため、国際的な国家承認がなされず、承認がないから生存のために「パトロン」に依存し続ける。そして、そのことが内的主権を当該地域のみで担保できない状態の固定化へと繋がるという負のサイクルがある。

あとがき

　本書は、2012年12月に東京大学大学院総合文化研究科国際社会科学専攻から博士号を授与された論文を大幅に修正したものである。本来は、口頭試問で指摘された内容や文章表現の推敲などの技術的修正に留めて出版を目指すつもりでいたが、約10カ月間キルギス共和国にて在外研究を行ったこともあり、大学に提出後、約1年間博士論文を放置せざるを得なくなった。帰国後、改めて博士論文をみると、論理構成上の気になる点があり、脱稿後入手した文献や資料なども分析に加えるべきではないかという気持ちになってきた。元々博士論文は、種々の事情からかなり大急ぎでまとめたこともあり、また先に出版をしていたブックレットで誤字脱字も含めて訂正事項を発見するという恥ずかしい思いをしていたこともあり、なるべく丁寧に論文を再構成する作業に取り組もうと思った。しかし、このような作業は思いのほか大変だった。博士論文は、たとえ細部に瑣末な問題（事実誤認や見落としなど）があったとしても、中心的な主題を実証していくという意味で作業的には完成したものであるので、そこに何かを新たに加えると全体のバランスや論理構成上の美しさが損なわれる恐れが非常に高い。しかも、博士論文では、理論研究者や他地域の研究者にも読んでほしいとの思いから、自らの議論を実証する上で必要最小限の情報量に押さえるという方法を採用していたので、改めて加筆をしていくという作業は枝葉的な議論を広げ過ぎて、肝心な幹の部分の議論が見えづらくなるのではないかというディレンマにも直面した。こうした問題に直面しながらも半年かけてどうにか作業を終えて修正稿は完成した。こうした作業が無駄でなかったことを今は祈るばかりである。

　博士論文というものは、我々研究者にとって記念碑的意味を持っている。それは、長い博士課程を修了するという研究経歴上の意味でも、一人前の研究者としてスタートラインに立つという実際上の意味でも、そして自らが追い続けてきた疑問（問い）に対する答えを見つけることができたという個人的な意味でも記念碑的である。私のような風変わりな研究者がこのように一区切りをつけることができたということは、自分でも非常に感慨深い。

私は、やや異端な研究者であると思う。それは経歴・学歴面においても研究テーマにおいても、である。まず学歴面について、研究者といえば、普通は知的エリートであり、中学・高校と進学校で勉強を積み重ねてきた人々が大多数である。それに対して、私は中学も高校も進学校出身ではなく、しかも小学校3年生から5年生の間、授業に出なかったり学校から帰って来たりしてしまった、いわゆる「問題児」であった。したがって、私は元々勉強が楽しく好きで、その延長線上で研究に行き着いたというわけではない。むしろ、私は学校が嫌いでクラスにも馴染めず、自分の存在意義も分からないという小学生の頃の経験から「誰かの役に立つことで自らの存在意義を見つけたい」という目標を見出し、結果として研究に行き着いたように思う。

　今思えば、小学生の頃、私が教室から出たり、学校から帰ってきたりする行動の発端となったのは、担任教員との意思疎通面での小さなボタンの掛け違いだったと思う。しかし、次第に溝は広がっていき、私はクラスにも学校にも自分の居場所を見出せずに疎外感を強めていった。自分がクラスにいてもいなくても何も変わらないのではないかと自分の存在意義に疑問を呈したり、何のために自分は、あるいは人は生きているのだろうかと考え込んだりしていった。批判や好奇の目がある中で、両親や校長など多くの人々の支援を受けて、次第に私は教室に戻り、授業に出るようになった。そうした中で、「生きる意味」や「自分の存在意義」はどうすれば生まれるのか、曲がりなりにも自分の中で考えついた答えがあった。それは、誰かの役に立てば、少なくともその人にとって自分の存在意義は生まれるというものである。こうして私は、自分が何かの分野で誰かの役に立てるようなことをして生きていきたいと子どもながらに思った。だが、中学・高校と進学しても、それが一体何なのか、なかなか見つけることができなかった。

　そんな私が出会ったのが、チェチェン紛争である。私は多くの研究者と異なり、研究の道を志してから修士論文やら博士論文やらのテーマを決めるのではなく、先にテーマありきで、もっといえば、チェチェン紛争について学び、理解を広めるための手段として研究者という職を志したという経緯がある。そもそも決して優等生でも、勉強が好きだったわけでも、進学校出身でもなかった私が研究者を志した原点がこの紛争との出会いにあったといえる。それだけチェチェン紛争との出会いは、当時の私にとって大きな衝撃だったのである。

　私が初めてチェチェン紛争を知ったのは、高校3年生の秋だった。当時、私

あとがき

は横浜市内の高校が横浜市立大学に生徒を推薦し、大学が論文と面接試験にて選抜を行う、いわゆる「制限付き指定校」の校内候補者に選ばれていた。そのため、私の担任は面接や小論文対策を考えてくれ、ある朝、「入試のため」といい、チェチェン紛争に関するNGOの報告会について書かれた新聞の切り抜きを渡してくれた。チェチェン、という奇妙な音だけ耳に残った私はさほど気乗りもせず、当日、会場に向かったが、中に入り1枚の写真を見て衝撃を受けた。それは、廃墟と化した近代的な建物が立ち並ぶ大通りに一人の少年が立っている写真で、紛争の規模を物語っていた。紛争といえば、貧しいアフリカで起きるものだと安易な誤解をしていた当時の私にとって、一度、近代的な文明が栄えた土地でなぜここまでの規模の紛争が起きるのかと不思議でならなかった。この写真はあまりにも衝撃的で、私は講演者の話に耳を傾け、無心でメモをとり、資料を黒く染めていった。報告会会場を後にした私は、チェチェン紛争についてもっと知りたいという衝動と、この紛争を知らせなければならないという責任感のようなもので満ち満ちていた。そして、大学に入り、チェチェン紛争について研究したいと心に決めたのである。

　その後、今日に至るまで様々な経験をさせてもらうことができた。学部生の頃は、NGOやジャーナリストの方々との接点を通して得がたい経験をさせてもらった。また少人数制を特徴とした横浜市立大学国際文化学部国際関係学科の先生方は、学徒であるという意味において先輩も後輩も先生もないという非常に挑戦的かつ素朴な姿勢を持っていた私を温かく迎え入れてくれ、講義やゼミ、時には酒席で議論や意見交換に付き合って下さった。特に未熟で至らない私の長所を引き伸ばし、短所を補う指導をして下さった布施勉先生、黒川修司先生、小林誠先生には感謝している。3人の先生の指導の下で書いたゼミ論文・卒業論文はそれぞれ今も自宅に残っている。

　横浜市立大学の自由闊達な雰囲気の中で、ややもすると論拠や学術的基盤が未整備なまま議論を展開しがちだった私は、東北大学大学院国際文化研究科国際地域文化論専攻イスラム圏研究講座に入学すると、この点を大きく修正して学ぶ必要性に直面することとなる。コーカサス史研究の第一人者である北川誠一先生は、弟子は師匠を真似て自ら学び取るものだという姿勢で厳しく接せられた。私たちは、歴史学と政治学という互いの研究手法の違いを理解しつつ、しかし、だからこそ、その違いをぶつけ合うことで相互の補完的役割に意識を向け、研究を前進させた。北川先生は、ある種、私の壁となり、成長する機会

を提供してくれたのだと思う。またイスラム圏研究講座でゼミや講義を通して様々な知見を提供してくださった黒田卓先生、大河原知樹先生、そして国際関係論を引き続き学びたいとゼミにお邪魔した私を快く受け入れてくださった法学研究科の戸澤英典先生にもお礼申し上げたい。研究室で苦楽を共にした山崎和美さん、淺村卓生さん、成田和代さん、近藤百世さんにも感謝したい。東北大での経験は、人間面からも研究基盤面からも私に成長する機会を提供してくれたと思っている。特にイスラームというチェチェンやコーカサスを研究する上で不可欠な視座について学ぶ機会を得たことは、私にとって非常に大きな財産になった。

　私は博士課程から東京大学大学院総合文化研究科国際社会科学専攻国際関係論コースに入学したが、今、思えば、よく先生方は受け入れてくれたものだと思う。というのも、私は事前に受入教員と知り合いでもなければ、受験の相談もしていなかったからである。博士課程への入学は「研究者として生きて行く」という後戻りできない決断をすることを意味し、教員は学生が博士論文を書き上げるための指導を行うという責任を負うことになる。当然、どこの馬の骨か分からない学生を受け入れるリスクは大きく、ゆえに博士課程から新しい学生を受け入れるというケースはあまりない。当時の私はこういったことをまったく理解しておらず、修士課程でのイスラーム研究、地域研究の知見を生かしつつ、やはり国際関係論の視点から研究を続けたいとの思いで願書を取り寄せ、修士論文提出後に慌てて出願していた。

　一次試験を通り、緊張の面持ちで口述試験に臨むと、そこには後に私の博士論文指導体制に加わって下さる中井和夫先生、石田淳先生、高橋直樹先生がおられ、非常に温かい雰囲気で迎え入れて下さった。私は試験後、合格の通知を感動して受け取ったことを昨日のことのように覚えている。

　主査の中井和夫先生は、私の主体性と自主性を重視され、また伸び伸びと自由に研究できる環境を提供して下さり、私の研究に対して常に一番の理解者でいて下さった。博士論文執筆が終盤に差し掛かった頃、当初、予定していた報告原稿の締め切りや発表会の時期に間に合いそうもないと弱気になる私に、普段はあまり介入されない先生が「これで行きましょう」と明確に指示して下さったことで、私は力を振り絞ることができた。また私の原稿の一字一句まで丁寧にチェックされ、ご指導下さるという大変な忍耐を要する作業を博士論文完成まで行って下さった。先生のご支援がなければ、博士論文を書き上げるこ

あとがき

とはできなかったと思う。

　石田淳先生と高橋直樹先生からは、3回にわたるコロキアム（博士論文進捗報告会）にて数々の有益なコメントを頂いた。また石田淳先生には、博士課程修了後も日本学術振興会特別研究員PDの受入教員として様々なご支援・ご協力を頂き、博士論文提出後の研究にご助言を頂き、公募に際しても推薦書を何度も書いて頂いた。博士論文の口頭試問で外部審査員として加わって下さった野田岳人先生には口頭試問でのご指摘はもちろん、博士論文の元となる内容を学会発表した際にも有意義なコメントを頂いた。

　私が中井先生と共に大変なお世話になった人物として、同じく博士論文の審査員である塩川伸明先生の名前を挙げないわけにはいかない。実は、私は総合文化研究科と一緒に法学政治学研究科の入試も受け、一次試験を通過していた。しかし、種々の理由から突然、辞退したため先生は非常に驚かれたと思う。それにもかかわらず、ゼミへの参加を許され、そこで非常に濃密かつ精緻なご指導を行って下さった。塩川ゼミは、長丁場となるのが伝統で、学生一人の報告に先生は4、5時間も真剣に向き合った。こうした先生とのやりとりを通して、今まで荒っぽい議論を展開しがちだった私は精緻な議論や実証的な作法について学ぶ機会を得たと強く感じている。これらが少しでも本書に出ていれば望外の喜びである。

　国際関係論コースには、博士課程の院生を中心とした自主ゼミ、「博論研究会」がある。この研究会を通してディシプリンも研究対象も手法も異なる先輩・後輩から様々なコメントを頂けたことは他では得がたい経験になった。増永真さん、溝口修平さん、冨田晃正さん、古泉達矢さん、湯川拓さん、大内勇也さん、清水謙くん、星村聡史くん、佐藤裕視くん、中村長史くんからは博士論文執筆中に示唆に富む助言や質問を頂いた。博士課程から入学すると、友人も少なく当初は寂しい思いもしたが、この博論研究会に加え、中井ゼミや塩川ゼミの皆さんに助けられた。特に中井ゼミは終盤、退官された先生方のお弟子さんが流れ込み、非常に多種多様な研究をするゼミになった。地田徹朗さん、田上智宜さん、鈴木健太さん、居阪僚子さん、辻河典子さん、油本真理さん、渡辺大作くん、ノザゼ・イヴァネくん、ネケノフ・ラスティスラフくん、浜田華練さん、重松尚くんには多くの刺激を頂いた。

　私は学会で院生代表などの仕事をさせて頂く機会や若手の研究会やワークショップに参加する機会があり、そこで様々な分野の若手研究者と知り合うこ

とができた。また外務省で勤務する機会やユーラシア研究所研究員として同研究所の雑誌編集などを行う機会も得ており、ここでの出会いや経験も貴重で得がたいものであった。特に、ユーラシア研究所の雑誌におけるチェチェン特集号の編集責任者を務めた際には、野田先生、韓国・漢陽大学教授の玄承洙先生、チェコ・カレル大学准教授のエミール・スレイマノフ先生にお世話になった。各先生の論考は、博士論文に取り組んでいた私に大きな刺激を与えたが、なかでも玄先生は、東京大学で博士号を取得された博士論文の電子データを下さり、私はそこから大いに学ばせて頂いた。

私は、学部生の頃から様々な先生に研究面での相談や質問のメールをお送りしたり、学会での報告に質問したり、研究室にご招待頂き議論させて頂いたりしたが、ご迷惑もおかけしたと思う。紙面の関係からお一人お一人名前を挙げることはできないが、皆様に深く感謝している。博士論文執筆中にも、シカゴ大学教授ゲオルギ・デルルギアン先生は突然の日本からの長文質問メールに丁寧な回答を下さり、チェチェン科学アカデミー教授・アッバース・オスマエフ先生は、論文成果などを筆者の求めに応じて提供下さった。

特に上智大学元教授で朝日新聞特派員でもあった徳永晴美先生には、チェチェンやロシアで入手した種々の資料を提供下さり、私の研究に対して大変なご支援を頂いた。実は、先生は私がチェチェン紛争を知るきっかけとなったNGOの報告会で講演者を務められており、私が初めて読んだチェチェン紛争の本も先生の本だった。その後、研究を志した私が学会で先生との一方的な再会を果たし、質問攻めにすると先生は満面の笑みでご自身が現地で見聞きしたことを語って下さった。その後、何度か研究室にお邪魔させて頂くと、その度に先生は持ち帰れないほどの資料を私にくださった。先生との出会いがなければ、今の私はなかったかもしれないと深く感謝している。このように非常に多くの方のご支援とご助力を賜り、これまで研究を続けることができたのだと改めて思う。

私の研究は、金銭面では日本学術振興会の支援がなければ成り立たなかった。研究に集中できる環境がいかに重要かは、特別研究員が終わると身に沁みるが、私はDC2とPDという5年間にわたって、研究以外何もしなくても良いという得難い環境にいることができたのである。チェチェンのような研究をする際に日本にまったくない資料を次々に購入でき、現地でも異常に高い複写費を惜しみなく払えるのは、まさに夢のようなことだが、私がこうしたことができたの

あとがき

は、ひとえに日本学術振興会のおかげである。また本書は、5年にわたる研究（日本学術振興会科学研究費補助金・課題番号12J0159および10J00157）の研究成果でもある。本書の出版に際しても日本学術振興会2015年度科学研究費補助金研究成果公開促進費（学術図書）の交付（課題番号15HP5127）を受けた。記して感謝したい。また本書の出版に際して明石書店の遠藤隆郎さんにも大変なお世話になった。私は本書の校正段階に公私ともに多忙を極めていたが、遠藤さんは私の作業を忍耐強く待ってくれ、支援して下さった。

　最後に家族への感謝の言葉を記すことを許してほしい。父、富樫正二郎と母、富樫ふみには、今まで大変な迷惑をかけてきたと思う。四人の子どもを育てるということは、ただでさえ大変なのに、一人は学校から帰って来たり、問題を起こしたりしてしまうのだから、なおのことである。やっと普通の子どもに戻ったと思ったら、今度は修士課程、博士課程にまで進むといい出したので、これはどこかおかしくなったのではないかと思っても無理はない。それでも、ここに至るまで私に好きなことをさせてくれ、自ら選んだ道を進むことを許し、常に支援してくれたことに深く感謝している。

　博士論文も本書も、妻、マハバットの存在がなければ、決して完成することも日の目を見ることもなかったと思う。本書は、妻との共同作品だと思っている。妻は、自分のことは二の次にして常に私を支援してくれた。息子が生まれ、私は家族のためにと一層研究に注力していったが、同じく博士課程に所属していた妻の研究は、私と出会ってから止まったままになってしまった。本書を一つの区切りとして、今まで十分にできなかった妻への支援をきちんとしなければと思う。と同時に、ともすると休みの日も研究に意識が行き十分に遊んであげられていない息子と、新たに生を受けた娘に対して、父親としての責任も果たさなければならないと思う。

　本書が幼き日の私が願ったように、誰かにとって必要な書となることを心より願っている。

　　　2015年12月

　　　　　　　　　　　　　　　　　　　　　　　　　　　　富樫　耕介

参考文献

1. ロシア語文献

1）新聞・雑誌類

Грозненский Рабочий, Голос Чеченской Республики, Ичкерия, Голос Чечено-Ингушетии （チェチェン共和国）

Северный Кавказ（コーカサス地域紙：カバルダ・バルカル共和国）

Независимая Газета, Известия, Коммерсантъ, Сегодня, Труд, Московские Новости, Коммерсантъ Власть, Коммерсантъ Деньги, Общая Газета, Итоги, Новое Время（ロシア全国紙・週刊誌）

Свободная Грузия, Вечерний Тбилиси（グルジア）

Голос Армении（アルメニア）

Зеркало, Бакинский Рабочий（アゼルバイジャン）

2）統計・資料類

Государственный Комитет СССР по Статистике (1989a) *Итоги Всесоюзной переписи населения 1979 года,* том 4, Национальный состав населения СССР, Книга 1, Москва

＿＿＿. (1989b) *Итоги Всесоюзной переписи населения 1979 года,* том 4, Национальный состав населения СССР, книга 3, Москва

＿＿＿. (1990) *Население СССР,* Москва, Финансы и Статистика

＿＿＿. (1991) *Национальный состав населения СССР, по данным Всесоюзной переписи населения 1989 г,* Москва, Финансы и Статистика

Гостатиздат ЦСУ СССР (1991) *Народное хозяйство РСФСР,* Москва

Госкомстат РСФСР (1990) *Национальный состав населения РСФСР, по данным Всесоюзной переписи населения 1989 г,* Москва, Республиканский Информационно-издательский Центр

Госкомстат России (1991) *Народное хозяйство Российской Федерации: статистический ежегодник,* Москва

＿＿＿. (1992) *Народное хозяйство Российской Федерации 1992,* Москва

＿＿＿. (1993) *Российская Федерация в 1992 году,* Москва

＿＿＿. (1999) *Российский статистический ежегодник 1999,* Москва

Григорьев, А. (1964) *Краткая географическая энциклопедия,* том 4, Москва

Еременко, И. Н., Новиков, Ю. Д. (ред.) (1997) *Россия и Чечня (1990-1997 годы): Документы свидетельствуют,* М. РАУ-Университет

Избирательная комиссия Чеченской Республики (2010) *Выбор между войной и миром,* Грозный

НТВ (2011) *Чечня: прокляты и забыты «фильм 1, Чеченский капкан, 2, Кавказский крест» DVD*, Москва

Президиум Верховного Совета Чечено–Ингушской АССР (1978) *Чечено–Ингушская АССР административно–территориальное деление*, Грозный

Российская Академия Наук (2005) *Русско-Чеченский словарь*, Москва, Академия

Силантьев, Р. А. (2008) *Энциклопедия, Ислам в современной России*, Москва, Алгоритм

Статистика России (2004) *Национальный состав и владение языками, гражданство, итоги Всероссийской переписи населения 2002 года*, Том 4, Книга 2, Москва

Статистический Комитет Содружества Независимых Государств (1992a) *Итоги Всесоюзной переписи населения 1989 года*, том1, Численность и размещение населения СССР, часть 1, Minneapolis, East View Publications

____. (1992b) *Итоги всесоюзной переписи населения 1989 года*, том1, Возраст и состояние в браке населения СССР, часть 1, Minneapolis, East View Publications

____. (1993a) *Итоги всесоюзной переписи населения 1989 года*, том3, Число и состав семей в СССР, Minneapolis, East View Publications

____. (1993b) *Итоги всесоюзной переписи населения 1989 года*, том3, Уровень образования населения СССР, Minneapolis, East View Publications

Статистическое Управление Чечено–Ингушской АССР (1967) *Чечено–Ингушская АССР за 50 лет*, Грозный

Статистическое управление ЧИАССР (1986) *Чечено–Ингушская АССР за годы одиннадцатой пятилетки*, Грозный

3） 論文・書籍類

Акаев, Вахит (1999a) Чечня: возможен ли афганский вариант?, *Центральная Азия и Кавказ*, №1 (2) (以下、*Центральная Азия и Кавказ* に掲載されている論文でページ数が未記載のものについてはウェブサイト［http://www.ca-c.org/indexr.shtml］にて閲覧したものである)

____. (1999b) Религиозно-политический конфликт в Чеченской Республике Ичкерия, *Центральная Азия и Кавказ*, №4 (5)

____. (1999c) *Суфизм и Ваххабизм на Северном Кавказе*, Москва, Российская Академия Наук

____. (2000) Исламский фундаментализм на Северном Кавказе: Миф или реальность, *Центральная Азия и Кавказ*, №3 (9)

____. (2001) *Ислам и политика, Чечня: от конфликта к стабильности*, Москва, Российская Академия Наук

____. (2008) *Ислам в Чеченской Республике*, Москва, Логос

Адзиев, Хизри и Н. Гасанов (2010) Межэтнические отношения в Дагестане, *Свободная мысль*, №1, С.21-30

Асуев, Шерип (1993) *Так это было…* (http://zhaina.com/history/262-tak-jeto-bylo....html)

Ахмадов, Ш. Б. (2009) Тукхум и его роль в Чеченском обществе в XVIII- начале XIX вв., *Вестник Академии наук ЧР*, №,2 (11), С.73-77

Баснукаев, Муса и Магомед Ирисханов (2005) Общественное мнение Чечни о ситуации в

Чеченской Республике, *Вестник Общественного Мнения*, №4, С.19-29

Басханова, Л.С.-Э. (2004) *Чечня: общественное мнение в условиях этнополитического конфликта*, Ростов-на-Дону, Издательство СКНЦ ВШ

Библиотека газеты «Северный Кавказ» (2009) *Северный Кавказ под тенью Ваххабизма: Часть 1*, Нальчик, Издательство М. и В. Котляровых

Бугай, Николай (2006) *Чеченская Республика: Конфронтация, стабильность, мир*, Москва, Институт Российской Истории РАН

Вачагаев, Майрбек (2003) Современное чеченское общество мифы и реальность, *Центральная Азия и Кавказ*, № 2, С.15-23

Гакаев, Ж.Ж. (2008) Глава X: Чечня в 1985-1991 гг., *История Чечни*: Том 2, Книжное издательство, Грозный

Гакаев, Ж.Ж. Муса Ибрагимов (2008) §1.Чеченский кризис: Глава XI Чеченская республика на рубеже XX-XXI вв., *История Чечни*: Том 2, Книжное издательство, Грозный

Гродненский Н (2010) *Вторая Чеченская: История вооруженного конфликта*. Москва, Русская панорама

Добаев, Игорь (2000) Исламский радикализм в современных этнополитических процессах на Северном Кавказе, *Центральная Азия и Кавказ*, №6 (12)

Дзуцев, Хасан (2001) Ситуация в Чечне: Мнения респондентов, *Социологические исследования*, № 11. С.22-27

Дудаев, Джохар (1992) *Тернистый путь к свободе*, Грозный, Книга

Заубекова Галина (2003) *Ваххабизм в Чечне*, Москва, Российская Академия Наук

Ибрагимов, Муса (1998) *Тайна тысячелетий раскрыта! (Нахи, Нохчи, ГIалгIай)*, Грозный

Ибрагимов, Муслиевич (2006) Об особенностях кризиса в Чеченской Республике в 1990-е годы, *Чеченская Республика и Чеченцы*, Москва, Наука

Ильясов, Лечи (2006) Чеченский тейп, *Чеченская Республика и Чеченцы*, Москва, Наука

Коротков, Вадим (1994) Чеченская модель этнополитических процессов, *Общественные науки и современность*, №.3, С.104-112

Кисриев, Э. Ф. (2007) *Ислам в Дагестане*, Москва, Логос

Кудрявцев, Алексей (2000) "Ваххабизм", проблемы религиозного экстремизма на Северном Кавказе, *Центральная Азия и Кавказ*, №3 (9)

Мазева, Тамара (ред.) (1997) *100 дней Президента*, Грозный, Села

Малашенко, Алексей (2001а) Северный Кавказ: исламский фактор, *Свободная Мысль*, №.9, С.6-22

_____. (2001b) Северный Кавказ: исламский фактор, *Свободная Мысль*, №.11, С.17-35

_____. (2008) Северный Кавказ: когда закончилась война, *Pro et Contra*, сентябрь – декабрь

Масхадов, Асулан (1997) *Честь дороже жизни*, Грозный

Мукомель, Врадимир (1999) Демографические последствия этнических и региональных конфликтов в СНГ, *Социологические исследования*, №.6, С.66-71

Музаев, Тимур (1997) *Ичкерия: руководство и политическая структура*, Москва, Панорама

_____. (1999a) *Этнический сепаратизм в России*, М., Панорама

_____. (1999b) *Чеченская Республика Ичкерия: Политический мониторинг*, Международный институт гуманитарно-политических исследований

____. (1999c) *Чеченский кризис-99: Политическое противостояние в Ичкерии*, Москва, Панорама

____. (2004) Аслан Масхадов: политическая биография, //реконструкция Чечни (http://kavkaz-forum.ru/dossier/3279.html)

Натаев С.А. (2009) О проблеме чеченского тайпа в исторических исследованиях, *Вестник Академии наук ЧР*, №,2(11), С.107-113

Осмаев, А.Д. (2008а) §2.Хасав-Юртовские соглашения-§3.Военные действия в 1999-2001 гг.: Глава XI Чеченская Республика на рубеже XX-XXI вв., *История Чечни*: Том 2, Книжное издательство, Грозный

____. (2008b) Общественно-политическая ситуация в Чеченской республике 1996-1999 гг., *Известия Алтайского государственного университета*, 4-3 (60), С.195-201

____. (2008с) Роль религиозного фактора в Чеченском кризисе конца XX-начала XXI вв. *Научные ведомости Белгороского государственного университета «История, Политология, Экономика»*, №5 (45), С.136-140

____. (2009) Повседневная жизнь жителей Чеченской Республики в 1990-1996 годах, *Известия высших учебных заведений. Северо-Кавказский регион. Общественные науки*, №3 (А), С.123-126.

____. (2012а) *Чеченская Республика 1996-2005 гг.: Общественно-политическая и повседневная жизнь в условиях войны и мира*, Saarbrücken, Lampbert Academic Publishing

____. (2012b) К вопросу о хасавюртовских соглашениях, *Вестник Академии наук Чеченской Республики*, №.2 (17), С.174-178

Поляков, Е. (2008) Неурегулированные аспекты Российско-Чеченского конфликта: Последствия и проблемы, *Вестник Воронежского госуниверситета: Лингвистика и межкультурная коммуникация*, № 2, С.180-187

Саватеев, Анатолий (2000) Ислам и политика в Чеченской Республике, *Общественные науки и современность*, № 2, С.84-95

Серебрянников, Владимир (1999) Массовое сознание: проблемы войны и армии, *Социологические исследования*, № 8, С.39-45.

____. (2000) Косовская и Чеченская Войны в массовом сознании России и Запада, *Социологические исследования*, № 10. С.66-72

Скаков, А. (1998) Грузинско-Дагестанские и Грузинско-Чеченские отношения, *Новая Евразия: Россия и страны ближнего зарубежья*, Москва, Российский институт стратегических исследований

Типенко, Наталия (1992) Экономика–Социологу, *Социологические Исследования*, №1, С.125-127

Юсупов, Муса (1997) Этносоциальная структура Чечни, *Рубеж*, № 10-11, С.139-143

____. (2000а) Чечня, *Межэтнические отношения и конфликты в постсоветских государствах; Ежегодный доклад 1999*, Институт этнологии и антропологии РАН, Москва

____. (2000b) Ислам в социально-политической жизни Чечни, *Центральная Азия и Кавказ*,

2．英語文献

1）新聞雑誌類
The Independent, Financial Times, The Times, The Herald（イギリス）
The New York Times（アメリカ）
Prism, Monitor（アメリカ・ジャームスタウン基金レポート）
RFE/RL（Radio Free Europe / Radio Liberty, アメリカ・ラジオ自由ヨーロッパ／ラジオ・リバティ）
The Moscow Times（ロシア）
The Georgian Times（グルジア）

2）辞典・資料類
Nichols, Johanna and Arbi Vagapov (2004) *Chechen-English and English Chechen Dictionary*, New York, RoutledgeCurzon
Greene, Stanley (2003) *Open Wound: Chechnya 1994 to 2003*, London, Trolley

3）論文・書籍類
Akaev, Vahit (2010) "Islam and Politics in Chechniia and Ingushetiia," *Radical Islam in the Former Soviet Union*, New York, Routledge
Akhmadov, Ilyas and Miriam Lanskoy (2010) *The Chechen Struggle: Independence Won and Lost*, New York, Palgrave Macmillan
Akhmadov, Ilyas and Nicholas Daniloff (2014) *Chechnya's Secret Wartime Diplomacy: Aslan Maskhadov and the Quest for a Peaceful Resolution*, New York, Palgrave Macmillan
Andrienko, Yuri and Louise Shelley (2005) "Crime, Violence, and Political Conflict in Russia," *Understanding Civil War: Evidence and Analysis vol. 2*, Washington D.C., The World Bank
Ashour, Omar (2004) "Security, Oil, and Internal Politics: The Causes of the Russo–Chechen Conflicts," *Studies in Conflict & Terrorism*, 27: 2, pp.127-143
Avtorkhanov, Abdurahman (1992) "The Chechens and the Ingush during the Soviet Period and its Antecedents," *The North Caucasus Barrier: The Russian advance towards the Muslim world*, London, Hurst & Company
Bahcheli, Tozun, Barry Bartmann and Henry Srebnik (2004) *De Facto States: The Quest for Sovereignty*, London, Routledge
Bakke, Kristin, John O'Loughlin and Michael Ward (2009) "Reconciliation in Conflict-Affected Societies: Multilevel Modeling of Individual and Contextual Factors in the North Caucasus of Russia," *Annals of the Association of American Geographers*, 99: 5, pp.1012-1021
Beano, Said (2003) "The Chechen crisis and the desired international community support," *Central Asian Survey*, 22: 4, pp.473-479
Bennigsen, Marie (1992) "The Last Ghazawat: the 1920-1921 Uprising," *The North Caucasus Barrier: The Russian Advance towards the Muslim World*, London, Hurst & Company

_____. (1999) "Chechnia: political developments and strategic implications for the North Caucasus," *Central Asian Survey*, 18: 4, pp.535-574

Berezovsky, Boris (2006) *The Art of the Impossible 1*, Massachusetts, Terra-USA

Berg, Eiki and Raul Toomla (2009) "Form of Normalisation in the Quest for De Facto Statehood," *The International Spectator*, 44: 4, pp27-45

Birch, Julian (1999) "Ossetiya: land of uncertain frontiers and manipulative elites", *Central Asian Survey*, 18: 4, pp.501-534

Blandy, Charles (2003) "Military aspects of the two Russo-Chechen conflicts in recent times," *Central Asian Survey*, 22: 4, pp.421-432

Bowker, Mike (2005) "Western Views of the Chechen Conflict," *Chechnya: From Past to Future*, London, Anthem Press

Broers, Laurence (2013) "Recognising politics in unrecognized states: 20 years of enquiry into the de facto states of the South Caucasus," *Caucasus Survey*, 1: 1, pp.59-74

Brown, Michael (2001) "The Causes of Internal Conflict: An Overview," *Nationalism and Ethnic Conflict*, Cambridge, MIT Press

Brubaker, Rogers and David Laitin (1998) "Ethnic and Nationalist Violence," *Annual Review of Sociology*, 24, pp.423-452

Caspersen, Nina (2008a) "Between Puppets and Independent Actors: Kin-state involvement in the Conflicts in Bosnia, Croatia and Nagorno Karabakh," *Ethnopolitics*, 7: 4, pp.357-372

_____. (2008b) "Separatism and Democracy in the Caucasus," *Survival*, 50: 4, pp.113-136

_____. (2009) "Playing the Recognition Game: External Actors and De Facto States," *The International Spectator*, 44: 4, pp.47-60

_____. (2012) *Unrecognised States: The struggle for sovereignty in the modern international system*, Cambridge, Polity

Cherkasov, Alexander and Dmitry Grushkin (2005) "The Chechen Wars and Human Rights in Russia," *Chechnya: From Past to Future*, London, Anthem Press

Clogg, Richard (1997) "Disinformation in Chechnya: An anatomy of a deception," *Central Asian Survey*, 16: 3, pp.425-430

Closson, Stacy (2008) "The North Caucasus after the Georgia-Russia Conflict," *Russian Analytical Digest*, 51, pp.2-4

Collier, Paul and Anke Hoeffler (2000) *Greed and Grievance in Civil War*, Washington D.C. World Bank

_____. (2002) *Greed and Grievance in Civil War*, Centre for Study of African Economies, Working Paper Series 2002-01

Collier, Paul, Anke Hoeffler and Dominic Rohner (2006) *Beyond Greed and Grievance: Feasibility and Civil War*, Centre for the Study of African Economies Working Paper Series 2006-10

Collier, Paul, Anke Hoeffler and Nicholas Sambanis (2005) "The Collier-Hoeffler Model of Civil War and the Case Study Project Research Design," *Understanding Civil War*, Washington D.C. The World Bank

Collier, Paul, Anke Hoeffler and Måns Söderbom (2008) "Post-Conflict Risks," *Journal of Peace Research*, 45: 4, pp.461-478

Cooley, Alexander and Lincoln Mitchell (2010) "Engagement without Recognition: A New Strategy toward Abkhazia and Eurasia's Unrecognized States," *The Washington Quarterly*, 33: 4, pp.59-73

Corley, Felix (1997) "South Ossetia between Gamsakhurdia and Gorbachev: Three documents," *Central Asian Survey*, 16: 2, pp.269-275

Cornell, Svante (1997) "A Chechen State?" *Central Asian Survey*, 16: 2, pp.201-213

―――. (1998a) "Turkey and the Conflict in Nagorno Karabakh: A Delicate Balance," *Middle Eastern Studies*, 34: 1, pp.51-72

―――. (1998b) "Conflict in the North Caucasus" *Central Asian Survey*, 17: 3, pp.409-441

―――. (1998c) "Religion as a Factor in Caucasian Conflicts," *Civil Wars*, 1: 3, pp.46-64

―――. (2002) "Autonomy as a source of conflict: Caucasian Conflicts in Theoretical Perspective," *World Politics*, 54, pp.245-276

―――. (2003) "The War Against Terrorism and the Conflict in Chechnya: A Case for Distinction," *The Fletcher Forum of World Affairs*, 27: 2, pp.167-184

Cornell, Svante and Frederick Starr (2006) *The Caucasus: A Challenge for Europe*, Silk Road Paper, Washington, Central Asia-Caucasus Institute

―――. (2009) *The Guns of August 2008: Russia's War in Georgia*, New York, M.E.Sharpe

Derluguian, Georgi (1999a) "Che Guevaras in Turbans," *New Left Review* 1/237, September-October, pp.3-27

―――. (1999b) "Ethnofederalism and Ethnonationalism in the Separatist Politics of Chechnya and Tatarstan: Sources or Resources?" *International Journal of Public Administration*, 22: 9-10, pp.1387-1428

―――. (2005) *Bourdieu's: Secret Admirer in the Caucasus: A World-System Biography*, Chicago, The University of Chicago Press

DeRouen, Karl and Jocob Bercovitch (2008) "Enduring Internal Rivalries: A New Framework for the Study of cCivil War," *Journal of Peace Research*, 45: 1, pp.55-74

Dettmering, Christian (2005) "Reassessing Chechen and Ingush (Vainakh) clan structure in the 19th century," *Central Asian Survey*, 24: 4, pp.469-489

Dunlop, John (1998) *Russia Confronts Chechnya: Roots of a Separatist Conflict*, Cambridge, Cambridge University Press

―――. (2000) "How many soldiers and civilians died during the Russo-Chechen war of 1994-96?" *Central Asian Survey*, 19: 3-4, pp.328-338

Dzebisashvili, Kakhaber (2000) "Russia and Georgia: A Future Hard to Predict," *Central Asia and the Caucasus*, 3, pp.50-55

Evangelista, Matthew (2003) *The Chechen Wars: Will Russia Go the Way of the Soviet Union?*, Washington D.C. Brookings Institution Press

Fearon, James (2004) "Why Do Some Civil Wars Last So Much Longer than Others," *Journal of Peace Research*, 41: 3, pp.275-301

Fearon, James and David Laitin (2003) "Ethnicity, Insurgency, and Civil War," *The American Political Science Review*, 97: 1, pp.75-90

Felgenhauer, Pavel (2002) "The Russian army in Chechnya," *Central Asian Survey*, 21: 2, pp.157-166

Francis, Céline (2008) "'Selective Affinities': The Reactions of the Council of Europe and the European Union to the Second Armed Conflict in Chechnya (1999-2006)," *Europe-Asia Studies*, 60: 2, pp.317-338

Gall, Carlotta and Thomas de Wall (1998) *Chechnya: Calamity in the Caucasus*, New York, New York University Press

Gammer, Moshe (2002) "Walking the tightrope between nationalism (s) and Islam (s): the case of Daghestan," *Central Asian Survey*, 21: 2, pp.133-142

____. (2005) "The Road not taken: Daghestan and Chechen independence," *Central Asian Survey*, 24: 2, pp.97-108

____. (2006) *The Lone Wolf and the Bear: Three Centuries of Chechen Defiance of Russian Rule*, London, Hurst & Company

____. (2008) "From the challenge of nationalism to the challenge of Islam: the case of Daghestan," *Ethno-Nationalism, Islam and State in the Caucasus: Post-Soviet Disorder*, New York, Routledge

Geibel, Adam (2000) "Khattab's audacious raid (22 December 1997): Prelude to the Second Chechen War," *Central Asian Survey*, 19: 3-4, pp.339-347

German, Tracey (2003) *Russia's Chechen War*, New York, Routledge

____. (2004) "The Pankiski Gorge: Gerogia's achilles' heel in its relations with Russia," *Central Asian Survey*, 23: 1, pp.27-39

Giuliano, Elise (2005) "Islamic Identity and Political Mobilization in Russia: Chechnya and Dagestan Compared," *Nationalism and Ethnic Politics*, 11: 2, pp.195–220

Gökay, Bülent (2004) "Russia and Chechnia: A long History of Conflict, Resistance and Oppression," *Alternatives: Turkish Journal of International Relations*, 3: 2&3, pp.1-18

Goldenberg, Suzanne (1994), *Pride of Small Nations: The Caucasus and Post-Soviet Disorder*, London and New Jersey, Zed Books Ltd

Gordadze, Thornike (2009) "The Georgian-Russian Relations in the 1990s," *The Guns of August 2008: Russia's War in Georgia*, New York, M.E.Sharpe

Grammatikov, Nikolai (1998) "The Russian intervention in Chechnya in December 1994: Issues and Decision-Making," *The Journal of Slavic Military Studies*, 11: 4, pp.111-132

Graney, Katherine (2004) "Chechnya," *De Facto States: The Quest for Sovereignty*, London, Routledge

Guldimann, Tim (1997) "Supporting the Doves against the Hawks," *OSCE Yearbook* 1997, pp.135-143

Güne-Yadcy, Zübeyde (2003) "A Chechen national hero of the Caucasus in the 18th century: Sheikh Mansur," *Central Asian Survey*, 22: 1, pp.103-115

Gurr, Ted (1994) "Peoples against States: Ethnopolitical Conflict and the Changing World System," *International Studies Quarterly*, 38: 3, pp.347-377

____. (2000) "Ethnic Warfare on the Wane," *Foreign Affairs*, 79: 3, pp.52-64

____. (2002) "Attaining Peace in Divided Societies: Five Principles of Emerging Doctrine," *International Journal on World Peace*, 19: 2, pp.27-51

Harff, Barbara and Ted Gurr (2004) *Ethnic Conflict in World Politics: 2nd ed.*, Colorado, Westview

Hayden, William (1999) "The Political Genesis of the Conflict in Chechnya, 1990-1994," *Civil Wars*, 2: 4, pp.23-56

Henkin, Yagil (2006) "From tactical terrorism to Holy War: the evolution of Chechen terrorism, 1995-2004," *Central Asian Survey*, 25: 1-2, pp.193-203

____. (2008) "'I can fight, army against army': the 1994-1996 Russo-Chechen war, strategies and misconceptions," *Ethno-Nationalism, Islam and State in the Caucasus: Post-Soviet Disorder*, New York, Routledge

Hertog, Katrien (2005) "A Self-fulfilling Prophecy: The Seeds of Islamic Radicalisation in Chechnya," *Religion, State & Society*, 33: 3, pp.239-252

Hewitt, George (1999) "Abkhazia, Georgia and the Circassians (NW Caucasus)", *Central Asian Survey*, 18: 4, pp.463-499

Hughes, James (2001) "Chechnya: The causes of a protracted post-soviet conflict," *Civil Wars*, 4: 4, pp.11-48

____. (2007) *Chechnya: From Nationalism to Jihad*, Philadelphia, University of Pennsylvania Press

Huntington, Samuel (1993) "The Clash of Civilization?" *Foreign Affairs*, 72: 3, pp.22-49

ICISS (2001) *The Responsibility to Protect: Report of the International Commission on Intervention and State Sovereignty*, Ottawa, IDRC

Jackson, Robert (1987) "Quasi-States, Dual Regimes, and Neoclassical Theory: International Jurisprudence and the Third World," *International Organisation*, 41: 4, pp.519-549

Kaldor, Mary (2007) *New and Old Wars: Organized Violence in a Global Era, 2nd ed.*, California, Stanford University Press

Kasaev, Alan (1996) "Ossetia-Ingushetia," *U.S. and Russian Policymaking With Respect to the Use of Force*, Santa Monica, RAND Center for Russian and Eurasian Studies

Kennedy-Pipe, Caroline and Stephen Welch (2005) "Russia and the United States After 9/11," *Terrorism and Political Violence*, 17: 1-2, pp.279–291

Khanbabaev, Kaflan (2010) "Islam and Islamic radicalism in Dagestan," *Radical Islam in the Former Soviet Union*, New York, Routledge

Khoperskaya, Larisa (1998) "Ethno-Political Change in the North Caucasus," *Conflict and Consensus in Ethno-Political and Center-Peripheral Relations in Russia*, Santa Monica, RAND Center for Russian and Eurasian Studies

King, Charles (2001) "The Benefits of Ethnic War: Understanding Eurasia's Unrecognized States," *World Politics*, 53: 4, pp.524-552

Kingston, Paul and Ian Spears (2004) *States-within-States: Incipient Political Entities in the Post-Cold War Era*, New York, Palgrave Macmillan

Kolstø, Pål (2006) "The Sustainability and Future of Unrecognized Quasi-States," *Journal of Peace Research*, 43: 6, pp.723-740

Kolstø, Pål and Helge Blakkisrud (2008) "Living with Non-recognition: State- and Nation-building in South Caucasian Quasi-states," *Europe-Asia Studies*, 60: 3, pp.483-509

Kramer, Mark (2004) "The Perils of Counterinsurgency: Russia's War in Chechnya," *International Security*, 29: 3, pp.5-63

Kurtsikidze, Shorena and Vakhtang Chikovani (2002) *Georgia's Pankisi Gorge: An Ethnographic*

Survey, Berkeley, University of California

Kuzio, Taras (1995) "The Chechnya Crisis and the 'near abroad'," *Central Asian Survey*, 14: 4, pp.553-572

____. (1996) "International Reaction to the Chechen Crisis," *Central Asian Survey*, 15: 1, pp.97-109

Laitin, David (2001) "Global Pressure Point: Secessionist Rebellion in the Former Soviet Union," *Comparative Political Studies*, 34: 8, pp.839-861

Lanskoy, Miriam (2003) "Chechnya's Internal Fragmentation, 1996-1999," *The Fletcher Forum of World Affairs*, 27: 2, pp.185-205

Licklider, Roy (1995) "The Consequences of Negotiated Settlements in Civil Wars, 1945-1993," *American Political Science Review*, 89: 3, pp.681-690

Lieven, Anatol (1999) *Chechnya: Tombstone of Russian Power*, New Haven and London, Yale University Press

____. (2000) "Nightmare in the Caucasus," *The Washington Quarterly*, 23: 1, pp.145-159

Linz, Juan and Alfred Stepan (1992) "Political Identities and Electoral Sequences: Spain, the Soviet Union, and Yugoslavia," *Daedalus*, 121: 2, pp.123-139

Lynch, Dov (2002) "Separatist states and post-Soviet conflicts," *International Affairs*, 78: 4, pp.831-848

____. (2004) *Engaging Eurasia's Separatist States: Unresolved Conflicts and De Facto States*, Washington D.C., United Nations Institute of Peace Press

____. (2005) "'The enemy is at the gate': Russia after Beslan," *International Affairs*, 81: 1, pp.141-161

____. (2007) "De facto 'States' around the Black Sea: The Importance of Fear," *Southeast European and Black Sea Studies*, 7: 3, pp.483-496

Magomedov, Arbakhan (2009) "Dagestan and the Russian state: 'Stable Instability' Forever?," *Russian Analytical Digest*, 70, pp.9-13

Makarychev, Andrei and Vasilii Valuev (2002) *External relations of Tatarstan: Neither Inside, nor Outside, but alongside Russia*, CSS Russian Working Paper No.23, ETH (Swiss Federal Institute of Technology Zurich)

Mäkinen, Sirke (2004) "Russia's Integrity: Russian Parties of Power and the Yabloko Association on Russo-Chechen Relations, 1999-2001," *Europe-Asia Studies*, 56: 8, pp.1157-1189

Malashenko, Aleksei (2009a) "Losing the Caucasus," Carnegie Moscow Center Briefing, 11: 3

____. (2009b) "Chechnya after cancellation of Counter-Terrorist Operation," *Russian Analytical Digest*, 70, pp.2-5

Malashenko, Aleksei and Dmitri Trenin (2004) *Russia's Restless Frontier: The Chechnya Factor in Post-Soviet Russia*, Washington D.C., Carnegie Endowment for International Peace

Markedonov, Sergey (2009) "Ingushetia: on the Road to Overcoming Social-Political Instability," *Russian Analytical Digest*, 70, pp.5-8

Mason, David, Mehmet Gurses, Patrick Brandt and Jason Quinn (2011) "When Civil Wars Recur: Conditions for Durable Peace after Civil Wars," *International Studies Perspectives*, 12: 2, pp.171-89

Matsuzato, Kimitaka (2008) "From Belligerent to Multi-Ethnic Democracy: Domestic Politics in

Unrecognized States after the Ceasefire," *Eurasian Review*, 1, November, pp.95-119

Matsuzato, Kimitaka and Magomed-Rasul Ibragimov (2005) "Islamic Politics at the Sub-Regional Level in Dagestan: Tariqa Brotherhoods, Ethnicities, Localism and the Spiritual Board," *Europe-Asia Studies*, 57: 5, pp.753-779

Mikhailov, Valentin (2005) "Chechnya and Tatarstan: Differences in Search of an Explanation," *Chechnya: From Past to Future*, London, Anthem Press

Moore, Cerwyn and Paul Tumelty (2009) "Assessing Unholy Alliances in Chechnya: From Communism and Nationalism to Islamism and Salafism," *Journal of Communist Studies and Transition Politics*, 25: 1, pp.73-94

Mukherjee, Bumba (2006) "Why Political Power-Sharing Agreements Lead to Enduring Peaceful Resolution of Some Civil Wars, but Not Others?," *International Studies Quarterly*, 50: 2, pp.479-504

Mukhina, Irina (2005) "Islamic Terrorism and the Question of National Liberation, or Problems of Contemporary Chechen Terrorism," *Studies in Conflict & Terrorism*, 28: 6, pp.515–532

Murinson, Alexander (2004) "The secessions of Abkhazia and Nagorny Karabagh: the roots and patterns of development of post-Soviet micro-secessions in Transcaucasia", *Central Asian Survey*, 23: 1, pp.5-26

Nation, Craig (2007) *Russia, the United States, and the Caucasus*, Pennsylvania, Strategic Studies Institute of the U.S. Army War College

Nichol, Jim (2008) "Stability in Russia's Chechnya and Other Regions of the North Caucasus," *CRS Report for Congress*, Congressional Research Service

_____. (2009) "Stability in Russia's Chechnya and Other Regions of the North Caucasus," *CRS Report for Congress*, Congressional Research Service

Pain, Emil (2005) "The Chechen War in the Context of Contemporary Russian Politics," *Chechnya: From Past to Future*, London Anthem Press

Payin, Emil (1995) "Understanding the conflict in Chechnya," *Ethnic Conflict and Russian Intervention in The Caucasus: ICC policy paper*, California, Institute on Global Conflict and Cooperation

Payin, Emil and Arkady Popov (1996) "Chechnya," *U.S. and Russian Policymaking With Respect to the Use of Force*, Santa Monica, RAND Center for Russian and Eurasian Studies

Pegg, Scot (1998) *International Society and the De Facto State*, Aldershot, Ashgate

_____. (2004) "From De Facto States to States-within-States: Progress, Ploblems, and Prospects," *States within States: Incipient Political Entities in the Post-Cold War*, New York, Palgrave Macmillan

Quinn, Michael, David Mason and Mehmet Gurses (2007) "Sustaining the Peace: Determinants of Civil War Recurrence," *International Interactions*, 33: 2, pp.167-193

Ramsbotham, Oliver, Tom Woodhouse and Hugh Miall (2011) *Contemporary Conflict Resolution: the Prevention, Management and Transformation of Deadly Conflicts 3rd ed.*, Cambridge, Polity

Russell, John (2007) *Chechnya: Russia's 'War on Terror,'* London, Routledge

Russian Information Agency Novosti (2000) *Chechnya: The White Paper*, Moscow, RIA Novosti and Russian Information Center

Rybkin, Ivan (1998) *Consent in Chechnya, Consent in Russia*, Lytten Trading & Investment Ltd.

Rywkin, Michael (1991) "The Communist Party and the Sufi Tariqat in the Checheno-Ingush Republic," *Central Asian Survey*, 10: 1-2, pp.133-145

_____. (1993) "Power and ethnicity: Party staffing in the autonomous republics of the Caucasus in the middle 1980s," *Central Asian Survey*, 12: 3, pp.347-364

Sagramoso, Domitilla (2007) "Violence and Conflict in the Russian North Caucasus," *International Affairs*, 84: 4, pp.681-705

Sakwa, Richard (ed.) (2005) *Chechnya: From Past to Future*, London, Anthem Press

Sanikidze, George (2007) "Islamic Resurgence in the Modern Caucasian Region: 'Global' and 'Local' Islam in the Pankisi Gorge," *Empire, Islam and Politics in Central Eurasia*, Sapporo, Hokkaido University Slavic Research Center

Shedd, Juliette (2008) "When Peace Agreements Create Spoilers: The Russo-Chechen Agreement of 1996," *Civil Wars*, 10: 2, pp.93-105

Shermatova, Sanobar (2003) "The War for Chechen Oil," *Capitalism Nature Socialism*, 14: 1, pp.113-123

Shnirelman, Viktor (2006) "A Revolt of Social Memory: The Chechens and Ingush against the Soviet Historians," *Reconstruction and Interaction of Slavic Eurasian and its Neighboring Worlds*, Sapporo, Hokkaido University Slavic Research Center

Skagestad, Odd (1999) "Keeping hope alive: Experience of the OSCE assistance group to Chechnya," *OSCE Yearbook 1999*, pp.211-223

_____. (2000) "How Can the International Community Contribute to Peace and Stability in and around Chechnya? A Pessimistic Reply," *Chechnya: The International Community and Starategies for Peace and Stability*, Stockholm, The Swedish Institute of International Affairs

_____. (2008) "Chechnia: The OSCE experience 1995-2003," *Central Asia and the Caucasus*, 5: 53, pp.160-172

Skakov, Alexander (2000) "On Two Sides of the Border," *Central Asia and the Caucasus*, 2, pp.151-164

Sivertseva, Tamara (1999) "Daghestan: the quest for national identity," *Central Asian Survey*, 18: 3, pp.359-372

Sokirianskaia, Ekaterina (2005) "Families and clan in Ingushetia and Chechnya: A fieldwork report," *Central Asian Survey*, 24: 4, pp.453-467

_____. (2008) "Ideology and Conflict: Chechen Political Nationalism Prior to, and During, Ten Years of War," *Ethno-Nationalism, Islam and State in the Caucasus*, New York, Routledge

Souleimanov, Emil (2005) "Chechnya, Wahhabism and the Invasion of Dagestan," *Middle East Review of International Affairs*, 9: 4, pp.48-71

_____. (2007) *An Endless War: The Russian-Chechen Conflict in Perspective*, Frankfurt, Peter Lang

Swirszcz, Joanna (2009) "The Role of Islam in Chechen National Identity," *Nationalities Papers*, 37: 1, pp.59-88

Szászdi, Lajos (2008) *Russian Civil-Military Relations and the Origins of the Second Chechen War*, Lanthan, University Press of America

Taarnby, Michael (2008) *The Mujahedin in Nagorno-Karabakh: A Case Study in the Evolution of Global Jihad*, Working Paper, Real Institute Elcano

Tchilingirian, Hratch (1999), "Nagorno Karabagh: transition and the elite", *Central Asian Survey*, 18: 4, pp.435-461

The World Bank (1990) *World Development Report 1990*, Oxford, Oxford University Press

Themnér, Lotta and Peter Wallensteen (2011) "Armed Conflict 1946-2010," *Journal of Peace Research*, 48: 4, pp.525-536

Tishkov, Valery (1997) *Ethnicity, Nationalism and Conflict in and After the Soviet Union: The Mind Aflame*, London, Sage Publications

———. (1999) "Ethnic Conflicts in the Former USSR: The Use and Misuse of Typologies and Data," *Journal of Peace Research*, 36: 5, pp.571-591

———. (2004) *Chechnya: Life in a War-Torn Society*, Berkeley, University of California Press

———. (2005) "Dynamics of a Society at War: Ethnographical Aspects," *Chechnya: From Past to Future*, London, Anthem Press

Trenin, Dmitri (2003) "The Forgotten War: Chechnya and Russia's Future," *Policy Brief*, 28, Carnegie Endowment for International Peace

———. (2005), "Russia and anti-terrorism," *What Russia sees*, Paris, Institute for Security Studies

UNDP (1992) *Human Development Report 1992*, Oxford, Oxford University Press

———. (1993) *Human Development Report 1993*, Oxford, Oxford University Press

Vendina, Olga, Vitaliy Belozerov and Andrew Gustafson (2007) "The Wars in Chechnya and Their Effects on Neighboring Regions," *Eurasian Geography and Economics*, 48: 2, pp.178-201

Vinatier, Laurent (2008) "War and peace in Chechnya: the role of Ramzan Kadyrov," *Russian Analytical Digest*, 51: 8, pp.10-13

Wallensteen, Peter (2011) "War in Peace Research," *Peace Research: Theory and Practice*, Oxford, Routledge

Wallensteen, Peter and Margareta Sollenberg (1998) "Armed Conflict and Regional Cnflict Complexes, 1989–97," *Journal of Peace Research*, 35: 5, pp.621-634

———. (2001) "Armed Conflict, 1989–2000," *Journal of Peace Research*, 38: 5, pp.629-644

Wallensteen, Peter, Lotta Harbom and Stina Högbladh (2011) "Armed conflict and peace agreements," *Peace Research*, London, Routledge

Walter, Barbara (2004) "Does Conflict Beget Conflict? Explaining Recurring Civil War" *Journal of Peace Research*, 41: 3, pp.371-388

Ware, Robert (2005) "A Multitude of Evils: Mythology and Political Failure in Chechnya," *Chechnya: From Past to Future*, London, Anthem Press

Ware, Robert and Enver Kisriev (1997) "After Chechnya: New dangers in Daghestan," *Central Asian Survey*, 16: 3, pp.401-412

———. (2002) "Prospects for political stability and economic development Dagestan," *Central Asian Survey*, 21: 2, pp.143-156

———. (2010) *Dagestan: Russian Hegemony and Islamic Resistance in the North Caucasus*, New York, M.E. Sharpe

Wilhelmsen, Julie (2005) "Between a Rock and a Hard Place: The Islamisation of the Chechen

Separatist Movement," *Europe-Asia Studies*, 57: 1, pp.35-59

Williams, Brian (2004) "From 'Secessionist Rebels' to 'Al-Qaeda Shock Brigades': Assessing Russia's Efforts to Extend the Post-September 11th War on Terror to Chechnya," *Comparative Studies of South Asia, Africa and the Middle East*, 24: 1, pp.199-213

____. (2008) "Allah's Foot Soldiers: An Assessment of the Role of Foreign Fighters and Al-Qaʻida in the Chechen Insurgency," *Ethno-Nationalism, Islam and States in the Caucasus*, New York, Routledge

Wittig, Timothy (2009) "Financing Terrorism along the Chechnya-Georgia Border, 1999-2002," *Global Crime*, 10: 3, pp.248-260

Woodward, Susan (2007) "Do the Root Causes of Civil War Matter? On Using Knowledge to Improve Peacebuilding Interventions" *Journal of Intervention and Statebuilding*, 1: 2, pp.143-70.

Zürcher, Christoph (2007) *The Post-Soviet Wars: Rebellion, Ethnic Conflict, and Nationhood in the Caucasus*, New York, New York University Press

Zürcher, Christoph, Pavel Baev and Jan Koehler (2005) "Civil Wars in the Caucasus," *Understanding Civil War: Evidence and Analysis vol. 2*, Washington D.C., The World Bank

3．日本語文献

1）新聞雑誌類

『ロシア月報』（外務省欧亜局ロシア課監修）、1997年1月（643号）〜99年12月（678号）

2）事典類

大塚和夫（他・編）（2002）『岩波イスラーム辞典』岩波書店

帯谷知可・北川誠一・相馬秀廣（編）（2012）『中央アジア（朝倉世界地理講座――大地と人間の物語）』朝倉書店

川端香男里・佐藤経明（他・監）（2004）『新版 ロシアを知る事典』平凡社

小松久男・梅村 坦（他・編）（2005）『中央ユーラシアを知る事典』平凡社

日本イスラム協会（他・監）（2002）『新イスラム事典』平凡社

ユーラシア研究所（編）（1998）『情報総覧 現代のロシア』大空社

3）論文・書籍類

アフマードフ，ムサー（2009）『チェチェン民族学序説――その倫理、規範、文化、宗教＝ウェズデンゲル』今西昌幸（訳）高文研〔= Ахмадов, Муса 2006, *Чеченская традиционная культура и этика*, Грозный, Грозненский рабочий〕

アンダーソン，ベネディクト（1997）『想像の共同体――ナショナリズムの起源と流行』白石さや、白石 隆（訳）ＮＴＴ出版〔= Anderson, Benedict 1991, *Imagined Communities: Reflections on the Origin and Spread of Nationalism*, London, Verso〕

アンダーソン，メアリー（2006）『諸刃の援助――紛争地での援助の二面性』大平剛（訳）明

石書店（= Anderson, Mary 1999, *Do No Harm: How Aid can Support Peace--or War*, Boulder, Lynne Rienner Publishers）

イグナティエフ，マイケル（1996）『民族はなぜ殺し合うのか――新ナショナリズム6つの旅』幸田敦子（訳）河出書房新社（= Ignatieff, Michael 1994, *Blood and Belonging: Journeys into the new Nationalism*, New York , Farrar, Straus, and Giroux）

石田 淳（2002）「国内紛争への国際介入」木村 汎（編）『国際危機学――危機管理と予防外交』世界思想社

＿＿．（2006）「国際安全保障の空間的ガヴァナンス」河野勝（編）『制度からガヴァナンスへ――社会科学における知の交差』東京大学出版会

＿＿．（2007a）「介入と撤退――平和構築の構想と幻影」『国際問題』564号、pp.5-12

＿＿．（2007b）「戦争の変貌と国際秩序の変動」阪口正二郎（編）『岩波講座 憲法 5――グローバル化と憲法』岩波書店

＿＿．（2013）「国際の平和と国内の平和」中西 寬・石田 淳・田所昌幸『国際政治学』有斐閣

市倉英和（2011）「政治制度の再考と非対称型自治――制度的紛争解決論比較」『国際政治』165号、pp.83-96

稲田十一（編）（2004）『紛争と復興支援――平和構築に向けた国際社会の対応』有斐閣

＿＿．（編）（2009）『開発と平和――脆弱国家支援論』有斐閣

岩田昌征（2006）「旧ユーゴスラヴィア――多民族戦争の欧米的諸要因」羽場久美子、小森田秋夫（他・編）『ヨーロッパの東方拡大』岩波書店

上野俊彦（2009）「メドヴェージェフ大統領の政治改革――2008年度教書演説における政治改革提案をめぐって」『国際問題』第580号、pp.4-15

＿＿．（2010）「ロシアにおける連邦制改革――プーチンからメドヴェージェフへ」仙石 学・林 忠行（編）『体制転換研究の先端的議論』北海道大学スラブ研究センター

宇山智彦（1993）「カザフスタンにおける民族間関係――1986〜93年」『国際政治』第104号、pp.117-135

＿＿．（1994）「民族紛争」石田 進（編）『中央アジア・旧ソ連 イスラーム諸国の読み方――言語・民族・宗教・資源・産業』ダイヤモンド社

＿＿．（2000）「中央アジアにおけるイスラーム信仰の多様性と過激派の出現」『ロシア研究』第30号、pp.37-57

＿＿．（2004）「政治制度と政治体制――大統領と権威主義」岩崎一郎・宇山智彦（他・編）『現代中央アジア論――変貌する政治・経済の深層』日本評論社

ヴォルカン，ヴァミク（1999）『誇りと憎悪――民族紛争の心理学』水谷驍（訳）共同通信社（= Volkan, Vamik 1997, *Bloodlines: from Ethnic Pride to Ethnic Terrorism*, New York: Farrar, Straus and Giroux）

江頭 寬（1999）『ロシア 闇の大国』草思社

エリツィン，ボリス（2004）『ボリス・エリツィン――最後の証言』網屋慎哉・桃井健司（訳）、ＮＣコミュニケーションズ（= Yeltsin, Boris 2000, *Midnight Diaries*, New York, Public Affairs）

遠藤誠治（2004a）「グローバリゼーションと国家の変容」伊藤 守・西垣 通（他・編）『グローバル社会の情報論』早稲田大学出版部

＿＿．（2004b）「国際政治における規範の機能と構造変動」藤原帰一・李 鍾元（他・編）『国

際政治講座 4──国際秩序の変動』東京大学出版会
____．(2006)「現代紛争の構造とグローバリゼーション」大芝 亮・藤原帰一(他・編)『平和政策』有斐閣
遠藤 貢 (2004)「アフリカにおける国家変容とその理論的・現実的射程」山脇直司・丸山真人(他・編)『グローバル化の行方』新世社
____．(2007)「内と外の論理からみたアフリカ国家とその変容」『アフリカ研究』第 71 号、pp.107-118
____．(2009)「国際社会における『崩壊国家』の課題」稲田十一(編)『開発と平和──脆弱国家支援論』有斐閣
遠藤義雄 (1994)「タジキスタンの内戦──中央アジアの悲劇」『海外事情』第 3 号、pp.40-50
大富 亮 (2006)『チェチェン紛争』〈ユーラシア・ブックレット〉東洋書店
大中 真 (1997)「ロシアとグルジアの同盟関係──1921 年と 1994 年」『ロシア研究』第 24 号、pp.153-163
大林一広 (2013)「反乱軍の組織と内戦後の和平期間」『国際政治』第 174 号、pp.139-152
大村啓喬 (2011)「内戦、経済成長、天然資源 ── 天然資源は祝福 (blessing) か、呪い (curse) か？」『国際政治』第 165 号、pp.16-29
岡垣知子 (2007)「主権国家の『ラング』と『パロール』──破綻国家の国際政治学」『国際政治』第 147 号、pp.48-61
岡 奈津子 (2003)「カザフスタンにおける民族運動の翼賛化──予想された紛争はなぜ起きなかったのか」武内進一(編)『国家・暴力・政治──アジア・アフリカの紛争をめぐって』アジア経済研究所
____．(2004)「民族と政治──国家の『民族化』と変化する民族間関係」岩崎一郎、宇山智彦(他・編)『現代中央アジア論──変貌する政治・経済の深層』日本評論社
帯谷知可 (2004)「宗教と政治──イスラーム復興と世俗主義の調和を求めて」岩崎一郎、宇山智彦(他・編)『現代中央アジア論──変貌する政治・経済の深層』日本評論社
カー，E. H. (1996)『危機の二十年──1919-1939』井上 茂 (訳) 岩波文庫 (= Carr, Edward Hallett 1946, *The Twenty Years' Crisis, 1919-1939: an Introduction to the Study of International Relations, 2nd ed.*, London, Macmillan)
片山善雄 (2001)「低強度紛争概念の再構築」『防衛研究所紀要』第 4 巻第 1 号、pp.59-75
カルドー，メアリー (2003)『新戦争論──グローバル時代の組織的暴力』山本武彦・渡部正樹 (訳) 岩波書店 (= Kaldor, Mary 1999, *New and Old Wars: Organized Violence in a Global Era,* Stanford, Stanford University Press)
____．(2007)『グローバル市民社会論──戦争へのひとつの回答』山本武彦(他・訳)法政大学出版局 (= Kaldor, Mary 2003, *Global Civil Society: an Answer to War,* Cambridge, Polity)
____．(2011)『「人間の安全保障」論──グローバル化と介入に関する考察』山本武彦(他・訳)法政大学出版局 (= Kaldor, Mary 2007, *Human Security: Reflections on Globalization and Intervention,* Cambridge, Polity)
カレール=ダンコース，エレーヌ (1981)『崩壊した帝国──ソ連における諸民族の反乱』高橋武智 (訳) 新評論 (= Carrère d'Encausse, Hélène 1978, *L'empire Eclate: la Revolte des Nations en U.R.S.S.*, Paris, Flammarion)

参考文献

カント，イマヌエル（1985）『永遠平和のために』宇都宮芳明（訳）岩波文庫（= Kant, Immanuel 1796, *Zum ewigen Frieden*, Königsberg, Friedrich Nicolovius）
北川誠一（1987）「アルメニア人問題の背景」『海外事情』3 月号、pp.22-35
＿＿＿.（1988）「アルメニア・アゼルバイジャン民族間紛争――ナゴルノ・カラバフとバクー」『海外事情』7・8 月号、pp.61-74
＿＿＿.（1989）「ナゴルノ・カラバグ帰属決定交渉」『海外事情』4 月号、pp.64-79
＿＿＿.（1990）「ザカフカース――200 年の民族間抗争」山内昌之、佐久間邦夫（他）『分裂するソ連――なぜ民族の反乱が起こったか』NHK ブックス
＿＿＿.（1995a）「ザカフカースにおける国際政治と民族問題」原 暉之、山内昌之（編）『スラブの民族』〈講座スラブの世界 2〉弘文堂
＿＿＿.（1995b）「民族紛争の噴出」「CIS の成立」横手慎二（他）『CIS［旧ソ連地域］』自由国民社
＿＿＿.（1998a）「ザカフカースの民族紛争――人口移動と民族問題」『国際問題』第 464 号、pp.47-61
＿＿＿.（1998b）『ザカフカースの民族問題と歴史記述』科研費成果報告書、弘前大学
＿＿＿.（2000）「チェチェン政治の対立的要素――地域・部族と氏族・信仰団体」『ロシア研究』第 30 号、pp.58-72
＿＿＿.（2004）「グルジア・パンキスィ渓谷問題の種族・信仰的背景」『国際政治』第 138 号、pp.142-156
＿＿＿.（2009）「チェチェン紛争の現在――野戦軍司令官からジャマーアト・アミールへ」前田弘毅（編）『多様性と可能性のコーカサス――民族紛争を超えて』北海道大学出版会
木村明生（2002）『ロシア同時代史 権力のドラマ――ゴルバチョフからプーチンへ』朝日選書
木村 崇（他・編）（2006）『カフカース――二つの文明が交差する境界』彩流社
木村英亮（1996）『増補版 ソ連の歴史――ロシア革命からポスト・ソ連まで』山川出版社
久保慶一（2003）『引き裂かれた国家――旧ユーゴ地域の民主化と民族問題』有信堂高文社
＿＿＿.（2007）「事実、説明、責任、政策――旧ユーゴスラビア紛争をめぐる欧米の論争状況」『国際政治』第 148 号、pp.133-142
＿＿＿.（2009）「書評：佐原徹哉著『ボスニア内戦』」『アジア経済』、5 月号、pp.86-92
＿＿＿.（2013）「平和政策の比較政治学――計量分析と数理モデルによる政策効果の研究」伊藤孝之（監修）『平和構築へのアプローチ――ユーラシア紛争研究の最前線』吉田書店
窪田悠一（2013）「内戦の発生原因とメカニズム――計量分析を中心に」伊藤孝之（監修）『平和構築へのアプローチ――ユーラシア紛争研究の最前線』吉田書店
栗栖薫子（2002）「国内紛争と国際安全保障の諸制度についての一考察」『国際問題』第 511 号 , pp.47-62
ゲルナー，アーネスト（2000）『民族とナショナリズム』加藤 節（監訳）岩波書店（= Gellner, Ernest 1983, *Nations and Nationalism*, Oxford, Blackwell Publishers）
小杉末吉（1997）「タタルスターン・ソビエト自治の歴史的意義」『法學新報』第 103 巻第 2・3 号、pp.103-136
＿＿＿.（1997-1998）「タタルスターン共和国国家主権宣言について(1)～(3)」『比較法雑誌』第 31 巻第 2 号、pp.87-114、第 32 巻第 1 号、pp.1-20、同 2 号、pp.1-34

____．(1999)「ソ連邦レフェレンダムとタタルスターン」『比較法雑誌』第 33 巻第 1 号、pp.1-30
____．(2000a)「ロシア連邦の『非対称性』について」『法學新報』第 107 巻第 3・4 号、pp.1-40
____．(2000b)「1991 年 8 月クーデタとタタルスターン共和国」『法學新報』第 107 巻第 5・6 号、pp.77-113
____．(2002-2003〔未完論文〕)「二〇〇二年四月一九日付タタルスターン共和国憲法改正について（一）～（二）」『法學新報』第 109 巻第 4 号、pp,1-29、同 7・8 号、pp.39-74
____．(2010-2012)「一九九四年ロシア連邦──タタルスターン共和国権限区分条約論──交渉過程を焦点に据えて（一）～（三）」『法學新報』第 117 巻第 3・4 号、pp.1-86、同 5・6 号、pp.1-44、同 9・10 号、pp.33-102
____．(2013a)「2007 年 РФ- ТР権限区分条約をめぐる法的問題──連邦議会の審議に即して」『比較法雑誌』第 46 巻第 4 号、pp.1-35
____．(2013b)「ロシア連邦──ロシア連邦主体間の条約関係の法規制について」『比較法雑誌』第 47 巻第 2 号、pp.1-27
小菅信子（2005）『戦後和解──日本は〈過去〉から解き放たれるのか』中公新書
小寺 彰（2004）『パラダイム国際法──国際法の基本構成』有斐閣
小寺 彰・岩沢雄司（他・編）（2010）『講座国際法 第 2 版』有斐閣
小林 誠（2004a）「民主主義のグローバル・エッジ」関下 稔、小林 誠（編）『統合と分離の国際政治経済学──グローバリゼーションの現代的位相』ナカニシヤ出版
____．(2004b)「拡散する暴力、転移する権力──『人間の安全保障』の臨界点」佐藤 誠、安藤次男（編）『人間の安全保障──世界危機への挑戦』東信堂
____．(2007)「ハードな戦争とソフトな戦争」新藤榮一、水戸考道（編）『戦後日本政治と平和外交──21 世紀アジア共生時代の視座』法律文化社
小松久男（1992）「中央アジア──再生への胎動と試練」『国際問題』第 386 号、pp.42-55
____．(1994)「中央アジアの変動とイスラーム復興」『国際問題』第 411 号、pp.44-53
小峯茂嗣（2005）「平和構築と国民和解──虐殺後のルワンダの事例から」山田 満、小川秀樹（他・編）『新しい平和構築論──紛争予防から復興支援まで』明石書店
小森田秋夫（編）（2003）『現代ロシア法』東京大学出版会
小森宏美（2009）『エストニアの政治と歴史認識』三元社
____．(2011)「エストニアとラトヴィアの政党政治比較──歴史的要因としてのロシア語系住民問題を軸に」林 忠行、仙石 学（編）『ポスト社会主義期の政治と経済──旧ソ連・中東欧の比較』北海道大学出版会
サーヘニー，カルパナ（2000）『ロシアのオリエンタリズム──民族迫害の思想と歴史』袴田茂樹（監修）松井秀和（訳）柏書房（= Sahni, Kalpana 1997, *Crucifying the Orient: Russian Orientalism and the Colonization of Caucasus and Central Asia*, Bangkok, White Orchid Press）
阪口直人（2005）「平和構築とDDR──市民による除隊兵士支援のあり方について」山田 満、小川秀樹（他・編）『新しい平和構築論──紛争予防から復興支援まで』明石書店
櫻井利江（2006）「国際法における自治規範の萌芽──CSCE／OSCEおよび欧州審議会の実行を手がかりに」『同志社法学』第 58 号 2 巻、pp.111-204
____．(2009)「国際法における分離独立──コソボの地位問題を素材として」『同志社法学』

参考文献

第 61 巻 3 号、pp.31-77
____．(2010)「冷戦後の自決権の展開──和平合意における分離権」『同志社法学』第 61 巻 6 号、pp.1-35
____．(2013)「国家承認基準の展開──コソボおよびアブハジアに関する実行の比較検討」『同志社法学』第 64 巻第 7 号、pp.2181-2228
定形 衛（2008）「旧ユーゴ紛争とディアスポラ問題──クロアチアとコソヴォを事例に」『名古屋大学法政論集』第 224 号、pp.207-237
佐藤 章（編）(2012)『紛争と国家形成──アフリカ・中東からの視角』アジア経済研究所
佐藤信夫（1992）『ソ連邦解体と民族問題』現代書館
佐原徹哉（2008）『ボスニア内戦──グローバリゼーションとカオスの民族化』有志舎
シェリング，トーマス（2008）『紛争の戦略──ゲーム理論のエッセンス』河野勝（訳）勁草書房（= Schelling, Thomas 1980, *The Strategy of Conflict*, Cambridge, Harvard University Press）
塩川伸明（1990）「現代ソヴェト政治における民族問題の位置」『ソ連研究』第 11 号、pp.8-37
____．(1999)『現存した社会主義──リヴァイアサンの素顔』勁草書房
____．(2004)『民族と言語』〈多民族国家ソ連の興亡 I〉岩波書店
____．(2007a)『ロシアの連邦制と民族問題』〈多民族国家ソ連の興亡 III〉岩波書店（本来の出版順序としては（2007a）と（2007b）が逆だが、ここでは本書での出所順に記載している）
____．(2007b)『国家の構築と解体』〈多民族国家ソ連の興亡 II〉岩波書店
____．(2007c)「国家の統合・分裂とシティズンシップ──ソ連解体前後における国籍法論争を中心に」塩川伸明、中谷和弘（編）『法の再構築 II　国際化と法』東京大学出版会
____．(2007d)「ソ連解体の最終局面──ゴルバチョフ・フォンド・アルヒーフ資料から」『国家学会雑誌』第 120 号、第 7・8 号、pp.86-146
____．(2008)『民族とネイション──ナショナリズムという難問』岩波新書
____．(2009)「旧ソ連地域の民族問題」『ユーラシア研究』第 40 号
____．(2010)『冷戦終焉 20 年──何が、どのようにして終わったのか』勁草書房
____．(2012)「ソ連邦の解体過程とその後」塩川伸明、小松久男、沼野充義（編）『ユーラシア世界 5　国家と国際関係』東京大学出版会
篠田英朗（2005a）「アフリカにおける天然資源と武力紛争──『内戦の政治経済学』の観点から」『資源をめぐる紛争の予防と解決』（IPSHU研究報告シリーズ No.35）広島大学平和科学研究センター
____．(2005b)「武力紛争中・後における人間の安全保障措置──人道援助と平和構築の関係」篠田英朗、上杉勇司（編）『紛争と人間の安全保障──新しい平和構築のアプローチを求めて』国際書院
柴 宜弘（1995）「ユーゴスラヴィアの解体と内戦」原 暉之、山内昌之（編）『スラブの民族』〈講座スラブの世界 2〉弘文堂
____．(1996)『ユーゴスラヴィア現代史』岩波新書
____．(2006)「連合国家セルビア・モンテネグロの解体──モンテネグロの独立とEU」『海外事情』6 月号、pp.88-101

403

____．（2008）「書評：月村太郎著『ユーゴ内戦――政治リーダーと民族主義』」『国際政治』第 151 号、pp.170-173

____．（2011）「コソヴォ独立と EU 加盟に揺れるセルビア」羽場久美子、溝端佐登史（編）『ロシア・拡大 EU』ミネルヴァ書房

下斗米伸夫（1997）『ロシア現代政治』東京大学出版会

シンガー，P. W.（2006）『子ども兵の戦争』小林由香利（訳）NHK 出版（= Singer, Peter W. 2005, *Children at War*, New York, Pantheon Books）

鈴木健太（2008）「インスタント・ヒストリーからおよそ 10 年後――旧ユーゴスラヴィア解体と内戦の諸要因をめぐる研究状況」『東欧史研究』第 30 号、pp.74-91

____．（2012a）「ユーゴスラヴィア解体期のセルビア共和国」『旧ユーゴ研究の最前線』渓水社

____．（2012b）「統合と分離の力学」柴 宜弘、木村 真（他・編）『東欧地域研究の現在』山川出版社

鈴木基史（2007）『平和と安全保障』東京大学出版会

スタヴェンハーゲン，ロドルフォ（1995）『エスニック問題と国際社会――紛争・開発・人権』加藤一夫（監訳）御茶の水書房（= Stavenhagen, Rodolfo 1990, *The Ethnic Question: Conflicts, Development, and Human Rights*, Tokyo, United Nations University Press）

スレイマノフ，エミール（2012）「序章　チェチェンと北コーカサスの反乱への理解」富樫耕介（訳）『ロシア・ユーラシアの経済と社会』第 961 号、pp.2-12

セイエルスタッド，オスネ（2009）『チェチェン――廃墟に生きる戦争孤児たち』青木玲（訳）白水社（= Seierstad, Åsne 2008, *The Angel of Grozny: inside Chechnya*, London, Virago）

関根政美（1994）『エスニシティの政治社会学――民族紛争の制度化のために』名古屋大学出版会

ゼングハース，ディーター（2006）『諸文明の内なる衝突』宮田光雄（他・訳）岩波書店（= Senghaas, Dieter 1998, *Zivilisierung wider Willen: der Konflikt der Kulturen mit sich selbst*, Frankfurt am Main, Suhrkamp）

ソルジェニーツィン，アレクサンドル（2000）『廃墟の中のロシア』井桁貞義（他・訳）草思社（= Солженицын, Александр 1998, *Россия в обвале*, Москва, Русский путь）

大門 毅（2007）『平和構築論――開発援助の新戦略』勁草書房

____．（2009）「経済学による『脆弱国家分析』」稲田十一（編）『開発と平和――脆弱国家支援論』有斐閣

髙橋清治（1990）『民族の問題とペレストロイカ』平凡社

髙橋直樹・岡部恭宜（編）（2010）『構造と主体――比較政治学からの考察』東京大学社会科学研究所

武内進一（2000）「アフリカの紛争――その今日的特質についての考察」武内進一（編）『現代アフリカの紛争――歴史と主体』アジア経済研究所

____．（2001）「『紛争ダイヤモンド』問題の力学――グローバル・イシュー化と議論の欠落」『アフリカ研究』第 58 号、pp.41-58

____．（2005）「冷戦後アフリカにおける政治変動――政治的自由化と紛争」『国際政治』第 140 号、pp.90-107

＿＿．（2008）「アフリカの紛争と国際社会」武内進一（編）『戦争と平和の間――紛争勃発後のアフリカと国際社会』アジア経済研究所
＿＿．（2009a）『現代アフリカの紛争と国家――ポストコロニアル家産制国家とルワンダ・ジェノサイド』明石書店
＿＿．（2009b）「紛争の理論と現実――地域から見た武力紛争」日本国際政治学会（編）『日本の国際政治学 3　地域から見た国際政治』有斐閣
＿＿．（2009c）「紛争と国家」稲田十一（編）『開発と平和――脆弱国家支援論』有斐閣
＿＿．（2011）「国家の破綻」藤原帰一、大芝亮（他・編）『平和構築・入門』有斐閣
竹中治堅（2006）「民主主義ガヴァナンスのメカニズム」河野勝（編）『制度からガヴァナンスへ――社会科学における知の交差』東京大学出版会
立石洋子（2011）『国民統合と歴史学――スターリン期ソ連における「国民史」論争』学術出版会
溪内謙（1995）『現代史を学ぶ』岩波新書
多谷千香子（2005）『「民俗浄化」を裁く――旧ユーゴ戦犯法廷の現場から』岩波新書
千田善（1993）『ユーゴ紛争――多民族・モザイク国家の悲劇』講談社現代新書
地田徹朗（2004）「ソ連時代の共和国政治」岩崎一郎、宇山智彦（他・編）『現代中央アジア論――変貌する政治・経済の深層』日本評論社
中馬瑞貴（2007）「ロシアの連邦中央とタタルスタン共和国との間の権限分割条約」『外国の立法』232 号、pp.111-119
＿＿．（2009）「ロシアの中央・地方関係をめぐる政治過程――権限分割条約の包括的な分析を例に」『スラヴ研究』第 56 号、pp.91-125
月村太郎（2006）『ユーゴ内戦――政治リーダーと民族主義』東京大学出版会
＿＿．（2007）「民族的少数派となる恐怖――旧ユーゴ連邦解体過程におけるセルビア人を例として」『国際政治』第 149 号、pp.46-60
＿＿．（2009a）「体制移行と民族紛争の発生」日本国際政治学会（編）『日本の国際政治 2　国境なき国際政治』有斐閣
＿＿．（2009b）「多民族国家建国の困難――ボスニアを例として」『同志社政策研究』第 3 号、pp.120-140
＿＿．（2010）「エスニック紛争の構図――発生、激化・拡大、予防・解決」『同志社政策研究』第 4 号、pp.22-43
＿＿．（2013a）「地域紛争をどう見るか」月村太郎（編）『地域紛争の構図』晃洋書房
＿＿．（2013b）「コソヴォ紛争」月村太郎（編）『地域紛争の構図』晃洋書房
土山實男（2004）『安全保障の国際政治学――焦りと傲り』有斐閣
デューク，ナーディア、エイドリアン・カラトニツキー（1995）『ロシア・ナショナリズムと隠されていた諸民族――ソ連邦解体と民族の解放』田中克彦（監訳）明石書店（= Diuk, Nadia, Adrian Karatnycky, 1993, *New Nations Rising: the Fall of the Soviets and the Challenge of Independence*, New York, John Wiley & Sons）
富樫耕介（2008）「第二次チェチェン戦争の経緯と現在の課題」『ユーラシア研究』第 39 号、pp.50-55
＿＿．（2010a）「ソ連期のチェチェンにおける政治・経済・社会構造――紛争前の構造から紛争への理解を試みる」『国際文化研究』第 16 号、pp.263-281

____. （2010b）「社会文化的要因からの第一次チェチェン紛争の考察——社会文化的特徴の重要性と評価をめぐる問題」『インターカルチュラル』第 8 号、pp.130-145
____. （2010c）「イングーシ共和国における政治的危機とその背景——モスクワの北コーカサス政策の課題」『ロシア・ユーラシア経済』第 937 号、pp.22-38
____. （2011）「平和構築における「未（非）承認国家」問題——チェチェン・マスハドフ政権の『外交』政策（1997-99）」『国際政治』第 165 号、pp.141-155
____. （2012a）『コーカサス——戦争と平和の狭間にある地域』〈ユーラシア・ブックレット〉東洋書店
____. （2012b）「チェチェン共和国における政治的争点としての「イスラーム」の出現過程（1997-99）」『ロシア・ユーラシアの経済と社会』第 961 号、pp.26-36
徳永晴美（2003）『ロシア・CIS 南部の動乱——岐路に立つプーチン政権の試練』清水弘文堂書房
土佐弘之（2003）『安全保障という逆説』青土社
____. （2009）「破綻・脆弱国家の国際統治におけるジレンマ」稲田十一（編）『開発と平和——脆弱国家支援論』有斐閣
中井和夫（1992）『多民族国家ソ連の終焉』岩波ブックレット
____. （1997）「連邦解体新書」『Odysseus』第 2 号、pp.6-27
____. （1998）『ウクライナ・ナショナリズム——独立のディレンマ』東京大学出版会
____. （2000）「旧ソ連地域におけるエスニック紛争の構造」『国際問題』第 483 号、pp.15-26
中井和夫、柴 宜弘、林 忠行（1998）『連邦解体の比較研究——ソ連・ユーゴ・チェコ』多賀出版
中尾知代（2007-08）「捕虜問題をめぐる日英『和解』の断層（上／中／下）」『戦争責任研究』第 57 号、pp.34-45、第 58 号、pp.82-89、第 59 号、pp.84-97
中野潤也（2006）「ロシアの OSCE 政策の変遷とその要因」『外務省調査月報』No.3、pp.35-57
鍋元トミヨ（1997a）「春を待つチェチェンの人々」『軍縮問題資料』第 198 号、pp.58-63
____. （1997b）「チェチェン発——瓦礫の中で行われた歴史的な選挙」『asunaro』第 383 号、pp.42-43
西川由紀子（2013）「紛争後の国家建設の死角と国際社会の課題」『国際政治』第 174 号、pp.27-40
西村めぐみ（2000）『規範と国家アイデンティティーの形成——OSCE の紛争予防・危機管理と規範をめぐる政治過程』多賀出版
西村可明（2000）「ロシア・マクロ経済動向」『ロシア研究』第 31 号、pp.20-35.
野田岳人（2008）「チェチェン革命とドゥダーエフ体制」『群馬大学留学生センター論集』第 7 号、pp.61-86
____. （2010）「書評論文：第一次チェチェン紛争への道程——トレーシィ・C・ジャーマン著『ロシアのチェチェン戦争』」『群馬大学国際教育・研究センター論集』第 9 号、pp.93-106
____. （2012a）「チェチェン・イングーシにおけるソヴェト民族政策の一側面」野部公一、崔 在東（編）『20 世紀ロシアの農民世界』日本経済評論社
____. （2012b）「第 2 次チェチェン紛争への道程——コソヴォ危機によるロシア・チェチェン

関係の変化（1997-99 年）」『ロシア・ユーラシアの経済と社会』第 961 号、pp.13-25
____．（2013）「民族紛争とテロリズム」月村太郎（編）『地域紛争の構図』晃洋書房
橋本敬一（2004）「ボスニア・ヘルツェゴヴィナ──国際支援の課題」稲田十一（編）『紛争と復興支援──平和構築に向けた国際社会の対応』有斐閣
長谷直哉（2006）「ロシア連邦制の構造と特徴──比較連邦論の視点から」『スラヴ研究』第 53 号、pp.267-298
林 克明（1997）『カフカスの小さな国──チェチェン独立運動始末』小学館
ハンチントン，サミュエル（1998）『文明の衝突』鈴木主税（訳）集英社（= Huntington, Samuel 1996, *The Clash of Civilizations and the Remaking of World Order*, New York, Simon & Schuster）
半谷史郎（1997）「『独立新聞』にみるソ連民族強制移住」『年報地域文化研究』第 1 号、pp.35-55
____．（2004）「フルシチョフ秘密報告と民族強制移住──クリミア・タタール人、ドイツ人、朝鮮人の問題積み残し」『ロシア史研究』第 75 号、pp.85-100
東 大作（2009）『平和構築──アフガン、東ティモールの現場から』岩波新書
兵頭慎治（1999）「現代ロシアにおける中央と地方の関係──連邦中央から見た連邦構成主体の分離主義」『ロシア研究』第 30 号、pp.143-157
____．（2003）『多民族連邦国家ロシア連邦の行方』東洋書店
____．（2005）「2 つのチェチェン紛争をめぐる交渉プロセス」『国際安全保障』第 33 巻第 1 号、pp.29-49
玄 承洙（2004）「チェチェン戦争とイスラーム──独立宣言期から第一次戦争期までの『ワッハーブ主義』」『年報地域文化研究』第 8 号、pp.172-192
____．（2006）『チェチェン戦争とイスラーム』東京大学総合文化研究科地域文化研究専攻博士論文（2006 年度）
　　（本書は東京大学には所蔵されておらず、国立国会図書館でのみ閲覧が可能だが、何らかのミスで落丁や重複した頁が多く、正確に内容を理解できない製本ミスのものが所蔵されてしまっている。本書では玄氏のご厚意により論文の電子データを頂戴し、これを参照した。したがって頁数なども後者に依拠している）
____．（2012）「チェチェン／北コーカサスにおけるテロリズムと不安定の拡大──チェチェン抵抗イデオロギーの転換とコーカサス首長国の創設」『ロシア・ユーラシアの経済と社会』第 961 号、p.37-51
広瀬佳一（他・編）（2008）『ユーラシアの紛争と平和』明石書店
廣瀬陽子（2005）『旧ソ連地域と紛争──石油・民族・テロをめぐる地政学』慶應義塾大学出版会
____．（2006）「独立後 15 年のアゼルバイジャン──石油ブームと権威主義体制の中で」『ロシア・ユーラシア経済調査資料』第 893 号、pp.2-17
____．（2008）「南コーカサス 3 国とロシア」田畑伸一郎（編）『石油・ガスとロシア経済』北海道大学出版会
藤原帰一（2006）「国際紛争はどうとらえられてきたのか」大芝亮、藤原帰一（他・編）『平和政策』有斐閣
プリマコフ，エヴゲニー（2002）『クレムリンの 5000 日──プリマコフ政治外交秘録』鈴木

康雄（訳）、NTT出版

ブリュノ，パトリック、ヴィアチェスラフ・アヴュツキー（2005）『チェチェン』萩谷良（訳）白水社（= Brunot , Patrick, Viatcheslav Avioutskii 1998, *La Tchétchénie*, Paris, Presses Universitaires de France）

ポースト，ポール（2007）『戦争の経済学』山形浩生（訳）バジリコ出版（= Poast, Paul 2006, *The Economics of War*, New York, McGraw-Hill Irwin）

ポポーヴァ，タチアーナ（2003）『モスクワ劇場占拠事件――世界を恐怖で揺るがした4日間』鈴木玲子、山内聡子（訳）小学館（Попова, Татьяна 2002, *Норд-ост: глазами заложницы*, Москва: Багриус）

ポリトコフスカヤ，アンナ（2004）『チェチェン――やめられない戦争』三浦みどり（訳）、NHK出版（= Политковская, Анна 2003, *Вторая чеченская*, Москва, Захаров）

____．（2005）『プーチニズム――報道されないロシアの現実』鍛原多惠子（訳）、NHK出版（= Politkovskaia, Anna 2005, *Putin's Russia: Life in a Failing Democracy*, New York, Metropolitan Books）

____．（2007）『ロシアン・ダイアリー――暗殺された女性記者の取材手帳』鍛原多惠子（訳）、NHK出版（= Politkovskaia, Anna 2007, *A Russian Diary: a Journalist's Final Account of Life, Corruption, and Death in Putin's Russia*, New York, Random House）

マーチン，テリー（2011）『アファーマティヴ・アクションの帝国――ソ連の民族とナショナリズム、1923年～1939年』半谷史郎（監修）荒井幸康（他・訳）明石書店（= Martin, Terry 2001, *The Affirmative Action Empire: Nations and Nationalism in the Soviet Union, 1923-1939*, London, Cornell University Press）

マクギンティー，ロジャー、アンドリュー・ウィリアムス（2012）『紛争と開発』阿曽村邦昭（訳）たちばな出版（= Mac Ginty, Roger, Andrew Williams 2009, *Conflict and Development*, London; New York: Routledge）

松井芳郎（1981）『現代の国際関係と自決権』新日本出版社

松里公孝（2000）「エスノ・ボナパルティズムから集権的カシキスモへ――タタルスタン政治体制の特質とその形成過程 1990-1998」『スラヴ研究』第47号、pp.1-36

____．（2009）「ダゲスタンのイスラーム――スーフィー教団間の多元主義的競争」前田弘毅（編）『多様性と可能性のコーカサス――民族紛争を超えて』北海道大学出版会

____．（2012）「環黒海地域における跨境政治――非承認国家の宗教と跨境マイノリティ」塩川伸明・小松久男・沼野充義（編）『ユーラシア世界5　国家と国際関係』東京大学出版会

三井光夫（2004）『苦悩するロシア軍』〈ユーラシア・ブックレット〉東洋書店

溝口修平（2010）「ロシアの『強い』大統領制――体制転換期の制度選択における構造と主体の関係を中心に」高橋直樹・岡部恭宜（編）『構造と主体――比較政治学からの考察』東京大学社会科学研究所

____．（2012）『ロシア憲法体制の成立――『重層的転換』における制度選択とその意図せざる帰結』東京大学総合文化研究科大学院国際社会科学専攻博士論文（2011年度）（= 2016,『ロシア連邦憲法体制の成立』北海道大学出版会）

宮川真一（2005）「現代ロシアのナショナル・アイデンティティと『第二次チェチェン戦争』」『比較文明』第21号、pp.137-156

____.（2010）「現代ロシアにおけるナショナリズムと少数民族──マスメディアのチェチェン報道を事例として」『比較文明』第 26 号、pp.211-228
ミル，J. S.（1997）『代議制統治論』水田　洋（訳）岩波文庫（= Mill, John Stuart 1861, *Considerations on Representative Government*, London, Parker, Son, and Bourn）
六鹿茂夫（1992）「モルドヴァ『民族』紛争とロシア民族派・軍部の台頭」『国際問題』第 393 号、pp.46-60
____.（2000）「旧ソ連・東欧の民族紛争」吉川　元、加藤普章（編）『マイノリティの国際政治学』有信堂高文社
百瀬亮司（2012）「境界線を引く歴史学──歴史問題としての『コソヴォ問題』」柴　宜弘、木村　真（他・編）『東欧地域研究の現在』山川出版社
山内昌之（1988）『神軍　緑軍　赤軍──ソ連社会主義とイスラム』筑摩書房
____.（1995）『瀕死のリヴァイアサン──ロシアのイスラムと民族問題』講談社学術文庫
____.（2000）『文明の衝突から対話へ』岩波現代文庫
____.（2009）『スルタンガリエフの夢──イスラム世界とロシア革命』岩波現代文庫
山影　進（1994）『対立と共存の国際理論──国民国家体系のゆくえ』東京大学出版会
山形英郎（2012）「二一世紀国際法における民族自決権の意義」『名古屋大学法政論集』第 245 号、pp.517-560
山田　満（2005）「紛争分析・解決手法と市民参加型の平和構築の展望──開発とガバナンスの構築」山田　満、小川秀樹（他・編）『新しい平和構築論──紛争予防から復興支援まで』明石書店
山根達郎（2008）「DDRとリベリア内戦」武内進一（編）『戦争と平和の間──紛争勃発後のアフリカと国際社会』アジア経済研究所
湯浅　剛（2002）「ソ連解体後の中央アジアにおける宗教と政党」『現代の宗教と政党──比較のなかのイスラーム』早稲田大学出版部
ユージック，ユリヤ（2005）『アッラーの花嫁たち』山咲華（訳）WAVE出版（= Юзик, Юлия 2003, *Невесты Аллаха: Лица и судьбы женщин-шахидок*. Москва, Ультра Культура）
横村　出（2005）『チェチェンの呪縛──紛争の淵源を読み解く』岩波書店
吉村貴之（1998）「『アルメニア大共和国』史再考」『年報地域文化研究』第 2 号、pp.255-271
____.（2005）「アルメニア民族政党とソヴィエト・アルメニア（1920-23 年）」『AJAMES』No.21-1, pp.173-190
____.（2006）「アルメニアから見たロシア」『ロシア・ユーラシア経済調査資料』第 893 号、pp.18-27
____.（2008）「アルメニア再独立期に見るアルメニア本国と在外社会との関係──ナゴルノ・カラバフ問題を手がかりに」岡　奈津子（編）『移住と「帰郷」──離散民族と故地』アジア経済研究所
____.（2009）『アルメニア現代史──民族自決の果てに』〈ユーラシア・ブックレット〉東洋書店
____.（2013）「連邦解体から地域紛争へ──ナゴルノ・カラバフを事例として」月村太郎（編）『地域紛争の構図』晃洋書房
ラムズボサム，オリバー（他）（2009）『現代世界の紛争解決学──予防・介入・平和構築

の理論と実践』宮本貴世（訳）明石書店（= Ramsbotham, Oliver, Tom Woodhouse, Hugh Miall 2005, *Contemporary Conflict Resolution: 2nd edition*, Cambridge, Polity）

リトヴィネンコ，アレクサンドル他（2007）『ロシア闇の戦争――プーチンと秘密警察の恐るべきテロ工作を暴く』中澤孝之（監訳）光文社（= Litvinenko, Alexander and Yuri Felshtinsky 2007, *Blowing Up Russia: The Secret Plot to Bring Back KGB Terror,* New York, Encounter Books）

リンス，J., A. ステパン（2005）『民主化の理論――民主主義への移行と定着の課題』荒井祐介（他・訳）一藝社（= Juan, Linz and Alfred Stepan 1996, *Problems of Democratic Transition and Consolidation: Southern Europe, South America, and Post-Communist Europe*, Baltimore, Johns Hopkins University Press）

レオンハルト，ヴォルフガンク（1996）『大国ロシアの漂流――ゴルバチョフとエリツィンの10年』村上紀子（訳）NHK出版（= Leonhard, Wolfgang 1994, *Die Reform entläßt ihre Väter*, Stuttgart, Deutsche Verlags-Anstalt）

レベジ，アレクサンドル（1997）『憂国』工藤精一郎（他・訳）徳間書店（= Лебедь А.И. 1995, *За державу обидно...*, Москва, Московская правда）

ローネン，ダヴ（1988）『自決とは何か――ナショナリズムからエスニック紛争へ』浦野起央・信夫隆司（訳）刀水書房（= Ronen, Dov 1979, *The Quest for Self-Determination*, New Haven, Yale University Press）

輪島実樹（2008）『カスピ海エネルギー資源を巡る攻防』〈ユーラシア・ブックレット〉東洋書店

巻末資料

・図　90年代初頭のチェチェン政治勢力とその対立〔第一次紛争発生まで〕

・図　第一次チェチェン紛争時のチェチェン政治勢力とその対立

・資料　チェチェン関係年表（1997-1999年）

・資料　1997年1月27日のチェチェン共和国大統領選挙投票用紙

・表　親露派政権閣僚名簿
    親露派「暫定内閣」（1994.8.11-11.23）
    親露派「民族復興政府」（1994.11.23-1994.12）
    親露派「民族復興政府」ハッジエフ内閣（1995.1-10）
    親露派「民族復興政府」ザヴガエフ内閣（1995.11-96.6〔96.11〕）

・資料　第一次チェチェン紛争後のチェチェン・イチケリア共和国内閣人員（1996-99年）
    ヤンダルビエフ政権・マスハドフ内閣（96/10/16-97/2/12）：「暫定連立内閣」
    マスハドフ政権・大統領府の各種役職および組織（設立当初）
    第一次マスハドフ内閣（97.3.24-6.3）：「実務内閣」
    第二次マスハドフ内閣（97.6.3-98.3.5）：「野戦軍・親露派混成内閣」（97.6-8）
        →「経済内閣」（97.8-98.3）
    バサーエフ内閣（98.3.5-7.3）：「急進独立派野戦軍内閣」
    第三次マスハドフ内閣（98.7.3-98.10）：「経済・防衛内閣」
    第四次マスハドフ内閣（98.10-99.6）：「独立穏健派内閣」
    第五次マスハドフ内閣（99.6-99.9）：「宥和破綻内閣」

・表　チェチェンの政府系軍事組織関係表

・表　ダゲスタンのスーフィー教団の概要

・表　チェチェン共和国の歴代元首・大統領（独立派・親露派政権）

・表　本書で言及したチェチェン独立派指導者の末路

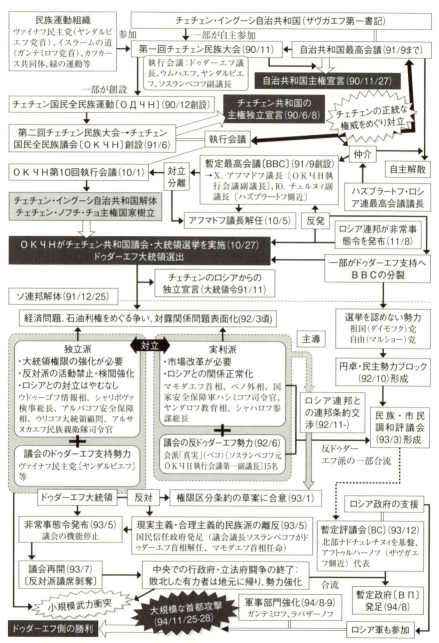

図　90年代初頭のチェチェン政治勢力とその対立〔第一次紛争発生まで〕

巻末資料

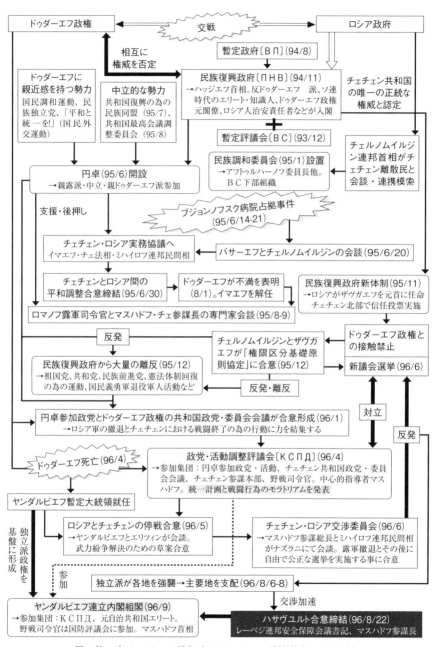

図　第一次チェチェン紛争時のチェチェン政治勢力とその対立

資料　チェチェン関係年表（1997-1999年）

年	出来事
1996/8/30	チェチェンのマスハドフ参謀長とロシアのレーベジ安全保障会議書記がハサヴユルト協定締結
1997/1/8	チェチェン共和国で行われる大統領・議会選挙支援のためにOSCEは35万ドルの供与を決定
1/9	ロシア連邦は、チェチェンにおける年金支給のために50億ルーブルを送金したと発表
1/14	ロシア連邦内務省とチェチェン共和国内務省が協力協定を締結。テレク・コサックは、チェチェン共和国軍とは別に独自部隊を創設
1/18	チェチェン共和国政府は、国際赤十字職員の殺害事件について容疑者を特定したものの、共和国外に逃亡しており、逮捕できないとしてインターポールに協力を要請
1/21	ウドゥーゴフの支持者が「イスラーム秩序党」を設立（代表ウドゥーゴフ）
1/23	ヤンダルビエフ（暫定）大統領は首都グローズヌィと「ジョハル・ガラ」（初代大統領ジョハル・ドゥダーエフにちなんだ名前）に変更する大統領令を発布
1/26	チェチェン共和国大統領選挙実施：マスハドフが選出される（投票率79.3%、得票率59.3%）
2/2	バサーエフの支持者が「自由活動党」設立（党首バサーエフ）
2/4	ヤンダルビエフ大統領がOSCE代表部ティム・グリディマン代表にチェチェンから退去するよう要求
2/12	ヤンダルビエフが故ドゥダーエフ大統領親族へ終身年金を支給する最後の大統領令を発布　マスハドフ政権誕生
2/16	大統領直属上級評議会設立（30名で構成、政権に加わらなかった有力野戦軍司令官も参加）
2/19	マスハドフが対ロシア国家交渉委員会（ウドゥーゴフ委員長任命）設置
2/22	ヤンダルビエフに「将軍」の肩書きと「民族の名誉」勲章がマスハドフ大統領より贈呈されることが決定 イングーシでロシアのルィブキン安全保障会議書記とウドゥーゴフ副首相兼対露交渉委員長が会談
2/26	モスクワでルィブキン安全保障会議書記とウドゥーゴフ対露交渉委員会委員長が会談、平和条約と経済問題を議論
2/28	ロシアとチェチェンが捕虜交換を実施
3/4	グローズヌィでロシア人ジャーナリスト4名が拉致される
3/14	イングーシ共和国ナズラニにてアーウシェフ・イングーシ大統領とマスハドフ・チェチェン大統領、ナディバイッゼ・グルジア国防相が会談、グルジアとチェチェンの善隣関係について確認
3/18	グルジア外相がイングーシ訪問
4/2	ドゥダーエフ死亡から1年の日にラドゥーエフがロシア内でのテロを表明
4/3	ロシア内務省とチェチェン共和国がメッカ巡礼のための旅券を発給
4/9	ルィブキン安全保障会議書記長、ベレゾフスキー同執行書記がグローズヌィを訪問し、ウドゥーゴフと会談 メッカ巡礼第一陣がサウジアラビアへ出発
4/12	マスハドフ大統領がウドゥーゴフ副首相などを同伴し、メッカ巡礼へ出発

4/14	マスハドフ大統領がサウジアラビアでイスラーム諸国家指導者と会談、ウドゥーゴフ副首相はファード国王と会談
4/22	サウジアラビアがチェチェンの独立を認めない旨、明らかに。
4/29	テレク・コサック首長会議。チェチェン共和国のナウル、シェルコフスキー両地区をスタヴロポリに帰属替え（「返還」）するようロシア連邦大統領、首相、下院、安全保障会議、コサック総局などに要請
5/3	南北コーカサスサミットがスタヴロポリにて開催される
5/6	ウラル地方からのジャーナリスト2名がグローズヌィで解放される
5/10	ロシアのテレビ局HTBのジャーナリスト4名が拉致される
5/12	モスクワでエリツィンとマスハドフが平和条約締結、チェルノムイルジン（露首相）とマスハドフが経済協力整備などのための合意を締結（合わせてロシア連邦銀行とチェチェン国立銀行間で協定を締結）
5/13	EUがチェチェンの武力紛争犠牲者支援のために160万ドルを拠出、NGOを通して支援することを明らかに
5/15	在グローズヌィ・ロシア連邦代表部幹部がチェチェン共和国南部石油会社総裁と会談。石油輸送再開について議論
5/21	マスハドフ大統領タタールスタン訪問、タタールスタンと友好互恵協定に調印
5/23	アルサノフ副大統領を団長とするチェチェン代表団がオランダ・ハーグ訪問、ロシアとチェチェンの関係修復に関する国際会議に参加（ロシアからはベレゾフスキー安全保障会議書記、シャイミーエフ・タタールスタン大統領、アーウシェフ・イングーシ共和国大統領、パイン・ロシア連邦大統領顧問、ゾーリン連邦下院民族問題委員長、学者や専門家、OSCE・EUの代表者参加）
5/24	グローズヌィ市長候補のヤコブ・ウスマーノフが拉致される
5/26	オランダのハーグから帰国の途でアルサノフがトルコを公式訪問
5/31	グローズヌィ市長選挙
6/2	マスハドフが「法秩序の保護」作戦開始を宣言、また戦争参加者の社会復帰のための国家委員会を設置（元野戦軍司令官を中心に30名で構成）
6/3	マスハドフ政権第一次内閣改造（「円卓」や「政党・活動調整会議」出身閣僚が追われ、野戦軍司令官を多数登用） ロシアとチェチェンが税関・空港・復興財源などの議定書に調印（ルィプキン安全保障会議書記／ウドゥーゴフ対露交渉問題委員長）
6/4	マスハドフがコサック首長と会談。友好・協力・相互支援についての話し合い
6/5	ロシアとチェチェンが農業復興協定に調印（フルィストゥン連邦副首相兼農食相、イブラギモフ・チェチェン農相）
6/6	チェチェン南部石油会社総裁ヤリハノフとロシア第一副首相ネムツォフが石油パイプラインの復旧に合意 イタル・タスとラジオ・ロシアのジャーナリスト解放
6/7	クターエフ元CIS担当副首相がグルジア訪問
6/10	グローズヌィで雑誌記者2名が拉致される

6/13	ロシアのチェルノムイルジン首相とマスハドフがソチで銀行・関税・石油事業における協力に関する覚書に調印 チェチェン代表団（団長イディコフ国会議長）がリトアニアを訪問し、同国国会外交委員長と会談、代表団はマスハドフ大統領の書簡（リトアニアにチェチェンの独立承認を求める）を渡す
6/17	チェチェン代表団のラトヴィア訪問：ラトヴィア国会議長、代表団との会見を拒否する
6/19	リトアニア政府は、チェチェン代表団の入国拒否した旨、発表
6/21	グルジア、アゼルバイジャン、イングーシ、ダゲスタンの国会議員が「統一コーカサス議会」の創設構想を発表、コーカサス諸地域の国会議員の参加を求める
6/30	援助団体に勤務するイギリス人2名が拉致される
7/1	マスハドフがダゲスタン訪問、マゴメドフ議長と会談
7/2	マスハドフがアゼルバイジャンを訪問、アリーエフ大統領と会談
7/5	チェチェン全民族国民大会執行委員会の開催（マスハドフ、バサーエフなどが列席）
7/8	ダゲスタンのハサヴユルト地区の橋で爆破事件が発生、民警10名死亡、10名負傷
7/12	ロシア・チェチェン関税協定調印
7/20	マスハドフ大統領が拉致・人質の解放のために射撃の特別権限を与えた実力部隊を創設、モフサエフ保安局長を解任しバガロフ副局長を昇格させる
7/25	チェチェンとロシアの交通・通信に関する省庁間協定の破棄
7/26	マスハドフ大統領は、拉致事件犯人に死刑を適用する大統領令を発布、同時に拉致・麻薬対策特別グループを創設
7/28	マスハドフがロシアとの外交関係樹立に関する作業の開始を表明
7/29	マスハドフがチェチェン共和国経済復興計画のロシア政府による承認のための交渉を凍結すると発表
7/30	エリツィンが「チェチェンと合意できるのは権威の境界線に関するものだけである」と発言
7/31	ザカーエフ副首相がグルジア訪問
8/2	軍事愛国者同盟「自由の闘志」党が元野戦軍司令官95名の賛同を得て創設され、ドゥダーエフ路線の継承を主張
8/6	キリエンコ・ロシア連邦燃料エネルギー省第一次官は、石油輸送復旧に関する討議でチェチェン側が石油通行料を高く要求していると批判し、同地を迂回するパイプラインを建設中であると発表
8/8	マスハドフ大統領がチェチェンは「イスラーム国家」である旨、表明
8/13	ウドゥーゴフが偽装したロシアの戦闘機がグローズヌィの市場と空港を攻撃したと非難
8/14	ルィブキン安全保障会議書記がロシア連邦予算からチェチェンに8400億ルーブルが送金されたと表明（ただし、後にこれらのほとんどはチェチェン側に入金されていなかったと自ら認める）
8/17	拉致されていた雑誌記者2名が解放される ヤンダルビエフ元大統領が「コーカサス同盟」を創設
8/18	モスクワでエリツィンとマスハドフが会談、ロシアとチェチェンの関係に関する合同作業委員会設置に合意、また連邦予算から支給されているチェチェンへの交付金について資金の流れを明確にする制度作りが必要と表明
8/19	「ロシア将校大会」中央評議会がエリツィンは事実上チェチェンの独立承認をしたと非難

巻末資料

8/20	ロシアのテレビ局HTBのマラシェンコ社長は、拉致犯人を保護しているとしてチェチェン指導部（特にアルサノフ副大統領とウドゥーゴフ副首相）を批判、マスハドフはこれを阻止できないほど、弱体であるか、直接の部下が関与しているため、防ぐことができないとの見解を発表
8/23	アルサノフ副大統領がアゼルバイジャン訪問。アリーエフ大統領と会談
8/24	「イスラーム秩序党」を基盤に「イスラーム民族大会」運動が設立され、アミール（代表）にウドゥーゴフが選出
8/30-31	マスハドフがグルジアを訪問、シェヴァルドナゼと会談（地域安全保障、アブハジア紛争、グルジアとチェチェンの善隣関係、グルジア・チェチェン間の輸送再開などについて二日間にわたり討議）
8/31	マスハドフ派の有力者（アトゲリエフやサドゥラエフ第一副議長ら）が「チェチェン・イスラーム国家」党創設
9/2	ロシアと北コーカサス首長（マスハドフを除く）の会談
9/4	グローズヌィでシャリーア裁判によって死刑を宣告された2名が公開銃殺される
9/6	チェチェンで独立6周年記念集会が行われ、15万人が参加
9/9	ロシアとチェチェンの間でカスピ海石油初期輸送協定に調印
9/10	マスハドフが新首都構想を発表（首都は、グローズヌィの南方20キロに移転し、「ジョハル」とするとのこと）
9/13	ソチでロシアとチェチェンの交渉、ロシアとチェチェンの合意を形成するための三つの作業グループの設立に合意 ブジョンノフスクの病院を襲撃した115人に「民族の英雄」の称号が授与され1人毎に100万ルーブルの報奨金支給を決定
9/15	ロシアの統一エネルギー・システム会社がチェチェンを迂回する送電網の80％が完成したと発表
9/21	マスハドフが共和国武力省庁指導者会議で「チェチェンは輸送、経済、金融のみならず政治的にも封鎖されている」とロシアを批判 チェチェンとイングーシの国境付近で国際正教慈善協会の代表者2名が拉致される
9/30	副大統領のアルサノフがグローズヌィからロシア代表部代表を追放 バサーエフ、ラドゥーエフ、イスラピロフが反マスハドフ三角同盟を形成（10月までに形成との情報あるも具体的な形成時期は不明）
10/7	アルサノフ副大統領がグルジア訪問
10/11	ルィプキンとマスハドフがグローズヌィで非公式会談を行う
10/13	イギリスのロバート・マカルパイン上院議員をはじめとする外国訪問団がグローズヌィを訪問、マスハドフ大統領と会談
10/14	アルサノフ副大統領がアゼルバイジャンを訪問、アリーエフ大統領と会談
10/17	レバノンがアルサノフ副大統領の入国を拒否
10/24	ロシアとチェチェンの条約策定に関する合同委員会がグローズヌィ空港の国際空港化や経済問題などを討議
10/25	チェチェン経由のバクー・グローズヌィ・ロヴォロシースク石油パイプライン再始動
10/28	マスハドフ大統領がトルコへ出発
10/29	マスハドフが要求していた大統領への時限的特別権限の付与法案が議会で否決される。法案では特別権限は2年間に限定され人事権の拡大や法律の効力の一部あるいはすべてを停止させる権限、政府機構の改革権限が含まれていた

11/5	トルコのアンタリアで休暇中のマスハドフがチェチェンは「イスラーム国家」であると表明
11/6	アルサノフ副大統領は、マスハドフ大統領不在の中、共和国全土でのアルコール販売を禁止する大統領令に署名（共和国にあるすべてのアルコールは共和国外部で売却され、その売上げはチェチェン軍の基金に充てられるとのこと）
11/8	チェチェン共和国当局はダゲスタンの武装勢力を拉致に関与した疑いで拘束→チェチェン・ダゲスタン関係に緊張、チェチェン当局はダゲスタンとの国境警備を強化、ダゲスタンはチェチェン国境を時限的に閉鎖 マスハドフ大統領はトルコのアンカラでエルバカン元首相と会談（北コーカサスの問題やチェチェンを取り巻く情勢について討議）
11/11	ロンドンで「コーカサス投資基金」が設立、目標投資金額を30億ドルに設定 欧州評議会代表団がチェチェン視察（チェチェン問題特別委員会エルンスト・ミュリマン委員長） マスハドフ大統領はアメリカ合衆国（ワシントン）を訪問
11/16	ヤンダルビエフとウドゥーゴフが「自由の闘志党」軍事愛国者同盟会議をグローズヌィで開催、マスハドフ政権の退陣を求める
11/21	マスハドフ大統領一行がアメリカからトルコ（イスタンブール）に到着、政財界関係者と会談
11/23	マスハドフ大統領がトルコからバクーを航空機で、バクーより自動車でグローズヌィへ帰国
11/25	安全保障会議の場でエリツィンがチェチェンへの訪問の意思があると言及
11/26	マスハドフがエリツィンを「外国の元首」としてチェチェンに受け入れたいと表明、イングーシでアーウシェフ大統領とマスハドフ大統領が会談
11/28	クリコフ・ロシア連邦内相は、外国人のチェチェン共和国への入国を禁止する旨、発表
12/3	ルイプキンとマスハドフがグローズヌィで会談
12/18-	マスハドフがシンガポール、フランス、イタリア、ブルガリア訪問
12/20	ラドゥーエフがダゲスタンのイスラーム過激派武装集団「ジャマーアト・アミール」と軍事同盟に調印（イチケリア、ダゲスタン、イングーシ、カバルダ・バルカル、カラチャイ・チェルケス、アゼルバイジャンを含むイスラーム統一国家樹立を目標に掲げる） →ハッターブ、バサーエフ、ヤンダルビエフの招待によりダゲスタンのイスラーム過激派武装勢力の司令官バガウッディーン・ケベドフがチェチェン訪問
12/22	ダゲスタンのブイナクスクで武装勢力が電動ライフル部隊を攻撃
12/23	ポーランド人5名がチェチェンで拉致される
1998/1/1	チェチェン共和国で独自パスポートと車の認証番号（ナンバー・プレート）が発行される
1/3	マスハドフがバサーエフを首相代行に任命、内閣の組閣を命じる
1/6	クリコフ内相が「ロシアは犯罪者の基地に先制（予防）攻撃する必要がある」と表明 ルイプキンがアーウシェフ・イングーシ大統領、ガラゾフ・北オセティア大統領、マスハドフ・チェチェン大統領と個別会談（7日にかけて）
1/9	アーウシェフ・イングーシ大統領は、エリツィン大統領にチェチェンに訪問するという自身の約束を履行するよう求め、チェチェンに「予防措置」を講じるよう求める政治家の圧力に屈しないよう要請する書簡を送付
1/10	アブドゥラティポフ連邦副首相とチェチェン指導者代表が会談
1/11	マスハドフ大統領は、ハジエフ大統領報道官をイデオロギー的偏向による理由で解任し、大統領報道官にヴァチャガエフを任命（ヴァチャガエフは翌日に大統領首席補佐官兼大統領直属分析センター所長に任命される）

1/12	チェチェン共和国内務省を「シャリーア安全保障省」に改名
1/13	ロシア外務省は外国人の北コーカサスへの訪問見合わせを要請
1/14	グローズヌィにロシアから代表団（ルィプキン団長、オレグ・スィスエフ副首相とヴィクトル・フルィストゥン副首相、デメンチエヴァ文相、ハカマダ中小企業支援国家委員長、アルチュホフ連邦道路局長ら）とチェチェン代表団（マスハドフ、バサーエフ）が会談→締結した協定や合意事項が未履行の理由を調査するための合同作業部会設置。ルィプキン団長はグローズヌィからの帰国後、「3750億旧ルーブルを支給しろというエリツィン大統領の指示を連邦政府は無視しており、98年度の連邦予算ではチェチェン復興費用をまったく見込んでいない」との不満と表明 ダゲスタン当局はチェチェン迂回道路の建設を決定
1/17	ロシアとチェチェンの交渉委員会がイングーシで開催される、ルィプキンは「会議で双方は、ロシア政府がこれまでに調印した協定を履行していない原因を検証・究明するために合同作業部会を設置する旨、合意した」と発表
1/19	バサーエフ首相代理はロシアからの財政援助は期待しておらず、経済復興はチェチェン自ら行なうべきであると表明（自らの経済計画は民間企業活動のが発展を見込んだものと主張）
1/23	ロシアとチェチェンの交渉委員会第二ラウンド開始（ルィプキンに加え、アブドゥラティポフ副首相、ミハイロフ民族問題相、下院「我が家ロシア」会派シューヒン議員、チェチェン側はウドゥーゴフ外相）。交渉の議題は、チェチェンとロシアの条約締結の核心部分、防衛・経済・関税・国境に関する協定についての話し合いだったが、結論に至らず
1/25	バサーエフがイスラエルの新聞紙とのインタビューにイスラエルとの間で農業分野や兵器（特に防空兵器）分野での協力を確立したいと表明
1/27	クリコフ副首相兼内相が「チェチェンには『動乱の地方（провинция）』という地位を与えなければならない」とメディアとの問答で答える
1/29	エリツィンが「チェチェンに行く意思」を改めて表明
1/31	ダゲスタンのブイナクスクで軍基地へ攻撃事件
2/15	ルィプキンとマスハドフがグローズヌィで会談（会談内容：拉致問題、経済問題、ロシア・チェチェン交渉委員会）
2/19	マスハドフが共和国内でのデモなどを禁止する大統領を発布（この大統領令は、ラドゥーエフが代表の「ジョハルの道」による反国家的活動への対処であると明らかにし、同時にラドゥーエフのテレビ会社を閉鎖すると発表）
2/24	バサーエフ内閣の閣僚が議会承認される
2/25	チェチェン共和国にて武器法が発効。許可なく武器を携帯することを禁止
3/9-12	マスハドフを代表とするチェチェン政府代表団（13名）がイギリスに訪問 サッチャー元首相と会談、オックスフォード大学での講演、外務省、議会訪問、ビジネス関係者・ムスリム・コミュニティとの会談、王立国際問題研究所での声明発表 マスハドフの随行人の一人が「モスクワの誰かはチェチェンに先制（予防）攻撃する必要があるとしたが、このような予防外交がチェチェン大統領の回答である」と言及
3/25	チェチェン共和国議会は、チェチェンの正式名称を「チェチェン共和国イチケリア」とし、首都名を「ジョハル・ガラ」とする憲法修正案を可決 マスハドフ大統領は、チェチェンの在外代表部を開設する大統領令に署名。第一段階として18カ国に開設される
4/4	グローズヌィで南北コーカサス首脳級サミット開催（すべての北コーカサス共和国首長、カルムィク共和国、スタヴロポリ地方、ロストフ州の首長、グルジア、アゼル担当大臣参加）

4/13	シャリーア最高裁は97年5月にロシアとの間に調印された平和条約を共和国のすべての住民と閣僚が遵守する義務があると確認、マスハドフはこの確認でロシアとの戦争継続論や「敵」であるロシアへの挑発行為を正当化する議論に終止符を打つことができると指摘
4/14	バサーエフ首相代理がロシア発行のパスポートとロシア連邦の車両認証番号の発給を停止
4/16	ステパーシン連邦内相代行とマハシェフ・チェチェン共和国内相がモスクワで会談、犯罪対策のためロシア内務省とチェチェン共和国の協力協定を調印することに合意 チェチェン共和国で防諜機能を持つ新たな武力官庁を新設（同官庁はマスハドフ大統領に直接の報告義務を持つ）
4/19	ラドゥーエフの「ジョハルの道」がドゥーデエフの死亡した21日を「民族復讐の日」とし、無期限の際限なき復讐をロシアに対して行うことを表明
4/25	ダゲスタン・イチケリア国民議会創設、バサーエフが議長就任
5/1	エリツィン大統領の特使ヴァレンティン・ヴラソフが拉致される（ヴラソフの情報で同じ場所にイギリス人2名も拘束されていることが発覚）
5/7	ザカーエフ文化・情報・通信国会委員会委員長のグルジア訪問
5/23	ダゲスタンのブイナフスク地区カラマヒ村で治安部隊とワッハーブ主義者が武力衝突、治安隊は撤退
5/31	チェチェン第二の都市グデルメスでワッハーブ主義者と対抗勢力が衝突
6/7	チェチェン共和国で最大規模の組織的犯罪の取締り作戦が実施される（麻薬ビジネスの取締り、公共の場での武器の押収、誘拐を含む重犯罪の容疑者の検挙） 公共サービス部門の職員が賃金遅配に対する抗議としてストライキを実施
6/14	バサーエフ首相代行はロシアが合意した諸協定を履行し、パイプラインの使用料や維持費を支払わないのならば、パイプラインを運休すると表明、マスハドフも翌日に「ロシアは稼働以来一度も合意したパイプラインの警備費を支払っていない」と批判し、ロシアによる諸協定の未履行を非難した チェチェン共和国国立銀行は償還期間10年の無利息国債の第一次発行を行った
6/18	ザカーエフを中心とするチェチェン代表団のドイツ訪問
6/21	フルトィゴフ国家保安局長とジャファロフ「ドゥーデエフ軍」参謀総長が殉職 グローズヌィの中心部でラドゥーエフの「ジョハルの道」が100人ほどの参加する集会を開催、政権を激しく批判
6/24	マスハドフ大統領は共和国に非常事態令（7/17まで）を導入、ロシア内相はこれへの支持を表明
6/30	シャリーア最高裁は、「血の復讐」による私刑や復讐を禁止した
7/8	バサーエフ首相代行、辞表提出
7/9	首都グローズヌィがイスラーム国家首都国際組織に加盟（ドゥーデエフ時に加盟申請）
7/17	ワッハーブ主義者と共和国防衛隊がグデルメスで武力衝突（50名死亡）、マスハドフ大統領は非常事態令の10日間延長を決定
7/19	マスハドフ大統領は、ワッハーブ派の非合法化を宣言し、不穏分子を共和国外退去処分にする旨、発表
7/20	マスハドフ大統領は以前戦闘に参加していた予備兵の召集を開始、犯罪対策強化として5000人を動員する旨、決定 グデルメスでの衝突を受けて、治安部門責任者を解任、バサーエフを軍副総司令官に任命
7/22	シャリーア裁判所長官にラズマン・ハッジ・サタエフが任命される
7/23	マスハドフの暗殺未遂事件発生、マスハドフは膝に軽い打撲

7/25	チェチェンのムフティーであるカディロフが「チェチェン・イングーシ・ダゲスタン・ムスリム議会」を開催、すべての北コーカサスのムフティーが参加する「北コーカサス・ムスリムセンター」をナズラニに開設することを合意
7/26	チェチェン当局は、大統領暗殺未遂の犯人6名を逮捕したと発表、動機などは解明されず
7/27	チェルノムイルジン、ベレゾフスキー、シェイミーエフ、レーベジがチェチェン紛争を終わらせるための交渉の努力が必要だという声明を発表
8/1	マスハドフとロシアのキリエンコ首相の会談、キリエンコ首相は「チェチェンを自由経済地区に指定する可能性」に言及し「チェチェンには合法的に選出された大統領と権力が存在し、我々はそれを支持するために全力を尽くす」と表明、マスハドフは「復興計画の財源を見出すことが重要で、ロシアの首相交代によってモスクワが合意を履行する希望がわずかならも生まれた」とし、キリエンコ首相を評価した ルシコフ・モスクワ市長は、条件が整ったあとに「チェチェンに独立を認めるべきだ」と表明、7/27のベレゾフスキーらの声明を「偽善だ」とし、「今までの間違った政策を批判しているが、それは彼ら自身が推進してきた」と批判
8/5-15	マスハドフのトルコ訪問、翌日アメリカへ（アメリカのムスリム機関主催の「第二回国際イスラーム統一会議に参加」）
8/15	グローズヌィに世界イスラーム銀行の支店開設へ
8/16	ダゲスタンのワッハーブ派はブイナクスク地区の村落（カラマヒ、チェバンマヒ）を占拠し、独立を宣言
8/20	ウドゥーゴフ外相とバサーエフ元首相代行がブイナクスクを占拠したワッハーブ派指導者に会い、支援を表明
8/21	ダゲスタンで共和国の最高イスラーム法解釈官が暗殺される、同氏はワッハーブ主義者を激しく批判していた
8/26	ダゲスタンのキジリュルト市で武装勢力を含む住民500名が集会を開催、共和国政府の退陣を要求
8/29	ダゲスタン・ムスリム大会が首都マハチカラで開催、マゴメドフ国家評議会議長の退陣を要求
9/1	レーベジ・クラスノヤルスク知事のチェチェン訪問（マスハドフと会談）
9/6	チェチェン共和国で独立7周年記念軍事パレード
9/8	マスハドフがインドネシア、マレーシア訪問、経済文化協力の話し合い
9/16	チェチェン共和国で新検事総長が任命（ハバシ・セルビエフ→マンスール・タギロフ）
9/20	ベレゾフスキーがラドゥーエフと交渉し、イギリス人2名を解放（彼らをロンドンに送り返す）
9/26	マスハドフはワッハーブ主義者を支援しているとして、ヤンダルビエフとサウジアラビア政府を名指しで批判
9/29	バサーエフとラドゥーエフなどがマスハドフの辞任要求集会を開催、在グローズヌィ・ロシア連邦政府社会・経済課長アクマル・サイドフが集会に参加している間に拉致される
10/1	チェチェン共和国政府が総辞職 グルジア・チェチェン幹線道路のチェチェン側がほぼ建設完了
10/3	イギリスの通信会社に勤める4人の技術者が拉致される、拉致されていたアクマル・サイドフの遺体が発見される

10/8	チェチェン国民全民族大会がグローズヌィで開催、マスハドフ大統領を支持するアトゲリエフ将軍や「チェチェン・イスラーム国家」党関係者、議会やイチケリア宗務局関係者など多数が参加（マスハドフは、大会で「ロシアとの間で合意した条約に基づきロシアとの善隣関係を維持していく」とし、「決して過激派には屈せず、ラドゥーエフとの交渉には応じない」と言及、ワッハーブ主義者の国外退去処分決議と大統領権限拡大決議の採択を呼びかけた）
10/10	マスハドフ支持者に対抗し、ラドゥーエフら反対派（バサーエフ、ヤンダルビエフ、アルサノフ、ゲラーエフなど）がチェチェン国民全民族大会を開催、マスハドフ政権の退陣を要求
10/13-14	マスハドフがポーランドへ訪問
10/22	マスハドフがすべての野戦軍司令官に対して共和国軍の機構に属さず、参謀本部の指揮下にも入っていない武装組織を解散するよう最後通牒を出す、またイギリス人らを拉致しているバラーエフに対して解放しなければ大規模な作戦を展開すると通告
10/29	ヴラディカフカースでロシアのプリマコフ首相とマスハドフが会談
10/30	マスハドフがウドゥーゴフ外相兼副首相を解任
11/4	チェチェン共和国最高裁は、ラドゥーエフに自由剝奪4年の判決を宣告、ラドゥーエフはこの決定に従わないと表明し、「共和国当局が逮捕しようとすれば武力で対抗する」と主張
11/9	反対派のチェチェン国民全民族大会が開催され、議長としてラドゥーエフを選出
11/10	マスハドフはラドゥーエフの准将の地位を剝奪、一兵卒に降格した（この決定は11/4の判決を受けた決定）
11/13	ヴラソフが解放される ダゲスタンのマハチカラでアメリカ人教師が拉致される
12/8	アラビ・バラーエフが拉致していたイギリス人3名、ニュージーランド人1名を殺害する
12/13	マスハドフ大統領は共和国全土が軍事機構の監視下に入ると発表。予備兵招集を加速
12/16	チェチェン共和国議会が犯罪一掃を目的に非常事態令を導入
1999/1	ハッターブが外国からのムスリム義勇兵を含む「イスラーム軍」の創設を開始
1/10	イングーシでステパーシン内相とマスハドフ大統領が会談
1/12	チェチェン共和国議会は、マスハドフ大統領が新閣僚として提案した11名のうち5名を承認（アルサエフ・シャリーア安全保障相、アブドゥルキリモフ燃料エネルギー相、ヤリハノフ教育相など）
1/23	ウルス・マルタンを占拠する武装勢力について実力で排除することはないとマスハドフ大統領は表明
2/3	マスハドフ大統領が「シャリーア・クルアーン体制」の導入（共和国憲法・議会の立法権の段階的停止）
2/5	マスハドフが副大統領ポストを廃止する
2/8	反マスハドフ派が非公式のシューラーを開設する（5日との報道も）
3/1	チェチェン共和国のすべての銀行がイスラーム法に基づく銀行運営へ移行する、このため、4人の専門家が米国に行き、同地のイスラーム銀行において研修を受ける
3/5	ロシア連邦内務省全権代表シュピグン少将がグローズヌィで拉致される
3/7	在グローズヌィ・ロシア代表部がチェチェンから撤退する
3/8	ステパーシン内相はシュピグン少将が解放されなければ、テロリストの集結している場所に報復の軍事力行使を言及

3/10	プリマコフ首相が現状にてチェチェン共和国に対して軍事力を行使することはないと表明
3/11	マスハドフと議会がイスラーム体制導入後、初めて会談、議会は立法権の停止を含む「イスラーム法改革」に反対
3/18	アルサエフ・シャリーア安全保障相が辞任、また軍事部門を統括するアトゲリエフ副首相も辞任し、今後共和国の全特務機関・大統領特別局は新設される国家保安省に統合され、その責任者にアトゲリエフが任命されることに
3/21	マスハドフ大統領の暗殺未遂事件が発生。大統領は無事だったものの9名が負傷(事件についてマスハドフは、モスクワの一部過激派によるものとの見解を表明)
3/23	シュピグン少将拉致事件の犯人がチェチェン共和国イスラーム保安部隊によって拘束される
3/25	マスハドフ大統領がメッカ巡礼を行う
3/31	ダゲスタンで共和国検事総長が襲撃され、殺害される
3月末	チェチェン政府はロシアが未納しているパイプラインの通行料(100万ドル)を請求、アゼルバイジャンの協力を得て一時的にパイプラインによる石油輸送を停止
4/9	プリマコフ首相がチェチェンに未払いの石油輸送料の支払いを命令、7000万ルーブルが支払われることに
4/10	ロシアのグストフ第一副首相は「マスハドフ大統領が困難な状況で権力を行使していることに懸念」を表明し、「合法的に選出された唯一の大統領を支援しなければならない」と主張
4/17	バクー(アゼルバイジャン)・スプサ(グルジア)石油パイプラインの開通
4/19	エリツィンはマスハドフとの会談に応ずる意向があることを表明し、クレムリンで行われるとの見方を提示
4/24	チェチェン共和国アルスルタノフ副首相とロシアのプリマコフ首相がヴラディカフカースで会談 ヴラディカフカースで北コーカサス連盟評議会開催(マスハドフは参加せず)
4/25	マハシェフとザカーエフがグルジア訪問を試みたものの、ロシア国境警備兵の挑発を受け断念したと明らかに
4/26	ステパーシン内相がスタヴロポリとチェチェンの国境を閉鎖するよう命令を出す
4/27	マスハドフは、シャリーア安全保障省を再び内務省に名称変更する大統領令に署名
5/11	イングーシ共和国のマガスでステパーシン首相とマスハドフ大統領が会談
5/12	グローズヌィで「第二回イチケリア・ダゲスタン国民議会開催」、イスラームに基づくダゲスタン・イチケリア統一国家の樹立を決定、バサーエフをアミール(軍事司令官)に任命
6/18	ロシア内務省は、チェチェン・ダゲスタン国境で武装勢力200名の車両隊のせん滅作戦を実施したと表明
6/19	ダゲスタンのブイナクスクでロシア人将校2名が拉致される
6/20	グローズヌィで「CIS諸国在外チェチェン人大会」が開催され、マスハドフ大統領は在外チェチェン人に帰国して祖国復興に協力してほしいと言及
6/24	チェチェン人難民200名が近隣地域からチェチェンに帰国、チェチェンと周辺共和国の情勢の不安定化に伴う迫害を帰還の理由として挙げた
6/28	イサ・イジコフ外相が解任され、イリヤス・アフマドフが外相に就任、またハムザット・シフダエフが社会問題担当副首相から一般問題担当副首相へ
6/30	ダゲスタン内務省とチェチェン戦闘員が交戦

7/3	「メフカン・グラム」という国民集会が開催され、マスハドフ支持者（マハシェフ、ザカエフ）と反対勢力（バサーエフ、ゲラーエフ、ウドゥーゴフ）が参加
7/5	ロシア内務省軍部隊は、チェチェン・ダゲスタン国境線付近の武装集団に対して「予防攻撃」を行ったと発表
7/6	マスハドフ大統領は、ロシアとの交渉に関して独立問題以外では妥協する意向を発表した
7/7	ロシア内務省とチェチェン保安機関は、追加議定書に署名 ルシャイロ・ロシア連邦内相は、「犯罪者のせん滅のためあらゆる措置をとる」と表明 チェチェンの武装勢力が7/5の報復としてロシア軍部隊を襲撃
7/15	マスハドフは在露チェチェン共和国代表部の主席代表職を設置し、ヴァチャガエフ首席補佐官を任命した
7/16	アトゲリエフ国家安全保障相がモスクワの空港で拘束された（連邦検察庁は96年1月のダゲスタン・キズリュルト市襲撃に彼が関与していたとして身柄を拘束、拘置所に収容したが、翌日には釈放される）
7/22	ミハイロフ連邦民族問題相とマハシェフ・チェチェン共和国副首相がスタヴロポリ地方で会談
8/2	ダゲスタンのイスラーム過激主義武装勢力司令官ケベドフがダゲスタンのツマディ地区に侵攻
8/6-7	「ダゲスタン・イスラーム聖戦士統一司令部」がダゲスタンのボトリフ・ツツマディ両地区に進軍
8/10	ダゲスタン・イスラーム国家の樹立宣言、イチケリア・ダゲスタン国民議会議長のバサーエフを国家元首に選出
8/30	マスハドフは、フルトィゴフ国家保安局局長とウドゥーゴフ安全保障会議書記を解任
9/3	アルサノフがグルジア訪問、シュヴァルドナッゼと会談
9/4	ダゲスタンのブイナクスクでアパート爆破事件が発生（64名死亡、146名負傷）
9/8	モスクワのグリヤノフ通りでアパート爆破事件が発生（130名死亡、200名負傷）
9/13	モスクワのカシルスコイでアパート爆破事件が発生（18名死亡、310名負傷）
9/14	マスハドフとバサーエフがそれぞれ別に一連の爆破事件への関与を否定
9/16	グローズヌィで反戦集会が開催され、2万人が参加
9/22	リャザン事件発生（居住者が未然にアパート爆破事件を防ぐ→連邦は発見者を英雄として扱うも直後に訓練だったと表明→住民や民警の反論、メディア取材の過熱）
9/23	プーチン首相、ハサヴユルト協定を破棄し、チェチェンにおける「テロリストせん滅作戦」の実施→第二次チェチェン紛争の開戦

出典：各種報道資料より筆者作成

ИЗБИРАТЕЛЬНЫЙ БЮЛЛЕТЕНЬ ДЛЯ ВЫБОРОВ ПРЕЗИДЕНТА ЧЕЧЕНСКОЙ РЕСПУБЛИКИ 27 января 1997 года	ХАРЖАМАН БЮЛЛЕТЕНЬ НОХЧИЙН РЕСПУБЛИКАН ПРЕЗИДЕНТ ХАРЖАРНА 27-чу январехь 1997 -чу шарахь
Разъяснение порядка заполнения избирательного бюллетеня: 1. Зачеркните фамилию каждого кандидата в отдельности, кроме того, за кого вы голосуете. 2. Голосование против всех кандидатов проводится зачеркиванием всех кандидатов в отдельности. 3. Бюллетень, в котором не зачеркнуты ни один кандидат и бюллетень, по которому невозможно установить, за кого проголосовал избиратель, считается недействительным.	**Харжаман бюллетень хIоттарах кхеторан кеп:** 1. Шаьш хаьржина кандидат вита. Кхечарна хIоранна а тIе сиз хьакха. 2. Массара а реза дацахь — массарна а тIе сиз хьакха. 3. Цхьа а кандидат дIа ца вайнехь, я цхьаннал сов витинехь, я кхьасташ дацахь — и бюллетень харц лору.

Яндарбиев Зелимхан	1952 г.р., высшее, филолог, Президент Чеченской Республики Ичкерия. Независимый. Абумуслимов Сайд-Хасан 1954 г.р., высшее, историк-экономист, временно не работает.
Басаев Шамиль	1965 г.р., н/высшее, бригадный генерал, временно не работает. Независимый. Ибрагимов Ваха 1961 г.р., высшее, помощник Президента по внешнеполитической и внешнеэкономической деятельности.
Масхадов Ослан (Аслан)	1951 г.р., высшее, дивизионный генерал, Председатель Кабинета министров. Независимый. Арсанов Ваха (Юрий) 1958 г.р., высшее, Командующий Северо-Западным направлением.
Закаев Амат (Ахмед)	1959 г.р., высшее, помощник Президента по национальной безопасности, министр культуры ЧРИ. Независимый. Абдулаев Яраги 1962 г.р., высшее, зам.министра иностранных дел ЧРИ.
Удугов Мовлади	1962 г.р., высшее, 1-й Вице-Премьер, Министр по Государственной политике и информации ЧРИ. Независимый. Белоев Зиявди 1965 г.р., высшее, временно не работает.
Абалаев Айдамир	1964 г.р., высшее, Командующий Зандакским фронтом. Независимый. Нуцулханов Пайзулла 1955 г.р., высшее, начальник объединения "Чеченстрой материалы".
Шахидов Леча	1953 г.р., высшее, депутат Парламента. Независимый. Эльсанукаев Мухамед 1953 г.р., высшее, временно не работает.
Ахмадов Сайд-Ибрагим	1953 г.р., высшее, временно не работает. Независимый. Тимирбулатов Ваха 1952 г.р., высшее, главн.инженер в РЦСП.
Сосламбеков Юсуп	1956 г.р., высшее, Президент Конфедерации народов Кавказа. Независимый. Идрисов Сулумбек 1951 г.р., высшее, солист Польского Большого Театра оперы и балета.
Адуев Мовсар	1950 г.р., высшее, редактор независимой газеты "Мировой демократический Союз". Независимый. Мусаев Руслан 1964 г.р., высшее, секретарь газеты "МДС".
Абубакиров Хумид	1963 г.р., высшее, старший преподаватель кафедры филологии ЧГУ. Независимый. Гайтукаев Адам 1961 г.р., высшее, начальник паспортного стола Итум-Калинского р-на.
Маигов Саламбек	1966 г.р., высшее, инженер, временно не работает. Независимый. Умаров Джамбулат 1969 г.р., высшее, временно не работает.
Хасаев Зелим-Хаджи	1948 г.р., высшее, юрист-экономист, начотдела контрразведки ВС. Независимый. Сайдаева Кайпа 1959 г.р., высшее, 1-й зам. директора ПО "Чечшвейбыт".
Мовлатов Зайнди	1950 г.р., высшее, полковник запаса, временно не работает. Независимый. Сумбулатов Абузар 1962 г.р., высшее, филолог, временно не работает.
Шовхалов Ханбур	1953 г.р., высшее, строитель, временно не работает. Независимый. Читаев Мухади 1961 г.р., высшее, инженер-энергетик, временно не работает.
Джанчураев Маулид	1954 г.р., высшее, экономист, директор ООО Внешнеэкономической фирмы "РНМ-ЛТД". Выдвинут ОПД "Согласие". Умаров Ваха 1957 г.р., высшее, ученый-агроном, директор Картонажной фабрики.

資料　1997年1月27日のチェチェン共和国大統領選挙投票用紙

表　親露派政権閣僚名簿

親露派「暫定内閣」* （1994.8.11-11.23）

氏　名	役　職	補　足
アリ・アラヴディノフ	首相	
バドルッディン・ジャマルハノフ	副首相	元シャリ地区勤労者代表ソヴェト執行委員会委員長、ОКЧНの執行委員会に加わる（91年秋）
アラシュ・サィハノフ	副首相	
ヴァハ・イブラギモフ	内相	ソ連軍少将
ベク・ベスハーノフ	検事総長	
ルスラン・マディエフ	外相	元ドゥダーエフ政権第一副外相
レチ・サリゴフ	情報委員会委員長	政党「ニィイチョ」代表

* ザヴガエフ元チェチェン・イングーシ最高会議議長の庇護下にあるアフトゥルハノフが開設したチェチェン共和国「暫定評議会」の政府機構を指す。
* ОКЧН: Общенациональный Конгресс Чеченского Народа（チェチェン国民全民族議会）

親露派「民族復興政府」* （1994.11.23-1994.12）

氏　名	役　職	補　足
サラムベク・ハッジエフ	首相	元ソ連石油大臣、ダイモフク（祖国）党指導者
アリ・アラヴディノフ	副首相	
アブドゥラ・ブガエフ	副首相	自由（マルショ）党指導者、教授
バドルッディン・ジャマルハノフ	内相	
ベク・ベスハーノフ	検事総長	
ルスラン・マディエフ	外相	元ドゥダーエフ政権第一副外相
ベスラン・ガンテミロフ	防衛相	元グローズヌィ市長、「イスラームの道」党党首

* 親露派政権の「暫定評議会」とその後継である「民族復興政府」は、彼ら自身は、表向きはドゥダーエフ政権の権威を否定し、自らがチェチェンの正当な権威だと主張していたが、実態としては一部地域（ナドチェレチヌィ、ウルス・マルタン、アチホィ・マルタンなど）に基盤をおいており、行政・政治機構やその資源を有していなかった。このため、第一次チェチェン紛争が始まるまでの内閣は、あくまでも「ドゥダーエフ政権の権威を否定する勢力の集合体」に過ぎず、したがって閣僚ポストも非常に少なく、お飾り的要素が強かった。こうした状況は、ロシアが第一次チェチェン紛争開戦に際し「民族復興政府」をチェチェンの唯一正統な政治的権威だと認定することで変化する。これによって名実共にチェチェン共和国を統治するために、様々な閣僚ポストが設置され、役職も増加した。

親露派「民族復興政府」ハッジエフ内閣（1995.1-10）

氏　名	役　職	補　足	分類
サラムベク・ハッジエフ	首相	元ソ連石油大臣、ダイモフク（祖国）党の指導者、研究者	①
アブドゥラ・ブガエフ	第一副首相	自由（マルショ）党指導者、教授	②
ベスラン・ガンテミロフ	副首相兼防衛相	元グローズヌィ市長	②
イサ・アリロエフ	副首相兼在モスクワ代表	元ロシア連邦民族代議員	①
ユナディ・ウスマモフ	副首相（工業担当）	元共産党地区委員会第一書記	①
ケリム・サルタハノフ	副首相（建設担当）	元共産党州委員会建設部門主任	①
サイド＝マゴメット・レシドフ	副首相（農業担当）	元自治共和国農工業指導部	①
シャルプッディーン・ロルサノフ	内閣府長官（官房長官）	93年まで同ダーエフ政権副内相	❸
バトルッディン・ジャマルハノフ	非常事態相	元シャリ地区勤労者代表ソヴェト執行委員会委員長、自治共和国暫定最高会議議員	①
ルスラン・マディエフ	外相	元ドゥダーエフ政権第一副外相	❸
ヴラディミル・シュモフ	内相	元カザフスタン内務省内相（'92/4-94/9）	❹
グリゴリー・ホペルスコフ	FSB支局長	元ウズベキスタンKGB職員	❹
ルスラン・ゴルブラエフ	石油および石油関連工業相	元ドゥダーエフ政権石油・化学工業相、南部石油会社副社長	❸
ズィヤウッディン・バジャエフ	南部石油会社総裁	スイスにある会社（LID OLD）の社長、南部石油会社副総裁はドゥダーエフ政権元石油産業相ルスラン・ゴルブラエフ	⑤
ヌルディン・ウサモフ	グロズエネルゴ総裁	92年からグロズエネルゴ総裁、93-94年にドゥダーエフ政権でエネルギー担当相	❸
ルスラン・ガイルベコフ	建設相	元ドゥダーエフ政権副首相	❸
サルマン・アブドゥルハリモフ	経済相	チェチェン・イングーシ自治共和国消費組合連合・元副代表	①
アマディー・テミシェフ	工業相	グローズヌィ化学工場・元工場長	①
イレス・シガウリ	文化相	元コムソモール職員	①
アフマト・ザヴガエフ	商業（貿易）相	元ソフホーズ長	①
アラシュ・サイハノフ	農相	元共和国地方行政本部長	②
アダニ・オスマエフ	住宅・公共事業相	元ドゥダーエフ政権住宅・公共事業相	❸
トゥルコ・アルサミルゾエフ	法相	チェチェン・イングーシ自治共和国副検事	①
イヴス・アフマドフ	情報出版相	歴史学教授	②
ベク・ベスハーノフ	検事総長	暫定政府でも同職	②
アフマト・アフトゥルハーノフ	税務長官	ナドチェレチヌィ地区武装組織指導者	②
ガンガ・エリルムルザエヴァ	職業技術国家委員会委員長	ダイモフク党執行部メンバー	①
ハス＝マゴメト・ダニエフ	独占禁止に関する国家委員会委員長	元ドゥダーエフ政権経済・金融副大臣	❸
イブラギム・ジャンダロフ	土地資源・土地整理問題委員会委員長	ドゥダーエフ政権でも同職	❸
ムハメト・アルハスカエフ	環境問題委員会委員長	〃	❸
ドフシュカエフ・イムラン	商業検査局局長	ハズブラートフの顧問、95年より民族調和委員会のメンバー	①

出典：Музаев 1997, 1999b, C.36-7 を参照し、筆者作成
〔分類〕①ソ連時代の政治・経済エリート・インテリ、②反ドゥダーエフ派の民族主義者、❸ドゥダーエフ政権元閣僚、❹ロシア連邦より派遣された政治家、⑤ソ連外にいるディアスポラ、⑥不明

親露派「民族復興政府」ザヴガエフ内閣（1995.11-96.6〔96.11*〕）

氏　名	役　職	補　足	分類
ドク・ザヴガエフ	首相兼国家元首（96/3より元首のみ。首相はコシュマンに）	自治共和国最高会議議長、チェチェン・イングーシ共産党第一書記、95年に再開した親露派チェチェン共和国最高会議議長	①
アブドゥラ・ブガエフ	第一副首相（イデオロギー、内政・外交担当）	自由（マルショ）党指導者、教授。96/3より首相へ	②
ニコライ・コシュマン	（首相）	96/4より首相に就任	❹
サナキ・アルビーエフ	副首相（商業林業担当）	元グローズヌィ市長	②
ユナディ・ウスマモフ	副首相（工業・輸送・情報担当）	元共産党地区委員会（райком）第一書記	①
ケリム・サルタハノフ	副首相（建設と建造物に関する国家委員長）	元共産党州委員会建設部門主任	①
サイド＝マゴメット・レシドフ	副首相（農業担当）	元自治共和国農工業指導部	①
ザィンディ・チャルタエフ	副首相（国有財産管理委員会委員長）		⑥
バトルッディン・ジャマルハノフ	副首相（経済社会復興委員会委員長）	元シャリ地区勤労者代表ソヴェト執行委員会委員長、自治共和国暫定最高会議議員	①
ヴァハ・サガーエフ	副首相（司法・税務担当）	元共産党地区委員会第一書記	①
ハロン・アメルハノフ	副首相（社会問題担当）	元自治共和国農業省家畜繁殖・獣医部局部長のちに同問題担当副大臣	①
タムシア・ハシモヴァ	副首相	1996年より就任（詳細な時期不明）	
ハサン・ムサラトフ	副首相	著名な医学博士、政治的キャリアはあまりなくモスクワ・セチェノフ医学アカデミー勤務、暫定評議会にて暫定代表代行に	①
M. バマトゲリエフ	副首相		⑥
シャルプッディーン・ロルサノフ	内閣府長官（官房長官）	93年までドゥダーエフ政権副内相	❸
アルホズル・ツァカエフ	財相	ドゥダーエフ政権元副外相、元自治共和国最高会議議員でОКЧНにも参加、後にボグダン・イスマトゥロフが財相に就任	❸
ルスラン・マディエフ	外相	元ドゥダーエフ政権第一副外相	❸
エフィム・ゲリマン	防衛相		⑥
アナトリー・タラノフ	内相	ロシア内務省職員、後にハリド・イナロフが内相に就任	❹
グリゴリー・ホベルスコフ	FSB支局長	元ウズベキスタンKGB職員	❹
マゴメト・ガィラベコフ	社会防衛相		⑥
ルスラン・ツァカエフ	安全保障会議書記		⑥
レマ・ダダーエフ	民族問題担当相		⑥

サルタン・アブドゥルハリモフ	経済相	チェチェン・イングーシ自治共和国消費者組合連合・元副代表	①
アマディー・テミシェフ	工業相	グローズヌィ化学工場・元工場長	①
イレス・シガウリ	文化相	元コムソモール職員	①
アフメト・ウスターエフ	労働相		⑥
アフマト・ザヴガエフ	商業（貿易）相	元ソフホーズ長	①
アフメト・サダーエフ	保健相	医者	①
アラシュ・サイハノフ	農相	元共和国地方行政本部長	②
アダニ・オスマエフ	住宅・公共事業相	元ドゥダーエフ政権住宅・公共事業相	❸
トゥルコ・アルサミルゾエフ	法相	チェチェン・イングーシ自治共和国副検事	①
イスマイル・ムハーエフ	情報出版相	副大臣からの昇進	②
アブドゥル＝ハリム・アルサノフ	薬品・医療産業担当相		⑥
ヴァヒト・アブバカロフ	検事総長	元チェチェン共和国検事部門長官	②
ズィヤウッディン・バジャエフ→ラムザン・ザカーエフ（96／4-）	南部石油会社総裁	1996年2月2日にロシア政府によって創設	⑥
ヌルディン・ウサモフ	グロズエネルゴ総裁	92年からグロズエネルゴ総裁、93-94年にドゥダーエフ政権でエネルギー担当相	❸
ハス＝マゴメト・ダニエフ	独占禁止に関する国家委員会委員長	元ドゥダーエフ政権経済・金融副大臣	❸
サィプッディーン・ヴィサイトフ	資源委員会委員長	ソフホーズ元副ディレクター	①
ズラィ・ブルエヴァ	国家テレビ・ラジオ会社代表	ジャーナリスト	⑥

出典：筆者作成。参照文献は、Мусаев 1997, С .175-6; 1999b, C.39-40、またウェブサイトとしてВоронин Анатолий Яковлевич 2005, Правительство Завгаева. Июль 1996 года（http://artofwar.ru/w/woronin_a_j/prawitelxstwozawgaewa.shtml）を参照した。
〔分類〕上表と同じ（①ソ連時代の政治・経済エリート・インテリ、②反ドゥダーエフ派の民族主義者、❸ドゥダーエフ政権元閣僚、④ロシア連邦より派遣された政治家、⑤ソ連外にいるディアスポラ）
＊チェチェン独立派とロシアが停戦合意に至り、チェチェン内部でも連立内閣が形成された時期（96／6）にザヴガエフ政権はすでにロシア側にとっても「唯一の正統な権威」という独占的地位にはなかったのは明らかだが、ザヴガエフが自ら辞任するのは96年11月である。

資料 第一次チェチェン紛争後のチェチェン・イチケリア共和国内閣人員（1996-99 年）
ヤンダルビエフ政権・マスハドフ内閣（96/10/16-97/2/12*）：「暫定連立内閣」

	氏 名	役 職	補 足	分類
大統領府	ゼリムハ・ヤンダルビエフ	暫定大統領	ヴァイナフ民主党党首、元副大統領	③
	サイド＝ハサン・アブムスリマノフ	副大統領	チェチェン共和国政党・委員会会議議長、ヴァイナフ民主党有力者	③
	アスラン・マスハドフ	参謀本部長（総長）	首相兼	①
	アフマド・ザカーエフ	安全保障に関する大統領顧問	元俳優、ドゥダーエフ政権文化相、独立派准将	①
	バサーエフ、ゲラーエフ、ザカーエフ、マハシェフ、モフサエフ、アリテミロフ、ベロエフ	国家防衛評議会	野戦軍司令官	①と④
内閣	アスラン・マスハドフ	首相	独立派参謀本部長兼	①
	ルスラン・クターエフ	副首相（対露・CIS）	民族独立党党首	❺
	ゲルスルトム・エリムルザエフ	副首相（社会問題）	憲法秩序回復のための運動代表	❺
	フセイン・ビィブラトフ	副首相兼金融相	自治共和国閣僚会議副議長、ゴスプラン議長	❻
	ホッジ＝アフマト・ヌハーエフ	副首相（外交・経済）	97/2 より第一副首相	②
	モヴラディ・ウドゥーゴフ	国家政策・情報相		③
	ルスラン・チマーエフ	外相	ヤンダルビエフ副大統領のスタッフ、94 年に副外相	②③
	カズベク・マハシェフ	内相	野戦軍司令官、准将	①
	ダウド・アフマドフ	工業・エネルギー相	ドゥダーエフ政権下でアチホィ・マルタン知事	②
	エリザ・シャリポヴァ	法相	ドゥダーエフ政権元閣僚	②
	ハヴァシ・セルビエフ	検事総長		①？
	アスランベク・イスマイロフ	建設相	野戦軍司令官、准将	④
	サランベク・マイゴフ	経済相	モスクワのチェチェン人離散民組織「ベシュラム」代表	❺
	アミン・オスマエフ	住宅・公共サービス相	ザヴガエフ政権民族会議（議会）議長	❼
	ハムザット・イドリソフ	農相	ドゥダーエフ政権でも同職、技師	②
	アスランベク・アブドゥルハッジエフ	市民防衛本部長・軍事委員長	アブハジア紛争義勇兵、バサーエフとブジョンノフスク事件に参加	④
	ナジ＝ヌッディン・ウヴァイサエフ	民族銀行総裁	ドゥダーエフ政権防衛評議会委員、元警察官	①④
	ホッジ・アフマト・ヤリハノフ	南部石油会社総裁	元ドゥダーエフ政権外相	②
	ヴァハ・ダドゥラゴフ	出版相	親ドゥダーエフ派の急進的新聞『イチケリア』の編集長	③？

内閣	ハリド・ヴィトゥシェフ	労働・雇用庁長官	民族調和委員会委員、「復興政府」議会副議長	❼
	ルスラン・バダロフ	若者スポーツ庁長官	元ドゥダーエフ政権オリンピック委員会委員長、民主前進党指導部、円卓に参加	❺
	ムハメト・アルサヌカエフ	環境庁長官	民族復興政府で同職	❼
	ムサ・バカエフ	自動車輸送庁長官	自治共和国「チェチェンアフトトランス」社長	❻
	ナジ=ヌジュデン・ダアエフ	自動車道路庁長官	自治共和国「チェチェンアフトダル」社長	❻
	マゴメト・ダニエフ	独占禁止に関する国家委員会委員長	民族復興政府で同職	❼
	З. ザルザエフ	年金基金理事長		⑧
	イムラン・ドフシュカエフ	商業監視庁長官	ハッジエフ政府閣僚（ザヴガエフ政権でもわずかに勤務）、ハズブラ系「共和国復興民族同盟」指導者	❻
	Ш. イブラギモフ	貿易庁長官		⑧

〔出典について〕以降すべての表は、筆者作成。情報の典拠については末尾を参照。

【分類】①野戦軍・軍事部門出身の独立穏健派、②同出身ではない独立穏健派（紛争中もドゥダーエフ支持）、③同・急進的独立派、過激派、④野戦軍・軍事部門出身の急進的独立派、❺政党・活動調整評議会参加の民族指導者、❻旧自治共和国エリート、❼ザヴガエフ「民族復興政府」（'95〜）関係者、⑧不明　☞下表でも分類は同じ

〔訳語について〕Департаментの訳語は、閣僚として記載されている機関を「部」や「局」と訳すのには違和感があったため、「庁」の訳語を充てた（ただしУправлениеは「局」とした）。以下、他の内閣についても同様だが、参照した文献に役職名は依拠している。いくつかの省庁局は、前の内閣の名称と微妙に異なっている場合があり、これはおそらく参照文献における表記の揺れという印象も受けたが、同時に省庁局の統合や変更なども1997-99年には頻繁に生じていたことから、こうした表記のブレをそのまま表にも反映している（ただし、同じ省庁局と確認できたものを除く）【以下同】

〔暫定連立内閣の任期について〕97年1月27日の大統領選挙を前にして、マスハドフ首相をはじめとする20名近くの閣僚が「大統領選挙に立候補すること、または特定の勢力を支援すること」などを理由に役職を辞した。選挙期間までの暫定的な内閣であるヤンダルビエフの暫定連立内閣は、大統領選挙・議会選挙後にマスハドフ大統領の就任（97/2/12）より機能を停止したが、それ以前に（閣僚20名が辞任した時期〔96年12月〕以降は）機能を大幅に低下したとみられる。

431

マスハドフ政権・大統領府の各種役職および組織（設立当初＊）

氏　名	役　職	補　足
アスラン・マスハドフ	大統領	首相・軍最高司令官、その他兼務
ヴァハ・アルサノフ	副大統領→99/2役職廃止	野戦軍司令官
ルスラン・クターエフ	特別委任大統領顧問	民族独立党党首
モヴレン・サラモフ	一般問題　〃	ドゥダーエフ、ヤンダルビエフ体制下でも同職
ハスメゴメト・イスマイロフ	外交問題　〃	職業的外交官
サイド＝ハサン・アブムスリモフ	政治問題　〃	元副大統領（途中で解任？　辞任？）
ルスラン・アフタノフ	経済問題　〃	民主前進党代表、政党・活動調整評議会指導部
アナトリー・ミトロファノフ	ロシア語系住民問題　〃	97/8設置。元自治共和国第一副文化相。99/2以後継続
アルサノフ、バサーエフ、ゲラーエフ、ザカーエフ、カドィロフ、ヤリハノフ	大統領府最高評議会	30名以上で構成、議長はマスハドフ（97/2/16設置）
ウマーロフ書記ほか	安全保障会議	マスハドフ議長（97/6/1設置）
ウドゥーゴフ委員長、ザカーエフ、ヤリハノフ、マハシェフ、アブムスリモフなど	対露交渉委員会	97/2/19設置
アルサノフ、アリハッジエフ議会議長、バサーエフ、ゲラーエフ、ザカーエフ、ハリモフ、ハンビーエフ、マハシェフ、ラドゥーエフ、ウドゥーゴフなど	戦争参加者の社会的リハビリに関する国家委員会	野戦軍司令官を中心に約30名が参加（97/6/2設置）
ドシュカエフ、クルバノフ、アスタミロフ、A6.ザカーエフ、バタロフ	国民経済と社会の復興に関する国家委員会	経済相、財相、国立銀行総裁、国有財産庁長官、国家歳入庁長官などにより構成（97/6/4設置）

＊以後、小規模な変更が生じるのみならず、99年2月の「シャリーア・クルアーン体制」の導入でシューラー（国家評議会：クヘマショ）が設置されるなどの大幅な変化も生じるが、ここでは当初の機構形態・人員構成を記載。

巻末資料

第一次マスハドフ内閣（97.3.24-6.3*）：「実務内閣」

氏　名	役　職	補　足	分類
アスラン・マスハドフ	首相	大統領	①
モヴラディ・ウドゥーゴフ	第一副首相	国内政治や情報、対露交渉などを担当	③
ルスラン・クターエフ	副首相（対露・CIS）	民族独立党党首、ロシア・CIS担当相	❺
ゲルソルト・エリムルザエフ	副首相（社会問題）	憲法体制復興運動の指導者、95-96年に親露派政権議会議長、社会問題担当相	❺
ロム＝アリ・アルスルタノフ	副首相（農工業）	元共和国ぶどう園・ワイン醸造部長（92年より）、マスハドフの意向で任命	②
ルスラン・チマーエフ	外相	ヤンダルビエフ副大統領のスタッフ、94年に副外相	②③
ガズベク・マハシェフ	内相	野戦軍旅団長、准将	④
ヌルディン・ウサモフ	エネルギー相	民族復興政府グロズエネルゴ総裁（95-96年）	❼
エリザ・シェリポヴァ	法相	「チェチェン民族会議」法務委員、ドゥダーエフ政権検事総長、独立派	②
ハヴァシ・セルビエフ	検事総長		②
ホジ＝アフメド・ヤリハノフ	南部石油会社総裁	長官級、95年ドゥダーエフ政権外相（ペテルブルグを拠点に活動）、独立派、対露交渉に参加	②
レマ・チャバエフ	テレビ・ラジオ国家委員会委員長	記者出身、ドゥダーエフ・イデオロギスト	③
マゴメト・ハトゥエフ	税関・国境警備庁長官	元ボクサー。独立派野戦軍旅団長、准将	①④
レチャ・バタロフ	国有財産管理国家委員会委員長	ドゥダーエフ政権元閣僚（国有財産管理・財産調査委員会委員長）	②？
ハス＝マゴメト・ヂェニーエフ	独占禁止政策国家委員会委員長	元ドゥダーエフ政権閣僚・ハッジエフ／ザヴガエフ両民族復興政府でも入閣	❼
マイラディ・オズダルビエフ	教育相	チェチェン共和国国立大学主任教授	❻
アダニ・オスマエフ	住宅・公共事業相	元ドゥダーエフ政権閣僚・民復（95年〜）でも入閣	❼
アブ・モフサエフ	民族保安局局長	独立派野戦軍旅団長、准将	④
ダルハン・ホジャエフ	公文書保管庁長官	元イチケリア政府対露交渉団、野戦軍司令官	①④
ムサ・バカエフ	交通庁長官	「チェチェンアフトトランス」社長	❻
ムハメド・アルサヌカエフ	環境局局長	ハッジエフ民復政府で環境問題委員長	❺
（ナジ）ヌジュデン・ダアエフ	道路維持管理建設庁長官	自治共和国「チェチェンアフトドル」社長	❻
ハリド・ヴィトシェフ	労働雇用庁長官	共和党。民族調和委員会委員、民復・議会副議長	❼
イムラン・ドフシュカエフ	商業監視庁長官	ハッジエフ政府閣僚、ハズブラートフ系政治団体の指導者	❺

* 第二次内閣の副首相ポストは97/4/1任命、議会承認は97/5、全閣僚の議会承認は97/6/3なので旧内閣も同日まで機能した。

第二次マスハドフ内閣（97.6.3-98.3.5*）：
「野戦軍・親露派混成内閣」（97.6-8）→「経済内閣」（97.8-98.3）

氏　名	役　職	備　考	分類
アスラン・マスハドフ	首相	大統領	①
シャミーリ・バサーエフ	第一副首相（97/4/1任命）	兼工業担当相（97/7-8に辞任／解任）	④
モヴラディ・ウドゥーゴフ	第一副首相	兼務対ロシア交渉国家委員会、国家政策・情報通信問題担当相	③
ムサ・ドシュカエフ	副首相（97/4/1任命、97/8以降第一副首相へ）	元自治共和国地方産業サービス相、ドゥダーエフ政権副首相、経済問題担当相	②
ルスラン・ゲラーエフ	副首相（97/4/1任命、7-8解任）	独立派野戦軍准将、建設問題担当相	④
ロム＝アリ・アルスルタノフ	副首相	兼食品加工産業担当相	②
イスラム・ハリモフ	副首相（97/4/1任命）	准将、社会問題担当相、98年からシャリーア防衛相	④
アフメド・ザカーエフ	副首相(97/4/1任命)	独立派准将、文化兼科学・教育担当相	①
ヒズィル・アフマドフ	外相	チェチェン民主前進党指導部。	❺
イサ・アスタミロフ	経済相	元南西方面司令部司令官、ゲラーエフの参謀	④
カズベク・マハシェフ	内相	留任：独立派野戦軍准将	①
サイド＝イブラギム・クルバノフ	財相		②？
ヌルディン・ウサモフ	エネルギー経済相	民族復興政府グロズエネルゴ総裁（95-96年）	❼
エリザ・シェリポヴァ	法相	「チェチェン民族会議」法務委員、ドゥダーエフ政権検事総長、独立派	②
ハヴァシ・セルビエフ	検事総長		②
リズヴァン・イブラギモフ	農相		⑧
ハリド・ヴィトゥシェフ	社会問題・労働相	共和党。民族調和委員会委員、民復・議会副議長	❼
エリ（アリ）・サルタノフ	運輸相		⑧
ジャヴラディ・アイブエフ	国務相		⑧
アダニ・オスマエフ	住宅・公共事業相	元ドゥダーエフ政権閣僚・民復（95年-）でも入閣	❼
ヌジュデン・ダアエフ	道路建設相	自治共和国「チェチェンアフトドル」社長	❻
アブドゥル＝ヴァハブ・フサイモフ	教育相		③ ④
マイラディ・オズダルビエフ	職業教育・学術相	チェチェン共和国国立大学主任教授	❻
ロム＝アリ・アルダモフ	商業相		⑧
アムハト・ムルタザエフ	森林相		⑧

434

巻末資料

ウマール・ハンビーエフ	保健相	医師	⑧
ベクハン・イスラモフ	非常事態・戦略・民間防衛委員会委員長	野戦軍司令官：独立派野戦軍	④
ラムザン・モヴサロフ	国家環境委員会委員長		⑧
ホジ＝アフメド・ヤリハノフ	南部石油会社総裁	長官級、95年ドゥダーエフ政権外相（ペテルブルグを拠点に活動）、独立派	②
ハムザト・サイトフ	地質・地下資源利用局局長	グローズヌィ石油大学卒、地質学者	❻
ウスマン・シャイポフ	土地資源庁長官		⑧
アスラムベク・イスマイロフ	建設・請負組合長	野戦軍司令官：独立派野戦軍	①④
アブ・モフサエフ	民族保安局長（97/8解任）	准将。バサーエフ側近、バガエフ副局長が昇格	④
→A. バタロフ	〃（97/8就任、12に解任）	准将、OSCEとの接触が政治問題化し解任される	①？
→レチ・フルトィゴフ	〃（97/12就任）	准将、前民族保安局副局長（98/6に殉職）	①
アブラシェイド・ザカーエフ	国立銀行総裁	マスハドフの意向で任命、ドゥダーエフ政権でも同職、元自治共和国立銀行勤務	②
オマル・ドルシャエフ	国家歳入（税務）庁長官	野戦軍司令官	①④
レチャ・バタロフ	国有財産庁長官	ドゥダーエフ政権元閣僚	②
レマ・チャバエフ	テレビ・ラジオ国家委員会委員長	記者、ОКЧН元報道官、「大統領チャンネル」の創設メンバー、ドゥダーエフ・イデオロギスト	③
イディリス・アリーエフ	情報通信庁長官	野戦軍司令官	①④
エルマルザ・ズバイラエフ	国家技術管理委員会委員長		⑧
アブドゥル＝ハミド・ツッツラエフ	青少年・スポーツ・観光庁長官		⑧
マゴメト・ハトゥエフ	税関・国境警備庁長官	元ボクサー、独立派准将	①④
ダルハン・ホジャエフ	歴史文書庁長官	野戦軍司令官	④
エディルベク・イスマイロフ	基本施設建設局局長	元イチケリア政府対露交渉団、野戦軍司令官	①④
イムラン・ドフシュカエフ	商取引監視庁長官	ハッジエフ政府閣僚（ザヴガエフ政権でもわずかに勤務）、ハズブラートフ系「共和国復興民族同盟」指導者	❺

＊ 97/7-8に内閣内部で対立が生じ、急進派・過激派（バサーエフなど）が更迭、それ以後は経済閣僚中心の内閣へ。

435

バサーエフ内閣（98.3.5*-7.3）:「急進独立派野戦軍内閣」

氏　名	役　職	備　考	分類
アスラン・マスハドフ	首相	大統領、組閣権等特別権限を代行に譲渡	①
シャミーリ・バサーエフ	首相代行（98/1任命）	兼務第一副首相	④
トゥルパル＝アリ・アトゲリエフ	第一副首相	独立派准将、マスハドフ支持	①
モヴラディ・ウドゥーゴフ	副首相	兼務外相	③
カズベク・マハシェフ	副首相	准将、前内相、武力部門担当、マスハドフ支持	①
イサ・ビサーエフ	副首相	経済部門担当、ヌハーエフ元副首相に近い	②
フセイン・シダーエフ	副首相	社会部門担当	②？
イスラム・ハリモフ	シャリーア安全保障相（内相）	6月に解任、A. アルサエフ任命（マスハドフ支持）	④
ルスラン・ゲラーエフ	防衛相	新設ポスト	④
シルヴァニ・バサーエフ	燃料・エネルギー相	バサーエフ弟、大佐、新設ポスト	④
ヌルディン・ウサモフ	エネルギー経済相	マスハドフの意向で留任	❼
モヴラディ・バスヌカエフ	チェチェンエネルゴ庁長官	98/6 任命、グローズヌィ市行政長、野戦軍	①④
アスランベク・イスマイロフ	建設相	元イチケリア政府対露交渉団、野戦軍司令官	①④
マゴメト・モッラーエフ	経済相		⑧
サイド＝イブラギム・クルバノフ	財相	留任	②？
ハヴァシ・セルビエフ	検事総長		②
ウマール・ハンビーエフ	保健相	留任、医師	②
アダニ・オスマエフ	住宅・公共事業相	留任（民復〔95年～〕でも入閣）	❼
レチャ・フルトィゴフ	民族保安局局長（98/6 殉職）	留任、前民族保安副局長・准将	①
→М. コリエフ	〃 （98/6-8）	准将、詳細不明	①？
→И. フルトィゴフ	〃 （98/8 就任）	大佐、前任者の親族	①
ヌジュデン・ダアエフ	道路建設庁長官	留任、自治共和国「チェチェンアフトドル」社長	❻
イサ・アスタミロフ	天然資源国家委員会委員長	前経済相より横滑り；ゲラーエフの参謀	④
アブラシェイド・ザカーエフ	国営銀行社長	留任	②
アフメド・ザカーエフ	文化・情報・通信国家委員会委員長		①
レチ・バカナエフ	テレビ・ラジオ国家委員会委員長	ドゥダーエフ政権で情報・出版副大臣	②
ヴァハ・イブラギモフ	税務庁長官	ドゥダーエフ大統領顧問	②③
マゴメト・ハトゥエフ	税関・国境警備庁長官	留任、元ボクサー、独立派准将	①④
ダルハン・ホジャエフ	歴史文書庁長官	留任、野戦軍司令官	④
イドリス・アリーエフ	情報通信庁長官	野戦軍司令官	①④
エディルベク・イスマイロフ	基本施設建設局局長	留任、元イチケリア対露交渉団、野戦軍司令官	①④

＊ただしバサーエフの就任は97年末（98年1月1日付）であり、3月5日は新内閣の組閣が終了、議会承認された日。

巻末資料

第三次マスハドフ内閣（98.7.3-98.10）:「経済・防衛内閣」

氏　名	役　職	備　考	分類
アスラン・マスハドフ	首相	大統領	①
トゥルパル＝アリ・アトゲリエフ	第一副首相	留任	①
モヴラディ・ウドゥーゴフ	副首相	10/30に解任	③
カズベク・マハシェフ	副首相	留任	①
イサ・ビサーエフ	副首相	留任	②
フセイン・シダーエフ	副首相	留任	②?
ユスプ・ソスランベコフ	副首相兼大統領外交（対露CIS）顧問	コーカサス山岳民連合代表、反ドゥダーエフ派	❺
アスラムベク・アルサエフ	シャリーア安全保障相（内相）	野戦軍司令官、反ワッハーブ主義指導者	①
ルスラン・ゲラーエフ	防衛相	新設ポスト	④
シルヴァニ・バサーエフ	エネルギー燃料相	バサーエフの弟、大佐	④
サイド＝イブラギム・クルバノフ	財務相		②?
マゴメト・モッラーエフ	経済相		⑧
アスランベク・イスマイロフ	建設相	野戦軍司令官	①④
ハヴァシ・セルビエフ	検事総長	98年8月に解任	②
モヴラディ・バスヌカエフ	チェチェンエネルゴ庁長官	元グローズヌィ市行政長、野戦軍	①④
イサ・アスタミロフ	天然資源国家委員会委員長	ゲラーエフの参謀	④
アフメド・ザカーエフ	文化・情報・通信国家委員会委員長		①
レチ・バカナエフ	テレビ・ラジオ国家委員会委員長	ドゥダーエフ政権で情報・出版副長官	②?
ヴァハ・イブラギモフ	税務長官	ドゥダーエフ大統領顧問	②?
アダニ・オスマエフ	住宅公共事業相	民族復興政府〔95年〜〕の元閣僚	❼
ヌジュデン・ダアエフ	交通担当相	自治共和国「チェチェンアフトドル」社長	❻
ダルハン・ホジャエフ	歴史文書庁長官	留任、野戦軍司令官	④

437

第四次マスハドフ内閣（98.10-99.6*）：「独立穏健派内閣」

氏　名	役　職	備　考	分類
アスラン・マスハドフ	首相	大統領	①
トゥルパル＝アリ・アトゲリエフ	副首相	99/3 に創設された国家保安省大臣に任命	①
カズベク・マハシェフ	副首相	内政問題担当、前内相	①
イサ・ビサーエフ	副首相	大統領上級評議会所属、経済部門担当	②
ユスプ・ソスランベコフ	副首相	大統領外交顧問、コーカサス山岳民連合代表。98 年 12 月まで	❺
フセイン・シダーエフ	副首相	経済部門担当→一般部門担当	②？
アフメド・ザカーエフ	副首相	文化・情報・通信国家委員会委員長兼務	①
ロム＝アリ・アルスルタノフ	副首相	農業担当、農工業委員会委員長兼	②
エリ（アリ）・スルタノフ	副首相	交通担当	⑧
オルハズル・アブドゥルケリモフ	副首相	燃料エネルギーコンプレクス担当（「チェチェン・燃料エネルギー複合体」総裁兼）、91-96 まで共和国石油輸送ビジネスに関与、96-98 まで石油工業に関する大統領顧問	②
アスラムベク・アルサエフ	シャリーア安全保障相→内相	99 年 4 月解任、アバラエフが就任	①
アフヤド・イディゴフ	外相	議員／国際関係に関する議会内委員会委員長	②
モヴラディ・バスヌカエフ	チェチェンエネルゴ庁長官	元グローズヌィ市行政長、野戦軍	①④
ウマール・ハンビーエフ	保健相	医師	②
ホッジ＝アフマト・ヤリハノフ	職業教育・学術相	98/9 任命？ 99/1 に就任？ 95 年ドゥーダエフ政権外相、独立派、対露交渉に参加	②
マンスール・タギロフ →アルバコフ・サルマン	検事総長	92 年に議会幹部、民族復興政府へ参加、98 年 9 月就任、その後、拉致され辞任 自治共和国最高裁判事、元ドゥーダエフ政権内相（92 年）、議会に承認されずも勤務	❼ ❻
サイド＝イブラギム・クルバノフ	財務相		②？
ダウド・アフマドフ	産業相	野戦軍司令官、95-96 年から南方戦線司令部を構成。	①④
ヌジュデン・ダアエフ	交通担当相	留任、自治共和国「チェチェンアフトドル」社長	❻
イブラギム・フルティゴフ	国家保安局局長	前保安局局長レチ・フルティゴフの兄弟、98 年 11 月就任	②
ハムザト・サイトフ	地質・地下資源利用委員会委員長	99 年 2 月新設ポスト。グローズヌィ石油大学卒、地質学者	❻
アダニ・オスマエフ	住宅公共事業相	留任（民復〔95 年～〕でも入閣）	❼
レマ・ダダラエフ	テレビ・ラジオ国家委員会委員長	ナウル地区前知事、大統領府地域執行元長官	②③
イドリス・アリーエフ	情報通信庁長官	野戦軍司令官	①④
ルスラン・ザクライロフ	山岳地域の復興と発展のための国家委員会委員長	99 年 4 月新設ポスト。ティミリャゼフ・共和国科学アカデミー卒、学者	❻

*99 年 1 月に「法的イスラーム化」に伴い内閣改造。主に立法権を失う議会から 11 名を入閣させる。

第五次マスハドフ内閣（99.6-99.9*）:「宥和破綻内閣」

氏　名	役　職	備　考	分類
アスラン・マスハドフ	首相	大統領	①
フセイン・アフマドフ	国家書記（実施的に副大統領）	元議会議長（91-93年）古参民族派、93年にドゥダーエフと対立、抵抗運動に参加せず	❻
トゥルパル＝アリ・アトゲリエフ	副首相	留任	①
カズベク・マハシェフ	副首相	内政問題担当、前内相	①
イサ・アスタミロフ	副首相	経済部門担当（ゲラーエフの右腕）	④
フセイン・シダーエフ	副首相	経済部門担当→社会部門担当	②？
アフメド・ザカーエフ	副首相	文化・情報・通信国家委員会委員長兼務	①
アブディ・ビスタノフ	副首相	社会問題	⑧
エリ（アリ）・スルタノフ	副首相	交通担当	⑧
アイダミル・アバラエフ	内相	旅団長	④
イリヤス・アフマドフ	外相	「自由党」幹部（バサーエフの右腕）	①④
マゴメト・ハンビーエフ	国防相	99/6/23に新設されたポスト	①
ルスラン・ゲラーエフ	シャリーア親衛隊司令官	99/6/23に新設されたポスト	④
モヴラディ・バスヌカエフ	チェチェンエネルゴ庁長官	元グローズヌィ市行政長、野戦軍	①④
ウマール・ハンビーエフ	保健相	医師	②
ホッジ＝アフマト・ヤリハノフ	職業教育・学術相	95年ドゥダーエフ政権外相	②
サイド＝イブラギム・クルバノフ	財務相		②？
ダウド・アフマドフ	産業相	野戦軍司令官、95-96年から南方戦線司令部	①④
ヌジュデン・ダアエフ	交通担当相	留任、自治共和国「チェチェンアフトドル」社長	❻
ハムザト・サイトフ	地質・地下資源利用委員会委員長	グローズヌィ石油大学卒、地質学者	❻
アダニ・オスマエフ	住宅公共事業相	留任（民復〔95年～〕でも入閣）	❼
バイテリ・テフシェフ	宗教問題局局長		⑧
アブ・サイード・アツァエフ	抵抗軍参加者に関する委員会委員長		⑧
レマ・ダダラエフ	テレビ・ラジオ国家委員会委員長	ナウル地区前知事、大統領府地域執行長元長官	②③
イドリス・アリーエフ	情報通信庁長官	野戦軍司令官	①④
ルスラン・ザクライロフ	山岳地域の復興と発展のための国家委員会委員長	ティミリャゼフ・共和国科学アカデミー卒、学者	❻

出典：いずれも筆者作成

なお内閣の人員については、各種新聞資料に加え、文献としては、Музаев（1997, 1999b, c）; *Новое*

Время, №11, 1997г.；Музаев（2004）Аслан Масхадов: политическая биография（http://kavkaz-forum.ru/dossier/3279.html）を参照し作成した。また、比較的初期の段階で玄（2006, pp.329-330）も参照した。ここに関してのみ国立国会図書館で所蔵されている博士論文の頁〔巻末資料に該当する箇所〕を指している（玄氏から頂いた電子データではこの部分の表がなくなっていたため）。

補足：
1）閣僚名簿は、様々な資料を用いて名前やその経歴、支持グループを記載しているが、こうした情報について記載した文献は極めて少なく、新聞でも小規模な改造などはほとんど取り上げられないので、漏れている閣僚はいると思われる。したがって、この閣僚名簿はすべてを網羅し理解するためのものではなく、閣僚成員と属性という特徴を理解するためのものである。
2）通常一人の閣僚でも罷免・更迭されたり、新規に任命されたりすれば、それが「内閣改造」に当たると理解される。しかし、この閣僚名簿ではそのような「改造」を一つひとつ取り上げていたら、重複する名簿を不必要に挙げることになってしまうので、大規模な人事異動や内閣の解散がなされたものを「改造」として扱っている。
3）なお、チェチェン共和国憲法には、首相や閣僚の権限については記載されておらず、これらは別の法律が定めるとしている。しかし、ドゥダーエフ政権時から大統領が首相を兼ねるという状態が継続している（マモダエフも副首相）。
4）なお、1999年2月に「シャリーア・クルアーン体制」が導入され、世俗憲法と議会の停止（厳密には立法権の停止、審議機能や承認機能は停止せず）という措置がとられたが、それ以後も内閣は制度上も、実際上も存続して任に当たった。

巻末資料

表　チェチェンの政府系軍事組織関係表

種類	名　称	所属先・拠点	司令官	兵員規模
政府・行政系（合法的）部隊	大統領親衛隊	大統領直属	マゴメト・ハンビーエフ →99/3に国家保安省（アトゲリエフ大臣）に統合	約300名（大統領親衛隊中隊、衛兵中隊）
	シャリーア親衛隊	シャリーア最高裁（アチホイ・マルタン、グローズヌィ）	アブ・モフサエフ →イスラーム連隊とシャリーア親衛隊も解体（98/8）	約1300名（イスラーム2連隊）
	反テロ・センター	大統領府（グデルメス）	フンカル＝パシャ・イスラピロフ（98年秋に解任） →99/3に国家保安省に統合	約350名
	民族保安隊	？？（法執行機関）	А. モフサエフ（-97/8）、А. バタロフ（97/8-12）、Л. フルトィゴフ（97/12-98/6）、М. コリエフ（98/6-8）、И. フルトィゴフ（98/8-99/3） →99/3に国家保安省に統合	約500名（対外諜報、国内諜報局、輸送防衛局、産業防衛局）
	税関・国境警備隊	税関・国境警備庁	詳細不明	約400名
	税務庁部隊	税務庁	詳細不明	約100名
	内務省部隊	内務省	К. マハシェフ（97/3-98/3）、И. ハリモフ（98/3-6）、А. アルサエフ（98/6-99/4）、А. アバラエフ（99/4-）	約5000名
	国防軍	大統領？→国防相（99/6新設）？	アスラン・マスハドフ最高司令官、А. バンタエフ参謀本部長（-99/4） →О. アブエフ参謀本部長（99/4-） →マゴメト・ハンビーエフ国防相	約2500名（前線部隊、後方支援・輸送部隊、補給・操縦大隊）

大隊：50-70名、中隊：15-20名、小隊：5-7名。
出典：Гродненский（2010, С .25-27）を参照し、筆者編集・作成

(1)司令官について
事態の進展と共に組織の管轄やその司令官は変化しているが、上表ではこれらを完全には反映できていない。一つには、各武力省庁の大臣とその傘下にある実動部隊の司令官が違うということが往々にあり、厳密には司令官を特定できないこともあるという事情に起因している。

(2)データの典拠について
上表のデータはグロドニェンスキーの文献によるが、その典拠は不明である。したがって、この兵員規模については不確実なところもある。特に第二次紛争時のチェチェンの武装勢力の規模を本表から算出すると（政府系の軍事組織と本文第3章3節の「表3－9：チェチェン各地の軍閥勢力」を統合すると）、1万6000人となる。さらに、これに第二次紛争後にグロドネンスキーが外国からやって来たと主張するアラブ・イスラーム系義勇兵2万人を足すと、3万6000人規模となる。これは、他の論者が挙げている第二次紛争時のチェチェン側の武装勢力の規模（7000名程度、最大でも1万人ほど）と大きく乖離している。グロドネンスキーの後者の数字は、彼の著作自体のイデオロギー的色彩（「テロとの闘い」という図式に則った議論）に鑑みて過大評価であることは明らかだが、前者は少なくとも99年当時の部隊員における将校の割合（300：1）を用いて（准将49名の数から）筆者が算出した数字（約1万5000人）と近く、一定の妥当性はあると考える。他方で、筆者はむしろ、政府系部隊は要員がそれぞれ重複している可能性があり（多くの場合、野戦軍司令官が大臣などに就任した際に自らの配下を当該省庁の部隊に加えるといったことが起きていた）、非合法部隊も合法的な部隊と重複する部分があると考えるのが妥当だと考えている。

441

表　ダゲスタンのスーフィー教団の概要

名　前（生年）	民　族	タリーカ	基盤地区	武装信者
С. А. チェルケフスキー（1937年）	アヴァール人	ナクシュバンディー、シャーズィリー	ブィナクスク、キジリュルト、ハサヴユルト、シャミーリ、ゲルゲビル、グムベトフ、カズベコフ	10000人
М. アカーエフ（1933年）	クムク人	ナクシュバンディー	カラブダフケント（Карабудахкент）	500人
М. М. ババトフ（1954年）	クムク人	ナクシュバンディー	マハチカラ、カスピ地区	1000人
М. ガッジエフ（1954年）	クムク人	ナクシュバンディー	カヤケント（Каякент）、ブィナクスク、ハサヴユルト、バビュルトフスキー（Бабюртовский）、カラブダフケント（Карабудахкент）など	1000人
А. ガムザトフ（1954年）	クムク人	シャーズィリー（チェルケフスキー系列）	ブィナクスク	3000人
П. М. ドゥルゲリンスキー（1943年）	クムク人	ナクシュバンディー	カラブダフケント	100人
И. Х. イリヤソフ（1947年）	クムク人	ナクシュバンディー	カラブダフケント	200人
С. イサラフィロフ（1954年）	タバサラン人	ナクシュバンディー	デルベント、ヒヴ（Хивский）、スレイマン＝スタリ地区（Сулейман Стальский）、アフトィン（Ахтынский）	8000人
Б. カドィロフ（1919年）	アヴァール人	ナクシュバンディー、シャーズィリー	ボトリフ、アフヴァフスキー（Ахвахуский）、フンザフ	3000人
А. カラマヒンスキー（1933年）	ダルギン人	シャーズィリー（チェルケフスキー系列）	カラマヒ	100人
М. カラチャエフ（1949年）	クムク人	ナクシュバンディー	マハチカラ	200人
А. マゴメドフ（1950年）	アヴァール人	ナクシュバンディー	マハチカラ	300人
М. ラバダノフ（1958年）	ダルギン人	ナクシュバンディー（タジュディーン系列）	ハサヴユルト	1000人
Х. ラマザノフ（1948年）	アヴァール人	ナクシュバンディー	ウンツウク	100人
Х. タジュッディン（1919年）	アヴァール人	ナクシュバンディー	ハサヴユルト、アフヴァフ、ツマディ、キジリュルト	3000人
М. ラバザノフ（1947年）	アヴァール人	カーディリー	ボトリフ？	1000人
Г. タギロフ（1944年）	アヴァール人	ナクシュバンディー（タジュディーン系列）	ハサヴユルト	500人

出典：Кисриев（2007, С.74-79）より作成

　キスリーエフの著作は 2007 年に刊行されており、本データ（武装信者の数など）は 2000 年前後のものだと思われる。本書が主要な分析対象としている 1997-99 年にこれらの組織の規模が 2000 年前後とどれほど変化したのかは不明であるが、独立新聞のデータ（*НГ*, 18 марта 1998 г.）と比較したところタジュディーンのミュリドィの規模は 98 年当時とほぼ同じだが、チェルケフスキーのものは 2 倍になっている。またこの他にハンババエフのデータ（Khanbabaev 2010, p.94）もあるが、これはキスリーエフのデータとチェルケフスキー（別名アツァエフで記載）のミュリドィなどが一致するものの、大きく異なった数値もある（ガッジエフの信徒は 5000 人、ラバダノフも 5000 人など）。
　チェルケフスキーの信徒が大きく伸びていることは、多くの論者（Малашенко 2001；Matsuzato and Ibragimov 2005；Кисриев 2007; Khanbabaev 2010）の指摘するダゲスタンにおけるチェルケフスキーの宗務組織支配を反映した勢力変化と読み取れる。このことを踏まえると、チェルケフスキー系以外のミュリドィは本書の分析対象時期とほぼ同じ程度の規模だと捉えてもさほど大きな誤差がないように思う。なお、有力な指導者のうちタジュディーンは 2001 年に、カドィロフは 2003 年にそれぞれ寿命を全うし死亡した。また長らく影響力を有したチェルケフスキーは、2012 年 8 月に「コーカサス首長国」によるとみられる爆破テロによって死亡した。

表 チェチェン共和国の歴代元首・大統領（独立派・親露派政権）

時　代	指導者名〔生年-死亡年〕(代表する政府・役職)【在任期間・直接選挙の有無〈投票/得票率〉】		
ソ連邦時代	ドク・ザヴガエフ〔1940-〕 （チェチェン・イングーシ自治共和国第一書記・最高会議議長） 【1989/6-1991/9・なし】		
	独立派政権		親露派政権
			親露派政権は存在せず
ソ連解体後のロシア連邦 ／ エリツィン時代（1991-99）	ジョハル・ドゥダーエフ〔1944-96〕 （チェチェン・イチケリア共和国大統領） 【1991/10-1996/4（死亡）・71.74％、90.07％】		ウマール・アフトゥルハノフ〔1946-〕 （暫定政府首長） 【1993/12-1995/3・なし】
			サスランベク・ハッジエフ〔1941-〕 （民族復興政府首相） 【1994/11-1995/10・なし】
	ゼリムハ・ヤンダルビエフ〔1952-2004〕 （チェチェン・イチケリア共和国暫定大統領） 【1996/4-1997/2・なし】		ドク・ザヴガエフ〔1940-〕 （民族復興政府） 【1995/12-96/11・74.8％、96.4％】
			親露派政権は存在せず
ソ連解体後のロシア連邦 ／ プーチン時代（2000-08）	アスラン・マスハドフ〔1951-2005〕 （チェチェン・イチケリア共和国大統領） 【1997/2-2005/3（死亡）・79.36％、59.35％】		アフマト・カディロフ〔1951-2004〕 （チェチェン暫定政府・行政府長官） 【2000/6-2003/10】 ↓ （チェチェン共和国大統領） 【2003/10-2004/5（死亡）・52.83％、85.6％】
			セルゲイ・アブラモフ〔1957-〕 （チェチェン共和国暫定大統領） 【2004/3-2004/10・なし】
	マリク・サドゥラーエフ〔1966-2006〕 （チェチェン・イチケリア共和国大統領） 【2005/3-2006/6（死亡）・なし】		アル・アルハノフ〔1957-〕 （チェチェン共和国大統領） 【2004/8-2007/2・79.29％、75.19％】
	ドク・ウマーロフ〔1964-2014〕 （チェチェン・イチケリア共和国大統領） 【2006/6-2007/10・なし】		
メドヴェージェフ時代（2008-12）／第二期プーチン時代（2012-）	チェチェン独立派	広域イスラーム独立派	ラムザン・カディロフ〔1976-〕 （チェチェン共和国大統領） 【2007/2-2011/3・なし】 ↓ （チェチェン共和国元首） 【2011/3-現在・なし】
	アフマト・ザカーエフ〔1959-〕 （亡命イチケリア政府〈ロンドン拠点〉首相） 【2007/10-現在・なし】	ドク・ウマーロフ〔1964-2014〕 （コーカサス首長国アミール） 【2007/10-2013/9（死亡）・なし】	
		アリアスハブ・ケベコフ（アリ・アブ・ムハンマド）〔1972-〕 （コーカサス首長国アミール） 【2014/3-現在・なし】	

出典：筆者作成

巻末資料

1）選挙結果のデータの出典について

　基本的には、選挙管理委員会のデータによるが、ロシアおよびチェチェンの選挙管理委員会ウェブサイトでは、2003年以降のデータのみしか閲覧できず（独立派の選挙結果は閲覧できないため）、独立派の選挙結果は、独立派政権の刊行資料に掲載されている選管の選挙結果文書に依拠している。親露派のデータについても、1995年の選挙結果はウェブサイトにも掲載されておらず、下記で挙げる文献にも記載されていない。このため、末尾記載のインターネット情報や当時の報道を参考にした。2003年の親露派大統領の選挙は、ロシアおよびチェチェンの選挙管理委員会ウェブサイト上にデータ項目があるが、選挙結果情報が記載されていないため、親露派チェチェン選管刊行の資料（Избирательная комиссия Чеченской Республики (2010) *Выбор между войной и миром*, Грозный）に当たった。このデータは、当時の報道の得票率・投票率と異なっているが、ただ少なくとも当局がこれを「公的なデータ」としているので、挙げておく。

2）選挙結果データの扱いについて

　選挙結果そのものの妥当性については、97年の選挙以外は様々な形で疑問が提起されており、研究者の中には「おそらくこの程度の投票・得票率だろう」との見解を挙げているものもいるが、ここでは「公的なデータ」とされているもののみ、記載している。ただし、その上で注意が必要なのは、選挙実施範囲についてである。1991年のドゥダーエフ選挙については、北部地域で実施されていないという意見がある。また、1995年のザヴガエフ信任投票については、北部3地区のみで実施されたものである。2004年以降の親露派の選挙についても、チェチェン共和国の領域的枠組みの中でどの程度まで選挙が行われたのかという点については、議論がある。

3）独立派と親露派という分類について

　すでに本文の中でも繰り返し述べているが、この分類は便宜的にならざるを得ない（時期によってもこの用語に含まれる行為主体に一定の幅が生まれるし、時期を限定してもこの分類で同じグループに入れられる集団内部での多様性や意見の相違もある）。

【独立派について】2007年以降の政治集団の分類が特に問題になる。例えばウマーロフらは終章でも触れたように、①もはやチェチェンという領域のみに基盤をおいているのではなく、②チェチェン共和国の独立（すなわち民族的な要求）ではなく、より広域地域での（すなわちコーカサスにおける）イスラーム首長国樹立と当該地域のロシアからの解放を掲げていることに加え、③現在のアミールはチェチェン独立派の経歴も持たないアヴァール人であるという点から、名実共に「チェチェン独立派」とすることが困難である。他方で、組織としては独立派の出自を持つことは重要であり、ここで取り上げている。

【親露派について】この分類は、ともすると、「ロシアの傀儡」などと理解されるかもしれないが、本書でみてきたように対露認識やモスクワとの関係も非常に複雑で、親露派＝「ロシアのいいなり」とはとてもいえない。特に現カドィロフ Jr. 体制においてこうした特徴は顕著であるが、それ以前も同様の傾向があった。

4）役職名について

　役職名がそれぞれに異なっているのは、ロシア語での名称が異なるという事情によるが、その背景には以下の理由がある。独立派については、2006年の分裂以前には、国家元首は大統領（Президент）とされていたが、その後、コーカサス首長国（Кавказский Эмират; Имарат Кавказ）と（亡命）チェチェン（イチケリア）政府に分裂した際に、前者は最高指導者をアミール（Эмир; Амир）に、後者は首相（Премьер Министр）と変更したため、それに倣って表記している。親露派については、それぞれ首長（Председатель）、首相、大統領、元首（Глава）と役職名が異なり、これは統治形態や行政形態、また制度変更に伴う役職名の変更である。

445

5）その他

　ウマーロフの死亡は、コーカサス首長国が後に発表した死亡日を記載しているが、死亡が発覚し、コーカサス首長国側も認めたのは、2014年3月になってからであり、彼の後任のアミールが就任したのも同日となっている。

参照ウェブサイト：

- Место проведения чеченских выборов известно -- Москва, Кремль (29/09/03), http://2003.newsru.com/article/381
- ПЛЯСКА СМЕРТИ, Чеченский капкан (1997), Миротворцы и война、http://savelev.ru/book/?ch=155
- Лёма Усманов, Непокоренная Чечня, http://zhaina.com/history/page,11,133-lyoma.html
- ロシア連邦選挙管理委員会ウェブサイト：http://www.cikrf.ru/
- チェチェン共和国選挙管理委員会ウェブサイト：http://www.chechen.izbirkom.ru/
- Lenta.ru および Коммерсантъ における選挙結果報道

巻末資料

表　本書で言及したチェチェン独立派指導者の末路

	名前（1997-99年の役職）	死亡年月日	死亡場所・殺害した者	補足（現在の役職など）
穏健派	マスハドフ（大統領）	2005/3/8	ロシア軍特殊部隊	
	クターエフ（元大統領顧問など）	存命（独立派闘争には参加せず）		北コーカサス問題国際委員会委員長、チェチェン刑務所で服役中（政治犯）
	ザカーエフ（副首相など）	存命（2000年に負傷以後戦線離脱、2002年に英国亡命、2007年独立派分裂）		亡命イチケリア政府首相
	アトゲリエフ（第一副首相など）	2002/8/18	2000/10に逮捕、懲役15年の刑執行中に不審死	
急進派	バサーエフ（首相代行の後に反対派に）	2006/7/10	イングーシ共和国・ロシア軍特殊部隊	死亡前にイチケリア共和国副大統領就任（マスハドフ死後）
	ゲラーエフ（副首相）	2004/2/28	ダゲスタン・国境警備隊	
	ウドゥーゴフ（外相など）	存命		「コーカサス首長国」のイデオロギー的支柱に
	ハリモフ（シャリーア防衛相など）	存命（ザカーエフらと協力？）		
	モフサエフ（国家保安局局長）	2000/5/23	チェチェン共和国・ロシア軍特殊部隊	
	アルサノフ（副大統領）	2005/5/15	チェチェン共和国・親露派チェチェン内務省部隊	
	イスラピロフ（元反テロセンター司令官）	2000/2/1	チェチェン共和国・グローズヌィ陥落の際に死亡	
過激派	ヤンダルビエフ（元暫定大統領）	2004/2/13	カタール共和国・不明（ロシア特殊部隊の関与が疑われる）	死亡前にイチケリア政府ムスリム諸国大統領全権大使、アフガニスタン全権大使などに就任
	アブムスリモフ（大統領顧問など）	存命？　紛争直後に逃亡。		研究活動に従事？
	ラドゥーエフ（自称『ドゥダーエフ』軍司令官）	2002/12/14	2000/10に逮捕。ペルミ地方の刑務所（裁判で終身刑）で不審死	
	ハッターブ（カフカース訓練センター所長）	2002/3/20	グルジア・パンキシ渓谷にて死亡（毒殺疑惑）	
	ウマーロフ（安全保障会議書記）	2014/3/18	イングーシとの国境沿いにて掃討作戦で死亡か？	「コーカサス首長国」初代アミール
	A．バラーエフ（元イスラーム連隊隊長）	2001/6/23	チェチェン共和国・ロシア軍	
	メジドフ（元シャリーア親衛隊）	存命		「コーカサス首長国」にてシャリーア親衛隊准将に復帰（07年）
	P．アフマドフ（ウルス・マルタン・ジャマーアト司令官）	存命？		

出典：各種情報より筆者作成。ここに掲載していない逮捕者などについては北川（2009, p.109, 表3）が参考になる。

索 引

◆事項索引

アルファベット
BGN（バクー・グローズヌィ・ノヴォロシースク）ライン　226, 228, 231, 234, 238
BTC（バクー・トビリシ・ジェイハンライン）ライン　227, 231, 270
CIS　202, 214, 229, 342
——統一軍　178
——集団安全保障条約　332
FSB　43, 246, 321, 351
NATOのユーゴ空爆　332
OSCE（欧州安全保障協力機構）　79, 144, 149, 263, 264, 269, 292, 338
——チェチェン支援グループ　179

あ行
アヴァール人　99, 310, 314, 347, 348, 442
アゼルバイジャン　117, 182, 192, 233, 234
アパート爆破事件　27, 43, 309, 321
アフガニスタン　183, 212, 374
アブハジア　90, 121, 229, 240
——紛争　156, 226, 231, 255, 256
アメリカ　34, 45, 57, 61, 113, 115, 131, 149, 235, 238, 242, 245, 258, 259, 333, 339, 350, 352
——・コーカサス国際商工会議所　237
イギリス　171, 235, 238, 239, 241-246, 258, 285, 296, 306, 319, 326, 343, 351
「イスラーム化」　26, 42, 43, 172, 217, 335, 360-362, 365
イスラーム国家　219, 220, 258, 298, 299, 344, 365
イスラーム・センター　310, 315
イスラーム秩序党　152, 170, 294, 343
イスラーム復興党　174, 310, 347
イスラーム民族党　170, 254, 294, 314
イスラーム連隊　219, 221, 243, 306, 343

イチケリア　153, 165, 303, 365, 367
——・ダゲスタン国民議会　170, 255, 294, 314, 317, 349
イングーシ　98, 124, 131, 134, 135, 147, 174, 222, 229, 253, 259, 282, 365, 374
——・北オセティア紛争　64, 135, 156, 186
——人　99, 100, 101, 105, 107, 111, 128, 131, 165, 186
ヴァイナフ民主党　130, 131, 173, 174, 344
ヴィルド　111, 174
ヴェデノ　97, 98, 138, 144, 187, 211, 320
ウルス・マルタン　97, 98, 138, 177, 180, 211, 293
エストニア　117, 132
欧州評議会　146, 180
穏健独立派　209, 217, 290, 330, 366

か行
カーディリー教団　103, 111, 162, 182, 312
外的自決権　88, 121, 122
外的主権　82, 84, 85, 120, 123, 197, 202, 370
獲得された独立論　88
カザフスタン　101, 118, 185
カスピ海　103, 226-228, 238, 257, 270, 309, 345
——石油初期輸送協定　200, 234
カラマヒ村　183, 317, 347
関係者の変質　69, 154, 155, 328, 331, 333
議会選挙　133, 149, 151, 152, 262, 304, 335, 345
北オセティア　100, 108, 135, 174, 205, 365
北コーカサス首長国　104
北コーカサス・ムスリム議会　222
救済的自決（分離）権　88
急進的（な）イスラーム　26, 29, 161, 164, 169, 189, 212, 217, 221, 224, 248, 254,

448

283, 292, 296, 362, 366
急進独立派　166, 167, 169, 171, 209, 217, 232, 263, 290, 302, 307-308, 313-316, 318, 320, 324-327, 330, 332, 334, 335, 337, 353, 358
強制移住　66, 105, 126, 140, 185, 268, 348
「脅迫国家」　90, 269, 271
近代的イスラーム　311
グデルメス　98, 128, 169, 219, 221, 222, 253, 254, 292, 299, 343-345
クムク人　99, 346, 348, 442
クライナ・スルプスカ　91, 94, 121, 122
クルアーン　42, 164, 172, 182, 342
グルジア　10, 97, 103, 104, 114, 115, 117, 118, 121, 160, 176, 185, 192, 226, 229-232
グローズヌィ　22, 65, 97, 98, 100, 101, 118, 128, 130, 134, 138, 143, 144, 158, 169, 176, 180, 238, 299, 321, 338, 373
『グローズヌィの労働者』　45, 345
軍事的勝利　73
経済協力の未履行　206
経済（的）合意　198, 199
　　――の未履行　204, 273, 274, 281
経済・社会状況　215
経済社会水準　74, 266
経済的環境　59, 60
経済的損失　159
権威主義　33, 60, 74, 77, 85, 90, 266, 365, 368, 370
権限区分条約　118, 136, 175, 176, 195, 196, 203, 249, 250, 251, 280, 341
健康被害　161
現存する「未承認国家」　81, 83-85, 88, 91-93, 121, 123, 269, 271, 272, 370
権力分有　71, 73, 76, 119, 263, 275
交渉による和平　73
構造的変質　69, 154, 155, 329
コーカサス　60, 62, 63, 65, 110, 117, 118, 121, 123, 177, 216, 294, 295, 332
　　――横断エネルギー会社　238
　　――共通の家　225
　　――共通市場　231, 240

　　――山岳民連合　150, 177, 226, 252, 256
　　――首長国　365, 367, 374, 444, 445
　　――鉄道　104
　　――連盟　294, 314
　　――投資基金　238, 241
国内的正統性と国際的正統性の相克　307, 308
黒海　159, 226, 230, 231
国家建設　85-87, 90, 123, 140, 167, 268, 271, 303, 304, 369
国家承認　82, 84, 85, 87, 89, 92, 121, 370
国家の要件　82, 83
コサック　103, 104, 117, 165, 183, 255
個人的・集団的変質　70, 154-157, 329-331, 333
コソヴォ　86-88, 91, 121, 122, 241, 258, 270, 352, 374
ゴルノ・バダフシャン自治州　118

さ行

サウジアラビア　162, 183, 219, 235, 241, 258, 353
サマーシキ村　97, 144, 179, 180
山岳民連合共和国　104
暫定評議会　137, 138, 143, 150, 153, 177, 178, 187
自決権　72, 83, 87, 88, 122
事実上の国家　81, 82, 121
「自主編入論」　124, 129
自治共和国　96, 196, 251
自治権付与　73, 88, 119
自治州　96
社会的環境　59, 61, 65
「社会的なイスラーム化」　218, 219, 254, 361
（選別）収容所　144, 180
シャリーア（イスラーム法）　42, 103, 164, 171, 219, 222, 254, 258, 265, 301, 345, 347
　　――・クルアーン体制　184, 255, 290, 344
　　――裁判所（最高裁）　172, 219, 221, 223, 232, 350
　　――親衛隊　306, 343

449

「重層的転換」 64-67, 116, 118
主権宣言 131, 174, 250
「状況悪化のスパイラル」 50-54, 327, 337, 354, 356, 357
人民戦線 128, 130, 173, 175
「侵略と抵抗の歴史」 102, 105, 106
親露派 45, 111, 141-143, 145, 147-149, 152-154, 166, 178, 179, 187, 208, 213, 214, 252, 262, 289, 290, 304, 305, 328, 345, 367, 373
スーダン 219, 254, 258
スーフィー教団 111, 182, 255, 311, 312, 347, 349, 442
スターリン 96, 97
――批判 105
スルプスカ 89, 91, 94, 121
「政党・活動調整センター」 171, 290, 294, 317
政治指導者の決定 70
政治指導者の役割 66, 302, 357
政治的環境 59, 60, 65
政治的争点 212, 213, 216, 218, 221, 289, 293, 297, 359, 360
「政治的なイスラーム化」 218, 220, 223, 254, 335, 360, 361
脆弱国家 81, 86, 93, 120, 272
「政党・活動調整評議会」 146, 170, 252
「政府をめぐる対立」 16, 40, 140, 141, 153-155, 157, 262, 308, 324, 328, 330, 331, 334, 335, 354-356
「政府をめぐる紛争」 72
石油 100, 101, 103, 104, 116, 130, 135, 267, 339
――パイプライン 192, 199, 225, 227, 231, 233, 234, 238, 270
先行研究 24-26, 28-31, 33, 302, 358, 360
戦後課題 157
戦争責任 164, 166, 167
争点管理 112, 330, 332, 361, 367
争点の変質 69, 154, 155, 329, 331
ソマリランド 121, 122
ソ連邦構成共和国 64, 65, 96, 97, 174, 195, 197, 202

た行

大統領選挙 133, 149-152, 156
対露交渉姿勢 169, 279
対露交渉委員会 198, 203, 214
ダゲスタン 97, 101, 103-105, 108-110, 116, 169, 220, 248, 309, 310, 346
――・イスラーム聖戦士統一司令部（ОКДМ） 308, 314, 317, 320
――・イスラーム共和国 308
――情勢とチェチェン国内問題のリンケージ 318, 330, 332, 335, 362
――の急進的イスラーム（ワッハーブ主義） 220, 254, 259, 292, 296, 310-315, 326, 363, 373
タジキスタン 65, 118
タタールスタン 66, 134, 175, 195, 196, 203, 250, 251
タリーカ防衛軍 306, 307
ダルギン人 99, 105, 346, 347, 348, 442
地域閥 111
チェチェン・イングーシ自治共和国 96-98
――の経済 101
――の産業 100
――の都市化率 99
――の民族構成 99
チェチェン・イングーシの共産党 107
チェチェン国民全民族議会 132
（チェチェンとロシアの条約）素案 199, 201-204, 251
チェチェンの氏族・部族構造 108
チェチェンの代表的指導者の分類 290
チェチェン民族大会 127, 130
チェチェン例外論（特殊論） 95, 102, 107, 108
血の復讐 110, 111
中央アジア 65, 105, 117, 118, 238
ツマディ地区 308, 312, 314, 317, 320, 350, 351
テイプ 109, 110, 176, 223, 248, 302
「テロとの闘い」 22, 24, 29, 331, 333, 365
伝統的イスラーム 162, 164, 182, 255, 311-313, 373

トゥクム　109, 110, 160, 176, 223
トランジット料金（通行税）　233, 234, 257
トルコ　87, 104, 131, 176, 235, 241, 258

な行

内的自決権　88
内的主権　82, 84-86, 89, 90, 93, 120, 122, 198, 250, 369, 370
ナクシュバンディー教団　103, 105, 111, 162, 182, 183, 312
ナゴルノ・カラバフ　89, 90, 94, 117, 121, 226, 240
ナドチェレチヌィ　97, 98, 125, 137, 185, 187, 299, 344
「二重の対立構造」　18, 32, 47-54, 139, 153-155, 157, 247, 305, 324, 337, 354, 355, 358, 359, 364, 366, 367, 371

は行

ハサヴユルト協定　24, 25, 148, 157, 181, 199, 273, 305
バシコルトスタン　193, 249
破綻国家　81, 82, 122, 140, 281
「パトロン」　84, 89, 92, 93, 94, 122, 123, 240, 269, 271, 272, 369, 370, 375
バルト三国　64, 65, 117
「複合的なディレンマ」　50, 52-54, 326, 327, 337, 354-356
武装解除　139, 160, 211, 264, 266, 353
プリドニエストル　90, 94, 122, 240
紛争　54
　──移行　67, 68, 118, 328
　──構造　48
　──後の政治制度　74, 265
　──後の政治展開　168
　──後のチェチェンの政治集団　170
　──終結の形態　73, 264
　──の期間　71, 263
　──の犠牲　78, 263
　──の構造的環境要因　58, 139
　──の争点　72, 262
　──の類型　55
文脈的変質　68, 154-156, 329

平和構築　16, 368
平和条約　152, 157, 181, 199
平和定着　17
ベスラン学校占拠事件　365
ペレストロイカ　127, 128, 130
「法的なイスラーム化」　219, 223, 255, 298, 300, 361
ボスニア　91
　──内戦　114, 116
ボトリフ地区　308, 314, 317, 320, 350, 351

ま行

マハチカラ　103, 169, 309, 351
　──での反乱　314, 316
マレーシア　235, 241, 243, 257
未承認国家　80-82, 247, 269-272, 369
　──の定義　83
　──の生成・生存要因　85, 86
　──の生成要因　85
　──の生存要因　269
　──連合　258
南オセティア　89, 94, 117, 240
　──紛争　231
民主主義　74, 115, 265, 266, 298, 344, 368
民族独立党　145, 149, 152, 170, 294, 305, 345
民族復興政府　143-146, 153, 166, 178, 182, 228, 252, 304
民族紛争　56, 57, 113
民族連邦制　96
メフク・クヘル　110, 137
モスクワ劇場占拠事件　365
モスクワにおける権力闘争　283, 288

や行

野戦軍　160, 181, 218, 267, 291, 303, 306
　──司令官　148, 167, 169, 208-211, 213, 217, 222, 243, 253, 291, 300, 302-306, 311, 334
世論
　──（ダゲスタンの）　321, 347, 348
　──（チェチェンの）　188, 297, 300, 344, 345, 353

―――（ロシアの対チェチェン） 146, 252, 278, 340, 352

ら行
ラク人 99, 220, 346, 347, 348
「拉致」事件 42
　　―――（欧米人に対する） 243-246
　　―――（ロシア人に対する） 285, 286
離脱権 96, 123, 197
リトアニア 186, 242
リャザン事件 321, 351
「領域をめぐる対立」 16, 40, 140, 141, 153-155, 157, 262, 308, 324, 328, 329, 331, 334, 335, 354-357

「領域をめぐる紛争」 72
ロシア語系住民 64, 65, 117, 183
ロシアとチェチェンの交渉 198, 273
ロシアの金融・財政問題 283
ロシアの対チェチェン交渉姿勢 199, 277
ロシア連邦の大統領選挙 147

わ行
和解 164, 166
ワッハーブ（サラフィー）主義 162-164, 182, 217, 219, 220, 290, 309, 351
「和平合意欠陥論」 25, 26, 29, 44
和平合意の分類法 274

◆人名索引

ア行
アトゲリエフ，トゥルパル＝アリ 170, 211, 254, 290, 301
アフタエフ，A. 310
アブドゥラティポフ，ラマザン 176, 201, 203, 277
アフトゥルハノフ，ウマール 137, 177
アブムスリモフ，サイド＝ハッサン 173, 203
アリーエフ，ヘイダール 233
アリーエフ，ムフ（ダゲスタン議会議長） 316, 347, 348, 349
アルサノフ，アル 150, 171, 231, 248, 280, 290, 344, 349
イスラピロフ，フンカル＝パシャ 171, 290, 306
ウドゥーゴフ，モヴラディ 149, 152, 198, 203, 213, 214, 253, 289, 291, 292, 295, 314, 343
ウマーロフ，ドク 365
ヴラソフ，ヴァレンティン 286
エリツィン，ボリス 133, 134, 136, 137, 146-148, 167, 180, 204, 276, 277, 283, 284
　　―――・マスハドフ会談 340, 341

オスマエフ，アッバース 29, 43-45, 235, 236, 251, 253, 303-305, 345

カ行
カディロフ，アフマド 33, 222, 254, 255, 306, 334, 337
カディロフ，ラムザン（カディロフ Jr.） 33, 365, 367, 374
ガムサフルディア，ズヴィアド 176, 226
ガンテミロフ，ベスラン 137, 138, 145, 174, 176, 177
キッシンジャー，ヘンリー 239
キリエンコ，セルゲイ 283, 287
クットブ，サイード 310
グシンスキー，ヴラディミール 286
クターエフ，ルスラン 145, 148, 149, 170, 214, 229, 290, 343
グラチョフ，パーヴェル 178
クリコフ，アナトリー 277, 319
グリディマン，ティム 180, 263, 292, 338
ケベドフ，ハガウッディーン 254, 309, 310, 315, 346, 347, 363
ゲラーエフ，ルスラン 171, 209, 211, 280, 298, 301
ゴルバチョフ，ミハイル 117, 127, 128, 132

サ行

ザヴガエフ，ドク　129, 132, 133, 145, 146, 175, 181, 228
ザカーエフ，アフマト　229
サッチャー，マーガレット　239, 242, 258
シェヴァルドナッゼ，エドゥアルド　226, 230, 232
シャミーリ，イマーム　103
シュピグン，ゲンナディー　285, 342
　——拉致事件　352
ステパーシン，セルゲイ　287, 320, 350
セスタノヴィッチ，ステファン　242, 339
ソスランベコフ，ユスプ　136, 149, 176, 252, 304
ソルジェニーツィン，アレクサンドル　340

タ行

チェルノムイルジン，ヴィクトル　148, 205, 284, 287
ドゥダーエフ，ジョハール　130-133, 136-138, 147, 167, 174, 177

ナ行

ヌハーエフ，ホッジ=アフマト　237-240, 257, 258

ハ行

バサーエフ，シャミーリ　144, 149, 204, 213, 214, 229, 253, 289, 291, 295, 296, 316, 321, 342, 343
ハズブラートフ，ルスラン　130, 137, 138, 177, 300, 374
ハチラーエフ兄弟（ナーディルおよびマゴメト）　220, 221, 316, 320, 348, 349
ハッジエフ，サラムベク　130, 143, 145, 304
ハッターブ，アミール　182, 218, 220, 221, 254, 295, 317, 321, 347, 349
バラーエフ，アラビ　219, 243, 245, 246, 295, 306, 343
ハリモフ，イスラーム　221, 290, 343
ビン・ラディン，ウサマ　245, 373
プーチン，ヴラディミール　321, 331, 364, 365
ブッシュ，ジョージ・W．　333
プリマコフ，エフゲニー　205, 282, 284, 287
ブレジンスキー，ズビグネフ　242
ベレゾフスキー，ボリス　286-288, 342

マ行

マカルパイン，アリステア　238, 239, 245
マゴメドフ，マゴメダリ　220, 316
マスハドフ，アスラン　33, 34, 148-152 289, 294, 300, 301, 303-307, 321, 361
　——政権の「外交」　239, 243
　——政権の政治運営方針　207
　——（政権）の対露政策　193, 194, 197
　——政権の地域政策　225
　——政権の内閣の特徴　209
　——政権の発足　147
　——の経歴　185
　——の人物像　187
　——の責任　189, 190, 307, 333
　——のその後　337
　——への評価　188
マモダエフ，ヤラギ　136, 176, 177
ムザーエフ，ティムール　34
メドヴェージェフ，ドミトリー　367

ヤ行

ヤンダルビエフ，ゼリムハ　147-149, 173, 180, 203, 208, 213, 214, 219, 237, 263, 292, 293, 295, 314, 343, 344

ラ行

ラドゥーエフ，サルマン　203, 208, 213, 214, 232, 292, 293, 295, 315, 343, 344
ランスコイ，ミリアム　29, 44, 197, 246, 249, 303, 304, 306
ルイプキン，イヴァン　199, 203, 251, 277, 281, 287
レーベジ，アレクサンドル　147, 180, 287, 339

初出情報

　本書の一部は、すでに刊行されている論文の内容を含む。各所で記載されている内容は、初出時から大幅に修正・加筆が行われ、多くは原型をとどめていないが、参考のために初出情報を記載しておく。

第1章
第1節2項
　「社会文化的要因からの第一次チェチェン紛争の考察——社会文化的特徴の重要性と評価をめぐる問題」『インターカルチュラル』第8号、pp.130-145、2010年（第2章1節1～3項の一部も）

第3節1項、3項、4項
　Risks of Conflict Recurrence and Conditions for Prevention: The Paradox of Peacebuilding, Asia Peacebuilding Initiatives, Osaka University, 2015
　（「紛争再発のリスクと防止の条件——平和構築のパラドックス」『アジア平和構築イニシアティブ』大阪大学、2015年）

第4節
　「平和構築における『未（非）承認国家』問題——チェチェン・マスハドフ政権の『外交』政策（1997-99）」『国際政治』第165号、日本国際政治学会、2011年（第3章5節の一部も）

第5節
　「ソ連期のチェチェンにおける政治・経済・社会構造——紛争前の構造から紛争への理解を試みる」『国際文化研究』第16号、pp.263-281、2010年

第2章
第3節2項
　「チェチェン共和国における政治的争点としての「イスラーム」の出現過程（1997-99）」『ロシア・ユーラシアの経済と社会』第961号、pp.26-36（第3章3節3項の一部も）

富樫耕介（とがし・こうすけ）
1984 年生まれ。横浜市立大学国際文化学部卒業、東北大学大学院国際文化研究科博士前期課程修了、東京大学大学院総合文化研究科博士後期課程修了。博士（学術）。外務省国際情報統括官組織第四国際情報官室専門分析員（CIS担当）の後、日本学術振興会特別研究員DC 2・PDを経て、現在、ユーラシア研究所研究員。
近年の研究業績として「『コーカサス首長国』と『イスラーム国』」『中東研究』第 522 号、2015 年 1 月、"Risks of Conflict Recurrence and Conditions for Prevention: The Paradox of Peacebuilding," *Asia Peacebuilding Initiative*, August. 2015 のほか、「ユーラシアにおけるエスノ・ナショナルなイスラーム主義運動の凋落」『PRIME』第 39 号が 2016 年 3 月刊行予定。

チェチェン 平和定着の挫折と紛争再発の複合的メカニズム

2015 年 12 月 28 日　初版第 1 刷発行

著　者	富　樫　耕　介
発行者	石　井　昭　男
発行所	株式会社　明石書店

〒 101-0021 東京都千代田区外神田 6-9-5
電話 03（5818）1171
FAX 03（5818）1174
振替　00100-7-24505
http://www.akashi.co.jp/

装幀　明石書店デザイン室
印刷　株式会社文化カラー印刷
製本　本間製本株式会社

（定価はカバーに表示してあります）　　ISBN978-4-7503-4286-3

JCOPY 〈(社) 出版者著作権管理機構　委託出版物〉
本書の無断複写は著作権法上での例外を除き禁じられています。複写される場合は、そのつど事前に、(社) 出版者著作権管理機構（電話　03-3513-6969、FAX　03-3513-6979、e-mail: info@jcopy.or.jp）の許諾を得てください。

国際地域学の展開
猪口孝監修　山本吉宣、黒田俊郎編著
国際社会・地域・国家を総合的にとらえる
●2500円

現代世界の紛争解決学
オリバー・ラムズボサム、トム・ウッドハウス、ヒュー・マイアル著　宮本貴世訳
予防・介入・平和構築の理論と実践
●7000円

諸刃の援助
明石ライブラリー93　メアリー・B・アンダーソン著　大平剛訳
紛争地での援助の二面性
●2900円

新しい平和構築論
山田満、小川秀樹、野本啓介、上杉勇司編著
紛争予防から復興支援まで
●2200円

紛争と国家建設
広瀬佳一、小笠原高雪、上杉勇司編著
●2500円

ユーラシアの紛争と平和
山尾大
戦後イラクの再建をめぐるポリティクス
●4200円

コーカサスと黒海の資源・民族・紛争
中島偉晴
●3200円

現代中央アジアの国際政治
湯浅剛
ロシア・米欧・中国の介入と新独立国の自立
●5400円

バルカン史と歴史教育
柴宜弘編
「地域史」とアイデンティティの再構築
●4800円

バルト三国の歴史
世界歴史叢書　アンドレス・カセカンプ著　小森宏美、重松尚訳
エストニア・ラトヴィア・リトアニア石器時代から現代まで
●3800円

アファーマティヴ・アクションの帝国
テリー・マーチン著　半谷史郎監修　荒井幸康、渋谷謙次郎、地田徹朗、吉村貴之訳
ソ連の民族とナショナリズム、1923年～1939年
●9800円

現代アフリカの紛争と国家
武内進一
ポストコロニアル家産制国家とルワンダ・ジェノサイド
●6500円

コーカサスを知るための60章
エリア・スタディーズ55　北川誠一、前田弘毅、廣瀬陽子、吉村貴之編著
●2000円

現代ロシアを知るための60章【第2版】
エリア・スタディーズ21　下斗米伸夫、島田博編
●2000円

カザフスタンを知るための60章
エリア・スタディーズ134　宇山智彦、藤本透子編著
●2000円

アルメニアを知るための65章
エリア・スタディーズ74　中島偉晴、メラニア・バグダサリヤン編著
●2000円

〈価格は本体価格です〉